# PRINCIPLES and PRACTICE of RESISTANCE TRAINING

# 麥克史東
# 阻力訓練
# 全書

美國國家肌力與體能協會創辦人、
美國奧運訓練中心總監，
完整傳授教練與自主訓練的一切知識

麥克・史東 **Michael H. Stone**
梅格・史東 **Meg Stone**
威廉・A・山德斯 **William A. Sands** 著

**吳峰旗**｜**吳肇基**｜**陳柏瑋**｜**王啟安**｜**林筠** 譯
**王啟安** 審定

# 目錄

| 推薦序 | 這本書，是我追夢的起點 | 江杰穎博士 | 5 |
| 推薦序 | 跨越科學研究與實務應用的鴻溝，如果真有鴻溝的話 | 何立安博士 | 7 |

| 前言 | | 9 |
| 致謝 | | 11 |

| 第一章 | 前言：訓練的定義、目標、任務與原則 | 13 |
| | 訓練的定義 | 14 |
| | 訓練的目標 | 14 |
| | 訓練的主要任務 | 15 |
| | 訓練的原則 | 18 |

## 第一部　肌肉收縮與力學的基礎　31

| 第二章 | 神經肌肉生理學 | 33 |
| | 肌肉的定義 | 33 |
| | 肌肉的結構與功能 | 34 |
| | 肌肉收縮 | 47 |
| 第三章 | 阻力訓練的生物力學 | 73 |
| | 微觀解剖學與力量產生的特徵：肌節 | 73 |
| | 巨觀解剖考量：肌肉 | 75 |
| | 肌力、功與爆發力 | 87 |

## 第二部　生物能量學和新陳代謝　97

| 第四章 | 生物能量學和代謝因素 | 99 |
| | 三磷酸腺苷 | 100 |
| | 生物能量系統 | 100 |
| | 燃料效率 | 112 |
| | 能量生產功率（速率）和能力 | 115 |
| | 基質的消耗和補充：恢復 | 116 |

|  |  | 運動的代謝消耗 | 119 |
|---|---|---|---|
|  |  | 訓練的代謝特殊性 | 126 |
| 第五章 |  | **神經內分泌因素** | 137 |
|  |  | 神經傳導物質的釋放 | 137 |
|  |  | 荷爾蒙的釋放 | 139 |
|  |  | 荷爾蒙作用的機制 | 141 |
|  |  | 荷爾蒙的作用與調節 | 144 |
|  |  | 阻力訓練中的荷爾蒙功能 | 156 |
| 第六章 |  | **營養和代謝因素** | 169 |
|  |  | 能量消耗和能量攝取 | 169 |
|  |  | 卡路里密度和營養素密度 | 172 |
|  |  | 能量消耗的測量 | 173 |
|  |  | 蛋白質 | 175 |
|  |  | 碳水化合物 | 185 |
|  |  | 脂肪 | 191 |
|  |  | 維生素和礦物質 | 196 |
|  |  | 運動員的實務營養考量 | 200 |
| 第七章 |  | **人為輔助** | 221 |
|  |  | 環境性人為輔助 | 221 |
|  |  | 心理性人為輔助 | 222 |
|  |  | 機械性人為輔助 | 223 |
|  |  | 藥物（藥品）和營養補充劑 | 224 |
|  |  | 人為輔助爭論之現行議題 | 233 |

# 第三部　阻力訓練的適應性與益處　251

| 第八章 |  | **測試、測量和評估** | 253 |
|---|---|---|---|
|  |  | 測試、測量與評估原則 | 254 |
|  |  | 測試、測量與評估的實務面向 | 266 |
| 第九章 |  | **阻力訓練的監控** | 285 |
|  |  | 監控阻力訓練的重要性 | 286 |
|  |  | 監控阻力訓練的目的 | 288 |
|  |  | 阻力訓練值得監控的面向 | 288 |

|  |  | 如何監控阻力訓練？ | 290 |
|---|---|---|---|
|  |  | 分析訓練監控數據 | 296 |
|  |  | 單一受試者實驗設計調查與監控 | 298 |
|  |  | 圖表、趨勢分析與自相關 | 301 |
|  |  | 統計製程控制 | 302 |
|  |  | 專家系統 | 305 |
| 第十章 |  | 阻力訓練帶來的身體適應及生理適應 | 311 |
|  |  | 訓練適應的定義及關鍵因素 | 311 |
|  |  | 基因 | 312 |
|  |  | 不同訓練類型的訓練適應 | 335 |
| 第十一章 |  | 阻力訓練的心理面向 | 357 |
|  |  | 心理學與阻力訓練的相關文獻 | 357 |
|  |  | 心理學技巧 | 362 |

# 第四部　訓練原則、理論、與實際應用　　371

|  |  |  |  |
|---|---|---|---|
| 第十二章 |  | 阻力訓練的模式 | 373 |
|  |  | 訓練原則 | 374 |
|  |  | 爆發肌力與爆發力 | 376 |
|  |  | 動作模式的特殊性 | 378 |
|  |  | 訓練遷移效果 | 383 |
|  |  | 各種訓練模式的優點與缺點 | 388 |
|  |  | 非運動員族群的自由重量訓練 | 391 |
| 第十三章 |  | 週期化的概念 | 399 |
|  |  | 恢復與適應 | 400 |
|  |  | 週期化：概念應用 | 406 |
|  |  | 週期計畫結構的基礎和指南 | 413 |
|  |  | 應用策略 | 416 |
| 第十四章 |  | 阻力訓練計畫的設計 | 437 |
|  |  | 訓練計畫設計 | 438 |
|  |  | 團隊運動訓練計畫的設計 | 445 |

### 推薦序

# 這本書，是我追夢的起點

國立體育大學競技學院　副教授／肌力與體能教練

江杰穎　博士

2008年暑假準備完成碩士學位的我，帶著依依不捨的心情流連在學校圖書館，享受著被外文專書包圍的學術氣息，思索著人生的下一步該何去何從。就在一個轉角的書架上，偶然發現2007年剛出版的英文版《麥克史東阻力訓練全書》(*Principles and Practice of Resistance Training*)。原本只是習慣性翻一下作者們的生平介紹，沒想到這一翻，竟翻出自己人生的新方向，把競技運動表現作為畢生志業的夢想，也因為這不期而遇的緣分開始萌芽。

當時的我怎麼能想得到，書中這些在學術、實務訓練上的世界級巨人們，竟成為我美國留學博士班的老師？第一作者麥克·史東教授（博士論文指導教授），東田納西州大（ETSU）奧運訓練中心主任梅格·史東，成為我最重要的恩師，留美攻讀博士的三年中，我與史東夫妻建立起深厚的感情（稱他們是我美國的爸媽也不為過），和他們四處參加研討會建立人脈，也在他們的推薦下前往NBA、EXOS短期實習。除此之外，山德斯教授也在我求學期間加入ETSU教授群，跟著他學習統計，學各種訓練恢復的知識。三位作者們的經歷包含：美國國家肌力與體能協會（NSCA）創辦人及前會長、NSCA終生成就獎得主、英國肌力與體能協會（UKSCA）創始及榮譽會員、美國奧會首席生理學家、美國奧會首席生物力學家、美國奧會恢復中心主任。掛著這些頭銜的大人物，是我在博士班期間朝夕相處的老師們，坐在他們的課堂中吸取知識的點點滴滴，現在回想起來還是那麼的夢幻、那麼的不可思議。

這本《麥克史東阻力訓練全書》當然成為博士班指定的教科書，每一個章節都細細讀過，有些章節的內容更是讀到滾瓜爛熟，三位師長將他們畢生的智慧集結在這本書中，現在更要用中文的形式與讀者們碰面，真的是台灣讀者們的一大福音，你準備好要跟我一起踏上這夢幻的旅程了嗎？

## 用整合的觀點切入「阻力訓練」這項專業

三位作者的生平都經歷過優秀運動員、教練、科學家三種角色，所以在內容的編排上除了科學性的理論基礎外，同時有著濃厚的實務色彩。本書第一、第二部內容為執行阻力訓練必備的背景知識，從生物力學、能量系統、神經肌肉內分泌到增能劑等議題。第三部開始進入到應用層面，包括如何執行測驗、開始運動員監控計畫、阻力訓練的在身體和生理上的適應，以及對心理層面的效益。這樣的編排方式到目前為止還是相當罕見，很難有一本教科書能同時顧及生理、力學和心理三個層面，尤其針對「阻力訓練」這個專業。

## 訓練監控不再是虛幻的名詞，測力板成為肌力檢測的黃金工具

如果要我選這本書對當代肌力與體能領域有什麼劃時代的貢獻，「訓練監控」和「使用測力板作為肌力評估的工具」絕對是我認為最具代表性的兩個主題。

過往肌力與體能教練的學習模式多採經驗法則，對於肌力的唯一評估方式，是執行某一訓練動作（如：背蹲舉、臥推）所能舉起的重量。只是這種做法很難解釋與運動表現有關的肌力特質，如發力率（Rate of force development, RFD），彷彿能做得越重肌力越好，某種程度上也造就了肌力與體能教練都是「大老粗」、「肌力訓練越做越慢」的刻板印象。

本書突破性的以計算「訓練量負荷」（Volume Load, VL）為阻力訓練監控的基礎，搭配介紹在測力板上進行各種等長、動態肌力評估，解釋不同肌力特質對運動表現的意義並結合訓練週期，以特殊的統計方式（Statistical process control）了解運動員的訓練歷程（Training process）。這種兼具理論與實務的做法經過十幾年的演變在世界各地傳遞，直到今日，瞭解「訓練監控」和「測力板檢測分析」幾乎成了現代化肌力與體能教練的基本能力，不但各運動代表隊、訓練中心爭相聘用具有科學背景的肌力與體能教練，商用的分析檢測軟體推陳出新，測力板也從過往的實驗室搬到訓練場邊。同時，NSCA即將在2021推出的新證照「Certified Performance and Sport Scientist, CPSS」也是以這樣概念為基礎而發展出來。史東教授時常對學生們耳提面命：「If there is no testing, you must be guessing」（沒有檢測，你一定在猜測！）想要了解現代的肌力與體能訓練需具備哪些相關知識，《麥克史東阻力訓練全書》絕對是經典的必讀專書。

## 阻力訓練課程設計是把科學化為真實的藝術

無論是肌力與體能教練、運動專項教練、體適能教練、體育教師或是任何將阻力訓練作為訓練工具的專業，都必須依照阻力訓練的科學知識，加上自己的專業判斷開立成可執行的訓練計畫，這本《麥克史東阻力訓練全書》將會是您在這個過程中的最佳指引，誠心推薦給您！

## 推薦序
# 跨越科學研究與實務應用的鴻溝，
## 　如果真有鴻溝的話

怪獸肌力及體能訓練中心　總教練

何立安　博士

　　麥克史東教授，陪伴了成千上萬的體育研究生成長，這樣的敘述並不誇張，因為麥克史東教授可以說是當代肌力及體能訓練領域的宗師級人物，多年來致力於用科學方法解構肌力及體能訓練這件事。

　　在正式接觸到這個優秀的團隊之前，麥克史東教授的大名對我來說，是一個會出現在無數研究型期刊文獻作者群裡的名字，所以當我有幸面對面見到他本人和他的團隊時，我感到好像面對面見到搖滾巨星一樣興奮。我因為幾次的緣分，與史東教授夫婦及其團隊一起短暫工作過。當我剛拿到博士學位，回台任教的那幾年，經常陪伴台灣的優秀教練進修團赴美短期進修，我的角色是擔任所有課程的翻譯者，而史東教授任教的東田納西大學（ETSU）就是其中重要的一站，因此我曾在他的講堂裡一字一句翻譯他上課的內容給台灣的教練團聽。因為台灣民間團隊的邀約，史東教授及其團隊也曾蒞臨台灣，我也在其中的一些場次當過翻譯。擔任史東教授的翻譯者，是一種近乎奇幻的經驗。台上侃侃而談的他，是我學生時代讀的課本和文獻的作者，內容是我曾經學過的知識，但是由作者本人娓娓道來，舉重若輕的解釋著艱深的奧義，讓我彷彿是站在演講台邊的學生，一邊努力盡忠職守的翻譯著他的每一段話，一邊卻又像聽眾一樣享受著這世界最強版本的複習。

　　另一個與他同台的經驗，是一次在台灣舉行的國際研討會。會議以雙主題的方式進行，所以每一個場次都會有兩個主講人。我有幸受邀參加演講，擔任某個場次的其中一位演講者，我依稀記得那個場次的主持人是大師級的 Dan Baker，而與我同場的居然是史東教授本人。站在他們兩人面前，這是個相差何止三個世代的組合，讓我受寵若驚之餘，更感到無比惶恐，那大概是我壓力最大的一次學術演講。當我站在台上時，簡直覺得我回到博士班畢業口試的場景。我已經不記得我是如何戰戰兢兢地講完那場演講，但只記得講完

之後感到無比輕鬆愉快，也因此得到一次同時與兩位世界級學者同台的難得經驗。

史東教授及其團隊專門研究競技運動科學，與許多著眼於健康體能研究的科系不同之處在於，他們注重高水準競技運動表現的研究、如何幫助世界級運動員破紀錄、如何協助有潛力的年輕選手打下此生最重要的身體素質基礎、如何長期監控運動訓練的劑量與處方，這些都是此團隊的強項。這樣的研究領域雖然極為細緻，但是發掘的知識卻能夠嘉惠廣大的運動科學領域，這就好像是針對高水準賽車的研究，往往會發現許多珍貴的知識和技術，可以應用在廣大的汽車工業裡。

肌力及體能訓練是一個複雜而深奧的領域，經常被人形容是一種科學與藝術的結合，在大原則上必須本於科學，但是在實務上經常必須重視經驗和邏輯，以面對無法完全控制的複雜環境。因此，一個常見的論述就是，專業人員要能夠跨越科學研究與實務應用的鴻溝，在資訊不足的情況下，要能夠做出最佳的判斷，而這中間可能要憑藉一些直覺或主觀的經驗，才能夠做出最好的猜測。但是，在麥克史東的團隊裡，並不依賴直覺或猜測來設計課程，而是利用訓練監控的技術，去推敲訓練過程中的每一步該如何進行下去。換句話說，科學上的原理決定了訓練的大方向，但是實際的應用並非依賴跳躍性的思考或臆測，而是針對訓練過程中所有可以掌握的蛛絲馬跡加以監控，讓數據呈現運動員在接受訓練刺激之後的生理及心理反應，接著再基於這些反應來決定下一步的方向和手段。

這是一個劃時代的進展。當肌力及體能訓練圈裡對於訓練的劑量反應關係仍然充滿各種猜測、盲從或是爭論的時候，麥克史東的團隊正在一步一腳印的累積有意義的大數據，開始逐步解密肌力及體能訓練領域裡的各個細節。這種包含了理論、實作、監控、修正和檢驗的過程，讓爭論不休的實務圈逐漸開始獲得用科學方法驗證而得到的知識和技術，對於肌力及體能訓練領域產生了重要的貢獻。

這本教科書，是一本練基本功的書籍，裡面包含了大量肌力及體能訓練領域裡的重要背景知識，是專業人員的工具書，也是想要窺見訓練背後的科學知識的重要途徑。我不會說這是一本易讀的書，反之，我會真誠的告訴你，身為肌力及體能訓練的從業人員或是積極的愛好者，如果有什麼書值得你拿出恆心毅力和計畫來好好閱讀，這本書會是超級優異的選項，而且我可以確信，每一個細讀此書的人，都會從中學到改變一生的知識。

# 前言

本書作者群加起來大約花費了100多年的時間研究肌力訓練和專項體能的各個面向。這100多年的時間中,作者在指導和教學上都進行了大量研究。從教練指導的角度來看,這3位作者都曾指導過,包含奧運選手在內的國家和國際水準的運動員。身為教練,我們嘗試使用以科學概念為基礎的方法和技術。從研究的角度來看,我們也研究了肌力與體能的問題,包括從肌力體能對健康指數的影響到針對精英級肌力—爆發力型運動員訓練計劃的設計。此外,身為研究人員,我們主要著眼於身為競技科學家的職責。作為競技科學家,我們嘗試研究與改善運動表現有關的生理、心理、及生物力學參數。基於這些經驗,我們認為我們已經獲得了一些有關肌力與體能適應方面的獨特見解,尤其是在設計訓練和監控計劃方面。在本書中,我們提出了對研究生程度有點挑戰性,但對教練來說還算適切的素材。這些素材包括客觀、以研究為基礎的資料、以及實務上的觀察。在一些還沒有令人滿意答案的關鍵問題上,我們也根據最佳的可用資訊和數據,提供了推測性的解釋。這種方法旨在激發更多觀察及研究,最終將針對所涉及的問題,提供更清晰的解釋和解決方案。

本書第一章討論了訓練原則。將這些內容放在書中第一部分,是為了使讀者更好理解運動科學所需原理,文中詳細介紹訓練過程的結構,提供後續討論所涉及的主題,以及相關基本術語與定義(第一至第四部)。本書第二部的6個章節中(第一和第二部,第二至七章)專門介紹基礎和應用科學,為讀者提供了適當的背景素材和紮實的科學基礎。第三部分(第八至十一章)探討了各種類型訓練計劃的適應性,並涵蓋了對這些適應性的測試、監視和評估。第三部分中特別值得注意的是,對訓練計劃進行適當監控的重要性,以及如何對監控產生回饋,使教練和運動員能夠據此調整計劃,進而更有效的實現目標。第十二章至第十四章(第四部分)涉及訓練動作的選擇,訓練原則和理論,最重要的是如何創建和開發有效的計劃。在很大程度上,每章都是以「獨立」方式編寫的,因此讀者可以根據自己的需要,研究汲取所需素材。

雖然我們也簡要討論了諸如健康相關適應性到阻力訓練等問題,但我們編寫本書的主要目的是為教練和專項運動科學做出貢獻。我們認為,這些才是競技科學家所能做出最重要的貢獻:

- 為教練和運動員提供可用於規劃和調整訓練計劃的合理理論與實務資訊。這份科學背景資料讓教練和運動員有了一個在監控與制定訓練計畫時，協助他們選擇的工具。
- 協助教練和運動員建立合理的知識庫，以便與競技科學家互動。這本教科書還幫助競技科學家了解專項運動和運動指導方面的知識，解決一些在學術課程中通常無法解決的問題。
- 啟發競技科學家獲得更大的創造力和生產力。
- 啟發競技科學家去思考，在正常的學術途徑中不容易獲得的潛在經驗。

我們衷心希望本書成為讀者（以及作者）開始做出貢獻的一個途徑。

# 致謝

儘管許多人為這本教科書做出了貢獻，但我們仍要特別感謝我們的學生，同事和我們所指導的運動員。以下是對本書有非常特殊貢獻的人員。

**運動員**：Carla Garret、Becky Levi、Mike Davis、Donnie Robbins、Jim Kramer、Stuart Yule、Neil Potts、Bruce Robb。

**教練**：Kyle Pierce、Paul Fleschler、Robert Morris、John Coffee、Steve Plisk、Dan Wathen、Ken Allen、Greg Marsden。

**學生及研究員**：Jon Carlock、Brian Schilling、Andy Fry、Ron Byrd、Dave Collins、Jay T. Kearney、Harold O'Bryant、Ross Sanders、Travis Triplett、Robert Newton、John Garhammer、Hiroshi Hasagawa、Karen Daigle、Robyn Mason、Greg Haff、Mike Ramsey、Barry Shultz、Keith Henschen、Hester Henderson、Jeni McNeal、Steve Johnson、Mel Siff、Monem Jemni、Lowell Weil、Ron Kipp、Phil Cheetham、Larry Nassar。

# 第一章

# 前言
## 訓練的定義、目標、任務與原則

阻力訓練是一個總稱，其中包含了不同方式和方法的規律運動。訓練方式囊括了器械和自由重量。阻力訓練是為能夠達到以下目標的訓練過程：

- 傷害的預防及復健
- 一般體能訓練
- 體態訓練（健美）
- 競技運動訓練

本書主要著重在競技運動的阻力訓練上。因此，這裡所提到的阻力訓練也包含舉重和健力等項目的肌力型運動，在競技運動中，這些訓練動作會用來當成提高競技運動表現的工具；在健美運動中，阻力訓練則是用來建立理想體格。此外，阻力訓練也已經成為其他競技運動訓練（如美式足球，田徑或網球）中不可或缺的一部分。儘管這些運動的表現取決於特定的才能和特徵，例如肌力、爆發力、力量、耐力和敏捷，但在理想情況下，這些運動員還是依賴阻力訓練來發展和最大化這類才能。阻力訓練是促成該發展過程的主要因素——在許多運動中，也許是最重要的因素。因此，設計訓練計畫變得至關重要。在本章中，我們將介紹，瞭解訓練發展過程中必要的定義、術語和觀念，並為瞭解後面各章節中更詳細更全面的內容提供基礎。

阻力訓練有非常多的面向。儘管已有人提出幾種訓練模型[1,2,4,10,11,30,34,41,47,64,65]，但目前許多體育運動仍然在尋找理想的訓練模型。模型指的是一種指導，一種讓現實世界更易於管理和思考的手段。模型化在科學中極為重要，其中也包括了科學化的訓練方法[16,59]。本章節將介紹組成訓練模型的相關定義、目標、任務和原則。

## 訓練的定義

訓練是指運動員在身體、技術、戰術、心理和理論上都達到最高水準表現的準備過程[24]。這與運動有著明顯的差異，人們參與此類活動時，目的不在於實現**最高**表現水準。當然，最高表現水準是相對而言。每個運動員都有無法合理克服的遺傳限制或上限。訓練的目的是藉由最安全，最快，最合乎道德的方法，使運動員盡可能接近其遺傳表現限制。[28,50,77]

## 訓練的目標

訓練的目標有很大程度上是在榨取人的能力，但這不是負面的意思。訓練涉及利用物理、生理學、心理學和其他表現領域已知的原理，以達到更高的能力。教練和運動員尋求利用訓練和表現的原理，使運動員在自己的才能和準備條件的限制下，取得最大的成就。每位運動員的最高運動表現都取決於運動員獨特的特徵及能力。它也與運動員的年齡或生涯狀態有關。經過5到10年的訓練，新手運動員的最高表現水準會遠高於剛開始訓練的水準。

訓練目標的第二個組成部分是最佳化[1,2,3,11]。最佳化訓練尋求的是獲得理想的表現能力，而非僅僅增加或減少某些特徵[46]。訓練負荷應當最佳化。增加訓練負荷並不總是會導致表現提高[46]。在所有其他條件相同的情況下，每週訓練30小時的運動員會比每週訓練5小時的運動員進步更多。但是，運動員也可能會練得太多，雖然練更多，獲益卻較少。因此，訓練負荷有其限制。如果運動員訓練得太少，可能會因為對手更努力鍛鍊而失敗；如果運動員訓練過多，也可能會因為過度訓練而失敗，通常是因為受傷或精疲力竭。因此，訓練是一個「恰到好處」的問題[56]。運動員的訓練既不能太過度，也不能太少，適當程度即可。

最佳化訓練可以擴展為包括許多象限和框架的概念。例如，對於新手來說，最佳訓練負荷可能與精英運動員完全不同。應針對年齡、性別、當前的體能水準、才華，環境等方面來最佳化訓練負荷，讓運動員的進步能更有效果與效率。要訂定合適的訓練目標及實施最佳訓練負荷，尤其是針對身體或精神上還不成熟的青少年運動員時。

訓練的另一個特殊目標是才能的識別和青少年運動員的訓練[5,6,7,14,36,44,58]。才能的識別及青少年運動員的訓練，在時間軸上通常是以簡單的時間順序串連在一起的，同時也因為所有運動員必須從較低的水準發展至較高或是更精鍊的水準而連結在一起。通常會假設，識別出有才能的運動員可以減少運動員發展的時間、努力和成本。可以想見，當運動員被

引導到更可能匹配其特殊天賦的運動項目時，就更能良好地應用其能力[6,14,58]。運動員的許多特徵是高度可遺傳的，因此可以用合理的精準度檢測[36]。

　　因此，對青少年運動員採行才能識別時應特別注意。個別青少年運動員的成長與成熟速度有所不同，進行才能識別時應注重過程，而非結果。青少年運動員需要不斷監控進度以及讓他們將獲取的新能力展現出來的機會。才能識別應該對評估運動員時的具體情況十分敏感。訓練要求和活動上，應按照其自然年齡適當安排，並以發展為重點[23,28,29,51,52]。與青少年運動員一起學習和工作時，科學家和從業人員必須注意，不要僅是將發展成年人的想法和過程移植至他們身上。

　　訓練目標是廣泛而多變的，且其變化與運動員、教練、訓練計劃與運動體系的目標息息相關。開始訓練前應確立每個運動員的目標，此後定期確認目標，以確保訓練計劃始終專注在這些目標上。

## 訓練的主要任務

　　理想情況下，訓練本身會設定各種直接導向實現高水準的表現，以及剛才所述訓練目標的任務。這些任務包括個性、體能、技術、知識、健康的生活方式以及針對運動特殊性戰術的發展。特殊性意指應當就適當的年齡、經驗和才能，設計完成這些任務的方法，讓每個運動員的訓練計劃個別化，以鼓勵達到其最大表現。

## 個性的發展

　　訓練的首要任務是發展運動員的個性。運動員的個性，更具體的說就是性格，是透過訓練來發展的。執行阻力訓練時應嘗試透過訓練與運動時的經驗，來教導紀律、勇氣、堅韌和其他特質。歷經漫長而艱苦的訓練與體能鍛鍊，可以讓運動員經歷艱苦、設定目標、在脅迫下鍛鍊，最終從其努力中受益。訓練經驗不僅可以讓運動員將能力帶入運動之中，也可以帶入其成年生活。儘管這些想法在現代競技世界中似乎有些古板，但它們仍然是構成運動員性格發展的堅實基礎。近期業餘運動圈在發展時也注意到，必須將注意力轉移到個性發展上，期望阻力和運動訓練能夠建立的是「性格而非人物」。近年來，出現了許多關於年輕人的運動相對價值，以及運動是否在金錢、合同、代言、代理商、電視等方面失去了道德高點之間的討論。[15,27,28,38,42,63,66,78] 阻力運動訓練應承認並接受教練和運動訓練計劃對發展中的年輕人有著強大影響，並應藉由運動鼓勵強壯的美國人持續良性發展。

　　在權衡訓練和競賽決策時，體育訓練中的教練和其他領導者應始終將運動員整體健康發展牢記在心。因為訓練是一個脆弱的過程，參與其中的所有人士對於年輕運動員成長計

劃中一切可能發生的事情，都要負起責任。

## 運動特殊性體能

訓練的第二項任務是發展一般及運動特殊性體能。在這種情況下，一般體能並不意味著體能可以一般化；而是意味著運動員大體上會以多樣化的方式訓練，尤其是在早期階段。多樣發展意味著，早期訓練會專注在發展基本生物運動能力，為所有運動打下基礎。除了一般訓練，運動員還會進行特殊性訓練，以更清楚的反映運動特殊性表現的實際性質。之後將會對運動訓練涉及的各個領域進行更深入的討論。但是，首先要了解的重點是體能的一些限制條件，這些限制條件有助於定義及引導訓練計畫。

運動特殊性體能對於所有級別的運動表現都至關重要。特定訓練任務所產生的訓練效果會為運動員的身體帶來相當特殊的適應性。有人提出一種體能建議模型（見圖1.1），以技巧、肌力、耐力、速度和柔軟度為頂點。[62] 各頂點間以許多連字詞連結，反映出體能特徵的融合。其中一些術語是速度—肌力、柔軟度—肌力、肌力—耐力和速度—耐力。連字符號術語的目的是提供一種簡單的意義，來描述特定活動所需的主要體能或努力形式。例如，舉重需要肌力—速度，這意味著運動員必須強壯，但也必須能夠在高速下移動相當重的阻力。肌力—速度的要求是由於舉起重物的生物力學限制，從地板上舉起重物的短暫移動期間，需要大量的力才能移動相對重的物體（體重＋重量）。

事實上，運動員無法同時最大程度的適應各方面的體能。這說明了，在選擇最佳訓練任務和該訓練任務的最佳訓練時機上存在嚴重限制[67]。因為運動員無法同時在最大限度下適應各種體能，必須明智選擇運動訓練的優先順序。

## 神經肌肉體能

阻力訓練體能的最大組成部分是神經肌肉體能。選擇該術語的目的是強調技巧、肌力、速度和柔軟度在阻力訓練中的重要角色。這些特徵都取決於能量供給，但是在一般營養攝取良好的運動員中，能量供給通常不是主要問題。展現出快速、靈活、強壯和爆發力，並且能夠執行預期技巧那種擁有肌力與爆發力的運動員，獲勝的可能性通常更高。以上所有要素都具有高度特殊性，且高度仰賴神經和肌肉系統的交互作用[58]。神經肌肉體能也對訓練形式及運動表現發生狀況有高度特殊性。

特殊性原理是神經肌肉體能訓練領域中大家最理解與透徹研究的領域之一[40,55]。特殊性原理可以概括成字母縮寫SAID（Specific Adaptation to Imposed Demands）來解釋。訓練的特殊性，即SAID原則，意指人體的神經肌肉系統將適應對它的需求，不多也不少。適應的特殊性狹窄得令人驚訝。例如，訓練像是膝蓋伸展等特定關節動作，對於這類型的

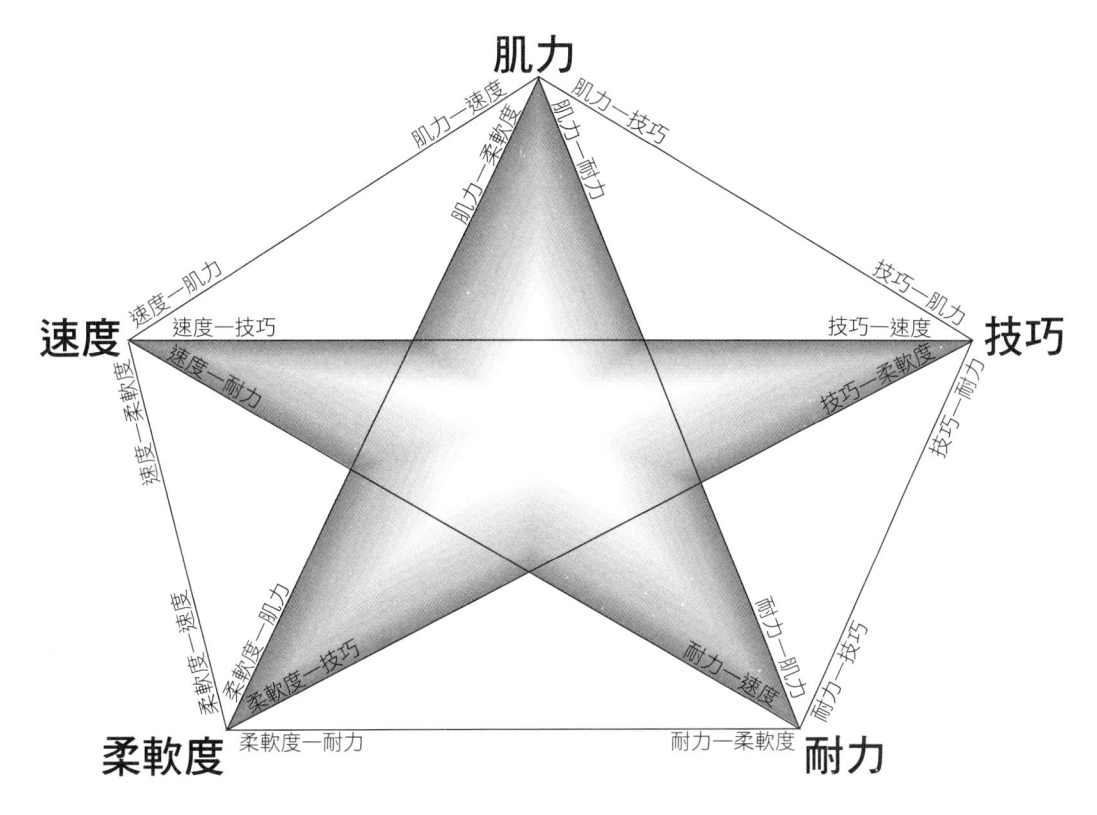

**圖1.1　體能特徵之間的相互關係**

資料來源：M.C. Siff and Y.V. Verkhoshansky, 1993, Supertraining (Johannesburg, South Africa: University of the Witwatersrand, School of Mechanical Engineering)

張力、此動作幅度內的位置、速度以及身體姿勢具有高度特殊性：

1. 張力的類型：
   - 向心—肌肉縮短。在向心張力下，肌肉能夠產生足夠的力，使肌肉中的張力克服阻力，縮短肌肉。但當運動員進行向心訓練時，剛獲得的肌力或爆發力體能無法良好應用在其他類型的張力上。
   - 離心—肌肉伸長。離心張力常見於跳躍落地和放低重量時。執行離心張力時，運動員的肌肉會產生力，但該力不足以抵抗重力來升高阻力位置或讓肌肉縮短。在這個狀態下，肌肉在伸長的同時仍會產生張力。
   - 靜態或等長—肌肉長度無變化。靜態張力（即等長張力）是指肌肉維持恆定長度並產生剛好的力量，使阻力保持靜止，既不升高也不降低。
   - 伸展—收縮循環（例如，反彈型跳躍）——一種涉及離心張力隨後加上向心張力

的特殊神經肌肉活動。離心張力延長肌肉和肌肉的結締組織；接著透過向心拉力和肌肉彈性位能執行反向運動。運動員在進行快速反彈或是「跳彈」（ricochet）等跳躍時所使用的動作模式就是伸展—收縮循環。「增強式」（plyometrics）這個詞常會被誤以為與「伸展—收縮循環」（stretch-shortening cycle）同義。增強式訓練是運用伸展—收縮循環進行的一種訓練，而伸展—收縮循環是增強式訓練得以執行的機制。

- 等速—恆定速度動作[53]。真正的等速動作是以恆定速度執行，無視動作幅度或阻力位移。通常，等速動作需要特殊器械。目前市面上並未販售真正的等速訓練設備。

2. 特定動作幅度或角度的姿勢，特別是等長訓練：以關節某些動作幅度進行神經肌肉訓練時，該訓練所產生的適應性也將特屬於訓練時的動作幅度[12,21,45]。
3. 動作的速度：比起高速，動作速度傾向稍微往低速發展[39]。這意味著，如果你想獲得高速動作的適應能力，得以高速進行訓練。
4. 身體姿勢：以某個身體姿勢進行的訓練，通常無法順暢轉移至其他身體姿勢[55]。有趣的是，就連身體姿勢本身也會嚴重限制所發生的適應幅度。例如，如果運動員以站姿訓練某些動作，所造成的適應性在以躺下姿勢嘗試類似動作時會大舉消失。

訓練的主要任務應受到瞭解與體會。除此之外，在進行運動特殊性訓練之前，應該清楚理解阻力訓練在整體運動準備中的作用。為了在最大程度上完成訓練任務，參與者應該熟悉已建立的許多訓練原則，如以下各節所述。

## 訓練的原則

訓練是一個複雜的過程，指導原則是統一訓練工作並將各種任務分類，讓其成為易於理解的結構。每個原則中都有更具體的重點概念（次原則），這些概念有助於實現每個原則的宗旨。

### 增加負荷需求原則

增加負荷需求原則的基本假設為，教練必定會計劃且不斷執行提高負荷的需求[24]。只有當訓練負荷高於平均，且運動員必須投入適應性儲備（即運動員承受壓力且身體必須透過適應新的壓力來回應）才能進步[73]。追求且達成更高的運動表現，與發展新的、更困難的訓練任務密不可分，但適應的結果會因各種因素而有所延遲。訓練後體能增強反應

的延遲產生，稱之為「訓練效果的長期延遲」（Long-term lag of training effect，LLTE）[73]。LLTE是指在實施訓練任務後的一段時間內看不到訓練任務的結果，因此LLTE顯示出，訓練是一項投資而非購買行為。

你可以藉由增加訓練量（訓練次數）和強度（訓練難度或完成任務的難度）來提高負荷需求。增加訓練量及強度很難有一個適用於不同個體與不同運動的準則，困難之處在於測量與實際操作。在田徑項目中，距離和速度是非常實用的訓練量和強度測量單位，而組數、反覆次數和重量則適合作為舉重運動員的指標；沒有一個簡單的相應訓練單位能一體適用於所有運動項目。此外，如果兩名運動員執行相同技巧或訓練任務，其中一名運動員執行起來相當輕鬆，但另一名運動員因為缺乏經驗而在執行上十分掙扎，這名新手得要加倍努力，因此會自動產生努力上的差距。由於缺乏通用的測量單位，因此在某些運動中，測量強度和訓練量相當具有挑戰性。一種方法是計算扭倒（takedown）、體操技巧動作、練習或運動訓練次數（即訓練量），而難度等級則可以用能測量強度及限定時間的運動來替代。無論用什麼方法測量訓練量及強度，兩者都必須以反比的方式增加，使運動員適應新水準，進而提高體能。

訓練負荷（訓練量和強度）可以透過以下任意一種或所有方式增加：

1. 增加協調需求，可藉由讓協調需求更加困難來達成，例如，在稍微不同的條件下執行相同技巧。
2. 增加競賽次數。
3. 增加與優秀對手競賽的次數。
4. 減少外部設備，像是跳水時使用較硬的跳板，或撐竿跳時使用較硬的桿子。
5. 增加訓練時間或訓練組數和次數。
6. 增加訓練任務的難度，或在相同的訓練負荷量下縮短訓練時間。
7. 減少訓練任務之間的休息時間。

訓練需求不應隨意增加。需求的增加應該是有目的和有計劃的。訓練分析顯示，在高階運動員中，以逐步線性的方式增加訓練需求，其效果可能不如突然（但是有計劃且合理的）「躍進」訓練負荷來得有效。重要之處在於，訓練需求增加會嚴重干擾運動員的心理和生理素質。此外，我們應注意，訓練需求的增加和對訓練的適應性不會同時發生。實施更高的訓練需求與適應新的負荷需求之間會有一段延遲（即LLTE）[62,69,70,71,72,73]。

因為沒有一個能夠表示所有運動和所有運動員增加負荷大小的共同單位，我們幾乎不可能對某人應該增加多少訓練負荷提出一個普世皆準的說法。目前已經證實的是，少量增

加負荷需求通常不會有長期提高表現的效果。訓練需求的增加必須是突然、可觀和系統性的。以下是一些實施增加負荷需求的準則[24]：

1. 運動員必須有意識的投入訓練需求。只要增加訓練量就好這個想法並不妥當。運動員應自覺、切實的投入各項訓練任務。
2. 訓練需求的增加應來自於訓練計劃的總體目標與標的。如果你無法確定訓練任務要如何才能符合總體訓練方案的特定目標，則應重新評估訓練任務，尋找其他替代的任務或是直接放棄該任務。
3. 訓練負荷的增加量應大得合理。這樣的增加量應能迫使運動員投入比例可觀的適應性儲備，以滿足訓練需求。
4. 訓練需求的增加，應與所有其他的訓練需求協調配合。切勿同時增加各種不同訓練需求，必須取得平衡。過度強調一項訓練任務但卻要犧牲其他必要的訓練任務，會因缺乏各種訓練刺激而導致失敗。

## 持續負荷需求原則

持續負荷需求原則說明了，運動員應該避免長時間的訓練中斷[24]。有大量研究證明，長期停止訓練會使運動表現能力下降[17,22,68,69]。當體能增加，運動員是以某種方式獲得「新的」身體。換句話說，之前的穩態功能水準已經藉由新的體能水準而提高。增加穩態水準的想法，可概述為非平衡穩態（nonequilibrium homeostasis），也會將它描述為一種動態平衡（homeodynamic）狀態，即若要維持或增強體能增加的狀態，則必須維持高訓練需求[62]。術語「動態平衡」在某種程度上雖是自相矛盾的，但它總結了這樣的理論，即訓練涉及了體能的變化，隨後在相對上穩定此變化。

在體能各個元素中，有著適應的異時性（heterochronicity）（可變的時間點與週期）[73]。中斷訓練也會以不同速率影響體能的各個層面[24]。例如，停止肌力訓練兩個月後，觀察到伸肌（extensors）肌力降低了5%至6%，屈肌（flexors）肌力則降低了15%至20%[24]。運動員訓練的時間越長，表現通常越穩定。因此，長時間的訓練中斷，對經驗較豐富的運動員的影響似乎會小於對新手運動員的影響。然而，突然停止訓練仍會對運動員的生理與心理造成嚴重影響[20,31]。以下是一些持續負荷需求的準則[24]：

1. 盡可能避免中斷訓練。
2. 利用現有環境制定非關鍵時期訓練計畫，並將訓練重點著眼於未來發展。
3. 中斷訓練不包括恢復期。**恢復期對於長期發展絕對至關重要**。應該計劃恢復時間，

包括時間及內容的安排，以便讓運動員有最佳的機會充分恢復、休息並恢復活力。
4. 傷害造成的中斷是最嚴重，通常也是最難克服的。教練應就制定可以繼續進行且不會進一步造成傷害的訓練任務（如果有的話），諮詢運動醫學醫師。

## 負荷需求的週期安排原理

「負荷需求的週期性安排原則」是由兩個同時進行的概念組成：（1）週期（2）階段[24,p.78]。訓練週期的組成，是在訓練中穿插休息，使運動員能在有系統的變換訓練任務和負荷的計劃中進步。每個運動員經歷的整個週期是由三個重複的階段組成：（a）習得運動形式，（b）穩定運動形式，與（c）暫時喪失運動形式[24]。實務經驗顯示，運動員不會以線性方式繼續進步。運動員會在訓練期間產生疲勞，緊接在訓練期間後的，是休息和適應（LLTE）。訓練負荷是憑藉著增加負荷需求，隨後降低來構成週期。第二個概念，即階段，仍是基於實務上的經驗。運動員無法同時操作所有訓練和競賽需求。需求太多，但可用時間太過有限。綜合以上所述，現代訓練方法將這兩個概念結合在一起，稱之為週期化（periodization）。

週期化的概念至少在1920年代左右就存在了[43]，並且至少有十幾種週期化模型。應用時應該謹慎使用，因為這些模型大多是由個別模型推論得之[18,60,61,62,70,71,73,74,75,76]。此外，大多數模型甚至僅經過粗略的測試。表1.1列出了幾種模型。

## 週期化計畫

制定週期化計劃的最常見方法是將賽季分為三個不同等級的週期：（a）大週期——持續時間為數月，時間可達1年或再稍長一些；（b）中週期——持續時間約2至8週；（c）小週期——通常持續7至14天。三個不同等級的訓練週期允許以「分而治之」的方式，在確定目標的各個週期中，分配各自的訓練任務。不幸的是，許多作者都以自己習慣使用的術語來描述這些不一樣的訓練週期、內容和訓練目標。三個不同等級的訓練週期應該安排在整個訓練年度的總體架構中，該架構由準備期，競賽期和過渡期／休息期組成。運動員在出現一種人們所知甚少的疲勞或疲憊類型之前[49]，大約需要約22到25週的時間才能達到最佳表現[73]。經驗顯示，在這樣的時間限制下，運動表現通常會下降，但並不清楚下降的機制。這種有限的適應時間限制，導出了多重週期的概念，這意味著訓練年度通常分為二個階段，幾乎不會有更多的階段，而每個階段都包括準備，競賽和過渡期[7,8,9,62,73]。不幸的是，許多現代訓練的計劃，太頻繁的迫使運動員嘗試達到最高峰了。

準備期通常分為一般階段和特殊階段。一般準備階段的訓練目標用於進行廣泛或多面向的訓練[8]。訓練任務旨在提高運動員的整體肌力、柔軟度、耐力、協調性等。特殊準

**表 1.1　週期化模型的範例**

| 模型 | 評論 |
| --- | --- |
| Matveyev | 訓練量與強度成反比 |
| 共軛序列系統 | 特別連結各個不同訓練任務以求最佳化成果 |
| 集中負荷 | 為共軛（重疊）序列系統的一部分，但本身也是一個模型。執行一個負荷很高的訓練期，隨後接續相當的休息期。 |
| 高效能Matveyev | 訓練量和強度成反比，但維持更高負荷。 |
| Francis | 強度相同並維持在高強度，但訓練量是震盪的。 |
| 強度變化 | 訓練量不變，但強度是震盪的。 |
| 振盪式 | 訓練量和強度以波動模式同時增加和減少。 |
| Bondarchuk | 立即在整個訓練計劃中進行特殊化訓練。 |
| Sleamaker | 主要用於耐力型運動員。 |
| 團組式 | 主要應用於肌力相關的發展。 |
| 漸進式 | 逐漸增加訓練量與強度。主要應用在團體運動項目上。 |
| 直覺式 | 沒有正式計劃，只能根據訓練時教練，運動員或兩者的「感覺」進行。 |
| 專業競賽 | 除了前往新的競賽場地並立即為後續競賽做準備之外，幾乎沒有其他時間時，所做的競賽與競賽之間的訓練。 |

備階段與運動特殊性任務非常相似。特殊準備階段期間的訓練任務旨在改善運動特殊性任務和體能，像是跳躍，柔軟度和極端動作幅度下的肌力，並將任何新近獲得的體能應用於解決特定運動任務。對於沒有經驗的運動員，為了充分發展基本體能，準備時間應相對較長。然而，精英運動員由於頻繁的比賽以及需要在整個訓練年度中保持接近巔峰狀態，他們的準備期可能就會相對較短[18,61,62,79]。

　　競賽期包含特定的季節或大循環中的大多數競賽。在此期間，運動員的體能應該相對穩定，且訓練重點是表現最大化和穩定化。將準備階段與競賽階段相連結，可以有充足的時間執行準備階段，可以用合理的步伐讓運動員到達高體能水準，使運動員在競賽期間拿出更穩定的表現[24,62,73]。運動員進行阻力訓練時，表現的穩定性特別重要，且不同運動項目或許有所不同。例如，撐竿跳運動員的戰術方法與跳水運動員有相當大的差異。撐竿跳運動員可能經常面對他或她從未有過的運動表現，這可以從個人最佳記錄中看出。整個賽季中，撐竿跳運動員可能會多次嘗試以前無法達到的高度。跳水運動員應當只會在受保護的訓練環境中面對這種情況。跳水運動員在比賽前必定進行過數百次或數千次過去操作過的動作（即跳水），但必須在競賽的決定性時刻準確執行跳水，無法重來或是錯誤嘗試。因此，跳水運動員力求穩定表現，並且維持在與其技能水準一致，反觀撐竿跳高運動員則

必須在競賽時進攻並達成新一層水準的表現，且可以嘗試超過一次。

過渡期或休息期涉及了1到4個星期（很少會需要更多週）的減量期，好讓運動員的生理與心理從先前艱困的訓練中恢復過來[7,8,24,25,62]。在過渡期間，運動員應嘗試維持體能，同時治療傷病、為下個賽季制定新目標、評估上個賽季，並基本上確保以嶄新的活力和決心開始下個賽季。

### 週期的類型

根據訓練目標，賽季時間和運動員的能力，訓練週期分成許多不同類型。大週期通常用於有週期性質的競技賽季。例如，有針對奧運會為目標的準備計畫，並為了配合奧運會而修改的競賽時間表，因此存在著奧運會準備類型的大週期，取決於大循環最重要的目標。除此之外，還有以泛美、國家錦標賽或其他類型賽季週期為目標的大週期，端看這個大週期最重要的目標為何。第二級是中週期，通常以訓練目標對中週期分類。各個中週期層次的目標在整個大週期中都很類似，是要幫助保持狀況的一致性。因此，中週期類似可以互換的計劃「零件」，可以在不同的大週期中使用和再使用。表1.2列出了中週期類型和相應任務的列表[24]。

**表1.2 中週期的分類**

| 類型（名稱） | 典型的週期 | 主要任務 |
| --- | --- | --- |
| 一般期 | 幾乎沒有限制 | 一般教育和訓練，主要是一般準備階段；發展基本體能。 |
| 基礎運動特殊性 | ~6週 | 提高特殊技巧與體能的功能性表現；發展特定體能。 |
| 準備期 | ~6週 | 訓練著重在競賽準備；從次大負荷提高到最大負荷，直接為競賽性中週期提高體能及技巧。 |
| 即時準備期 | ~2週 | 訓練著重在恢復及為競賽而達到巔峰狀態；訓練減量或是測試能力。 |
| 穩定期 | ~4週 | 完善技術及體能：消除技術及體能上的錯誤，同時將獲得的技術及體能穩定下來。穩定化是最重要的任務。 |
| 建立期 | ~3週 | 在長準備期中進一步建立訓練負荷以增強基礎技巧或體能；比特殊性訓練要有更多的一般化訓練及體能；從前期的特殊性與高負荷訓練中動態恢復。 |
| 賽前期 | ~6週 | 為特定比賽或系列賽發展所有技巧和體能因素的最佳表現；具有個別負荷的特殊性訓練；專注於將所有體能和技巧特徵發揮到極致。 |
| 備賽期 | ~3週 | 在長時間的賽季中專注於恢復體能。 |
| 競賽期 | ~2-6週 | 特別強調中週期期間舉行的競賽。 |
| 恢復期 | ~1-4週 | 特別強調恢復和復健。可能是一系列競賽後，或是諸如世界盃等重要競賽之間。 |

表1.2中列出的中週期可以連結結合形成年度計畫[8]或特定的大週期[24,26,37]。表1.3 [24]中給出了這種結合的一個例子。

小週期是個持續7到14天的訓練週期，是訓練計劃中的最小基本單位，旨在嚴格執行訓練計畫。訓練課程是一個更小的訓練單位，但是任何特定訓練課程的目標都可以根據當前情況修改。然而，小週期的目標必須維持不變，因此，後續的訓練課程將調整至達到小週期的既定目標[73]。表1.4中列出了各種類型的小週期。[33]

如前所述，負荷需求的循環安排指的就是週期化，它由同時使用的兩個概念組成。第一個概念是藉由訓練和休息交替來**循環**調配訓練負荷。第二個概念以特殊性，區別性及與目標連結進行訓練的**週期**調配。這些週期化概念的重要性在於，能夠以有組織且系統化的方式應用訓練負荷。週期化概念已經有了穩固的基礎；然而，個體的適應能力，以及各種週期化特定模型的實驗測試結果仍然有很多未知之處。事實上，目前所提出的模型仍有顯著差異，這證明我們對週期化的理解並不充足。關於週期化涉及的概念尚需要進行大量的科學研究。

**表1.3　中週期連結的例子**

| 類型 | （概略）期間 | 註解 |
| --- | --- | --- |
| 1. 一般期 | 8週 | 開始增強一般體能及技巧。 |
| 2. 基礎運動特殊性 | 6週 | 強化運動特殊化體能及技巧。 |
| 3. 恢復期 | 2週 | 動態恢復（例如，休息） |
| 4. 基礎運動特殊性 | 4週 | 回到一般體能訓練及技巧。 |
| 5. 穩定期 | 4週 | 穩定一般及專項運動技能。 |
| 6. 準備期 | 6週 | 增加負荷以實現最大化體能及技巧。 |
| 7. 賽前期 | 4週 | 為競賽做準備。 |
| 8. 備賽期 | 3週 | 恢復並為了一系列的競賽減量訓練。 |
| 9. 競賽期 | 3週 | 參加符合資格的競賽。 |
| 10. 賽前期 | 2週 | 為下一系列的比賽做準備。 |
| 11. 競賽期 | 6週 | 參加主要競賽。 |
| 12. 恢復期 | 2-4週 | 休息、復健。並為下一個賽季或大週期作準備。 |

表1.4 小週期的分類

| 類型 | 註解 |
|---|---|
| 一般準備期 | 小週期的主要類型，主要用在準備階段開始時。專注於發展一般體能和技巧。 |
| 特殊準備期 | 更大比例的專項練習，用在準備階段最終。專注於開發運動特殊性體能和技巧。 |
| **一般及特殊小週期的亞型** ||
| 準備建立期 | 在整個小週期期間，逐漸增加訓練負荷。 |
| 震撼期 | 突然劇烈增加訓練負荷，並震撼運動員，增加疲勞並迫使LLTE（訓練效果的長期延遲）出現。 |
| 競賽／戰鬥營期 | 持續幾天模擬競賽的環境中將面臨的負荷，產生訓練減量，或是對心理及生理產生集中負荷的效果。 |
| **引導式小週期的亞型** ||
| 減量期 | 降低訓練負荷以增強恢復能力，並產生更高的峰值表現。 |
| 競賽模擬期 | 增加訓練負荷，以「教導」運動員在即將到來的競賽中會面臨到的壓力類型和大小。 |
| 競賽期 | 即時的準備訓練，旅行，比賽的場地準備，例行的熱身和競賽。 |
| 恢復期 | 在一系列的震撼小週期且接下來還有一場或一系列比賽後使用。主要目標是休息，恢復，治癒並為下一次訓練或比賽做好準備。 |

## 意識原則

「意識原則」簡單的說就是運動員應該有意識且聰明地承受所有訓練[24,p.87]。運動員不應該在不熟悉其目標和任務的情況下參加訓練計劃。能瞭解訓練計劃目的的運動員，會是該計劃有效性最可觀的回饋來源。如果教練沒有向運動員介紹和解釋所有訓練計劃的概念，就無法獲得如何讓訓練順利進行的重要資訊。運動員應該全程參與訓練計劃的準備和發展，應做功課，且應有恰當執行任務的責任。讓運動員參與訓練計劃的各個面向，意味著他會成為更了解任務內容的參與者，這些運動員的訓練過程中，也能得到一種類似學徒制的效果。

## 計畫與系統原則

訓練並非隨機的過程。運動員訓練的模組化，是基於替未來運動員建立聰明的訓練計畫上極度實用的科學原則[24]。訓練環境即是一種實驗室，意即在任何科學環境中都能進行相同的審查和記錄。訓練管理和評估需要結構化的格式，以便輕鬆解讀訓練過程中的各個面向。

在制定個人訓練決策時，教練應始終按照整體訓練計劃及目標。計劃的每個部分都應該符合事前規劃的邏輯。訓練計劃應永遠以運動員長期發展中必須完成的關鍵任務為目的。訓練的週期化模型即是試圖建立一種邏輯方法的食譜，以系統性地增強表現。擁有大量模型知識可供操作的教練，對每個運動員的訓練與表現，就擁有更廣泛多樣的規劃技巧，也能更妥善的回應個別需求。開展長期訓練的情況下，當教練在實際進行訓練系統與監控訓練成效時，可以與運動員一起了解內容。教練有效計劃的能力就跟構成教練藝術的特定「人際技巧」一樣重要。

## 表達原則

表達原則是指教練與運動員之間，生動、豐富及精確的溝通[24]。基本前提是，教練應投入大量時間和資源來開發豐富多樣的表達技巧和技術，使運動員能夠以最清晰、精確的方式體驗要學習的技能。這在表演型運動中尤其重要，這種運動，必須在競爭壓力和受傷的威脅下表現出身體姿勢，空間定位和艱難的動作。動作中的動態感覺回饋、視覺回饋（透過鏡子，影片和錄像帶）、清晰的語言、電腦模擬、定位腰帶（spotting belts）及其他方式能夠幫助教練與運動員溝通對技巧的要求。教練應該根據不同運動員對於不同風格與類型的表達產生的反應，發展大量的表達技巧與技術[13,32,54,57]。

## 個別化原則

個別化也許是現代運動訓練的中心原則[8]。個別化不僅是要糾正特定技術錯誤，也是針對每位運動員發展高運動表現的手段。教練時常僅根據傳聞或謠言所描述的冠軍運動員訓練內容，而對運動員執行不科學的訓練計劃。當然，對運動員實施困難或不完善的訓練計劃也不會讓運動員產生高運動表現。然而，當運動員都處於大致相同的訓練水準和階段時，也不必然要採行個別化。表1.5列出了個別化訓練必須考慮的因素。

## 多樣性原則

在運動訓練中有一句俗語：「任何蠢蛋都可以訓練蠢蛋一年」(Mel Siff,個人通信1997)。這種說法背後的想法是，在最初的適應期，幾乎所有體能／訓練計劃都能提升運動員的表現。早期訓練的進步，很大程度是神經性的，運動員只是學習如何表現得更好而已。運動員長期的進步仰賴投入大量努力在多樣化的訓練方法上，但矛盾的是，這種方法的重點將漸趨狹隘，只關注運動特殊性體能和技巧[8,19,48,74,76]。不斷施加訓練負荷會迅速導致運動員停滯不前，並且幾乎沒有進一步的進展。這是前面所述，增加負荷需求原則的基本原因之一。因為運動員會在幾天或幾週內適應訓練要求，訓練要求應有足夠變化，使運動員每次都能

表1.5 個別化訓練因素

| 因素 | 註解 |
|---|---|
| 年齡、心智成熟度 | 許多訓練和表現方法都適合身體成熟的成年人,但不適合兒童。兒童的生理與心理均不成熟,所有訓練計劃都必須考慮年齡和心智成熟度。對兒童的訓練如果只是成年人訓練計畫的縮小版,通常無法滿足成長中未成熟兒童的特定需求。 |
| 訓練年資 | 運動員的訓練年資是指運動員認真訓練的年數。一些訓練任務僅適合有經驗的運動員。這在技巧性運動中尤為重要,在技巧性運動中,必須先有一長串的技巧經驗,才能安全的完成難於掌握的技巧。 |
| 工作能力 | 運動員的耐力差異很大。此外,運動員在承受訓練負荷、受傷、挫敗感等方面的能力通常也有所不同。必須單獨解決這些因素,以使每個運動員都能獲得最佳表現。 |
| 體能與事前準備 | 訓練有素和體能好的運動員比起體能較差的運動員,能夠承受更高的負荷。一個生病的運動員將不能長期忍受高強度的訓練。運動員的疾病類型和生理條件相互影響,必須確認運動員可以承受多少訓練。對沒有準備好或準備不足的運動員施加過多和不適當的訓練負荷,將導致最糟糕的適應結果,甚至災難性的後果。 |
| 身體類型 | 運動員的人體肢段特徵與訓練的表現相互影響。矮個子運動員跟高個子對手打籃球討不到好處。身材過高的人因為很難以緊湊而迅速變化的身體姿勢來移動高大的身體,會發現他們很難成為一個優秀的跳水運動員。一般來說,雖然體型幾乎無法改變,但是輔導運動員選擇更適合其身材和體型的運動,可以幫助運動員取得成功。 |

面對新的要求。這迫使運動員去適應,進而導致LLTE和體能的增強。長期不改變訓練要求會導致厭倦乏味、貧乏的表現且幾乎無法增強體能。然而,與本章中大多數概念一樣,多樣性原則是一個最佳化問題。對新訓練需求的適應性,大多在前兩週內就能完成。然而,仍有許多其他適應性則需要長達六個星期才能完全顯現出來[46]。

## 章節總結

　　本章討論的訓練原則應作為開發可對其進行修改,以適合特定目標的訓練計劃的訓練模型指導原則。訓練原則也可構成一種測試訓練決策的挑戰。未能通過這些原則的挑戰,就應重新評估訓練計劃。儘管遵守這些原則不能保證成功,以這樣的指導原則運作應能提供一個框架,在這個框架下,教練的創造力和個性會對運動員最終的成功產生極大影響。幾乎沒有偉大的藝術家會在不了解其使用媒介(例如帆布、黏土、石頭)的本質,以及運用此媒介發揮的技巧下發展。假如要發揮最大效益,教練必須充分了解訓練以及參與訓練的運動員本質。

## 參考文獻

1. Banister, E.W. 1982. Exercise physiology. In: J.J. Jackson and H.A. Wenger (Eds.), *The sport sciences* (pp. 29-42). Victoria, British Columbia, Canada: University of Victoria.
2. Banister, E.W. 1991. Modeling elite athletic performance. In: J.D. MacDougall, H.A. Wenger, and H.J. Green (Eds.), *Physiological testing of the high-performance athlete* (2nd ed., pp. 403-424). Champaign, IL: Human Kinetics.
3. Banister, E.W., and T.W. Calvert. 1980. Planning for future performance: Implications for long term training. *Canadian Journal of Applied Sport Sciences* 5(3): 170-176.
4. Banister, E.W., P. Good, G. Holman, and C.L. Hamilton. 1986. Modeling the training response in athletes. In: D.M. Landers (Ed.), *Sport and elite performers* (*The 1984 Olympic Scientific Congress proceedings,* Vol. 3, pp. 7-23). Champaign, IL: Human Kinetics.
5. Bloom, B.S. 1985. Generalizations about talent development. In: B.S. Bloom (Ed.), *Developing talent in young people* (pp. 507-549). New York: Ballantine Books.
6. Bompa, T.O. 1985, February. Talent identification. *Science Periodical on Research and Technology in Sport,* 1-11.
7. Bompa, T.O. 1990a. Periodization of strength: The most effective methodology of strength training. *National Strength and Conditioning Association Journal* 12(5): 49- 52.
8. Bompa, T.O. 1990b. *Theory and methodology of training* (2nd ed.). Dubuque, IA: Kendall/Hunt.
9. Bompa, T.O. 1993. *Periodization of strength.* Toronto, Ontario, Canada: Veritas.
10. Bondarchuk, A. 1988, Winter. Constructing a training system. *Track Technique* 102: 3254-3259, 3268.
11. Calvert, T.W., E.W. Banister, M.V. Savage, and T. Bach. 1976. A systems model of the effects of training on physical performance. *IEEE Transactions on Systems, Man, and Cybernetics* 6(2): 94-102.
12. Campney, H.K., and R.W. Wehr. 1965. An interpretation of the strength differences associated with varying angles of pull. *Research Quarterly* 36(4): 403-412.
13. Cratty, B.J. 1971. Perception. In: L.A. Larson (Ed.), *Encyclopedia of sport sciences and medicine* (pp. 998-999). New York: Macmillan.
14. Drabik, J. 1996. *Children and sports training.* Island Pond, VT: Stadion.
15. Editors. 1985, September 30. A plan for cleaning up college sports. *Sports Illustrated* 63(15): 36-37.
16. Estes, W.K. 1957. Of models and men. *American Psychologist* 12: 609-617.
17. Fleck, S.J. 1994. Detraining: Its effects on endurance and strength. *Strength and Conditioning* 16(1): 22-28.
18. Francis, C., and P. Patterson. 1992. *The Charlie Francis training system.* Ottawa, Ontario, Canada: TBLI.
19. Garhammer, J., and B. Takano. 1992. Training for weight- lifting. In: P.V. Komi (Ed.), *Strength and power in sport* (pp. 357-369). Oxford, England: Blackwell Scientific.
20. Gilbert, D. 1980. *The miracle machine.* New York: Coward, McCann and Geoghegan.
21. Graves, J.E., M.L. Pollock, A.E. Jones, A.B. Colvin, and S.H. Leggett. 1989. Specificity of limited range of motion variable resistance training. *Medicine and Science in Sports and Exercise* 21(1): 84-89.
22. Graves, J.E., M.L. Pollock, S.H. Leggett, R.W. Braith, D.M. Carpenter, and L.E. Bishop. 1988. Effect of reduced training frequency on muscular strength. *International Journal of Sports Medicine* 9: 316-319.
23. Greenspan, E. 1983. *Little winners.* Boston: Little, Brown.
24. Harre, D. 1982. *Principles of sports training.* Berlin, German Democratic Republic: Sportverlag.
25. Harre, D. 1986, August. Recovery: Part two—overtraining. *Science Periodical on Research and Technology in Sport,* 1-7.
26. Harre, D. 1990. The dynamics of the training load. In: J. Jarver (Ed.), *A collection of European sports science translations part II* (pp. 39-41). Kidman Park, Australia: South Australian Sports Institute.
27. Hill, C.R. 1996. *Olympic politics* (2nd ed.). Manchester, U.K.: Manchester University Press.
28. Hoberman, J. 1992. *Mortal engines.* New York: Free Press.
29. Hodge, K.P., and D.A. Tod. 1993. Ethics of childhood sport. *Sports Medicine* 15(5): 291-298.

30. Hugh Morton, R. 1991. The quantitative periodization of athletic training: A model study. *Sports Medicine, Training and Rehabilitation* 3: 19-28.
31. Johnson, W.O., and A. Verschoth. 1991. *Thrown free.* New York: Simon & Schuster.
32. Jones, L.A. 1988. Motor illusions: What do they reveal about proprioception? *Psychological Bulletin* 103(1): 72-86.
33. Kurz, T. 1991. *Science of sports training.* Island Pond, VT: Stadion.
34. Lutz, D.J. 1990. An overview of training models in sport psychology. *Sport Psychologist* 4: 63-71.
35. Masood, E. 1996. Bannister urges spreading the net. *Nature* 382(6586): 13.
36. Matsudo, V.K.R. 1996. Prediction of future athletic excel- lence. In: O. Bar-Or (Ed.), *The child and adolescent athlete* (pp. 92-109). Oxford, England: Blackwell Science.
37. Matveyev, L. 1977. *Fundamentals of sports training.* Moscow: Progress.
38. Miracle, A.W., and Rees, C.R. 1994. *Lessons of the locker room.* Amherst, NY: Prometheus Books.
39. Moffroid, M., and R.H. Whipple. 1970. Specificity of speed of exercise. *Physical Therapy* 50: 1693-1699.
40. Morrissey, M.C., E.A. Harman, and M.J. Johnson. 1995. Resistance training modes: Specificity and effective- ness. *Medicine and Science in Sports and Exercise* 27(5): 648-660.
41. Morton, R.H., J.R. Fitz-Clarke, and E.W. Banister. 1990. Modeling human performance in running. *Journal of Applied Physiology* 69(3): 1171-1177.
42. Murphy, A. 1991, July 1. Unsportsmanlike conduct. *Sports Illustrated* 75(1): 22-24.
43. Nilsson, S. 1987. Overtraining. In: S. Maehlum, S. Nils- son, and P. Renstrom (Eds.), *An update on sports medicine* (*Proceedings from the Second Scandinavian Conference in Sports Medicine,* Soria Moria, Oslo, March 9-15, 1986, pp. 97-104). Oslo: Danish and Norwegian Sports Medi- cine Associations and the Swedish Society of Sports Medicine.
44. O'Brien, R. 1993. Preliminary talent identification test development: Physical performance measures of junior Olympic divers. In: R. Malina and J.L. Gabriel (Eds.), *U.S. Diving Sport Science Seminar 1993 proceedings* (pp. 17-25). Indianapolis: U.S. Diving.
45. Oda, S., and T. Moritani. 1994. Maximal isometric force and neural activity during bilateral and unilateral elbow flexion in humans. *European Journal of Applied Physiology and Occupational Physiology* 69: 240-243.
46. Olbrecht, J. 2000. *The science of winning.* Lutton, England: Swimshop.
47. Ozolin, N.G. 1970. Do not simplify the training program. *Yessis Review of Soviet Physical Education and Sports* 5(4): 84-93.
48. Poliquin, C. 1988, August. Variety in strength training. *Science Periodical on Research and Technology in Sport* 8: 1-7.
49. Poliquin, C. 1991. Training for improving relative strength. *Science Periodical on Research and Technology in Sport* 11: 1-9.
50. Pope, H.G., D.L. Katz, and R. Champoux. 1988. Anabolic-androgenic steroid use among 1,010 college men. *Physician and Sportsmedicine* 16(7): 75-81.
51. Preising, W. 1989. Children in sport: A European perspective. *Sports Coach* 12(3): 27-31.
52. Press, A. 1992, August 10. Old too soon, wise too late? *Newsweek,* 22-24.
53. Rasch, P.J., and L.E. Morehouse. 1957. Effect of static and dynamic exercise on muscular strength and hypertrophy. *Journal of Applied Physiology* 11(1): 29-34.
54. Reeve, T.G., and R. Mainor. 1983. Effects of movement context on the encoding of kinesthetic spatial information. *Research Quarterly for Exercise and Sport* 54: 352-363.
55. Sale, D., and D. MacDougall. 1981. Specificity in strength training: A review for the coach and athlete. *Canadian Journal of Applied Sport Sciences* 6(2): 87-92.
56. Sands, W.A. 1991a. Monitoring the elite female gymnast. *National Strength and Conditioning Association Journal* 13(4): 66-71.
57. Sands, W.A. 1991b. Science puts the spin on somersaulting. *RIP* 2(2): 18-20.
58. Sands, W.A. 1993. *Talent opportunity program.* Indianapolis: United States Gymnastics Federation.

59. Shultz, B.B., and W.A. Sands. 1995. Understanding measurement concepts and statistical procedures. In: P.J. Maud and C. Foster (Eds.), *Physiological assessment of human fitness* (pp. 257-287). Champaign, IL: Human Kinetics.
60. Siff, M.C. 1996a. *Puzzle & Paradox,* 73.
61. Siff, M.C. 1996b. *Puzzle & Paradox,* 73.
62. Siff, M.C., and Y.V. Verkhoshansky. 1993. *Supertraining.* Johannesburg, South Africa: University of the Witwatersrand, School of Mechanical Engineering.
63. Simon, R.L. 1991. *Fair play.* Boulder, CO: Westview Press.
64. Tabachnik, B., and V. Mekhrikadze. 1986. The aim of training—the competitive model (sprint). *Soviet Sports Review* 21: 105-108.
65. Taranov, V., I. Mironenko, and V. Sergejev. 1995. A cyclic blocks system for jumping events. *Modern Athlete and Coach* 33(4): 28-30.
66. Telander, R., and R. Sullivan. 1989, February 27. You reap what you sow. *Sports Illustrated* 70(9): 20-26.
67. Todd, T., and D. Hoover. 1979. *Fitness for athletes.* Chicago: Contemporary Books.
68. Verhoshansky, U.V. 1985a. The long-lasting training effect of strength exercises. *Soviet Sports Review* 20: 1-3.
69. Verhoshansky, U.V. 1985b. The long-lasting training effect of strength exercises. *Soviet Sports Review* 20: 91-93.
70. Verkhoshansky, U. 1981. How to set up a training pro- gram in speed-strength events. *Soviet Sports Review* 16: 53-57.
71. Verkhoshansky, Y.V. 1977. *Fundamentals of special strength- training in sport.* Moscow: Fizkultura i Sport; Livonia, MI: Sportivny Press, 1986 [translated by A. Charniga].
72. Verkhoshansky, Y.V. 1981. Special strength training. *Soviet Sports Review* 16: 6-10.
73. Verkhoshansky, Y.V. 1985. *Programming and organization of training.* Moscow: Fizkultura i Sport; Livonia, MI: Sportivny Press, 1988 [translated by A. Charniga].
74. Viru, A. 1988. Planning of macrocycles. *Modern Athlete and Coach* 26: 7-10 [translated from *Kehakultuur* 47(19), 1986, Tallinin, Estonian U.S.S.R.].
75. Viru, A. 1990. Some facts about the construction of microcycles in training. In: J. Jarver (Ed.), *A collection of European sports science translations* (pp. 11-13). Kidman Park, Australia: South Australian Sports Institute.
76. Viru, A. 1995. *Adaptation in sports training.* Boca Raton, FL: CRC Press.
77. Yesalis, C.E. 1993. Introduction. In: C.E. Yesalis (Ed.), *Anabolic steroids in sport and exercise* (pp. xxiv-xxxiv). Champaign, IL: Human Kinetics.
78. Yesalis, C.E., S.P. Courson, and J. Wright. 1993. History of anabolic steroid use in sport and exercise. In: C.E. Yesalis (Ed.), *Anabolic steroids in sport and exercise* (pp. 35-47). Champaign, IL: Human Kinetics.
79. Zatsiorsky, V.M. 1995. *Science and practice of strength training.* Champaign, IL: Human Kinetics.

# 第一部
# 肌肉收縮與力學的基礎

　　本書第一部分的重點在於神經肌肉生理學，以及更廣泛應用的生物力學科學背後的機制與原理。第二章討論了軀體神經系統（somatic nervous system）與骨骼肌的結構，及其功能背後的機制（收縮及力量產生）。第三章討論力量的產生、運動控制（motor control）以及骨骼和神經肌肉系統在創造動作時的相互作用。

　　為了讓讀者就第三部分和第四部分更實際的討論預先做好準備，必須先了解這些原理。教練和運動科學家必須發展對基礎科學的理解。理解基礎科學能為制定合理的訓練過程創造出更高的潛力，更有可能產生所期望的短期／長期適應性。本書的第一部分以及第二部分目的就是要為這個目標奠定堅實基礎。

# 第二章
# 神經肌肉生理學

除思考外，所有人類活動都需要身體動作，包括人類在內的所有動物都依賴動作來生存。人類和一些動物常常只是為了愉悅而動作，但就人類而言，動作通常採取身體競賽和體育運動的形式。允許運動發生的基本器官系統是軀體神經肌肉系統（somatic neuromuscular system）。骨骼肌的組成，大約是75%的水、20%的蛋白質和5%的其他物質，像是礦物質，碳水化合物和磷酸（phosphagens）等等。人體包含640塊大小和形狀各異的肌肉。肌肉橫跨骨骼關節，並附著在兩個以上的槓桿（骨骼）上；肌肉的收縮使槓桿末端更加靠近，進而產生動作和移動。本章討論骨骼肌的組成，神經支配及功能。

## 肌肉的定義

肌肉的基本功能是產生力量。其次，肌肉可以為生物體提供某種外觀形狀。從解剖學和功能上來講，肌肉可以分為平滑肌和橫紋肌兩種類型。橫紋肌或條紋肌可進一步分為骨骼肌和心肌（cardiac）。無論哪種類型，所有肌肉都具有以下基本屬性[42]：

- 傳導性：肌肉具有傳導動作電位的能力。
- 應激性：肌肉受到刺激時會產生反應。
- 收縮性：肌肉會縮短或在兩端之間產生張力。
- 放鬆性：肌肉在收縮後可以恢復放鬆狀態。
- 可伸展性：肌肉可以藉由外部的力量拉伸。只要不超過生理極限，就不會傷害肌肉。
- 彈性：肌肉將抵抗伸長，並且在被動或主動伸長後回到原始位置。彈性與可伸展性相反。

包括外觀在內，平滑和橫紋肌有多種方式可以輕易區分。例如，平滑肌是單核的，含有肌節（肌肉的功能單位），彼此呈斜角排列；在光學顯微鏡下，由於肌節的方向，平滑肌的特色顯得相對不明顯。另一方面，橫紋肌含有稱為肌原纖維的蛋白質陣列，這些蛋白質陣列彼此平行並形成橫紋或條紋。透過外觀和像是內在收縮能力等功能差異，可以輕易分辨心肌與骨骼肌。（我們不會討論平滑肌和心肌的細節，儘管很有趣，但這類討論不在本書範圍之內。）

## 肌肉的結構與功能

　　骨骼肌的大小和形狀各異。眼睛的小肌肉可能只有數百個細胞，而股外側肌可能包含數十萬個肌肉細胞。肌肉的形狀取決於其整體結構，進而有助於定義肌肉的功能。有些肌肉相當厚，例如臀肌；有些長而相對細長，例如縫匠肌。其他例如手指的伸肌，則是肌腱很長。這些肌肉形狀和結構上的差異，允許骨骼肌在相對廣泛的任務範圍內，有效發揮其功能。

　　例如，具有較大橫截面積的粗厚肌肉能夠產生較大的力量；較長的肌肉可以在較大的距離上收縮，並在收縮時產生更高的速度；有長肌腱的肌肉可以形成滑輪結構，能在肌肉和肌腱的動作相對較小的情況下，允許較大的外部動作（例如用手指抓握）。一些長而細的肌肉，像是縫匠肌和股二頭肌，由橫向纖維帶（transverse fibrous bands）分隔，形成不同的肌段或腔室[64]。儘管過去認為纖維會沿著這些肌肉延伸，但由於這些腔室，人類肌纖維最長長度約為12公分（4.7英寸）[64]。各個腔室肌纖維類型分佈和橫截面積並不相同[29]。每個腔間有個別的神經支配，然而，單一運動神經元通常會支配相鄰腔室中的肌纖維。但是，目前尚未完全了解腔室分隔的功能。分隔的可能結果之一，就是可以確保肌纖維沿肌腹部，相對同步且迅速發生收縮。不過，也有可能單獨徵召腔室[28]。

　　肌纖維可以排列成兩種基本結構模式，**梭形**和**羽狀**。大多數人的肌肉是梭形的，纖維大部分沿著肌肉縱軸平行排列。在許多較大的肌肉中，纖維則傾斜的插入肌腱，這種排列類似羽毛（也就是羽狀）。羽狀肌中的纖維通常比梭形肌中的短。羽狀肌纖維的排列可以是單邊形式或雙邊形式，像是前臂的肌肉，也可以是多羽狀，像是臀大肌或三角肌（圖2.1）。

　　羽狀肌肉的纖維以一定角度拉動肌腱，所以實際施加在肌腱上力的大小可以用餘弦公式來計算。靜止時，大多數人肌肉的羽狀角度約為10度以下，而且對力量產生等大多數功能特性似乎沒有顯著影響[78,96,97]。但是，在肌肉收縮期間，羽狀的角度會出現變化，並且可能會改變某些功能參數，至少在某些肌肉中是如此[35,68]。在肌肉收縮過程中，羽翼

| 梭形 | 單羽狀 | 雙羽狀 | 多羽狀 | 三角狀 |
|---|---|---|---|---|
| （縫匠肌） | （半膜肌） | （股直肌） | （三角肌） | （胸大肌） |

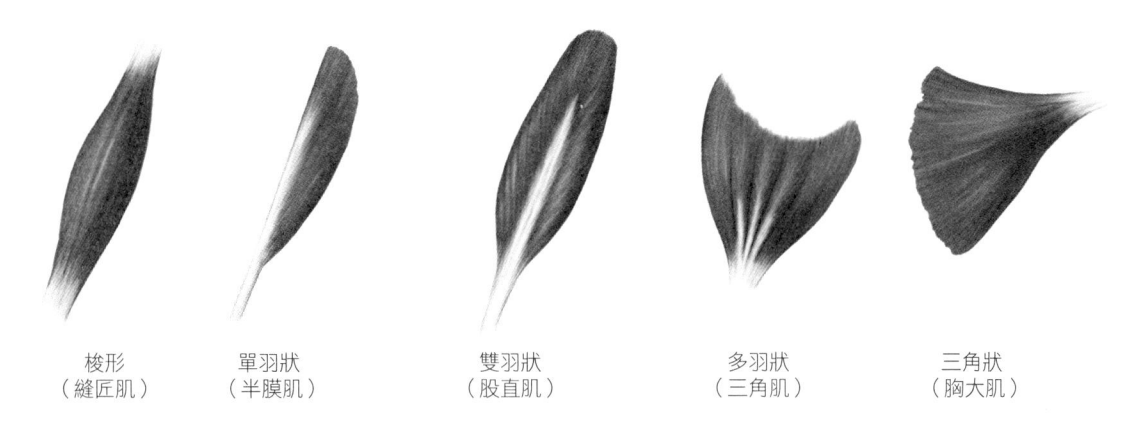

**圖2.1　肌纖維排列的種類**

資料來源：Reprinted, by permission, from W. Whiting and S. Rugg, 2005, *Dynatomy* (Champaign, IL: Human Kinetics).

的傾斜角度可能會增加到足以降低收縮速度並增加力量產生的程度。羽狀肌也可能產生肥大效果，肌肥大會平行增加肌節並改變羽狀肌的角度與功能特性[11,92]。

羽狀肌纖維比梭形肌纖維更具有力量優勢，因為在相同體積下，羽狀肌中會有更多的肌纖維，因此羽狀肌的有效橫截面較大。羽狀肌還允許更多的肌節平行排列（犧牲了串聯的排列方式），從而提高了力量輸出能力[37,78,79]。另外，與肌纖維縮短的長度相比，中央的肌腱移動距離更大，使肌纖維能夠在最佳的長度—張力曲線下運作[37,64]。

肌肉大約85%的質量是由肌纖維組成；其餘15%主要是結締組織。肌肉是由結締組織組成與塑形，結締組織是由膠狀基質、膠原蛋白以及不同比例的網狀及彈性蛋白纖維組成。在肌肉中，結締組織主要負責力量的傳遞，例如透過肌腱將力量從肌肉傳遞到骨骼。結締組織的彈性及可伸展性有助於確保肌肉產生的張力能夠順利傳遞，讓拉伸後的肌肉恢復其原始形狀。因此，肌肉的結締組織為肌肉內串聯或並聯的彈性元素提供了架構。當肌肉在被動伸展或主動收縮時，所產生的初始張力主要是由結締組織的彈性特性引起。收縮過程中，肌肉無法主動產生力或是抵抗外在阻力，直到彈性組件被伸展且肌肉張力和外在阻力（負荷）達到平衡為止。

肌肉的結締組織分為三個層次：肌外膜（epimysium），肌內膜（endomysium）和肌束膜（perimysium）。這三個層次是由不同大小、不同方向的結締組織纖維所組成，特別是膠原（圖2.2）。肌肉的外表面覆蓋著相對較厚且非常堅硬的結締組織，即肌外膜細胞，該組織將其與周圍的肌肉分開。動脈和靜脈貫串肌內膜。肌外膜的膠原纖維被編織成波浪狀且緊密的膠原束。這些膠原束連接到肌束膜。肌束膜將肌肉分成數個肌束，每一個肌束約包含100至150條肌纖維，形成楔狀束（fasciculus）或直肌束（fascicle）。然而，用於產生小或非常精細動作的肌肉具有較小的肌束，且該肌束包含相對較少的肌纖

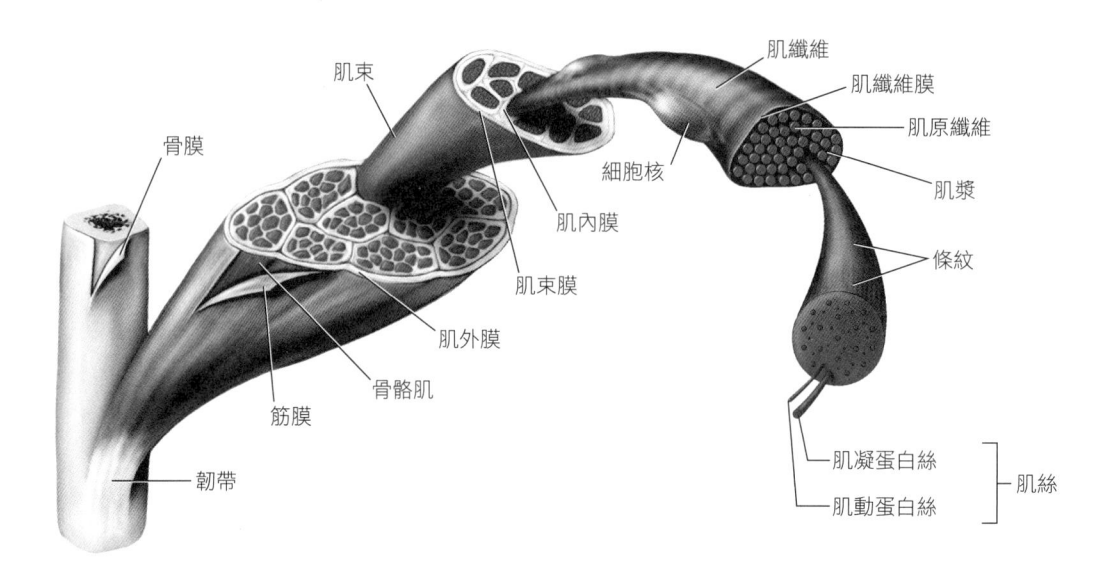

**圖2.2 骨骼肌的組成**

資料來源：Reprinrted, by permission, from W. Whiting and S. Rugg, 2005, *Dynatomy* (Champaign, IL: Human Kinetics).

維及較大比例的結締組織[42]。肌纖維具有多邊形的橫截面形狀，因此可以使肌束包含更多的肌纖維[64]。通常，纖維的間隙為約1μm。肌束膜也形成結締組織的隧道，即肌內隔（intramuscular septa），穿過肌腹，並為較大的小動脈，小靜脈和神經提供通路。肌束膜包含許多大的膠原束，這些膠原束環繞在肌束內肌肉纖維的表面上。一些膠原蛋白束以十字形式環繞肌束，增加了肌束結構的穩定性。在結締組織中較厚的肌束膜之下，是較鬆散的膠原纖維網路，該膠原纖維在各個方向上延伸並與肌內膜相連。肌內膜由直徑為60到120 nm的膠原纖維所組成，圍繞著每條肌纖維，進一步增加穩定性。毛細血管在各個肌纖維之間延伸，位於肌內膜內且由肌內膜穩定。許多肌內膜纖維與肌束膜相連，大多也與位於肌肉細胞肌纖維膜外部的基底膜相連[64]。

## 肌肉結締組織的介面

肌纖維接近肌腱根部（tendon of origin）的地方明顯較窄。在纖維末端，肌纖維膜由大量的褶皺組成，這些褶皺與圍繞纖維結締組織的褶皺相互交錯。廣泛的折疊和交錯確保肌肉力量分佈在大面積上，因而降低了表面應力[64]。另外，纖維以傾斜的角度與基底膜各層相互作用，進而減小了剪應力（shearing stress）[91]。肌原纖維不直接與肌纖維的肌纖維膜相連；肌動蛋白絲附著在像是黏著斑蛋白（Vinculin）、塔林蛋白（Talin）、椿蛋白（Paxillon）和肌腱蛋白（Tensin）等連結蛋白上，位於與肌纖維膜外表面相連的基底膜內[64]。

由三層組成的基底膜位於肌內膜和肌纖維膜之間，由糖蛋白複合物組成，並具有構造結構、提供營養和酶反應的功能。基底膜的主要功能如下[64]：

- 調節神經肌肉接口（NMJ）
  - 刺激突觸褶皺的發展以及將乙醯膽鹼受器滲入肌纖維膜內
  - 引導軸突再生到原始NMJ的位置
  - 為特殊運動終板結構的發展提供信號
- 終止突觸的傳遞（基底膜含有乙醯膽鹼酯酶〔AChE〕）
- 將肌纖維附著於肌內膜
- 附著在NMJ上
- 為肌細胞的再生提供支架

## 肌纖維

儘管形態各有不同，但所有肌肉都是由單個細胞或**肌纖維**組成的。肌纖維在端點會逐漸被拉長且逐漸變細。典型的肌纖維直徑約為50μm（範圍：10至150μm），某些肌纖維長度可能貫串整個肌肉／腔體[32,64]，因此有些肌纖維顯得很長，可達20公分（7.9英寸）[78]。然而，肌纖維在功能上和解剖學上的本質仍存在爭議[78]。以結締組織截距為基礎，且沿著假設性的功能性肌纖維生長，並研究不同哺乳動物的肌肉後，Richmond與Armstrong[75]以及Gordon與其同事[41]發現，肌纖維的長度通常約為2公分（0.8英寸）。過去研究[1,79,81]表明，肌纖維可能相當長，且沒有可用於鑑定結締組織截距的特定技術[78]。因此，典型的哺乳動物肌肉纖維長度可能在1至3公分（0.4至1.2英寸）的範圍內。

## 肌漿及細胞器

骨骼肌細胞內含由水、鹽、蛋白質和各種其他被稱為肌漿的物質，所組成的半流體狀細胞質。肌細胞中懸浮著各種細胞器，包括細胞核、粒線體、細胞骨架和細胞管系統、糖原顆粒和脂質液泡。通常，肌肉細胞的蛋白質可分為四類：（1）顆粒（granules）和細胞器、（2）間質（stroma）和肌纖維膜、（3）肌原纖維與（4）肌漿（sarcoplasmic）[42,64]。肌漿蛋白佔據了肌原纖維與肌紅蛋白／糖酵解酶之間的空間。

肌纖維包含各種具有特定功能的細胞器，包括能夠自我複製以及與能量產生有關的細胞器。許多肌肉細胞內的細胞器有獨特的命名法，以與其他細胞的細胞器做出區隔。

含有肌漿的細胞膜或肌纖維膜是一種流體馬賽克結構，約7.5 nm厚，主要由脂質和蛋白質組成。與其他細胞膜一樣，其兩個主要功能是封閉細胞內的物質並調節各種物質進入

和流出細胞的通道。超微結構和生化分析指出，肌纖維膜主要由垂直於纖維縱軸排列的雙層磷脂組成（圖2.3）。親水性脂質的頭部，形成膜的內表面和外表面，而疏水性尾部形成膜的內部。頭部主要由膽鹼（choline），磷酸鹽（phosphate）和甘油（glycerol）組成；尾部則由脂肪酸鏈組成[64]。膽固醇存在於磷脂分子之間，並增加了膜的結構穩定性和剛性。

由於幾次迴旋卷積和膜的折疊，肌纖維膜具有相對不規則的表面，且因為連接褶皺，α運動神經元運動終板的突觸區域中，產生了許多迴旋。與I型（慢速）肌纖維相比，II型（快速）肌纖維通常具有更大面積的接口摺痕。沿著表面的其他部位也有褶皺，這些褶皺在肌纖維休息時才存在，但在肌纖維收縮或被動拉伸時會因伸展而消失[64]。此外，還有一些空腔形成了稱為胞膜窖（caveolaesc）的凹穴，這些胞膜窖藉由狹窄的頸部連接到外表面。在平滑肌中，胞膜窖可能與骨骼肌中的T管（T-tubule）具有類似功能。儘管骨骼肌中胞膜窖的確切功能尚不確定，但當膜被拉伸時它們可以充當表面緩衝區[20]。此外，

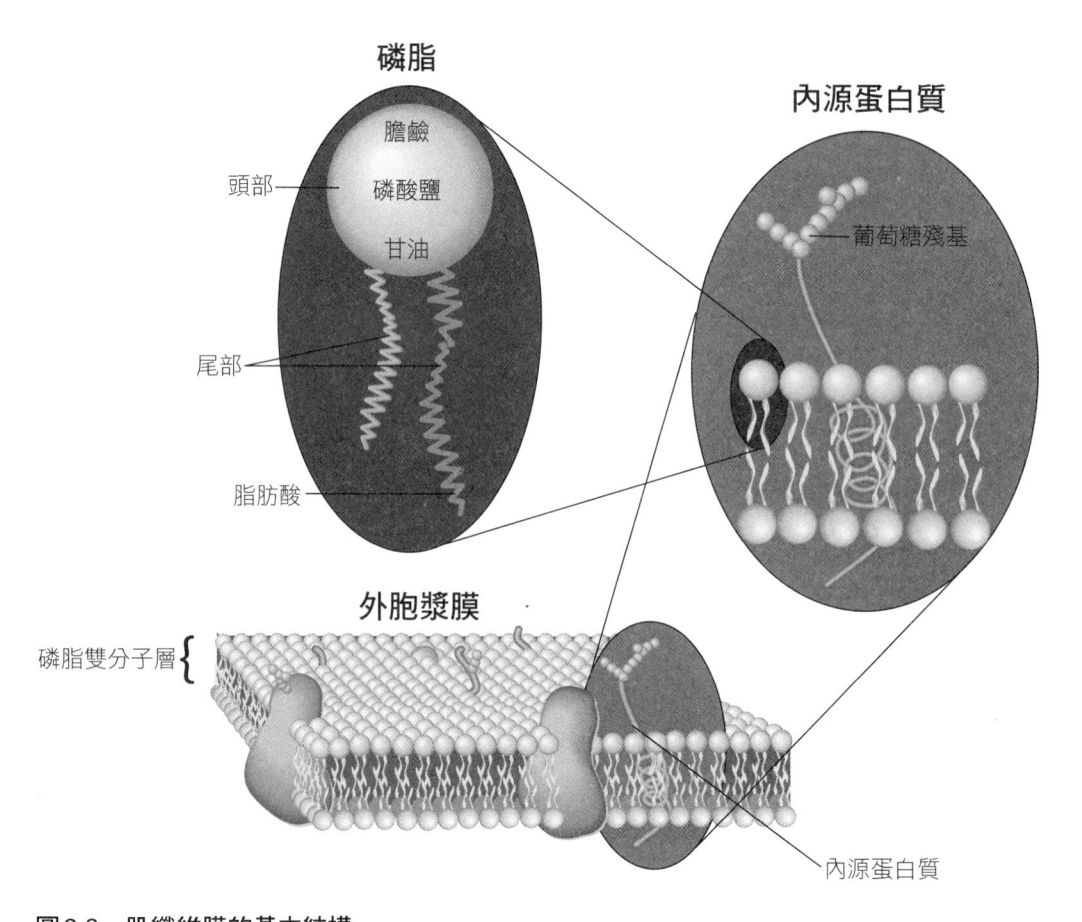

**圖2.3　肌纖維膜的基本結構**

資料來源：Adapted from B.R. MacIntosh, P.F. Gardiner, and A.J. McComas, 2006, *Skeletal muscle*, 2nd ed. (Champaign, IL: Human Kinetics), 12.

磷脂雙分子層中還嵌入了不同類型的蛋白質。

　　磷脂雙分子層中存在內源和外源蛋白（圖2.3）。內源蛋白完全滲透雙分子層；外源蛋白僅附著在肌纖維膜的內表面或外表面，且能輕易透過化學方法除去[64]。許多蛋白質被糖基化且有糖殘基延伸到基底膜。糖殘基顯然起了捕獲細胞外液中各種分子的作用，並將它們引向膜中的蛋白質[64]。內源和外源蛋白質包括以下物質[64]：

- 運輸蛋白，包括在電解中起作用的蛋白質，例如鈉鉀泵（sodium-potassium pump），離子通道以及神經傳導物質受器（乙醯膽鹼）
- 腺苷酸環化酶（Adenyl cyclase），負責催化形成環腺苷單磷酸（AMP）的反應
- 調節蛋白，例如G蛋白，與三磷酸鳥苷（GTP）結合並參與腺苷酸環化酶的活化
- 各種激酶，透過磷酸化作用來活化蛋白
- 各種荷爾蒙受體
- 整聯蛋白（Integrins），連結基底膜及肌內膜到肌纖維膜及細胞骨架結構

　　脂質在體溫下相對接近液體狀態，而蛋白質則因透過結合蛋白附著在細胞內或細胞外的結構上，使其運動受限且更穩定（請參見〈肌肉結締組織的介面〉一節）。

　　細胞骨架系統由強化並穩定細胞中多種結構的蛋白質網路組成[64]。肌縮蛋白（Dystrophin）、肌動蛋白（actin）和血影蛋白（spectrin）等細胞骨架蛋白可支撐肌纖維膜並防止肌肉收縮過程中產生的撕裂。肌間線蛋白（desmon）、聯絲蛋白（synemin）和波形蛋白（vimentin）將肌原纖維包裹在Z盤（z-disk）附近，並與肌原纖維結合。細胞骨架同時也支撐且定位其他細胞器，像是細胞核和線粒體。

## 細胞管系統

　　骨骼肌纖維的管狀系統可分為兩部分，肌漿網和T管狀系統（transverse tubular，T-tubule）。肌漿網（sarcoplasmic reticulum，SR）是一種縱向管狀網路，與其他細胞中的平滑內質網相似。這些管狀系統以平行方向圍繞著肌原纖維。SR是由包含一個$Ca^{++}$-ATPase（三磷酸腺苷酶）泵及一個囊狀內質網終池（terminal cisterna）的縱向部所組成（圖2.4a）。SR的縱向部分與其餘SR互連，藉由側通道穿過細胞，從而形成巨大的管狀網路[64]。收縮時，縱向部會變得較短且較寬。SR是為$Ca^{++}$的容器；正常休息條件下，SR內$Ca^{++}$的濃度比周圍的肌漿高10,000倍[10]。由於去極化作用，鈣離子透過蘭諾丁受體（ryanodine，RYR）通道釋放到肌漿中，這對於活化肌肉收縮來說是必不可少的[95]。當$Ca^{++}$重新分離到SR中，肌肉就會放鬆。

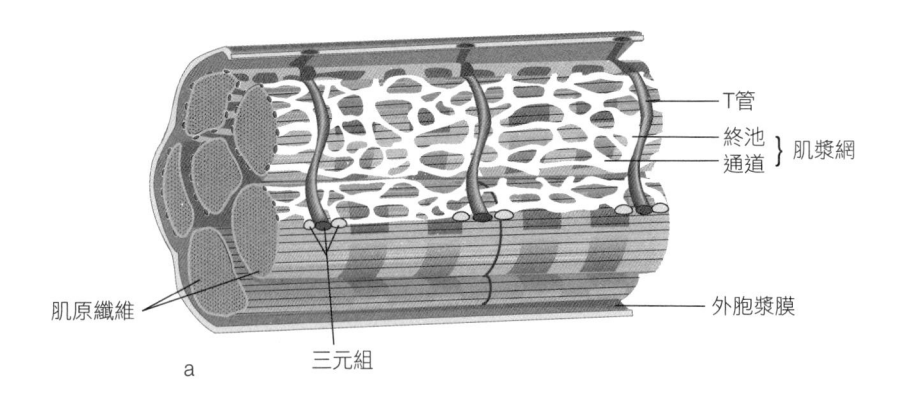

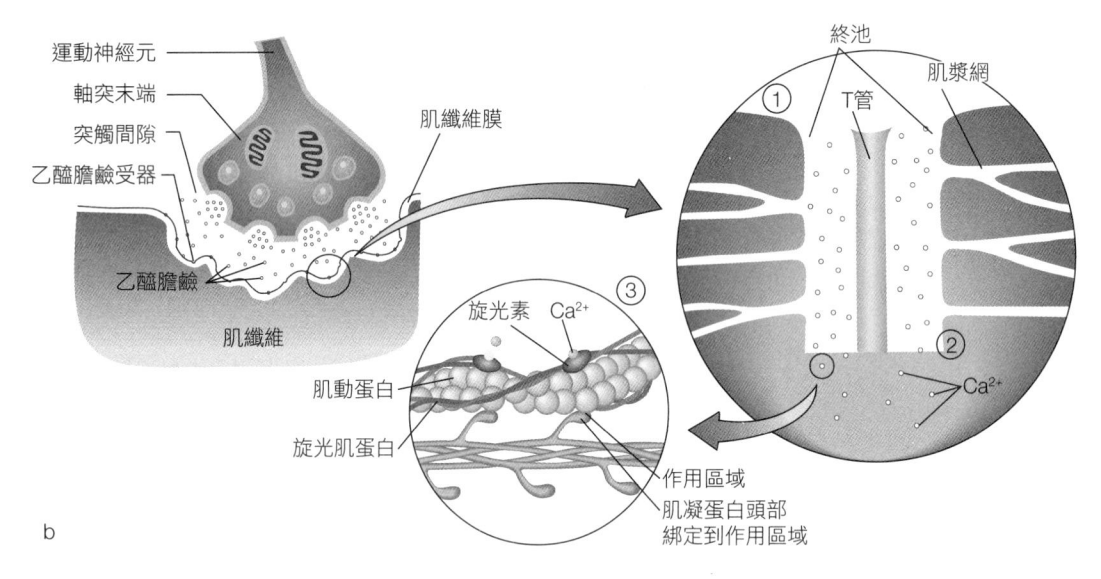

**圖2.4**

（a）肌漿網（b）T管。步驟1中，動作電位穿過肌纖維膜並沿著T管移動。步驟2中，動作電位從T管轉移到SR，導致鈣離子釋放。步驟3中，Ca++與旋光素C相互作用，觸發肌肉收縮。

參考資料：（a）Adapted, by permission, from B.R. MacIntosh, P.F. Gardiner, and A.J. McComas, 2006, *Skeletal muscle*, 2nd ed. (Champaign, IL: Human Kinetics), 17.

參考資料：（b）Reprinted, by permission, from J.H. Wilmore and D.L. Costill, 2004, *Physiology of Sport and Exercise*, 3rd ed. (Champaign, IL: Human Kinetics), 41.

　　T管與肌纖維垂直，含有細胞間液，並規律的滲入肌纖維膜，在肌節的A和I帶交界處形成圍繞肌原纖維相對狹窄的通道。T管在稱為內質網終池的擴張部分橫穿了SR。T管中斷SR的點形成了一個由三個元素組成的結構，稱為**三元組（triad）**。從電子顯微鏡觀察，T管和SR似乎是由稱為連結腳（junctional feet）的大蛋白複合物相連的[26]。連結腳似乎是組成SR中RYR通道蛋白質的一部分，並可能與嵌入T管的二氫吡啶（dihydropyridine，DHP）通道相連[95]。T管的功能是將動作電位從肌纖維膜轉移到細胞

內部和SR（圖2.4b）。據推測，T管中的動作電位刺激會引起DHP通道構形的改變，繼而造成連結腳改變構形。連結腳嵌入SR膜內並緊黏著鈣離子通道蛋白，主要扮演著閘門的角色。正常情況下，鈣離子通道門是關閉的，隔開SR中的$Ca^{++}$。當連接腳改變構形時，鈣離子通道門打開，$Ca^{++}$沿濃度梯度進入肌漿，使肌漿中的$Ca^{++}$濃度升高約100倍[10]。肌漿$Ca^{++}$濃度的增加會觸發調節蛋白作用，導致肌肉收縮。

### 粒線體

粒線體通常是長約1.5μm的長方形結構。由於肌原纖維和其他細胞器的存在，肌肉細胞堆積得很緊密，其粒線體（肌小粒〔sarcosomes〕）通常比其他細胞的粒腺體短。粒線體位於最主要的能量供應區域，例如肌原纖維附近。粒線體包含雙層膜結構，其內膜折疊成十字形，產生較大的內膜表面積（圖2.5）。內摺膜（cristae）內區域稱為基質（matrix）或基質空間（matrix space）。外膜含有許多不同類型的嵌入蛋白，其功能大多為運輸分子[64]。運輸蛋白能使10道爾頓（kilodalton，kD）以下的分子自由通過膜間腔（intermembrane space）。內膜還包含控制著各種物質從膜間進出基質空間的運輸蛋白。

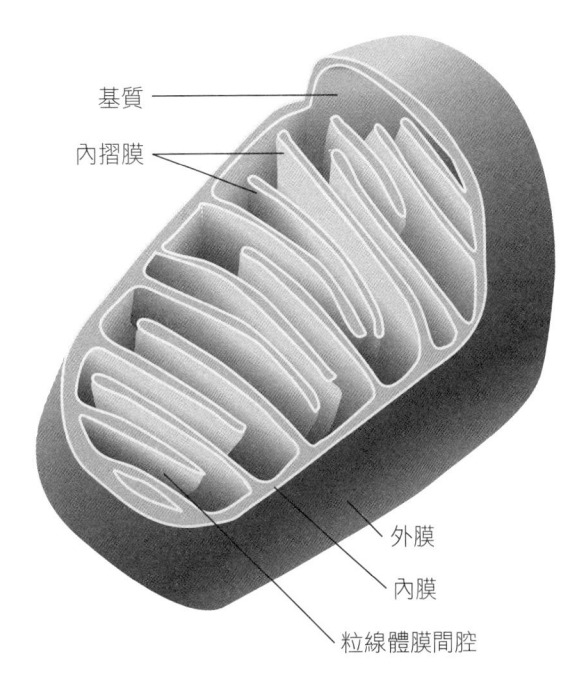

**圖2.5 粒線體基本結構**

資料來源：Adapted, by permission, from B.R. MacIntosh, P.F. Gardiner, and A.J. McComas, 2006, *Skeletal muscle*, 2nd ed. (Champaign, IL: Human Kinetics), 19.

基質空間含有酶，用於催化克勞伯循環（Krebs cycle）、β-氧化和由丙酮酸形成的乙醯輔酶A（CoA）。與細胞呼吸有關的15個分子均位於內膜[64]。內膜外部包含脂質合成所必需的酶。粒線體的獨特之處為，它們還含有線粒體特有的去氧核糖核酸（deoxyribonucleic acid，DNA），且顯然是直接繼承於母親（您應該感謝母親賜予你的粒線體DNA）。線粒體DNA的功用顯然在於複製細胞器、生產粒線體中各種運輸以及酶促蛋白。

### 細胞核

肌肉細胞均屬多核，人的細胞核內包含23對染色體，每個染色體有數千個基因。細

胞核位於雙層的膜內，通常分散在肌纖維膜的內表面附近。在運動神經終板（motor end plate）附近的細胞核密度特別高。肌肉細胞核包含染色體，這些染色體為肌漿中的蛋白質合成提供指令（請參見第十章〈肌肥大和肌增生〉一節中的蛋白質合成）。

在光學顯微鏡下，無法區分肌肉細胞核與衛星細胞核的差別。衛星細胞附著在肌纖維膜（基底膜）上，並藉由雙層膜將衛星細胞與肌纖維中的肌漿分開[64]。衛星細胞約佔成年人肌肉細胞核的1%，對疾病或受傷後的肌肉組織再生尤其重要[64]。衛星細胞在增生的過程中可能扮演重要角色，而增生現象可能來自**大重量訓練**。

## 肌節

如前所述，肌節是肌肉的功能單位。它們是由許多種元素所構成的，其中包含多種不同蛋白質，接下來將對其進行討論。

蛋白質陣列或肌原纖維主要由收縮性蛋白（肌動和肌凝蛋白）以及少量的調節和結構蛋白組成。肌原纖維蛋白中約有80%是肌動和肌凝蛋白[42]。肌凝蛋白約佔肌原纖維的60%至70%，粘性相對較高，重約500kD；肌動蛋白約佔肌原纖維的20%至25%，是一種低粘度的蛋白質，約重75kD。肌凝蛋白分子長約150nm，由兩條重鏈組成，以長尾包裹在α螺旋中，並與兩個梨形頭相連（圖2.6）。

藉由胰蛋白酶分化程序可以將肌凝蛋白分子分解成兩個亞基，即重分支肌凝蛋白（HMM）和輕分支肌凝蛋白（LMM）。用木瓜蛋白酶處理HMM會產生一個線性片段（HMM-$S_2$）和一個包含兩個肌凝蛋白頭的球形片段（HMM-$S_1$）。HMM-$S_1$片段中含有負責讓三磷腺苷酸酶（ATPase）活化的肌凝蛋白重鏈（MHC）；「頭」是肌肉產生力量的部位。MHC是活化ATPase的主要決定因素，因此它們主要也負責收縮的速度[74,30]。在分子的頸部區域，每個頭都與兩個重20kD，會影響球狀頭部ATPase活性的輕肌凝蛋白（MLC）分子結合，這很有可能是用來調節收縮過程中的動力衝程速度[62]。MHC及MLC的同功型（isoform）是決定人類骨骼肌纖維類型分類的主要因素[3,9,38,88]。基本上，MHC有兩個同功型，快速和慢速，MLC則至少有四個同功型（見表2.1）。視肌纖維類型，肌凝蛋白ATPase活性，可按以下順序排序：IIB > IIX > IIA > IIC > I。關於人類肌肉中MHC的確切類型，還存有一些爭議。資料顯示，人和靈長類動物的肌肉僅包含IIX MHC，沒有IIB。肌纖維相對收縮的速度（無負重）排序則為I < IIA < IIX < IIAB < IIB。IIB和IIAB型僅存在於小型哺乳動物中[請參考38的討論]。

肌凝蛋白的頭部似乎是由20 kD、25 kD和50 kD三種球狀蛋白組成。MLC附著在20 kD蛋白上（圖2.7）。50 kD蛋白是頭部的一部分，在形成橫橋時似乎確實附著在肌動蛋白上。50 kD蛋白中似乎有大小不一的袋或裂隙。三磷酸腺苷（ATP）控制著袋的大小和對

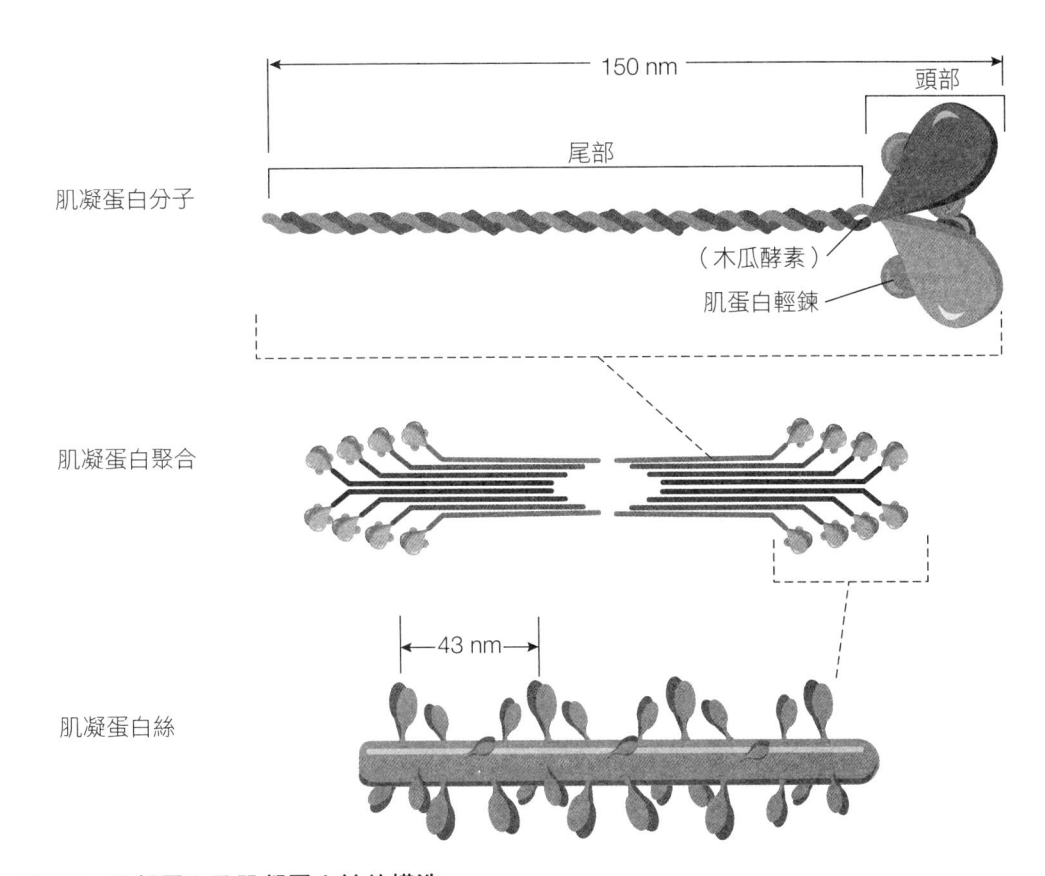

**圖2.6 肌凝蛋白及肌凝蛋白絲的構造**

資料來源：Adapted, by permission, from B.R. MacIntosh, P.F. Gardiner, and A.J. McComas, 2006, *Skeletal muscle*, 2nd ed. (Champaign, IL: Human Kinetics), 154.

**表2.1 MHC／MLC與肌纖維型態相關表**

| 肌纖維類別 | MHC | MLC |
| --- | --- | --- |
| IIB | 2 FM（HCIIb） | 2 $F_2$，$F_3$ |
| IIA | 2 FM（HCIIa） | 1 $F_1$、2 $F_2$、1 $F_3$ |
| IIC | 1 FM（HCIIa），1 SM | 2 $F_1$、2 $F_2$ |
| I | 2 SM | 2 $S_1$、2 $S_2$ |

FM＝快速肌凝蛋白重鏈；$S_1$＝1型慢速肌凝蛋白輕鍊；
SM＝慢速肌凝蛋白重鍊；$S_2$＝2型慢速肌凝蛋白輕鍊
$F_1$＝1型快速肌凝蛋白輕鍊；$F_2$＝2型快速肌凝蛋白輕鍊
$F_3$＝3型快速肌凝蛋白輕鍊
肌凝蛋白ATPase活性順序：IIB＞IIX＞IIA＞IIC＞I
資料來源：Based on Billeter et al. 1981; Baldwin 1984; Pette and Staron 1990; Pette and Staron 2000; Sant'Ana Pereira et al. 1996; Staron 1997.

肌動蛋白的附著力(73)。

　　肌凝蛋白細絲由200到400個重疊的肌凝蛋白分子陣列所組成，頭部向外突出，LMM部分以並聯方式重疊，形成細絲的脊柱。肌凝蛋白的頭構成肌節的橫橋。肌凝蛋白分子以相反方向沿著每一半的肌凝蛋白絲，並與LMM尾巴指向中心。HMM-S$_1$和HMM-S$_2$藉由彈性關節附著於LMM。這些關節使橫橋有相對較大的動作幅度(55)。

　　肌動蛋白以球狀（G-actin）和絲狀（F-actin）形式存在（圖2.8）。G肌動蛋白由一條肽鏈組成。F肌動蛋白則由兩種互相纏繞的G肌動蛋白分子聚合物組成，且形成360Å（Å：長度單位，為10$^{-10}$m）週期的雙螺旋，並形成肌節的細絲。每個肌動蛋白絲含有約350個G肌動蛋白分子。在溶液中，肌動蛋白和肌凝蛋白結合形成肌動凝蛋白（actinomyosin），ATP存在時，肌動凝蛋白的股線會收縮(64)。

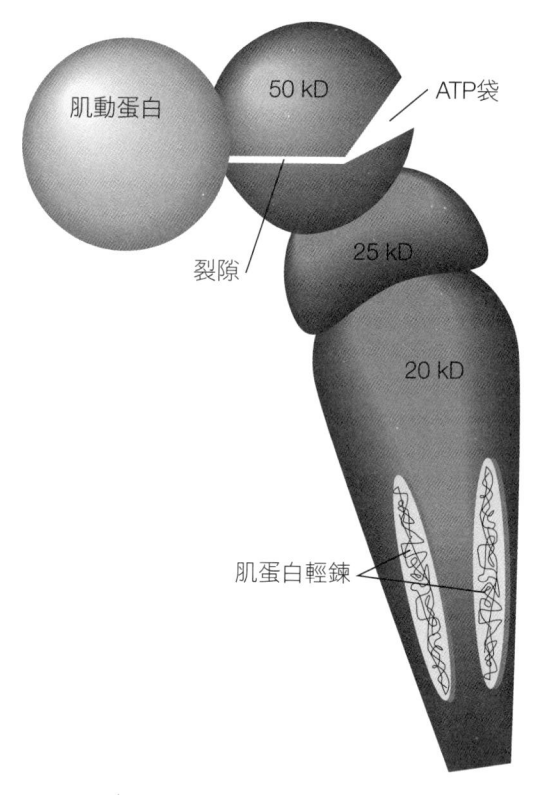

**圖2.7　肌凝蛋白頭部構造**
資料來源：Adapted, by permission, from B.R. MacIntosh, P.F. Gardiner, and A.J. McComas, 2006, *Skeletal muscle*, 2nd ed. (Champaign, IL: Human Kinetics), 157.

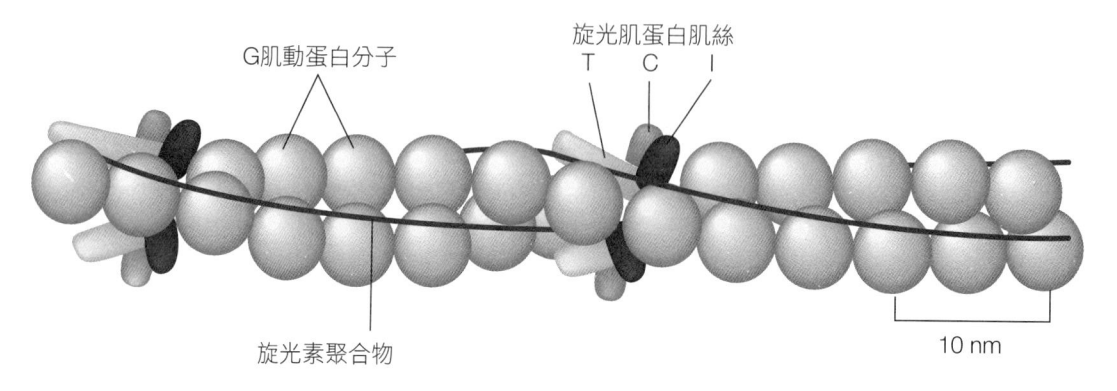

**圖2.8**
肌動蛋白肌絲和調節蛋白的結構。G肌動蛋白（球狀肌動蛋白）聚合物結合形成F肌動蛋白（絲狀肌動蛋白）。兩個F肌動蛋白在α螺旋內彼此包裹，形成肌動蛋白肌絲。包含旋光素和旋光肌蛋白的調節單元會嵌入肌動蛋白絲。
資料來源：Adapted, by permission, from B.R. MacIntosh, P.F. Gardiner, and A.J. McComas, 2006, *Skeletal muscle*, 2nd ed. (Champaign, IL: Human Kinetics), 159.

主要的調節蛋白是旋光肌蛋白（tropomyosin）和旋光素（troponin）。旋光肌蛋白是一種重約70kD的桿狀分子，與肌動蛋白絲結合，且由α鏈和β鏈在α螺旋中相互纏繞而成。α和β鏈的比例在I和II型骨骼肌中有所不同，並且可能在收縮速度中扮演重要角色[71]。在人類的肌肉中，旋光肌蛋白跨越細絲的7個G肌動蛋白殘基，並附著於第二種調節蛋白，即旋光素。旋光素實際上是由三種球形蛋白組成的複合物，每種蛋白都有特定功能[10]。旋光素複合物藉由旋光素T與原肌凝蛋白結合；旋光素C結合鈣；旋光素I在空間上抑制了肌動蛋白和肌凝蛋白的相互作用。一個旋光肌蛋白分子及其附著的旋光素複合物即是一個調節單位。肌動蛋白絲（細絲）包含52個調節單元，由約360個G肌動蛋白分子組成[10,69]。鈣與旋光素C的結合會引起調節單元構形的變化，進而導致肌動蛋白活化肌凝蛋白ATPase並造成收縮[22]。

在光學顯微鏡下，可見肌節的肌原纖維呈平行方向（圖2.9）。每個肌節均被Z盤（z-disk）綁住。休息時，每根粗絲（肌凝蛋白）伸展至A帶的長度，細絲（肌動蛋白）穿過每個I帶進入A帶，直至H區。A帶中H區的密度不及其他區域，因為它僅包含肌凝蛋白絲。I帶是肌節中密度最小的部分，因為這個區域沒有肌凝蛋白絲。H區的密度並非均質（homogeneous），密度呈劇烈變化。密度較高的M區穿過H區的中心。M區域由非常細（直徑約5nm）的細絲（M絲）所組成，除了彼此互相連結以外，也與肌凝蛋

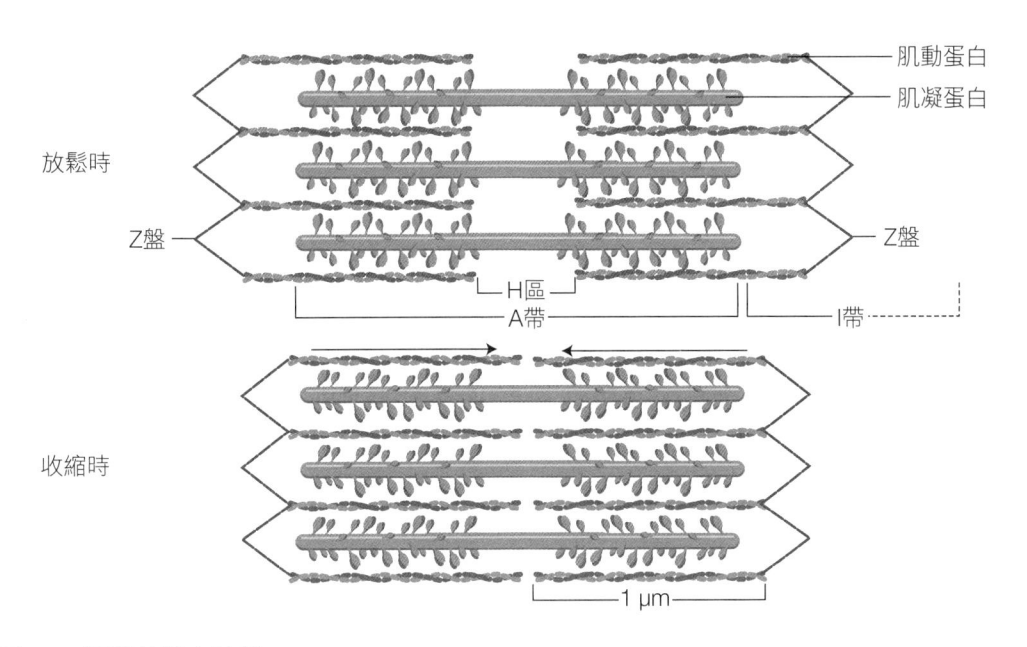

**圖2.9　肌節的基本結構**

資料來源：Adapted, by permission, from B.R. MacIntosh, P.F. Gardiner, and A.J. McComas, 2006, *Skeletal muscle*, 2nd ed. (Champaign, IL: Human Kinetics), 154.

白絲相連。目前並未完全掌握組成M絲的蛋白質成份，但其中含有M蛋白質，肌球蛋白（myomesin）和肌酸激酶（creatine kinase）。這些蛋白質形成了複雜的晶格結構，為肌節的立體結構提供了結構穩定性（圖2.10）。

　　肌動蛋白絲及肌凝蛋白絲與纖維束帶的關係，可以在肌節各個部分的橫截面電子顯微照片中清楚的觀察到[42,64]。密度較高的A帶，其橫截面顯示，每個肌凝蛋白絲被六邊形的肌動蛋白絲陣列包圍。肌動蛋白絲還包含兩種調節蛋白，旋光肌蛋白和旋光素，以及一種結構蛋白，伴肌動蛋白（nebulin）。

　　第二個肌絲陣列是由肌聯蛋白（titin）所組成的細絲，使得肌凝蛋白細絲可以穩定的在肌節的縱軸上。肌聯蛋白是一種大型蛋白質（3000 kD），其長度與肌凝蛋白絲一樣長，且附著在Z盤[93]上。在肌節收縮和放鬆過程中，肌聯蛋白似乎有讓肌凝蛋白固定及穩定於肌節中心的作用。伴肌動蛋白可能也以類似方式穩定肌動蛋白。旋光素和伴肌動蛋白都可能對肌肉的彈性產生影響[64,93]。不同蛋白質類型，特別是肌聯蛋白，可能對肌力、爆發力[63]，以及跑步經濟性[61]的差異性造成影響，這也可能與訓練狀態有關。

　　Z盤主要由α肌動蛋白、結蛋白（desmin）、波形蛋白、合成蛋白（synemin）、肌縮蛋白和血影蛋白組成。肌動蛋白肌絲藉由α肌動蛋白連接Z盤的兩側[64]。結蛋白，波形蛋白和合成蛋白似乎形成了結構支架（中間絲狀體）並纏繞肌動蛋白、肌原纖維和及Z盤周圍。這

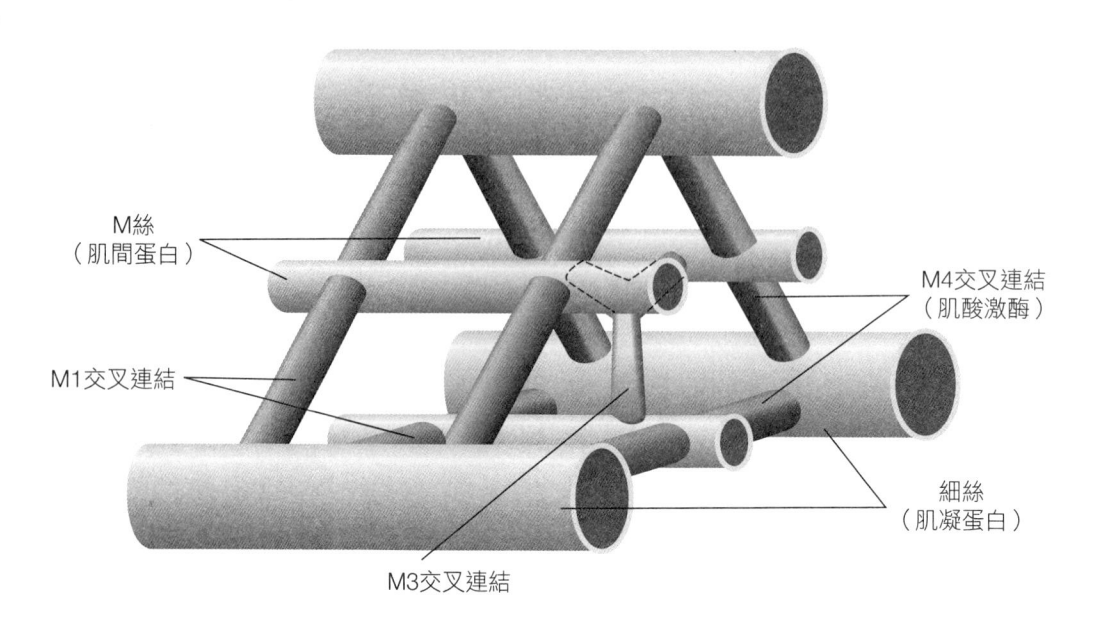

**圖2.10　M線（M-line）的蛋白質組成**

資料來源：Adapted, by permission, from B.R. MacIntosh, P.F. Gardiner, and A.J. McComas, 2006, *Skeletal muscle*, 2nd ed. (Champaign, IL: Human Kinetics), 15.

些蛋白質將肌動蛋白、肌原纖維保持在適當位置。此外，形成Z盤的蛋白質與肌纖維膜和基底膜中的細胞骨架蛋白質相連，最終與肌纖維膜周圍的肌內膜層相連（見表2.2）。

## 肌肉收縮

肌肉收縮是人體動作的基礎。從最簡單的層次來看，收縮涉及肌凝蛋白和肌動蛋白以及細肌絲滑過粗肌絲的相互作用[53,54,56]。儘管對於肌肉收縮的分子基礎原理研究已經超過50年了，但有些細節仍然尚未明朗。

**表2.2 肌節的元素**

| 元素 | 相關的蛋白質 | 功能 |
| --- | --- | --- |
| 粗肌絲 | 肌凝蛋白 | 1. 與肌動蛋白交互作用。<br>2. 肌凝蛋白三磷酸腺苷酶活化（MHC）。 |
|  | 肌聯蛋白 | 1. 具有彈性。<br>2. 穩定粗肌絲的縱軸。<br>3. 或能提供控制每條肌絲中肌凝蛋白數量的功能。 |
| 細肌絲 | 肌動蛋白 | 1. 與肌凝蛋白相互作用。 |
|  | 伴肌動蛋白 | 1. 穩定細肌絲的縱向結構。（？）<br>2. 或能控制細肌絲中連接在一起的G肌動蛋白單體的數量。 |
|  | 旋光肌蛋白 | 1. 將旋光素－原肌凝蛋白複合物的構形變成肌動蛋白。 |
|  | 旋光素 | 1. 綁住鈣離子。<br>2. 抑制或刺激肌動蛋白和肌凝蛋白相互作用。 |
| Z盤 | α肌動蛋白 | 1. 將細肌絲固定並對齊；將肌動蛋白連接至Z盤；I型肌纖維中含有更多的α肌動蛋白。 |
|  | 結蛋白<br>波形蛋白<br>合成蛋白<br>肌縮蛋白<br>血影蛋白 | 1. 連接至肌纖維膜及基底膜中的細胞骨架蛋白上。基底膜又附著在肌內膜上。 |
| M線 | M蛋白<br>肌間蛋白<br>肌酸激酶 | 1. 保持粗絲呈適當排列<br>2. 附著並支撐肌聯蛋白<br>3. 肌酸激酶催化 ADP + PCr → ATP + Cr 反應，迅速提供能量 |
| C-條紋（C-stripes） | C-，X-，H-蛋白 | 1. 或許能保持粗絲呈適當排列<br>2. 將粗絲中肌凝蛋白分子的數量控制在相對恆定的值。 |

資料來源：Adapted from Pette and Staron 1990; Billeter and Hoppler 1992; McComas 1996.

自主性肌肉收縮始於中樞神經系統。簡單的說，就是一個動作電位（AP）到達運動神經終板。AP藉由神經傳遞物質乙醯膽鹼（ACh）轉移至肌纖維膜。AP沿著肌纖維膜向下至T管進入肌纖維內部[36]。在內腔末端，AP可能透過DHP鈣通道或化學媒介（如三磷酸肌醇）轉移到SR[65]。去極化後，SR的連接腳構形改變，透過RYR鈣通道將鈣離子釋放至肌漿中。$Ca^{++}$濃度增加100倍，同時也增加$Ca^{++}$與旋光素C結合的機會。

肌凝蛋白頭部附著於肌動蛋白以及隨後的收縮過程非常複雜，且可能會發生下列情況[64,73]：

1. 靜止狀態下，肌動蛋白和肌凝蛋白之間並無相互作用，因為這種相互作用，被覆蓋在肌動蛋白結合位點上的調節單元（位阻阻斷模型）所阻斷或抑制。
2. 四種$Ca^{++}$與肌旋光素C的結合導致調節單位的構形變化和肌凝蛋白頭部的活化（圖2.11）。在缺少ATP的情況下，這樣可在肌動蛋白和肌凝蛋白之間形成強鍵。
3. 形成牢固的鍵後，ATP進入頭部50kD部分的縫隙。腺嘌呤（Adenine）環從裂口向外突出。ATP的進入打開了裂縫，創造出較弱的鍵結狀態。
4. 隨著裂口變寬，ATP完全進入裂口，造成頭部與肌動蛋白分離，並沿著肌動蛋白絲向下移動5至11nm。三磷酸腺苷（ATP）的水解，使最終產物留在裂縫中，形成瞬態中間體複合物。
5. 50kD部分較低處與肌動蛋白重新形成弱鍵。這次重新連接將裂縫關閉，排出無機磷酸鹽（Pi）和二磷酸腺苷（adenosine diphosphate，ADP）。
6. 移除Pi與ADP會開啟裂縫，同時造成頭部下部旋轉，導致力量衝程，產生約3至4 pN的力，並在5至11 nm之間移動[34,73]。
7. 整個過程重新開始。

因此，橫橋的每個循環都需要水解一個ATP分子。為了使橫橋繼續產生力量，必須補充ATP。如果要維持特定的功率輸出，則必須以與ATP消耗相同的速率再生ATP。這個過程使得分解出的產物不斷堆積，包括ADP、Pi和$H^+$，這些物質會干擾橫橋表現。在動態條件下，水解ATP的量會與釋放的熱量以及作功成正比[33]。

自主收縮終結是從運動神經終板開始。當AP不再到達末端時，存在於突觸間隙中的乙醯膽鹼酯酶（AChE）會降低NMJ中ACh的濃度。降低ACh濃度會減少肌纖維膜中活化的ACh受體數，阻止AP刺激SR釋放鈣。SR將$Ca^{++}$從肌漿中抽出，降低肌漿中$Ca^{++}$濃度，並降低$Ca^{++}$與旋光素C結合的能力。調節單元改變構形使其回復靜止組態，降低肌動蛋白與肌凝蛋白之間強力相互作用的可能性。肌肉恢復到靜止狀態。

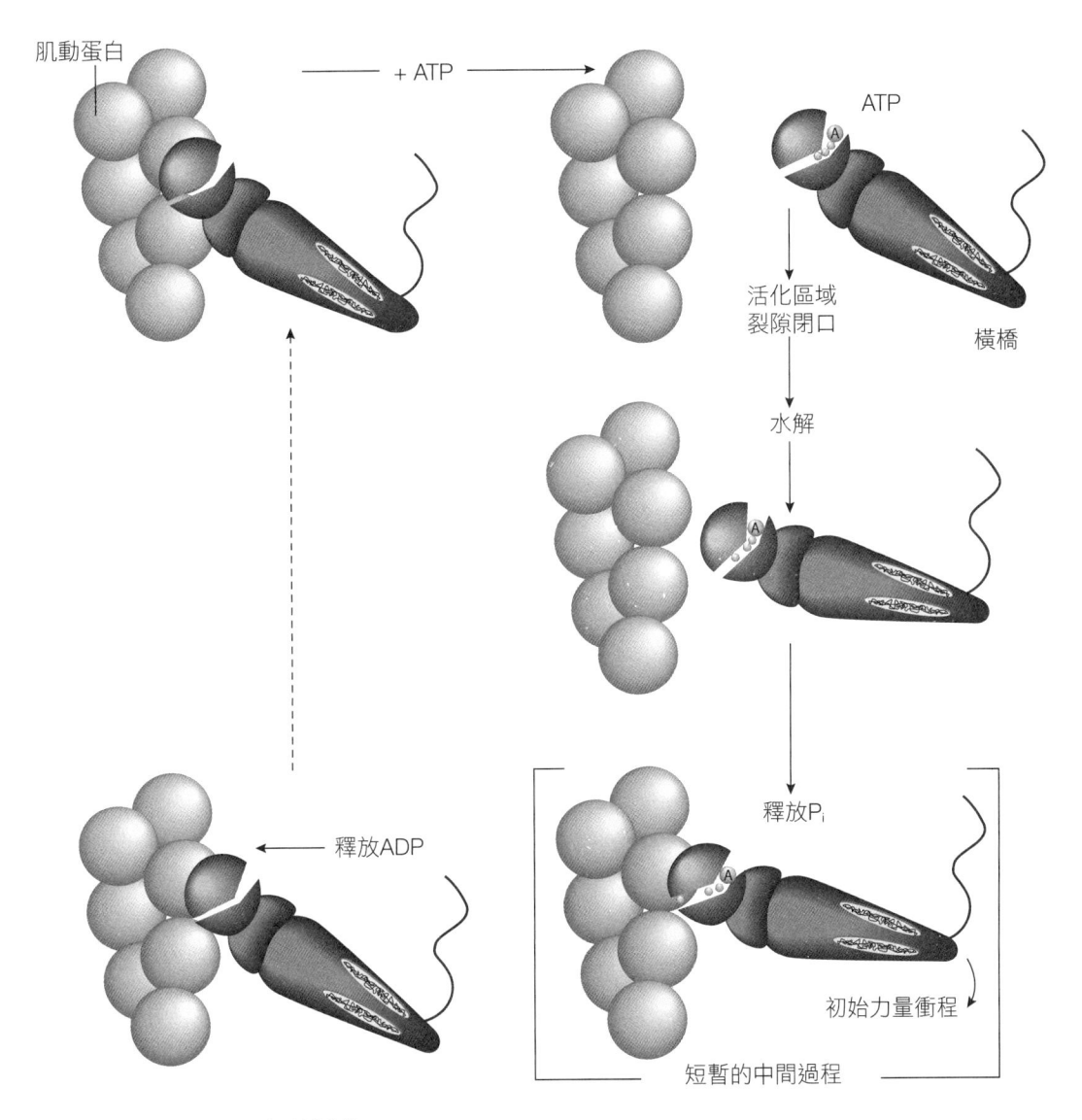

**圖2.11　肌凝蛋白頭部的活化**

資料來源：Adapted, by permission, from B.R. MacIntosh, P.F. Gardiner, and A.J. McComas, 2006, *Skeletal muscle*, 2nd ed. (Champaign, IL: Human Kinetics), 160.

## 長度─張力關係

　　形成的橫橋的數目與肌漿中$Ca^{++}$濃度變化引起的肌凝蛋白活化程度有關，也與肌動蛋白絲和肌凝蛋白絲的重疊程度有關。長度─固定實驗（length-clamp experiments）顯示，肌節（與肌肉）具有產生最大力量的最適長度[24,40]。等長力量能力，似乎與肌節在不同長度時所形成的橫橋數量有關（圖2.12）。最適肌節長度約為$2.0\mu m$ [24]。在非常長的長度

（>2.0μm）下，由於肌絲之間的距離太遠，幾乎不會形成橫橋；在很短的長度（<2.0μm）下，也幾乎不會形成橫橋，因為肌動蛋白絲（I絲）進入了相對側半邊的肌節。橫橋可能與對側的肌動蛋白絲相互作用，彼此牽拉而減小了力的生成。在單一肌肉中，也顯現出類似的長度—張力關係。

在單一肌肉準備下，肌肉的兩端固定（圖2.13），電流刺激導致等長收縮（肌肉增加張力，但並未改變長度）。較短的刺激週期（0.2ms）會產生等長抽動（圖2.14a）。等長抽動的各個面向可用於生理學及生物力學的比較上。這些面向（變因）包括總張力、產生的力量、達到峰值張力的時間、達到放鬆的時間以及發力率。這些變因可用於比較具有不同肌凝蛋白功能的肌肉，或是動物經過不同治療或訓練後的相同肌肉[90]。

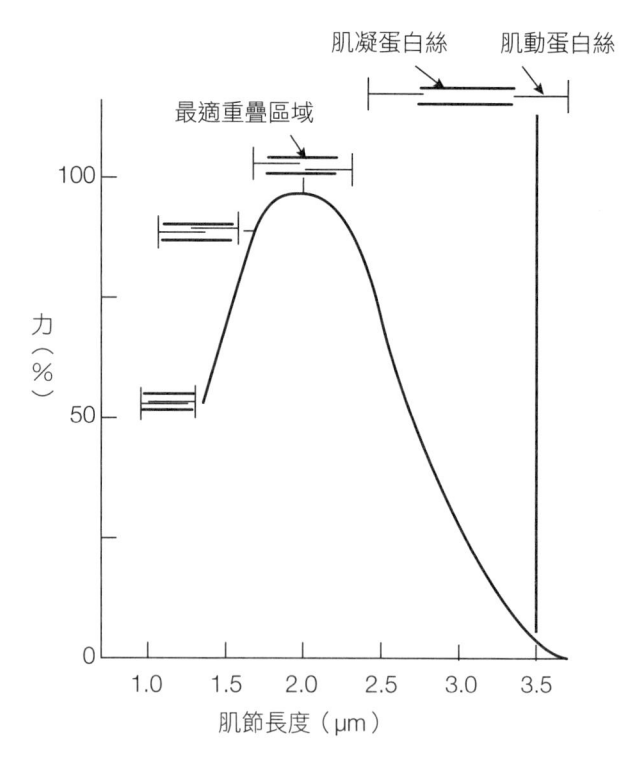

**圖2.12　力與肌節長度關係圖**

資料來源：Adapted, by permission, from K.A.P. Edman and C. Reggiani, 1987, "The sarcomere length-tension relation determined in short segments of intact muscle fibres of the frog," *Journal of Physiology* 385: 709-732.

肌肉產生的總張力可用休息張力和所產生的力來計算。休息張力大致上是以肌肉彈性為變因的函數，所產生的力則是以收縮組織為變因的函數。等長收縮的結果是，肌肉靜止長度改變會產生不同程度的力量和總張力（圖2.14b）。增加刺激頻率會導致痙攣（圖2.15）。痙攣可能是由於SR的$Ca^{++}$泵無法跟上肌漿中鈣濃度增加的能力所致。

## 力量—速度關係

「等長」是指具有相同的張力或力量。等長收縮只能在單一肌肉準備中發生，有兩種類型。刺激時肌肉收縮（縮短）舉起負重，諸如執行外部作功（$W = f \times d$），則該收縮稱為向心收縮。負重大於肌肉最大等長能力時，會使肌肉伸長，即使它試圖收縮也會產生負速度。這種收縮稱為離心收縮。或許有人認為，既然並未造成真正的收縮（即縮短），那麼使用等長與離心收縮這的術語並不恰當。因此，使用「肌肉動作」這樣的說法，或許能

取代「收縮」[59]。向心肌肉動作期間，隨著負荷增加，縮短的速度降低。然而，離心肌肉動作期間，隨著負荷增加，速度也會增加到一個點。這之間的關係如圖2.16所示。最大力量產生有以下幾點特徵：

向心＜等長＜離心

向心和等長力產生的差異，可用任意時間點下生成的橫橋數量來解釋。隨著肌肉（肌節）開始移動，橫橋很難附著到移動的肌絲上，形成的附著點較少。所以，肌肉縮短的速度與形成的橫橋數，與因此所產生的力有關[51]。肌肉內彈性元件拉伸時產生的附加力，也解釋了離心肌肉動作能產生的更高最大力量[51]。Vmax（圖2.16）顯示肌肉橫橋循環可能的最高速率與ATP最大水解速率密切相關[4,25,71]。

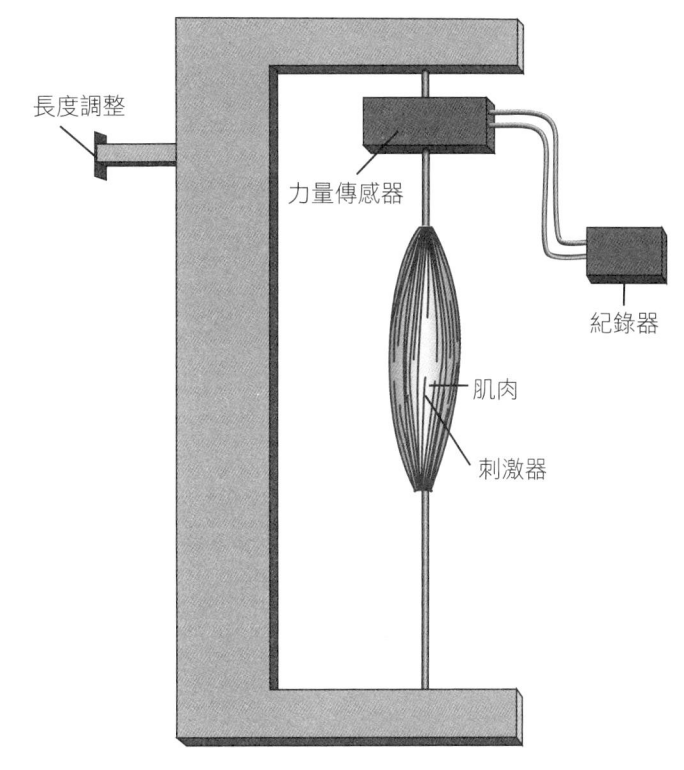

圖2.13　為長度－張力關係調查所做的單一肌肉準備

儘管縮短的速度和作用力似乎與肌凝蛋白ATPase密切相關，但與達到峰值張力的時間等其他肌肉收縮屬性，沒有那麼強的相關性[71]。爆發力是力量與速度的產物。請注意，在單一肌肉中，最大爆發力發生在約30%最大速度或是最大等長力時（圖2.17）。

在未受損的整體肌肉中，內部張力的峰值或產生的外力，可以各種長度的肌節與骨槓桿系統的力學屬性相互作用計算得出。然而，整體肌肉的力量－速度特性也與單一肌肉類似（請參見第三章〈阻力訓練的生物力學〉）。

## 體神經系統的結構和功能

簡而言之，神經系統由大量神經細胞及支架結締組織組成，可由解剖學或功能層面來探討。從解剖學角度來看，中樞神經系統（central nervous system，CNS）由大腦和脊髓組成，周邊神經系統（peripheral nervous system，PNS）則由周邊神經所組成。從功能的

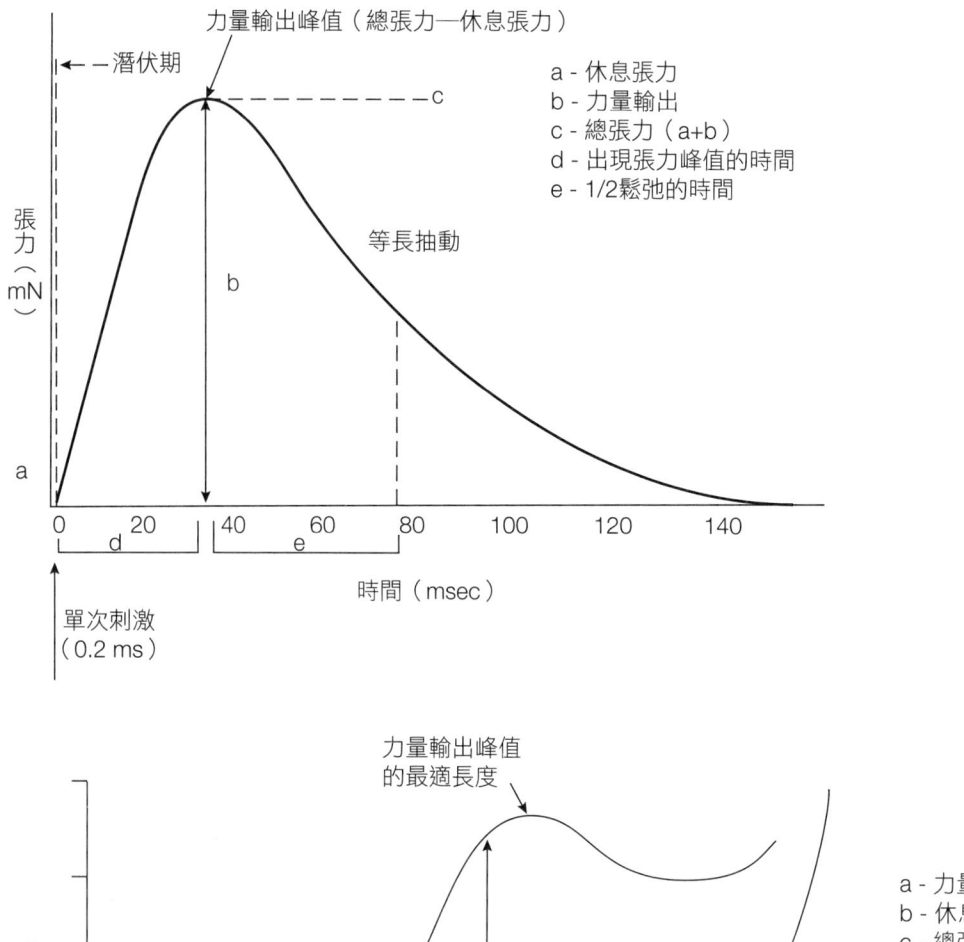

**圖2.14** （a）等長抽動力量產生以及（b）與肌肉長度相關的力量產生

資料來源：（b）Adapted form *Organ physiology: Structure and function of the nervous system*, 10th ed, A.C. Guyton, pg. 73. Copyright 1976 with permission from Elsevier.

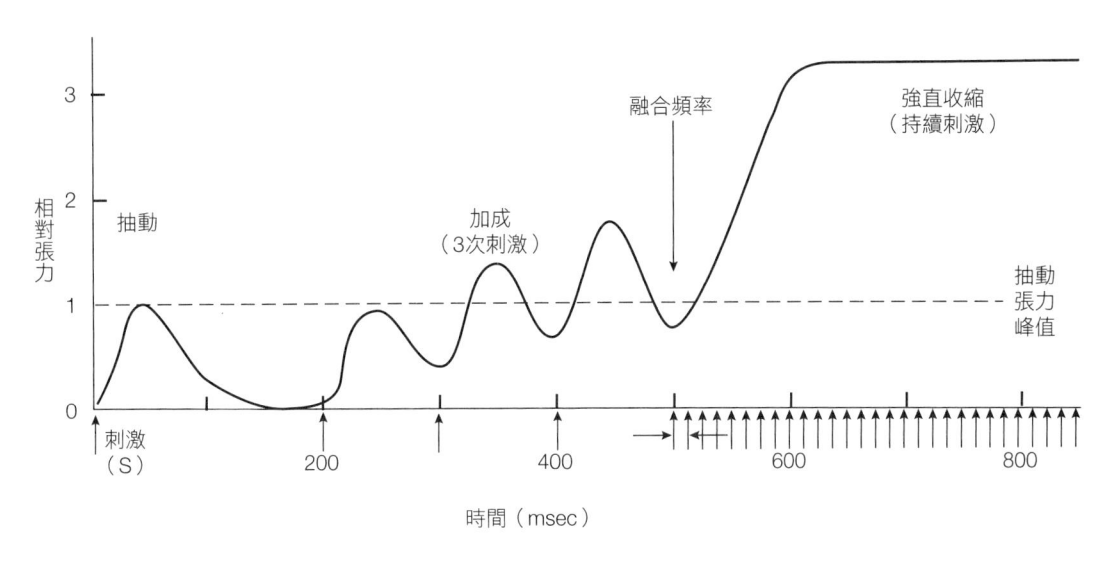

**圖2.15　力量產生與刺激頻率增加的相關性**

資料來源：Adapted from A.J. Vander, J.H. Sherman, and D.S. Luciano, 1980, *Human physiology: The mechanisms of body function*, 3rd ed. (New York: McGraw-Hill Companies), 228. With permission of The McGraw-Hill Companies.

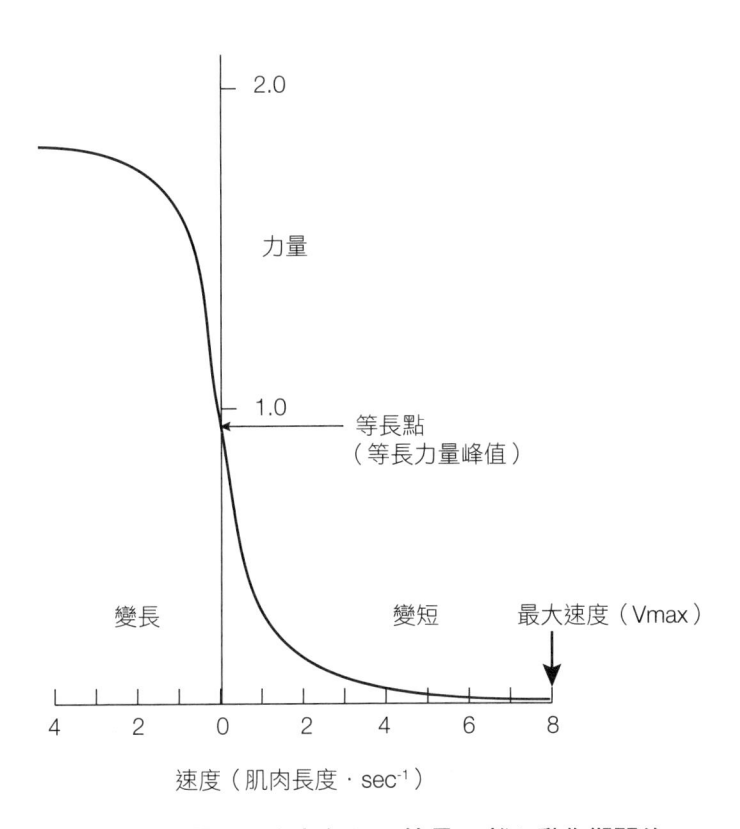

**圖2.16　單一肌肉中向心－等長－離心動作期間的力量－速度關係**

角度來看，CNS的功能是自發性或身體自主的。自律神經系統負責類似「管家」和維持體內恆定（像是腸壁蠕動和調節心率和血壓）的非自主行為。軀體神經系統與肌肉神經系統以整合的方式運作，形成神經肌肉系統。

　　CNS包含神經元和神經膠質細胞。膠質細胞是特殊的神經細胞，不傳導脈衝，在脈衝傳遞中沒有直接作用。當神經元控制物質從毛細血管進入神經元環境中時，這些細胞為神經元提供了結構性的基質和代謝支持[64]。

　　神經系統的最小功能單元是神經元。就功能而言，神經元有感覺（訊號傳入）和運動（訊號傳出）兩種功能。感覺神經元將資訊從感覺受體傳遞到中樞神經系統。運動神經元將資訊從中樞神經系統傳遞到效應細胞。神經元的基本解剖結構如圖2.18所示。

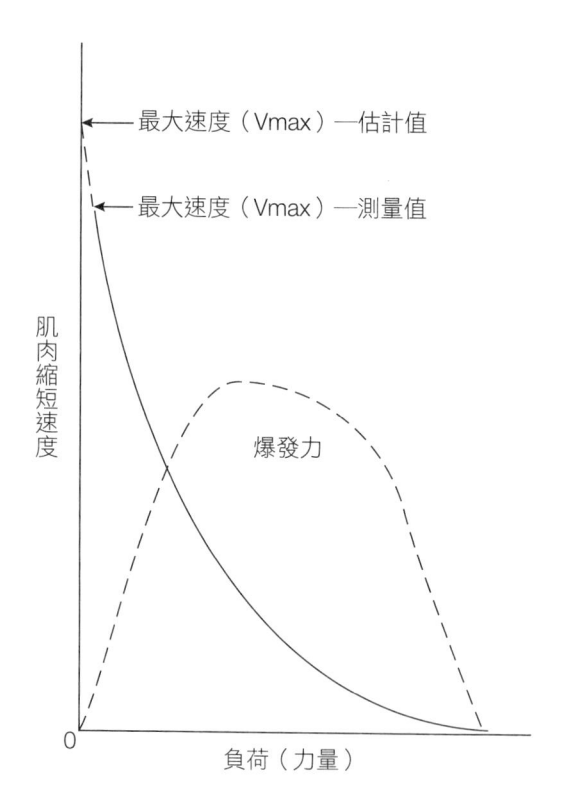

**圖2.17　爆發力為向心力量與速度的產物**

神經系統由數十億個神經元所組成，這些神經元各有不同大小和形狀。資訊以細胞電位變化的方式進行傳輸。

　　靜止時，神經元（和肌肉細胞）內部具有負電荷，並與外界產生電位差，這個電位差稱為靜止膜電位（resting membrane potential，RMP）。RMP是由於過量陰離子（負離子）陷在細胞內，而外部有過量陽離子（正離子）所引起的。RMP是由漿膜（plasma membrane）的選擇透性所建立。過量正離子和負離子會沿著漿膜兩側的窄帶積聚，形成一個RMP，該RMP實際上是跨過漿膜。RMP會受內部陰離子或外部陽離子數量變化所干擾。

　　產生RMP的兩個基本機制是：（1）主動運輸離子跨過漿膜，以及（2）濃度梯度造成離子穿過漿膜擴散。在靜止條件下，RMP主要可由〔$Na^+$〕和〔$K^+$〕來計算。$Na^+$在細胞外的濃度相對較高（142mEq／L），而$K^+$在細胞內的濃度相對較高（140mEq／L）。這些$Na^+$／$K^+$濃度大抵上是漿膜中依賴ATP的生電泵[19]所維持的（圖2.19）。與外部相比，內部通常為–70至–85 mV。原因是神經元漿膜對$K^+$的滲透性是$Na^+$的50至100倍，且允許$K^+$從細胞內液「滲漏」到細胞外液中，使得細胞外產生更多陽離子[16]。

氯離子（CL⁻）容易穿過漿膜擴散，且不依賴泵。因此，〔CL⁻〕的擴散程度是由電位決定；CL⁻被細胞內部的負極排斥，導致細胞外部的CL⁻濃度很高（103 mEq／L）。所以CL⁻在產生RMP中的作用是被動的。然而，CL⁻的快速移動會影響AP的持續時間和強度。其他離子的影響方式也與$Na^+$、$K^+$和CL⁻相同。例如，$Ca^{++}$離子的行為與$Na^+$離子幾乎相同。不過這些離子在漿膜內的濃度及滲透力都很小，因此對RMP幾乎沒有淨影響。這些額外離子（尤其是鈣和鎂）最重要的角色是影響其他離子對漿膜的滲透力。

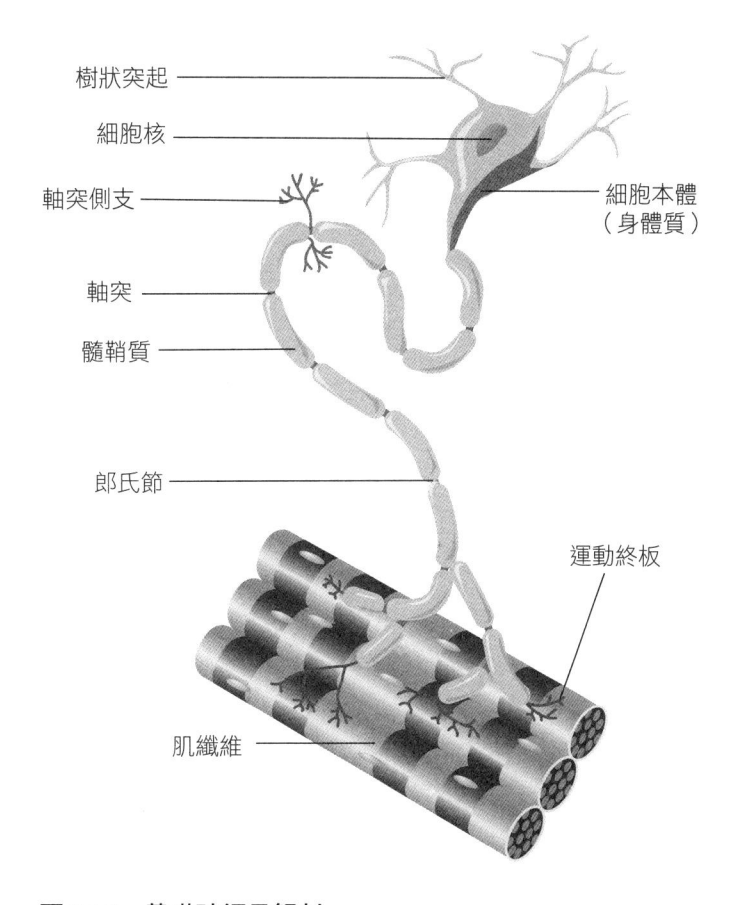

**圖2.18　基礎神經元解剖**

資料來源：Adapted, by permission, from J. Hoffman, 2006, *Physiological aspects of sport training and performance* (Champaign, IL: Human Kinetics), 8.

## 動作電位（Action Potential，AP）

　　AP是一種去極化的波，沿著興奮性組織的表面作用，成因是一系列持續不到一秒鐘的膜電位變化。膜去極化後，AP迅速恢復到RMP值。AP與$Na^+$和$K^+$的膜滲透率迅速變化有關。且膜對各種離子滲透率的迅速變化，與離子閘門或通道的開或關有關，並連同電泵一起控制特定離子進出細胞的運動[5,17,57,64]。包括極端溫度變化、化學、機械以及電刺激等刺激，都能產生AP。

　　AP會在兩個階段中發生，分別為去極化（depolarization）和復極化（repolarization）[46]。這兩個階段都受到膜對$Na^+$和$K^+$滲透力變化的順序所影響（圖2.20）：

1. 刺激造成膜對$Na^+$的滲透率突然增加，且因為細胞外部和內部之間的初始濃度梯度，有許多$Na^+$衝到纖維內部。淨效應是有足夠的陽離子進入細胞內，使內部與外

部相比呈陽性，導致細胞的**逆轉電位**（reversal potential）和去極化。

2. 逆轉電位發生後，膜對 $Na^+$ 的滲透率立即恢復到靜止（前面都是休息）狀態。同時增加了對 $K^+$ 的滲透率。滲透率的變化使大量的 $K^+$ 擴散至細胞外，造成膜電位恢復到負靜止狀態。

3. 一旦達到靜止電位，膜對 $K^+$ 的滲透率就回到靜止狀態。當達到靜止滲透率時，電泵會重新建立細胞的靜止濃度。

AP發生在興奮性膜上的一個點，隨後激發了相鄰部位的膜，導致AP傳播。傳播是由於局部電流迴路完成所造成[46]，且不會是單一方向，而是從AP初始位址，朝各個方向發散。一旦AP開始，去極化波就會在整個膜表面上移動（也就是「全有或全無原則」的一種範例）。從生理學的角度來看，在神經系統完整的狀況下，傳播方向取決於解剖結構，且AP通常會從細胞本體向下往軸突前進。此外，AP強度會受細胞內外生理環境（例如，離子濃度，pH值）變化所影響。AP在膜上的每個點持續的時間也大約相同。復極化通常發生在最初去極化的點上，隨後逐漸往AP前進的方向擴散。因此，復極化與去極化會在相同的方向上傳播，但落後約0.002秒。

為了使神經元攜帶AP，RMP增加必須達到10至15 mV，這是啟動的閾值（圖2.20）。在神經元中，此值是由 $Na^+$ 滲透性增加所引起的。然而，如果 $Na^+$ 的流入量小且未達到閾值，則不會傳播AP。在完整的動物體中，這個閾值或許可藉由提高來自相同神經

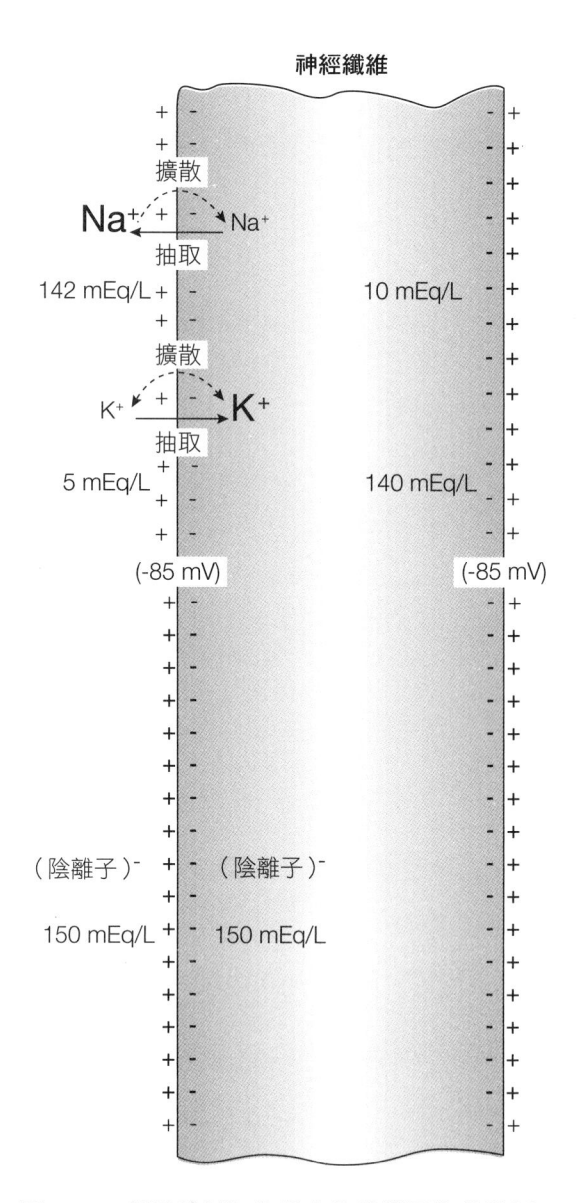

**圖2.19　離子跨越細胞膜產生動態平衡的範例**

資料來源：Adapted from *Organ physiology: Structure and function of the nervous system*, 10th ed., A.C. Guyton, pg. 8. Copyright 1976, with permission from Elsevier.

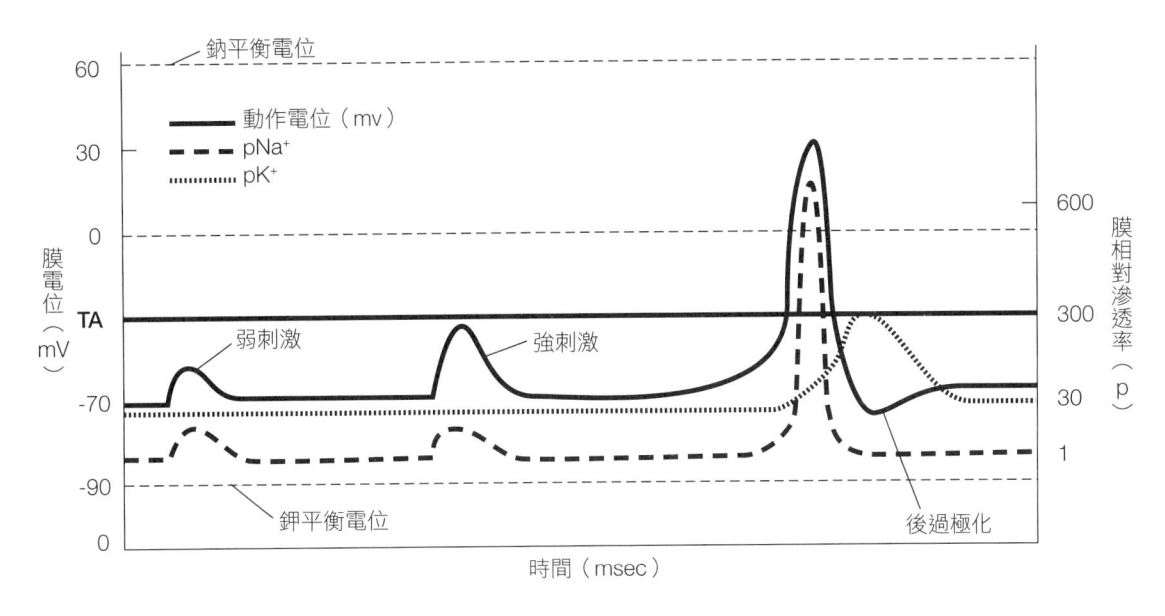

[圖表：動作電位的傳播，縱軸為膜電位（mV），範圍-90至60；右縱軸為膜相對滲透率（p），橫軸為時間（msec）。圖中標示鈉平衡電位、鉀平衡電位、TA、弱刺激、強刺激、後過極化、動作電位（mv）、pNa⁺、pK⁺等曲線]

**圖2.20　動作電位的傳播。** TA（threshold activation）＝啟動電位閾值。

資料來源：Adapted from A.C. Guyton, 1976, *Organ physiology: Structure and function of the nervous system* (Philadelphia, PA: W.B. Saunders), 58.

元的脈衝頻率（時間總和）或大量分離的神經元活化效應細胞（空間總和）來達成。

神經元通常會傳播一連串AP。然而，只要膜還受到前一個AP的去極化作用，就不會出現第二個AP。無論刺激程度如何，AP都不會在這個絕對無反應期中傳播，在髓纖維中，這個現象會持續約0.0025秒。因此，可能的最大脈衝數目約為2500秒⁻¹。

## 神經元的結構與功能

完整動物的肌肉收縮始於大腦的運動皮質，它會以一連串AP的形式，藉由位於脊髓腹側灰質或腦幹相應區域的大細胞，向肌肉發送收縮資訊[64]。這些大細胞是運動神經元。圖2.18顯示了一個典型的α運動神經元的基本結構，該神經元由一個體細胞（細胞本體）組成；從細胞體伸出的短突，稱為樹突（dendrites）；長突則稱為軸突（axon），末端釋放神經傳遞物質。運動神經元的細胞本體在脊髓內呈縱向排列。通常情況下，同一列細胞支配同一塊肌肉[64,76,77]。運動神經元有兩種類型：γ神經支配梭內肌纖維（肌梭〔muscle spinelde〕）；α神經支配梭外肌纖維。

在正常的完整條件下，樹突及體細胞從其他神經元接收資訊，並將資訊沿軸突向下傳遞至末端，末端神經傳遞物質的釋放可將資訊越過突觸（synapse）傳遞至效應細胞。效應細胞可能是另一個神經元或肌肉纖維。神經元釋放的傳遞物質取決於其位置和功能，例如大腦中，傳遞物質可能是ACh、去甲腎上腺素（norepinephrine）、血清素（serotonin）或

γ-氨基丁酸（γ-aminobutyric acid）。支配肌肉細胞周邊的α和γ運動神經元會釋放ACh。

α運動神經元的體細胞直徑約為70μm，遠大於γ運動神經元的體細胞。體細胞內包含一個帶有突出核仁（nucleolus）的大細胞核，還有包括尼氏小體（Nissl bodies）（緊密堆積的內質網〔endoplasmic reticulum〕）、粒線體（mitochondria）在內的各種細胞器，以及複雜的細胞骨架系統。體細胞通常具有數個以不同方向輻射的樹突。樹突中有相對大的分支，並延伸相對長的一段距離，進入脊髓的灰質中，這使得它們可以接收從各種其他神經元傳來的資訊[64]。

軸突起源於軸突丘（axon hillock），是體細胞的圓錐狀投影，視位置與組織神經支配，可能僅延伸幾公分或超過1公尺。軸突會形成圓柱體延伸到肌肉中。軸突圓柱體被屬性類似肌纖維膜（sarcolemma）的漿膜（plasma membrane）包覆。大型α運動神經元的長軸突細胞質（cytoplasm）的數量可能比其體細胞要多100倍，且細胞管（cytotubules）與神經纖毛（neurofilaments）組成的陣列，穿過軸突圓柱體內的整個長度。這些組織的功能在於支撐整個結構及軸突的傳輸。

由許旺氏細胞（Schwann cell）形成的髓鞘（myelin sheath），讓所有軸突圓柱體的周圍均被脂質所覆蓋[39]。然而，視髓鞘的厚度，神經元可分為有髓鞘的或無髓鞘的，這又與**神經鞘磷脂**（sphingomyelin）的層數有關。無髓鞘神經纖維由單層的髓磷脂（myelin）包覆。體運動神經元具有多層髓鞘，因此被歸類為有髓鞘神經。髓磷脂是一種極好的絕緣材料，可增加軸突鞘部內的電容（capacitance）並防止離子流動。在有髓神經元中，鞘管的厚度約與軸突圓柱體的厚度相同[46]。在成年人中，髓鞘沿著軸突方向，大約每隔1000μm就被一個郎氏結（node of Ranvier）中斷一次。郎氏結是一個非絕緣的小區域，在該區域中，離子可輕易在細胞外液及軸突漿膜內表面之間流動（圖2.18）。由於離子在節點中的流動相對和緩，AP可能會從一個節點跳到另一個節點（即跳躍傳導〔saltatory conduction〕）。與典型的局部回路傳導相比，跳躍傳導具有多個優點。首先，跳躍傳導增加了AP的傳播速度。在典型的α運動神經元中，傳播速度大約為40至120 m·$s^{-1}$。[46,64] 其次，節點只有在跳躍傳導過程中才會去極化，因此重建RMP所需的離子傳輸量與能量消耗更少。

軸突的直徑也影響神經傳遞。一般來說，軸突直徑越大，傳導速度越快。在像是與許多感覺功能有關連的無髓鞘神經纖維中，傳導速度隨軸突直徑的平方根而增加；在有髓鞘的軸突中，傳導速度（概略）隨著直徑變化而呈線性增加[46]。運動神經元的軸突在接近肌肉時會分支，且可能支配多達數百條肌肉纖維。軸突分支的末端與肌肉細胞之間的突觸，是稱之為**神經肌肉接合點**（neuromuscular junction）的特別區域。

## 神經肌肉結合點的結構與功能

神經肌肉接合點（NMJ）即是運動神經元和肌肉細胞之間的介面。當運動神經軸突進入肌肉時，會失去其髓鞘，並形成分支或軸突細枝[46,50,64]。細枝位於肌纖維膜的凹槽中，並在肌肉細胞表面上形成圓形區域（圖2.21）。該圓形區域會將此區電隔離的許旺氏細胞覆蓋。軸突細枝末端是小且不規則的擴張，此終端隆起（terminal boutons）與神經遞質釋放區域相對應。軸突末端包含許多小球體，寬約55nm，帶有膜襯（membranous linings）。這些是含有ACh的突觸小泡（synaptic vesicles），主要由細胞體製造，隨後被運送至終端隆起，或者是由末端軸突漿膜的內陷（invagination）及捏合（pinching）所形成的[49]。

一些證據指出，ACh是由軸突末端膽鹼的乙醯化作用而形成的，並且由於$H^+$梯度將ACh往囊泡吸引而進入囊泡中[2]。每個囊泡含有約10,000個ACh分子[60]。末端也含有大量粒線體，為合成新的傳遞物質提供能量。

運動神經終板位於許旺氏細胞蓋正下方的肌肉區域，其中包括肌纖維膜以及被稱為底板（sole plate）的肌漿丘。底板內是高濃度的肌肉細胞核、粒線體、核醣體和小球泡囊（pinocytic vesicles）[64]。軸突末端藉由約70nm的突觸裂隙與肌纖維膜分離，但肌纖維膜的皺褶和內陷處進入底板後，可能會形成深達1μm的繼發性突觸裂隙，並大幅增加與ACh結合的突觸裂隙表面積。運動神經終板襯裡的肌纖維膜比細胞的其他部分厚，主要是由於外膜中乙醯膽鹼受體（AChR）數量增加。內陷增加了AChR的數量，以及可用於與ACh相互作用的AChE量。AChR並非永久固定在肌纖維膜內，而是會不斷更新和替換，這一過程由底板內的肌細胞核（myonuclei）所控制[31,64,94]。

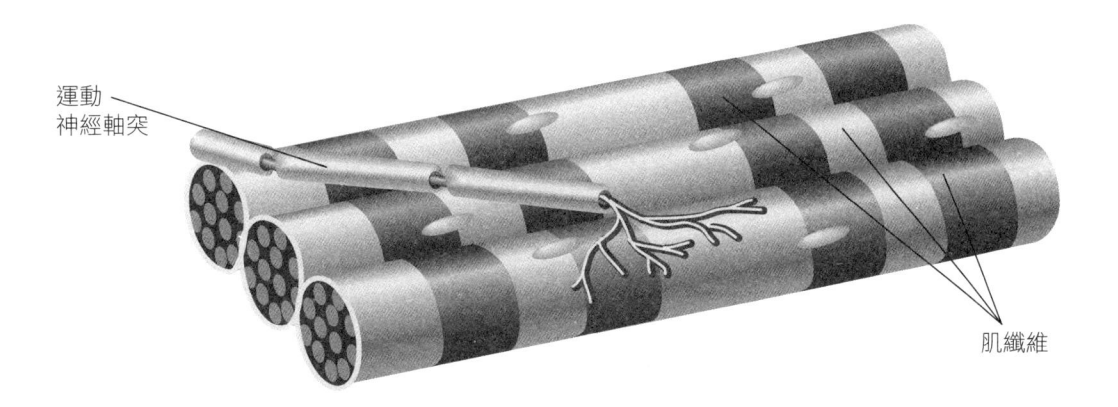

**圖2.21　神經肌肉接合點的軸分支**

資料來源：Adapted, by permission, from B.R. MacIntosh, P.F. Gardiner, and A.J. McComas, 2006, *Skeletal muscle*, 2nd ed.（Champaign, IL: Human Kinetics), 33.

乙醯膽鹼（Acetylcholine，ACh）是一種神經傳遞物質，作用於將AP從神經元穿過NMJ轉移到肌肉細胞。當AP到達軸突末端時，由於$Na^+$的開啟而引起的去極化，會觸發$Ca^{++}$通道活化。$Ca^{++}$沿濃度梯度進入軸突末端。$Ca^{++}$通道的活化導致含ACh的囊泡附著在$Ca^{++}$通道附近的肌纖維膜上。囊泡與肌纖維膜融合，並通過胞吐作用將ACh釋放到NMJ中[7]。然後，兩個分子的ACh附著在肌纖維膜上的AChR上，導致受體中心的通道打開。該通道允許$Na^+$和$K^+$根據濃度和電位梯度移動，進而產生**終板電位**（end plate potential，EPP）。單個AP可導致人體肌肉釋放25至45個量子（囊泡）[27,85]。如果釋放足夠數量的ACh，且EPP夠大，就會傳播AP。

AChE酶被發現存在於肌纖維膜的基底膜中，位於ACh釋放部位與受體之間[64]。儘管AChE持續活化，ACh仍可以到達受體，因為傳送器所釋放的ACh分子超過了存在基底膜中的AChE分子。打開AChR通道後，ACh分離並向基底膜擴散，在該基底膜上，ACh傳遞物質由於水解而失去活性，最終結束傳遞。水解的產物膽鹼和乙酸被軸突末端吸收，轉化為ACh，重新包裝再進入囊泡。

## 運動單元

運動單元（motor unit，MU）是由運動神經元及其支配的所有肌肉細胞所組成[84]。當AP在運動神經元中傳播時，該運動神經元支配的所有肌肉纖維都會受到刺激而收縮。因此，肌肉和神經纖維是一個單位（這就是所謂的「全有或全無原則」）。中樞神經系統計畫或發動MU的運動，而非直接計畫或發動肌肉細胞，因此，MU是神經肌肉系統的功能單位。在本節中我們認為軀體神經系統的大α運動神經元（αMU）支配骨骼肌梭外纖維。

在肌肉內，纖維分佈通常覆蓋相對較寬的區域，相鄰的纖維來自不同MU。單一α運動神經元所能支配的肌纖維數量，稱之為神經支配率。神經支配率會根據肌肉的功能特性而變化。例如，在能夠進行精細動作控制的肌肉（例如眼內肌），神經支配比的範圍為1：5至1：100；能夠產生大量力量且不需要精準控制微小動作的肌肉，神經支配率可能高達1：2000[42,64]。雖然可能會有很大的差異，但每塊肌肉的MU數量可以從約100個（肱二頭肌）到約3000個（股外側肌）不等。此外，肌肉中的MU大小也可能有相當大的變化[64]。

此處有個重點，MU具有可觀的表現型表現可塑性（plasticity of phenotypic expression），且非靜態結構[71]。運動單元似乎能夠適應各種神經、激素和代謝的刺激，取決於功能需求及神經肌肉活動模式。這樣的動態性質，使我們很難將它們視為獨特且個別的實體來分類。一個MU在不同的肌纖維內，或是沿著單一肌纖維的不同單位，均存在著表現型基因

局部調節的可能性，因而加劇了MU分類的困難度[71]。然而，分類方案對於競技科學家來說是重要的工具，因為這些方案有助於勾勒出具有相似功能特性的特定肌纖維群體。

我們可以根據MU的收縮特性對其進行分類及識別[14,15]。基於收縮特性，可將MU的特徵分為三種類型：

1. 快縮及易疲勞（FF）：這些是大型MU，主要出現在白肌（pale muscle），能在最短時間內產生峰值力量、最大力量、最快的收縮速度與爆發力。然而，FF在持續強直性收縮期間也會以最快的速度疲勞。
2. 快縮及抗疲勞（FR）：這是在「混合型」肌肉中發現的大型MU。它們產生中等的收縮時間、力量、速度、爆發力及耐力。
3. 慢縮（S）：這些相對較小的MU，是在紅肌（red muscle）中發現的。它們產生最慢的峰值力量時間，最小的力量、速度及爆發力，但具有最大的耐力。

儘管這種分類系統[14]在小型動物身上運作良好，但在分類人類的MU時，由於肌肉尺寸的差異，以及分類時需採取侵入式的作法，實行上有其困難之處[67]。

組成αMU的肌纖維之間通常具有相對均一的生化一致性[71,72]。這個發現讓我們可以根據組織化學鑑定的方式，發展分類方案。目前使用的兩種基本組織化學分類方案如下：

1. 肌凝蛋白ATPase和代謝（酶促）性質[6,70]。該命名法是根據肌凝蛋白ATPase的活性以及使用特定代謝酶的活性作為分類系統。該系統可識別三種類型的MU，其收縮特性與FF、FR及S三種運動單元有關[14,15]：
   a. 快縮糖酵解（FG）。該MU類型具有與FF相似的收縮特性，並顯示出高糖原分解酶活性特性。
   b. 快縮氧化糖酵解（FOG）。該MU類型具有與FR相似的收縮特性，並且具有高氧化性和高糖酵解酶活性特徵。
   c. 慢縮氧化（SO）。該MU類型具有與S相似的收縮特性，並且具有高氧化酶活性特徵。
2. 肌原纖維ATPase。目前已經證明慢和快肌凝蛋白具有不同的鹼性／酸性穩定性[82]，這一觀察結果讓我們開發出可以精細描述肌凝蛋白ATPase組織化學輪廓的方法[12,38,71,89]。藉由這個系統，已經識別出一個以肌凝蛋白ATPase為基礎的MU類型連續體，而它與MHC的含量有關（表2.1）。雖然我們很容易將肌凝蛋白ATPase系統與這個以代謝為基礎的系統聯繫起來，但證據顯示，這兩個系統並不完全相容[72,80]。

根據Burke與其同事的敘述[15]，在正常動物肢體的肌肉中，一般認為IIB、IIA及I MU可以對應到FF、FR及S MU。然而，某些較小肌肉（像是手掌和腳掌）的MU類型似乎沒有太大的相關性[13,64]。此外，代謝屬性確實與I型和II型的一般分類相關，例如，I型纖維在代謝和酶促上適合有氧耐力活動，而II型MU適合無氧爆發力型活動。此外，收縮特性，特別是收縮速度和功率輸出，確實與肌凝蛋白ATPase活性密切相關。因此，可以假定最大收縮速度和功率輸出的連續性存在：IIB > IIX > IIA > IIC > I [64,71,89]。近來有證據指出，小型動物（如老鼠）存在IIB纖維類型，但人類則不存在，人類較快的纖維類型為IIX[38]。

表2.3列出了MU的收縮與代謝特性。

在對人類肌纖維進行分類時，我們通常會利用肌肉生檢技術採取樣本[8]。將這種技術用於適當的肌肉時，能夠進行人類組織肌內與肌間的比較，且能瞭解人類肌肉的功能。例如，目前已經證實，纖維類型通常與運動表現有很高的相關性。肌力—爆發力型運動員，是由II型纖維主導，有氧耐力運動員則是I型纖維。身體活動對MU類型變化的影響程度目前尚不明確，且尚有爭議。然而，特定條件可能會使肌肉纖維類型和MHC發生變化。從快至慢的轉換，是來自神經肌肉活動增加、機械負荷及甲狀腺功能減退。從慢到快的轉換，來自神經肌肉活動減少，機械負荷降低及甲狀腺功能亢進[72]。

## 自主動作

隨意肌（voluntary muscle）的收縮與單向運動（directed movement）是由CNS規劃並組織的[66]。了解體細胞體感系統的層級，對於理解MU活化時執行協調動作的組織與模式來說至關重要（圖2.22）。我們在這裡簡要描述自主動作的過程。

動作程序在前運動皮質（premotor cortex，PMC）和次級運動區（secondary motor area，SMA）中發生。PMC將資訊從皮質和皮質下核傳遞至主要運動皮質。感覺資訊從皮質下區傳遞至主要運動皮質（MI），對於協調動作的發生至關重要。PMC在動作準備、姿勢控制、動作的視覺引導，以及在動作過程中回應感覺指引迅速校正也會發生作用[66]。SMA的功能目前尚不清楚，但似乎與動作起始和內部指引有關[98]。

MI位於中央迴（central gyrus），並延伸到大腦的中央溝[66]，是皮質下感覺輸入的最終焦點。主要流出是沿著皮質脊髓束（coriticospinal tract），這起源於MI的大Betz細胞。MI的主要功能是在特定肌肉內選擇適當的MU，進而產生特定動作模式。這表示MI中有多個與任務相關的離散且獨立的細胞核。也就是說，運動皮質是根據肌肉的協同作用而非孤立肌肉來組織MU[66,81]。

小腦包含整個大腦中約50%的神經元[66]。與大腦的大多數區域相反，小腦內的神經元矩陣是一致的，這表明小腦內部所有區域的功能都是相似的。小腦的主要功能是動作學習。在學習過程中，所有自主行為和反射動作都需要小腦的輸入。小腦從各種感覺途徑接收資訊，並將其用於完善動作的學習過程。小腦似乎負責使動作適應內部或外部限制的變化，這與高精準度的動作有關[66]。與小腦不同，基底神經節（basal ganglia）似乎沒有接受直接感覺的輸入。基底神經節似乎與動作程序的釋放有關，以及為啟動軸向與近端肢體肌肉執行目標導向的動作而做準備。另外，基底神經節在選擇與行為相關的內部及外部指示上似乎十分重要[58,66]。

運動神經元位於脊髓（spinal cord，SC）以及腦幹中。SC是CNS層級的最低部分，主要功能是整合已下達的運動命令與外圍的感覺輸入。SC還處理感覺資訊，並將之傳輸到脊髓上區域。第三個重要功能是生成脊柱反射。證據顯示，自主動作的協調，取決於一連串的脊柱反射和感覺回饋循環[86]。

## 運動單元徵召

神經肌肉系統可以透過兩種基本機制來增加肌肉的收縮力：徵

表2.3a 運動單元特性—收縮

| 特性 | 運動單元類型 |||
|---|---|---|---|
| | FF，FG | FR，FOG | S，SO |
| 抽動時間 | 快 | 快 | 慢 |
| 收縮力量 | 高 | 中 | 低 |
| 收縮速度 | 高 | 中 | 低 |
| 收縮爆發力 | 高 | 中 | 低 |
| 疲勞敏感度 | 高 | 適中 | 低 |
| 放鬆時間 | 快 | 快 | 慢 |

資料來源：Based on Burke 1981; McComas 1996; Pette and Staron 1992.

表2.3b 運動單元特性—代謝及生理

| 特性 | 運動單元類別 |||
|---|---|---|---|
| | FF，FG | FR、FOG | S，SO |
| 相對尺寸 | 大 | 大 | 小 |
| 醣原含量 | 沒有明顯差距 |||
| 三酸甘油含量 | 低 | 適中到高 | 高 |
| 粒線體密度 | 低 | 適中到高 | 高 |
| 微血管密度 | 低 | 高 | 高 |
| 肌紅蛋白含量 | 低 | 適中到高 | 高 |
| $Ca^{++}$鉗合能力（SR） | 快 | 快 | 低 |
| CPK濃度 | 高 | 高 | 低 |
| 醣酵解酶活性 | 高 | 高 | 低 |
| 氧化酶活性 | 低 | 高 | 高 |
| 運動神經元 | $\alpha_1$ | $\alpha_1$ | $\alpha_2$ |
| NMJ | 大，複雜 | 大，複雜 | 小，簡單 |
| 活化閾值 | 高 | 高 | 低 |

資料來源：Based on Burke 1981; McComas 1996; Pette and Staron 1992.

召（增加活化的MU數量）和速率編碼（rate coding）。徵召能以附加方式增加肌肉力量的產生（圖2.23）。我們目前對徵召模式的理解主要是基於大小原則（size principle）[47,48]。一般來說，神經元的體細胞（soma）越小，活化閾值越低。因此，隨著肌肉收縮力量或強度（功率輸出）增加，通常會先徵召較小的MU，接下來才是較大的[13,47,48]。如圖2.24所示，這種關係意味著徵召順序通常是S > FR > FF。這也表示，在不需要高收縮力或高強度的日常任務中，徵召FF和FR MU的頻率較低。為了更大的功率輸出力而徵召更大的MU時，有必要與較大肌纖維（即II型）的收縮和代謝特性保持一致。

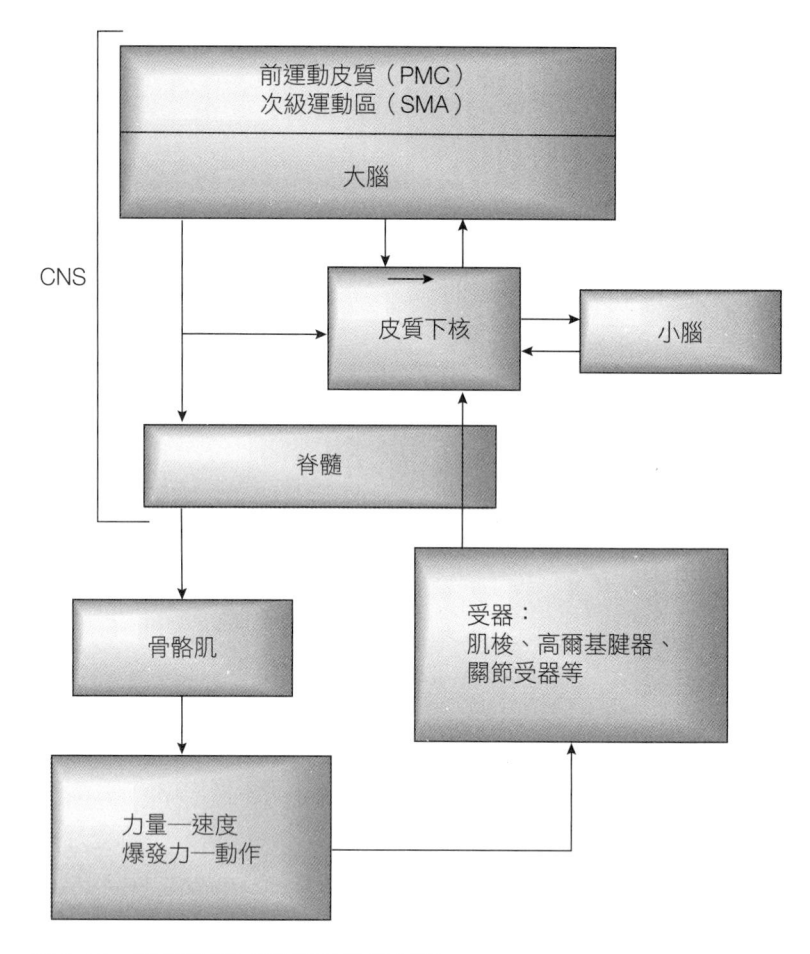

速率編碼負責MU的活化頻率；因此，隨著活化頻率增加，力量也隨之增加。對單一肌纖維、MU及整個肌肉來說都是如此（圖2.15）。我們應該注意，對徵召或速率編碼的依賴因肌肉而異[64]。第三章詳細討論了徵召和速率編碼對力量產生的影響。

## 本體感覺（Proprioception）與運動感覺（Kinestheses）

本體感覺是指在空間中感知身體的能力，它也處理覺察身體各部位彼此關係的能力。運動感覺常與本體感覺互換使用，或是用於微調熟練動作的能力。

Sherrington指出[83]，本體感受器即是受身體自身刺激的末端器官。這些軀體感覺器

**圖2.22　體細胞體感神經系統的層級**
資料來源：Adapted from J. Noth, 1992, Cortical and peripheral control. In *Strength and power in sport*, edited by P.V. Komi（London: Blackwell Scientific), 9-20.

官位於可以收集有關位置及動作，例如關節角度、肌肉長度—張力—速度以及與表面的接觸等各方面資訊處。神經系統可以使用此資訊來修改後續肌肉動作。這些資訊有一大部分可用於負回饋迴路（反射）上，讓動作活動自我調節。

有兩個本體感受器對肌肉功能特徵有重要的影響力，分別是肌梭（muscle spindle）與高爾基腱器（Golgi tendon organ）。肌梭是一個充滿液體的梭形囊，長 2 至 20nm，其中包裹著 5 至 12 條融合神經的特

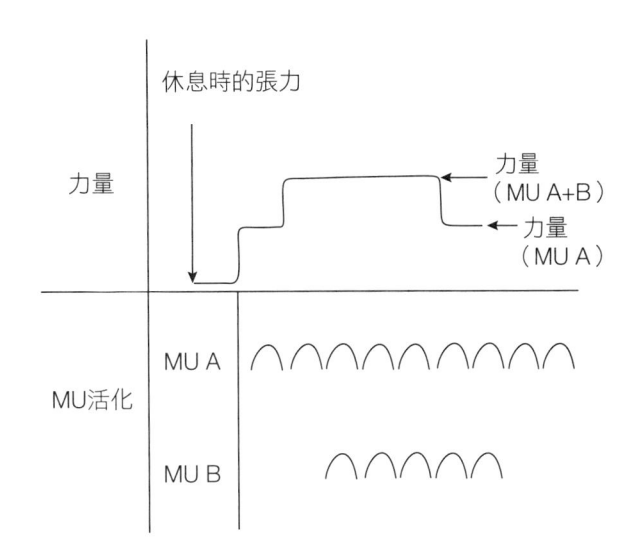

**圖2.23　運動單位徵召對力量產生的影響**

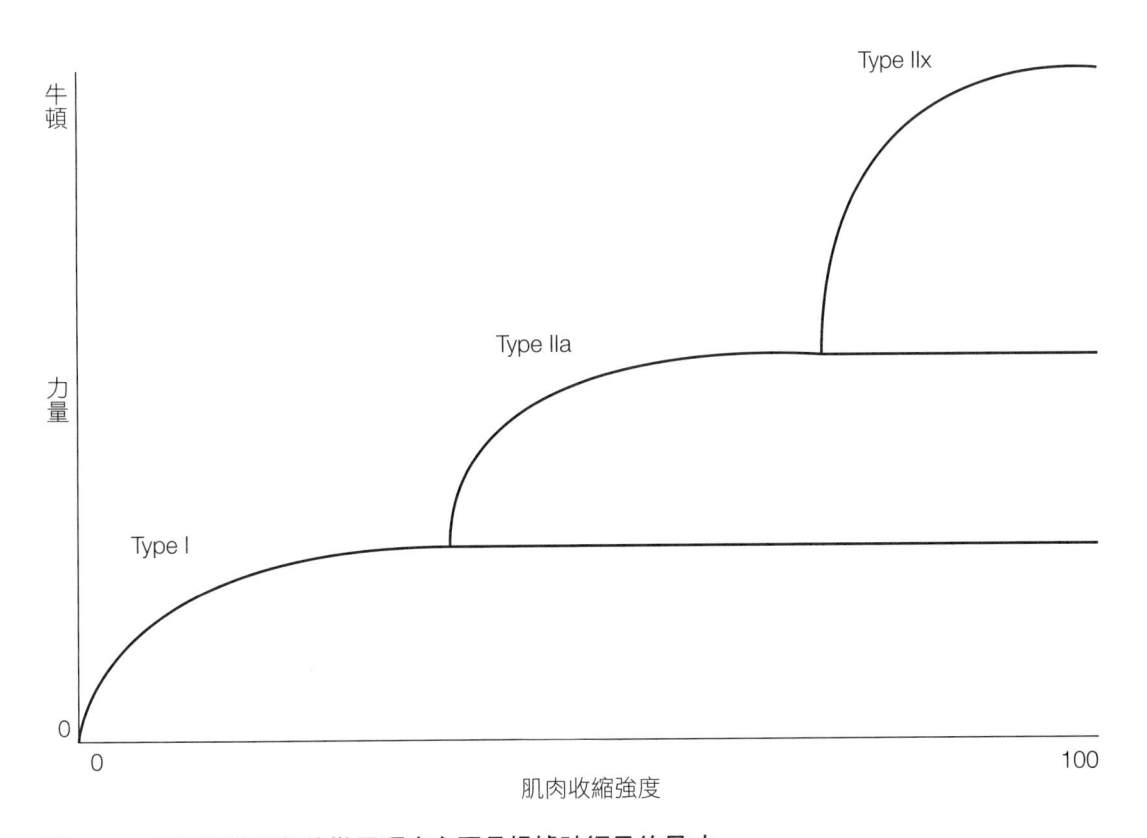

**圖2.24　不同運動單位的徵召順序主要是根據神經元的尺寸**

資料來源：Adapted from E.H. Henneman et al., 1974, "Rank order of motoneurons within a pool, law of combination," *Journal of Neurophysiology* 37: 1338-1349.

殊內肌纖維[42]。肌梭的主要功能與肌肉收縮的長度—速度特性有關[45,64,66]，功能概括如下：

- 肌梭操作的伺服輔助特性，使大腦能夠以較少的能量消耗造成隨意肌收縮。
- 阻力在肌肉連續收縮期間或之間發生變化時，肌梭能使肌肉以適當的力量輸出收縮。
- 疲勞引起的肌肉收縮力衰竭可藉由牽張反射部分代償。
- 適當運用牽張反射可以幫助產生向心肌肉力量（伸展—收縮循環）。

肌梭嵌入骨骼肌纖維（肌梭外纖維）中，並與其平行。根據其核的數量和分佈方式，囊包含兩種類型的肌梭內纖維。通常會有2到4條核袋纖維（nuclear bag fiber）；在這種類型的纖維中，核大多位於中間。核袋纖維比核鏈纖維更粗更長。囊內有8至12條核鏈纖維，其核沿著其長度均勻分佈。核袋纖維由γ1運動神經元支配，核鏈纖維則由γ2運動神經元支配[64]。Ia類感覺神經元支配袋纖維和鏈纖維的中央部分，

表2.4 肌梭內纖維的特性

| 特性 | 核袋區 | 核鏈區 |
|---|---|---|
| 每一囊的個數 | 2-4 | 8-12 |
| 直徑（μm） | 20-25 | 10-12 |
| 運動神經元 | γ₁ | γ₂ |
| 感覺軸突 | Ia，II | Ia，II |
| 感覺回饋 | 動態 | 靜態 |

資料來源：Adapted, by permission, from B.R. MacIntosh, P.F. Gardiner, and A.J. McComas, 2006, *Skeletal muscle*, 2nd ed. (Champaign, IL: Human Kinetics).

而II型感覺神經元通常支配與運動神經元相反的另一端。表2.4說明肌梭內纖維的特性。

強行或迅速拉伸肌梭外纖維來活化Ia型纖維可引起肌伸（myotoic）反射或牽張反射，在拉伸後產生更強的向心收縮力。牽張反射會引起主動肌強化與拮抗肌抑制。非常緩慢或靜態的拉伸則會活化II型纖維，這會引起更強的拮抗作用並抑制主動肌（圖2.25，a和b）。因此，靜態反射可用於促進伸展課表的進行[52]。在肌梭外纖維收縮期間，肌梭內纖維勢必得維持適當長度，否則它們感知長度—速度參數的能力將受到損害。要讓肌梭內纖維和肌梭外纖維收縮，可透過同時活化α和γ運動神經元來完成[66]。

高爾基腱器（GTO）是長方形的囊，主要位於肌腱末端連接處。與肌梭外纖維串聯，顯然會對張力變化有所反應。GTO包含一根Ib感覺纖維，並連接在SC上。由動物研究實證中發現[23,43,44]，在動態及等長收縮時，GTO似乎可以保護肌肉和肌腱避免過度用力。當肌肉收縮產生出有可能會損壞組織的力量時，GTO會產生類似於II型肌梭纖維的反射，導致主動肌抑制和拮抗強化的作用。從理論上來說，肌力—爆發力訓練的適應可能會導致

GTO抑制能力消失。然而，近來重新檢查有關GTO潛在功能的數據時發現，刺激可能會根據多種因素而產生不同的影響，其中包括任務類型、遭遇的力量、收縮類型、受刺激的肌肉部位、以及來自高等中心的輸入[18,21]。

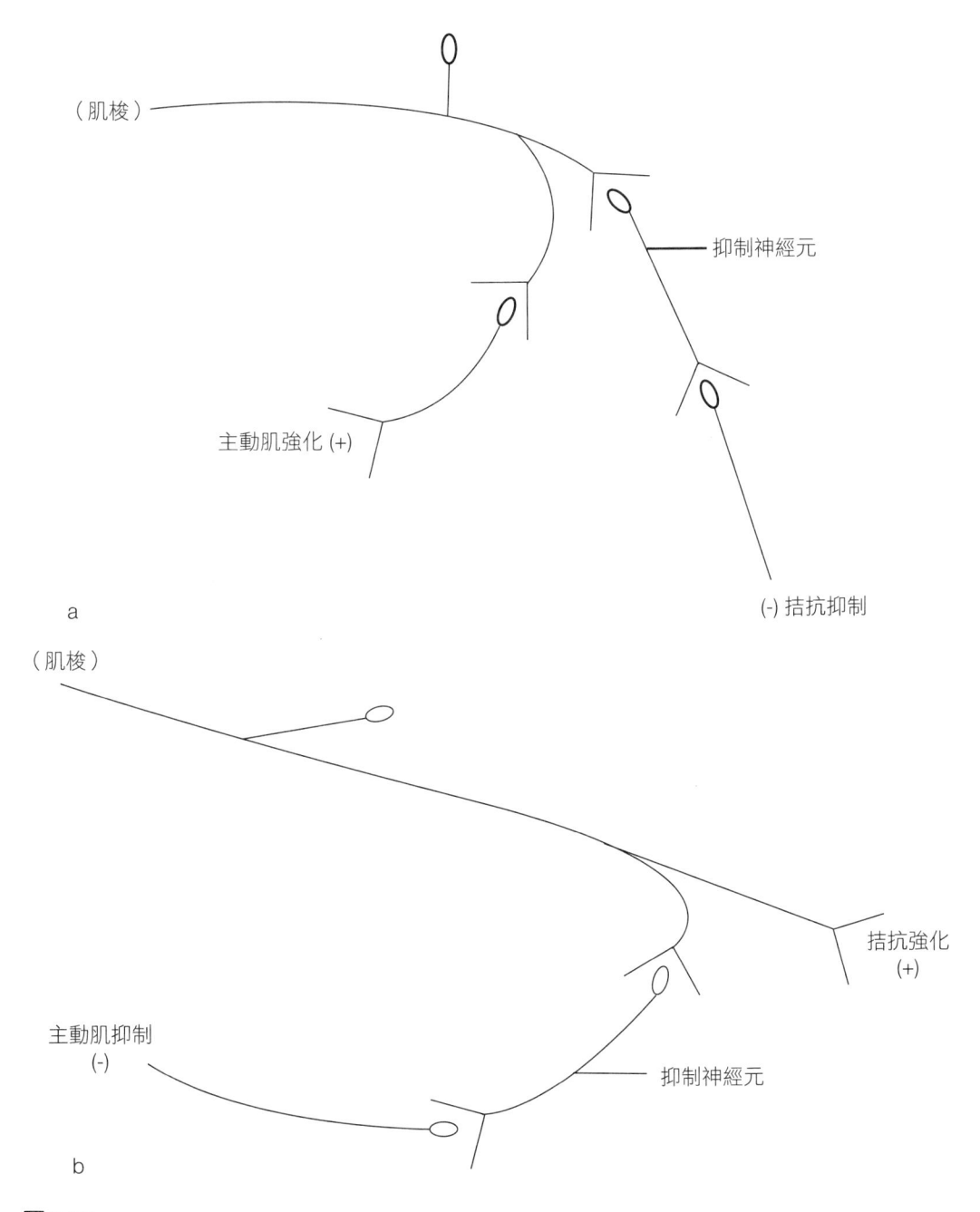

（肌梭）

抑制神經元

主動肌強化 (+)

(-) 拮抗抑制

a

（肌梭）

拮抗強化 (+)

主動肌抑制 (-)

抑制神經元

b

**圖2.25**
（a）簡單的肌伸（牽張）反射—Ia型神經元；（b）靜態伸展—II型神經元

## 章節總結

　　本章涉及了基本的肌肉及神經生理學以及神經肌肉系統的功能。神經肌肉系統的功能及能力支配著行為的身體層面，並影響著行為的心理層面。動作電位是神經元之間以及神經元和肌肉之間資訊傳遞的機制。動作電位的起始和傳播取決於細胞的電學性質以及電解質的相互作用和交換，尤其是$Na^+$和$K^+$。神經元是神經系統的功能單元，其與肌肉的相互作用創造了神經肌肉系統。

　　肌節是具有收縮及調節功能組織中最小的單位，使其成為肌肉系統的功能單位。肌肉纖維含有成千上萬的肌節，而肌肉含有許多纖維。運動單元是由運動神經元及其支配的肌纖維組成，是神經肌肉系統的功能單位。運動神經元可以具有不同的收縮和代謝特徵，其活化模式與這些特徵兼容。皮質中，任務特定的細胞核所活化的運動單位，會產生任務特定的自主動作。關於這些系統如何運行的資訊，對於規劃與設計合理而有效的訓練計劃來說，是必要的基礎知識。

## 參考文獻

1. Alexander, R.M., and A. Vernon. 1975. The dimensions of knee and ankle muscles and the forces they exert. *Journal of Human Movement Studies* 1: 115-123.
2. Anderson, D.C., S.C. King, and S.M. Parsons. 1982. Proton gradient linkage to active uptake of [3H] acetylcholine by Torpedo electric organ synaptic vesicles. *Biochemistry* 21: 3037-3043.
3. Baldwin, K.M. 1984. Muscle development: Neonatal to adult. In: R.L. Terjung (Ed.), *Exercise and sport science reviews* (Vol. 12, pp. 1-19). Lexington, MA: Collamore Press.
4. Barany, M. 1967. ATPase activity of myosin correlated with speed of muscle shortening. *Journal of General Physiology* 50: 197-218.
5. Barchi, R.L. 1988. Probing the molecular structure of the voltage-dependent sodium channel. *Annual Review of Neuroscience* 11: 455-495.
6. Barnard, R.J., V.R. Edgerton, and J.B. Peter. 1970. Effect of exercise on skeletal muscle: I. Biochemical and histochemical properties. *Journal of Applied Physiology* 28: 762-766.
7. Bennett, M.K., N. Callakos, and R.H. Scheller. 1992. Syntaxin: A synaptic protein implicated in docking of synaptic vesicles at presynaptic active zones. *Science* 257: 255-259.
8. Bergstrom, J. 1962. Muscle electrolytes in man. *Scandinavian Journal of Clinical Investigation* (Suppl.) 14: 1-110.
9. Billeter, R., C.W. Heizmann, H. Howald, and E. Jenny. 1981. Analysis of myosin light and heavy chain types in single human muscle fibers. *European Journal of Bio-chemistry* 116: 389-395.
10. Billeter, R., and H. Hoppler. 1992. Muscular basis of strength. In: P.V. Komi (Ed.), *Strength and power in sport* (pp. 39-63). Champaign, IL: Human Kinetics.
11. Binkhorst, R.A., and M.A. van't Hof. 1973. Force velocity relationship and contraction time of the rat fast plantaris muscle due to compensatory hypertrophy. *Pfluegers Archiv* 342: 145-158.
12. Brooke, M.H., and K.K. Kaiser. 1970. Three "myosin adenosine triphosphatase" systems: The nature of their pH lability and sulfhydryl dependence. *Journal of Histochemistry and Cytochemistry* 18: 670-672.
13. Brooks, G.A., T.D. Fahey, and T.P. White. 1996. *Exercise physiology* (2nd ed.). Mountain View, CA: Mayfield.
14. Burke, R.E. 1981. Motor units: Anatomy, physiology and functional organization. In: V.B. Brooks (Ed.), *Handbook of physiology,* Section I, *The nervous system II* (pp. 345-422). Washington, DC: American Physiological Society.
15. Burke, R.E., D.N. Levine, and F.E. Zajac. 1971. Mammalian motor units: Physiological histochemical correlation in three types in cat gastrocnemius. *Science* 174: 709-712.
16. Caldwell, P.C. 1968. Factors governing movement and distribution of inorganic ions in nerve and muscle. *Physiological Reviews* 48: 1-38.
17. Catterall, W.A. 1988. Structure and function of voltage sensitive channels. *Science* 242: 50-61.
18. Chalmers, G. 2002. Do Golgi tendon organs really inhibit muscle activity at high force levels to save muscles from injury and adapt with training? *Sports Biomechanics* 1(2): 239-249.
19. Dean, R.B. 1941. Theories of electrolyte equilibrium in muscle. *Biological Symposium* 3: 331-339.
20. Dulhunty, A.F., and C. Franzini-Armstrong. 1975. The relative contribution of the folds and caveolae to the surface membrane of the frog skeletal fibers at different sarcomere lengths. *Journal of Physiology* 250: 513-539.
21. Duysens, J., F. Clarac, and H. Cruse. 2000. Load-regulating mechanisms underlying the clasp-knife reflex in the cat. *Journal of Neurophysiology* 64: 1303-1318.
22. Ebashi, S., and M. Endo. 1968. Calcium ion and muscle contraction. *Progress in Biophysics and Molecular Biology* 18: 125-183.
23. Eccles, J., R. Eccles, and A. Lundberg. 1957. Synaptic actions on motoneurones caused by impulses in Golgi tendon organ afferents. *Journal of Physiology* 138: 227-252.
24. Edman, K.A.P., and C. Reggiani. 1987. The sarcomere length-tension relation determined in short segments of intact muscle fibres of the frog. *Journal of Physiology* 385: 709-732.
25. Edman, K.A.P., C. Reggiani, S. Schiaffino, and G. te Kronnie. 1988. Maximum velocity of shortening related to

myosin isoform composition in frog skeletal muscle. *Journal of Physiology* 395: 679-694.

26. Eisenberg, B.R. 1983. Quantitative ultrastructure of mammalian skeletal muscle. In: L.D. Peachy, R.H. Adrian, and S.R. Geiger (Eds.), *Handbook of physiology. Skeletal muscle* (pp. 73-112). Baltimore: Williams & Wilkins.
27. Engel, A.G., T.J. Walls, A. Nagel, and O. Uchitel. 1990. Newly recognized congenital myasthenic syndromes: I. Quantal release. II. High conductance fast-channel syndrome. III. Abnormal acetylcholine receptor (AChR) interaction with acetylcholine. IV. AChR deficiency and short channel-open time. *Progress in Brain Research* 84: 125-137.
28. English, A.W. 1984. An electromyographic analysis of compartments in cat lateral gastrocnemius during unrestrained locomotion. *Journal of Neurophysiology* 52: 114-125.
29. English, A.W., and W.D. Ledbetter. 1982. Anatomy and innervation patterns of cat lateral gastrocnemius and plantaris muscles. *American Journal of Anatomy* 164: 67-77.
30. Ennion, S., J.S. Pereira, A.J. Sargent, A. Young, and G. Goldspink. 1995. Characterization of human skeletal muscle fibers according to the myosin heavy chains they express. *Journal of Muscle Research and Cell Motility* 16: 35-43.
31. Fambrough, D.M. 1979. Control of acetylcholine receptors in skeletal muscle. *Physiological Reviews* 59: 165-227.
32. Feinstein, B., B. Lindegard, E. Nyman, and G. Wohlfart. 1955. Morphologic studies of motor units in normal human muscles. *Acta Anatomica* 23: 127-142.
33. Fenn, W.O. 1923. The relation between the work per-formed and the energy liberated in muscle. *Journal of Physiology (London)* 180: 343-345.
34. Finer, J.T., R.M. Simmons, and J.A. Spudich. 1994. Single myosin molecules mechanics: Piconewton forces and nanometer steps. *Nature* 368: 113-119.
35. Fukunaga, T., Y. Ichinose, M. Ito, Y. Kawakami, and S. Fukashiro. 1997. Determination of fascicle length and pennation in contracting human muscle in vivo. *Journal of Applied Physiology* 82(1): 354-358.
36. Gage, P.W., and R.S. Eisenberg. 1969. Action potential, after potentials and excitation coupling in frog sartorius fibers without transverse tubules. *Journal of General Physiology* 53: 298-310.
37. Gans, C., and A.S. Gaunt. 1991. Muscle architecture in relation to function. *Journal of Biomechanics* 24(Suppl. 1): 53-65.
38. Gardiner, P.F. 2001. *Neuromuscular aspects of physical activity*. Champaign, IL: Human Kinetics.
39. Geren, B.B. 1954. The formation from the Schwann cell surface of myelin in the peripheral nerves of chick embryos. *Experimental Research* 7: 558-562.
40. Gordon, A.M., A.F. Huxley, and F.J. Julian. 1966. The variation in isometric twitch tension with sarcomere length in vertebrate muscle fibers. *Journal of Physiology* 184: 170-192.
41. Gordon, D.C., C.G.M. Hammond, J.T. Fisher, and F.J.R. Richmond. 1989. Muscle-fiber architecture, innervation, and histochemistry in the diaphragm of a cat. *Journal of Morphology* 201: 131-143.
42. Gowitzke, B.A., and M. Milner. 1988. *Scientific basis of human movement*. Baltimore: Williams & Wilkins.
43. Granit, R., J-O. Kellerth, and A. Szumski. 1966. Intracellular autogenic effects of muscular contraction on extensor motoneurones. The silent period. *Journal of Physiology* 182: 484-503.
44. Green, D., and J-O. Kellerth. 1967. Intracellular auto- genic and synergistic effects of muscular contraction on flexor motoneurones. *Journal of Physiology* 193: 73-94.
45. Grill, S.E., and M. Hallet. 1995. Velocity sensitivity of human muscle spindle afferents and slowly adapting type II cutaneous mechanoreceptors. *Journal of Physiology (London)* 489(Part 2): 593-602.
46. Guyton, A.C. 1976. Organ physiology: *Structure and function of the nervous system.* Philadelphia: Saunders.
47. Hannerz, J. 1974. Discharge properties of motor units in relation to recruitment order in voluntary contraction. *Acta Physiologica Scandinavica* 91: 374-384.
48. Henneman, E.H., P. Clamann, J.D. Giles, and R.D. Skinner. 1974. Rank order of motoneurons within a pool, law of combination. *Journal of Neurophysiology* 37: 1338-1349.
49. Heuser, J.E., and T.S. Reese. 1973. Evidence for a recycling of synaptic vesicle membrane during transmitter release at frog neuromuscular junction. *Journal of Cell Biology* 57: 315-344.
50. Hubbard, J.I. 1973. Microphysiology of vertebrate neuromuscular transmission. *Physiological Reviews* 53: 674-692.
51. Huijing, P.A. 1992. Mechanical muscle models. In: P.V. Komi (Ed.), *Strength and power in sport* (pp. 130-150).

Champaign, IL: Human Kinetics.
52. Hutton, R.S. 1992. The neuromuscular basis of stretching exercise. In: P.V. Komi (Ed.), *Strength and power in sport* (pp. 29-38) Champaign, IL: Human Kinetics.
53. Huxley, A.F., and R. Niedergerke. 1954. Structural changes in muscle during contraction. Interference microscopy of living muscle fibers. *Nature* 173: 971-973.
54. Huxley, H.E. 1958. The contraction of muscle. *Scientific American* 199: 67-82.
55. Huxley, H.E. 1969. The mechanism of muscular contraction. *Science* 164: 1356-1366.
56. Huxley, H.E., and J. Hanson. 1954. Changes in the cross striations of muscle during contraction and stretch and their structural interpretation. *Nature* 173: 973-976.
57. Kamb, A., L.E. Iverson, and M.A. Tanouye. 1987. Molecular characterization of *Shaker*, a Drosophila gene that encodes a potassium channel. *Cell* 50: 405-413.
58. Kimura, M. 1990. Behaviorally contingent property of movement related activity of the primate putamen. *Journal of Neurophysiology* 63: 1277-1296.
59. Knuttgen, H.G., and W.J. Kraemer. 1987. Terminology and measurement in exercise performance. *Journal of Applied Sport Science Research* 1(1): 1-10.
60. Kuffler, S.W., and D. Yoshikami. 1975. The number of transmitter molecules in a quantum: An estimate from iontophoretic applications of acetylcholine at the neuro- muscular synapse. *Journal of Physiology* 251: 465-482.
61. Kyrolainen, H., R. Kivela, S. Koskinen, J. McBride, J.L. Andersen, T. Takala, S. Sipila, and P.V. Komi. 2003. Interrelationships between muscle structure, muscle strength and running economy. *Medicine and Science in Sports and Exercise* 35: 45-49.
62. Lowey, S., G.S. Waller, and K.M. Trybus. 1993. Skeletal muscle myosin light chains are essential for physiological speeds of shortening. *Nature* 365: 454-456.
63. McBride, J.M., T.N. Triplett-McBride, A.J. Davies, P.J. Abernethy, and R.U. Newton. 2003. Characteristics of titin in strength and power athletes. *European Journal of Applied Physiology* 88: 553-557.
64. McComas, A.J. 1996. *Skeletal muscle*. Champaign, IL: Human Kinetics.
65. Nosek, T.M., N. Guo, J.M. Ginsberg, and R.C. Kobeck. 1990. Inositol (1,4,5) triphosphate (IP3) within diaphragm muscles increases upon depolarization. *Biophysical Journal* 57: 401a.
66. Noth, J. 1992a. Cortical and peripheral control. In: P.V. Komi (Ed.), *Strength and power in sport* (pp. 9-20). Champaign, IL: Human Kinetics.
67. Noth, J. 1992b. Motor units. In: P.V. Komi (Ed.), *Strength and power in sport* (pp. 21-28). Champaign, IL: Human Kinetics.
68. Otten, E. 1988. Concepts and models of functional architecture in skeletal muscle. *Exercise and Sports Sciences Reviews* 26: 89-137.
69. Payne, M.R., and S.E. Rudnick. 1989. Regulation of vertebrate striated muscle contraction. *Trends in Biochemical Sciences* 14: 357-360.
70. Peter, J.B., R.J. Barnard, V.R. Edgerton, C.A. Gillespie, and K.E. Stempel. 1972. Metabolic profiles of three fiber types of skeletal muscle in guinea pigs and rabbits. *Biochemistry* 11: 2627-2633.
71. Pette, D., and R.S. Staron. 1990. Cellular and molecular diversities of mammalian skeletal muscle fibers. *Reviews in Physiology, Biochemistry and Pharmacology* 116: 1-76.
72. Pette, D., and R.S. Staron. 2000. Myosin isoforms, muscle fiber types and transitions. *Microscope Research Technology* 50(6): 500-509.
73. Rayment, I., H.M. Holden, M. Whitiker, C.B. Yohnn, M. Lorenz, K.C. Holmes, and R.A. Milligan. 1993. Structure of the actin-myosin complex and its implications for muscle contraction. *Science* 261: 58-65.
74. Reiser, P.J., R.L. Moss, G.G. Giulian, and M.L. Geaser. 1985. Shortening velocity of single fibers from adult rabbit soleus muscles is correlated with myosin chain composition. *Journal of Biochemistry* 260: 9077-9080.
75. Richmond, F.J.R., and J.B. Armstrong. 1988. Fiber architecture and histochemistry in the cat neck muscle, biventer cervicis. *Journal of Neurophysiology* 60: 46-59.

76. Romanes, G.J. 1941. The development and significance of the cell columns in the ventral horn of the cervical and upper thoracic spinal cord of the rabbit. *Journal of Anatomy* 76: 112-130.
77. Romanes, G.J. 1951. The motor-cell columns of the lumbo-sacral cord of the cat. *Journal of Comparative Neurology* 94: 313-364.
78. Roy, R.R., and V.R. Edgerton. 1992. Skeletal muscle architecture and performance. In: P.V. Komi (Ed.), *Strength and power in sport* (pp. 115-129). Champaign, IL: Human Kinetics.
79. Sacks, R.D., and R.R. Roy. 1982. Architecture of the hind limb muscles of cats: Functional significance. *Journal of Morphology* 173: 185-195.
80. Sant'Ana Pereira, J.A., A.J. Sargeant, A.C. Rademaker, A. de Haan, and M. van Mechelen. 1996. Myosin heavy chain isoform expression and high energy phosphate content in muscle fibres at rest and post-exercise. *Journal of Physiology (London)* 496(Part 2): 583-588.
81. Sato, K.C., and J. Tanji. 1989. Digit-muscle response evoked from multiple intracortical foci in monkey precentral motor cortex. *Journal of Neurophysiology* 62: 959-970.
82. Seidel, J.C. 1967. Studies on myosin from red and white skeletal muscles of the rabbit. II. Inactivation of myosin from red muscles under mild alkaline conditions. *Journal of Biological Chemistry* 242: 5623-5629.
83. Sherrington, C.S. 1906. *The integrative action of the nervous system.* New Haven, CT: Yale University Press.
84. Sherrington, C.S. 1929. Some functional problems attaching to convergence. *Proceedings of the Royal Society of London (Series B)* 105: 332-362.
85. Slater, C.R., P.R. Lyons, T.J. Walls, P.R.W. Fawcett, and C. Young. 1992. Structure and function of the neuromuscular junction in the vastus lateralis in man. *Brain* 115: 451-478.
86. Soechting, J., and M. Flanders. 1991. Arm movements in three-dimensional space: Computation, theory and observation. *Exercise and Sport Sciences Reviews* 19: 389- 418.
87. Spector, S.A., P.F. Gardiner, R.F. Zernicke, R.R. Roy, and V.R. Edgerton. 1980. Muscle architecture and force-velocity characteristics of cat soleus and medial gastrocnemius: Implications for motor control. *Journal of Neurophysiology* 44: 951-960.
88. Staron, R.S. 1997. The classification of human skeletal muscle fiber types. *Journal of Strength and Conditioning Research* 11(2): 67.
89. Staron, R.S., and R.S. Hikida. 1992. Histochemical, bio- chemical and ultrastructural analyses of single human muscle fibers with special reference to the C-fiber population. *Journal of Histochemistry and Cytochemistry* 40(4): 563-568.
90. Stone, M.H., and H. Lipner. 1978. Response to intensive training and methandrostenolone administration: I. Contractile and performance variables. *Pfluegers Archiv* 375: 141-146.
91. Tidball, J.G. 1983. The geometry of actin filament-mem- brane interactions can modify adhesive strength of the myotendinous junction. *Cell Motility* 3: 439-447.
92. Tihanyi, J., P. Apor, and G.Y. Fekete. 1982. Force-velocity- power characteristics and fiber composition in human knee extensor muscles. *European Journal of Applied Physiology* 48: 331-343.
93. Trinick, J. 1991. Elastic filaments and giant proteins in muscle. *Current Opinion in Cell Biology* 3: 112-119.
94. Usdin, T.B., and G.D. Fischbach. 1986. Purification and characterization of a polypeptide from chick brain that promotes accumulation of acetylcholine receptors in chick myotubes. *Journal of Cell Biology* 103: 493-507.
95. Wagenknecht, T., R. Grassucci, J. Frank, A. Saito, M. Inui, and S. Fleischer. 1989. Three-dimensional architecture of calcium channel/foot structure of sarcoplasmic reticulum. *Nature* 338: 167-170.
96. Wickiewicz, T.L., R.R. Roy, P.L. Powell, and V.R. Edgerton. 1983. Muscle architecture of the human lower limb. *Clinical Orthopaedics and Related Research* 179: 275-283.
97. Wickiewicz, T.L., R.R. Roy, P.L. Powell, J.J. Perrine, and V.R. Edgerton. 1984. Muscle architecture and force-velocity relationships in humans. *Journal of Applied Physiology* 57: 435-443.
98. Wise, S.P., and P.L. Strick. 1984. Anatomical and physiological organization of the non-primary motor cortex. *Trends in Neuroscience* 7: 442-446.

# 第三章

# 阻力訓練的生物力學

生物力學涉及將物理定律應用於生物運動上。在人類身上，生物力學則與骨骼和神經肌肉系統在創造動作時的相互作用有關[34,35]。肌肉透過肌腱將力量傳遞至骨骼，使關節加速並產生方向與速度的動作。力量傳遞使人能夠走路、奔跑、跳躍或舉起重物，從而提供動作機制，使得人類可以執行日常生活簡單的動作，到精英運動員技能執行等動作。肌肉力量傳遞和動作執行受特定物理定律和生物力學原理支配。為了能合理了解動作產生的方式，我們必須先瞭解這些基本原理和定律；這有助於研究和理解人體在動作時，所形成的生物力學觀點。藉由獲得對力學原理和定律的深刻了解，這樣的生物力學觀點將提升制定安全而有效訓練計劃的能力。

在第二章中，我們討論了神經肌肉系統的基本功能；在本章中，我們將進一步討論此主題。生物力學考量的內容，可應用在兩個不同層次：細胞層次的微觀解剖學，以及巨觀解剖學。在微觀解剖的層次，我們可以考慮肌節的排列構造以及這些排列方式如何影響功能。巨觀解剖層次可分為兩個部分：（1）完整肌肉力學觀點及（2）完整神經肌肉骨骼系統的力學觀點。本章也提及了肌力，作功及功率（爆發力）。要將微觀和巨觀解剖學因素完全分開來有其困難處，因此有時兩部分的探討會重疊。

## 微觀解剖學與力量產生的特徵：肌節

單位張力或是單位力量是為一個肌節或肌肉能夠生成的最大等長力量數值。肌節能產生約 $23N \cdot cm^{-2}$ 的肌肉組織單位張力[12,22]。肌節透過肌聯蛋白將力量依次傳遞至Z盤，接著傳遞至下一個肌節，最後傳遞至肌腱。力量也會側向傳遞至肌內膜的結締組織[76]。側向傳遞會發生在幾個層次中：從肌原纖維到肌原纖維藉由中間絲連接的相鄰M線和Z盤；從肌原纖維到肌纖維膜以及透過肌縮蛋白複合物（dystrophin complex）到基底膜；從肌纖維到肌內膜。

力量的縱向傳遞在進入肌肉結構時建立了一些冗餘。如果全部或部分串聯肌節受損或

失去活性,則縱向力可透過中間絲,將力量側向傳遞至相鄰肌原纖維或結締組織[61]。這項發現,為肌肉損傷與功能之間缺乏完整相關性的問題,提供了理論基礎[28,51]。程度上它或許也能解釋,肌肉沿著逐漸變細的肌纖維(末端平行的肌節更少)將力量傳遞至肌腱的能力[61,63]。

肌肉收縮,是肌動蛋白和肌凝蛋白間的相互作用,並形成產生力量和位移的橫橋。產生的力量大小取決於環境條件(例如,pH,$[Ca^{++}]$)和肌節的長度—張力特性。這些條件的結果是,動作肌肉的力量與其形成橫橋的數量有關[44,87]。然而,無論平行或串聯,橫橋的排列方式都會對肌肉收縮產生的力量和速度特性造成額外影響[42]。如果要在肌節兩側均等傳遞力量和位移,肌節內串聯排列的橫橋必須一起作用(圖3.1)。就產生力量來說,串聯的半個肌節產生的力量,等於整個單位(兩個半部)產生的力量。為了將兩端平衡的力量傳遞至Z盤,則必須在肌節的兩個半部中,形成數量相等的橫橋。

半個肌節縮短的距離,等於單一橫橋週期縮短的距離乘上所有橫橋週期。因此,為了獲得整個肌節的位移,必須將一半的位移加上另一半的位移。

然而,如果是平行排列,則每半個肌節所產生的力量是可以獨立作用的,生成的力量總和,會等於兩個半肌節的力量加總[42]。完整肌節,無論是以串聯或並聯排列,產生的力量大致上會與單一肌節類似[22,42]。

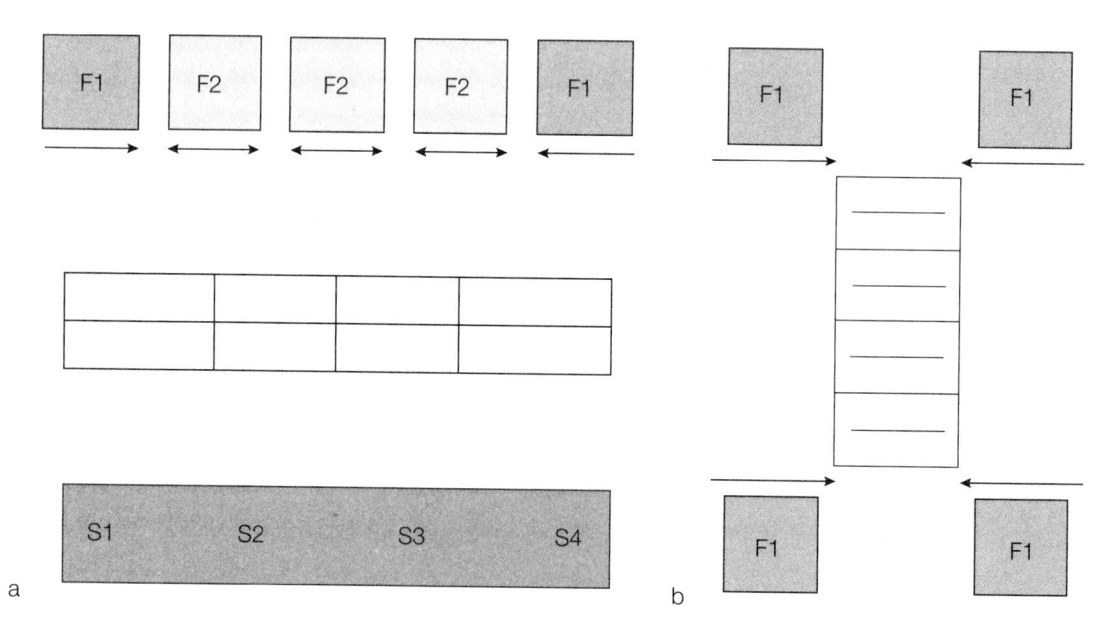

**圖3.1**
(a)4個肌節串聯。力量(F2)因相鄰肌節相互拉扯而抵消;因此肌節力量=F1+F1。(b)4個肌節平行排列。各肌節獨立運作,因此總力量=每一個肌節力量(F1)的總和。
資料來源:Based on Edgerton et al. 1986 and Huijing 1992.

圖3.1 的a和b代表兩個僅由四個肌節所組成的理論性肌肉。如表3.1所示，根據數學模型，這兩種排列在最大刺激下會導致不同的收縮特性[22,42,45,72]。儘管力量、位移和速度不相等，但存在等效的作功和功率潛力。

作功和功率的能量成本在最大活化期間也會相同。之所以如此，是因為串聯排列的肌節在位移上的能量效率較佳；然而，這會由並聯排列肌節產生力量的效率所抵消（表3.1）。

另一個能源成本的考量因素，與活化時會產生相同力量的肌節排列有關。在這個條件下，串聯排列的肌節會全數活化，不過並聯排列的肌節，只會有一個肌節活化。相較於並聯排列，串聯排列在產生同等力量時需要更多ATP，但會導致更大的位移和功率輸出[22]。

**表3.1　2種肌節以不同方式排列的理論性肌肉，其收縮特性**

| 特性 | 串聯 | 並聯 |
|---|---|---|
| 收縮時間 | 1 | 1 |
| 單位張力 | 1/4 | 1 |
| 最大位移 | 1 | 1/4 |
| 最大速度 | 1 | 1/4 |
| 最大作功 | 1 | 1 |
| 最大功率 | 1 | 1 |
| 每公斤肌肉的最大功率 | 1 | 1 |
| ATP／單位力量 | 1 | 1/4 |
| ATP／單位位移 | 1/4 | 1 |
| ATP／單位作功 | 1 | 1 |
| ATP／功率 | 1 | 1 |

資料來源：Adapted from R.R. Roy and V.R. Edgerton, 1992, Skeletal muscle architecture and performance. In *Strength and power in sport*, edited by P.V. Komi (London: Blackwell Scientific), 115-129.

肌肉的設計（肌節排列）會對功率（爆發力）產生的各個面向造成顯著影響。串聯肌節出現峰值功率的速度和產生功率的範圍，大約是並聯排列的兩倍[22]。如果這些理論性肌肉有相同端點，那麼可能會有相對較大的功率—速度差異，與較短的肌肉相比，較長的肌肉能夠在更大的速度範圍中提供功率。較長的肌肉也將能夠在更大的速度範圍內保持近峰值或峰值功率。峰值功率的範圍較大，是由於較長的肌肉擁有當較短的肌肉於較高速度，峰值肌力開始下降時，接管力量產生的能力（圖3.2）。

## 巨觀解剖考量：肌肉

證據顯示，完整肌肉的功能一般來說會遵循按照肌節模型所預測的力量—長度與力量—速度關係[42]。考慮到平行肌節排列在產生力量方面的優勢，應該可以在肌肉橫截面積與力量產生之間找到強烈相關性。要測試這種關係，必須準確估計生理橫截面積（physiological cross-sectional area，PCSA）。PCSA與像是磁共振成像（magnetic resonance imaging，MRI）等常用的非侵入性技術，測量到的解剖橫截面並不完全相同[16]，不過獨立肌纖維最大橫截面積的總和應該相同[61]。在原位條件，即能夠對完整肌肉進行孤立測試，隨後並為了檢驗肌纖維直徑和長度而移除的情況下，可由以下公式估算PCSA[39,61,63]：

$$PCSA = \frac{肌肉質量（濕重）\times 餘弦（\upsilon）}{p（g/cm^2）\times 肌纖維長度（cm）}$$

其中p等於肌肉密度（哺乳動物的p = 1.056 g×cm³），而υ是靜止時的羽狀角度。肌纖維長度是用肌肉內的平均纖維長度來計算。

利用這種判斷PCSA的方法，各種肌肉的特定肌肉張力預測值與實際測量值呈高度相關[61,62,63,72]，但比目魚肌除外，因其含有幾乎100%的I型纖維[62]。然而，收縮過程中，羽狀夾角變化與實際上測量纖維長度的問題降低了PCSA估值的準確度（請參見第二章〈神經肌肉生理學〉）。

在許多情況下，不可能執行侵入性手段（人通常不喜歡移除肌肉，因為難以將它們植回相同位置！）。在活體內的條件下，可運用以下公式[29,63]相當準確地估算出PCSA：

$$PCSA = \frac{肌肉體積}{肌纖維長度}$$

肌肉體積是透過MRI或其他非侵入性手段估算，纖維長度則是根據先前解剖的肌肉數據估算[18,63]。

儘管這些計算PCSA的方法是估計值，但從原位及活體內測量手段中的發現指出，平行排列的肌節在產生力量上具有優勢。透過阻力訓練造成肌肉肥大（橫截面積增加），可

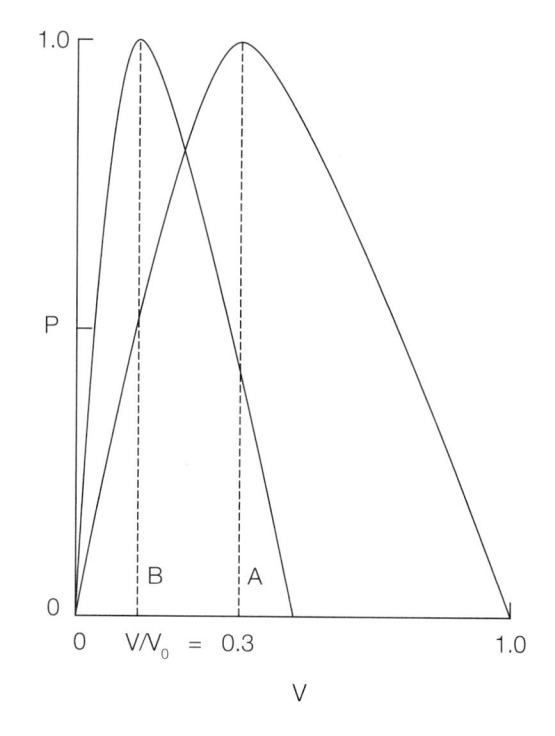

**圖3.2**

長度不同但肌節數量相同的兩條肌肉，其理論性功率輸出（見圖3.1，a及b）。請注意，較長的肌肉（圖3.1a）會在較大的速度範圍內產生力量；還需注意，一條肌肉開始降低功率輸出時，另一條肌肉可以接管。

資料來源：Reprinted, by permission, from V.R. Edgerton et al., 1986, Morphological basis of skeletal muscle power output. In *Human muscle power*, edited by N.L. Jones, N. McCartney, and A.J. McComas (Champaign, IL: Human Kinetics), 45.

實現以平行方式增加肌節，從而提升最大肌力。正如肌節排列模型（表3.1和圖3.2），證據指出，肌肉位移、Vmax，以及功率輸出範圍，均與肌纖維長度或串聯的肌節數量有關[11,22]。肌節以串聯的方式增加，是由於生長或長期伸展所導致，然而，當肌肉在縮短位置上靜止，像是斷肢的情況，會移除肌節串聯的狀態。

正如動物模型所證明的，運動單元在空間上的分佈也可能影響力量的傳遞與位移。運動單元（MU）的纖維似乎呈間隔排列，彼此不會直接接觸；它們會形成交錯（重疊）陣列，且覆蓋區域幾乎可以延伸到整個肌肉的長度[11,60,63]。肌肉的力學特徵會受到MU徵召的相互作用以及MU複雜的空間排列所影響。如果同時徵召兩個含有相同纖維數的MU，則纖維是以串聯或並聯排列，功能性結果將有所不同。如果纖維呈串聯，兩個單元產生的力將等於一個MU產生的力；然而，位移會累加。如果兩個MU平行，那麼力量會是相加，但位移則否[63]。如果MU呈串聯排列，但並非同時徵召，則未活化的MU可能會卸載活化的單元[15]。由於MU排列有無限種可能，僅了解徵召順序與力量潛能不足以使人們準確預測完整肌肉收縮的力學特徵[63]。

顯然，肌肉結構的差異會導致肌肉收縮過程中力量、速度和爆發力的差異[83,84]，體內本質（生物化學）特性也會對這些差異有所貢獻。在最小化或消除了結構差異的體內本質研究中指出，肌肉的內在特性（例如纖維類型）對速度和爆發力差異來說更為重要[26,72]。

在孤立人體肌肉纖維束及單纖維束的研究中指出，MU之間存在著最大等長收縮力、強直力量、發力率和爆發力輸出的差異。儘管大約在30% Vmax時會達到峰值功率，人體肌肉纖維束含有同質的MU類型（II VS. I）顯示出截然不同的爆發力曲線（圖3.3）。特定張力與等長張力的差異很小，但仍然顯示出IIx > IIa >> I[26,62]。然而，不同MU類型之間，在力量—速度曲線和爆發力產生上的差異則更大（圖3.4，a和b）。在人類肌肉的單一纖維分析[26]中指出，Vmax與峰值功率產生的差異很大，且具有統計顯著性：IIx > IIa >>> I。然而，除了像是比目魚肌等少數肌肉外，大多數肌肉都是由各種不同MU組合而成；因此，重要之處在於了解不同MU組合有何種功能。由50%的II型和50%的I型組成的肌肉，峰值功率約為全由II型纖維組成肌肉的55%。此外，這種混合肌肉的功率輸出，幾乎完全是II型纖維所造成[24]。這表示，運動員實際運用肌肉的II型纖維比例較高的話，在肌力—爆發力項目上將具有優勢。

表3.2列出了各種運動員和未經訓練受試者股外側肌中II型纖維約略百分比[3,13,23,41,48,53,65,70,79,80,81]。一般來說，耐力運動員擁有較多I型纖維，肌力—爆發力運動員則擁有較多II型纖維。男性和女性之間，纖維類型的平均百分比也略有差異[53,70]。儘管纖維類型很大程度上是由遺傳決定[49,50]，但是肌力與有氧耐力訓練均會對肌肉的代謝與收縮特性造成顯著改變[2,26,66,73]。

在前面的段落，我們建立了與動作相關的力量—長度及力量—速度特性取決於肌肉結構與內部屬性的觀念。活體內動作過程中，這些特徵也取決於MU（肌肉內徵召）和整個肌肉（肌肉間徵召）的徵召模式。儘管可能會有例外[32,57]，但MU是依據尺寸來徵召[7,37,38]，也會影響運動表現的代謝及力學輸出。通常，在執行高力量或高爆發力無氧支持的運動期間，會徵召更大、更強力的MU（請參見第二章〈神經肌肉生理學〉）。然而，有證據顯示，MU的任務特殊性取決於肌肉的動作類型與運動模式、力量輸出、發力率、以及完成一項動作所需的速度[27,19,20,55,56,64]。例如，當肱二頭肌在手肘屈曲過程中收縮時，長頭外側部分的MU優先活化；然而，在前臂旋後過程中，活化了內側部分的MU。在手肘屈曲過程中，二頭肌和肱肌中的MU具有不同活化閾值，這取決於收縮類型（離心vs.向心）或運動速度[77,64]。

大量證據指出，整個肌肉之間存在任務特殊性[52,64,78,86]。活化—共同活化—放鬆的模式是依據動作類型、速度和爆發力的需求而定[64]。有個重要的問題，就是不同MU組成類型的各個不同肌肉，如何徵召並用於身體活動。例如，可以用擁有共同端點的腓腸肌和比目魚肌來探討其功能。哺乳類動物的腓腸肌含有更多II型纖維，比目魚肌則含有相當高比例的I型纖維，且在爆發力生產上也有相應的差異[63,72]。在貓身上，不同步行和奔跑速度，會導致優先徵召比目魚肌或腓腸肌內側；僅有在較高速度時，才會大量徵召腓腸肌[63]。人類以不同速度騎自行車[21]以及跳躍時[54]也會觀察到類似結果。除此之外，位置功能、收縮類型、動作速度也會造成選擇性徵召。[58]

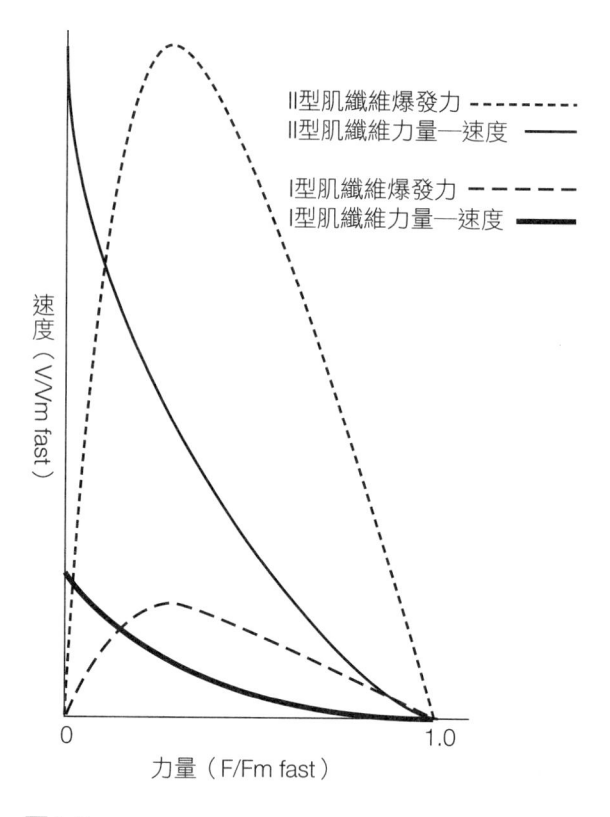

**圖3.3**

肌纖維類型在力量，速度和爆發力特徵上具有深遠影響。該圖顯示，兩條包含不同纖維類型的肌肉，其力量—速度曲線與爆發力曲線。速度已藉由II型纖維的最大向心速度（Vm）做了常態化。力量已藉由II型纖維最大力量輸出（Fm）做了常態化。

資料來源：Reprinted, by permission, from J.A. Faulker, D.R. Claflin, and K.K. McCully, 1986, Power output of fast and slow fibers from human skeletal muscles. In *Human muscle power*, edited by N.L. Jones, N. McCartney, and A.J. Comas (Champaign, IL: Human Kinetics), 84.

**圖3.4**

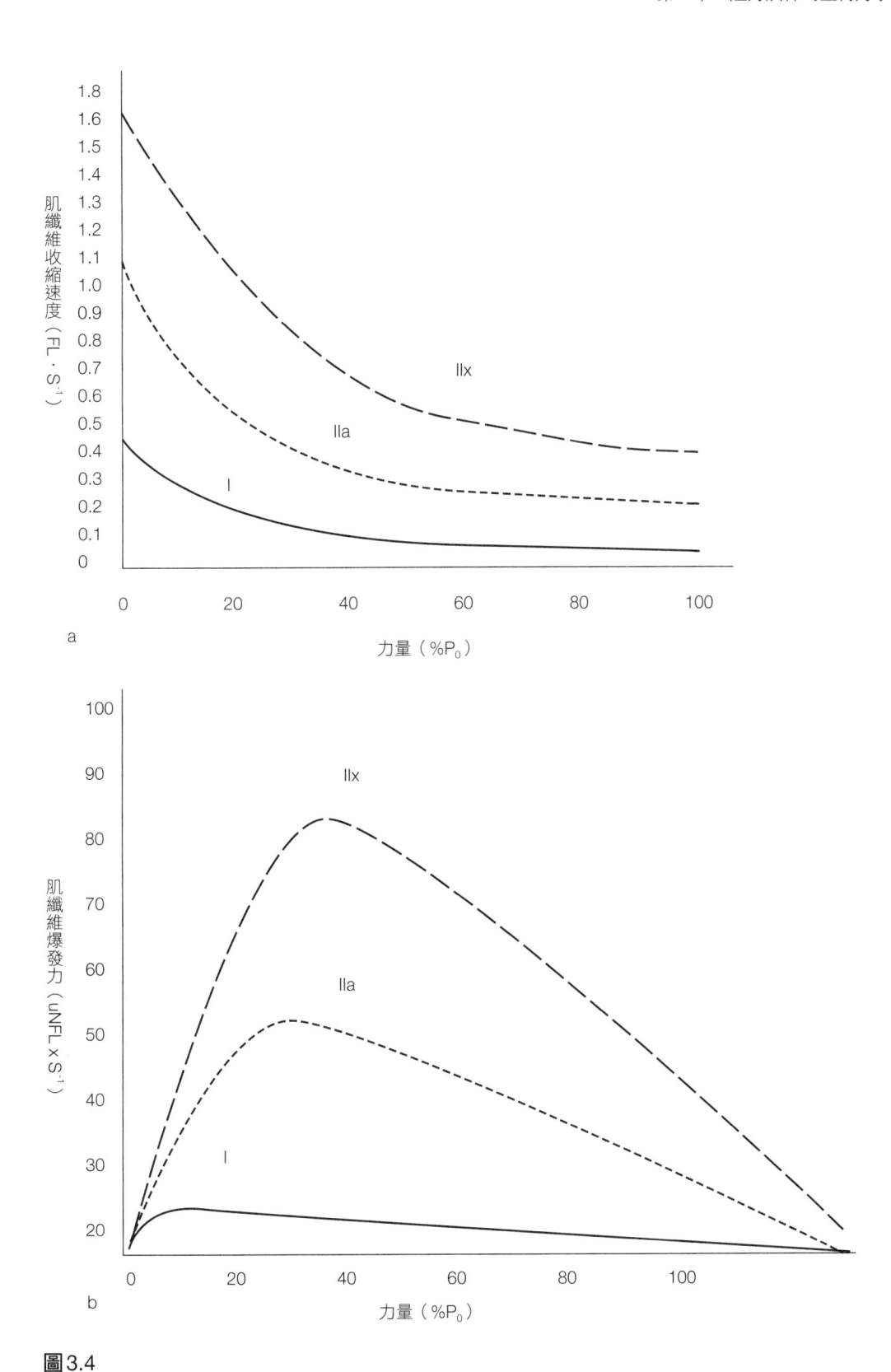

（a）人類腓腸肌中不同單一肌纖維類型的力量—速度曲線。（b）人類腓腸肌中單一肌纖維的爆發力曲線。

資料來源：Adapted from R.H. Fitts and J.J. Widrick, 1997, Muscle mechanics: Adaptations with exercise training. In *Exercise and sport sciences reviews* (Baltimore, MD: Williams and Wilkins), 427-473.

顯然的，MU和肌肉徵召會對動作的力學特性產生深遠影響。此外，證據顯示，肌力與技術訓練可就特定方式改變徵召模式，而使力學成果改善運動表現[1,8,64,67]。

肌肉—肌腱—骨骼介面允許人類移動。這是靠著肌肉拉動骨頭，使它們繞著關節旋轉以及透過包括皮膚在內的各種組織，將力量傳遞到外部環境來實現的[34]。儘管肌肉試圖收縮（即縮短），但造成的力量則是以對外部物體的拉力（縮短）或推力，在外部環境中體現。

**表3.2　外股肌中Ⅱ型肌纖維含量的大略平均百分比：精英／國家級運動員**

| 族群 | 男性 | 女性 |
|---|---|---|
| 久坐、靜態生活 | 52 | 47 |
| 越野滑雪 | 35 | 35 |
| 長距離跑步（超過5公里） | 20 | 40 |
| 長距離自行車 | 40 | 無資料 |
| 高山滑雪 | 40 | 40 |
| 健美 | 55 | 50 |
| 健力 | 57 | 50 |
| 舉重 | 60 | 無資料 |
| 短跑 | 70 | 60 |

資料來源：Based on Alway et al. 1989; Burke et al. 1977; Edstrom and Ekblom 1972; Holloszy and Coyle 1984; Komi et al. 1977a; Miller et al. 1993; Saltin et al. 1977; Simoneau and Bouchard 1989; Tesch and Larsson 1982; Tesch et al. 1989; Thorstensson et al. 1977.

上一章中對肌肉進行了詳細討論。人體的主要肌肉如圖3.5 a和b所示。此處簡要介紹骨骼系統。人體通常含有206塊骨頭（圖3.6，a和b）；由於個體差異，該數字可能會有所不同。骨骼的功能是提供支撐，保護主要器官與槓桿作用。中軸骨骼由頭骨、脊柱和胸骨組成；附肢骨骼則由手臂、肩帶、骨盆與腿骨組成。

關節是骨骼形成接合或連結的地方。關節能讓骨頭旋轉以及讓骨骼動作。關節允許動作的程度取決於關節類型（請參見表3.3）。

滑膜關節的關節骨在末端由透明軟骨覆蓋，且圍繞著一個包含滑液的膠囊。滑液潤滑關節區域並提供營養。骨骼藉由結締組織（韌帶）「綁在一起」，且可能支撐著像是膝關節半月板等軟骨。關節的旋轉特性取決於可用軸的數量，這使得我們可以將關節分為三種類型：單軸關節（例如肘部）、雙軸關節（例如踝關節和手腕）和多軸關節（例如肩部、髖部和膝蓋）。

肌肉通常透過肌肉起源和附著點處的纖維結締組織（肌腱）附著在骨骼上。肌腱同時與肌肉鞘以及圍繞骨骼的結締組織相連。來自肌腱的纖維也滲透至骨骼中，增強了骨骼—肌腱介面的強度[34,35]。

從解剖學來看，圍繞關節的肌肉可以分為三個基本類別。主動肌主要負責引發關節轉動。拮抗肌則負責動作減速，並為關節提供保護，以防止其在快速動作過程中遭受到潛在

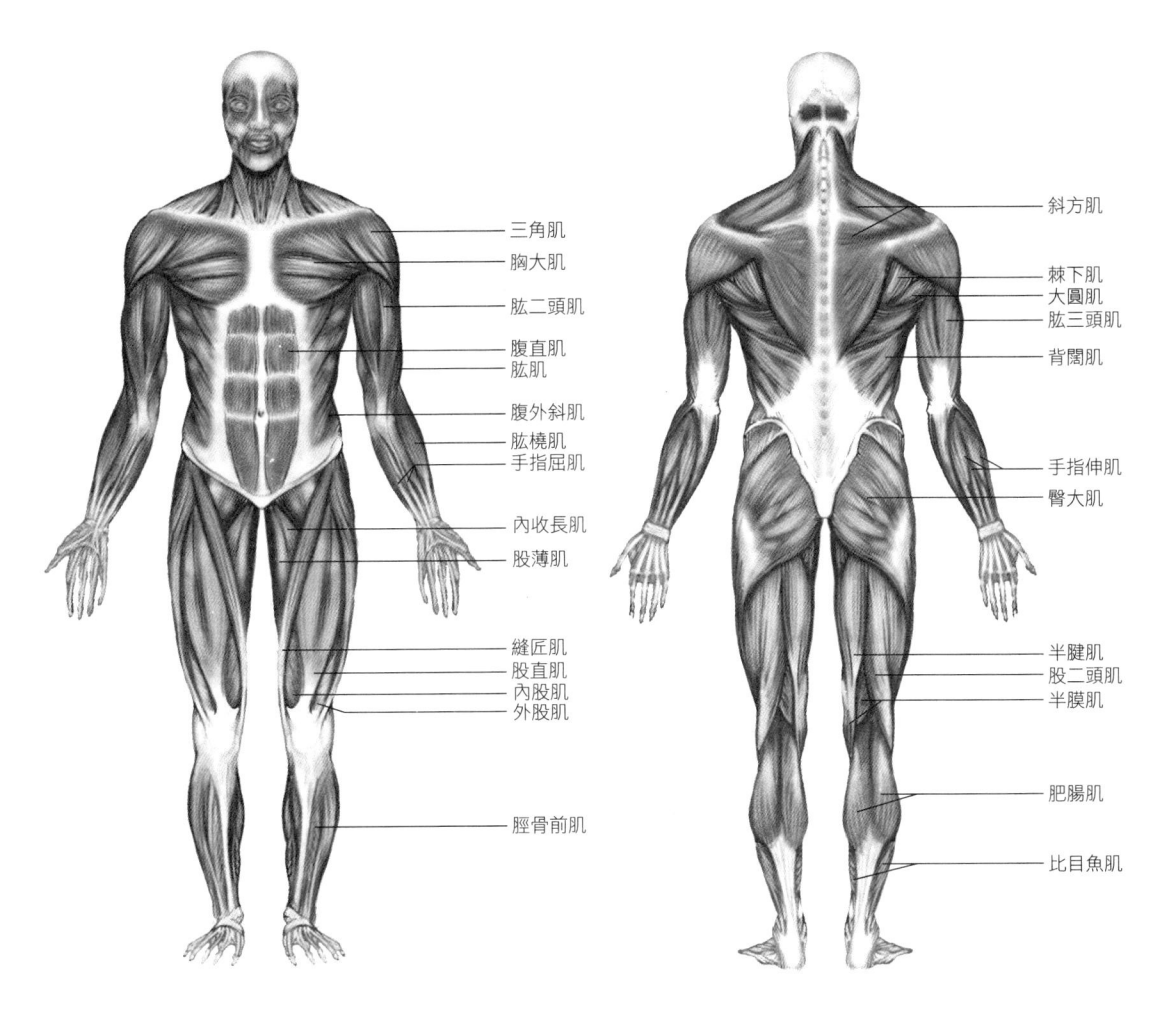

**圖3.5　成年男性，骨骼肌的前視圖和後視圖。**

資料來源：Reprinted, by permission, from National Strength and Conditioning Association, 2000, *Essentials of strength training and conditioning*, 2nd ed. (Champaign, IL: Human Kinetics), 29.

破壞力；拮抗肌還會協助提供關節穩定性。協同肌則充當次要的移動或穩定肌肉。從解剖學上來看，特定肌肉或肌群可能扮演不同角色。舉例來說，大腿後肌（hamstring）在膝關節快速伸展過程中起著拮抗作用，不過在膝關節屈曲過程中，則起著主動肌的作用。雖然主動肌與拮抗肌的肌力比率（肌肉平衡）會視測量條件（例如動作模式，速度，收縮類型）而變化，一些證據表明，它可能與運動表現與傷害有關[82]。

　　然而，我們應該注意的是，主動肌和拮抗肌等解剖學術語某種程度上是人為劃分的，因為在多關節動作及不同收縮速度下，肌肉的角色可能會改變[89]。因此，在某些單關節肌肉動作可能存在例外的情況下，如果採用「動態最佳化」（dynamic optimization）等名詞，可能更能正確地檢視肌肉動作，其中，肌肉的角色不僅僅藉由其解剖位置和力量產生

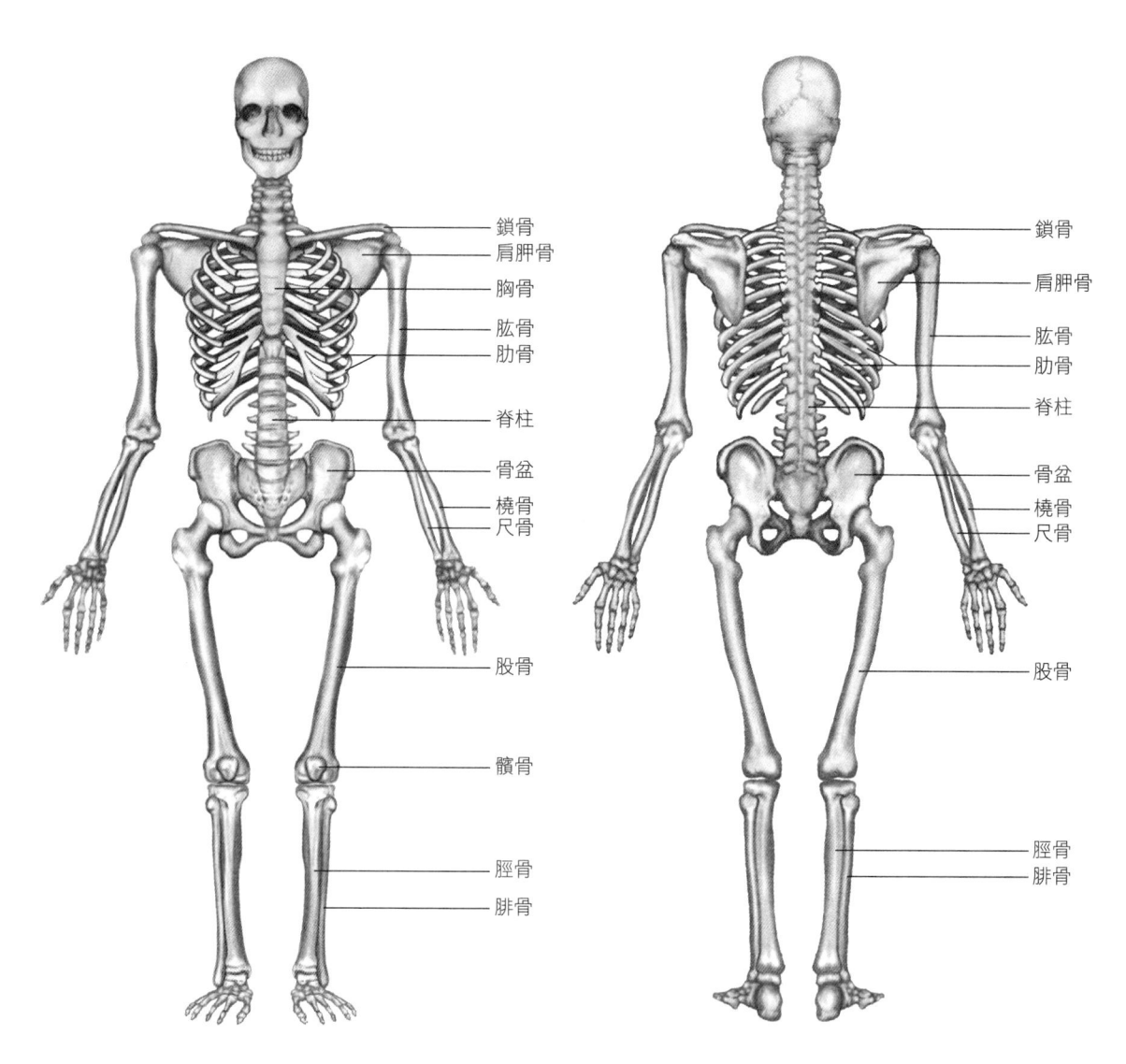

圖3.6　成年男性骨骼的前視圖和後視圖。

資料來源：Reprinted, by permission, from National Strength and Conditioning Association, 2000, *Essentials of strength training and conditioning*, 2nd ed.（Champaign, IL: Human Kinetics), 27.

表3.3　骨骼關節類型

| 關節類型 | 範例 | 相對活動度 |
| --- | --- | --- |
| 纖維關節 | 顱骨縫線 | 受限 |
| 軟骨關節 | 椎間盤 | 中 |
| 滑膜關節 | 膝蓋 | 大 |

方式，還要透過包含肌肉動作試圖完成的任務的模型化技術來定義[88,89]。此外，應從功能性，像是主要動作或協同者，而非主動肌和拮抗肌來檢視肌肉，尤其是在多關節動作下。

力學受牛頓描述的三個基本運動定律所控制[6]：

- **第一定律：慣性**。直到受到外力作用前，靜止的物體會保持靜止。一旦物體移動，除非受到外力作用，否則物體將繼續以等速直線移動。
- **第二定律：加速度**。當物體受到外力作用，所產生的加速度與物體的質量成比例，並在力的方向上發生（F＝MA）。
- **第三定律：反作用力**。每一個動作，都有相等但相反的反作用力。對物體施加力量時，物體會以與來源相等的力量，從相反方向推回。

這些定律控制著力量施加的力學成果，當然包括重量訓練。以上定律會因線性和角度動作不同而改變及修正。

從功能的角度來看，骨骼是槓桿系統。槓桿是在執行工作過程中傳遞力量的裝置。為了理解槓桿作用，需先瞭解下列相關定義[34]：

- **槓桿**：半剛性或脊狀的塊狀物（骨骼），受到一股擁有一條作用線，但不通過其旋轉軸（樞軸）的力，將力施加於任何抵抗其旋轉傾向的物體上。
- **支點**：槓桿的樞軸點（軸）。
- **力矩臂**（力臂、扭矩臂、槓桿臂）：從力的作用線到支點的垂直距離。
- **作用線**：一條穿過施力點無限延長的線，其方向與施力方向相同。
- **扭矩**（力矩）：一種引起圍繞指定支點（軸）旋轉力量的傾向；
  扭矩＝力 × 力矩臂長。
- **肌力**：藉由肌肉收縮產生外力的能力。
- **肌肉力量**：藉由肌肉活化產生的力，傾向於將肌肉的兩端拉在一起。
- **阻力**：在槓桿系統外部產生的力（例如重力、慣性、摩擦力），作用方向與肌肉力量相反。
- **施力臂**：從施力點到支點的距離。
- **阻力臂**：從支點到阻力質量中心的距離。
- **力學優勢**：施加力作用的力矩臂（力臂）與阻力作用的力矩臂（阻力臂）的比例；為了使施加力矩和抵抗力矩之間存在平衡，

$$F \times MA_F = R \times MA_R = 1.0$$

其中 F ＝肌肉力量，$MA_F$ ＝肌肉力量力矩臂，R ＝阻力力量，$MA_R$ ＝阻力力矩臂。

力學優勢小於1.0時，需要更大的肌肉力量才能克服相對較小的阻力。力學優勢大於1.0，則是克服外在阻力所需的肌肉力量相對較小。阻力臂大於施力臂（RA＞FA）的槓桿會以犧牲肌力為代價來強調速度。反之（FA＞RA）則是肌力大於動作速度。同理，＜1.0的力學優勢通常表示，以肌肉力量為代價來交換速度產生；而力學優勢＞1.0則是以動作速度為代價來交換肌肉力量。

根據FA、RA和支點配置之間的關係，槓桿可分成以下幾種類型：

**第一種**：肌肉力和阻力在支點上相對的兩側作用。第一種槓桿的一個範例為肱三頭肌使肘部伸展（圖3.7）。

**第二種**：肌肉力和阻力在支點同側作用。第二種槓桿必定是FA＞RA；因此力量大於動作速度。第二類槓桿的一個範例為以蹠骨球踩地動作時抬起腳跟（圖3.8）。

**第三種**：肌肉力和阻力在支點同側作用。第三種槓桿必定是RA＞FA；因此動作速度大於力量。第三類槓桿的一個範例為肘部彎曲（圖3.9）。

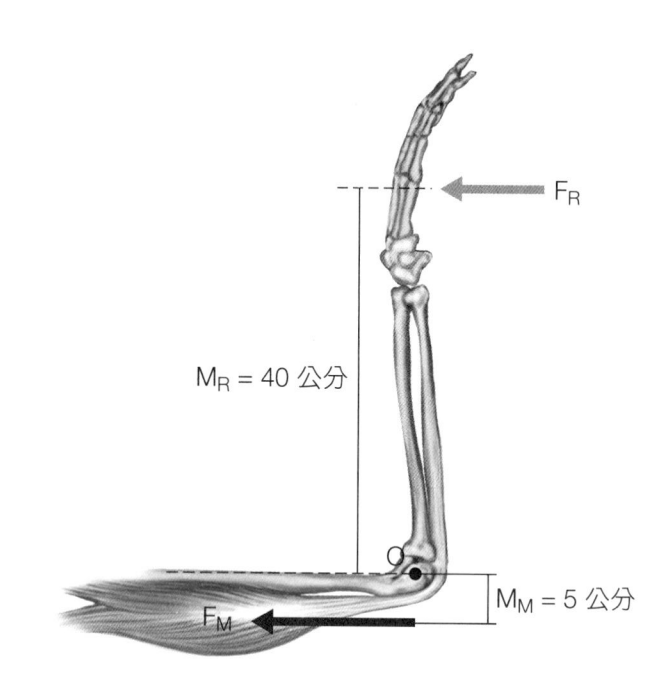

**圖3.7**

第一種槓桿的範例：肘部伸展時，其中$F_M$＝肌肉力量，$F_R$＝阻力，$M_M$＝肌肉力量的力矩臂，而$M_R$＝阻力的力矩臂。力學優勢（MA）＝$F_M / F_R$。第一種槓桿的$M_A$通常不佳（在此範例中會小於1.0）。請注意，$F_M$和$F_R$位於支點的相對側。由於$M_M$比$M_R$小得多，$F_M$必須比$F_R$大很多，才能造成伸展（意即，需要較大的肌肉力量來克服相對較小的阻力）。然而，較長的槓桿（$M_M$）會增加速度。

資料來源：Reprinted, by permission, from National Strength and Conditioning Association, 2000, *Essentials of strength training and conditioning*, 2nd ed. (Champaign, IL: Human Kinetics), 31.

大多數主要肢體動作都是以肌肉執行第三種槓桿來完成的；因此內部肌肉力量必須大於阻力產生的外部力量。這些大的內部肌肉力量，可能是第三種槓桿相關肌肉及肌腱易受傷害的原因[34]。力學優勢是一個重要概念，因為它可以理解實際動作中，力量和扭矩的需求。然而，力學優勢在人類動作過程中不斷在變化[31,34,35]：

1. 膝蓋屈伸的過程中，關節不會充當真正的鉸鏈，因為在動作過程中，旋轉軸心會發生變化。軸心變化繼而影響肌肉起作用的距離（力矩臂）。
2. 膝蓋伸展時，髕骨的作用是防止股四頭肌腱移動時太靠近旋轉軸，從而最小化力學優勢的變化。在膝蓋（或肘部）屈曲過程中，沒有籽骨（sesamoid bone）保持肌腱與旋轉軸的距離，在關節的極端角度處扭矩會很低，因為肌腱會非常接近軸心。
3. 進行重量訓練時，阻力臂會隨著重量到旋轉軸的水平距離而變化。因此，就舉起的重量遠離或靠近關節這類舉重技術的變化，力學優勢可能會出現很大的差異（圖3.10）。

個體內部與不同人之間的結構差異可能會產生不同的力學優勢差異。例如，靠近或遠離旋轉軸線的肌腱附著點，會影響肌力或速度。如果肌腱附著點位置較遠，可以獲得力學優勢；較長的肌肉力臂會產生較高的關節扭矩，產生較高的外部力量。另一方面，如果肌腱較近，則會失去力學優勢；阻力臂越長，就需要越多的內部力量才能克服給定的阻力。然而，較長的阻力臂在速度上則具有優勢。

角速度和位移與阻力臂的長度直接相關。在一定長度肌肉的收縮下，較長的阻力臂會比較短的阻力臂產生更高的角速度及位移。因此，為了產生指定的角速度，有長力臂的肌肉必須比短力臂的肌肉以更高的速度收縮。由於在收縮過程中力與速度成反比，肌肉產生力量的能力在以較高速度收縮時會降低。然而，較長的阻力臂會在需要克服的阻力增加，需要更高階的肌力時喪失速度優勢。

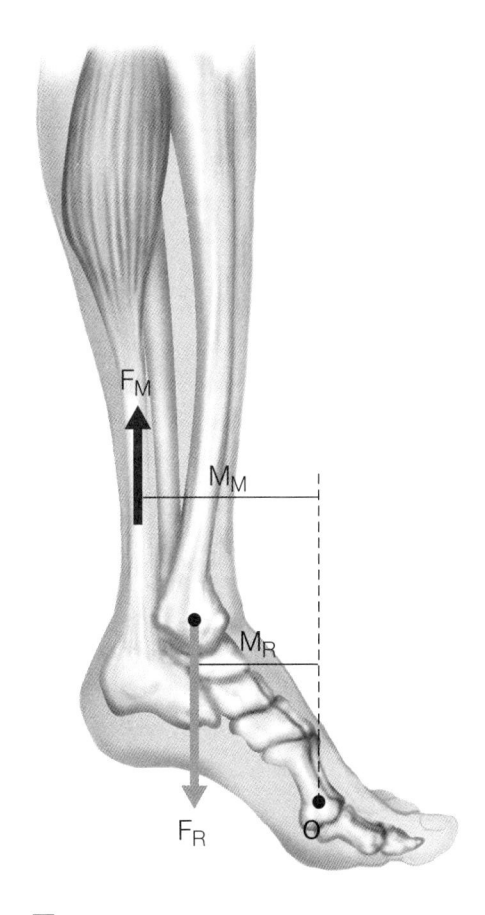

**圖 3.8**
腳踝，是第二種槓桿的範例，其中 $F_M$ = 肌肉力量，$F_R$ = 阻力力量，$M_M$ = 肌肉力量的力矩臂，而 $M_R$ = 阻力力量的力矩臂。力學優勢（MA）= $F_M / F_R$。蹠骨球（支點）在足底屈曲（抬高身體）時會產生 $M_M > M_R$ 和 $F_M < F_R$，以及相對較大的力學優勢。

資料來源：Reprinted, by permission, from National Strength and Conditioning Association, 2000, *Essentials of strength training and conditioning*, 2nd ed. (Champaign, IL: Human Kinetics), 31.

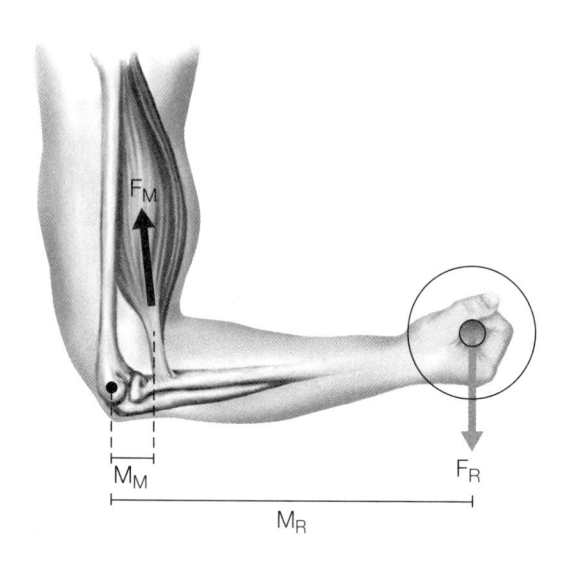

**圖3.9**

肱二頭肌，第三種槓桿的一個範例。$F_M$＝肌肉力量；$F_R$＝阻力力量；$M_M$＝肌肉力量的力矩臂；$M_R$＝阻力力量的力矩臂。力學優勢（MA）＝$F_M / F_R$。因為$M_M$小於$M_R$，$F_M$必須大於$F_R$，從而產生相對較小的$M_A$。

資料來源：Reprinted, by permission, from National Strength and Conditioning Association, 2000, *Essentials of strength training and conditioning*, 2nd ed. (Champaign, IL: Human Kinetics), 31.

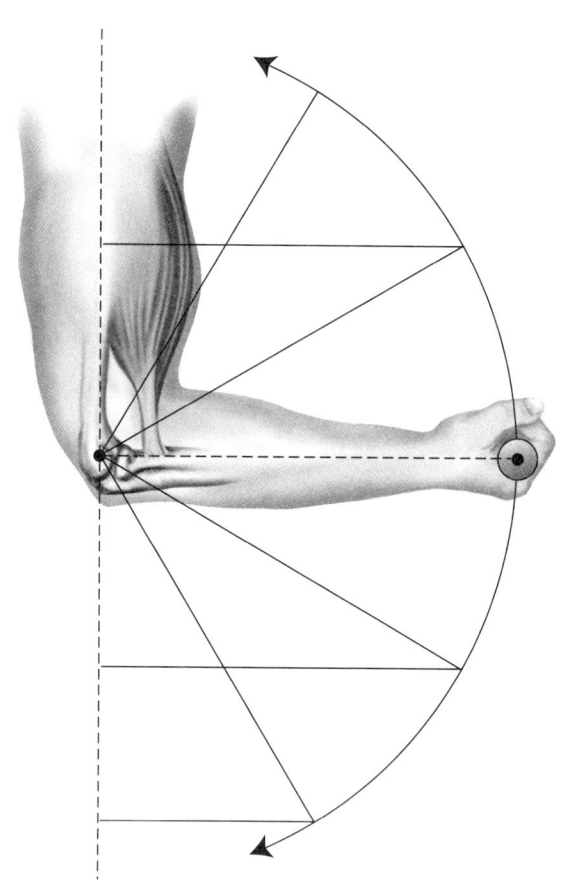

**圖3.10**

在此範例中，在舉起負荷時，力矩臂（以及阻力力量）會隨著與支點（肘關節）的水平距離變化而改變。槓桿越長，克服負荷所需的內部肌肉力量就要越大。反過來說，槓桿越長，外部力量的產生（即附著範圍）就越小。

資料來源：Reprinted, by permission, from National Strength and Conditioning Association, 2000, *Essentials of strength training and conditioning*, 2nd ed. (Champaign, IL: Human Kinetics), 33.

　　阻力訓練可造成肌肥大，從而改變肌肉的羽狀傾斜角度。羽狀傾斜角度的改變可能會改善肌肉產生力量的能力，雖然這可能會以犧牲收縮速度為代價（請參閱第二章〈神經肌肉生理學〉）。據推測，如果有足夠程度的肌肥大，它也可能會改變肌腱附著點的角度，進而再次影響最大力量能力。

　　顯然，無論是遺傳或訓練造成的細微結構改變，都可能帶來明顯的功能變化。舉例來說，舉重運動員可能會從肌腱附著點遠離關節受益，而短跑運動員則可能剛好相反。

> **阻力訓練的應用**
>
> 　　阻力可能來自於多種來源，包括重力、慣性、摩擦、彈性和液體[35]。在許多日常和體育活動中都會遇到這些來源，也可以將它們用來為阻力訓練提供阻力。阻力訓練是有目的的使用阻力設備以達到預期目標的方法。這些目標包括了改變體型（例如健美）、一般體能、體育競賽（例如健力，舉重）、為了其他運動而訓練和復健。各種阻力訓練的模式和設備，都利用了一種或多種阻力來源。這些訓練方式影響各種體內神經肌肉骨骼特徵參數的程度，會直接影響訓練成果。並非所有的訓練模式都會產生同樣的適應性。第十二章詳細列出了各種訓練模式的比較。

# 肌力、功與爆發力

　　肌力可以定義為產生外部力量的能力[69,74]。力量產生的幅度可以從零到最大。力量施加在具有質量的外部物體上時，會導致該物體產生加速度（F＝MA）及動作速度。因此，力量可以產生零速度（等長）或是各種收縮速度。此外，取決於參與的肌肉及身體部分，力量的總和會指向一個動作方向。

　　活體內的肌力產生會受到多種因素影響，其中包括了力量—速度和力量—長度（關節角度）特性、纖維類型、收縮類型、神經活化和肌肉橫截面積。肌力可以用等長或動態的方式測量。動態測量可以透過離心、向心或增強式肌肉動作進行。典型的等長測量或1次最大反覆（1RM）等最大肌力測量方式，在預測或監視更動態的活動的運動表現上作用有限[74,85]。測量力量幅度和相關的特性，像是發力率及達到峰值張力的時間，拓展了動態和等長力量測量的範圍，並增加了監控運動表現上的實用性[33,74]。（請參見第八章〈測試、測量及評估〉以及第一章〈訓練的定義、目標、任務與原則〉和第十二章〈阻力訓練的模式〉。）

　　施加肌力產生動作時，即為作功（單位為焦耳）。功是力與物體移動距離的乘積：

$$W = F \times d$$

其中 W＝功，F＝力量，d＝位移。如果力與位移的方向不同，則

$$W = F \cos(\upsilon) \times d$$

其中 F cos（υ）＝力量線和位移線之間的角度分力。此點指出，如果力量線和位移線相

同，則效率會增加。功與能量的使用有直接相關；執行的功越多，使用的卡路里就越多。

動能是動作的能量，可以下列方式量化：

$$KE = 1/2\ mv^2$$

其中KE＝動能，m＝質量，v＝速度。身體動能越大，停止它的難度就越大。質量具有的動能越多，使物體減速所需的力和功就越大。

完成功的速率稱為功率（單位為瓦特）。定量功率可以下列方式表示：

$$P = \frac{f \times d}{時間}$$

其中P＝功率，f×d＝功。該等式可以重新排列為

$$P ＝力量 \times 速度$$

因此，功率是外部力量（肌力）與物體沿著施力方向的速度乘積。功率與能量使用率成正比。作功率越高，能量消耗越快。能夠以更快的速度作功的運動員具有優勢。爆發力（作功的速率）可以說是運動員最重要的特質，也是大多數需要肌力—爆發力的運動中，區分出勝者與敗者的要素。

以上功和功率的方程式，都與物體位移有關。動作開始或改變動作速度也需要功和功率。由於人體是由圍繞著軸旋轉的槓桿系統所組成，因此必須考慮動作的旋轉或角度特性。角位移是物體旋轉的角度（SI單位＝弧度＝57.3°）；角速度是物體的旋轉速度，單位為弧度／時間（rad×s$^{-1}$）。扭矩可以表示為牛頓公尺（N×m）。旋轉功和功率則表示為

$$作功 ＝扭矩 \times 角度位移$$

$$功率 ＝ \frac{扭矩 \times 角度位移}{時間}$$

或者

$$功率 ＝扭矩 \times 角速度$$

理解作功和功率概念，可以消除對這些術語常見的誤解。例如，健力一詞是指一項運動，與其他包含舉重項目在內的許多運動相比，其運動表現涉及很高的力量，但是速度較低，功率輸出也相對較低[30]。低速度不一定代表低功率輸出；高速度也不一定代表高功率輸出；應該記住，功率是力量與速度的函數。關鍵是施加力量，以產生一項運動表現所

需的加速度、速度和爆發力特徵的能力。

## 肌肉動作：收縮類型

基本的收縮類型有三種：

**向心**：肌肉獲得張力，並且縮短（收縮力＞阻力）。
**等長**：肌肉獲得張力，但不會明顯改變長度（收縮力＝阻力）。
**離心**：肌肉獲得張力，但被迫拉長（收縮力＜阻力）。

長度—張力特性及收縮類型，會影響外部和內部肌肉力量隨關節角度變化。肌力曲線一詞是指圍繞在一個軸上所施加的最大合力（最大外力）與關節角度的關係圖[36]。對各種關節及動作的測量顯示，肌力曲線有三種特性：上升、下降，與上升—下降（圖3.11）。這些曲線可以用動態或等長肌肉動作測量[4,34,35,36]。與力量—速度—長度的關係一致，典型的完整人體肌力曲線，顯示出力量的產生是有層次的，即離心＞等長＞向心（圖3.12）。此外，也一併測量了等速肌力曲線，且一般認定該曲線與自由移動重量下測得的肌力曲線特徵形狀一致；然而，基於等速測力機固有的問題，應謹慎解讀這些數據[14,36,59]。因此，在某個動作幅度內施加外部力量的能力，取決於許多相互作用的因素。

此外還可能有第四種類型的肌肉動作：伸展—收縮循環（SSC）肌肉動作（增強式）。離心肌肉動作之後緊接著向心動作——離心和向心之間的交叉點稱為抵銷（amoritization）階段，實際上是一個短暫的等長動作。但也可能（取決於角度的變化）在

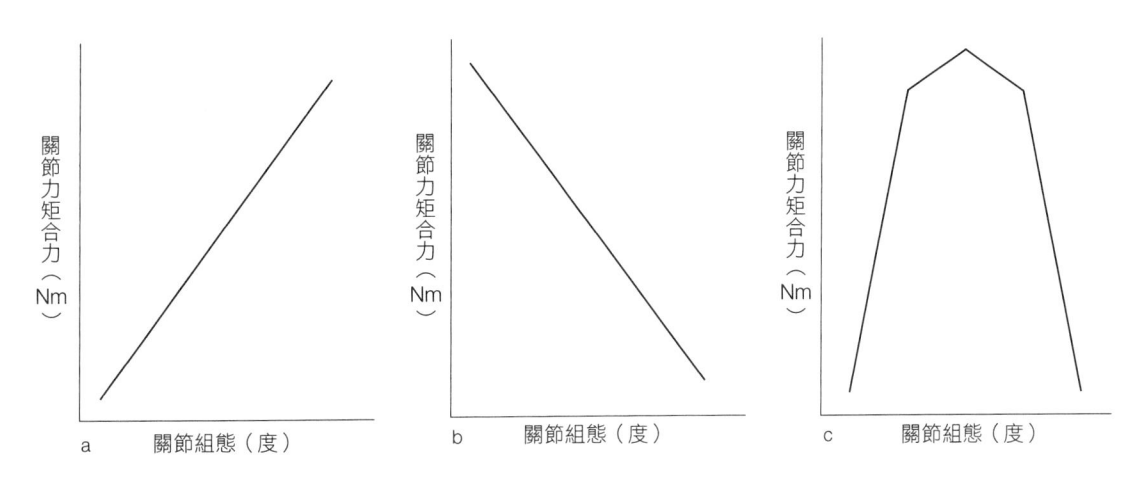

**圖3.11 三種一般人類肌力曲線形式：（a）上升，（b）下降，（c）上升—下降**

資料來源：Reprinted, by permission, from V. Zatsiorsky and W. Kraemer, 2006, *Science and Practice of Strength Training*, 2nd ed. (Champaign, IL: Human Kinetics), 40.

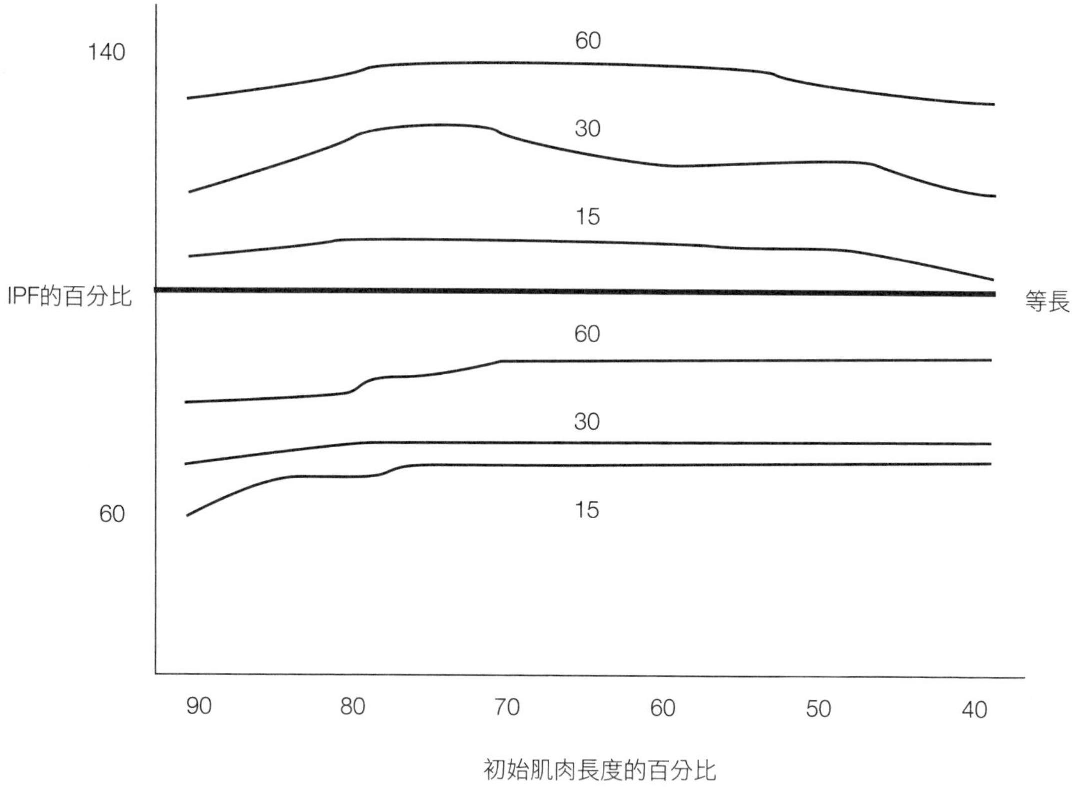

**圖 3.12**

完整肌肉在自主控制下,最大努力的向心和離心收縮(肘屈曲),顯示出力量產生的層次結構為離心＞等長＞向心。IPF＝等長峰值力量。

資料來源:Based on P.O. Åstrand and K. Rodahl, 1970, *Textbook of work physiology* (New York: McGraw-Hill Companies).

一個非常短暫的增強式動作中,並沒有發生實質的離心動作,而是以等長動作之後緊接著向心動作取代。重要之處在於,隨後的向心動作增強了。增強的確切機制尚不清楚,但可能包括以下因素:

1. 將儲存的彈性能再利用
2. 牽張反射
3. 肌腱的相互作用,使肌肉維持在更接近其最適長度,並以更有利的速度縮短以產生力量
4. 最佳化肌肉活化模式
5. 在向心階段初始期時引出了更高的預發力 [9,17,25]

SSC通常用在步行、跑步和跳躍等活動。

## 肌力／質量比

根據牛頓第二定律，力是質量和加速度的乘積。因此

$$加速度 = \frac{力量}{質量}$$

在運動員必須推動身體或身體部位的運動中，肌力質量比是非常重要的，該比例與運動員加速身體的能力直接相關[34]。為這些運動員設計的訓練計劃，必須能有效提高肌力質量比。如果身體質量增加而肌力沒有等比例增加，就會損害運動表現。在以體重分級的運動項目，像是健力、舉重和摔跤，競爭對手身體質量通常相同；因此，最強壯的參賽者具有優勢。

大型運動員的肌力質量比通常比小型運動員低[34,46,47]。這是由於肌肉力量能力與肌肉橫截面積成正比所造成的，這與線性身體尺寸的平方有關。然而，肌肉質量卻與其體積成正比，這與線性身體尺寸的立方有關。因此，隨著身體尺寸增加，身體質量增加的速率會比肌力要快。身體比例固定的情況下，較小的運動員在身體質量除以每公斤的基礎上要比較大的運動員更強壯（即，具有更大的肌力質量比）。

儘管較大的運動員可以舉起更多重量，但是在不同身材的運動員之間相比較，可提供一個指標，以識別哪個運動員實際上的表現更好。只是將能舉起的重量除以身體質量，會導致結果偏向體型較小的選手，因為它沒有考慮到隨著身體尺寸增加而使肌力質量比下降的因素。將舉重除以身體質量的三分之二是試圖要消除體型差異，但顯然會使結果偏向中型運動員[40,43]。目前已經研究出許多不同的模型，這些模型在一定程度上消除了健力選手與舉重選手之間的身體質量差異[40,43,68,71,75]。這些公式通常是用來決定比賽中的「最佳舉重選手」。

## 章節總結

無論運動員或非運動員，都是為了從健美到復健等各種原因而進行阻力訓練。生物力學因素及其如何影響訓練適應性的知識，使從業者可以設計出更具生產力的訓練計劃。

本章討論了影響外部力量產生（肌力）的微觀和宏觀解剖學。肌力產生是受肌肉的收縮特性（即，力量—長度—速度的考量）、肌肉結構、纖維類型和神經因素所影響。當肌肉收縮時，便開始作功；作功速率的比率稱為爆發力。爆發力可能是大多數運動項目中對勝負影響最大的特性。了解肌力和爆發力產生中涉及的生物力學因素，為動作和訓練特殊性的力學觀點奠定基礎，這些知識有助於制定更具生產力的訓練計劃。

## 參考文獻

1. Aagaard, P. 2003. Training-induced changes in neural function. *Exercise and Sport Sciences Reviews* 31: 61-67.
2. Adams, G.R., B.M. Hather, K.M. Baldwin et al. 1993. Skeletal muscle myosin heavy chain composition and resistance training. *Journal of Applied Physiology* 74: 911-915.
3. Alway, S.E., W.H. Grumbt, W.J. Gonyea et al. 1989. Contrast in muscle and myofibers of elite male and female bodybuilders. *Journal of Applied Physiology* 67: 24-31.
4. Asmussen, E., O. Hansen, and O. Lammert. 1965. The relation between isometric and dynamic muscle strength in man. *Communications from the Testing and Observation Institute of the Danish National Association for Infantile Paralysis,* No. 20.
5. Åstrand, P-O., and K. Rodahl. 1970. *Textbook of work physiology.* New York: McGraw-Hill.
6. Barham, J. 1978. *Mechanical kinesiology.* St. Louis: Mosby.
7. Bawa, P. 2002. Neural control of motor output: Can training change it? *Exercise and Sport Sciences Reviews* 30: 59-63.
8. Bernardi, M., M. Solomonov, G. Nguyen et al. 1996. Motor unit recruitment strategy changes with skill acquisition. *European Journal of Applied Physiology* 74: 52-59.
9. Bobbert, M.F. 2001. Dependence of human squat jump performance on the series elastic compliance of the triceps surae: A simulation study. *Journal of Experimental Biology* 204(Part 3): 533-542.
10. Bodine, S., R.R. Roy, E. Eldred et al. 1987. Maximal force as a function of anatomical features of motor units in the cat tibialis anterior. *Journal of Neurophysiology* 57: 1730-1745.
11. Bodine, S., R.R. Roy, D.A. Meadows et al. 1982. Architectural, histochemical and contractile characteristics of a unique biarticular muscle: The cat semitendinosus. *Journal of Neurophysiology* 48: 192-201.
12. Brooks, G.A., T.D. Fahey, and T.P. White. 1996. *Exercise physiology: Human bioenergetics and its applications.* Mountain View, CA: Mayfield.
13. Burke, E., F. Cerny, D. Costill et al. 1977. Characteristics of skeletal muscle in competitive cyclists. *Medicine and Science in Sports* 9: 109-112.
14. Chow, J.W., W.G. Darling, and J.G. Hay. 1997. Mechanical characteristics of knee extension exercises performed on an isokinetic dynamometer. *Medicine and Science in Sports and Exercise* 29: 794-803.
15. Clamann, H.P., and T.B. Schelhorn. 1988. Nonlinear force addition of the newly recruited motor units in the cat hindlimb. *Muscle and Nerve* 11: 1079-1089.
16. Conley, M., M.H. Stone, M.J. Nimmons, and G.A. Dudley. 1997. Resistance training specificity and neck muscle hypertrophy. *European Journal of Applied Physiology* 75: 443-448.
17. Cronin, J.B., P.J. McNaira, and R.N. Marshall. 2000. The role of maximum strength and load on initial power production. *Medicine and Science in Sports and Exercise* 32:1763-1769.
18. Cutts, A., and B.B. Seedhom. 1993. Validity of cadaveric data for muscle physiological cross-sectional area ratios: A comparative study of cadaveric and in-vivo data in human thigh muscles. *Clinical Biomechanics* 8: 156-162.
19. Desmedt, J.E., and E. Godaux. 1979. Voluntary motor commands in human ballistic movement. *Journal of Physiology* 264: 673-693.
20. Desmedt, J.E., and E. Godaux. 1981. Spinal motoneuron recruitment in man: Rank deordering with direction but not with speed of voluntary movement. *Science* 214: 933-936.
21. Duchateau, J., S. LeBozec, and K. Hainaut. 1986. Contribution of slow and fast muscles of triceps surae to a cyclic movement. *European Journal of Applied Physiology* 55: 476-481.
22. Edgerton, V.R., R.R. Roy, R.J. Gregor et al. 1986. Morphological basis of skeletal muscle power output. In: N.L. Jones, N. McCartney, and A.J. McComas (Eds.), *Human muscle power* (pp. 43-64). Champaign, IL: Human Kinetics.
23. Edstrom, L., and B. Ekblom. 1972. Differences in sizes of red and white muscle fibers in vastus lateralis of musculus quadriceps femoris of normal individuals and athletes. Relation to physical performance. *Scandinavian Journal of Clinical Laboratory Investigation* 30: 175-181.

24. Faulkner, J.A., D.R. Claflin, and K.K. McCully. 1986. Power output of fast and slow fibers from human skeletal muscle. In: N.L. Jones, N. McCartney, and A.J. McComas (Eds.), *Human muscle power* (pp. 81-94). Champaign, IL: Human Kinetics.
25. Finni, T., S. Ikegewa, and P.V. Komi. 2001. Concentric force enhancement during human movement. *Acta Physiologica Scandinavica* 173: 369-377.
26. Fitts, R.H., and J.J. Widrick. 1997. Muscle mechanics: Adaptations with exercise-training. In: J.O. Holloszy (Ed.), *Exercise and sport sciences reviews* (pp. 427-473). Baltimore: Williams & Wilkins.
27. Fleckstein, J.L., D. Watumull, L.A. Betocci et al. 1992. Finger specific flexor recruitment in humans: Depiction by exercise-enhanced MRI. *Journal of Applied Physiology* 72: 1974-1977.
28. Friden, J., M. Sjostrom, and B. Ekblom. 1981. A morphological study of delayed muscle soreness. *Experientia* 37: 506-507.
29. Fukunaga, T., R.R. Roy, F.G. Shellock et al. 1996. Specific tension of human plantar flexors and dorsiflexors. *Journal of Applied Physiology* 80: 158-165.
30. Garhammer, J. 1989. Weightlifting and training. In: C. Vaughn (Ed.), *Biomechanics of sport.* Boca Raton, FL: CRC.
31. Gowitzke, B.A., and M. Milner. 1988. *Scientific bases of human movement* (3rd ed.). Baltimore: Williams & Wilkins.
32. Grimby, L., and J. Hannerz. 1977. Firing rates and recruitment order of toe extensor motor units in different modes of voluntary contraction. *Journal of Applied Physiology* 264: 865-879.
33. Hakkinen, K., K. Alen, and P.V. Komi. 1984. Neuromuscular, anaerobic and aerobic performance characteristics of elite power athletes. *European Journal of Applied Physiology* 53: 97-105.
34. Harman, E. 1994a. Biomechanical factors in human strength. *Strength and Conditioning* 16(1): 46-53.
35. Harman, E. 1994b. Resistance training modes: A biomechanical perspective. *Strength and Conditioning* 16(2): 59-65.
36. Hay, J.G. 1992. Mechanical basis for strength expression. In: P.V. Komi (Ed.), *Strength and power in sport.* Champaign, IL: Human Kinetics.
37. Henneman, E., G. Somjen, and D.O. Carpenter. 1965a. Functional significance of cell size in spinal motoneurons. *Journal of Neurophysiology* 28: 560-580.
38. Henneman, E., G. Somjen, and D.O. Carpenter. 1965b. Excitability and inhibitability of motoneurons of different sizes. *Journal of Neurophysiology* 28: 599-620.
39. Herzog, W. 1996. Force-sharing among synergistic muscles: Theoretical considerations and experimental approaches. In: J.O. Holloszy (Ed.), *Exercise and sport sciences reviews* (pp. 173-202). Baltimore: Williams & Wilkins.
40. Hester, D., G. Hunter, K. Shuleva et al. 1990. Review and evaluation of relative strength-handicapping models. *National Strength and Conditioning Association Journal* 12(1): 54-57.
41. Holloszy, J.O., and E.F. Coyle. 1984. Adaptations of skeletal muscle to endurance exercise and their metabolic consequences. *Journal of Applied Physiology* 56: 831-838.
42. Huijing, P.A. 1992. Mechanical muscle models. In: P.V. Komi (Ed.), *Strength and power in sport* (pp. 130-150). London: Blackwell Scientific.
43. Hunter, G., D. Hester, S. Snyder et al. 1990. Rationale and methods for evaluating relative strength-handicapping models. *National Strength and Conditioning Association Journal* 12: 47-57.
44. Huxley, A.F. 1957. Muscle structure and theories of con- traction. *Progress in Biophysics and Biophysical Chemistry* 7: 255-318.
45. Jones, D.A., and J.M. Round. 1990. *Skeletal muscle in health and disease.* New York: Manchester University Press.
46. Kauhanen, H., J. Garhammer, and K. Hakkinen. 2000. Relationship between power output, body size and snatch performance in elite weightlifters. In: *Proceedings of the Fifth Annual Congress of the European College of Sports Science*, Jyvaskala, Finland (p. 383). Finland: University of Jyvaskala.
47. Kauhanen, H., P.V. Komi, and K. Hakkinen. 2002. Standardization and validation of the body weight adjustment regression equations in Olympic weightlifting. *Journal of Strength and Conditioning Research* 16: 58-74.
48. Komi, P.V., H. Rusko, J. Vos et al. 1977a. Anaerobic performance capacity in athletes. *Acta Physiologica*

*Scandinavica* 100: 107-114.
49. Komi, P.V., J.T. Viitasalo, M. Havu et al. 1976. Physiological and performance capacity: Effect of heredity. *International series on biomechanics, biomechanics V-A* (Vol. 1A, pp. 118-123). Baltimore: University Park Press.
50. Komi, P.V., J.T. Viitasalo, M. Havu et al. 1977b. Skeletal muscle fibers and muscle enzyme activities in monozygous and dizygous twins of both sexes. *Acta Physiologica Scandinavica* 100: 385-392.
51. Lieber, R.L., T. McKee-Woodburn, and J. Friden. 1991. Muscle damage induced by eccentric contractions of 25% strain. *Journal of Applied Physiology* 70: 2498-2507.
52. Loeb, G. 1985. Motoneurone task groups: Coping with kinematic heterogeneity. *Journal of Experimental Biology* 115: 137-146.
53. Miller, A.E.J., J.D. MacDougall, M.A. Tarnopolsky et al. 1993. Gender differences in strength and muscle fiber characteristics. *European Journal of Applied Physiology* 66: 254-262.
54. Moritani, T., L. Oddsson, and A. Thorstensson. 1990. Differences in modulation of the gastrocnemius and soleus H-reflexes during hopping in man. *Acta Physiologica Scandinavica* 138: 575-576.
55. Morrow, M.A., and L.E. Miller. 2003. Prediction of muscle activity by populations of sequentially recorded primary motor cortex neurons. *Journal of Neurophysiology* 89: 2279-2288.
56. Nakazawa, K., Y. Kawakami, T. Fukunaga et al. 1993. Differences in activation patterns in elbow flexors during isometric, concentric and eccentric contractions. *European Journal of Applied Physiology* 66: 214-220.
57. Nardone, A., C. Romano, and M. Schieppati. 1989. Selective recruitment of high-threshold human motor units during voluntary isotonic lengthening of active muscles. *Journal of Physiology* 409: 451-471.
58. Nardone, A., and M. Schiepatti. 1988. Shift of activity from slow to fast muscle during voluntary lengthening contractions of the triceps surae muscle in humans. *Journal of Physiology* 395: 363-381.
59. Osternig, L.R. 1986. Isokinetic dynamometry: Implications for muscle testing and rehabilitation. In: K.B. Pandolf (Ed.), *Exercise and sport science reviews*. New York: Macmillan.
60. Ounjian, M., R.R. Roy, E. Eldred et al. 1991. Physiological and developmental implications of motor unit anatomy. *Journal of Neurobiology* 22: 547-559.
61. Patel, T.J., and R.L. Lieber. 1997. Force transmission in skeletal muscle: From actomyosin to external tendons. In: J.O. Holloszy (Ed.), *Exercise and sport sciences reviews* (pp. 321-363). Baltimore: Williams & Wilkins.
62. Powell, P.L., R.R. Roy, O. Kanim, M.A. Bello, and V.R. Edgerton. 1984. Predicability of skeletal muscle tension from architectural determinations in guinea pig hindlimbs. *Journal of Applied Physiology* 57: 1715- 1721.
63. Roy, R.R., and V.R. Edgerton. 1992. Skeletal muscle architecture and performance. In: P.V. Komi (Ed.), *Strength and power in sport* (pp. 115-129). London: Blackwell Scientific.
64. Sale, D.G. 1992. Neural adaptations to resistance training. In: P.V. Komi (Ed.), *Strength and power in sport* (pp. 249-265). London: Blackwell Scientific.
65. Saltin, B., J. Henriksson, E. Nygaard et al. 1977. Fiber types and metabolic potentials of skeletal muscles in sedentary man and endurance runners. *Annals of the New York Academy of Science* 301: 3-29.
66. Schantz, P.G., and G.K. Dhoot. 1987. Coexistence of slow and fast isoforms of contractile and regulatory proteins in human skeletal muscle fibers induced by endurance training. *Acta Physiologica Scandinavica* 131: 147-154.
67. Schmidtbleicher, D., and A. Gollhofer. 1982. Neuromuskulare untersuchungen zur bestimmung individuellar belastungsgrossen fur ein teifsprung-training. *Leistungsport* 12: 298-307.
68. Siff, M.C. 1988. Biomathematical relationship between strength and body mass. *South African Journal of Research in Sport, Physical Education and Recreation* 11(1): 81-92.
69. Siff, M. 2001. Biomechanical foundations of strength and power training. In: V. Zatsiorsky (Ed.), *Biomechanics in sport* (pp. 103-139). London: Blackwell Scientific.
70. Simoneau, J-A., and C. Bouchard. 1989. Human variation in skeletal muscle fiber-type proportion and enzyme activities. *American Journal of Physiology* 257: E567- E572.
71. Sinclair, R.G. 1985. Normalizing the performance of athletes in Olympic weightlifting. *Canadian Journal of Applied*

*Physiology* 10: 94-98.
72. Spector, S.A., P.F. Gardiner, R.F. Zernicke et al. 1980. Muscle architecture and force-velocity characteristics of the cat soleus and medial gastrocnemius: Implications for motor control. *Journal of Neurophysiology* 44: 951-960.
73. Staron, R., E.S. Malicky, M.J. Leonardi et al. 1989. Muscle hypertrophy and fast fiber type conversions in heavy resistance trained women. *European Journal of Applied Physiology* 60: 71-79.
74. Stone, M.H. 1993. Explosive exercise. *National Strength and Conditioning Association Journal* 15: 7-15.
75. Stone, M.H., W.A. Sands, K.C. Pierce et al. 2005. Relationship of maximum strength to weightlifting performance. *Medicine and Science in Sports and Exercise* 37: 1037-1043.
76. Street, S.F. 1983. Lateral transmission of tension in frog myofibers: A myofibrillar network and transverse cytoskeletal connections are possible transmitters. *Journal of Cell Physiology* 114: 346-364.
77. Tax, A.A.M., J.J. Denier van der Gon, C.C.A.M. Gielen et al. 1989. Differences in the activation of m. biceps brachii in the control of slow isotonic movements and isometric contractions. *Experimental Brain Research* 76: 55-63.
78. Tax, A.A.M., J.J. Denier van der Gon, C.C.A.M. Gielen et al. 1990. Differences in central control of m. biceps brachii in movement tasks and force tasks. *Experimental Brain Research* 79: 138-142.
79. Tesch, P.A., and L. Larsson. 1982. Muscle hypertrophy in body builders. *European Journal of Applied Physiology* 49: 301-306.
80. Tesch, P.A., A. Thorsson, and B. Essen-Gustavsson. 1989. Enzyme activities of FT and ST muscle fibers in heavy resistance trained athletes. *Journal of Applied Physiology* 67: 83-87.
81. Thorstensson, A., L. Larsson, P. Tesch et al. 1977. Muscle strength and fiber composition in athletes and sedentary men. *Medicine and Science in Sports* 9: 26-30.
82. Wathen, D. 1992. Muscle balance. In: T. Baechle (Ed.), *Essentials of strength training and conditioning* (pp. 424-430). Champaign, IL: Human Kinetics.
83. Wickiewicz, T.L., R.R. Roy, P.L. Powell et al. 1983. Muscle architecture of the human lower limb. *Clinical Orthopaedics and Related Research* 179: 275-283.
84. Wickiewicz, T.L., R.R. Roy, P.L. Powell et al. 1984. Muscle architecture and force-velocity relationships in humans. *Journal of Applied Physiology* 57: 435-443.
85. Wilson, G.J., and A.J. Murphy. 1996. The use of isometric tests of muscular function in athletic assessment. *Sports Medicine* 22(1): 19-37.
86. Yamashita, N. 1988. EMG activities in mono-and bi-articular thigh muscles in combined hip and knee extension. *European Journal of Applied Physiology* 58: 274-277.
87. Zahalak, F.E. 1986. A comparison of the mechanical behavior of the cat soleus muscle with a distribution moment model. *Journal of Biomechanical Engineering* 108: 131-140.
88. Zajac, F.E. 2002. Understanding muscle coordination of the human leg with dynamical situations. *Journal of Biomechanics* 35: 1011-1018.
89. Zajac, F.E., and M.E. Gordon. 1989. Determining muscle's force and action in multi-articular movement. *Exercise and Sport Sciences Reviews* 17: 187-230.

# 第二部
# 生物能量學和新陳代謝

　　如同第一部，本書這部份涉及了基礎和應用科學的原理。本部份介紹了可能會有交互作用而影響到新陳代謝和代謝作用的各種生理系統、營養素、及增補劑的討論。這些討論包括了如何使用生物能量系統來驅動動作（第四章），以及荷爾蒙和神經內分泌系統如何涉及靜止體內恆定（homeostasis）、運動、和訓練（第五章）。第六章和第七章介紹了營養和增補劑效果的知識，以及這些因素的可能作用會以正面或負面方式改變新陳代謝的原因。與第一部相同，本書這部份奠定了堅強的基礎，幫助發展建立健全訓練計劃所必需的基礎科學知識。

# 第四章
# 生物能量學和代謝因素

　　了解生物系統中能量的使用和產生，構成了專項運動和訓練概念的代謝基礎。了解各種運動中是如何產生能量，以及如何透過特定類型的訓練來改變能量產生，使我們有可能設計出更有效率和效果的訓練計劃。

　　能量可以定義為作功的能力或潛力。我們可以將能量想成勢能（儲存）或動能（作功）。能量以各種形式存在：核能、電磁能、機械能、和化學能。新陳代謝作用在本質上是生物化學，而能量轉換是生命系統完成每項活動所必需的。生物能量學涉及在生命系統中的能量流，以及食物中的碳水化合物、脂肪、和蛋白質如何轉化成可用的化學能。代謝勢能可視為儲存在各種分子（如脂肪、碳水化合物、蛋白質）化學鍵中的能量。動作要獲得動能需要將化學能轉換成機械能。這種轉換作用是透過破壞化學鍵，且隨後釋放肌肉收縮所需要的能量來完成。

　　大分子（食物和能量基質）被分解或破壞成為小分子並且伴隨著能量的釋放，稱之為**分解代謝**（catabolism）。較大的分子是由較小的分子利用分解代謝作用中所釋放出的能量而組成的。這種組合或建構的過程稱為**合成代謝**（anabolism）。分解代謝的例子是蛋白質分解為胺基酸；而胺基酸合成蛋白質是種合成代謝功能。放能（exergonic）反應釋放出能量，而且通常是分解代謝。需要能量的反應是吸能（endergonic），而生命系統中包含了合成代謝反應和肌肉收縮作用。新陳代謝描述了發生在生物系統中所有的放能—分解代謝和吸能—合成代謝反應的總和。注意圖4.1，該圖說明了新陳代謝的基本概念，就是從放能—分解代謝反應中獲得的能量，不能直接用於吸能—分解代謝反應。用於驅動吸能—合成代謝反應的能量，是透過中間分子，**三磷酸腺苷**（*adenosine triphosphate*，*ATP*）來傳遞。三磷酸腺苷使得從放能到吸能反應的偶合或能量傳遞得以發生。ATP是能量的傳遞者，所以它在肌肉收縮（吸能反應）以至於人體動作中是最為重要的。

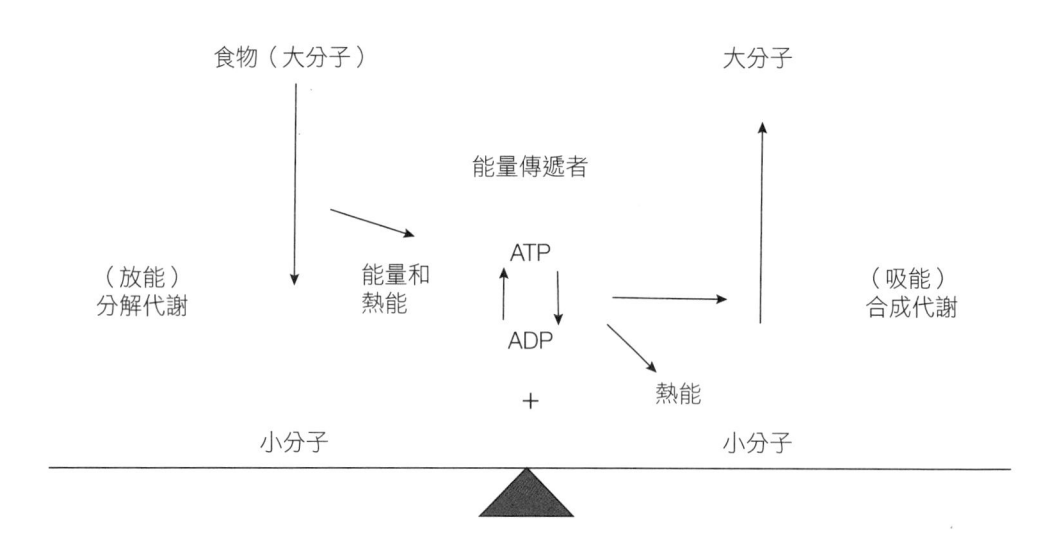

圖4.1　新陳代謝概述。

## 三磷酸腺苷

　　三磷酸腺苷是由含氮鹼基腺嘌呤、核糖（5個碳原子）和3個磷酸基團（圖4.2）所構成。水解，或是移除1個磷酸會產生雙磷酸腺苷（adenosine diphosphate，ADP）；水解第二磷酸產生單磷酸腺苷（adenosine monophosphate，AMP）。每移除1個磷酸基團，就會釋放出一些可用的能量及熱能[25,33,112,124]。在正常情況下，末端磷酸基團被酶催化裂解（水解）以驅動各種吸能反應。該酶的催化作用可能會顯著降低ATP濃度，從而限制肌肉活動。因為肌肉中的ATP儲存量很少，且肌肉收縮需要恆定的ATP供給，ATP的補充就成了一個重要考量點。肌肉收縮和能量（ATP）的使用，會依照肌肉收縮的強度而以各種速率發生；因此，如果要維持活動，ATP必須要以和肌肉收縮強度相匹配的速率來補充。ATP的需求與供給要互相匹配，是透過不同ATP生產速率和能力的能量系統來達成。

## 生物能量系統

　　3種基本能量系統會同時運作以補充ATP。在3種食物類型中，只有碳水化合物可以無需直接使用氧氣來產生能量。所以，由於無氧機制，不應低估碳水化合物對於高強度運動的重要性。所有系統都是持續在作用；這些能量系統中任何一種的使用程度，主要取決於身體活動的強度，其次為持續時間的長短[52]。這3個系統是：

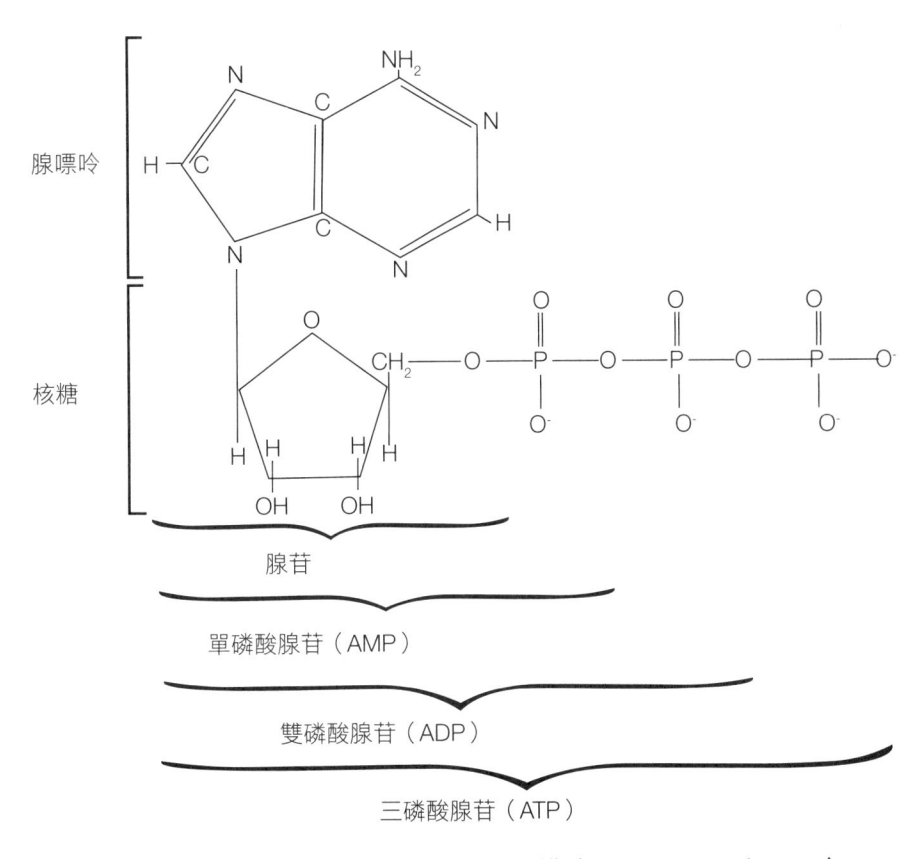

**圖4.2** 三磷酸腺苷、雙磷酸腺苷、和單磷酸腺苷的結構（ATP、ADP、和AMP）。

資料來源：Reprinted, by permission, from NSCA, 1994, *Essentials of strength and conditioning*, edited by T. Baechle (Champaign, IL: Human Kinetics), 68.

- 磷酸原系統（Phosphagen system）（ATP-PCr系統和肌激酶〔myokinase〕反應）
- 糖解系統（Glycolytic system）（快速和慢速）
- 氧化系統（Oxidative system）

## 磷酸原系統

磷酸原系統主要提供用於短時間高強度活動的能量，像是重量訓練和衝刺，而且不論強度，它在所有的運動開始時就作用[25]。磷酸原系統的主要反應涉及到磷酸原ATP和**磷酸肌酸**（creatine phosphate，PCr）以及兩種酶，即**肌凝蛋白ATP酶**（myosin ATPase）和**肌酸激酶**（creatine kinase，CK）。肌肉收縮時，肌凝蛋白ATP酶催化ATP水解，產生ADP和無機磷酸（$P_i$）。肌酸激酶催化PCr提供其磷酸基團給ADP的反應，重新形成ATP。這些反應以高速率提供能量：

$$1.\ ATP \xrightarrow{\text{肌凝蛋白ATP酶}} ADP + P_i + \text{能量} + \text{熱能}$$

$$2.\ ADP + PCr \xrightarrow{\text{肌酸激酶}} ATP + Cr$$

儲存在肌肉中的三磷酸腺苷和PCr（磷酸原）數量非常少。每公斤肌肉大約儲存了5至6 mmol的ATP和16至18 mmol的PCr[33,89]。由於磷酸原的肌肉儲存量相對較少，這個系統無法為持續的長時間項目提供能量[36]。儘管單靠磷酸原無法長時間的支持運動（＜15秒），但ATP可以非常快速的傳遞。通常，II型肌纖維比I型纖維含有更高濃度的磷酸原[57]。

在高強度作功時十分重要，且與磷酸原系統有關的另一個反應是肌激酶（或腺苷酸激酶〔adenylate kinase〕）反應[25,112]：

$$2\ ADP \xrightarrow{\text{肌激酶}} ATP + AMP$$

此反應之所以重要，不只是因為能夠快速產生ATP，還因為AMP是一種糖解的強力刺激物[25,112]。ATP-PCr系統在所有運動開始時就作用。磷酸原和肌激酶反應，在像是重量訓練或衝刺等高強度運動中尤其重要[20,181]。

ATP濃度的調節取決於負回饋。CK酶的活性是PCr分解的主要調節因子。ADP細胞濃度的增加會促進CK的活性，而ATP濃度的增加會抑制CK的活性[145]。開始運動時，由於ATP水解，會造成ADP濃度增加；ADP濃度的變化會促進CK催化分解PCr來產生ATP。如果運動持續在高強度，肌酸激酶的活性會維持高檔。如果運動停止或者強度降低到糖解或有氧系統足以和能量消耗的速率相匹配，則ATP的細胞濃度將會增加。最後ATP濃度的增加將會降低CK的活性，使得PCr的濃度增加。

## 糖解系統

糖解是葡萄糖被分解代謝以產生能量的作用。葡萄糖可來自於2個來源——血液中的葡萄糖，和肌肉肝醣的分解。糖解是由存在於細胞質中一系列共9種的酶所催化（圖4.3）。根據運動強度，糖解可以用快速（無氧）或慢速（有氧）的速率來進行。在過去，使用無氧和有氧糖解的術語，是根據丙酮酸（pyruvate）的最終結果，如下一段落所述。然而，**快速**和**慢速**這2個術語能更貼切的描述這個作用，因為糖解途徑本身並不依靠氧氣，並且和慢速糖解相比，能量生產在快速糖解時以較快的速率發生[25]。

**圖4.3 糖解途徑。**

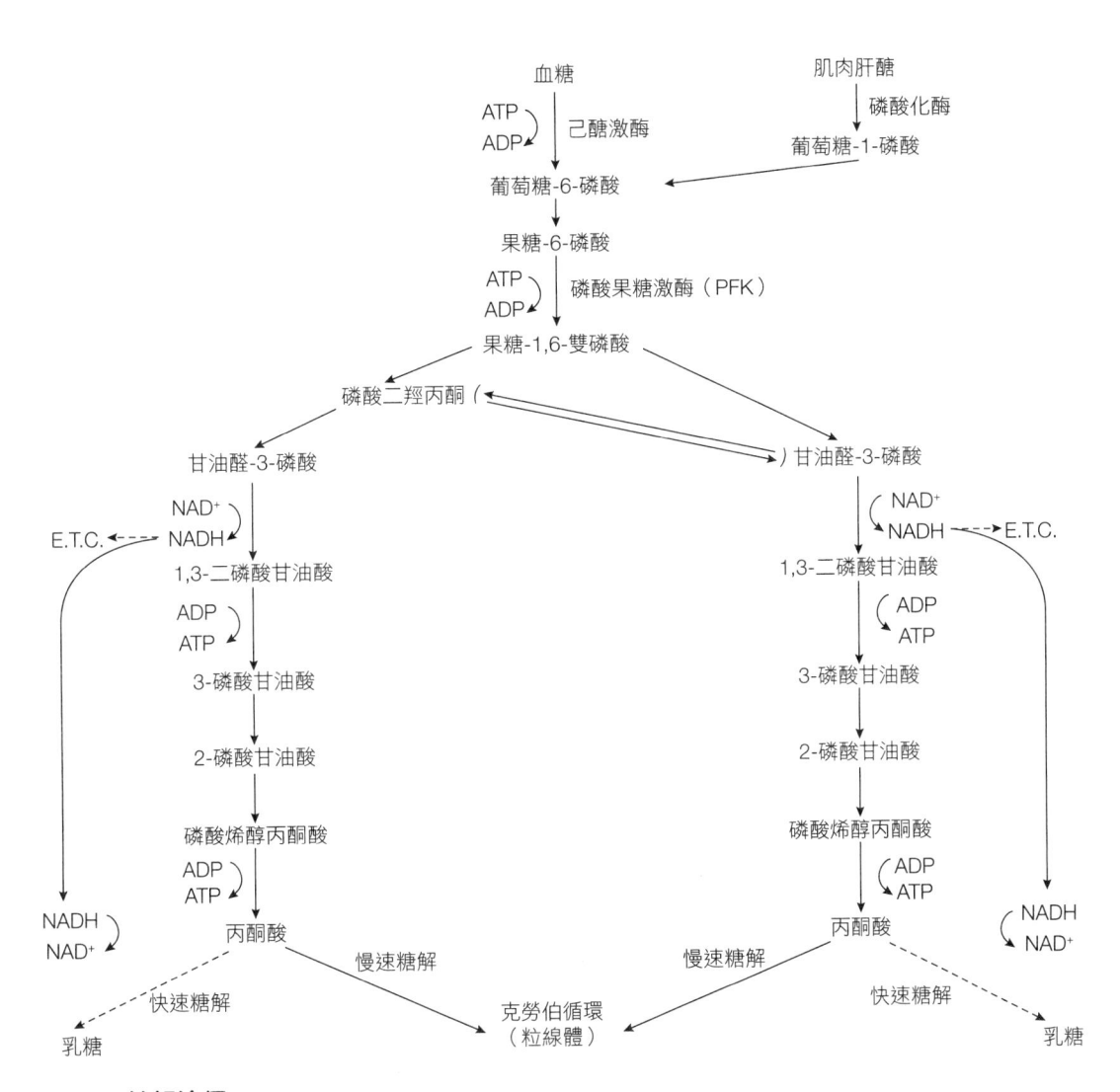

資料來源：Adapted from J.H. Wilmore and D.L. Costill, 2004, *Physiology of sport and exercise*, 3rd ed. (Champaign, IL: Human Kinetics), 125.

## 快速糖解

　　快速糖解時，丙酮酸轉化為乳酸，提供相對快速的ATP生產。慢速糖解時，丙酮酸被運送到粒線體內，還原成為乙醯（acetyl），並且在氧化系統中使用。快速糖解作用可以使用血糖或肌肉肝醣，不過肌肉肝醣似乎是比較好的路徑[25]。快速糖解對於中等高強度到高強度運動尤其重要[25,145]。

　　快速糖解的最終產物是乳酸，這可能和疲勞有關。乳酸和NADH＋H$^+$的產生增加了〔H$^+$〕並降低pH值。在非常激烈的運動中，肌肉細胞內的pH值可能會降低到6.5以下，並

且〔H⁺〕升高會經由抑制酶的催化而降低了糖解和肝醣的分解速率⁽²⁵,³¹,¹⁴³⁾。增加的〔H⁺〕會直接抑制肌肉收縮,可能是經由替換旋光素─旋光肌蛋白複體(troponin-tropomyosin complex)上的Ca⁺⁺,或是干擾橫橋(cross-bridge)的形成⁽⁵⁸,⁶²,⁷⁹,¹³³,¹⁷⁹⁾。另外,〔H⁺〕的變化刺激了疼痛受體,也和疲勞的表現有關⁽¹⁴³,¹⁷⁹⁾。

乳酸透過存在於肌肉和血液中的緩衝系統轉化成為其鹽類,乳酸鹽⁽²³,²⁵⁾。**乳酸與疲勞的產生沒有直接關係**;它可以做為能量基質,而且是長時間運動和恢復過程中重要的糖質新生(gluconeogenic)前驅物⁽²³,¹²⁰,¹⁴³⁾。

**乳酸堆積** 血液中乳酸的堆積,與乳酸的產生和清除以及運動強度有關。運動後血液中乳酸的含量與運動引起的靜止體內恆定的干擾程度有關。從血液中去除乳酸反映出回復到體內恆定的能力,並且和可恢復性有關。通常,運動後的乳酸濃度會在1小時內回復到基線;輕度有氧運動(< 70% $\dot{V}O_2max$)可能會促進清除⁽⁶⁷⁾。

由於II型肌纖維的高能量需求,不意外的,這些纖維含有更高濃度或活性(或兩者都有)的糖解酶,以及磷酸原系統的酶⁽¹⁰,²⁸,¹³⁸⁾。比起慢縮纖維(I型),快縮纖維(II型)也可以包含不同的**同工酶**型式。例如,$LDH_M$(肌肉型)存在於II型纖維中的濃度較高,而$LDH_H$(心臟型)存在於心肌和慢縮纖維中的濃度較高⁽¹⁰,²⁸,¹²⁰,¹⁹⁶⁾。由於上述肌纖維類型的差異,與I型纖維相比,II型纖維具有更高的乳酸產生速率和能力。在濕肌肉中,II型肌纖維的最大乳酸產生速率約為 $0.5 \text{ mmol} \cdot g^{-1}$,I型肌纖維則約為 $0.25 \text{ mmol} \cdot g^{-1}$⁽¹³⁰⁾。酶活性的差異以及其它差異(例如微血管化)也使得I型纖維和心肌能夠處理乳酸,並將其轉化為丙酮酸,然後可以在克勞伯循環中加以氧化⁽²³,¹⁴³⁾。

除了氧氣缺乏或氧氣不足之外,還有一些產生乳酸的原因。例如,有氧運動時,如果因為增加運動強度而加速糖解,則有氧系統可能會暫時無法跟上肌漿(sarcoplasmic)的$NADH^+$產生。因此,可能會產生一些乳酸,直到有氧系統「加速」並且能適應$NADH^+$的增加為止。此外,恆定的血液乳酸濃度現象,並不一定表示沒有乳酸產生;這可能表示生產和去除是相等的⁽²³,²⁵⁾。有幾個因素會影響到血液乳酸的堆積。兒茶酚胺(catecholamine)濃度增加,會導致肝醣分解速度加快,II型肌纖維的徵召增強,和乳酸產生的速率大於清除,都將影響血液乳酸堆積的增加⁽²⁵,¹⁴³⁾。這些因素往往隨著運動強度的增加而增加。

訓練狀態也會影響血液乳酸的堆積⁽⁶⁷⁾。比起未經訓練的受試者,經過有氧訓練的受試者在次大(submaximal)絕對功率輸出下可以維持較低的血液乳酸濃度⁽¹⁴³⁾。這主要是因為粒線體的活性增加⁽⁶⁴,⁶⁵⁾、肌肉微血管的密度增加⁽¹⁶³⁾、較低的兒茶酚胺濃度,以及可能由於訓練所導致的同工酶型式改變,從$LDH_M$變成為$LDH_H$⁽¹⁶²⁾。比起未經訓練的受試者,經過無氧訓練的運動員在次大功率輸出的重量訓練運動中,也可以產生較低的乳酸

濃度[140,141,171]——這觀察與短期無氧間歇訓練後的訓練後乳酸反應一致[148]。無氧訓練導致在次大運動強度時較低乳酸濃度的原因尚不清楚，但有部分可能與乳酸閾值的改變有關[118,167]。

比起未經訓練或是經過有氧訓練的運動員，經過無氧訓練的運動員在最大運動強度下會堆積較高的乳酸濃度[93,139,171]。由於無氧訓練在最大運動強度下堆積高濃度乳酸的能力，可能和無氧酶活性的增加、同工酶型式的改變，以及乳酸緩衝能力的提高有關，可以達到作更多功，或是獲得更高的最大運動強度[15,139,171]。充足持續時間下非常劇烈的運動，會造成血液乳酸濃度超過20 mmol·L$^{-1}$ [78,93]。過去曾提出的最高血液乳酸濃度，是反覆進行的短休息時間高強度運動所造成[78,106]。

低肝醣儲存量也會影響乳酸產生[67]。低碳水化合物飲食和先前的運動會減少肝醣儲存量，導致運動期間血液乳酸濃度較低[4]。過度勞累所導致的過度訓練狀態，也可能會因為慢性肝醣消耗而造成低運動乳酸濃度[169]。

**運動後乳酸和乳酸去除** 少於8分鐘的短時間高強度運動會產生相似的高血液乳酸濃度[67]。最高的血液乳酸通常發生在多次高強度間歇運動後[78]。血液乳酸濃度峰值通常會在運動後約5至7分鐘出現[67]，儘管在間歇高強度運動中的血液乳酸濃度峰值可能會出現在最後一組之前。

然而，肌肉乳酸濃度峰值可以在劇烈運動開始2分鐘內出現[79,94,99,152,151]。某程度而言，肌肉乳酸濃度可能是運動的限制因素，而非血液乳酸濃度。運動後血液乳酸濃度峰值的時間延遲，是由於乳酸的細胞運送機制所造成[98]的單羧基運輸蛋白（monocarboxylate transporters）。雖然擴散作用有助於乳酸的吸收和去除，但這是藉由單羧基運輸蛋白（MCT）來幫助進出細胞[17]。不同組織中存在著幾種類型。MCT1負責增強吸收，而MCT4負責對抗濃度梯度來促進細胞乳酸的去除。據信，耐力訓練增強了MCT1的表現，而無氧訓練增強了MCT4的表現[17]。

儘管血液乳酸與疲勞沒有直接關聯[9]，但是非常高濃度的乳酸根離子可能和肌肉力量輸出的減少有關[86]；而且乳酸去除在一定程度上反映了恢復能力[143]。運動後的乳酸清除作用是與初始濃度無關的一階指數函數[60]。通常，血液乳酸濃度會在1小時內回復到基線[67]。清除速率會受到恢復和訓練狀態的影響。相對運動強度為50%至70% $\dot{V}O_2max$的主動運動後恢復，似乎對於經過耐力訓練的受試者用以增加乳酸清除速率是最佳的[60,67,84,143]。經過無氧訓練[67,143]和經過有氧訓練的運動員[125,140,141,187]都顯現出乳酸恢復速率增強的狀況。然而，更快速的乳酸運動後清除，不盡然會對所有類型的活動帶來更佳的後續表現。例如，Bond及同事[19]發現，因為主動恢復而導致的更快速清除，並不會影響最大肌力和疲勞狀況的等速測量；與經過有氧運動訓練的運動員相比，這一發現也與

作者對於自行車、進階和傑出舉重和健力運動員的觀察相符合。這些觀察的結果指出其它因素，例如細胞內 $PO_4^{+4}$、$Ca^{++}$、或 $K^+$ 流出的增加，在產生疲勞方面可能比乳酸更為重要[135,192]。

**乳酸閾值和血液乳酸起點** 有證據[43,47,101,104]顯示，隨著運動強度的增加，乳酸堆積曲線中存在著特定的分界點（圖4.4）。血液乳酸突然開始在基線水準以上增加時的運動強度或相對強度，稱之為乳酸閾值（lactate threshold，LT）[197]。LT反映出隨著運動強度的增加，對無氧機制的依靠也越大。未經訓練的受試者，LT通常開始於50%至60% $\dot{V}O_2max$，而經過訓練的受試者大約於70%至80% $\dot{V}O_2max$[35,59]。乳酸堆積速率第二次增加，發生在較高相對強度的運動下。第二個轉折點稱之為血液乳酸起點（onset of blood lactate，OBLA），通常發生在血液乳酸濃度接近4mM時[83,161,177]。據顯示，乳酸堆積曲線的分界點與運動強度增加時徵召中到大運動單元的時間點有些類似[96]。與大運動單元相關的肌肉細胞通常是II型纖維，且在新陳代謝上適合無氧代謝和產生乳酸。

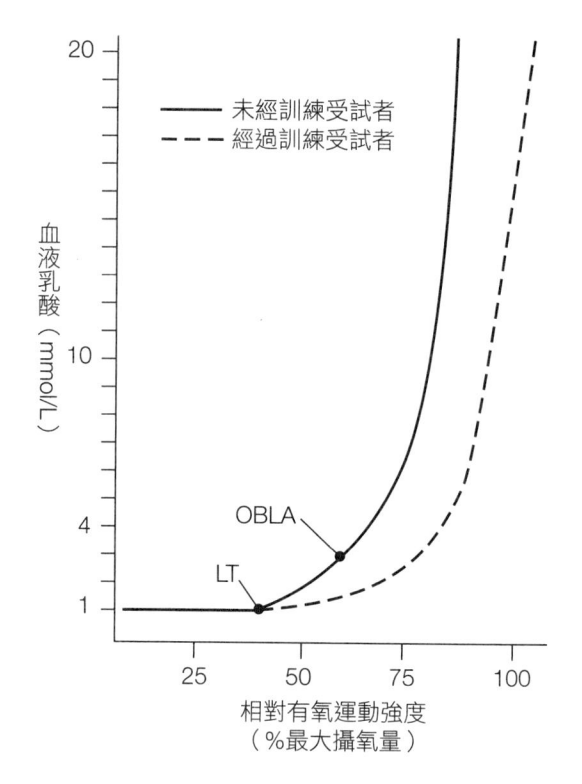

**圖4.4 乳酸閾值（LT）和血液乳酸起點（OBLA）。**
資料來源：reprinted, by permission, from National Strength and Conditioning Association, 2000, *Essentials of strength training and conditioning*, 2nd ed. (Champaign, IL: Human Kinetics), 79.

一些研究顯示，以接近或高於LT或OBLA的強度來進行訓練，會將LT和OBLA推向右側，導致在較高的運動強度下較慢發生乳酸堆積。這種變化大概是由幾種可能的機制所引起：（1）荷爾蒙釋放的改變，尤其是兒茶酚胺濃度的降低；（2）在特定的相對強度下減少II型纖維的使用，或（3）增加清除能力。不管機制為何，這類LT或OBLA的變化，讓運動員可以在更高百分比的$\dot{V}O_2max$時表現，而不會在血液中產生或堆積更多乳酸[25,47]。

此外，即使$\dot{V}O_2max$值相同，每個人的耐力表現也會有很大的差異。耐力，尤其是在高百分比的$\dot{V}O_2max$下，相較於$\dot{V}O_2max$，可能與乳酸的產生和去除、肝醣的利用、以及跑步經濟性有更緊密的關係。高訓練量的重量訓練已經顯示出會增加高強度的作功時間，

而 $\dot{V}O_2max$ 卻沒有類似變化[82,81,173]。據推測，某些類型的重量訓練可能以某種方式修改了前述因素，而具有更好的耐力[173]。橫斷[125,171]和縱向訓練研究[140,141,168]均顯示，重量訓練可降低次大負荷時的血清乳酸。Marcinik 及同事[118]提供的證據指出，阻力訓練可以對 LT 做出有益的改變，並且增加在自行車測功機上的耐力，這發現表示代謝訓練作用可以從一種模式轉移到另一種。

## 慢速糖解

慢速糖解也可以使用血糖或肌肉肝醣做為能量來源。當粒線體的活性足以接受糖解所產生的2個NADH時，就會進行有氧糖解或慢速糖解[108,124]（圖4.3）。由於有2個NADH進入電子傳遞系統，可以形成另外6個ATP。在慢速糖解時，丙酮酸可以經由外膜上的局部載體機制進入到粒線體基質[25,37]。以這種方式，丙酮酸可以用於氧化。

**糖解的能量產出**　如果糖解由葡萄糖開始，則下面的方程式概述了糖解。

快速糖解：
葡萄糖＋2 $P_i$＋2 ADP → 2 乳酸＋2 ATP＋$H_2O$
慢速糖解：
葡萄糖＋2 $P_i$＋2 ADP＋2 $NAD^+$ → 2 丙酮酸＋2 ATP＋2 NADH＋2 $H_2O$

因此，從一分子葡萄糖開始糖解的ADP淨產量為2個ATP。但是，如果肝醣經由磷酸化酶分解而形成G-6-P，則會產生3個ATP（圖4.3）。之所以會這樣，是因為跳過了使用ATP的磷酸化步驟（經由己醣激酶），而保留了1個ATP。在比較快速和慢速糖解，以及2個由肌漿產生的$NADH_2$的結果時，可以這麼說，由葡萄糖開始作用的過程，慢速糖解的淨ATP生產可以多達8個ATP。請注意，在骨骼肌中與心臟不同，由$NADH_2$攜帶的質子可以在粒線體的運輸系統中轉送到FAD，因此減少了淨ATP的生產。

**糖解的控制**　糖解受到氨、$P_i$、ADP、和pH值的刺激，而且受到AMP的強烈刺激[25,174]。它會由顯著降低的pH值、ATP、PCr、檸檬酸（citrate）、和游離脂肪酸（free fatty acids，FFA）所抑制[25,77,112]。糖解主要的控制手段是經由使用己糖激酶將葡萄糖（G-6-P）磷酸化來達成[25,108,112]。使用磷酸化酶將肝醣分解代謝的速率也必須要考慮[25,142,146]。速率限制步驟如下：

$$F\text{-}6\text{-}P \xrightarrow{PFK} F\text{-}1\text{-}6DiP$$

由此，磷酸果糖激酶（PFK）的活性在糖解速率的調節中特別重要。磷酸果糖激酶會受到AMP強烈刺激。因此，磷酸原系統的活化和經由肌激酶反應產生的AMP刺激了糖解，從而幫助在高強度運動時產生能量[25,180]。高強度運動時，AMP脫胺或胺基酸脫胺所產生的氨也會刺激PFK[174]。經由氨刺激PFK可能抵消了部分pH值降低的影響，這是因為〔$H^+$〕隨著運動強度增加而增加的結果；否則，這種增加的質子含量可以抑制幾種糖解酶，包括PFK和磷酸化酶。然而，磷酸化酶和PFK在pH值等於或低於6.3時都幾乎會被完全抑制[78]。

## 氧化（有氧）系統

氧化能量系統可以使用蛋白質、脂肪、或碳水化合物當作基質。靜止時產生的ATP中，約70%來自脂肪，約30%來自碳水化合物的氧化。低強度運動時，脂肪（和蛋白質）所佔的比例會隨著持續時間的延長而增加；但是，隨著運動強度的增加，基質會偏向碳水化合物，因為它們是一種更有效率的燃料[25,145]。

我們會先研究碳水化合物的氧化，它始於糖解時的葡萄糖初始分解代謝。當粒線體活性較高時，丙酮酸可以被脫羧（失去$CO_2$）而形成乙醯，然後與輔酶A（CoA）結合，並進入克勞伯循環（圖4.5）。在糖解以及其它的降解作用中，例如脂肪氧化，所產生的$NADH_2$，可以經由特定的運輸系統進入粒線體[25,37,103]，然後可以經由電子傳遞系統（electron transport system，ETS）來處理$NADH_2$，並將其用於ADP的再磷酸化（氧化磷酸化〔oxidative phosphorylation〕）。葡萄糖的完全氧化產生約38個ATP（見圖4.5）。該值是一個近似值，因為必須移動$NADH^+$穿過粒線體膜的運輸系統之一（和其它因素）需要能量。它是為近似值還有一個原因，即反應本身並不總是以同樣的效率進行，會根據代謝條件，例如pH值的變化而有不同[112]。

三酸甘油酯（triglycerides）儲存在脂肪細胞中，且少量存在於肌肉中。荷爾蒙敏感性脂肪酶（hormone-sensitive lipase）將三酸甘油酯分解為能量基質游離脂肪酸（FFA）和甘油（glycerol）。三酸甘油酯在脂肪細胞中分解代謝所產生的游離脂肪酸和甘油可以釋放到血液中，並且被肌肉吸收和用作能量[18,77,92,110]。肌肉也含有少量的肌肉內荷爾蒙敏感性脂肪酶，可以產生肌肉內FFA和甘油的來源。甘油可以轉化為甘油-3-磷酸並進入糖解。在細胞的細胞質（肌漿）中，FFA附著於CoA。FFA-醯基（acyl）CoA分子經由肉鹼（carnitine）載體系統進入粒線體[25,37,89,97]。游離脂肪酸經過β氧化，產生乙醯CoA（可以進入克勞伯循環）和$H^+$，它們被菸鹼腺嘌呤二核苷酸（nicotinic adenine dinucleotide，NAD）和黃素腺嘌呤二核苷酸（flavin adenine dinucleotide，FAD）攜帶到ETS中（見圖4.5）。這對通常含有高濃度氧化酶的慢縮纖維來說特別重要[25,53]。

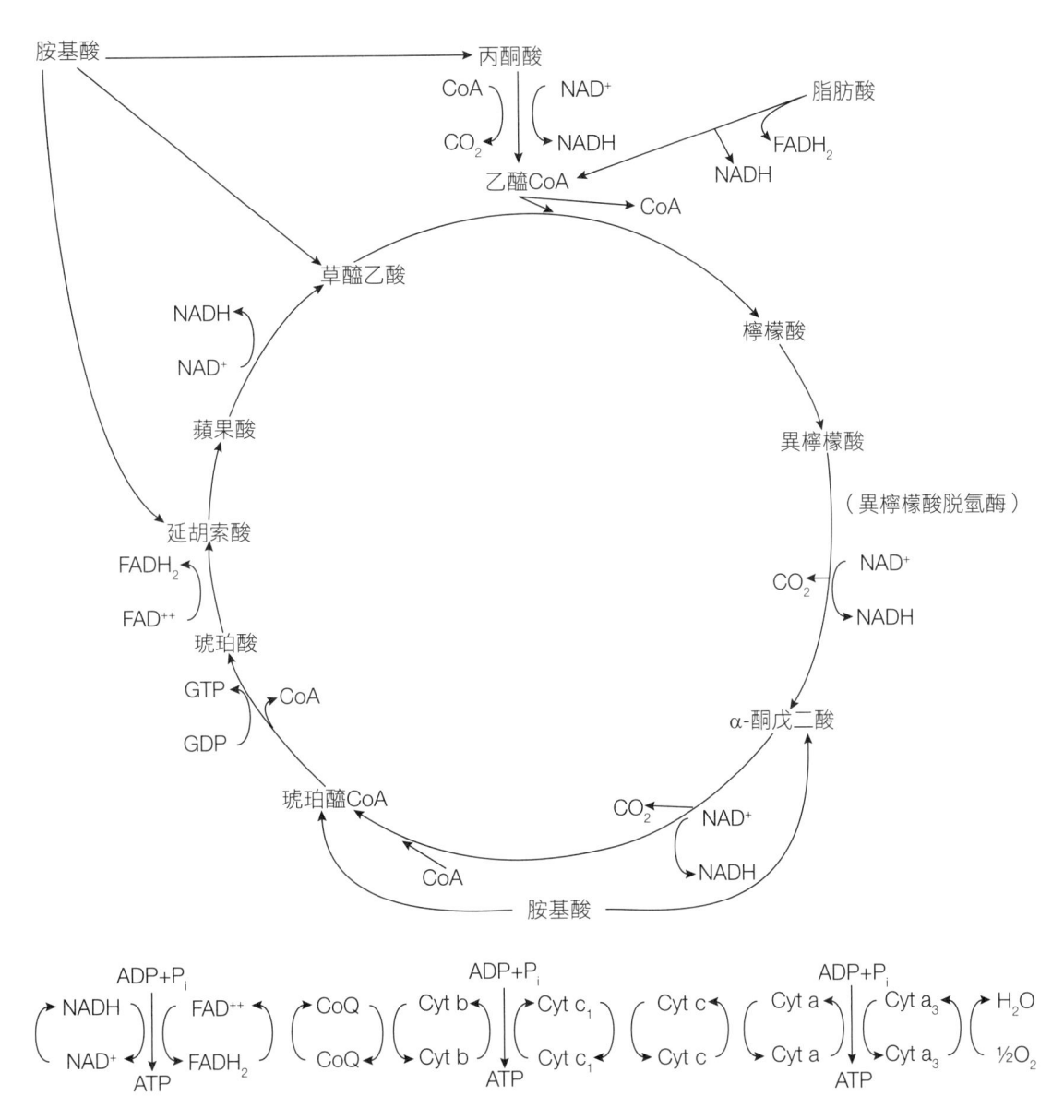

**圖4.5 克勞伯循環和質子／電子傳遞系統。**
FAD＝黃素腺嘌呤二核苷酸；NAD＝菸鹼腺嘌呤二核苷酸；GTP＝鳥苷三磷酸（guanosine triphosphate）；GDP＝鳥苷二磷酸（guanosine diphosphate）；CoQ＝輔酶 Q（coenzyme Q）；CYT＝細胞色素（cytochrome）。
資料來源：Reprinted, by permission, from National Strength and Conditioning Association, 1994, *Essentials of strength training and conditioning* (Champaign, IL: Human Kinetics), 73.

蛋白質是由含氮的胺基酸分子所構成。蛋白質可以經由各種分解代謝的作用分解為組成胺基酸。骨骼肌提供胺基酸的主要儲存。經過胺基轉移和脫胺作用的反應，胺基酸可以轉化成其碳骨架，接著可以轉化成葡萄糖（糖質新生〔gluconeogesis〕）[25,112]。大多數碳

骨架和胺基酸殘基會以丙酮酸或克勞伯循環的中間產物出現[25,89]。胺基酸降解所產生的含氮廢物，主要是經由形成尿素來清除和排出，同時釋出少量的氨[25,130,184]。清除許多含氮廢物，尤其是氨，是很重要的，因為它們有毒並且也可能是疲勞的產物[25,184]。有證據顯示，在長時間運動下（＞90分鐘），如果沒有攝取補充基質，例如碳水化合物，則蛋白質的使用量會增加；也許能量消耗中會有多達15%至20%可能來自於蛋白質[70,198]。（請見第六章〈營養和代謝因素〉。）

## 氧化系統的ATP生產

在有氧條件下，從葡萄糖開始，每個葡萄糖分子在細胞質中產生2個ATP（從肝醣開始時有3個ATP）。此外，2個細胞質的$NADH^+$可以被運輸進入粒線體。在粒線體中，$H^+$（以及電子）經由$NADH_2$或$FADH_2$帶入ETS。氧化磷酸化電位（P：O）對於$NADH_2$是3個ATP，對於$FADH_2$則是2個ATP[112,124]。取決於效率，慢速糖解和隨後的氧化可以產生多達38個ATP。葡萄糖的完全氧化及相關的能量轉換，請參見表4.1。

## 氧化的控制

克勞伯循環的調節，部份是由產生$NADH_2^+$或$FADH_2^+$的反應所控制。氧化型對還原型輔酶比例，是受到在ETS中氧化磷酸化作用的ADP和$P_i$可用性所控制。如果輔酶$FAD^+$和$NAD^+$無法接受電子（在生物系統中為$H^+$），克勞伯循環進行的速度就會降低。此外，當鳥苷三磷酸（GTP）堆積時，琥珀醯CoA的增加會抑制初始反應：草醯乙酸＋乙醯CoA→檸檬酸＋CoA。循環中的速率限制步驟是異檸檬酸→α酮戊二酸。速率限制反應是由異檸檬酸脫氫酶所催化，該酶由ADP刺激，且通常由ATP抑制。ETS的控制相對簡單：由ADP刺激，並且由ATP抑制[25,112]。

表4.1　葡萄糖的氧化ATP產出

| 位置 | 反應 | 輔酶 | 理論ATP產出 |
|---|---|---|---|
| 細胞質 | 葡萄糖→丙酮酸 | 2 NAD | 2 |
| 細胞質 | 葡萄糖→丙酮酸 | 2 NAD | 6 |
| 粒線體 | 丙酮酸→乙醯CoA | 2 NAD | 6 |
| 粒線體 | 異檸檬酸→α酮戊二酸 | 2 NAD | 6 |
| 粒線體 | α酮戊二酸→琥珀醯CoA | 2 NAD | 6 |
| 粒線體 | 琥珀醯CoA→琥珀酸 | 2 GDP | 2* |
| 粒線體 | 琥珀酸→延胡索酸 | 2 FAD | 4 |
| 粒線體 | 蘋果酸→草醯乙酸 | 2 NAD | 6 |
|  |  | 總和 | ＝38 |

*基質層級轉換。

資料來源：Data from National Strength and Conditioning Association, 1994, *Essentials of strength training and conditioning* (Champaign, IL: Human Kinetics), 67-85.

## 能量代謝的荷爾蒙控制

能量系統所需的基質活化和釋放在很大程度上是荷爾蒙作用的結果。第五章，關於運動的神經內分泌方面，詳細介紹了這些荷爾蒙對於有氧或無氧運動的生理和代謝功能的作用。

用於產生能量的初始基質活化是如腎上腺素（epinephrine）等荷爾蒙的功能。例如，在肌肉細胞膜上的特定腎上腺素受體，會引發一系列稱為級聯效應（cascade effect）的作用，這種作用如圖4.6所示[25,112]。負責在這一系列事件中產生能量的，是活化脂肪細胞和釋放FFA、肝臟釋放葡萄糖、以及肌肉內三酸甘油酯和肝醣的分解。

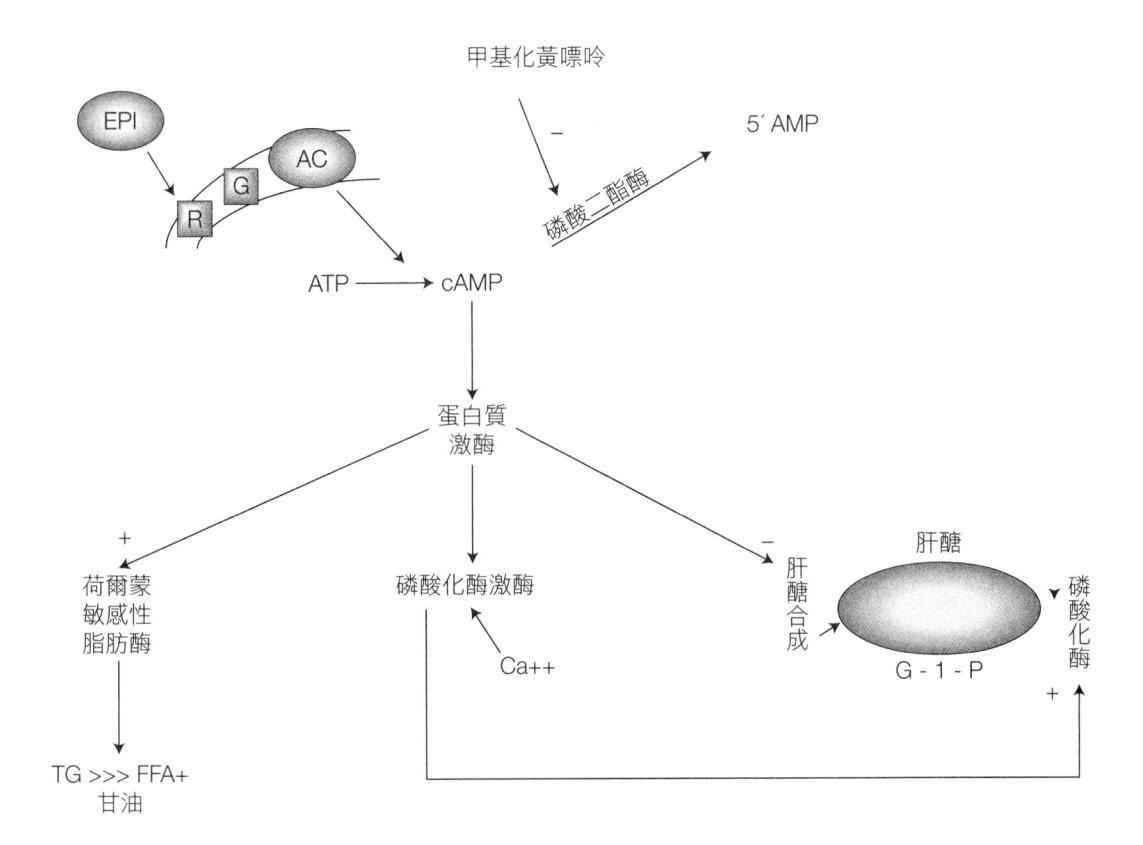

**圖4.6　級聯效應。**
荷爾蒙，例如腎上腺素，附著在細胞膜的受體蛋白（R），荷爾蒙－受體的交互作用改變了調節蛋白（G）的構型，進而活化了酶（例如腺苷酸環化酶）或鈣離子通道。然後被活化的酶引發了一系列事件。這個例子涉及到第二個傳送信號，環單磷酸腺苷（cyclic adenosine monophosphate，cAMP），它會影響能量基質活化的改變。EPI＝荷爾蒙；AC＝腺苷酸環化酶（adenyl cyclase）。

資料來源：Based on Powers and Howley 1997; Guyton and Hall 2000; MacIntosh, Gardiner, and McComas 2006.

## 燃料效率

我們可以用不同方式來考量糖解和氧化系統的效率。評估能量生產效率的一種方法，是考量提取的卡路里相對於儲存在分子中的卡路里，如同以下的例子[25,112,170]：

ATP ＝ 7.3 kcal·mol$^{-1}$；葡萄糖＝ 686 kcal·mol$^{-1}$；
硬脂酸（stearate）＝ 2100 kcal·mol$^{-1}$

1. 快速糖解＝ 2 ATP（14.6 kcal）
2. 慢速糖解＝ 38 ATP（277 kcal）
3. 硬脂酸氧化＝ 148 ATP（1080 kcal）

利用這些資訊，我們可以計算出提取的卡路里與儲存的卡路里比率如下：

1. 快速糖解 ＝ $\dfrac{14.6}{686}$ ＝ 2%

2. 碳水化合物氧化 ＝ $\dfrac{277}{686}$ ＝ 40%

3. 硬脂酸氧化 ＝ $\dfrac{1080}{2100}$ ＝ 51%

利用這種方法，無氧代謝似乎不如有氧系統有效率，而且脂肪代謝比葡萄糖代謝更有效率一些。然而，這並沒有考慮到生物系統中ATP生產或自由能生產的總速率。自由能是指能夠自由作功的能量[25,112]。從葡萄糖到乳酸的能量變化（ΔH）約為 –47 kcal·mol$^{-1}$。ATP可用的勢能（ΔG）約為 –7.3 kcal·mol$^{-1}$。負號表示在放能反應中釋放出的能量，可用於作功。在生命系統中，ATP生物釋放的ΔH約為 –11 kcal·mol$^{-1}$。因此，快速糖解和葡萄糖總氧化的效率可計算如下：

快速糖解
$$效率 = \frac{2\,(-11)}{47} = 47\%$$

葡萄糖完全氧化
$$效率 = \frac{38\,(-11)}{686} = 61\%$$

使用這種推論，無氧糖解的效率只比氧化系統低一些。另一種評估效率的方法是檢驗在增加工作率（work rates）時乳酸堆積與$\dot{V}O_2$持續下降的關係。Gladden和Welch[63]使用這種方法提出的數據顯示，無氧途徑合成ATP並不會比有氧合成ATP的效率低多少；這與剛才討論的△H變化相符。然而，當產生的功與消耗的能量相比較時，無氧效率（高強度運動）低於有氧效率（穩定狀態輕作功〔steady-state light work〕）[25,63]。之所以可能獲得這樣的結果，是因為高強度運動會導致肌肉效率下降，或是因為新陳代謝與外功（external work）的增加沒有直接關係，或是兩者都有[63]。無論哪種機制，當運動朝向最大強度時，會變得較沒效率。細胞環境的改變也會影響效率。例如，pH值降低和〔$H^+$〕增加，細胞間—內的$K^+$變化，以及$PO_3^{+4}$和$Ca^{++}$的變化，會干擾興奮—收縮偶合和酶活性，從而改變系統效率。還應注意的是，纖維類型會影響效率；例如，因為ETS中的偶合更加緊密，I型運動單元（MU）似乎有更高的燃料效率。

## 呼吸交換率

評估生物能量效率的另一個重要考量是呼吸商數（respiratory quotient，RQ）。RQ是食物（即蛋白質、碳水化合物、或脂肪）氧化時所產生的$CO_2$與所使用的$O_2$之比例。每莫耳基質的呼吸商數和千卡路里（kilocalories），可以使用彈式卡路里計（bomb calorimeter）[102]來測量。在運動的狀況下，可以經由測量呼出的$CO_2$和氧氣的攝入量來獲得呼吸交換率（respiratory exchange ratio，RER）[25,145]。使用RER這術語，是因為RQ不能完全解決蛋白質在消化過程中所消耗的少量額外能量，也因為過度或不足換氣以及緩衝系統的影響，會導致氣體交換有不成比例的變化。緩衝系統的影響在高強度運動中特別重要，因為過量的$CO_2$會被呼出，導致交換率的膨脹，而不能完全代表食物的氧化。因此RQ是細胞呼吸的較佳測量，而RER是肺部交換的測量。使用卡路里測定法（calorimetry）和RER，就確定了卡路里當量（caloric equivalents）（表4.2）。

這種方法假設了蛋白質不是主要的能量來源——這種假設在長時間運動的情況下可能是不正確的[25]。（另見第六章〈營養和代謝因素〉。）

如果我們考量RER值，則碳水化合物是最有效率的燃料，使用每單位

**表4.2　卡路里當量**

| 食物 | 卡路里測定法 | | 生物的 | |
|---|---|---|---|---|
| | (kcal·$g^{-1}$) | (kcal·$g^{-1}$) | RER | kcal·L $O_2^{-1}$ |
| 蛋白質 | 5.7 | 4.2 | 0.8 | 4.5 |
| 脂肪 | 9.5 | 9.5 | 0.7 | 4.7 |
| 碳水化合物 | 4.2 | 4.2 | 1.0 | 5.0 |

資料來源：Data from National Strength and Conditioning Association, 1994, *Essentials of strength training and conditioning* (Champaign, IL: Human Kinetics).

$O_2$所產生的能量，比脂肪所產生的多出約6%，比蛋白質所產生的多出約10%。因此，碳水化合物是燃料首選[25]。RER值可以用於在運動中，定性評估用以當作能量的主要能量基質（食物），以及估算運動的相對強度。RER值在輕度運動中會降低，但會隨著運動強度的增加而快速增加（圖4.7）。在低強度運動時RER降低，表示對脂肪（當運動持續90分鐘以上時可能是蛋白質）有較大依靠。當運動強度約為65% $\dot{V}O_2max$時，總脂肪氧化達到峰值，約佔總能量需求的50%——其餘主要是由碳水化合物所供應[150]。在長時間的低強度運動中，脂肪使用增加是由於兩個因素：(1) 由特定荷爾蒙釋放所造成的FFA活化，尤其是生長激素（growth hormone）[25,145,178]；和 (2) 與糖解相比，ETS的瞬間加速更快，氧化能力因而超過丙酮酸的供應。此外，FFA會抑制PFK，其為糖解的速率限制酶。

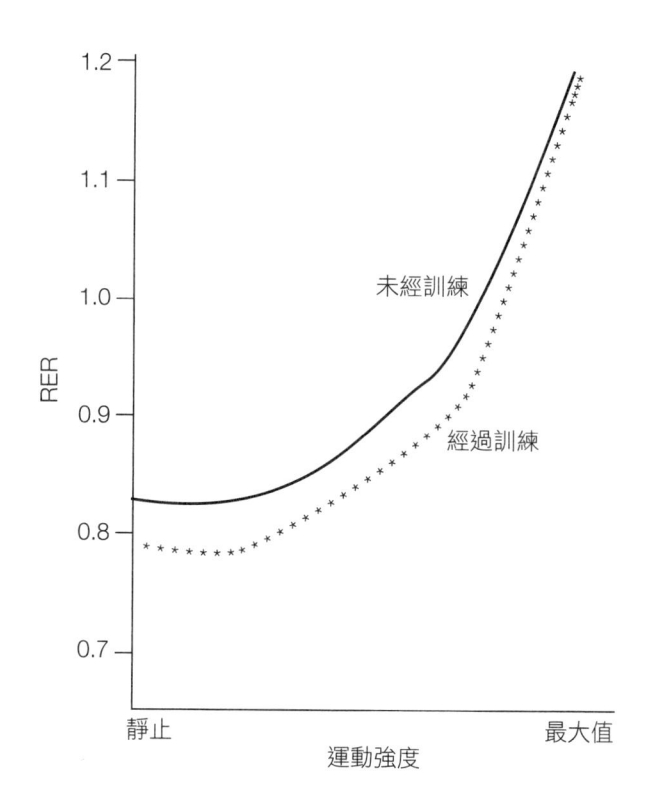

圖4.7 經過訓練和未經訓練的受試者在靜止和不同運動水準下的呼吸交換率（RER）值。

資料來源：STONE, M.H. and O'BRYANT, H.S., WEIGHT TRAINING: A SCIENTIFIC APPROACH, ©1987, pp. 30. Reprinted by permission of Pearson Education, Inc., Upper Saddle River, NJ.

　　隨著運動強度增加，對快速提供能量的需求也會增加，且ADP的濃度也會增加。當ADP的濃度隨著運動強度而增加，會促成那些再磷酸化最多ATP而使用最少$O_2$的作用[25]。因此，由於運動強度增加，快速糖解的使用也會增加。從動物研究和文獻回顧的一些數據指出，血液乳酸濃度增加可能會抑制FFA活化[68,91,97]，這將進一步降低氧化作用。關於這種影響的發現，大多根據將乳酸鈉輸注入靜止的狗體內[91,131]，而這些研究沒有考慮到運動中肌肉所產生的完整生理環境。更近期的證據顯示，人類在運動中增加的乳酸濃度，可能不一定會抑制FFA活化或限制其做為能量基質來使用[18,125,168]。缺乏FFA活化的抑制可能是因為荷爾蒙影響的結果[125,168]。

　　RER值有可能超過非生物彈式卡路里計反應中可獲得的最大值1.0。這是因為快速糖解產生質子，而增加了血液和組織中的〔$H^+$〕，降低了pH值。這個作用可以對抗血液緩

衝系統[25]。例如，

$$緩衝反應：CO_2 + H_2O \leftrightarrow H_2CO_3 \leftrightarrow HCO_3^- + H^+$$
$$增加運動強度 = \uparrow H^+$$

質子的產生將這項反應推向左側，因此釋放出額外的$CO_2$。過量的$CO_2$經由肺部在呼氣過程中被移除，使得RER值升高至大於1.0[25,139]。RER值大於1.0（高達1.45）的重要性在於估計承重和最大努力[25]。

接受過有氧訓練的受試者在運動中的RER值，通常要比未經訓練的受試者低，除非是最大或接近最大努力。有氧訓練導致RER值較低的結果，是因為代謝適應使得受過訓練的受試者更有效率的使用FFA。這些適應可能包括了增強氧化酶和特定同工酶的優勢[25,196]。例如，接受過有氧訓練者，$LDH_H$（催化乳酸轉化為丙酮酸）的濃度增加。受過訓練的受試者增加FFA使用的重要性在於可以節省肝醣，在耐力活動中，這是個重要考量。肝醣的保留對於中樞神經系統特別重要，其能量主要依靠碳水化合物[25]。

在無氧運動後觀察到RER降低的情況並不少見，重量訓練運動後，在重量訓練運動員[128]和舉重運動員[125]身上觀察到恢復RER降低；這種影響可以持續數小時。運動後脂肪的活化和使用可能與肝醣消耗和荷爾蒙的影響有關。這表示脂肪可用於無氧運動的恢復過程，並且可能對身體組成產生影響（見第十章〈阻力訓練的身體和生理適應〉）。

# 能量生產功率（速率）和能力

對競技科學家以及教練和運動員而言，重要的是如何在實際環境中使用這些能量系統。生物能量系統在不同強度和持續時間的運動中，提供能量的能力不同（表4.3）。Conley及同事[39]，使用自行車測功法，Harman（personal communication），使用跑步機，顯示在$\dot{V}O_2max$下的功率（強度）僅為峰值功率的25%至35%。因此，即使在100% $\dot{V}O_2max$的情況下，有氧運動也不應被歸類為高強度運動。最大的能量需求

表4.3　生物能量系統的速率和能力

| 系統 | ATP生產速率 | ATP生產能力 |
|---|---|---|
| 磷酸原 | 1 | 5 |
| 快速肝醣分解 | 2 | 4 |
| 慢速糖解 | 3 | 3 |
| 碳水化合物的氧化 | 4 | 2 |
| 脂肪和蛋白質的氧化 | 5 | 1 |

1＝最高，5＝最低

資料來源：Reprinted, by permission, from National Strength and Conditioning Association, 2000, *Essentials of strength training and conditioning*, 2nd ed. (Champaign, IL: Human Kinetics), 83.

速率，需要最大的能量產生速率，導致在最大強度運動時大多使用磷酸原系統。快速糖解可以支持高強度運動，而氧化系統，因為其很高的ATP生產能力，則可以支持長時間有氧運動。由於需要時間來準備其它的系統，在大多數運動剛開始時也會少量的使用ATP-PCr系統[25]。

前面的討論中顯示，運動中使用的主要能量系統是運動強度的函數。因此，重量訓練或衝刺通常主要是由無氧系統所支持，耐力訓練則通常大部份是由有氧機制所支持。根據強度和持續時間，主要的能量系統會在這兩個極端之間切換。但是，在任何運動或甚至在靜止的狀況下，都不會完全只依靠一個系統或另一個。在身體活動中，無氧和氧化系統總是或多或少的供應，主要取決於強度，其次取決於持續時間[25]。這個考量是間歇訓練的基礎（見後面段落，「運動的代謝消耗」）。

時間也是生物能量系統的一個使用因素。運動項目的範圍從抓舉或推鉛球（1至2秒）到馬拉松（超過2小時）。儘管在非常短的時間內（< 10秒）是有可能持續最大努力的，但較長時間的項目需要調整節奏，以獲得最佳表現。時間、相對強度、和能量系統之間的關係如表4.4所示[25,54,77,147,179,181]。

表4.4　能量生產的時間和強度考量

| 主要能量系統 | 事件持續時間 | 相對強度 |
| --- | --- | --- |
| 磷酸原 | 0-6秒 | 最大 |
| 磷酸原 + 快速糖解 | 6-30秒 | 高 |
| 快速糖解 | 30秒-2分鐘 | 中等高 |
| 快速糖解 + 氧化系統 | 2-3分鐘 | 中等 |
| 氧化系統 | > 3分鐘 | 低 |

資料來源：Adapted, by permission, from National Strength and Conditioning Association, 2000, *Essentials of strength training and conditioning*, 2nd ed. (Champaign, IL: Human Kinetics), 83.

## 基質的消耗和補充：恢復

在不同強度和持續時間的運動中，可以選擇性的消耗能量基質。基質消耗是造成疲勞的部份原因，就磷酸原和肝醣而言尤其如此[67,77,88,94,109]。其它基質（例如胺基酸和脂肪酸）的消耗，通常不會造成一定程度的表現受限。因此，磷酸原和肝醣的消耗及補充得到運動和競技科學家相當大的關注。

### ATP-PCr的運動消耗和運動後恢復

儘管確切的機制尚不清楚[22]，但運動中的疲勞至少部份會和磷酸原的減少有關[67,88]。肌肉磷酸原的濃度在高強度無氧運動時比有氧運動消耗得更快。即使是非常激烈的運動，也不會造成肌肉ATP濃度顯著降低[76]，通常不會低過初始值約60%[93]。然而，PCr會在高強度運動的頭一時刻（5至30秒）更顯著的降低（50至70%），並且因為最大努力或非常激烈的運動而耗盡至接近零濃度[84,95,99,123]。還應注意的是，與等長肌肉動作

相比，產生外功（動態）的肌肉動作會使用更多的代謝能量，並且通常會消耗更多磷酸原[22]。

由於PCr的消耗，以及因為由肌激酶反應和其它能量來源，例如肝醣或FFA，貢獻了額外的ATP，因此運動時，可以在很大程度上，將肌肉內ATP的濃度省下來。運動後磷酸原的補充可以在相對較短的時間內發生。ATP的完全再合成似乎在3至5分鐘內發生[74,88]，而PCr的完全再合成可以在8分鐘內發生[74]，儘管非常高強度的運動會使得PCr的補充速率較慢（最多到15分鐘），這很可能和〔H$^+$〕的增加有關[121]。儘管快速糖解對高強度運動後的恢復有所貢獻[74]，磷酸原的補充在很大程度上是由有氧代謝來完成[35,49]。

訓練對於磷酸原濃度的影響尚未得到很好的研究或了解。由於AMP轉化為次黃嘌呤核苷酸磷酸（inosine monophosphate，IMP），高強度運動中可能會損失少量ATP。儘管大多數IMP都會再成為AMP，但隨後有少量會被去磷酸化，生成次黃嘌呤（hypoxanthine）和尿酸（uric acid）。然而，高強度訓練會產生適應來減少這種損失。有氧訓練可能會增加磷酸原在靜止時的濃度[56,100]，並在特定的次大功率輸出下降低其消耗速度[40,100]，而不是在相對的次大功率輸出上[40]。

儘管已經注意到磷酸原靜止濃度增加的跡象[148]，但是對於短跑訓練的短期研究（8週）並未顯示出磷酸原靜止濃度的變化[20,182]。但是，由於肌肉質量的增加，短跑訓練後的磷酸原總含量可能會更多[182]。在5週的訓練後，重量訓練顯示出肱三頭肌中靜止磷酸原濃度增加[117]。磷酸原濃度增加可能是因為II型纖維的選擇性肥大所導致，其可能含有比I型纖維更高的磷酸原濃度[114]。

## 肝醣的運動消耗和運動後恢復

運動可用的肝醣儲存量有限。約略300至400公克的肝醣儲存在肌肉中，大約70至100公克儲存在肝臟中[134,159]。肝臟和肌肉的肝醣靜止濃度會受到訓練和飲食控制的影響[61,159]。更進一步的討論，請見第六章〈營養和代謝因素〉。大量資料顯示，包括衝刺和重量訓練在內的無氧訓練[20,117]，以及有氧訓練[65,64]，可以增加靜止肌肉肝醣濃度。

肝醣消耗的速度和運動強度有關[159]。在中等與高強度運動中，肌肉肝醣是更重要的能量來源。在低強度運動中，肝臟肝醣似乎更為重要，且對代謝作用的貢獻隨著運動持續時間而增加。增加50%、75%、和100% $\dot{V}O_2max$ 的相對運動強度，會導致肌肉肝醣分解的速率分別增加0.7、1.4、和3.4 mmol·kg$^{-1}$·min$^{-1}$ [154]。在相對運動強度超過60% $\dot{V}O_2max$ 時，肌肉肝醣會成為越來越重要的能量基質，而且某些肌肉細胞的全部肝醣含量會在運動中消耗殆盡[153]。在非常低的運動強度（<50% $\dot{V}O_2max$）時，由於肌肉的低葡萄糖吸

收，得以維持血糖濃度[2]；隨著運動持續時間增加，葡萄糖濃度在90分鐘後會下降，但很少會降到2.8 mmol·L⁻¹以下。更高強度（＞50% $\dot{V}O_2max$）的長時間運動（＞90分鐘）由於肝臟肝醣的消耗，可能會導致血糖濃度大幅降低[3]。當運動引起的血糖值低於2.5 mmol·L⁻¹時[3,44]，有些人可能會發生低血糖反應。血糖下降至2.5至3.0 mmol·L⁻¹是由於肝臟碳水化合物減少，並且導致碳水化合物氧化減少和最終的衰竭[38,44,159]。

非常高強度的間歇性運動，例如重量訓練，在相對很少的組數下（低總作功負荷）會導致肌肉肝醣大量消耗（20至50%）[110,116,147,179]。當進行較少反覆次數或較少組數的阻力運動時，磷酸原可能是主要的限制因素[116]，不過在進行總組數較多和作功量較大的阻力訓練時，肌肉肝醣可能成為限制因素[110]。同樣重要的是要注意，這種運動類型可能會導致選擇性肌纖維肝醣消耗（在II型纖維中產生更大消耗），這也可能會限制表現[110]。和其它類型的動態運動一樣，阻力運動的肌肉肝醣分解速率和強度有關。70% 1RM6組6下腿部伸展（leg extensions）的肌肉肝醣分解速率，是35% 1RM6組的2倍（0.46 ± 0.05 mmol·kg⁻¹·s⁻¹ vs. 0.21 ± 0.03 mmol·kg⁻¹·s⁻¹）。但是，無論相對運動強度如何，相同總作功量似乎會產生相同的肝醣消耗量[110]。這些在阻力訓練運動中肌肉肝醣分解速率的發現，與電刺激股外側肌[164]和最大間歇等速自行車[123,164]的觀察類似。

恢復時肌肉肝醣的補充與運動後碳水化合物的攝取有關。文獻回顧顯示，如果運動後每2小時攝取碳水化合物0.7至3.0 g·kg⁻¹，似乎是最佳補充方式[61,159]。在運動後的前4到6小時，這種碳水化合物的攝食水準，可以最大化肌肉肝醣的補充到5至6 μmol·g濕肌肉質量⁻¹·h⁻¹。提供足夠的碳水化合物攝取，肌肉肝醣可以在24小時內完全補充[61,159]。（另見第六章〈營養和代謝因素〉。）但是，如果運動具有較大的離心成份，則會降低肌肉肝醣的補充速率[42,50,194]。運動後的最初6至48小時內的補充速率是線性的，而且與向心運動後的補充毫無不同[194,50]。在最初6至48小時之後，根據訓練的狀況和碳水化合物的攝取，補充的速率可能會降低多達10天[50]。肝醣的再合成減少，可能和不足量的肝醣合成酶活性、胰島素作用、或葡萄糖攝取有關，這也許是肌肉損傷的結果[50]。肝醣補充減少的狀況可能會被運動後立即開始攝食，並且每2小時一次的大量攝取碳水化合物（至少1.5 g·kg身體質量⁻¹·h⁻¹）部份抵消。這種類型的碳水化合物攝食，會將胰島素和葡萄糖提升到更高和更恆定的血液濃度，增強肝醣的再合成。

## 生物能量限制因素

運動和訓練所產生的疲勞堆積，必需要考量最大表現的限制因素[25,27,56,77,89,92,145]。表4.5基於能量來源或基質的消耗，以及肌肉〔H⁺〕的增加，提供了各種可能限制因素的範例。

肝醣會成為主要由有氧代謝支持的長時間低強度運動，和主要由無氧機制支持的反覆非常高強度運動的限制因素。對於重量訓練、衝刺、和其它主要無氧活動而言，最重要的是乳酸和增加的組織〔H⁺〕對於間接和直接限制收縮力可能造成的影響[77]。

表4.5　生物能量／新陳代謝限制因素的範例

| 運動類型 | ATP-PCr | 肌肉肝醣 | 肝臟肝醣 | 脂肪儲存 | 〔H⁺〕 |
|---|---|---|---|---|---|
| 輕（馬拉松） | 1 | 5 | 4-5 | 2-3 | 1 |
| 中等（1500公尺） | 1-2 | 3 | 2 | 1-2 | 2-3 |
| 中等高（400公尺） | 3 | 3 | 1 | 1 | 4-5 |
| 最大（鐵餅） | 2-3 | 1 | 1 | 1 | 1 |
| *反覆（非常激烈） | 4-5 | 4-5 | 1-2 | 1-2 | 4-5 |

*例如：用60%最大重量做數組10下反覆次數的爆發抓舉。
〔H⁺〕（氫離子含量）也可以反映和疲勞有關的其它離子（例如$K^+$、$Ca^{++}$、和$PO_4^{+3}$）的變化。
1＝最少；5＝最多
資料來源：Adapted, by permission, from National Strength and Conditioning Association, 2000, *Essentials of strength training and conditioning*, 2nd ed. (Champaign, IL: Human Kinetics), 85.

## 運動的代謝消耗

攝氧量是測量生物體有氧作用的能力，每分鐘攝氧量的體積（$\dot{V}O_2$）取決於中央（心臟輸出量）和周邊（a-$\bar{v}O_2$擴散）因素，重新排列Fick方程式後描述了這個關係：

$$\dot{V}O_2 = C.O. \times \text{a-}\bar{v}O_2 \text{ diff（心臟輸出量乘以動—靜脈含氧量差）}$$

因此，最大攝氧量（$\dot{V}O_2\text{max}$）取決於中央和周邊因素的最大可達到值。

在恆定功率輸出的次大運動時，$\dot{V}O_2$在前幾分鐘增加，直到達到$\dot{V}O_2$的穩定狀態[5,83]。在這個穩定狀態下，需氧量等於耗氧量（圖4.8）。但是，在有氧穩定運動的初始階段（3至5分鐘），一些能量消耗必要以無氧方式支持[5,25]。這種無氧代謝對運動總能量消耗的貢獻，稱之為**缺氧量**（oxygen deficit）[83,25]。運動結束時，$\dot{V}O_2$會保持在高於靜止水準一段時間，取決於運動的強度和持續時間（見圖4.8和4.9）。這種運動後的$\dot{V}O_2$（高於靜止狀態）稱之為氧債（$O_2$ debt）[83]或運動後過耗氧量（excess postexercise oxygen consumption，EPOC），或簡單稱為恢復氧氣（recovery oxygen）[25,29]。

如果作功的強度超過某人$\dot{V}O_2\text{max}$的產生能力，那麼大部份的作功就必須要由無氧機制來支持。圖4.9中描述了這種情況。通常，隨著無氧機制對於運動的貢獻增加，則運動的時間減少[71,190,193,25,145]。測量穩定狀態和高強度運動的無氧貢獻，可以經由評估缺氧量來達成[127,137,175]。

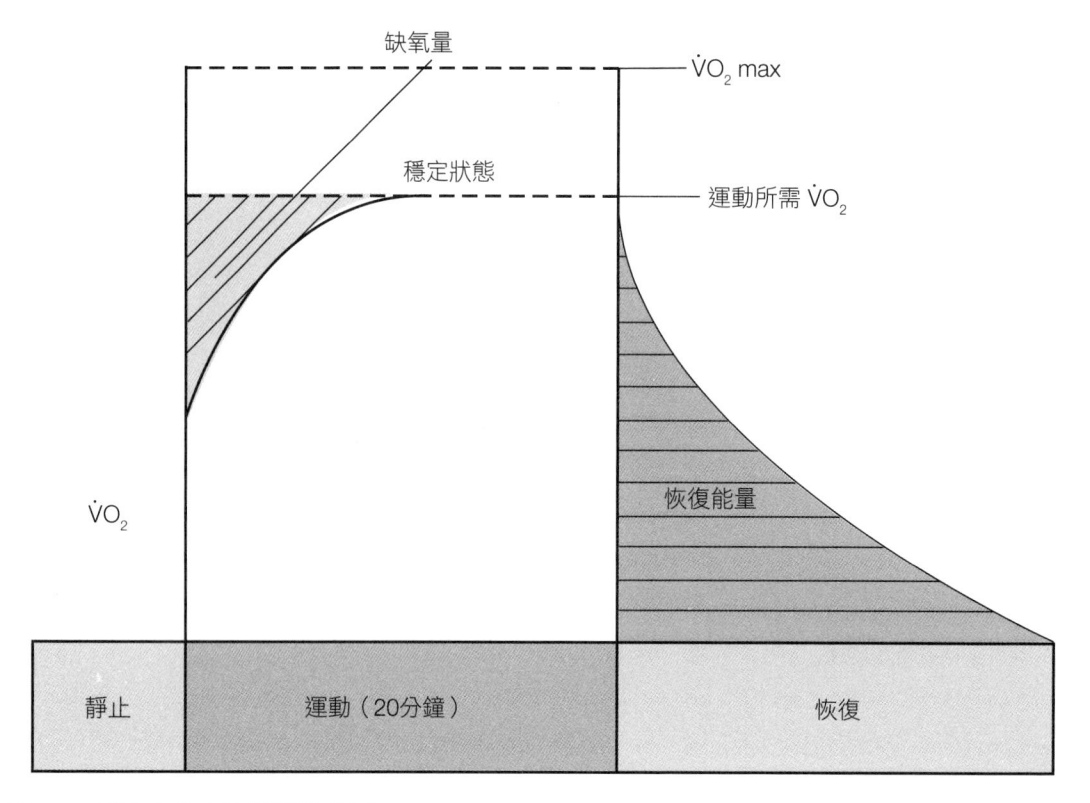

**圖4.8　低強度穩定狀態運動的圖示。**

在此範例中，$\dot{V}O_2$max 是 5 L・min−1，並且正在以 4 L・min−1 進行。

資料來源：Reprinted, by permission, from National Strength and Conditioning Association, 1994, *Essentials of strength training and conditioning* (Champaign, IL: Human Kinetics), 77.

　　無氧和有氧機制對於在自行車測功機上最大持續努力的貢獻，如表4.6所示[185,195]。在自行車測功機上進行最大持續努力時，主要由無氧機制貢獻約30至60秒；所以有氧代謝成為主要的能量供應機制。因此，最大持續努力到完全衰竭可能在很大的程度上取決於有氧代謝。無氧機制對於這種運動類型的貢獻代表了無氧能力[126,185]。

　　功率輸出隨著有氧機制對於能量貢獻的增加而降低。在自行車測功機上，可以短暫維持在 $\dot{V}O_2$max 的功率輸出，

**表4.6　無氧和有氧機制對最大持續努力的貢獻**

| 貢獻 % | 努力持續時間 ||||
|---|---|---|---|---|
| | 0-5秒 | 30秒 | 60秒 | 90秒 |
| 無氧 | 96 | 75 | 50 | 35 |
| 有氧 | 4 | 25 | 50 | 65 |
| 功率（%最大值） | 100 | 55 | 35 | 31 |

資料來源：Adapted from H. Vandewalle, G. Peres, and H. Monod, 1987, "Standard anaerobic exercise tests," *Sports Medicine* 4: 268-289; R.T. Withers et al., 1991, "Muscle metabolism during 30, 60, and 90 s of maximal cycling on an airbraked ergometer," *European Journal of Applied Physiology* 63: 354-362.

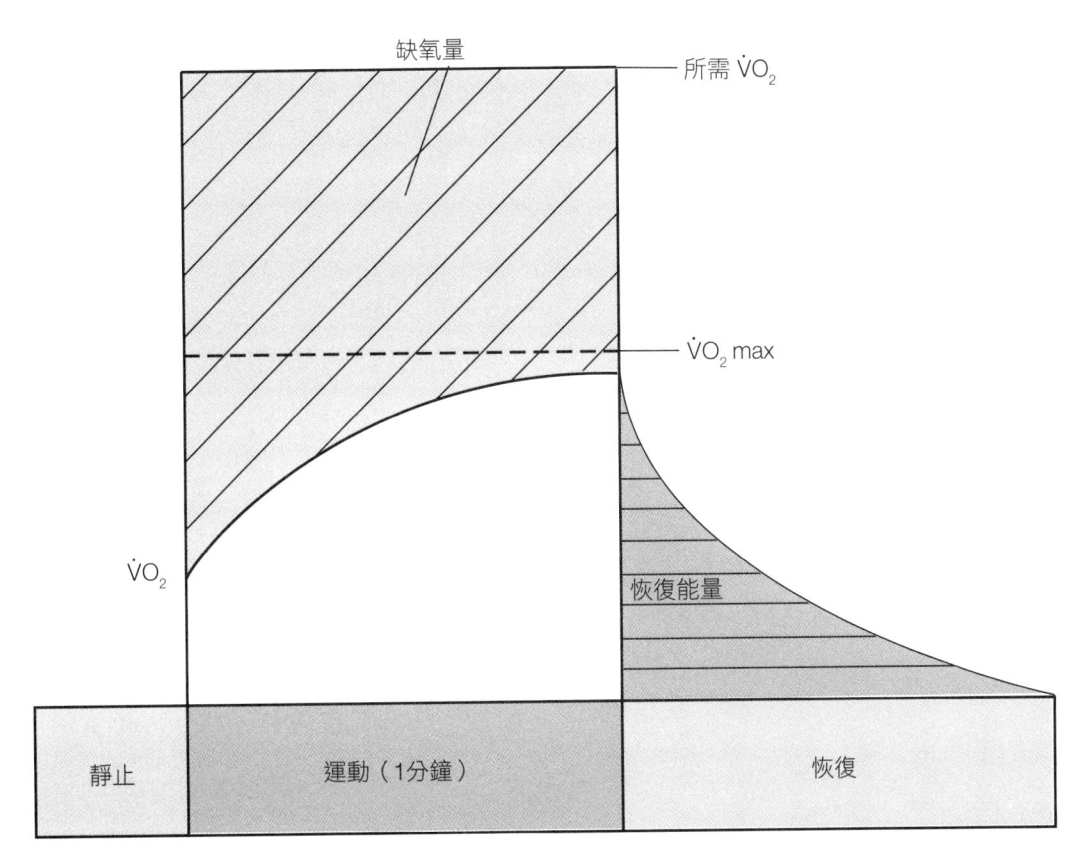

**圖4.9　高強度非穩定狀態運動的新陳代謝。**
在此範例中，以75%最大功率輸出進行運動，約為最大$\dot{V}O_2$功率的兩倍。在這種情況下所需要的$\dot{V}O_2$遠高於最大$\dot{V}O_2$。因此整個運動過程持續缺氧，而且相當大。
資料來源：Reprinted, by permission, from National Strength and Conditioning Association, 1994, *Essentials of strength training and conditioning* (Champaign, IL: Human Kinetics), 77.

通常小於峰值功率輸出的35%。因此，主要由有氧代謝支持的運動，必須在相對低於最大功率輸出能力的運動強度下進行。增強無氧或有氧能力可以增加耐力，以及持續最大努力到衰竭時可以達到的總作功量[185]。不同類型的訓練可能會增強無氧或有氧能力[126]。有氧功率、無氧功率、和無氧能力的同時增強，可以經由控制運動至休息間隔（exercise-to-rest intervals）來達到[126,176,175]。

很少有運動或其它身體活動需要最大持續努力到衰竭或接近衰竭。大多數的運動和訓練活動（例如美式足球、間歇跳躍和衝刺、重量訓練）所產生的代謝狀況，與一系列穿插休息時間的高強度恆定或接近恆定盡力運動回合非常相似。在這種類型的運動中，每次運動回合必須要達到的運動強度（功率輸出），遠大於使用有氧能量來源可維持的最大功率輸出。

經由有氧訓練來增強有氧能力，同時減少（或忽略）無氧功率和能力的訓練，對肌力─爆發力型運動員的益處相對較小[105]。（見「能源生產功率〔速率〕和能力」段落。）

可以適當的使新陳代謝系統受壓力的一種訓練方法是間歇訓練（interval training）。間歇訓練根據的概念是，與連續運動相比，在較高的運動強度下可以作更多的功，但疲勞相同或更少[25]。運動至休息間隔的理論代謝配置，施加壓力於有氧代謝、快速糖解和立即系統，是根據運動和基質恢復時間中哪個能量系統佔主導的知識。表4.7中的例子，根據運動相對最大可達到功率和基質（磷酸原）的恢復時間，顯示了合理的運動至休息間隔[166]。

表4.7 建議的運動至休息間隔範例

| 最大功率百分比 | 主要受壓力系統 | 通常運動時間 | 運動：休息 |
|---|---|---|---|
| 90-100 | 磷酸原 | 5-10秒 | 1:12-1:20 |
| 75-90 | 快速糖解 | 15-30秒 | 1:3-1:5 |
| 30-75 | 快速糖解＋有氧代謝 | 60-180秒 | 1:3-1:4 |
| 20-35 | 有氧代謝 | ＞180秒 | 1:1-1:3 |

資料來源：Adapted, by perissiom, from National Strength and Conditioning Association, 2000, *Essentials of strength training and conditioning*, 2nd ed. (Champaign, IL: Human Kinetics), 88

另一方面，我們應該注意，許多運動的動態並無法嚴格執行運動至休息間隔。從實用的角度來看，也許更有用的方法是在訓練時使用強度─時間配置。使用這種方法，可以在訓練中複製運動項目的強度和持續時間[144]。這種方法允許間歇類型的訓練，得以模擬實際比賽情況中的強度以及運動和休息間隔。例如，對於美式足球，可以約略估計每個鋒線位置的攻守次數、跑動距離和相對攻守強度，然後將其複製到訓練計劃中，如此將更容易確保運動員比賽時具備足夠體能。

選擇適當的運動強度、運動持續時間和休息間隔，可以讓人訓練適當的能量系統。要注意的是，當完成一次訓練計劃後產生了生理適應，或是由於長期訓練計劃的改變（例如週期），可能會改變運動至休息間隔。

## 恢復耗氧量：恢復能量

教練和運動員常常低估了阻力訓練的能量消耗。許多人也認為，阻力訓練對身體脂肪幾乎沒有影響。這種誤解可能源自於共同的信念，即通常有氧運動的熱量消耗大致上較高，且只有有氧運動才可以燃燒脂肪。然而，這些信念可能是不正確的。

因為很多原因，運動後的恢復能量消耗是一個重要的考量，其中包括可能對身體質量和身體組成造成的影響，以及其對於隨後運動的影響。運動的能量消耗不僅限於運動本身的時間，還可能在運動結束後持續一段時間。穩定狀態運動對於恢復能量消耗和總能量消

耗的影響，已經有充分的研究$^{(6,7,21,55,156,158)}$。這些研究指出，訓練強度比運動持續時間對恢復能量消耗的影響更大$^{(128)}$。增加低強度運動（＜60% $\dot{V}O_2$max）的持續時間，會導致總恢復能量呈線性增加$^{(6,7,128)}$；而增加運動強度似乎會產生指數性的影響$^{(7,128)}$。和低強度運動相比，較高強度的運動似乎更大程度的干擾了體內恆定，導致更多運動後能量消耗。這表示非穩定狀態無氧運動，例如重量訓練或衝刺，將需要更多能量和更長的恢復時間。

儘管快速糖解對於從高強度運動中恢復有所貢獻，但是所有類型運動大部份的恢復作用，都是經由有氧代謝來完成。描述恢復能量消耗的一種重要方法，是透過測量**恢復耗氧量**（recovery oxygen consumption，ROC）並將其轉換為卡路里值。ROC是$O_2$高於基線的攝取量，用於使身體恢復到運動前的狀態$^{(165)}$。早期實驗顯示，ROC和缺氧量有中等或強烈的相關性，主要是因為由乳酸的肝醣再合成（80%），或是經由丙酮酸和克勞伯-ETS途徑進一步氧化乳酸（20%）$^{(83)}$。然而，Margaria及同事$^{(119)}$觀察到，在ROC發生的初始部份，血液乳酸並未下降，且可以產生小量ROC（2至3公升）而血液乳酸並未發生顯著變化。他們推測ROC是由兩個階段組成：非乳酸階段和乳酸階段。一般認為非乳酸階段代表$O_2$消耗是用於恢復ATP-PCr儲存，以及重新裝填肌紅素（myoglobin）和血紅素（hemoglobin），而認為乳酸ROC代表$O_2$是用於將乳酸轉化為肝醣。現在知道這不完全準確。

缺氧量和ROC之間僅有小到中等的關連$^{(16,76)}$。儘管缺氧量會影響總ROC消耗，但兩者並不相等。此外，在大鼠肌肉注射放射性標記的乳酸顯示，75%的標記碳以$CO_2$形式出現$^{(24)}$。這一發現顯示，在恢復時大部份的乳酸堆積可用於產生有氧能量。此外，運動後10分鐘血液乳酸可以大幅度降低，而沒有發生肝醣的再合成$^{(191)}$，因此，僅有少量的乳酸可能被再合成為肝醣。

運動中生理功能的增加一直持續到恢復，這可能是ROC的重要部份，或許是主要部份。溫度升高會刺激新陳代謝並且提高$O_2$的消耗$^{(26)}$。運動導致呼吸肌和心臟功能的增加，需要增加能量供應的速率$^{(99)}$。僅使用這些標準（增加溫度和心肺功能）來解釋ROC，似乎理論上最大的氧債不應該超過3至5公升$^{(26,24,189)}$。然而，曾有報告指出，在穩定狀態運動（＞1小時）後，總恢復氧氣值高達18公升$^{(119)}$，另有報告指出，持續重量訓練30至90分鐘，數值更高（超過19公升）$^{(29,128)}$。這些大的總耗氧量可能是由下列多種因素中全部或部份因素所造成，包括磷酸原的再合成、乳酸的肝醣再合成（＜20%）、溫度升高、心肺額外作功、組織水份的再飽和、靜脈和骨骼肌血液的氧氣再飽和、肌紅素的氧氣再飽和、各種體腔內離子的再分佈、$Ca^{++}$對粒線體呼吸的影響、荷爾蒙釋放和堆積的殘留影響、和組織修復和重塑$^{(26,24,25,188)}$。

### 從次大運動中恢復

在次大作功2至3分鐘所造成的ROC，會大於相同強度下較長運動時間的ROC[193]。這顯示部份ROC可能是由穩定狀態有氧運動所負責。這項看法的支持來自於觀察到在恢復時，輕至中度的有氧運動（50至70% $\dot{V}O_2max$）會增加乳酸去除（測量恢復的一種方式）[68,143]。

### 從間歇性無氧訓練中恢復

間歇性的非穩定狀態作功可以完成更大的總作功負荷或作功速率；這是間歇訓練概念的基礎[143]。與非間歇性運動相比，間歇性運動中斷時的休息時間，也會增加總ROC和增加總卡路里消耗。會增加卡路里的消耗，是因為與連續運動相比，可以在數回合的運動中，用相同或更高的相對強度進行，產生更多總作功。

有證據指出，重量訓練運動會嚴重干擾體內恆定，依據運動量而產生中至大的ROC[29,55,129,128,132]。此外，重量訓練會比一般有氧運動產生更大的ROC[29,55,156]——這在各種健康和表現參數中可能是個重要要素。

在身體質量和身體組成管理中，使用阻力訓練仍然存在著爭議[156,167]。雖然重量訓練可以提升恢復能量消耗到比一般有氧訓練高，但這水準可能還沒高到改變身體質量或組成。例如，在Burleson及同事[29]的研究中，循環重量訓練運動的恢復，在30分鐘使用了大約95千卡路里（19公升的$O_2$）。即使每週進行幾次訓練，該值也不太可能對身體質量或組成造成明顯影響。然而，訓練計劃[29]使用的既不是高相對重量訓練強度（≤60% 1RM），也不是大訓練量作功（訓練量負荷＜6000公斤〔13,200磅〕）。重量訓練如依據類似於肌力—爆發力運動員所使用的計劃，持續60到90分鐘，則每次產生15,000到40,000公斤（33,000至88,200磅）的訓練量負荷，導致總能量消耗大上許多，甚至在運動後15小時也可能無法達到完全恢復的狀態[128]。因此，重量訓練運動的訓練量（和其它同時進行的訓練模式）可能是影響恢復的關鍵因素。此外，對於每週訓練數次的運動員，高訓練量重量訓練的累積影響，足以造成身體質量和組成的改變，特別是如果運動員每天有多次訓練時。

的確，文獻回顧指出，重量訓練可以增加除脂體重（lean body mass），以及影響脂肪百分比改變和減少總脂肪[167]，因為重量訓練強化了運動後以FFA做為燃料來源的運用方式[125,128,156]。重量訓練運動後增加FFA的使用，可能和肌肉肝醣含量降低以及荷爾蒙的殘留作用有關[125,128]。因此，在恢復時的能量消耗和增加FFA使用都可以影響身體質量和組成。見第十章〈阻力訓練的身體和生理適應〉。

在賽季或是大週期大部份時間裡，大多數進階運動員的訓練頻率超過每週3次，而且許多運動員採行每天多次訓練。肌力—爆發力運動員在準備階段時，每週的重量訓練次數可能超過8次（見第十三章〈週期化的概念〉）。以這種水準進行訓練，恢復就成了極為重要的課題[169]。

　　我們可以用舉重運動做為範例。每天訓練2次，每週4到6天，而且每週舉起30,000至70,000公斤（66,100至154,300磅），這對優秀舉重運動員來說並不少見[168]。在舉重的準備階段，每週超過90,000公斤（198,400磅）的訓練量負荷，會產生高達每小時600至1000千卡路里的能量消耗和每週3000千卡路里以上的能量消耗[111,155,168]。隨著比賽的接近，能量消耗通常會隨著訓練量的降低而減少。重量訓練和舉重所產生的大部份能量消耗發生在恢復時[32,29,128,157]。此外，恢復時能量消耗的大小似乎取決於訓練量[128]，而完全恢復可能需要長達38小時[157]。因此，即使不是最多，用大肌肉質量運動所產生的高訓練量，可能在恢復時佔了大部份的能量消耗。

　　足夠的能量攝取，對於維持身體質量和支持訓練相關的額外能量需求是必需的。考量到舉重訓練時會產生相對大的總能量消耗，卡路里攝取（食物）會相當高，尤其是在較大的體重級別。舉重訓練的能量消耗相對較高，加上在恢復時增加脂肪的活化和使用[90,125,168]，有助於解釋在優秀舉重運動員和其它肌力—爆發力型運動員身上，所發現相對低的體脂肪百分比。（見第六章〈營養和代謝因素〉，和第十章〈阻力訓練的身體和生理適應〉。）

　　從先前運動中恢復的急性影響可能會干擾隨後的運動表現，甚至在數小時或數天之後，減低訓練的適應性。儘管已知疲勞會改變肌肉力量產生的各個層面[172]，但尚未有研究專門針對重量訓練對於隨後的重量訓練或其它無氧運動的生理或代謝影響。然而，運動的訓練量對恢復以及隨後的運動可能有一定的作用[12,128]。此外，重量訓練可能會對各種力量的相關組成有不同影響，例如我們實驗室未發表的數據指出，在4小時前進行高訓練量的訓練，對最大肌力（測量1RM）和爆發力（測量垂直跳）的影響小於肌力—耐力。

　　已有研究提出重量訓練對於隨後有氧運動的影響。Crawford及同事[46]認為，肌力訓練對隨後的有氧（跑步機）運動影響較小。然而，在該研究中，一個運動只做了幾組，導致低訓練量。Baily及同事[8]使用了包括9種上和下半身運動的常規方法，訓練量比Crawford及同事[46]所使用的大得多。Baily及同事[8]發現，重量訓練運動可以改變一般的心率—血壓乘積（rate-pressure product）反應和心率—$\dot{V}O_2$關係。這兩項研究雖然還沒有定論，但顯示了重量訓練運動的訓練量，會影響關於恢復的生理後續。由於各種原因，在平日常規訓練中，許多運動員會先完成肌力訓練，然後接著進行不同類型的體能訓練，例如跑步訓練，反之亦然。通常只有幾分鐘來隔開這些訓練。可惜的是，對這種類型的訓

練常規,缺乏注重代謝功效的資訊。

合理認為,訓練之間恢復時間不足可能會改變生理反應,並且降低隨後運動進行時的表現能力。隨後運動表現降低,可能會減低對特定運動的預期訓練適應。此外,恢復不足可能會容易使得運動員過度訓練[169]。儘管證據指出,先前的運動會對隨後的運動產生影響,但恢復的準則和時間表尚不清楚。因此,教練和運動員應該謹慎規劃足夠時間,讓運動得到充份恢復,特別是阻力訓練。

## 訓練的代謝特殊性

適當的運動強度和持續時間,以及適當的休息間隔,可以在運動中選擇能量系統,並且針對不同的運動項目產生專項適應[25,105]。間歇訓練是重量訓練的根本,而且通常形成大多數無氧運動訓練計劃的基礎,例如衝刺和美式足球。儘管重量訓練和其它形式的無氧間歇訓練,可以在短時間內小幅度(4至9%)提升有氧功率[122,171],但主要影響和無氧因素有關。重量訓練、衝刺訓練和其它形式的無氧訓練,可能會增加磷酸原和肝醣的儲存,增強肌激酶的反應[26,117],導致偏向II型纖維的肥大[69,87],並在整體上增強無氧代謝[1,25v,34],從而改善表現。

氧化代謝對於重度無氧運動(例如重量訓練、衝刺訓練)的恢復相當重要[25];但是,為無氧運動設計有氧訓練處方時必須十分謹慎。儘管並非所有的研究都同意[122],但有證據顯示,即使是小訓練量的有氧訓練,也可能會降低無氧運動的表現能力,尤其是高爆發力和速度的表現[72]。

已有研究顯示有氧訓練會減少大鼠的無氧能量產生能力[186]。此外,一些研究顯示,結合無氧和有氧訓練會減少肌肉圍度的增加[13,45]、最大肌力[13,30,45,80]以及尤其是速度和爆發力的相關表現[51,72,75,107]。儘管機制尚不清楚[167],但結合訓練所減少的表現成長,有部分可能和肌纖維類型,以及睪固酮(testosterone)和皮質醇(cortisol)濃度的變化有關[107]。儘管有氧訓練似乎減少了阻力訓練所產生的肌力和爆發力成長,但相反的情況似乎並不成立。許多研究和回顧顯示,無氧訓練,包括肌力訓練,可以改善低強度運動的耐力[11,82,81,173,167]。

在無氧運動員的訓練中應該增加有氧訓練以增強恢復[143]的建議並不少見——因為恢復主要依賴有氧機制。然而,增加有氧功率可以影響恢復的程度尚不清楚。儘管有幾項研究顯示 $\dot{V}O_2max$ 與恢復參數之間有關連,例如乳酸去除、PCr的補充或運動後耗氧量[85,160,183],但許多研究顯示並沒有關聯[14,41]。然而,Hoffman[85]指出,有氧體能的可恢復性只會提高到一定程度,之後就沒有額外的好處。因此,$\dot{V}O_2max$ 可能有一個上限,之上

對於恢復參數沒有影響（Hoffman建議男性約為45 ml·kg$^{-1}$·min$^{-1}$）。這是由於主要為無氧組成的訓練可以對無氧和有氧代謝產生重大影響[113,136]，並且可以增加$\dot{V}O_2$max、PCr和肝醣的儲存、以及無氧和有氧酶的活性[48,73,115,149]。從恢復的角度來看，可能幾乎不需要額外的有氧訓練。

在這種情況下，我們注意到特定的無氧訓練計劃，可以刺激有氧功率的增加並增強恢復的標記[125,171,169,168,176,175,187]。橫斷[125]和縱向[140,141,168]研究顯示，重量訓練，尤其是大訓練量的重量訓練，可以增強恢復的標記，使其更快回復到基線值，包括心率、乳酸、氨和各種荷爾蒙。因此，沒有必要採行大量有氧訓練用以增強無氧項目的恢復，而且對於大多數的肌力—爆發力運動來說，可能適得其反[105]。

## 本章總結

本章介紹了運動和訓練的專項性概念背後的生物化學基礎。身體活動需要使用肌肉收縮，這需要能量。能量來自於能量傳遞者ATP的水解。肌肉收縮的強度越高，能量（ATP）消耗得越快。有三種基本的能量系統可以充填ATP，這些能量系統用不同的速率和能力來運作以生產ATP，使得能量消耗和能量生產可以互相匹配。能量儲存的消耗與疲勞有關；恢復可以補充能量儲存並且可能回復正常功能。了解經由專項訓練計劃能改變能量如何產生，以增強對訓練的適應。基本上，訓練的選擇和能量系統的選擇，像是運動強度、持續時間，以及恢復間隔的函數，是建立有效訓練計劃時重要的考量。

## 參考文獻

1. Abernethy, P.J., R. Thayer, and A.W. Taylor. 1990. Acute and chronic responses of skeletal muscle to endurance and sprint exercise. *Sports Medicine* 10(6): 365-389.
2. Ahlborg, G., and P. Felig. 1967. Influence of glucose ingestion on the fuel-hormone response during prolonged exercise. *Journal of Applied Physiology* 41: 83-88.
3. Ahlborg, G., and P. Felig. 1982. Lactate and glucose exchange across the forearm, legs and splanchnic bed during and after prolonged leg exercise. *Journal of Clinical Investigation* 69: 45-54.
4. Asmussen, E., K. Klausen, L.E. Nielsen, O.A. Techow, and P.J. Ponder. 1974. Lactate production and anaerobic work capacity after prolonged exercise. *Acta Physiologica Scandinavica* 50: 731-742.
5. Åstrand, P.O., and K. Rodahl. 1970. *Textbook of work physiology* (2nd ed.). New York: McGraw-Hill.
6. Bahr, R., J. Ingnes, O. Vaage, O.M. Sejersted, and E.A. Newsholme. 1987. Effect of duration of exercise on excess postexercise oxygen consumption. *Journal of Applied Physiology* 62: 485-490.
7. Bahr, R., and O.M. Sejersted. 1991. Effect of intensity of exercise on excess postexercise oxygen consumption. *Metabolism* 40: 836-841.
8. Baily, M.L., N. Khodigiuian, and P.A. Farrar. 1996. Effects of resistance exercise on selected physiological parameters during subsequent aerobic exercise. *Journal of Strength and Conditioning Research* 10(2): 101-104.
9. Bangsbo, J., T. Graham, L. Johansen et al. 1992. Elevated muscle acidity and energy production during exhaustive exercise in humans. *American Journal of Physiology* 32: R891-R899.
10. Barnard, R.J., V.R. Edgerton, T. Furakawa et al. 1971. Histochemical, biochemical and contractile properties of red, white, and intermediate fibers. *American Journal of Physiology* 220: 410-441.
11. Bastiaans, J.J., A.B. van Diemen, T. Veneberg, and A.E. Jeukendrup. 2001. The effects of replacing a portion of endurance training by explosive strength training on performance in trained cyclists. *European Journal of Applied Physiology* 86: 79-84.
12. Behm, D.G., G. Reardon, J. Fitzgerald, and F. Drinkwater. 2002. The effect of 5, 10 and 20 repetition maximums on recovery of voluntary and evoked contractile properties. *Journal of Strength and Conditioning Research* 16: 209-218.
13. Bell, G.J., S. Peterson, J. Wessel et al. 1991. Physiological adaptations to concurrent endurance and low velocity resistance training. *International Journal of Sports Medicine* 4: 384-390.
14. Bell, G.J., G.D. Snydmiller, D.S. Davies, and H.A. Quinney. 1997. Relationship between aerobic fitness and metabolic recovery from intermittent exercise in endurance athletes. *Canadian Journal of Applied Physiology* 22: 78-85.
15. Bell, G., and H.A. Wenger. 1986. The effect of sprint training on intramuscular pH buffering capacity and lactates [Abstract]. *Canadian Journal of Applied Sport Sciences* 11(3).
16. Berg, W.E. 1947. Individual differences in respiratory gas exchange during recovery from moderate exercise. *American Journal of Physiology* 149: 507-530.
17. Billat, V., P. Sirvant, G. Py, J.P. Koralsztein, and J. Mercier. 2003. The concept of maximal lactate steady state: A bridge between biochemistry, physiology and sports science. *Sports Medicine* 33: 407-426.
18. Boger, A., B. Warren, M. Stone, and R. Johnson. 1992. Whole blood lactate and serum free fatty acid responses to supramaximal and submaximal cycling bouts. *Conference abstracts,* SEACSM.
19. Bond, V., R.G. Adams, R.J. Tearney et al. 1991. Effects of active and passive recovery on lactate removal and subsequent isokinetic muscle function. *Journal of Sports Medicine and Physical Fitness* 31(3): 357-361.
20. Boobis, I., C. Williams, and S.N. Wooten. 1983. Influence of sprint training on muscle metabolism during brief maximal exercise in man. *Journal of Physiology* 342: 36-37P.
21. Brehm, G.A., and B. Gutin. 1986. Recovery energy expenditure for steady state exercise in runners and nonexercisers. *Medicine and Science in Sports and Exercise* 18: 205-210.
22. Bridges, C.R., B.J. Clark III, R.L. Hammond et al. 1991. Skeletal muscle bioenergetics during frequency-dependent

fatigue. *American Journal of Physiology* 29: C643-C651.
23. Brooks, G.A. 1986. The lactate shuttle during exercise and recovery. *Medicine and Science in Sports and Exercise* 18: 360-368.
24. Brooks, G.A., K.E. Brauner, and R.G. Cassens. 1973. Glycogen synthesis and metabolism of lactic acid after exercise. *American Journal of Physiology* 224: 1162-1186.
25. Brooks, G.A., T.D. Fahey, and T.P. White. 1996. *Exercise physiology* (2nd ed.). Mountain View, CA: Mayfield.
26. Brooks, G.A., K.J. Hittelman, J.A. Faulkner, and R.E. Beyer. 1971. Temperature, skeletal muscle mitochondrial functions and oxygen debt. *American Journal of Physiology* 220: 1053-1068.
27. Brouha, L., and E. Radford. 1960. The cardiovascular system in muscular activity. In: W. Johnson (Ed.), *Science and medicine of exercise and sports.* New York: McGraw-Hill.
28. Burke, R.E., and V.R. Edgerton. 1975. Motor unit properties and selective involvement in movement. In: J. Wilmore and J. Keough (Eds.), *Exercise and sport science reviews* (pp. 31-81). New York: Academic Press.
29. Burleson, M.A., H.S. O'Bryant, M.H. Stone, M. Collins, and T. Triplett-McBride. 1998. Effect of weight training exercise and treadmill exercise on post-exercise oxygen consumption. *Medicine and Science in Sports and Exercise* 30: 518-522.
30. Buskirk, E., and H. Taylor. 1957. Maximal oxygen intake and its relation to body composition, with special reference to chronic physical activity and obesity. *Journal of Applied Physiology* 11: 72-78.
31. Butler, T.C., W.J. Waddel, and D.T. Poole. 1967. Intracellular pH based on distribution of weak electrolytes. *Federation Proceedings* 26: 1327-1332.
32. Byrd, R., K. Pierce, R. Gentry, and M. Swisher. 1996. Prediction of caloric cost of the parallel back squat in women. *Journal of Strength and Conditioning Research* 10: 184-185.
33. Cain, D.F., and R.E. Davis. 1962. Breakdown of adenosine triphosphate during a single contraction of working muscle. *Biochemistry and Biophysics Research Communication* 8: 361-366.
34. Campos, G.E., T.J. Luecke, H.K. Wendein, K. Toma, F.C. Hagerman, T.F. Murray, K.E. Ragg, N.A. Ratamess, W.J. Kraemer, and R.S. Staron. 2002. Muscular adaptations in response to three different resistance-raining regimens: Specificity of repletion maximum training zones. *European Journal of Applied Physiology* 88: 50-60.
35. Cerretelli, P., G. Ambrosoli, M. Fumagalli et al. 1975. Anaerobic recovery in man. *European Journal of Applied Physiology* 34: 141-148.
36. Cerretelli, P., D. Rennie, and D. Pendergast. 1980. Kinetics of metabolic transients during exercise. *International Journal of Sports Medicine* 55: 178-180.
37. Chappell, J.B. 1968. Systems used for the transport of substances into mitochondria. *British Medical Bulletin* 24: 150-157.
38. Coggan, A.R., and E.F. Coyle. 1987. Reversal of fatigue during prolonged exercise by carbohydrate infusion or ingestion. *Journal of Applied Physiology* 63: 2388-2395.
39. Conley, M.S., M.H. Stone, H.S. O'Bryant, R.L. Johnson, D.R. Honeycutt, and T.P. Hoke. 1993. Peak power versus power at maximal oxygen uptake. Presentation at the NSCA National Meeting, Las Vegas.
40. Constable, S.H., R.J. Favier, J.A. McLane et al. 1987. Energy metabolism in contracting rat skeletal muscle: Adaptation to exercise training. *American Journal of Physiology* 253: 316-322.
41. Cooke, S.R., S.R. Petersen, and H.A. Quinney. 1997. The influence of maximal aerobic power on recovery of skeletal muscle following anaerobic exercise. *European Journal of Applied Physiology* 75: 512-519.
42. Costill, D.L., D.D. Pascoe, W.J. Fink, R.A. Roberts, S.I. Barr, and D.R. Pearson. 1990. Impaired muscle glycogen resynthesis after eccentric exercise. *Journal of Applied Physiology* 69: 46-50.
43. Coyle, E.F., A.R. Coggan, M.K. Hemmart et al. 1984. Glycogen usage performance relative to lactate thresh-old [abstract]. *Medicine and Science in Sports and Exercise* 16: 120.
44. Coyle, E.F., J.M. Hagberg, B.F. Hurley et al. 1983. Carbohydrate feeding during prolonged strenuous exercise can delay fatigue. *Journal of Applied Physiology* 55: 230-235.

45. Craig, B.W., J. Lucas, R. Pohlmanet et al. 1991. The effects of running, weightlifting and a combination of both on growth hormone release. *Journal of Applied Sport Science Research* 5(4): 198-203.
46. Crawford, W.W., S.F. Loy, A.G. Nelson, R.K. Conlee, A.G. Fisher, and P.E. Allsen. 1991. Effects of prior strength exercise on the heart rate oxygen uptake relationship during submaximal exercise. *Journal of Sports Medicine and Physical Fitness* 31: 501-505.
47. Davis, J.A., M.H. Frank, B.J. Whipp et al. 1979. Anaerobic threshold alterations caused by endurance training in middle-aged men. *Journal of Applied Physiology* 46: 1039-1046.
48. Dawson, B., M. Fitzsimmons, S. Green, C. Goodman, M. Carey, and K. Cole. 1998. Changes in performance, muscle metabolites, enzymes and fibre types after short sprint training. *European Journal of Applied Physiology* 78: 163-169.
49. diPrampero, P.E., L. Peeters, and R. Margaria. 1973. Alactic O2 debt and lactic acid production after exhausting exercise in man. *Journal of Applied Physiology* 34: 628-632.
50. Doyle, J.A., W.M. Sherman, R.I. Strauss et al. 1993. Effects of eccentric and concentric exercise on muscle glycogen replenishment. *Journal of Applied Physiology* 74: 1848-1855.
51. Dudley, G.A., and R. Djamil. 1985. Incompatibility of endurance- and strength-training modes of exercise. *Journal of Applied Physiology* 59(5): 1446-1451.
52. Dudley, G., and T.F. Murray. 1982. Energy for sport. *National Strength and Conditioning Journal* 3(3): 14-15.
53. Dufaux, B., G. Assmann, and W. Hollman. 1982. Plasma lipoproteins and physical activity: A review. *International Journal of Sports Medicine* 3: 123-136.
54. Edington, D.E., and V.R. Edgerton. 1976. *The biology of physical activity*. Boston: Houghton Mifflin.
55. Elliot, D.L., L. Goldberg, and K.S. Kuel. 1992. Effect of resistance training on excess post-exercise oxygen consumption. *Journal of Applied Sport Science Research* 6(2): 77-81.
56. Ericksson, B.O., P.D. Gollnick, and B. Saltin. 1973. Muscle metabolism and enzyme activities after training in boys 11-13 years old. *Acta Physiologica Scandinavica* 87: 485-497.
57. Essen, B. 1978. Glycogen depletion of different fibre types in man during intermittent and continuous exercise. *Acta Physiological Scandinavica* 103: 446-455.
58. Fabiato, A., and F. Fabiato. 1978. Effects of pH on the myofilaments and sarcoplasmic reticulum of skinned cells from cardiac and skeletal muscle. *Journal of Physiology* 276: 233-255.
59. Farrel, P.A., J.H. Wilmore, E.F. Coyle et al. 1979. Plasma lactate accumulation and distance running performance. *Medicine and Science in Sports* 11(4): 338-344.
60. Freund, H., and P. Gendry. 1978. Lactate kinetics after short strenuous exercise in man. *European Journal of Applied Physiology* 39: 123-135.
61. Friedman, J.E., P.D. Neufer, and L.G. Dohm. 1991. Regulation of glycogen synthesis following exercise. *Sports Medicine* 11(4): 232-243.
62. Fuchs, F., Y. Reddy, and F.N. Briggs. 1970. The interaction of cations with calcium binding site of troponin. *Biochemistry Biophysics Acta* 221: 407-409.
63. Gladden, L.B., and H.G. Welch. 1978. Efficiency of anaerobic work. *Journal of Applied Physiology* 44: 564-570.
64. Gollnick, P.D., R.B. Armstrong, B. Saltin et al. 1973. Effect of training on enzyme activity and fibre composition of human muscle. *Journal of Applied Physiology* 34: 107-111.
65. Gollnick, P.D., R.B. Armstrong, W. Saubert et al. 1972. Enzyme activity and fibre composition in skeletal muscle of untrained and trained men. *Journal of Applied Physiology* 33: 312-319.
66. Gollnick, P.D., and W.M. Bayly. 1986. Biochemical training adaptations and maximal power. In: N.L. Jones, N. McCartney, and A.J. McComas (Eds.), *Human muscle power* (pp. 255-267). Champaign, IL: Human Kinetics.
67. Gollnick, P.D., W.M. Bayly, and D.R. Hodgson. 1986. Exercise intensity, training diet and lactate concentration in muscle and blood. *Medicine and Science in Sports and Exercise* 18: 334-340.
68. Gollnick, P.D., and L. Hermansen. 1975. Biochemical adaptations to exercise: Anaerobic metabolism. *Exercise and

*Sport Sciences Reviews* 1: 1-13.
69. Gollnick, P.D., and B. Saltin. 1982. Significance of skeletal muscle oxidative enzyme enhancement with endurance training. *Clinical Physiology* 2: 1-12.
70. Green, H.J., M.E. Houston, J.A. Thomson et al. 1979. Metabolic consequences of supra maximal arm work performed during prolonged submaximal leg work. *Journal of Applied Physiology* 46: 249-255.
71. Hadmann, R. 1957. The available glycogen in man and the connection between rate of oxygen intake and carbohydrate usage. *Acta Physiologica Scandinavica* 40: 305-330.
72. Hakkinen, K., M. Alen, W.J. Kraemer, E. Gorostiaga, M. Izquierdo, H. Rusko, J. Mikkola, H. Valkeinen, E. Kaarakainen, S. Romu, V. Erola, J. Ahtiainen, and L. Paavolainen. 2003. Neuromuscular adaptations during concurrent strength and endurance training versus strength training. *European Journal of Applied Physiology* 89: 42-52.
73. Harmer, A.R., M.J. McKenna, J.R. Sutton, R.J. Snow, P.A. Ruell, J. Booth, M.W. Thompson, N.A. Mackey, G.C. Stathis, R.M. Crameri, M.F. Carey, and D.M. Eager. 2000. Skeletal muscle metabolic and ionic adaptation during intense exercise following sprint training in humans. *Journal of Applied Physiology* 89: 1793-1803.
74. Harris, R.C., R.H.T. Edwards, E. Hultman et al. 1976. The time course of phosphocreatinine resynthesis during recovery of quadriceps muscle in man. *Pfluegers Archiv* 97: 392-397.
75. Hennessy, L., and W.S Watson. 1994. The interference effects of training for strength and endurance simultaneously. *Journal of Strength and Conditioning Research* 8: 12-19.
76. Henry, F.M. 1957. Aerobic oxygen consumption and alactic debt in muscular work. *Journal of Applied Physiology* 3: 427-450.
77. Hermansen, L. 1981. Effect of metabolic changes on force generation in skeletal muscle during maximal exercise. In: *Human muscle fatigue.* London: Pittman Medical.
78. Hermansen, L., and I. Stenvold. 1972. Production and removal of lactate in man. *Acta Physiologica Scandinavica* 86: 191-201.
79. Hermansen, L., and O. Vaage. 1977. Lactate disappearance and glycogen synthesis in human muscle after maximal exercise. *American Journal of Physiology* 233: E422-E429.
80. Hickson, R.C. 1980. Interference of strength development by simultaneously training for strength and endurance. *European Journal of Applied Physiology* 215: 255-263.
81. Hickson, R.C., B.A. Dvorak, E.M. Gorostiaga et al. 1988. Potential for strength and endurance training to amplify endurance performance. *Journal of Applied Physiology* 65(5): 2285-2290.
82. Hickson, R.C., M.A. Rosenkoetter, and M.M. Brown. 1980. Strength training effects on aerobic power and short-term endurance. *Medicine and Science in Sports and Exercise* 12: 336-339.
83. Hill, A.V. 1924. Muscular exercise, lactic acid and the supply and utilization of oxygen. *Proceedings of the Royal Society of London (Biology)* 96: 438.
84. Hirvonen, J., S. Ruhunen, H. Rusko et al. 1987. Breakdown of high-energy phosphate compounds and lactate accumulation during short submaximal exercise. *European Journal of Applied Physiology* 56: 253-259.
85. Hoffman, J.R. 1997. The relationship between aerobic fitness and recovery from high-intensity exercise in infantry soldiers. *Military Medicine* 162: 484-488.
86. Hogan, M.C., L.B. Gladden, S.S. Kurdak, and D.C. Poole. 1995. Increased [lactate] in working dog muscle reduces muscle tension development independent of pH. *Medicine and Science in Sports and Exercise* 27: 371-377.
87. Houston, M.E., and J.A. Thomson. 1977. The response of endurance-adapted adults to intense anaerobic training. *European Journal of Applied Physiology* 36: 207-213.
88. Hultman, E., and H. Sjoholm. 1986. Biochemical causes of fatigue. In: N.L. Jones, N. McCartney, and A.J. McComas (Eds.), *Human muscle power* (pp. 215-235). Champaign, IL: Human Kinetics.
89. Hultsmann, W.C. 1979. On the regulation of the supply of substrates for muscular activity. *Bibliotheca Nutrition Dictatica* 27: 11-15.

90. Hunter, G.R., C.J. Wetzstein, D.A. Fields, A. Brown, and M.M. Bamman. 2000. Resistance training increases total energy expenditure and free-living physical activity in older adults. *Journal of Applied Physiology* 89: 977-984.
91. Issekutz, B., H.I. Miller, P. Paul et al. 1965. Effect of lactic acid on fatty acids and glucose oxidation in dogs. *American Journal of Physiology* 209: 1137-1144.
92. Jacobs, I. 1981. Lactate, muscle glycogen and exercise performance in man. *Acta Physiologica Scandinavica* (Suppl.) 495: 1-35.
93. Jacobs, I. 1986. Blood lactate: Implications for training and sports performance. *Sports Medicine* 3: 10-25.
94. Jacobs, I., P. Kaiser, and P. Tesch. 1981. Muscle strength and fatigue after selective glycogen depletion in human skeletal muscle fibers. *European Journal of Applied Physiology* 36: 47-53.
95. Jacobs, I., P.A. Tesch, O. Bar-Or et al. 1983. Lactate in human skeletal muscle after 10 and 30 s of supramaximal exercise. *Journal of Applied Physiology* 55: 365-367.
96. Jones, N., and R. Ehrsam. 1982. The anaerobic threshold. *Exercise and Sport Sciences Reviews* 10: 49-83.
97. Jones, N.L., J.F. Heigenhauser, A. Kuksis et al. 1980. Fat metabolism in heavy exercise. *Clinical Science* 59: 469-478.
98. Juel, C. 1988. Intracellular pH recovery and lactate efflux in mouse soleus muscles stimulated in vitro: The involvement of sodium/proton exchange and a lactate carrier. *Acta Physiologica Scandinavica* 132: 363-371.
99. Karlsson, J. 1971. Lactate and phosphagen concentrations in working muscle of man. *Acta Physiologica Scandinavica* (Suppl.), 358-365.
100. Karlsson, J.L., O. Nordesco, L. Jorfeldt et al. 1972. Muscle lactate, ATP and CP levels during exercise and after physical training in man. *Journal of Applied Physiology* 33(2): 194-203.
101. Kindermann, W., G. Simon, and J. Jeul. 1979. The significance of the aerobic-anaerobic transition for the determination of work load intensities during endurance training. *European Journal of Applied Physiology* 42: 25-34.
102. Kleiber, M. 1950. Calorimetric measurements. In: F. Uber (Ed.), *Biophysical research methods.* New York: Interscience.
103. Klingerberg, M. 1970. Metabolite transport in mitochondria: An example for intracellular membrane function. *Essays in Biochemistry* 6: 119-159.
104. Komi, P.V., A. Ito, B. Sjodin et al. 1981. Lactate breaking point and biomechanics of running. [abstract]. *Medicine and Science in Sports and Exercise* 13: 114.
105. Koziris, L.P., W.J. Kraemer, J.F. Patton, N.T. Triplett, A.C. Fry, S.E. Gordon, and H.G. Knuttgen. 1996. Relationship of aerobic power to anaerobic performance indices. *Journal of Strength and Conditioning Research* 10(1): 35-39.
106. Kraemer, W.J., B.J. Nobel, M.J. Clark et al. 1987. Physiologic responses to heavy-resistance exercise with very short rest periods. *International Journal of Sports Medicine* 8: 247-252.
107. Kraemer, W.J., J. Patton, S.E. Gordon et al. 1995. Compatibility of high-intensity strength and endurance training on hormonal and skeletal muscle adaptations. *Journal of Applied Physiology* 78: 976-989.
108. Krebs, H.A. 1972. The Pasteur effect and the relation between respiration and fermentation. *Essays in Biochemistry* 8: 2-34.
109. Lambert, C.P., and M.G. Flynn. 2002. Fatigue during high-intensity exercise: Application to bodybuilding. *Sports Medicine* 32: 511-522.
110. Lambert, C.P., M.G. Flynn, J.B. Boone et al. 1991. Effects of carbohydrate feeding on multiple-bout resistance exercise. *Journal of Applied Sport Science Research* 5(4): 192-197.
111. Laritcheva, K.A., N.I. Valovarya, N.I. Shybin, and S.A. Smirnov. 1978. Study of energy expenditure and protein needs of top weightlifters. In: J. Parizkova and V. Rogozkin (Eds.), *Nutrition, physical fitness, and health. International series on sport sciences* (Vol. 7, pp. 53-68). Baltimore: University Park Press.
112. Lehninger, A.L. 2000. *Principles of biochemistry* (3rd ed). New York: Freeman.
113. Linossier, M.T., D. Dormois, C. Perier, J. Frey, A. Geyssant, and C. Dnis. 1997. Enzyme adaptations of human skeletal muscle during bicycle short-sprint training and detraining. *Acta Physiologica Scandinavica* 161: 439-445.

114. MacDougall, J.D. 1986. Morphological changes in human skeletal muscle following strength training and immobilization. In: N.L. Jones, N. McCartney, and A.J. McComas (Eds.), *Human muscle power* (pp. 269-288). Champaign, IL: Human Kinetics.
115. MacDougall, J.D., A.L. Hicks, J.R. MacDonald, R.S. McKelvie, H.J. Green, and K.M. Smith. 1998. Muscle performance and enzymatic adaptation to sprint interval training. *Journal of Applied Physiology* 84: 3138-3142.
116. MacDougall, J.D., S. Ray, N. McCartney et al. 1988. Substrate utilization during weight lifting [abstract]. *Medicine and Science in Sports and Exercise* 20: S66.
117. MacDougall, J.D., G.R. Ward, D.G. Sale et al. 1977. Biochemical adaptations of human skeletal muscle to heavy resistance training and immobilization. *Journal of Applied Physiology* 43: 700-703.
118. Marcinik, E.J., G. Potts, G. Schlabach et al. 1991. Effects of strength training on lactate threshold and endurance performance. *Medicine and Science in Sports and Exercise* 23: 739-743.
119. Margaria, R., H.T. Edwards, and D.B. Dill. 1933. The possible mechanism of contracting and paying the oxygen debt and the role of lactic acid in muscular contraction. *American Journal of Physiology* 106: 687-714.
120. Mazzeo, R.S., G.A. Brooks, D.A. Schoeller et al. 1986. Disposal of blood (1-13C) lactate in humans during rest and exercise. *Journal of Applied Physiology* 60: 232-241.
121. McCann, D.J., P.A. Mole, and J.R. Caton. 1995. Phospho- creatine kinetics in humans during exercise and recovery. *Medicine and Science in Sports and Exercise* 27: 378-387.
122. McCarthy, J.P., J.C. Agre, B.K. Graf et al. 1995. Compatibility of adaptive responses with combining strength and endurance training. *Medicine and Science in Sports and Exercise* 27: 429-436.
123. McCartney, N., L.L. Spriet, G.J.F. Heigenhauser et al. 1986. Muscle power and metabolism in maximal intermittent exercise. *Journal of Applied Physiology* 60: 1164-1169.
124. McGilvery, R.W. 1975. *Biochemical concepts.* Philadelphia: Saunders.
125. McMillan, J.L., M.H. Stone, J. Sartain et al. 1993. 20- hour physiological responses to a single weight training session. *Journal of Strength and Conditioning Research* 7(1): 9-21.
126. Medbo, J.I., and S. Burgers. 1990. Effect of training on the anaerobic capacity. *Medicine and Science in Sports and Exercise* 22: 501-507.
127. Medbo, J.I., A-C. Mohn, I. Tabata et al. 1988. Anaerobic capacity determined by maximal accumulated O2 deficit. *Journal of Applied Physiology* 64: 50-60.
128. Melby, C., C. Scholl, G. Edwards et al. 1993. Effect of acute resistance exercise on post-exercise energy expenditure and resting metabolic rate. *Journal of Applied Physiology* 75(4): 1847-1853.
129. Melby, C.L., T. Ticknell, and W.D. Schmidt. 1992. Energy expenditure following a bout of non-steady state resistance exercise. *Journal of Sports Medicine and Physical Fitness* 32: 128-135.
130. Meyer, R.A., and R.L. Terjung. 1979. Differences in ammonia and adenylate metabolism in contracting fast and slow muscle. *American Journal of Physiology* 237: C111-C118.
131. Miller, H.I., B. Issekutz, P. Paul et al. 1964. Effect of lactic acid on plasma free fatty acids in pancreatechtomized dogs. *American Journal of Physiology* 207: 1226-1230.
132. Murphy, E., and R. Schwarzkopf. 1992. Effects of standard set and circuit weight training on excess post-exercise oxygen consumption. *Journal of Strength and Conditioning Research* 6: 88-91.
133. Nakamura, Y., and A. Schwartz. 1972. The influence of hydrogen ion concentration on calcium binding and release by skeletal muscle sarcoplasmic reticulum. *Journal of General Physiology* 59: 22-32.
134. Newsholme, E.A. 1986. Application of principles of metabolic control to the problem of metabolic limitations in sprinting, middle distance and marathon running. In: N.L. Jones, N. McCartney, and A.J. McComas (Eds.), *Human muscle power* (pp. 169-174). Champaign, IL: Human Kinetics.
135. Nielsen, J.J., M. Moher, C. Klarskov et al. 2004. Effects of high-intensity intermittent training on potassium kinetics and performance in humans. *Journal of Physiology* 554: 857-870.
136. Nummela, A., A. Mero, and H. Rusko. 1996. Effects of sprint training on anaerobic performance characteristics

determined by the MART. *International Journal of Sports Medicine* 17(Suppl. 2): S114-119.

137. Olsen, H.L., E. Raabo, J. Bangsbo, and N.H. Secher. 1994. Maximal oxygen deficit of sprint and middle distance runners. *European Journal of Applied Physiology* 69: 140-146.

138. Opie, L.J., and E.A. Newsholme. 1967. The activities of fructose 1, 6-diphosphate, phosphofructokinase, and phosphoenolpyruvate carboxykinase in white and red muscle. *Biochemical Journal* 103: 391-399.

139. Parkhouse, W.S., D.C. McKenzie, P.W. Hochochka et al. 1983. The relationship between carnosine levels, buffering capacity, fiber type and anaerobic capacity in elite athletes. In: H.G. Knuttgen, J.A. Vogel, and J. Poortmans (Eds.), *Biochemistry of exercise* (pp. 590-594). Champaign, IL: Human Kinetics.

140. Pierce, K., R. Rozenek, M. Stone et al. 1987. The effects of weight training on plasma cortisol, lactate, heart rate, anxiety and perceived exertion [abstract]. *Journal of Applied Sport Science Research* 1(3): 58.

141. Pierce, K., R. Rozenek, M. Stone et al. 1993. Effect of weight training on lactate, heart rate, and perceived exertion. *Journal of Strength and Conditioning Research* 7(4): 211-215.

142. Pike, R.L., and M. Brown. 1975. *Nutrition: An integrated approach* (2nd ed.). New York: Wiley.

143. Plisk, S.S. 1991. Anaerobic metabolic conditioning: A brief review of theory, strategy and practical application. *Journal of Applied Sport Science Research* 5(1): 22-34.

144. Plisk, S.S., and V. Gambetta. 1997. Tactical metabolic training. *Strength and Conditioning* 19: 44-52.

145. Powers, S.K., and E.T. Howley. 1997. *Exercise physiology* (3rd ed.). Dubuque, IA: Brown and Benchmark.

146. Richter, E.A., H. Galbo, and N.J. Christensen. 1981. Control of exercise-induced muscular glycogenolysis by adrenal medullary hormones in rats. *Journal of Applied Physiology* 50: 21-26.

147. Robergs, R.A., D.R. Pearson, D.L. Costill et al. 1991. Muscle glycogenolysis during differing intensities of weight-resistance exercise. *Journal of Applied Physiology* 70(4): 1700-1706.

148. Roberts, A.D., R. Billeter, and H. Howald. 1982. Anaerobic muscle enzyme changes after interval training. *International Journal of Sports Medicine* 3: 18-21.

149. Rodas, G.J., L. Ventura, J.A. Cusso, and J. Parra. 2000. A short training programme for the rapid improvement of both aerobic and anaerobic metabolism. *European Journal of Applied Physiology* 82: 480-486.

150. Romijn, J.A., E.F. Coyle, J. Hibbert, and R.R. Wolfe. 1992. Comparisons of indirect calorimetry and a new breath 13C/12C ratio method during strenuous exercise. *American Journal of Physiology* 263: E64-E71.

151. Sahlin, K. 1978. Intracellular pH and energy metabolism in skeletal muscle of man, with special reference to exercise. *Acta Physiologica Scandinavica* (Suppl.) 455: 1-56.

152. Sahlin, K., R.C. Harris, B. Nylind et al. 1976. Lactate con- tent and pH in muscle samples obtained after dynamic exercise. *Pfluegers Archiv* 367: 143-149.

153. Saltin, B., and P.D. Gollnick. 1983. Skeletal muscle adaptability: Significance for metabolism and performance. In: L.D. Peachey, R.H. Adrian, and S.R. Geiger (Eds.), *Handbook of physiology* (pp. 540-555). Baltimore: Williams & Wilkins.

154. Saltin, B., and J. Karlsson. 1971. Muscle glycogen utilization during work of different intensities. In: B. Pernow and B. Saltin (Eds.), *Muscle metabolism during exercise* (pp. 289-300). New York: Plenum Press.

155. Scala, D., J. McMillan, D. Blessing et al. 1987. Metabolic cost of a preparatory phase of training in weightlifting: A practical observation. *Journal of Applied Sport Science Research* 1(3): 48-52.

156. Scholl, C.G., R.C. Bullough, and C.L. Melby. 1993. Effect of different modes on postexercise energy expenditure and substrate utilization. *Medicine and Science in Sports and Exercise* 25(5): 532.

157. Schuenke, M.D., R.P. Mikat, and J.M. McBride. 2002. Effect of an acute period of resistance exercise on excess post-exercise oxygen consumption: Implications for body mass management. *European Journal of Applied Physiology* 86: 411-417.

158. Sedlock, D.A., J.A. Fissinger, and C.L. Melby. 1989. Effect of exercise intensity and duration on postexercise energy expenditure. *Medicine and Science in Sports and Exercise* 21: 626-666.

159. Sherman, W.M., and G.S. Wimer. 1991. Insufficient carbohydrate during training: Does it impair performance? *Sport*

*Nutrition* 1: 28-44.
160. Short, K.R., and D.A. Sedlock. 1997. Excess postexercise oxygen consumption and recovery rate in trained and untrained subjects. *Journal of Applied Physiology* 83: 153-159.
161. Sjodin, B., and I. Jacobs. 1981. Onset of blood lactate accumulation and marathon running performance. *International Journal of Applied Sports Medicine* 2: 23-26.
162. Sjodin, B., A. Thorstensson, K. Firth et al. 1976. Effect of physical training on LDH activity and LDH isozyme pattern in human skeletal muscle. *Acta Physiologica Scandinavica* 97: 150-157.
163. Sjogaard, G. 1984. Changes in skeletal muscle capillarity and enzyme activity with training and detraining. In: P. Marconnet, J. Poortmans, and L. Hermansen (Eds.), *Medicine and sport science* (Vol. 17, *Physiological chemistry of training and detraining,* pp. 202-214). Basel: Karger.
164. Spriet, L.L., M.L. Lindinger, and R.S. McKelvie. 1989. Muscle glycogenolysis and H+ concentration during maximal intermittent cycling. *Journal of Applied Physiology* 66: 8-13.
165. Stainsby, W.M., and J.K. Barclay. 1970. Exercise metabolism: O2 deficit, steady level O2 uptake and O2 uptake in recovery. *Medicine and Science in Sports* 2: 177-195.
166. Stone, M.H., and M.S. Conley. 1992. Bioenergetics. In: T. Baechle (Ed.), *Essentials of strength training and conditioning.* Champaign, IL: Human Kinetics.
167. Stone, M.H., S.J. Fleck, W.J. Kraemer et al. 1991a. Health and performance related adaptations to resistive training. *Sports Medicine* 11(4): 210-231.
168. Stone, M.H., and A.C. Fry. 1997. Increased training volume in strength/power athletes. In: R. Kreider, A. Fry, and M. O'Toole (Eds.), *Overtraining in sport* (chapter 5, pp. 87-106). Champaign, IL: Human Kinetics.
169. Stone, M.H., R.E. Keith, J.T. Kearney et al. 1991b. Overtraining: A review of the signs, symptoms and possible causes. *Journal of Applied Sport Science Research* 5(1): 55-60.
170. Stone, M.H., and H.S. O'Bryant. 1987. *Strength training: A scientific approach.* Minneapolis: Burgess.
171. Stone, M.H., K. Pierce, R. Godsen et al. 1987. Heart rate and lactate levels during weight-training in trained and untrained men. *Physician and Sportsmedicine* 15(5): 97-105.
172. Stone, M.H., B. Warren, J. Potteiger, and B. Bonner. 1988. Strength and vertical jump performance following varied recovery periods after high volume squatting. *Conference abstracts,* SEACSM. Presented at the SEACSM annual meeting, January.
173. Stone, M.H., G.D. Wilson, D. Blessing et al. 1983. Cardio-vascular responses to short-term Olympic style weight training in young men. *Canadian Journal of Applied Sport Sciences* 8: 134-139.
174. Sugden, P.H., and E.A. Newsholme. 1975. The effects of ammonium, inorganic phosphate and potassium ions on the activity of phosphofructokinase from muscle and nervous tissues of vertebrates and invertebrates. *Biochemical Journal* 150: 113-122.
175. Tabata, I., K. Irisawa, M. Kouzaki, K. Nishimura, F. Ogita, and M. Miyachi. 1997. Metabolic profile of high intensity intermittent exercise. *Medicine and Science in Sports and Exercise* 29(3): 390-395.
176. Tabata, I., K. Nishimura, M. Kouzaki, Y. Hirai, F. Ogita, M. Miyachi, and K. Yamamoto. 1996. Effects of moderate-intensity endurance and high-intensity intermittent training on anaerobic capacity and VO2 max. *Medicine and Science in Sports and Exercise* 28: 1327-1330.
177. Tanaka, K., Y. Matsuura, S. Kumagai et al. 1983. Relation- ships of anaerobic threshold and onset of blood lactate accumulation with endurance performance. *European Journal of Applied Physiology* 52: 51-56.
178. Terjung, R. 1979. Endocrine response to exercise. In: R.S. Hutton and D.F. Miller (Eds.), *Exercise and sport sciences reviews* (Vol. 7, pp. 153-180). Philadelphia: Franklin Institute Press.
179. Tesch, P. 1980. Muscle fatigue in man, with special reference to lactate accumulation during short intense exercise. *Acta Physiologica Scandinavica* 480: 1-40.
180. Tesch, P.A., B. Colliander, and P. Kaiser. 1986. Muscle metabolism during intense, heavy resistance exercise. *European Journal of Applied Physiology* 55: 362-366.

181. Thorstensson, P. 1976. Muscle strength, fibre types and enzymes in man. *Acta Physiologica Scandinavica* (Suppl.), 443.
182. Thorstensson, P., B. Sjodin, and J. Karlsson. 1975. Actinomyosin ATPase, myokinase, CPK and LDH in human fast and slow twitch muscle fibres. *Acta Physiological Scandinavica* 99: 225-229.
183. Tomlin, D.L., and H.A. Wenger. 2001. The relationship between aerobic fitness and recovery from high intensity intermittent exercise. *Sports Medicine* 31: 1-11.
184. Triplett, N.T., M.H. Stone, C. Adams et al. 1990. Effects of aspartic acid salts on fatigue parameters during weight training exercise and recovery. *Journal of Applied Sport Science Research* 4(4): 141-147.
185. Vandewalle, H., G. Peres, and H. Monod. 1987. Standard anaerobic exercise tests. *Sports Medicine* 4: 268-289.
186. Vihko, V., A. Salmons, and J. Rontumaki. 1978. Oxidative and lysomal capacity in skeletal muscle. *Acta Physiologica Scandinavica* 104: 74-81.
187. Warren, B.J., M.H. Stone, J.T. Kearney et al. 1992. The effects of short-term overwork on performance measures and blood metabolites in elite junior weightlifters. *International Journal of Sports Medicine* 13: 372-376.
188. Welch, H.G., J.A. Faulkner, J.K. Barclay et al. 1970. Ventilatory responses during recovery from muscular work and its relation with O2 debt. *Medicine and Science in Sports* 2(1): 15-19.
189. Welch, H.G., and W.N. Stainsby. 1967. Oxygen debt in contracting dog skeletal muscle in situ. *Respiratory Physiology* 3: 229-242.
190. Wells, J., B. Balke, and D. Van Fossan. 1957. Lactic acid accumulation during work. A suggested standardization of work classification. *Journal of Applied Physiology* 10: 51-55.
191. Weltman, A., and U.L. Katch. 1977. Min-by-min respiratory exchange and oxygen uptake kinetics during steady-state exercise in subjects of high and low max VO2. *Research Quarterly* 47: 490-501.
192. Westerblad, H., D.G. Allen, and J. Lannegren. 2002. Muscle fatigue: Lactic acid or inorganic phosphate the major cause? *News in Physiological Science* 17: 17-21.
193. Whipp, B.J., C. Scard, and K. Wasserman. 1970. O2 deficit-O2 debt relationship and efficiency of aerobic work. *Journal of Applied Physiology* 28: 452-458.
194. Widrick, J.J., D.L. Costill, G.K. McConnell et al. 1992. Time course of glycogen accumulation after eccentric exercise. *Journal of Applied Physiology* 72: 1999-2004.
195. Withers, R.T., W.M. Sherman, D.G. Clark et al. 1991. Muscle metabolism during 30, 60 and 90 s of maximal cycling on an airbraked ergometer. *European Journal of Applied Physiology* 63: 354-362.
196. York, J., L.B. Oscai, and D.G. Penny. 1974. Alterations in skeletal muscle lactate dehydrogenase isozymes following exercise training. *Biochemistry and Biophysics Research Communication* 61: 1387-1393.
197. Yoshida, I. 1984. Effect of dietary modifications on lactate threshold and onset of blood lactate accumulation during incremental exercise. *European Journal of Applied Physiology* 53: 200-205.
198. Young, V.R., and B. Torun. 1981. Physical activity: Impact on protein and amino acid metabolism and implications for nutritional requirements. *Progress in Clinical and Biological Research* 77: 57-83.

# 第五章
# 神經內分泌因素

　　神經內分泌（neuroendocrine）系統除了具有形態發生和正常體內恆定的作用外，還參與了運動引起的體內恆定調節和對訓練的長期適應。體內恆定是身體內部環境的平衡和穩定，提供涉及內部環境中，體內恆定的控制和調節功能機制（例如，心血管、腎臟和代謝系統），需要能夠感知信息、統整反應、並且將反應傳遞給適當組織的系統。神經系統和內分泌系統，都是為了提供體內恆定的控制機制而構成的。這兩個系統共同運作，而神經內分泌系統這一術語也反映了這種相互依賴性[123]。因此，維持體內恆定是神經內分泌系統的主要功能。此外，神經內分泌系統對於各種組織有促進適應的作用，以反應不斷變化的外部環境（例如，訓練）。

　　體內恆定的調節，是經由啟動組織反應和適應所造成的，這是因為內分泌功能和荷爾蒙直接釋放進入循環中，或是由於神經功能和神經傳導物質（neurotransmitter）的釋放所導致。內分泌系統的功能單位是內分泌腺的分泌細胞。內分泌腺是製造、儲存和分泌荷爾蒙的無導管腺體。荷爾蒙是化學傳訊者，釋放量非常少，而且會對特定的目標組織造成影響。荷爾蒙也可以在細胞內生產和作用（自分泌〔autocrine〕功能）；或者可從一個細胞釋放但在另一個細胞中作用，而沒有進入循環（旁分泌〔paracrine〕功能）。神經元會合成、儲存和釋放神經傳導物質，其作用是神經元到神經元，或神經元到作用組織之間的中繼信號（動作電位；見第二章）。有些神經傳導物質也可以如荷爾蒙般作用。因此，內分泌和神經系統所釋放的物質（荷爾蒙和神經傳導物質）具有「神經荷爾蒙」（neurohormonal）的性質和整合功能。

## 神經傳導物質的釋放

　　這個段落包含了簡短描述和一個範例，說明自主神經系統的功能如何在體內恆定控制下，提供相對快速作用的回饋迴路。特別的是，交感神經系統，是諸如心臟器官活動、周邊血管組織和代謝作用的重要調節器。具有荷爾蒙活性的神經傳導物質大多是兒茶酚

胺（catecholamines）。主要的兒茶酚胺是腎上腺素（epinephrine，EPI）和正腎上腺素（norepinephrine，NEPI），其大多數由節後（postganglionic）交感神經纖維所分泌，並且對許多組織都有深切影響。多巴胺（dopamine）是第三種天然兒茶酚胺，主要會在基底核（basal ganglia）中出現。

正腎上腺素是神經元釋放的主要兒茶酚胺（80% NEPI和20% EPI），而EPI是腎上腺髓質（adrenal medulla）釋放的主要兒茶酚胺[106]。在神經兒茶酚胺的合成過程中，胺基酸苯丙胺酸（phenylalanine）經由4個酶催化步驟轉化為NEPI（圖5.1）。另外1個步驟將少量的NEPI轉化為EPI。釋放後，兒茶酚胺可以與數種類型的受器結合，在不同組織中引發各種作用[118]（表5.1）。與內分泌系統的作用相比，交感神經系統釋放兒茶酚胺和隨後的生理作用發生得相當快速。

兒茶酚胺儲存於突觸囊泡中，並經由胞吐作用（exocytosis）釋放[91,106]。突觸傳遞終止於：

- 透過擴散出突觸來稀釋突觸濃度；
- 突觸酶兒茶酚-O-甲基轉移酶（catechol-O-methyl-transferase，COMT）；或
- 再吸收，這是傳遞的主要終止因素。

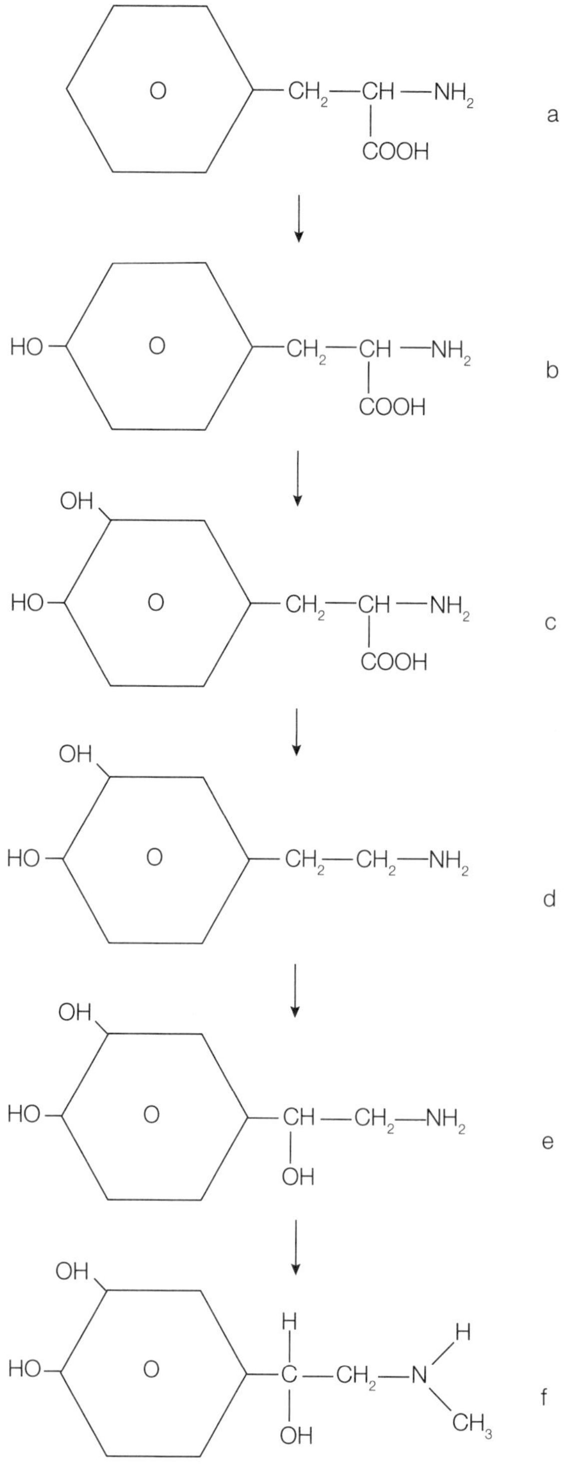

**圖5.1 由苯丙胺酸合成兒茶酚胺。**
（a）苯丙胺酸（phenylalanine）；（b）酪胺酸（tyrosine）；（c）DOPA；（d）多巴胺（dopamine）；（e）正腎上腺素（norepinephrine）；（f）腎上腺素（epinephrine）。

表5.1 兒茶酚胺受器在人體組織中的作用和分布

| 細胞膜受器類型 | 組織 | 反應 | 結合酶 | 介質 |
|---|---|---|---|---|
| Alpha$_1$ | 大部分的血管平滑肌 | 收縮 | 磷脂酶C<br>(Phospholipase C) | Ca$^{++}$/IP3 |
| | 輻射肌，虹膜 | 收縮 | | |
| | 豎毛平滑肌 | 收縮，毛髮直立 | | |
| | 心臟 | 增加收縮力 | | |
| Alpha$_2$ | 突觸後中樞神經<br>(CNS) 腎上腺素受器 | 多種？ | 腺苷酸環化酶<br>(Adenyl cyclase) | cAMP |
| | 腎上腺素和膽鹼末梢 | 神經傳導物質釋放的突觸前抑制；β$_1$和β$_2$受器的一般阻斷作用 | | |
| | 血小板 | 凝集 | | |
| | 某些血管平滑肌 | 收縮 | | |
| | 脂肪細胞 | 抑制脂肪分解 | | |
| Beta$_1$ | 心臟 | 增加收縮力和速率 | 腺苷酸環化酶 | cAMP |
| Beta$_2$ | 呼吸系統、子宮、和血管平滑肌 | 放鬆 | 腺苷酸環化酶 | cAMP |
| | 骨骼肌 | 增加K$^+$吸收 | | |
| | 肝臟、骨骼肌 | 活化肝醣分解 | | |
| | 脂肪細胞、骨骼肌 | 活化脂肪分解* | | |
| | 骨骼肌 | 增加收縮力量 | | |
| | 胰臟 | 增強胰島素釋放 | | |

*可能是Beta3受器。

資料來源：Columns 1 and 2: Adapted, by permission, from B.B. Hoffman, 1992, Adrenoceptor-activating drugs. In *Basic and clinical pharmacology*, 5th ed., edited by B.G. Katzung (Englewood Cliffs, NJ: Appleton & Lange), 114. With permission from The McGraw-Hill Companies.

另外，兒茶酚胺在細胞內和細胞間（各種組織中）的轉換和代謝變化，是由COMT和粒線體單胺氧化酶（mitochondrial monamine oxidase，MAO）所造成的分解所產生[106]。

## 荷爾蒙的釋放

內分泌腺由化學物質（例如，釋放因子或神經傳導物質）所刺激。刺激隨後導致荷爾蒙的分泌，該作用有幾個特點：

- 分泌量很少；即使不是全部，但有許多內分泌腺以脈衝的方式釋放荷爾蒙。
- 荷爾蒙對其分泌腺沒有作用；僅影響目標組織。
- 目標組織可能是獨立或廣布的。
- 荷爾蒙可能會觸發生物化學反應速率的變化，甚至在荷爾蒙回復到基線濃度後仍會持續。

目標組織對荷爾蒙的反應，取決於影響受器—荷爾蒙交互作用和荷爾蒙血液濃度的因素。這些因素如下：

- 血液濃度。血液濃度與荷爾蒙的釋放量、清除率和血漿容積變化有關。清除的作用是代謝去活化和排泄。荷爾蒙去活化會在受器或其附近發生，或更常見的是在肝臟或腎臟中。排泄通常是透過腎臟進行。血漿容積的變化可以改變荷爾蒙濃度，而與分泌或清除率無關。運動所造成的血漿容積變化和血液空間中的水份流失，會導致荷爾蒙濃度大幅增加。不管是什麼機制（分泌、清除、血漿容積），荷爾蒙濃度的變化將會影響受器—荷爾蒙的交互作用。以下3個因素是荷爾蒙釋放的重要特點。
- 游離對結合運輸蛋白。包括類固醇荷爾蒙、胰島素、生長激素和甲狀腺素（thyroxin）在內的幾種荷爾蒙，會與血液中的蛋白結合來運輸。與運輸蛋白結合可以保護荷爾蒙免受水解酶的攻擊，並且可以當作儲存庫。然而，為了使荷爾蒙與其受器產生交互作用，並發揮生物活性，它必須處於游離形式。游離荷爾蒙的量，取決於蛋白對荷爾蒙的結合親和力、蛋白存在的量以及結合能力[80]。結合親和力、能力或結合蛋白濃度的變化，將會改變游離對結合荷爾蒙的比例。此外，某些結合蛋白可能還具有荷爾蒙運輸以外的生物功能[86]。
- 目標組織的健康狀況。不健康的目標組織會改變荷爾蒙的生產和排泄。例如，睪丸腫瘤會導致睪丸對黃體成長激素（luteinizing hormone）的過度反應，造成睪固酮（testosterone）的濃度比正常高出好幾倍。
- 荷爾蒙受器的數量和活性。為了讓荷爾蒙刺激其目標組織，荷爾蒙必須要和受器結合。儘管在荷爾蒙家族中會發生一些交叉反應，但是荷爾蒙—受器的交互作用是特定的，並且以鎖鑰（lock-and-key）的方式來作用。受器是嵌入細胞膜中或是與細胞核膜結合的大型蛋白。有些受器含有異位（allosteric）結合位置，可以和荷爾蒙輔助因子交互作用，改變受器親和力，從而改變細胞反應[86]。受器有可能直接傳遞信號至細胞核，或者刺激膜連（membrane-bound）調節蛋白，導致酶活化的級聯效應（見第四章〈生物能量學和代謝因素〉）。受器對荷爾蒙的親和力，可能會隨

著荷爾蒙濃度長期的變化而改變。受器的減敏作用（減少受器和組織的反應）是因為受器曝露在荷爾蒙所引起的。例如，達到峰值水準後（例如，增加細胞的環單磷酸腺苷〔cAMP〕濃度，$Na^+$流量），在經過數秒或數分鐘後會逐漸減少反應[18]。在移除荷爾蒙幾分鐘後，減敏作用是可逆的。受器在長期飽和下將導致向下調節，也就是受器的數量減少。然而，長期暴露在低濃度荷爾蒙下會導致向上調節，或受器的數量增加。向上或向下調節會明顯改變組織對荷爾蒙刺激的反應性。

## 荷爾蒙作用的機制

荷爾蒙可以經由至少3種不同的機制，來刺激目標組織並且改變細胞活性[18]。我們目前對這些機制的了解，包含膜運輸的改變和第二傳訊者（second messenger）的形成。

膜運輸會改變，是因為某些荷爾蒙，例如胰島素，會經由活化細胞膜內或附近的載體分子而影響目標組織[9,123]。這些載體分子的活化，可以增加各種物質進出細胞的移動。

第二傳訊者的形成，是將荷爾蒙信號（荷爾蒙—受器交互作用）傳遞到細胞中的機制。這是由於肽（peptide）和多肽（polypeptide）荷爾蒙為非脂溶性，不能輕易穿越細胞膜的緣故。這些荷爾蒙與嵌入細胞膜中的內在和外在蛋白受器結合，最後導致第二傳訊者的形成。第二傳訊者的形成是由於荷爾蒙信號而間接產生的，導致一系列膜連蛋白的構型變化[18,40]。

荷爾蒙→受器→調節蛋白（G蛋白）→作用單元（effector element）

作用單元（酶或鈣離子通道）的活化產生了第二傳訊者，並導致級聯效應。嵌入細胞膜中的G蛋白包括了α、β和γ子單元，是對產生第二傳訊者來說十分重要的調節蛋白，可以調節酶或鈣離子通道的活性。根據目前的知識，可以被活化的第二傳訊者系統主要有2個：cAMP和$Ca^{++}$／$IP_3$（圖5.2，a和b）。腺苷酸環化酶的G蛋白活化，導致cAMP的形成；在$Ca^{++}$／$IP_3$系統中，G蛋白同時活化三磷酸肌醇（inositol triphosphate，$IP_3$）的形成和打開$Ca^{++}$通道。cAMP和$Ca^{++}$／$IP_3$系統在某些細胞中是互補的，但在其它組織中卻具有相反作用[18]。例如，肝臟肝醣分解是互補的，但是在平滑肌的收縮和放鬆，則需要不同的第二傳訊者。第二傳訊者的第三種類型，環單磷酸鳥苷（cyclic guanosine monophosphate，cGMP），只存在於少數組織中[18]。

第二傳訊者的形成和隨後的事件級聯，涉及一系列可逆的磷酸化步驟[18]。磷酸化是一個重要的調節事件，由受器開始，然後轉移到蛋白激酶的後續活化，最後到級聯效應中

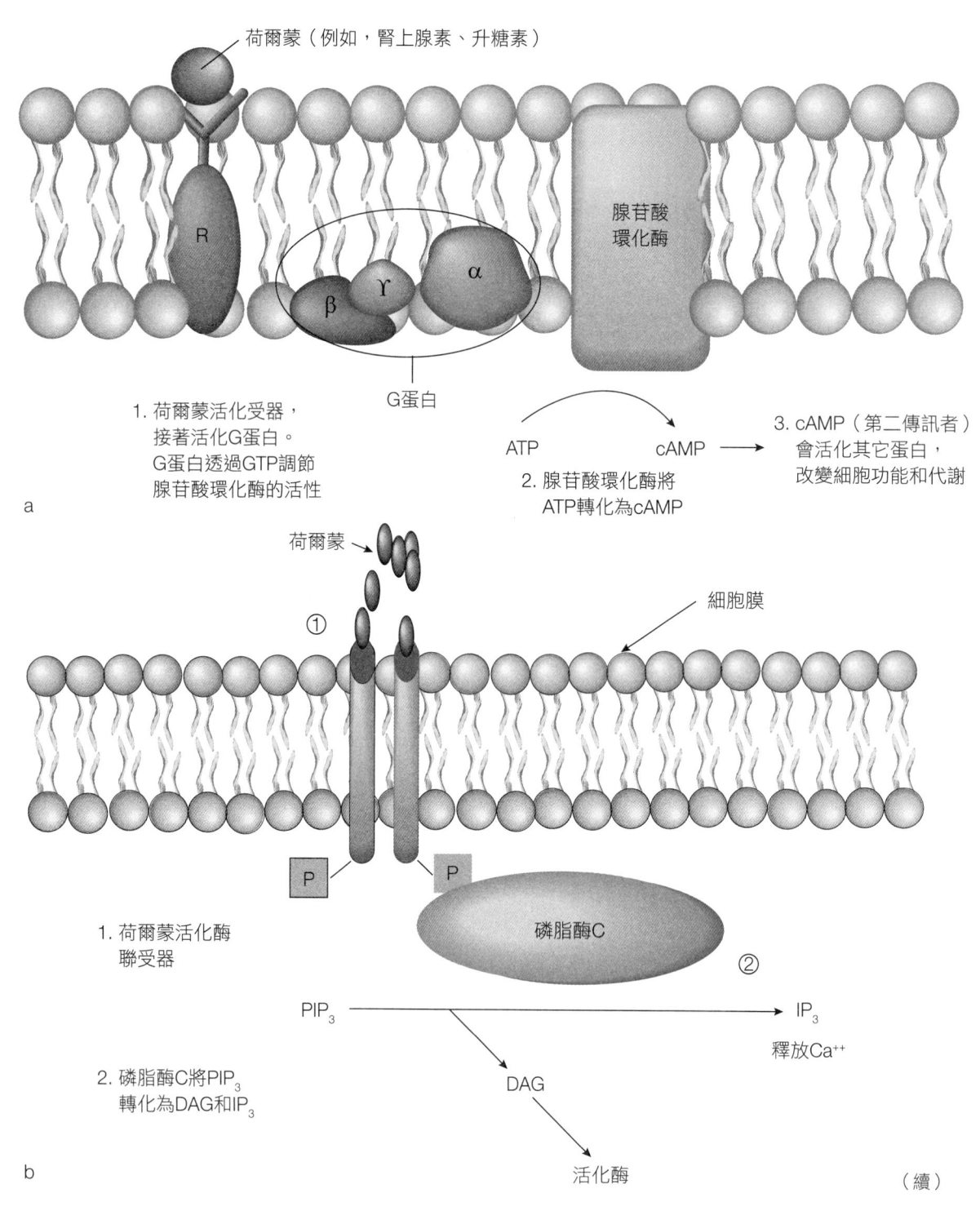

## 圖 5.2

(a) cAMP 第二傳訊者系統（見第四章〈生物能量學和代謝因素〉）。(b) $IP_3$／Ca 第二傳訊者系統。DAG＝二酸甘油酯（diacylglycerol）；$PIP_3$＝磷脂酸肌醇 4，5 雙磷酸（phosphatidylinositol 4，5 bisphosphate）；$IP_3$＝三磷酸肌醇。(c) 類固醇荷爾蒙的作用機制。

類固醇荷爾蒙

受器

細胞核

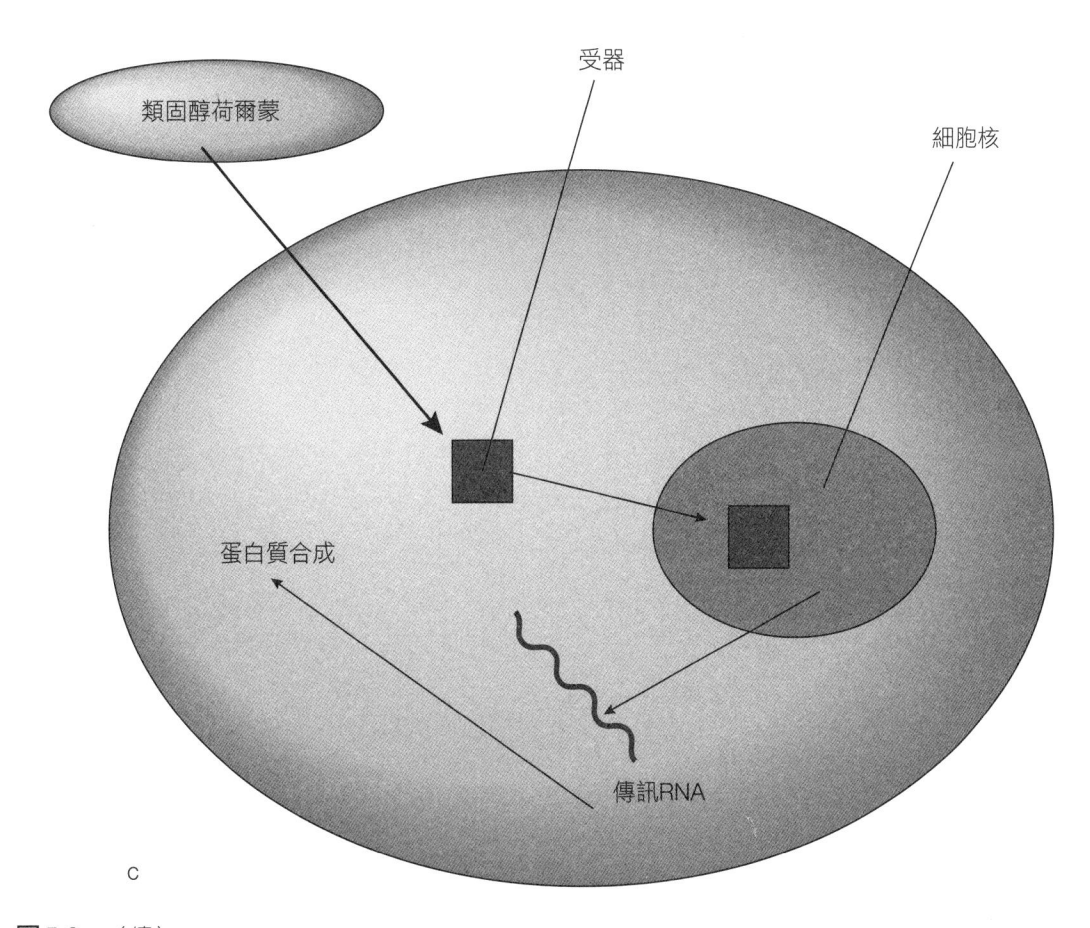

蛋白質合成

傳訊RNA

c

**圖5.2c** （續）

激酶作用的受質。磷酸化導致共價鍵的形成，並產生2個重要功能，即放大和彈性調節。放大需要將磷酸基團附著到特定的胺基酸殘基上；這種附著會建立被活化途徑的分子記憶。磷酸基團的分離會抹除記憶。然而，由於共價鍵的解離和磷酸基團的去除需要更多的時間，因此即使在完全去除荷爾蒙和異位配位體後，分子記憶仍然會持續。彈性調節提供了一種機制，讓第二傳訊者系統可以在不同細胞中產生不同效果。這是由於特定細胞中存在或不存在特定激酶或受質所導致。

有幾種荷爾蒙是脂溶性的，使它們能夠穿越細胞膜，且和細胞質或細胞核的受器交互作用（圖5.2c）。這些「基因活化」荷爾蒙包括類固醇、維生素D和甲狀腺素。這些荷爾蒙的受器位於細胞質中，在結合成荷爾蒙—受器複合物後，進入細胞核；雌激素和甲狀腺素是例外，已經有受器位於細胞核內。荷爾蒙—受器的交互作用產生了蛋白質—荷爾蒙複合物（活化的受器），能夠與稱為**增強子**（enhancers）的特定DNA序列結合。增強子DNA的結合和活化，導致特定基因的轉錄（基因去抑制），最終合成特定的酶，然後該酶

引發了對荷爾蒙信號特有的細胞反應。

不同於具有相對快速反應的第二傳訊者系統，基因活化荷爾蒙引起的蛋白質合成，需要0.5小時或更長的時間才能產生效果[18,123]。此外，在荷爾蒙回復到基線血液濃度後，荷爾蒙的作用仍可以持續數個小時甚至數天。持久作用可能有兩個原因：受器對荷爾蒙具有很高的親和力，產生緩慢的解離，以及酶合成的轉換相對較慢。

## 荷爾蒙的作用與調節

荷爾蒙具有許多不同的生物功能（表5.2）。本段落介紹對肌肉生理、功能和表現有顯著影響的內分泌腺和荷爾蒙。

### 兒茶酚胺（擬交感神經胺）

腎上腺髓質分泌的兒茶酚胺是快速反應的荷爾蒙，參與各種中樞和周邊作用的體內恆定調節，包括心血管反應、支氣管呼吸道張力、心理動作活動、碳水化合物和脂肪酸的代謝以及食慾[165,162]。交感神經系統的刺激主要是由NEPI所媒介的；壓力反應可以同時活化腎上腺髓質，導致循環中的NEPI和EPI都增加[165]。腎上腺髓質生產約20%的NEPI和80%的EPI。儘管NEPI和EPI在某些部位的作用有些相似，但可能還是有數量和性質上的差異，這取決於腎上腺素受器活化的類型（表5.1），或α對β活化的比例[83,123,165]。例如，和NEPI相比，EPI對α受器有同等或更大的作用，對$β_1$受器有同等的作用，對$β_2$受器有更大的作用[165,123]。在此我們討論EPI和NEPI的主要作用。

兒茶酚胺是強力的心臟刺激劑，由在竇房（sinoatrial，SA）結和傳導組織上的$β_1$受器媒介，作用為增加收縮力和速率[165]，透過增加在舒張期SA結的緩慢去極化來加快心跳速率[165]。內源釋放的兒茶酚胺，尤其是EPI，在敏感的心臟會導致心室額外收縮（心室早期收縮〔premature ventricular contractions，PVCs〕）、心搏過速和心律顫動[32,165]。血壓（blood pressure，BP）升高是兒茶酚胺引起心律不整的心肌敏感因素；因此，同時使得兒茶酚胺和BP升高的因素，例如運動，可能在敏感的族群中引發心律不整[10,165]。腎上腺素也會造成T波振幅減少，且大劑量會導致心電圖（electrocardiogram，EKG）上的S-T段下降[165]。

兒茶酚胺部分媒介了血管升壓的反應；確切結果取決於在各種血管床中，受刺激的α對β受器的比例[132,165]。所以，兒茶酚胺（與其它整合系統）對壓力的反應，包括運動，在提高BP和心跳速率，以及調節適當的血流和血液再分布反應中十分重要[127,163]。訓練或過度訓練導致的兒茶酚胺血清濃度或受器敏感度的變化，可能會造成異常BP反應或血液分布的問題。

### 表5.2　內分泌腺、荷爾蒙、和主要功能

| 內分泌腺 | 荷爾蒙 | 目標組織 | 功能 |
| --- | --- | --- | --- |
| 腦下垂體前葉（Pituitary anterior） | 生長激素（hGH） | 廣布的 | 促進所有組織的生長和發育；促進蛋白質合成和正氮平衡；活化游離脂肪酸；間接減少使用碳水化合物做為燃料 |
| | 黃體成長激素（LH） | 性腺 | 促進雌二醇（estradiol）分泌；促進排卵；促進睪固酮分泌 |
| | 濾泡刺激素（Follicle-stimulating hormone，FSH） | | 促進濾泡生長和雌二醇分泌；促進睪丸生殖上皮的生長和維持；促進精子生產 |
| | 泌乳素（Prolactin） | 乳房 | 乳房發育和乳汁分泌 |
| | 促腎上腺皮質素（Adrenocorticotropic hormone，ATCH） | 腎上腺皮質 | 控制皮質醇的分泌 |
| | 促甲狀腺激素（Thyroid-stimulating hormone，TSH） | 甲狀腺 | 控制$T_3$和$T_4$的分泌 |
| 腦下垂體後葉（Pituitary posterior） | 抗利尿激素（Antidiuretic hormone，ADH） | 腎臟 | 協助控制體內水份；引起血管收縮 |
| 腎臟 | 腎素（Renin） | 腎上腺皮質 | 協助控制血壓 |
| | 紅血球生成素（Erythropoietin） | 骨髓 | 紅血球生產 |
| 腎上腺髓質（Adrenal gland medulla） | 腎上腺素（80%）（EPI） | 廣布的 | 活化肝醣和FFA的釋放；增加骨骼肌血流；增加心肌收縮力和速率的作用；增加$\dot{V}O_2$ |
| | 正腎上腺素（20%）（NEPI） | 廣布的 | 類似EPI；血管收縮 |
| 腎上腺皮質（Adrenal gland cortex） | 礦物皮質素（Mineralocorticoids）（醛固酮〔aldosterone〕） | 腎臟 | 增加$Na^+$保留和$K^+$排泄 |
| | 糖皮質素（Glucocorticoids）（皮質醇〔cortisol〕） | 廣布的 | 燃料基質的代謝；抗發炎作用 |
| | 雌激素（Estrogens），雄性素（androgens） | 第一和第二性徵組織，肌肉 | 協助男女性徵的發展；增加肌肉質量 |
| 胰臟 | 胰島素（Insulin）（胰島，β細胞） | 廣布的 | 增加基質進入細胞 |
| | 升糖素（Glucagon）（胰島，α細胞） | 廣布的 | 增加血糖、脂肪活化、蛋白質分解代謝、糖質新生 |
| | 體抑素（Somatostatin）（胰島，D細胞） | 胰島、腸胃道 | 抑制胰島素和升糖素的分泌 |
| 副甲狀腺（Parathyroid） | 副甲狀腺素（Parathormone） | 骨骼、血液 | 增加血漿中的鈣 |
| 甲狀腺（Thyroid） | 三碘甲狀腺素（Triiothyronine，$T_3$） | 廣布的 | 增加代謝速率；活化燃料；心肌收縮力和速率 |
| 性腺，睪丸 | 睪固酮（間質細胞） | 性器官、結締組織、肌肉 | 蛋白質合成；第一和第二性徵；促進精子生產；促進肌肉和結締組織生長 |
| 甲狀腺，性腺，卵巢 | 雌激素 | 性器官、脂肪組織 | 第一和第二性徵；增加脂肪儲存；調節月經週期 |

資料來源：based on Lefkowitz and Caron 1988; Hoffman 1992; Powers and Howley 1997.

兒茶酚胺對新陳代謝有深切影響，尤其是影響碳水化合物氧化和脂肪酸代謝的速率。胰島素分泌會受到α受器刺激的抑制[122,69,165]。肝醣分解和糖質新生經由$β_2$受器的刺激，並且由cAMP所媒介[122,132,165]。然而，Clark及同事[25]提出的證據顯示，肝臟肝醣分解是由$α_1$受器所媒介的，會引起細胞質〔$Ca^{++}$〕的增加，活化磷酸化酶激酶（活化磷酸化酶）。此外，兒茶酚胺可能經由α和β受器的刺激來活化磷酸果糖激酶（PFK）[25]。

透過$β_2$刺激的cAMP活化和隨後的荷爾蒙敏感性脂肪酶活化，會使兒茶酚胺增加血液中的游離脂肪酸濃度。有氧運動時，以及也許在阻力運動後，它（與生長激素）是對作功肌肉提供脂肪酸基質的重要機制。

兒茶酚胺輸注也會增加血漿的膽固醇和低密度脂蛋白膽固醇（low-density lipoprotein cholesterol，LDL-C）[165]，表示長期升高的兒茶酚胺濃度可能會影響動脈粥樣硬化事件。訓練可以改變包括兒茶酚胺在內的荷爾蒙反應和長期升高，減少可能的負面影響。

兒茶酚胺會透過$β_2$腎上腺素機制來調節CNS的能量代謝，而且NEPI可能負責CNS特定區域的刺激，例如運動皮質，以活化運動時的加速能量需求[21,129]。

運動對於兒茶酚胺的影響是顯而易見的。即使相對強度低於50% $\dot{V}O_2max$，NEPI也會增加[13,63]。輕度運動時，除非伴隨情緒壓力，否則血清EPI不會明顯增加[132]。但是，在較重度的運動中（>60% $\dot{V}O_2max$），EPI會急劇增加[13,63]；而在無氧運動中，NEPI和EPI的增加都可多達15倍[82,108]。一些研究指出，NEPI和EPI對運動表現出不同反應，顯示出交感神經系統和腎上腺髓質的部分區隔[108]。儘管兒茶酚胺對運動的反應，可能與絕對強度較有關連，而非相對強度，但適當的訓練可能可以在特定的運動強度下，降低運動血清兒茶酚胺的濃度，從而可能減少較高兒茶酚胺濃度所引起的任何生理後果[108,123,156]。

運動時，兒茶酚胺升高會幫助心血管調節，而且負責部分肝醣分解以提供葡萄糖做為新陳代謝速率增加的燃料，因此肝醣濃度會降低。然而，兒茶酚胺（也許還有其它荷爾蒙）的作用不僅限於作功的肌肉。Bonen[14]已經指出，在未運動的肌肉中肝醣濃度降低，顯示這是兒茶酚胺媒介的作用。長期消耗肝醣儲存可能與過度訓練有關（見第十三章〈週期化的概念〉）。

## 皮質醇

皮質醇是由腎上腺皮質的網狀帶（zona reticularis）和束狀帶（zona fasciculata）所分泌的類固醇荷爾蒙。其生產和分泌受到促腎上腺皮質素（ACTH）的刺激，由腦下垂體前葉所釋放，且受到下視丘—腦下垂體（hypothalamic-pituitary）回饋機制來調節[77]。皮質醇是主要的壓力荷爾蒙，涉及燃料基質的活化、糖質新生和免疫系統的抑制，而且通常具有分解代謝的作用[114]。這些作用是由基因去抑制和RNA合成所媒介[133]。在此討論皮質

醇的主要功能。

皮質醇會抑制主要的免疫反應，包括抑制干擾素（interferon）、淋巴激素（lymphokine）和介白素（interleukins）1和2的合成，以及降低自然殺手細胞（natural killer cells）的活性[114]。皮質醇也具有抗發炎的特性，包括抑制組織胺的產生。免疫系統抑制可以防止「過衝現象」（overshoot），以及因壓力所產生的損傷[114]。長時間壓力會長期升高血漿皮質醇，這可能和免疫疾病、癌症或兩者的出現有關[135]。

- 皮質醇經由活化脂肪和蛋白質來刺激糖質新生[132]。此外，皮質醇可以減少肌肉的葡萄糖吸收速率，並且隨著脂肪分解脂肪酶的合成，而增加脂肪細胞的脂肪分解[132]。
- 皮質醇是一種分解代謝荷爾蒙，其作用可能會導致大量肌肉消耗，以及減少骨骼基質和增加鈣質流失[85,86,132]。皮質醇還具有抗合成代謝作用，以及拮抗睪固酮的產生[30,85,86,169]。
- 皮質醇可能也會促使EPI釋放（是為cAMP的活化劑）。此外，皮質醇可以經由增加鈉保留和伴隨的鉀排泄來影響體液平衡[132]。
- 皮質醇濃度的變化可能會對行為有重要的影響。例如，艾迪森氏病（Addison's disease）（皮質醇降低）會產生冷漠、憂鬱和易怒；然而，庫欣氏病（Cushing's disease）（皮質醇升高）會產生欣快感、失眠和躁動[64]。這些行為的影響可能是因為受器媒介的反應，或是大腦電解質平衡的改變[64]。可以經由觀察切除腎上腺的動物來確認皮質醇的重要性。這些動物對於任何形式的壓力，尤其是運動，都無法做出很好的反應，且作功能力會減低。如果沒有補充外源皮質醇，牠們會更快生病，且通常無法過完正常壽命[64,132]。

除非是長時間運動（＞45分鐘）[13,49,152]，不然有氧運動（＜60% $\dot{V}O_2max$）的血清皮質醇濃度通常不會出現變化或略為降低[19]。長時間低強度運動時皮質醇會升高，部分原因可能是血糖濃度降低[152]。高於60% $\dot{V}O_2max$的有氧運動和無氧運動可以使皮質醇濃度顯著增加[82]。高訓練量的阻力訓練運動會導致皮質醇顯著增加[85,86]，尤其是大肌肉質量的運動[108,121]。皮質醇濃度可能會持續升高至運動後一個小時多[108,151]，下午的反應有時會更大[55]。與兒茶酚胺相同，情緒狀態可能會改變皮質醇的反應[105]。身體運動前的嚴重焦慮[150]或心理壓力[70]可能會提升血漿ATCH或皮質醇，或兩者的濃度，達到和庫欣氏病一樣高的水準，表示可達到腎上腺皮質系統最大刺激。

動物在身體訓練前幾週的適應，會造成腎上腺增大和血清皮質醇濃度升高[132]；隨著繼續訓練，濃度可以回復到正常或略低於正常，顯示出對壓力的適應[132,156]。人類在有

氧運動[78,132,156]和阻力訓練[108,121,144]中，都會出現相同的適應反應。動物進行劇烈（高訓練量或強度）訓練會導致腎上腺衰竭[161]，並且可能與人類過度訓練產生的某些現象有關（見第十三章〈週期化的概念〉）。如同訓練中荷爾蒙會發生的許多變化，靜止濃度與運動反應似乎和訓練量與強度的變化有關[43,141]。

## 睪固酮

睪固酮是主要的雄性素—合成代謝荷爾蒙，是稱為雄性素的類固醇荷爾蒙家族成員之一；主要是由睪丸中的萊氏（Leydig，間質〔interstitial〕）細胞所生產和分泌，不過有少量是由腎上腺皮質和卵巢產生[139]。睪固酮的作用機制是透過基因去抑制[38,102]。在男性身上，睪固酮的生產主要是經由腦下垂體前葉分泌的促性腺激素（gonadotropin）黃體成長激素（LH）所媒介。黃體成長激素則是經由cAMP刺激睪固酮生產[33]。有些產出後位於睪丸內和周邊的睪固酮，被轉化為二氫睪固酮（dihydrotestosterone，DHT）、雌酮（estrone）和雌二醇（E2）。這些睪丸的代謝產物在下視丘—腦下垂體負回饋中也具有活性，以調節LH和濾泡刺激素（FSH）的釋放（圖5.3a）。女性的負反饋系統和男性相似（圖5.3b）。睪丸的神經刺激也有助於雄性素釋放[126]。在性相關的組織中，DHT比睪固酮更具生物活性[20,139]。睪固酮的主要功能如下：

- 睪固酮主要負責男性第一和第二性徵的發展（雄性素），並且具有深切的蛋白質合成代謝特性，幾乎影響每個組織和器官系統，包括中樞和周邊神經系統[8,87,128,139]。雄性素，尤其是睪固酮，可能經由結合或是引起糖皮質素細胞質受器的變化，來抑制皮質醇的分解代謝作用，並且增強合成代謝作用[111]。
- 與I型肌纖維相比，睪固酮可能會在II型肌纖維中促進更大的肝醣分解作用，且經由刺激肝醣合成酶的產生來促進肝醣合成[1,7,87]。
- 睪固酮及其衍生物也與包括攻擊性在內的各種行為現象有關[139]。
- 睪固酮和肌肉的橫截面積、力量產生的大小和速率以及爆發力的產生有關[17,56,148]。隨著老化造成的睪固酮下降，可能與神經肌肉表現能力的下降有關，女性尤其明顯[56]。

儘管長時間輕度運動可能會造成血清睪固酮濃度的降低[28]或增加[49]，但輕度有氧運動（＜60% $\dot{V}O_2max$）對其影響很小[168]。長時間低強度運動造成的睪固酮降低，可能是因為生產的減少、皮質醇的拮抗作用或性類固醇荷爾蒙結合球蛋白（sex steroid hormone-binding globulin，SHBG）的降低、或是睪固酮對SHBG的比例降低，這可能會對水解酶暴露出更多的游離睪固酮[92]。

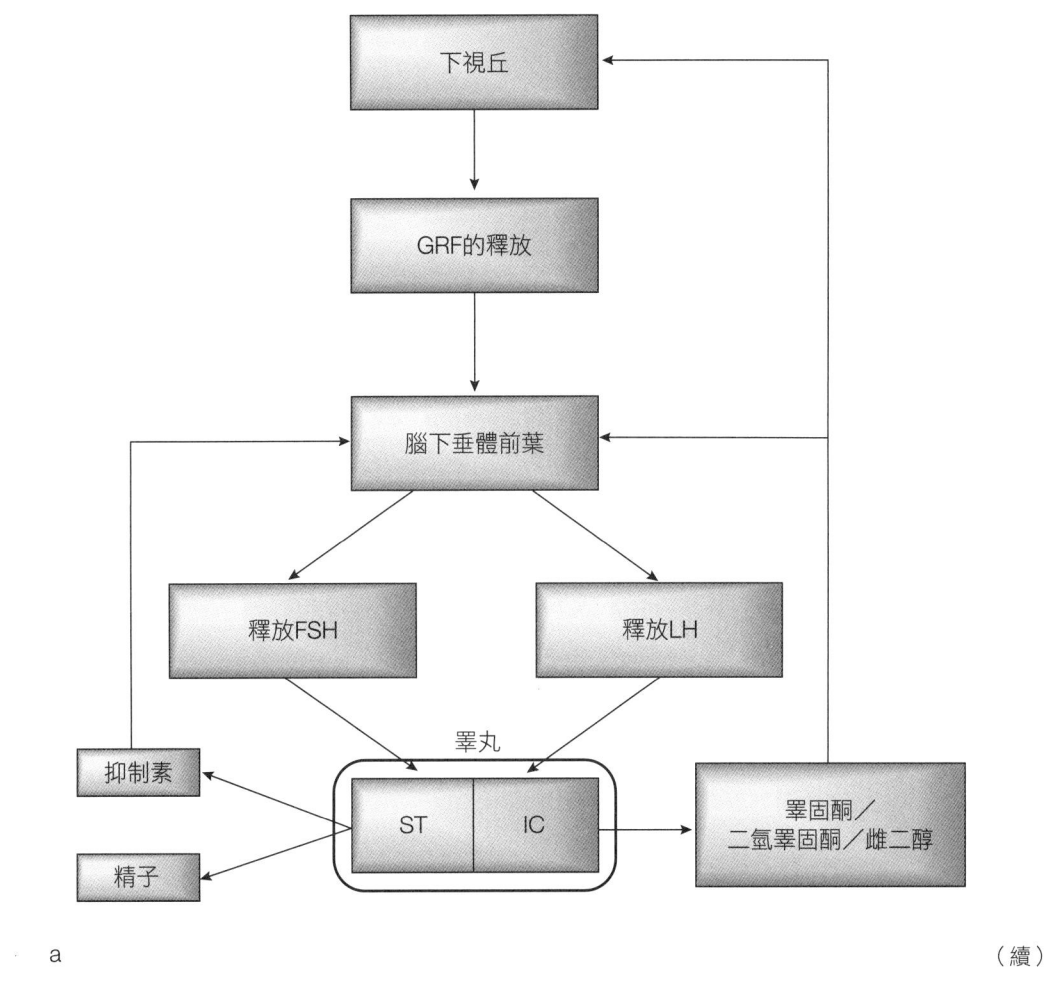

```
                    ┌─────────┐
                    │  下視丘  │◄──────────────┐
                    └────┬────┘                │
                         ▼                     │
                    ┌─────────┐                │
                    │ GRF的釋放 │                │
                    └────┬────┘                │
                         ▼                     │
              ┌─────►┌─────────┐◄──────────────┤
              │      │腦下垂體前葉│               │
              │      └──┬───┬──┘                │
              │         ▼   ▼                   │
              │    ┌──────┐ ┌──────┐            │
              │    │釋放FSH│ │釋放LH │            │
              │    └───┬──┘ └──┬───┘            │
              │        │       │                │
              │        ▼    睪丸 ▼               │
   ┌─────┐    │     ┌────────────┐    ┌──────────┐
   │抑制素│◄───┴─────│  ST  │  IC │───►│ 睪固酮／  │
   └─────┘          └────────────┘    │二氫睪固酮／│
   ┌─────┐             ▲              │ 雌二醇    │
   │ 精子 │◄────────────┘              └──────────┘
   └─────┘
```

a                                                      (續)

**圖5.3**

（a）男性生殖荷爾蒙的回饋系統。GRF＝促性腺激素釋放因子（gonadotropin releasing factor）；FSH＝濾泡刺激素；LH＝黃體成長激素；ST＝細精管（seminiferous tubules）；IC＝間質細胞。（b）女性生殖荷爾蒙的回饋系統。CL＝黃體（corpus luteum）；F＝濾泡（follicle）；G＝轉化成為CL前的顆粒（granulosa）。

資料來源：Based on S.K. Powers and E.T. Howley, 1997, *Exercise physiology*, 3rd ed. (Dubuque, IA: Brown and Benchmark), 76.

　　有氧運動[75,168]和無氧運動[73,82,89,88,109,130,166]通常都可以使睪固酮增加，大致上與相對強度、運動量和運動肌肉質量大小成比例。運動引起睪固酮增加的主要機制尚不清楚，但可能是因為兒茶酚胺刺激睪丸中的$\beta_2$受器[34,74,75]而不是經由增強腦下垂體的LH分泌[49,74]，或是因為內臟血流減少而導致的清除率降低[154,27]，或兩者都有。然而，隨著耐力運動持續時間的增加，睪固酮的濃度傾向於降低[49]，有時水準會低於基線靜止濃度[82]。

　　訓練研究在測量靜止時血清或血漿睪固酮濃度時，產生了矛盾的結果。在動物研究

```
                    ┌──────────┐
                    │  下視丘   │←─────────────┐
                    └────┬─────┘              │
                         ↓                    │
                    ┌──────────┐              │
                    │ GRF的釋放 │              │
                    └────┬─────┘              │
                         ↓                    │
              ┌─→ ┌──────────────┐ ←──────────┤
              │   │  腦下垂體前葉  │           │
              │   └──┬────────┬──┘           │
              │      ↓        ↓              │
              │  ┌───────┐ ┌───────┐         │
              │  │釋放FSH│ │釋放LH │         │
              │  └───┬───┘ └───┬───┘         │
              │      │   卵巢   │             │
              │      ↓         ↓             │
           ┌──┴──┐ ╭─────────────╮  ┌──────────────┐
           │抑制素│ │ F+G │  CL  │→│黃體酮（黃體層）/│
           └─────┘ ╰─────────────╯  │ 雌激素（鞘膜層）│
                                    │ ——一些雄性素  │
                                    └──────────────┘
```

b

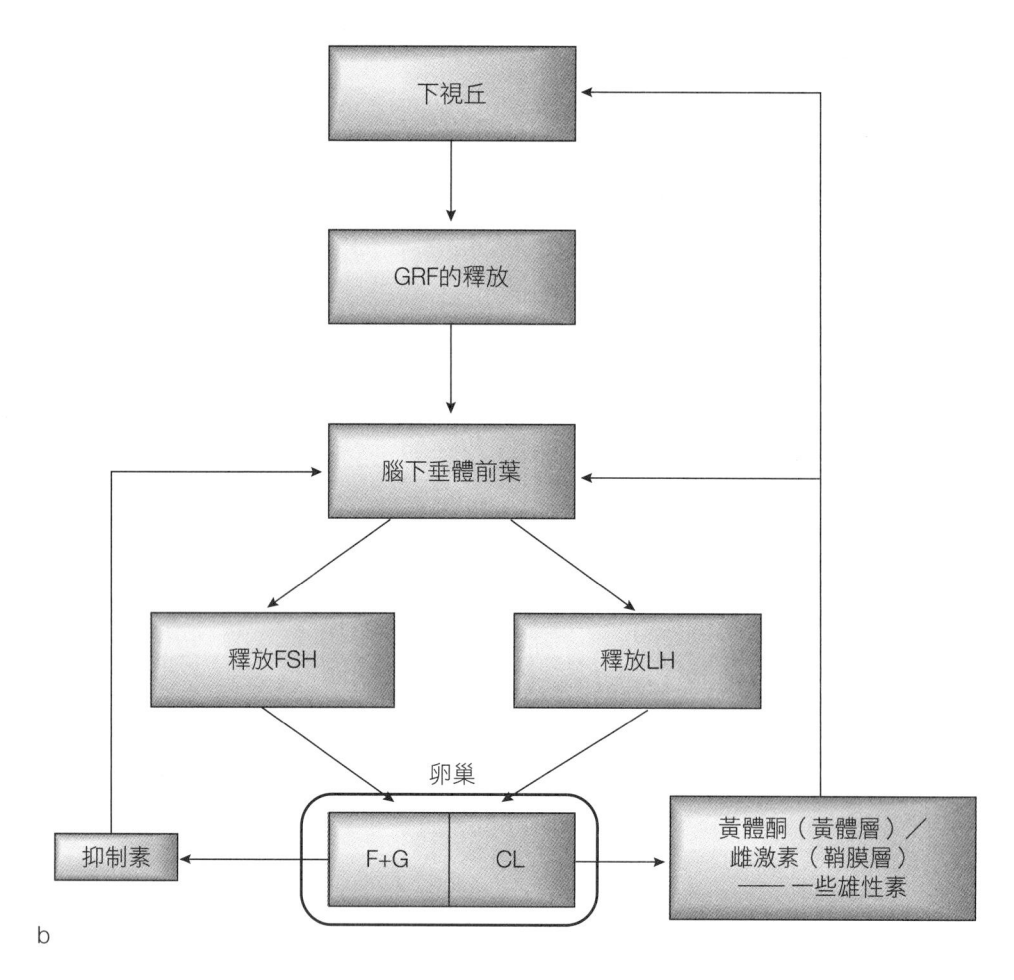

**圖5.3** （續）

資料來源：Based on S.K. Powers and E.T. Howley, 1997, *Exercise physiology*, 3rd ed. (Dubuque, IA: Brown and Benchmark), 76.

中，長時間的耐力訓練會造成血清睪固酮降低[31,52]；在人類研究中，有氧訓練造成了靜止睪固酮濃度無變化[36]以及降低[41,179]和增加[179]的結果。阻力訓練也造成多種不同影響：例如，在靜態生活和經過中等訓練的年輕男性[119,149]和中年男性[116]身上是無變化或降低；男童[157]、年輕男性[136]、中年靜態生活男性[76]、和年輕女性[104]靜止睪固酮濃度增加。

然而，在訓練狀況良好的舉重運動員中，短期（1至4星期）非常高訓練量（增加訓練量負荷）的阻力訓練計劃，會降低靜止睪固酮的濃度[24,58,59]。儘管可以觀察到因為訓練量變化而造成的擾動，舉重運動員的長期訓練幾乎不會對靜止睪固酮造成影響[58]。但是，降低舉重運動員的訓練量（例如，逐漸減量）會使靜止睪固酮的濃度增加[24]。在較年輕的舉重運動員（14至20歲）中，短期和長期的舉重訓練都會導致靜止睪固酮濃度增

加，和增加睪固酮對運動的反應[45,88,144]。

正如Fry和Kraemer[43]所指出，長期訓練中的荷爾蒙濃度變化是非常不明顯的。儘管靜止總睪固酮只發生微小的變化，但相關參數則有明顯改變，包括增加游離睪固酮、游離睪固酮：皮質醇、和總睪固酮：皮質醇[59,45,57,58,60,144]。此外，也可以觀察到總荷爾蒙轉換的增加和受器活性的改變[6]。訓練計劃之間的適應差異，可能是由於受試者的訓練狀態、年齡、一般健康狀況和體適能水準的差異所導致[88,179]。也可能是由於運動的類型和強度（重量訓練〔無氧〕VS.慢跑〔有氧〕[12,76,142]）或參與的肌肉質量大小[85,88]。大幅或突然增加訓練量，和靜止睪固酮濃度以及其它相關參數之間，似乎存在負相關。

阻力訓練後可能獲得的肌肉質量和肌力，也可能和睪固酮及相關因素有關，例如睪固酮對皮質醇的比例（T：C）[54,136]，尤其是女性[54,62,61]。

T：C與一般合成代謝或分解代謝的狀態[4]和除脂體重（LBM），以及測量最大肌力—爆發力的表現有關[57,84]。這些關係可能部分解釋和表示了在長時間肌力訓練下，雄性素合成代謝活性（睪固酮）和分解代謝活性（皮質醇）之間平衡的重要性[5,145]。

運動對於T：C幾乎沒有影響，基線和靜止值與運動後的值相似[45,144]。高壓（高訓練量）的重量訓練已經顯示會導致睪固酮以及T：C和T：SHBG比例減少，同時增加LH[57]。在「正常」或減量訓練期間，皮質醇和LH的濃度降低。因此高壓訓練會導致肌力表現下降。

長期肌力訓練可能會或不會增加T：C的靜止和運動反應值[43,45,144]。但是，伴隨著訓練計劃的T：C變化（有時不明顯）和相關比例，與肌力表現有著顯著的相關性[6,24,46,58,55,84]。與其它內分泌參數一樣，訓練量和強度似乎對於這些比例的改變，以及其與表現的關係有很大的影響。例如，圖5.4（未發布的數據）顯示美國國家級舉重運動員在12週間的T：C比例；注意T：C的改變傾向於與訓練量（訓練量負荷）的變化呈反向相關。結果，這些比例（T：C和T：SHBG）可能是訓練壓力和總壓力的敏感指標。因此，個人的T：C或T：SHBG變化，可能是過度勞累或過度訓練狀態的指標[5,58]。另外，T：C可能是和身體表現有關的「準備狀態」指標。例如，與T：C低時相比，如果T：C高，則運動員具有更佳的表現潛力。訓練逐漸減量可能會使T：C增加，有時會超過基線（即，超補償效應），因而有可能增強準備狀態（圖5.4）。

## 雌激素

**雌激素**是類固醇荷爾蒙的家族成員之一，主要是在卵巢中生產和分泌（圖5.3b），不過一些其它的組織，包括胎盤、腎上腺皮質、肝臟、脂肪和骨骼肌也可以形成雌激素。睪丸也會生產少量雌激素[115,23]。其作用機制是透過基因去抑制。雌激素的形成，是透過雄

固烯二酮（androstenedione）或睪固酮的A環芳化作用（aromatization），由**芳香酶**（aromatase）催化的反應。主要的雌激素是雌酮、雌三醇（estriol）、和$E_2$，後者具有最大的效價。

月經週期期間，卵巢雌激素的生產，受到腦下垂體週期性LH和FSH的生產所調節。在濾泡期（第1至13天），LH刺激濾泡產生雄性素；在排卵期（第14天），FSH大幅增加，隨後影響在黃體期時（第15至28天）由黃體將雄性素轉化為雌激素。因此，月經週期的特徵就是，在平均28天內分為2個時期，和雌激素濃度有2個高峰（圖5.5）。因為雌激素和其它荷爾蒙的週期性波動，以及正常的個體差異，很難在任何時間點確認女性的雌激素狀態[23]。雌激素刺激女性的第一和第二特徵，以及脂肪的堆積，並且具有顯著的代謝影響[5]。在此我們探討的是雌激素的主要作用[23,115,123]。

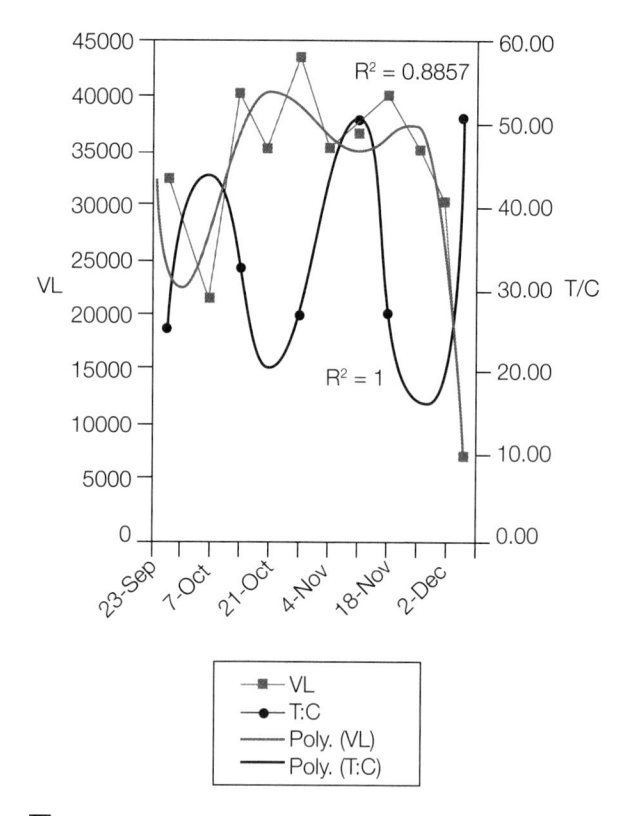

**圖5.4**

4位男性舉重運動員在12週間，睪固酮對皮質醇比例（T：C）和訓練量負荷（VL）的關係。通常，訓練量和T：C呈反向相關。在逐漸減量後，T：C高於基線值，可能表示超補償作用。

- 雌激素負責青春期女童的雌性化作用，包括直接刺激第一和第二性組織的生長和發育。
- 雌激素造成鹽、水、和氮的保留，因此具有弱蛋白質合成代謝特性。雌激素也會促進骨骼礦物質結合，並且增加骨骼強度。
- 雌激素會改變血脂肪數據，導致較低的總膽固醇，以及較高的$HDL_2$膽固醇和三酸甘油酯濃度。另外，雌激素的正常生理濃度似乎會對葡萄糖耐受性產生有益的作用。
- 雌激素的新陳代謝作用，包括增加肌肉和脂肪組織中的脂肪分解，以及降低糖質新生和肝醣分解的速率。雌激素對於糖質新生的作用，部分與其刺激增加胰島素對升糖素的比例（I：G）有關。

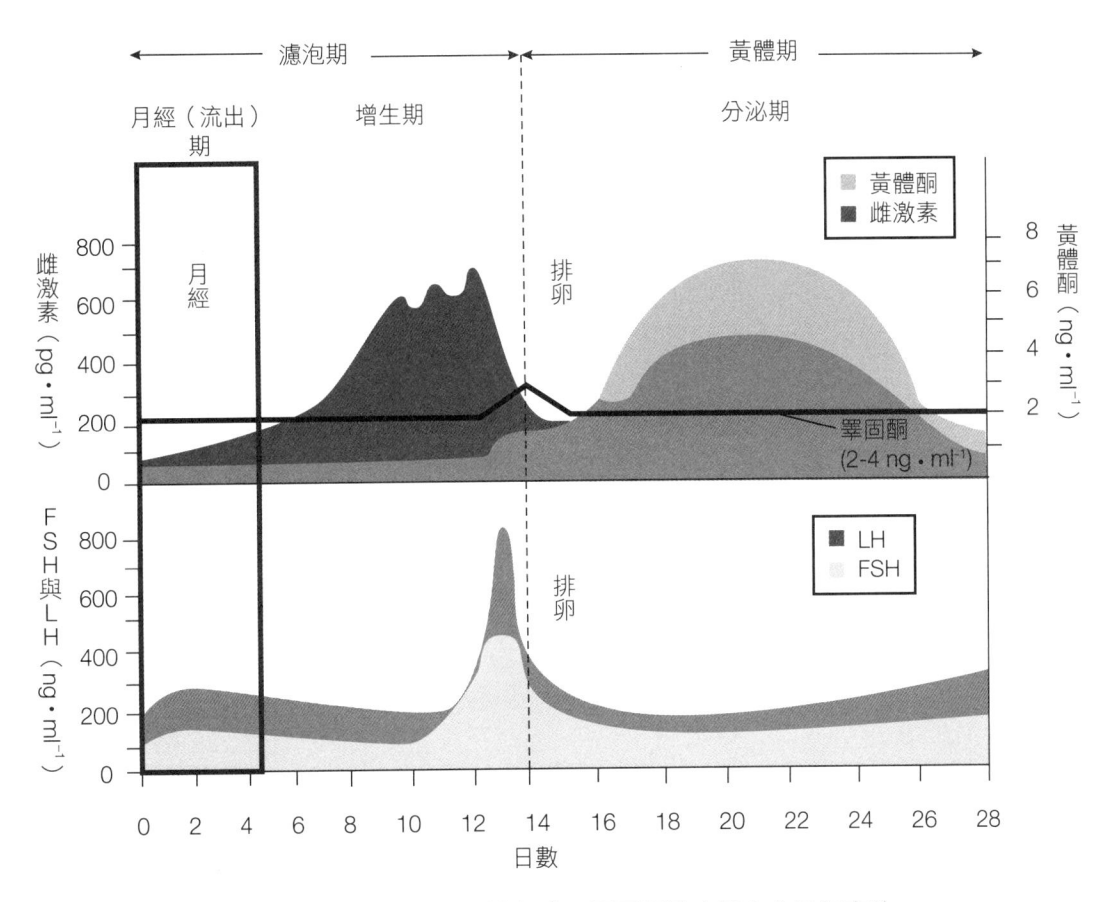

图5.5　正常月經週期。注意，除了接近排卵時，睪固酮濃度基本上是恆定的。

資料來源：Adapted, by permission, from J.H. Wilmore and D.L. Costill, 2004, *Physiology of sport and exercise* (Champaign, IL: Human Kinetics), 584.

　　評估運動或訓練對於雌激素濃度的影響十分困難。然而，隨著運動強度的增加，雌二醇（也包括黃體酮和促性腺激素）反應的一般模式，似乎是少量的增加濃度，這可以在月經週期間獨立發生[79,123]。雌二醇增加可能是由於血漿體積的改變和清除率的變化，而非產量增加[22,154]。

　　短期有氧訓練研究發現，其效果充其量只是模稜兩可[23,123]。長期阻力訓練似乎沒有顯著影響女性靜止$E_2$濃度[137]；然而，其它對於女性從事高訓練量訓練計劃的研究，例如長跑和體操，都發現到較低的$E_2$濃度，這和運動性無月經（athletic amenorrhea）有關[68,80]，而運動性無月經（沒有月經）和血脂肪數據異常以及骨骼礦物質流失有關[68,80,94,123]。

　　在男性身上，已經發現有氧訓練會導致睪固酮減少，同時伴隨著$E_2$生產增加[41]，而在短期重量訓練計劃後，發現靜態生活的中年男性中，有$E_2$濃度下降的狀況[12]。一些證據指出，增加$E_2$或增加$E_2$對睪固酮的比例，會增加男性心血管疾病的風險[120]。

與男性相比，顯示出女性在有氧運動時，使用較少的碳水化合物和較多的脂肪當作燃料基質[153]，這效果和$E_2$的特性一致。補充雌激素可能會加強這種效果[23,35]，並且在雄性和雌性動物中，還可以經由跑步機計時來測量耐力的增加[81]。雌激素補充已經用在使停經後的女性減少骨骼礦物質的流失上，並取得了不同程度的成功[23]；此外，同時補充$E_2$和黃體酮可能和女性肌力增加有相關性[65]。這些作用顯示，雌激素可能是潛在的增補劑。

## 生長激素（體促素〔Somatotropin〕）

生長激素（GH）是由腦下垂體前葉在反應包括情緒緊張、禁食、睡眠、某些胺基酸、某些藥物和運動等各種刺激時，以脈衝方式釋放的多肽[140]，由下視丘所分泌的生長激素釋放因子（growth hormone-releasing factor，GH-RF）來活化其釋放。生長激素與類胰島素生長因子（insulin-like growth factors，IGF）交互作用，後者是蛋白質合成的主要作用荷爾蒙；這兩種荷爾蒙在回饋系統中調節彼此的分泌，其中可能包括GH-RF和下視丘中體抑素（SRIF）的刺激[86,96]。

生長激素的功能是刺激幾乎所有組織的合成代謝[86,96]，主要是經由類胰島素生長因子（$IGF_1$）或體介素（somatomedin）C來達成[15,39,96]。長期暴露在相對較高濃度的GH中會產生肢端肥大症（acromegaly），所有組織都會表現出顯著腫大和畸形的狀況，而且有時會造成巨人症（giantism）。這裡討論的是GH主要的作用。

- 生長激素在所有組織中促進正氮平衡和生長[39]。睪固酮可能會增強GH的脈衝釋放[98]，而且這2種荷爾蒙的協同作用促進了肌肉生長[131]。此外，有證據顯示，$IGF_1$可能具有促進骨骼肌衛星細胞增生的活性[29]。

- 生長激素還可以透過cAMP經由荷爾蒙敏感性脂肪酶來刺激脂肪分解。生長激素對胰島素是拮抗的。

- 對於有氧運動和無氧運動的反應，生長激素的增加（通常在幾分鐘後）多達20至40倍；最終的血清濃度似乎與運動的持續時間和強度，以及所參與的肌肉質量大小有關[82,85,132,159]。與其它形式相比，間歇性無氧運動可能會更大幅度的增加濃度[43,159]。每天進行多次訓練似乎不會改變GH對運動的反應[59]。運動後生長激素可能保持升高30分鐘或是更長的時間[44,89,108]。受試者的訓練狀態會顯著影響運動和運動後的GH血清濃度，訓練狀況良好的有氧和無氧（舉重）受試者顯示出對標準化運動的反應減弱，而且恢復較快[108,132,154]。

## 胰島素

胰島素是由胰臟中**蘭格罕氏島**（islets of Langerhans）的細胞所合成和釋放的肽荷爾蒙。胰島素的生產和釋放，受到營養素、胃腸荷爾蒙與其它荷爾蒙和神經刺激—抑制因子的複雜交互作用所控制[86,95,124]。葡萄糖似乎是合成和分泌的唯一生理刺激[95]。然而，這種作用是由胃腸荷爾蒙所媒介的，特別是胃抑制肽（gastric inhibitory peptide），其結構和升糖素類似[124]。儘管選擇性$β_2$活化可以刺激分泌[95]，EPI和NEPI都可以經由α腎上腺素媒介來抑制胰島素的分泌。以下是胰島素的主要功能[86,95,103]：

- 胰島素增加了細胞膜對葡萄糖、胺基酸、和游離脂肪酸的通透性，並且促進能量基質的儲存。
- 胰島素是一種合成代謝荷爾蒙，具有抗分解代謝的特性，且通常能促進生長。
- 胰島素作用的潛在機制，可能包括胰島素—細胞膜受器媒介的cGMP升高、IGF受器的活化、腺苷酸環化酶的活性降低、磷酸二酯酶的活化、cAMP的活性降低、肝醣合成酶的活性增加、多核醣體（polyribosome）的形成增加、以及膜連脂蛋白脂肪酶的活化[66,86,95,103]。
- 胰島素對升糖素和GH是拮抗的[95]。

持續時間少於5分鐘的有氧運動，對於靜止血清胰島素濃度幾乎沒有影響[93]。長時間有氧運動會使血清胰島素減少多達50%[173]。胰島素濃度下降，一般認為是因為α腎上腺素的刺激而導致胰臟的分泌減少[72]和作功肌肉的吸收增加。短時間（＜2分鐘）無氧運動會使血清胰島素濃度顯著增加，其機制尚不清楚[82]。然而，即使葡萄糖升高，間歇性無氧運動（30分鐘的重量訓練）也會產生類似於有氧運動中觀察到的胰島素減少[108]。運動後胰島素的減少可能會持續數個小時或直到進食後[108]。

經過長期有氧訓練[93,173]和重量訓練[108]的受試者，靜止和運動中的胰島素濃度較低。儘管使用動物進行的短期訓練研究，與經過訓練的人類中觀察到的胰島素濃度減少一致[174]，短期訓練在靜態生活的人類受試者中，並不總是產生類似的反應[53]，這顯示經過訓練的反應可能需要較長的時間來發展。運動造成的胰島素濃度變化，有部分可能與經過訓練和未經訓練的受試者體內兒茶酚胺的反應有關[63]。

有氧[11,93]和無氧訓練[108,112,177,178]都可能增加胰島素敏感性和葡萄糖耐受性。有幾種因素可能導致這些觀察結果，包括胰島素受器的數量增加、肌肉質量的增加、以及體脂肪對LBM的比例降低[112,177]。

## 升糖素

　　升糖素是由胰臟蘭格罕氏島中α細胞所分泌的肽荷爾蒙。升糖素的功能在於能量基質的控制，其主要調節似乎是經由營養素的刺激或抑制而產生。血清葡萄糖升高會引起血清升糖素減少，反之亦然[83,95]。在動物中，脂肪酸和酮類會抑制升糖素的分泌和葡萄糖的代謝[95]。胃腸及荷爾蒙信號會釋放胃抑制肽（Gastric inhibitory peptide，GIP）和胰泌素（secretin），GIP可能會刺激分泌，而胰泌素可能會減少升糖素的分泌[95,158]。升糖素也受到交感神經和擬交感神經胺（sympathomimetic amines）的刺激[95]。升糖素有幾個主要作用[95,151,158]，如下所述。

　　升糖素對胰島素作用是拮抗的，且做為活化能量基質（即，葡萄糖和脂肪酸）之用。升糖素的作用經由cAMP媒介，其在肝臟和脂肪組織中的代謝作用與EPI基本上相同。

　　動物研究和人類研究[100,83]都顯示，有氧作功時間延長（＞1小時），血清升糖素的濃度也隨之增加。動物研究顯示，長時間運動下，兒茶酚胺反應會導致升糖素升高[154]；然而，在人類身上，血糖濃度降低似乎是更重要的因素[93,154]。短時間無氧作功，會導致無變化[164]或是運動後增加延遲[48]；重量訓練也會導致運動後升糖素濃度增加延遲[108,160]。

　　經過有氧訓練和阻力訓練的受試者，在絕對和相對強度下，都表現出對運動的升糖素減弱反應[53,108,172]。訓練適應可能是由於訓練所引起的血清兒茶酚胺減少而發生的。但是，腎上腺素受器的阻斷並沒有改變升糖素對運動的一般反應[154]。訓練似乎並沒有造成血清葡萄糖對運動反應的重大改變[93]。因此，訓練後減弱的運動反應可能和血清兒茶酚胺或葡萄糖濃度都無關，確切的機制仍不清楚[108]。

## 阻力訓練中的荷爾蒙功能

　　包括阻力運動在內的運動，其荷爾蒙基本反應是濃度增加，這取決於強度、持續時間和肌肉質量大小。的確，許多荷爾蒙，例如兒茶酚胺，清楚顯示出一個運動強度閾值，其後荷爾蒙濃度會呈現急劇增加。唯一的主要例外是胰島素，通常隨運動呈現濃度降低。訓練通常會導致對於絕對次大強度運動的減弱反應，並且在更短的時間回復到基線值[83,108,121]。可能除了生長激素外，與較少訓練的受試者相比，受過良好訓練的受試者對相對強度會產生相同或較高的荷爾蒙反應[83]。此外，在經過訓練的受試者中，對於最大努力的反應幾乎總是較高[83,108]。這些訓練適應，似乎改變了對於特定次大水準運動的立即生理反應，某種程度上表示生理壓力降低，也許心理壓力也降低了。

　　儘管荷爾蒙的功能有很多情況下是重疊的，不過大致上可分為（1）基質的控制和活化，以及（2）合成代謝和分解代謝作用。

阻力運動中影響基質控制和活化的荷爾蒙包括兒茶酚胺、皮質醇、胰島素、升糖素、GH和甲狀腺素（表5.3）。比起單一荷爾蒙，具有拮抗作用的荷爾蒙比率，通常是更好的代謝作用控制指標。例如，與任意單一荷爾蒙相比，胰島素對升糖素的比率（I：G）可能是更好的血糖控制指標[171,108]。阻力訓練運動時，乳酸和葡萄糖的血清濃度會大幅增加[108,159]。這些代謝反應是因為能量產生（快速糖解）的機制，以及經由肝醣分解來活化葡萄糖。毫無疑問的，神經內分泌系統正在作用來幫助這些反應[83]。進行阻力運動時，涉及幫助代謝改變的荷爾蒙反應，可能包括兒茶酚胺、升糖素、甲狀腺素，也許還有皮質醇，因為它可以增強EPI的釋放。

運動後的反應包括游離脂肪酸（FFA）活化和肝醣補充。生長激素、兒茶酚胺和皮質醇都可能對活化FFA產生影響，而在某程度上幫助恢復[108,110]。運動後維持體內血糖恆定需要減少I：G[42,175]。運動後肝醣的補充有部分是胰島素的作用。胰島素（和運動）會增加葡

表5.3　荷爾蒙對代謝功能的影響

| 作用 | 荷爾蒙（＋） | 荷爾蒙（－） |
|---|---|---|
| 細胞葡萄糖吸收 | 胰島素 | 升糖素 |
| 血糖 | 升糖素<br>兒茶酚胺<br>皮質醇 | 胰島素 |
| 糖解 | 兒茶酚胺 | 升糖素<br>生長激素 |
| 肌肉肝醣分解 | 兒茶酚胺 | 胰島素<br>生長激素 |
| 肝臟肝醣分解 | 兒茶酚胺<br>升糖素 | 胰島素 |
| 肝臟糖質新生 | 兒茶酚胺<br>升糖素<br>皮質醇 | 胰島素 |
| 肝醣合成 | 胰島素<br>睪固酮 | 兒茶酚胺<br>升糖素 |
| 脂肪分解 | 皮質醇<br>兒茶酚胺<br>生長激素<br>升糖素<br>甲狀腺素 | 胰島素 |
| 三酸甘油酯合成 | 胰島素 | 兒茶酚胺 |

資料來源：Based on Lefkowitz and Caron 1988; Hoffman 1992; Powers and Howley 1997.

萄糖的吸收，並刺激肝醣和脂肪的儲存。碳水化合物和蛋白質攝取都會增加運動中及運動後的胰島素濃度；較高的胰島素濃度會刺激肝醣以更快的速率補充[180]。此外，睪固酮會增加肝醣合成酶的產生，而可能影響到運動後肝醣的合成和恢復。

作用於肌肉和結締組織中重建和重塑的荷爾蒙，包括合成代謝荷爾蒙、睪固酮、GH、IGF1和胰島素，女性可能還有少量的雌激素和分解代謝荷爾蒙皮質醇。結締和肌肉組織的重塑包括修復和肥大作用，這需要營養素、免疫系統和神經內分泌系統之間非常複雜的交互作用。

因為肌肉橫截面積和表現（即，肌力、爆發力）有關，重要之處在於阻力運動的荷爾蒙反應和適應，要考量這些荷爾蒙影響組織重塑和肥大的程度。通常認為，與其它訓練方法相比，每組較高的反覆次數（8至15次）、短暫的組間休息時間（≤1分鐘）、以及每一種運動多組數，能較大程度刺激肌肥大。短期研究顯示，使用高反覆次數和短組間休息時

間的訓練方法，會使幾種合成代謝荷爾蒙的增加較多，尤其是GH和睪固酮[50,89,90,134]。比起較低反覆次數，較高反覆次數能更大程度的使用快速糖解，且造成的乳酸產生可能會影響荷爾蒙（特別是人類GH）的反應[99,160]。數據還指出，與單一組相比，由多組數所造成的訓練量增加，可以產生更大的荷爾蒙反應[26,113]。證據顯示，在短期內，未經訓練和經過中等訓練的男性，比起每組較低反覆次數或非常高反覆次數，每組較高反覆次數（8至12次）的多組數訓練可能會刺激較大程度的肌肥大[146]。此外，Kraemer[85]提出了一個合理的論點，即阻力訓練運動（肌肉損傷）和荷爾蒙濃度變化的交互作用，可能會刺激蛋白質合成和組織重塑。

然而，一些觀察顯示，運動的荷爾蒙反應和組織重塑之間的關係並不是特別強烈：

- 許多，甚至可能所有觀察到由阻力運動所造成的荷爾蒙反應，也可能由有氧運動所引發，尤其是強度接近$\dot{V}O_2max$的有氧運動；然而，有氧運動並不被認為是對組織肥大特別有效的刺激[138]。但是，應該指出的是，荷爾蒙反應與不同類型運動所提供的刺激，其間的適應交互作用可能會不同，因此肌肥大反應或適應也會不同。
- 和大肌肉質量運動相比，小肌肉質量運動，例如二頭肌彎舉，不會產生明顯的荷爾蒙反應[88]；實際上，荷爾蒙反應可能很小。但是，使用這些小肌肉質量運動的訓練，仍會在經過訓練的肌肉中產生顯著的肥大。
- 健美運動員傾向於使用短組間休息時間的訓練「以獲得更好的膨脹感」，且每組使用更高的反覆次數，認為這樣可能會增強肌肥大反應[155]。使用短組間休息時間的部分原因，和短組間休息時間可能會增強阻力運動的荷爾蒙反應有關[85]；據信因此會增加肌肥大。雖然沒有令人信服的證據，肌肉經過一般訓練後，高階健美運動員的平均細胞大小，明顯大於不總是使用短組間休息時間或每組高反覆次數的高階健力或舉重運動員[47,143,155]。但也沒有令人信服的證據顯示，短組間休息時間實際上會增加肌肥大反應。例如，以經過中等訓練的年輕男性為對象，Nimmons[117]比較了9週的訓練中，短（30秒）和長（3分鐘）休息時間的大腿肌肉肥大適應；大腿周長或橫截面積（使用核磁共振影像〔MRI〕測量）的平均增長，並未發現差異。假設在30秒組中，短組間休息時間的荷爾蒙反應更大，這些結果顯示，荷爾蒙反應並沒有增強肌肥大適應。
- 由於有大量證據顯示，荷爾蒙反應可能和運動的代謝反應有關[83]，因此運動的荷爾蒙反應可能對肌肥大機制幾乎沒有影響。基本上這意味著，如果特定的荷爾蒙分子與具有代謝活性的受器交互作用，就無法同時活化參與組織重塑的受器。因此，某些因為運動而釋放的荷爾蒙分子，將被「限制」用來調節代謝反應。但是，可能

存在不同種類的荷爾蒙，其中一些具有較大或較小的合成代謝特性，且對不同刺激（即，高強度和低強度）有反應。
- 關於運動引起的荷爾蒙反應與肥大的研究是模稜兩可的。McCall及同事[107]和Hickson及同事[67]注意到的發現，並未指出荷爾蒙反應與肥大適應之間有很強烈的關係。但另一方面，Ahtianen及同事[2]發現，靜止和運動反應都與肌力和肌肥大的增長有強烈相關。

在沒有更多的資料之前，我們必須推論，運動的荷爾蒙反應可能對於肌肉或結締組織肥大的影響相對較小。這顯示出要增加顯著肌肥大適應的關鍵因素，可能不是對運動的荷爾蒙反應，而是其它因素，例如免疫系統反應，尤其是旁分泌和自分泌反應[167,176]。儘管運動的荷爾蒙反應，可能不是與大小和功能改變有關的關鍵因素，但是必須指出，這些反應可能並非無關緊要。因此，最大化荷爾蒙反應的訓練常規，可能會在組織重塑上發揮正面的作用。訓練內容最大化可能包括以下幾個要素：

- 訓練量。儘管一些短期研究並沒有證實訓練量效應[119]，但大多數的研究指出，較大訓練量的作功（通常會導致較大的荷爾蒙反應[50]）一般會增加由阻力訓練所給予的肌肥大增長[37,101,125,146,170]。這些較大訓練量的作功，通常是使用每組相對高反覆次數（6至12次）和多組數來達成的[143,147]。
- 運動的肌肉質量大小。比起小的肌肉質量運動，大的肌肉質量運動能刺激更大的荷爾蒙反應[85,88]。
- 功率輸出。在運動中保持較高的功率輸出，不受每組反覆次數的影響，可能會增強睪固酮的生產；每組使用較高的反覆次數可能會增加GH推積[16]，這也許是乳酸堆積較多的結果[51]。

圖5.6提供了涉及阻力訓練導致組織肥大的因素，其交互作用的事件順序模型。

荷爾蒙長期改變，也可能在組織肥大的發展以及肌力和爆發力的增長中起到重要作用。長期荷爾蒙適應可能對組織肥大有更大的影響。合成代謝荷爾蒙靜止濃度長期升高，或分解代謝荷爾蒙降低，將使參與蛋白質合成和肌肉重塑的受器，有更大的機會長期暴露。這種長期的荷爾蒙改變，再加上阻力訓練運動所造成的週期性肌肉損傷刺激，可能會增加肌肥大適應的可能性。對這一論點的支持來自兩個方面。首先，研究顯示，長期雄性素濃度增加會改變肌肉的大小和功能[141]。（見第七章〈人為輔助〉）其次，如前面所述，在男性和女性的研究中，靜止荷爾蒙濃度的細微長期變化，與肌肉大小和肌力的改變

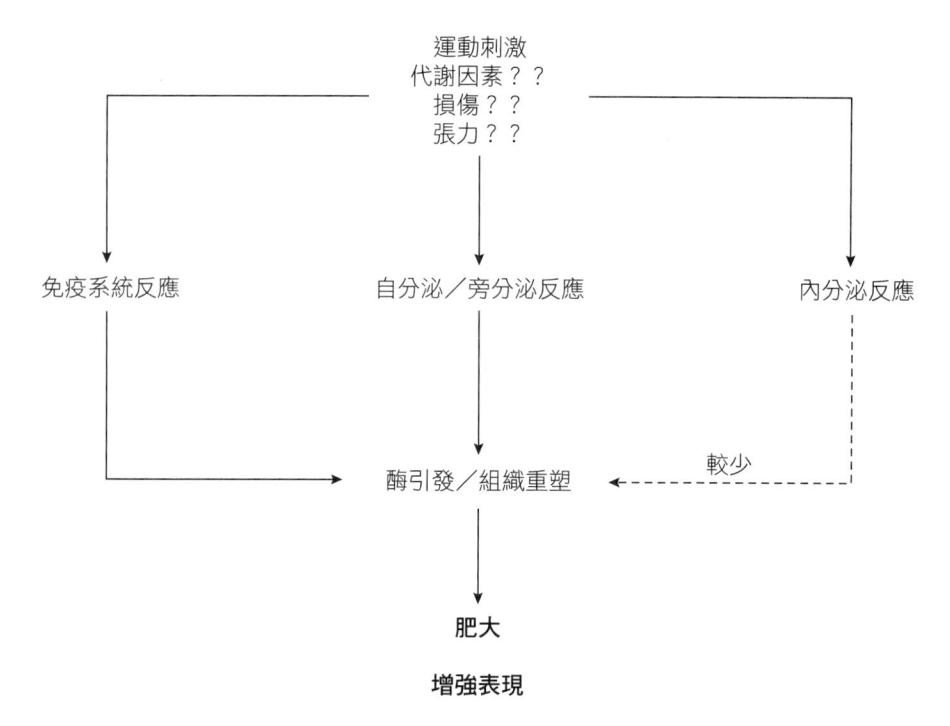

```
                    運動刺激
                    代謝因素？？
                     損傷？？
                     張力？？
         ┌─────────────┼─────────────┐
         ↓             ↓             ↓
    免疫系統反應   自分泌／旁分泌反應      內分泌反應
         │             │             │
         │             ↓             │
         └───────→ 酶引發／組織重塑 ←──較少──┘
                       ↓
                      肥大
                     增強表現
```

**圖5.6** 訓練導致的內分泌、免疫、和旁分泌或自分泌的反應，對組織重塑和表現改變的理論影響。

有相關性[3]，尤其是睪固酮和 T：C [46,54,136]。

## 本章總結

體內恆定主要取決於神經內分泌系統所施加的調節限制。神經內分泌系統的作用，是經由釋放可以和特定受器交互作用的神經傳導物質和荷爾蒙。特定受器的活化會引發特定反應，改變新陳代謝。

荷爾蒙由內分泌腺釋放，且具有從燃料來源的活化或儲存，到合成代謝和分解代謝作用等多種作用。運動通常會造成荷爾蒙（胰島素除外）濃度增加；增加量通常取決於強度。訓練一般會在絕對次大運動強度下減弱此反應。在最大努力時，經過訓練的受試者，荷爾蒙反應通常會較高，因為他們有在較高強度下運動的能力。

訓練可以產生顯著的生理和表現適應。這些影響可能反映了神經內分泌系統的作用方式（即，減弱荷爾蒙反應），或者可能是由於神經內分泌系統媒介的適應（即，肌肥大）。運動或訓練中由神經內分泌作用所產生的生理影響和適應，應該視為各種神經和荷爾蒙因素的複雜交互作用，而不僅僅是單一荷爾蒙或神經傳導物質的作用。

**參考文獻：**

1. Adolphsson, S. 1973. Effects of insulin and testosterone on glycogen synthase activity in rat levator ani muscle. *Acta Physiologica Scandinavica* 88: 243-247.
2. Ahtianen, J.P., A. Pakarinen, M. Alen, W.J. Kraemer, and K. Hakkinen. 2003. Muscle hypertrophy, hormonal adaptations and strength development during strength training in strength trained and untrained men. *European Journal of Applied Physiology* 89: 555-563.
3. Aizawa, K., T. Akimoto, H. Inoue, F. Kimura, M. Juo, F. Murai, and N. Mesaki. 2003. Resting serum dehydroepiandrosterone sulfate level increases after 8-week resistance training among young females. *European Journal of Applied Physiology* 90: 575-580.
4. Aldercruetz, H., M. Harkonen, K. Kuoppasalmi et al. 1986. Effect of training on plasma anabolic and catabolic steroid hormones and their response during physical exercise. *International Journal of Sports Medicine* (Suppl.) 7: 27-28.
5. Alen, M., and K. Hakkinen. 1987. Androgenic steroid effects on several hormones and on maximal force development in strength athletes. *Journal of Sports Medicine and Physical Fitness* 27: 38-46.
6. Alen, M., A. Pakarinen, K. Hakkinen et al. 1988. Responses of serum androgenic-anabolic and catabolic hormones to prolonged strength training. *International Journal of Sports Medicine* 9(3): 229-233.
7. Allenberg, K., N. Holmquist, S.G. Johnsen et al. 1983. Effects of exercise and testosterone on the active form of glycogen synthases in human skeletal muscle. In: H. Knuttgen, J. Vogel, and J. Poortmans (Eds.), *Biochemistry of exercise* (Vol. 13). Champaign, IL: Human Kinetics.
8. Arnold, A.P., and R.A. Gorski. 1984. Gonadla steroid induction of structural sex differences in the central nervous system. *Annual Review of Neuroscience* 7: 413-442.
9. Becker, A.B., and R.A. Roth. 1990. Insulin receptor structure and function in normal and pathological conditions. *Annual Review of Medicine* 41: 99-110.
10. Benfy, B.G., and D.R. Varma. 1967. Interactions of sympathomimetic drugs, propranalol and phentolamine, on a trial refractory period and contractility. *British Journal of Pharmacology and Chemotherapy* 30: 603-611.
11. Bjorntorp, P. 1981. The effects of exercise on plasma insulin. *International Journal of Sports Medicine* 2: 125-129.
12. Blessing, D., D. Wilson, R. Rozenek et al. 1986. Performance, body composition, heart rate, blood lipids and hormonal effects of short term jogging and weight training in middle age sedentary men. *Journal of Applied Sport Science Research* 1: 25-29.
13. Bloom, S.R., R.H. Johnson, D.M. Park et al. 1976. Differences in the metabolic and hormonal response to exercise between racing cyclists and untrained individuals. *Journal of Physiology* 258: 1-18.
14. Bonen, A. 1985. Glycogen loss is not an index of muscle activity. *Canadian Journal of Applied Sport Sciences* 10: 237.
15. Borst, S.E., D.V. DeHoyos, L. Garzarella, K. Vincent, B.H. Pollock, D.T. Lowenthal, and M.L. Pollock. 2001. Effects of resistance training on insulin-like growth factor-1 and IGF binding proteins. *Medicine and Science in Sports and Exercise* 4: 648-653.
16. Bosco, C., R. Colli, R. Bonomi, S.P. von Duvillard, and A. Viru. 2000. Monitoring strength training: Neuromuscular and hormonal profile. *Medicine and Science in Sports and Exercise* 32: 202-208.
17. Bosco, C., J. Tihanyi, and A. Viru. 1996. Relationship between field fitness test and basal serum testosterone and cortisol levels in soccer players. *Clinical Physiology* 16: 317-322.
18. Bourne, H.R., and J.M. Roberts. 1992. Drug receptors and pharmacodynamics. In: B.G. Katzung (Ed.), *Basic and clinical pharmacology* (5th ed., pp. 10-34). Englewood Cliffs, NJ: Appleton & Lange.
19. Brisson, G.R., M.A. Volle, M. Tanaka et al. 1977. A possible submaximal exercise induced hypothalamohypophyseal stress. *Hormone and Metabolism Research* 9: 520-524.
20. Brooks, R.V. 1984. Androgens: Physiology and pathology. In: H.L.J. Makin (Ed.), *Biochemistry of steroid hormones* (2nd ed., pp. 235-246). Oxford: Blackwell Scientific.
21. Bryan, R.M. 1990. Cerebral blood flow and energy metabolism during stress. *American Journal of Physiology* 259:

H269-H280.
22. Bunt, J.C. 1986. Hormonal alterations due to exercise. *Sports Medicine* 3: 331-345.
23. Bunt, J.C. 1990. Metabolic actions of estradiol: Significance for acute and chronic exercise responses. *Medicine and Science in Sports and Exercise* 22: 286-290.
24. Busso, T., K. Hakkinen, A. Pakarinen et al. 1992. Hormonal adaptations and modeled responses in elite weightlifters during 6 weeks of training. *European Journal of Applied Physiology* 64: 381-386.
25. Clark, M.G., G.S. Patten, O.H. Filsell et al. 1983. Coordinated regulation of muscle glycolysis and hepatic glucose output in exercise by catecholamines acting via á receptors. *Federation of European Biochemical Societies Letters* 158: 1-5.
26. Craig, B., and H-Y. Yang. 1994. Growth hormone release following single versus multiple sets of back squats: Total work versus power. *Journal of Strength and Conditioning Research* 8: 270-275.
27. Cumming, D.C., G.D. Wheeler, E.M. McColl et al. 1989. The effect of exercise on reproductive function in men. *Sports Medicine* 7: 1-17.
28. Dessypris, K., K. Kuoppasalmi, and H. Aldercreutz. 1976. Plasma cortisol, testosterone, androstenedione and luteinizing hormone (LH) in a non-competitive marathon run. *Journal of Steroid Biochemistry* 7: 33-37.
29. Dodson, M.V., R.E. Allen, and K.L. Hossner. 1985. Ovine somatomedin, multiplication-stimulating activity and insulin promote skeletal muscle satellite cell proliferation in vitro. *Endocrinology* 117: 2357-2363.
30. Doerr, P., and K.M. Pirke. 1976. Cortisol-induced suppression of plasma testosterone in normal adult males. *Journal of Clinical Endocrinology and Metabolism* 43: 622-629.
31. Dohm, L., and T.M. Louis. 1978. Changes in androstenedione, testosterone and protein metabolism as a result of exercise. *Proceedings of the Society for Experimental Biology and Medicine* 158: 622-625.
32. Dresel, P.B, K.L. MacCannel, and M. Nickerson. 1960. Cardiac arrythmias induced by minimal doses of epinephrine in cyclopropane-anethetized dogs. *Circulation Research* 9: 948-955.
33. Dufaux, M.L., and K.J. Katt. 1978. Gonadotropin in receptors and regulation of steroidogenesis in testis and ovary. In: P.L. Manson (Ed.), *Vitamins and hormones* (pp. 462-492). New York: Academic Press.
34. Eik-Nes, K.M. 1969. An effect of isoproterenol on rates of synthesis and secretion of testosterone. *American Journal of Physiology* 217: 1764-1770.
35. Ellis, G.S., S. Lanza-Jacoby, A. Gow et al. 1994. Effects of estradiol on lipoprotein lipase activity and lipid availability in exercised male rats. *Journal of Applied Physiology* 77: 209-215.
36. Fellmann, N., J. Coudert, J.F. Jarrige, M. Bedu, C. Denis, D. Boucher, and J.R. Lacour. 1985. Effects of endurance training on the androgenic response to exercise in man. *International Journal of Sports Medicine* 6: 215-219.
37. Fleck, S.J., and W.J. Kraemer. 1987. *Designing resistance training programs.* Champaign, IL: Human Kinetics.
38. Florini, J.R. 1985. Hormonal control of muscle cell growth. *Journal of Animal Science* 61: 21-37.
39. Florini, J.R. 1987. Hormonal control of muscle growth. *Muscle and Nerve* 10: 577-598.
40. Freissmuth, M., P.J. Casey, and A.G. Gilman. 1989. G proteins control diverse pathways of transmembrane signaling. *FASEB Journal* 3: 2125-2128.
41. Frey, R., B.M. Doerr, L.S. Srivastava et al. 1983. Exercise training, sex hormones and lipoproteins in man. *Journal of Applied Physiology* 34: 757-762.
42. Friedman, J.E., P.D. Neufer, and L.G. Dohm. 1991. Regulation of glycogen synthesis following exercise. *Sports Medicine* 11: 232-243.
43. Fry, A.C., and W.J. Kraemer. 1997. Resistance exercise overtraining and overreaching: Neuroendocrine responses. *Sports Medicine* 23: 106-129.
44. Fry, A.C., W.J. Kraemer, M.H. Stone et al. 1990. Acute exercise responses in elite junior weightlifters. *Medicine and Science in Sports and Exercise* 22: S4.
45. Fry, A.C., W.J. Kraemer, M.H. Stone et al. 1994. Endocrine and performance responses to overreaching before and after 1 year of weightlifting. *Canadian Journal of Applied Physiology* 19(4): 400-410.
46. Fry, A.C., W.J. Kraemer, M.H. Stone, L.P. Koziris, J.T. Thrush, and S.J. Fleck. 2000. Relationships between serum

testosterone, cortisol and weightlifting performance. *Journal of Strength and Conditioning Research* 14(3): 338-343.
47. Fry, A.C., B.K. Schilling, R.S. Staron, F.C. Hagerman, R.S. Hikida, and J.T. Thrush. 2003. Muscle fiber characteristics and performance correlates of male Olympic-style weightlifters. *Journal of Strength and Conditioning Research* 17(4): 746-754.
48. Galbo, H., and P.D. Gollnick. 1984. Hormonal changes during and after exercise. In: P. Marconnet, J. Poortmans, and L. Hermansen (Eds.), *Medicine and sport science* (Vol. 17, *Physiological chemistry of training and detraining,* pp. 97-110). Basel: Karger.
49. Galbo, H., L. Hamner, I.B. Petersen, N.J. Christensen, and W. Bie. 1977. Responses to graded and prolonged exercise in man. *European Journal of Applied Physiology* 36: 101-106.
50. Gotshalk, L.A., C.C. Loebel, B.C. Nindl, M. Putukian, W.J. Sebstianelli, R.U. Newton, K. Hakkinen, and W.J. Kraemer. 1997. Hormonal responses of multi-set versus single set heavy resistance exercise protocols. *Canadian Journal of Applied Physiology* 22: 244-255.
51. Gray, A.B., R.D. Telford, and M.J. Weidermann. 1993. Endocrine responses to intense interval exercise. *European Journal of Applied Physiology* 66: 366-371.
52. Guezennec, C.Y., P. Ferre, B. Serrurier et al. 1982. Effects of prolonged physical exercise and fasting upon plasma testosterone levels in rats. *European Journal of Applied Physiology* 49: 159-162.
53. Gyntelberg, F.M., M.J. Rennie, R.C. Hickson et al. 1977. Effect of training on the response of glucagon to exercise. *Journal of Applied Physiology* 43: 302-305.
54. Hakkinen, K., K.L. Keskinen, M. Alen et al. 1989. Serum hormone concentrations during prolonged training in elite endurance trained and strength trained athletes. *European Journal of Applied Physiology* 59: 233-238.
55. Hakkinen, K., and A. Pakarinen. 1991. Serum hormones in male strength athletes during intensive short-term strength training. *European Journal of Applied Physiology* 63: 194-199.
56. Hakkinen, K., and A. Pakarinen. 1993. Muscle strength and serum testosterone, cortisol and SHBG concentrations in middle-aged and elderly men and women. *Acta Physiologica Scandinavica* 148: 199-207.
57. Hakkinen, K., A. Pakarinen, M. Alen et al. 1985. Serum hormones during prolonged training of neuromuscular performance. *European Journal of Applied Physiology* 53: 287-293.
58. Hakkinen, K., A. Pakarinen, M. Alen et al. 1987. Relationship between training volume, physical performance capacity and serum hormone concentrations during prolonged training in elite weightlifters. *International Journal of Sports Medicine* (Suppl. 8): 61-65.
59. Hakkinen, K., A. Pakarinen, M. Alen et al. 1988a. Daily hormonal and neuromuscular responses to strength training in 1 week. *International Journal of Sports Medicine* 9: 422-428.
60. Hakkinen, K., A. Pakarinen, M. Alen et al. 1988b. Neuromuscular and hormonal adaptations in athletes to strength training in two years. *Journal of Applied Physiology* 65: 2406-2412.
61. Hakkinen, K., A. Pakarinen, and M. Kallinen. 1992. Neuromuscular adaptations and serum hormones in women during short-term strength training. *European Journal of Applied Physiology* 64: 106-111.
62. Hakkinen, K., A. Pakarinen, H. Kyrolainen et al. 1990. Neuromuscular adaptations and serum hormones in females during prolonged power training. *International Journal of Sports Medicine* 11: 91-98.
63. Hartley, L.H., J.W. Mason, R.P. Hogan et al. 1972. Multiple hormonal responses to graded exercise in relation to physical training. *Journal of Applied Physiology* 33: 602-606.
64. Haynes, R.C., and F. Murad. 1980. Adrenocorticotropic hormone, adrenocortical steroids and their synthetic analogs, inhibitors of adrenocortical steroid biosynthesis. In: A. Gilman, L. Goodman, and A. Gilman (Eds.), *The pharmacological basis of therapeutics* (pp. 1466-1496). New York: Macmillan.
65. Heikkinen, J., E. Kyllonen, E. Kurttila-Matero et al. 1997. HRT and exercise effects on bone density, muscle strength and lipid metabolism. *Maturitus* 26: 139-149.
66. Hepp, K.D. 1977. Studies on the mechanism of insulin action: Basic concepts and clinical implications. *Diabetologia* 13: 177-186.

67. Hickson, R.C., K. Hikida, C. Foster, M.T. Falduto, and R.T. Chatterton. 1994. Successive time courses of strength development and steroid hormone responses to heavy-resistance training. *Journal of Applied Physiology* 76: 663-670.
68. Highet, R. 1989. Athletic amenorrhea: An update on aetiology, complications and management. *Sports Medicine* 7: 82-108.
69. Himms-Hagen, J. 1967. Sympathetic regulation of metabolism. *Pharmacological Reviews* 19: 367-461.
70. Hodges, J.R., M.T. Jones, and M.A. Stockman. 1962. Effect of emotion and blood circulating corticotropin and cortisol concentration in man. *Nature* 193: 1187-1188.
71. Hoffman, B.B. 1992. Adrenoceptor-activating drugs. In: B.G. Katzung (Ed.), *Basic and clinical pharmacology* (5th ed., pp. 109-123). Englewood Cliffs, NJ: Appleton & Lange.
72. Jarholt, J., and J. Holst. 1979. The role of the adrenergic innervation to the pancreatic islets in the control of insulin release during exercise in man. *Pfluegers Archiv* 383: 41-45.
73. Jensen, J.H., H. Oftebro, B. Breigan et al. 1991. Comparison of changes in testosterone concentrations after strength and endurance exercise in well trained men. *European Journal of Applied Physiology* 63: 467-471.
74. Jezova, D., and M. Vigas. 1981. Testosterone response to exercise during blockade and stimulation of adrenergic receptors in man. *Hormone Research* 15: 141-147.
75. Jezova, D., M. Vigas, P. Tatar et al. 1985. Plasma testosterone and catecholamine response to physical exercise in man. *European Journal of Applied Physiology* 54: 62-66.
76. Johnson, C.C., M.H. Stone, R.J. Byrd et al. 1983. The response of serum lipids and plasma androgens to weight training exercise in sedentary males. *Journal of Sports Medicine and Physical Fitness* 23: 39-41.
77. Jones, M.T., and B. Gillham. 1988. Factors involved in the regulation of adrenocorticotropic hormone/â-lipotropic hormone. *Physiological Reviews* 68: 743-818.
78. Jovy, D., H. Bruner, K.E. Klein et al. 1965. Adaptive responses of adrenal cortex to some environmental stressors, exercise, and acceleration. In: *Hormonal steroids: Biochemistry, pharmacology, and therapeutics* (Vol. 2). New York: Academic Press.
79. Jurkowski, J.E., N.L. Jones, W.C. Walker et al. 1978. Ovarian hormonal responses to exercise. *Journal of Applied Physiology* 44: 109-114.
80. Keizer, H.A., and A.D. Rogol. 1990. Physical exercise and menstrual cycle alterations: What are the mechanisms? *Sports Medicine* 10(4): 218-235.
81. Kendrick, Z.V., C.A. Steffen, W.L. Rumsey et al. 1987. Effect of estradiol on tissue glycogen metabolism in exercised oophorectomized female rats. *Journal of Applied Physiology* 63: 492-496.
82. Kindermann, W., A. Schnabel, W.M. Schmitt et al. 1982. Catecholamines, growth hormone, cortisol, insulin and sex hormones in aerobic and anaerobic exercise. *European Journal of Applied Physiology* 49: 389-399.
83. Kjer, M. 1992. Regulation of hormonal and metabolic responses during exercise in humans. In: J.O. Holloszy (Ed.), *Exercise and sport science reviews* (Vol. 20, pp. 161-184). Baltimore: Williams & Wilkins.
84. Koziris, L.P., A.C. Fry, W.J. Kraemer et al. 1992. Hormonal and competitive performance responses to an overtraining stimulus in elite junior weightlifters. *Journal of Applied Sport Science Research* 6(3): 186.
85. Kraemer, W.J. 1992a. Endocrine responses and adaptations to strength training. In: P.V. Komi (Ed.), *Strength and power in sport* (pp. 291-304). Oxford: Blackwell Scientific.
86. Kraemer, W.J. 1992b. Hormonal mechanisms related to the expression of muscular strength and power. In: P.V. Komi (Ed.), *Strength and power in sport* (pp. 64-76). Oxford: Blackwell Scientific.
87. Kraemer, W.J. 1992c. Neuroendocrine responses to resistance exercise. In: T. Baechle (Ed.), *Essentials of strength training and conditioning* (pp. 86-107). Champaign, IL: Human Kinetics.
88. Kraemer, W.J., A.C. Fry, B.J. Warren et al. 1992. Acute hormonal responses in elite junior weightlifters. *International Journal of Sports Medicine* 13: 103-109.
89. Kraemer, W.J., L. Marchetelli, S.E. Gordon et al. 1990. Hormonal and growth factor responses to heavy resistance exercise protocols. *Journal of Applied Physiology* 69: 1442-1450.

90. Kraemer, W.J., B.J. Nobel, M. Clark et al. 1987. Physiological responses to heavy resistance training with very short rest periods. *International Journal of Sports Medicine* 8: 247-252.
91. Krnjevic, K. 1974. Chemical nature of synaptic transmission in vertebrates. *Physiological Reviews* 54: 418-540.
92. Kuoppasalmi, H., H. Nervi, K. Kousunen et al. 1981. Plasma steroid levels in muscular exercise. In: J. Poortmans and G. Niset (Eds.), *Biochemistry of exercise IV-B*. Baltimore: University Park Press.
93. Lamb, D. 1984. *Physiology of exercise.* New York: Macmillan.
94. Lamon-Fava, S.E., E.C. Fisher, M.E. Nelson et al. 1989. Effect of exercise and menstrual cycle status on plasma lipids, low density lipoprotein particle size and apolipoproteins. *Journal of Clinical Endocrinology and Metabolism* 68: 17-21.
95. Larner, J. 1980. Insulin and oral hypoglycemic drugs. In: A.G. Gilman, L. Goodman, and A. Gilman (Eds.), *The pharmacological basis for therapeutics* (pp. 1497-1523). New York: Macmillan.
96. Laron, Z. 1983. Deficiencies of growth hormone and somatostatin in man. *Special Topics in Endocrinology and Metabolism* 5: 149-199.
97. Lefkowitz, R.J., and M.G. Caron. 1988. Adrenergic receptors: Models for the study of receptors coupled to guanine nucleotide regulatory proteins. *Journal of Biological Chemistry* 263: 4993-4999.
98. Link, K., R.M. Blizzard, W.S. Evans et al. 1986. The effect of androgens on the pulsatile release and twentyfour hour mean concentration of growth hormone in peripubertal males. *Journal of Clinical Endocrinology and Metabolism* 62: 159-164.
99. Luger, A., B. Watschinger, P. Deuster, T. Svoboda, M. Clodi, and G.P. Chrousos. 1992. Plasma growth hormone and prolactin responses to graded levels of acute exercise and to a lactate infusion. *Neuroendocrinology* 56: 112-117.
100. Luyckx, A.S., F. Pirnay, D. Krzentowski et al. 1981. Insulin and glucagon during prolonged muscular exercise in normal man. In: J. Poortmans and G. Niset (Eds.), *Biochemistry of exercise IV-A* (pp. 131-148). Baltimore: University Park Press.
101. MacDougall, J.D. 1986. Adaptability of muscle to strength training: A cellular approach. In: B. Saltin (Ed.), *International series on sport sciences 16: Biochemistry of exercise VI* (pp. 501-503). Champaign, IL: Human Kinetics.
102. Mainwaring, W.I.P. 1979. The androgens. In: C.R. Austin (Ed.), *Mechanisms of hormonal action* (Vol. 7). London: Cambridge University Press.
103. Manchester, K.L. 1972. The effects of insulin on protein synthesis. *Diabetes* 21(Suppl. 2): 447-452.
104. Marx, J.O., N.A. Ratamess, B.C. Nindl, L.A. Gotshalk, J.S. Volek, K. Dohi, J.A. Bus, A.L. Gomez, S.A. Mazzetti, S.J. Fleck, K. Hakkinen, R.U. Newton, and W.J. Kraemer. 2001. Low-volume circuit versus high-volume periodized resistance training in women. *Medicine and Science in Sports and Exercise* 33: 635-643.
105. Mason, J.W., L.H. Hartley, T.A. Kotchen et al. 1973. Plasma cortisol and norepinephrine responses in anticipation of muscular exercise. *Psychosomatic Medicine* 35: 406-414.
106. Mayer, S.E. 1980. Drugs acting at synaptic and neuroeffector junctional sites. In: A. Gilman, L. Goodman, and A. Gilman (Eds.), *The pharmacological basis of therapeutics* (pp. 56-90). New York: Macmillan.
107. McCall, G.E., W.C. Byrnes, S.J. Fleck, A. Dickinson, and W.J. Kraemer. 1999. Acute and chronic hormonal responses to resistance training designed to promote muscle hypertrophy. *Canadian Journal of Applied Physiology* 24: 96-107.
108. McMillan, J., M.H. Stone, J. Sartain et al. 1993. The 20 h response to a single session of weight training. *Journal of Strength and Conditioning Research* 7(1): 9-21.
109. McMurray, R.G., T.K. Eubank, and A.C. Hackney. 1995. Nocturnal hormonal responses to resistance exercise. *European Journal of Applied Physiology* 72: 121-126.
110. Melby, C., C. Scholl, G. Edwards et al. 1993. Effect of acute resistance exercise on postexercise energy expenditure and resting metabolic rate. *Journal of Applied Physiology* 75: 847-853.
111. Meyer, M., and F. Rosen. 1975. Interaction of anabolic steroids with glucocorticoid steroid receptor sites in rat

muscle control. *American Journal of Physiology* 229: 1381-1386.

112. Miller, W.J., W.M. Sherman, and J.L. Ivy. 1984. Effect of strength training on glucose tolerance and post-glucose insulin response. *Medicine and Science in Sports and Exercise* 16: 539-543.

113. Mulligan, S.E., S.J. Fleck, S.E. Gordon et al. 1997. Influence of resistance exercise volume on serum growth hormone and cortisol concentrations in women. *Journal of Strength and Conditioning Research* 10: 256-262.

114. Munck, A., P.M. Guyne, and N.J. Holbrook. 1984. Physiological functions of glucocorticoids in stress and their relation to pharmacological actions. *Endocrine Reviews* 5: 24-44.

115. Murad, F., and R.C. Haynes. 1980. Estrogens and progestins. In: A. Gilman, L. Goodman, and A. Gilman (Eds.), *The pharmacological basis of therapeutics* (pp. 1421-1447). New York: Macmillan.

116. Niklas, B.J., A.J. Ryan, M.M. Treuth, S.M. Harman, M.R. Blackman, B.F. Hurley, and M.A. Rogers. 1995. Testosterone, growth hormone and IGF-1 responses to acute and chronic resistive exercise in men aged 55-70 years. *International Journal of Sports Medicine* 16: 445-450.

117. Nimmons, M. 1995. High volume weight training with different rest periods and its effect on muscle hypertrophy. Master's thesis, Appalachian State University, Boone, NC.

118. O'Dowd, B.F., R.J. Lefkowitz, M.G. Caron et al. 1989. Structure of the adrenergic and related receptors. *Annual Review of Neurosciences* 12: 67-92.

119. Ostrowski, K.J., G.J. Wilson, R. Weatherby et al. 1997. The effect of weight training volume on hormonal output and muscular size and function. *Journal of Strength and Conditioning Research* 11: 148-154.

120. Phillips, G.B. 1977. Relationship between serum sex hormones and glucose, insulin and lipid abnormalities in men with myocardial infarction. *Proceedings of the National Academy of Science* 74: 1729-1733.

121. Pierce, K., R. Rozenek, M. Stone et al. 1987. The effects of weight training on plasma cortisol, lactate, heart rate, anxiety and perceived exertion [abstract]. *Journal of Applied Sport Science Research* 1(3): 58.

122. Porte, D., and R.P. Robertson. 1973. Control of insulin secretion by catecholamines, stress and the sympathetic nervous system. *Federation Proceedings* 32: 1729-1733.

123. Powers, S.K., and E.T. Howley. 1997. *Exercise physiology* (3rd ed.). Madison, WI: Brown and Benchmark.

124. Renold, A.E., D.H. Mintz, W.A. Muller et al. 1978. Diabetes mellitus. In: J.B. Stanbury, J.B. Wyngaarden, and D.S. Fredrickson (Eds.), *Metabolic basis of inherited disease* (4th ed.). New York: McGraw-Hill.

125. Rhea, M.R., B.A. Alvar, L.N. Burkett, and S.D. Ball. 2003. A meta-analysis to determine the dose response for strength development. *Medicine and Science in Sports and Exercise* 35: 456-464.

126. Robaire, B., and S.F. Bayly. 1989. Testicular signaling. Incoming and outgoing messages. *Annals of the New York Academy of Science* 264: 250-260.

127. Rowell, L.B. 1974. Human cardiovascular adjustments to exercise and thermal stress. *Physiological Reviews* 54: 74-159.

128. Sar, M., and W.E. Stumpf. 1977. Androgen concentration in motor neurons of cranial nerves and spinal cord. *Science* 19: 77-79.

129. Scheurink, A.J.W., A.B. Stephens, and R.P.A. Gaykema. 1990. Hypothalamic adrenoceptors mediate sympathoadrenal activity in exercising rats. *American Journal of Physiology* 259: H470-H477.

130. Schwab, R., G.O. Johnson, T.J. Housh et al. 1993. Acute effects of different intensities of weightlifting on serum testosterone. *Medicine and Science in Sports and Exercise* 25: 1381-1385.

131. Scow, R.O., and S.N. Hagen. 1965. Effect of testosterone proprionate and growth hormone on growth and chemical composition of muscle and other tissues in hypophysectomized male rats. *Endocrinology* 77: 852-858.

132. Shepard, R. 1982. Hormonal control systems. In: *Physiology and biochemistry of exercise.* New York: Praeger.

133. Shutz, G., L. Killewich, G. Chen et al. 1979. Control of the mRNA for the hepatic tryptophan oxygenase during hormonal and substrate induction. *Proceedings of the National Academy of Science* 72: 1017-1020.

134. Smilios, I., T. Pilianidis, M. Karamouzis, and S.P. Tokmakidis. 2003. Hormone responses after various resistance exercise protocols. *Medicine and Science in Sports and Exercise* 35: 644-654.

135. Spiegel, A., and J. Giese-Davis. 2003. Depression and cancer: Mechanisms and disease progression. *Biological*

*Psychiatry* 54: 269-282.
136. Staron, R.S., D.L. Karapondo, W.J. Kraemer et al. 1994. Skeletal muscle adaptations during early phase of heavy resistance training in men and women. *Journal of Applied Physiology* 76: 1247-1255.
137. Stoessel, L., M.H. Stone, R.E. Keith et al. 1991. Selected physiological, psychological and performance characteristics of national caliber United States women weightlifters. *Journal of Applied Sport Science Research* 5(2): 87-95.
138. Stone, M.H. 1992. Connective tissue and bone responses to strength training. In: P.V. Komi (Ed.), *Strength and power in sport* (pp. 279-290). Champaign, IL: Human Kinetics.
139. Stone, M.H. 1993. Anabolic steroids and athletics. *National Strength and Conditioning Association Journal* 15(2): 9-29.
140. Stone, M.H. 1995. Human growth hormone: Physiological functions and ergogenic efficacy. *Strength and Conditioning* 17(4): 72-74.
141. Stone, M.H., P. Borkowski, and S.L. Smith. 2003. The USOC symposium: The weightlifting project. Presented at the American College of Sports Medicine meeting, San Francisco, May 2003.
142. Stone, M.H., R. Byrd, and C. Johnson. 1984. Observations on serum androgen response to short-term resistive training in middle-aged sedentary males. *National Strength and Conditioning Association Journal* 5(6): 40-65.
143. Stone, M.H., T.J. Chandler, M.S. Conley et al. 1996. Training to muscular failure: Is it necessary? *Strength and Conditioning* 18(3): 44-48.
144. Stone, M.H., and A.C. Fry. 1997. Increased training volume in strength/power athletes. In: R. Kreider, A.C. Fry, and M. Fry (Eds.), *Overtraining in sport.* Champaign, IL: Human Kinetics.
145. Stone, M.H., R.E. Keith, J.T. Kearney et al. 1991. Overtraining: A review of the signs, symptoms and possible causes. *Journal of Applied Sport Science Research* 5(1): 35-50.
146. Stone, M.H., and H.S. O'Bryant. 1987. *Strength training: A scientific approach.* Minneapolis: Burgess.
147. Stone, M.H., S. Plisk, M.E. Stone, B. Schilling, H.S. O'Bryant, and K.C. Pierce. 1998. Athletic performance development: Volume load—1 set vs multiple sets, training velocity and training variation. *Strength and Conditioning* 20(6): 22-33.
148. Storer, T.W., L. Magliano, L. Woodhouse, M.L. Lee, C. Dzekov, J. Dzekov, R. Casaburi, and S. Bhasin. 2003. Testosterone dose-dependently increases maximal voluntary strength and leg power, but does not affect fatigueability. *Journal of Clinical Endocrinology and Metabolism* 88: 1478-1485.
149. Stromme, S.B., H.D. Meen, and A. Aakvaag. 1974. Effects of an androgenic-anabolic steroid on strength development and plasma testosterone levels in normal males. *Medicine and Science in Sports* 6: 203-208.
150. Sutton, J.R., and J.H. Casey. 1975. The adrenocortical response to competitive athletics in retired athletes. *Journal of Clinical Endocrinology and Metabolism* 400: 135-138.
151. Sutton, J.R., P.A. Farrel, and V.J. Haber. 1990. Hormonal adaptation to physical activity. In: C. Bouchard, R.J. Shephard, T. Stephens, J.R. Sutton, and B. McPherson (Eds.), *Exercise, fitness, and health* (pp. 217-257). Champaign, IL: Human Kinetics.
152. Tabata, I., Y. Atomi, and M. Miyashita. 1984. Blood glucose concentration-dependent ACTH and blood glucose concentration and cortisol responses to prolonged exercise. *Clinical Physiology* 4: 299-307.
153. Tarnopolsky, L.J., J.D. MacDougall, S.A. Atkinson et al. 1990. Gender differences in substrate for endurance exercise. *Journal of Applied Physiology* 68: 302-308.
154. Terjung, R. 1979. Endocrine response to exercise. In: R.S. Hutton and D.I. Miller, *Exercise and sport sciences reviews* (Vol. 7, pp. 153-179). New York: Macmillan.
155. Tesch, P.A. 1992. Training for bodybuilding. In: P.V. Komi (Ed.), *Strength and power in sport* (pp. 370-380). Champaign, IL: Human Kinetics.
156. Tharp, G.D. 1975. The role of glucocorticoids in exercise. *Medicine and Science in Sports* 7: 6-11.
157. Tsolakis, C., D. Messinis, A. Stergioulas, and A. Dessypris. 2000. Hormonal responses after strength training and detraining in prepubertal and pubertal boys. *Journal of Strength and Conditioning Research* 14: 399-404.

158. Unger, R.H., and L. Orci. 1976. Physiology and pathophysiology of glucagon. *Physiological Reviews* 56: 778-826.
159. Vanhelder, W.P., M.W. Radomski, and R.C. Goode. 1984. Growth hormone during intermittent weight lifting exercise in men. *European Journal of Applied Physiology* 53: 31-34.
160. Vanhelder, W.P., M.W. Radomski, and R.C. Goode. 1985. Hormonal and metabolic responses to three types of exercise of equal duration and external work output. *European Journal of Applied Physiology* 54: 337-342.
161. Vernikos-Daniellis, J., and J. Heybach. 1980. Psychophysiologic mechanisms regulating the hypothalamicpituitary-adrenal response to stress. In: H. Selye (Ed.), *Selye's guide to stress research* (Vol. 1). New York: Van Nostrand Reinhold.
162. Viru, A. 1992. Plasma hormones and physical exercise. *International Journal of Sports Medicine* 13: 201-209.
163. Von Euler, U.S. 1974. Sympatho-adrenal activity in physical exercise. *Medicine and Science in Sports* 6: 165-173.
164. Weicker, H., A. Rettenmeier, F. Ritthaler et al. 1981. Influence of anabolic and catabolic hormones on substrate concentrations during various running distances. In: J. Poortmans and G. Niset (Eds.), *Biochemistry of exercise IV-A* (pp. 208-218). Baltimore: University Park Press.
165. Weiner, N. 1980. Norepinephrine, epinephrine and the sympathomimetic amines. In: A. Gilman, L. Goodman, and A. Gilman (Eds.), *The pharmacological basis of therapeutics* (pp. 138-175). New York: Macmillan.
166. Weiss, L.W., K.J. Cureton, and F.N. Thompson. 1983. Comparison of serum testosterone and androstenedione responses to weight lifting in men and women. *European Journal of Applied Physiology* 50: 413-419.
167. White, T.P., and K.A. Esser. 1989. Satellite cell and growth factor involvement in skeletal muscle growth. *Medicine and Science in Sports and Exercise* 21(Suppl.): S158-S163.
168. Wilkerson, J.E., S. Horvath, and B. Gutin. 1980. Plasma testosterone during treadmill exercise. *Journal of Applied Physiology* 49: 249-253.
169. Wilkerson, J.G., L. Swain, and J.C. Howard. 1988. Endurance training, steroid interactions and skeletal interactions. *Medicine and Science in Sports and Exercise* 20: S59.
170. Williams, A.G., A.N. Ismail, A. Sharma, and D.A. Jones. 2002. Effects of resistance exercise volume and nutritional supplementation on anabolic and catabolic hormones. *European Journal of Applied Physiology* 86: 315-321.
171. Williams, R.H. 1981. *Textbook of endocrinology.* Philadelphia: Saunders.
172. Winder, W.W., J.M. Hagberg, R.C. Hickson et al. 1978. Time course of sympathoadrenal adaptation to endurance exercise in man. *Journal of Applied Physiology* 45: 370-374.
173. Wirth, A., C. Diehm, H. Mayer et al. 1981a. Plasma C-peptide and insulin in trained and untrained subjects. *Journal of Applied Physiology* 50: 71-77.
174. Wirth, A., U. Smith, B. Nilsson et al. 1981b. 125I-insulin metabolism in exercised-trained rats. In: J. Poortmans and G. Niset (Eds.), *Biochemistry of exercise IV-B.* Baltimore: University Park Press.
175. Wolfe, R.R., E.R. Nadel, J. Shaw et al. 1986. Role of changes in insulin and glucagon in glucose homeostasis in exercise. *Journal of Clinical Investigation* 77: 900-907.
176. Yamada, S., N. Buffinger, J. Dimero et al. 1989. Fibroblast growth factor is stored in fiber extracellular matrix and plays a role in regulating muscle hypertrophy. *Medicine and Science in Sports and Exercise* 21(Suppl.): S173-S180.
177. Yki-Jarvinen, H., and V.A. Koivisto. 1983. Effects of body composition on insulin sensitivity. *Diabetes* 32: 965-969.
178. Yki-Jarvinen, H., V.A. Koivisto, M.R. Taskinen et al. 1984. Glucose tolerance, plasma lipoproteins and tissue lipoprotein lipase activities in body builders. *European Journal of Applied Physiology* 53: 253-259.
179. Young, R.J., and A.H. Ismail. 1978. Ability of biochemical and personality variables in discriminating between high and low fitness levels. *Journal of Psychomotor Research* 22: 193-199.
180. Zawadski, K.M., B.B. Yaspelkis, and J.L. Ivy. 1992. Carbohydrate complex increases the rate of muscle glycogen storage after exercise. *Journal of Applied Physiology* 72: 1854-1859.

# 第六章
# 營養和代謝因素

當前，運動營養是競技科學中研究最多的領域之一。許多長期以來與良好營養有關的信念和觀念正受到挑戰，特別是對象是運動員時。1970年代後期以來，對於運動和訓練的維生素、礦物質、脂肪、碳水化合物，尤其是蛋白質需求的研究，使我們開始重新評估運動員的營養需求和飲食調整。

關於碳水化合物和蛋白質攝取、肌酸補充、以及其與運動和訓練交互作用等研究的最新資訊顯示，許多運動員的飲食可能不足以支持高水準的訓練和表現。例如，碳水化合物和肌酸都被認為可以像是增補劑一樣的提升表現。攝取碳水化合物有助於肝臟和肌肉肝醣的產生，而且通常會創造出一個更為合成代謝的環境；這些因素會影響有氧和無氧活動。僅僅在幾年之前，大多數營養學家和競技科學家均表示，蛋白質的建議飲食容許量（recommended dietary allowance，RDA）對運動員來說，是完全足夠的。而當前大多數的體育科學家則建議，比起非運動員，耐力和肌力—爆發力運動員都要在飲食中加入更高量的蛋白質。肌酸補充可以增加磷酸肌酸（creatine phosphate）的儲存，並且有可能增強恢復作用——這些因素可能會對高強度運動的表現有很大影響。維生素和礦物質也重新受到關注和重視，原因在於它們對於沉重的運動訓練計劃，以及長期健康的重要性。另一方面，營養不良會導致各種與訓練（和健康）相關的不利適應，包括恢復不良和可能的過度訓練。

運動員吃什麼、怎麼吃、什麼時候吃、以及吃多少，會對健康和表現有重大的影響。本章的目的，是回顧營養和飲食的各個方面，尤其是會影響運動表現的部分。

## 能量消耗和能量攝取

能量可以定義為作功的能力或容量，通常以千卡路里（kilo-calories，kcal）來測量。1千卡是將1公斤水的溫度，升高攝氏1度所需要的能量。消耗速率和總能量消耗，與幾個身體、生理、和表現因素有關。運動強度和持續時間，會對能量消耗有顯著的影響。隨

著運動強度的增加，能量消耗的速率也會增加；做更多的功，就會使用更多的卡路里。此外，運動所導致的能量消耗，會直接或間接的受到身體質量和組成，以及基質活化的效率所影響。

　　運動的能量消耗也會影響運動後的能量消耗和恢復參數[38]。訓練導致的能量消耗累積效果，似乎和幾種訓練適應有關，包括改變身體質量和組成、血清脂質、心血管功能以及運動表現[234]。考量這些關係和影響，合理預估各種活動的能量消耗速率與**能量消耗**（總使用能量），對於規劃訓練計劃是很有價值的。表6.1列出了各種活動的一般能量消耗速率。如表中所示，某些活動的能量消耗範圍相當大。消耗值的範圍，是由各種決定變數，像是身體質量、運動強度和間歇活動的差異，以及競技的實務面（例如擔任線鋒還是線衛）來決定的。

　　從健康的角度、一些研究和回顧顯示，能量消耗速率和能量消耗的增加，與減少退化性疾病（尤其是心血管疾病）的風險有相關性[234]。而且，減少的健康風險可能與強度和訓練量閾值有關[180]。建議的強度閾值大約為 7.5 kcal·min$^{-1}$，而訓練量閾值則是從 500 kcal·week$^{-1}$ 開始，並增加至額外 2000 kcal·week$^{-1}$。消耗超過額外 2000 kcal·week$^{-1}$ 的訓練計劃，可能會改善表現，而不太會進一步影響健康參數。考慮到和各種身體活動以及競技訓練相關的能量消耗（表6.1和6.2），可明顯看出，包括重量訓練在內的幾種不同活動，只要是以激烈的方式進行，而且是高訓練量，就可以滿足強度和訓練量閾值的要求。也有研究顯示，健康參數，特別是心血管疾病的風險，與能量消耗之間存在著相近的級數相關[20, 21]。因此重點在於，總能量消耗越大，則能量消耗增加的潛在保護作用就越大。

　　運動訓練的能量消耗，通常比提供良好健康所必需（或實務上）要多得多。運動員的訓練可能每週會進行好幾次，而且通常每天不止1次。例如，有許多傑出的舉重運動員和投擲運動員，每天會訓練2至3次，每週

**表6.1　不同身體活動的能量消耗**

| 活動 | 能量消耗（kcal·min$^{-1}$） |
| --- | --- |
| 平躺 | 1 |
| 坐 | 1-1.5 |
| 站立不動 | 1-1.5 |
| 籃球（一場比賽的平均值） | 3-15 |
| 自行車（4 km·h$^{-1}$） | 7-8 |
| 美式足球（活動時） | 6-15 |
| 慢跑（160 m·min$^{-1}$） | 7-9 |
| 衝刺（最快跑步速度） | 18-22 |
| 排球（一場比賽平均值） | 3-7 |
| 重量訓練（平均值） | 9-10 |
| 循環優先（Circuit priority） | 5-10 |
| 小肌肉質量運動 | 3-7 |
| 大肌肉質量運動 | 6-18 |
| 綜合（著重大肌肉質量運動） | 9-10 |

資料來源：Based on AAHPERD 1971; Hunter et al. 1988; Nicolette 1993; Scala et al. 1987; Wilmore 1994.

4至6天，在準備階段時，這種狀況並不少見。在這些訓練中，會執行可觀的作功量，而且累積的訓練效果會產生大量的能量消耗。為了減少可能的不利適應，例如過度壓力或過度勞累[236]，以及流失身體質量或除脂體重（lean body mass，LBM），必須攝取足夠的卡路里以平衡能量消耗。表6.2列出了一般的卡路里消耗和消耗量；再次強調，要注意有些運動的能量消耗和消耗量範圍相當大。與能量消耗速率一樣，會有如此大的範圍差異，是因為身體質量、運動和訓練強

表6.2　運動活動的卡路里消耗和消耗量

| 活動 | 消耗<br>($kcal \cdot kg^{-1} \cdot day^{-1}$) | 消耗量<br>($kcal \cdot day^{-1}$) |
|---|---|---|
| 未經訓練 | <40 | 2000-3000 |
| 馬拉松 | 50-80 | 2500-6000 |
| 籃球 | 55-70 | 5000-6000 |
| 衝刺 | 55-65 | 4300-6000 |
| 柔道 | 55-65 | 3000-6200 |
| 投擲（田賽項目） | 60-65 | 6000-8500 |
| 舉重 | 55-75 | 3000-10,000 |

注意：數值是以男性為根據，女性的數值通常會少10%至25%。
資料來源：Based on McMillan et al. 1993; Scala et al. 1987; Wilmore and Costill 1994.

度以及訓練量的差異所致。例如，與較瘦小的運動員相比，一位超重的舉重運動員（150公斤或331磅以上），在相同的絕對或相對強度下，執行相同的常規訓練時，會消耗更多的能量，並且需要攝取更多的能量。

還有許多會影響能量消耗速率和能量消耗的因素，例如參與的肌肉質量大小，和組間休息時間等。使用大肌肉質量訓練或短組間休息時間，會增加訓練的能量消耗。運動所導致的總能量消耗，也受運動後能量消耗的影響。

通常，能量消耗受到四種主要因素的影響：

基礎代謝率（basal metabolic rate，BMR）
食物的熱效應（thermic effect of food，TEF）
身體活動的熱效應（thermic effect of physical activity，TEA）——運動期間使用的能量
適應性產熱（adaptive thermogenesis，AT）

BMR是在禁食靜止狀態下於實驗室進行測量，受試者被隔離、躺臥、而且沒有藥物和壓力[169]。BMR表示在靜止時維持體內恆定所需要的能量。在健康的靜態生活成人中，BMR佔總能量消耗的60%至80%[169]。由於需要在實驗室過夜，BMR的測量並不方便，一般會用測量靜止代謝率（resting metabolic rate，RMR）來代替。RMR測量在測量新陳代謝之前，需要受試者（通常是禁食狀態）靜止較短的指定時間。BMR和RMR的差距通常在10%以內。比起靜態生活的受試者，運動員的RMR佔日常能量消耗百分比較小

（20至45%）[209,249]。可能會改變RMR的因素有很多，其中包括年齡、性別、身體質量、LBM、訓練後的狀態和遺傳。

食物的熱效應（TEF）是超過RMR的額外能量，由一天之中的食物消耗所產生，包括消化、吸收、運輸、代謝和儲存。TEF可以佔約每天總能量消耗的6%到10%。女性通常會處於TEF的下限，比RMR高出大約6%至7%的消耗[169]。TEF的測量需要使用新陳代謝室。儘管TEF是全天進食的累積效果，但大多數研究人員只測量一餐的熱效應（thermic effect of a meal，TEM），因為這樣比較簡單省時。TEM可以在餐後持續幾個小時，並且受到餐點組成所影響。碳水化合物的TEM約為5%至10%，脂肪為3%至5%，而蛋白質為20%至30%[88]。此外，短期和長期運動以及性別差異都可能影響TEF和TEM。

活動的熱效應（TEA）代表身體活動所需超過RMR的能量消耗。這些額外的能量消耗包括日常生活、有計劃的運動以及不隨意的肌肉動作，例如發抖。TEA是額外能量消耗因素中變化最大的，在靜態生活的個體中可能少到佔總能量消耗的10%，而運動員則會多到佔50%至60%[169]。

適應性產熱（AT）是由多種因素所造成的，因而改變了3種主要的熱效應（RMR、TEF和TEA）。這些因素包括生長、懷孕、環境溫度、海拔高度、醫療、藥物使用（例如，酒精、甲基黃嘌呤〔methylated xanthines〕、吸煙），以及身體和情緒壓力[169]。

## 卡路里密度和營養素密度

因為分子結構的差異，對於特定質量的食物，從食物（蛋白質、碳水化合物或脂肪）中代謝釋放出來的能量，會根據所吃的食物類型而有所不同。蛋白質和碳水化合物的產出約為 $4 \text{ kcal} \cdot \text{g}^{-1}$，而脂肪約為 $9 \text{ kcal} \cdot \text{g}^{-1}$。食物的卡路里值稱為**生理燃料熱值**（physiological fuel value，PFV），實際上代表每種食物類型中不同分子的平均值。使用這些數值，就可以經由把攝取的蛋白質、碳水化合物或脂肪的克數相加，然後乘以PFV，用來計算飲食的能量攝取。如果知道飲食的總卡路里值，則可以確定每種食物類型佔所攝取總卡路里的百分比。例如，如果一位100公斤（220磅）的運動員，每天攝取120克蛋白質、700克碳水化合物和150克脂肪，那麼攝取的總卡路里如下：

蛋白質 ＝ $120 \text{ g} \times 4 \text{ kcal} \cdot \text{g}^{-1}$ ＝ 480 kcal
碳水化合物 ＝ $700 \text{ g} \times 4 \text{ kcal} \cdot \text{g}^{-1}$ ＝ 2800 kcal
脂肪 ＝ $150 \text{ g} \times 9 \text{ kcal} \cdot \text{g}^{-1}$ ＝ 1350 kcal
總 kcal ＝ 4630 kcal

下列為每種食物類型的百分比（以卡路里計）：

蛋白質 = 480/4630 = 10.4%
碳水化合物 = 2800/4630 = 60.5%
脂肪 = 1350/4630 = 29.2%

在某些情況下，運動員可能會調整特定的卡路里攝取，以使每種食物類型能夠有特定的百分比。例如，一位110公斤（243磅）的運動員，吃入6000 kcal·day$^{-1}$，需要調整飲食以達到20%的蛋白質，55%的碳水化合物，和25%的脂肪：

蛋白質 = 6000 kcal×0.2×1 g/4 kcal = 300 g
碳水化合物 = 6000×0.55×1 g/4 kcal = 825 g
脂肪 = 6000×0.25×1 g/9 kcal = 167 g

使用這些簡單的公式，運動員就可以調整飲食以符合他們的需求。

營養素密度是指每卡路里的食物中，所存在巨量和微量營養素的含量。肉和許多蔬菜的營養素豐富，是因為含有高濃度的能量以及維生素和礦物質，而許多富含糖、鹽、以及防腐劑的包裝和加工食品，營養素並不豐富。雖然營養素密度對於攝取大量食物的大型運動員通常不是問題，但體型較小的運動員在吃低卡路里飲食時，必須注意微量營養素（維生素和礦物質）的含量。

## 能量消耗的測量

評估能量消耗最常使用的方法，是間接卡路里測定法[179]。這個方法是測量氧氣消耗量（$\dot{V}O_2$）和二氧化碳釋放量。間接卡路里測定法可以在新陳代謝室中完成，或是在特定的時間範圍內，經由使用吹口來收集和分析呼出的氣體（見第四章〈生物能量學和代謝因素〉）。氧氣消耗量對二氧化碳釋放量（$\dot{V}CO_2$）的比例，稱為呼吸比。在細胞層級，該比例稱為非蛋白質**呼吸商**（respiratory quotient，RQ）。非蛋白質RQ代表碳水化合物對脂肪的氧化比例。

然而，非蛋白質RQ不能在人體中的細胞層級直接測量；所以會使用呼吸交換率（respiratory exchange ratio，RER）。RER是測量嘴巴的氣體交換，並且是在穩定狀態條件下的RQ合理估算。RER是依據被氧化的基質——純脂肪的值為0.7、蛋白質為0.8、碳水

化合物則是1.0。當人類食用混合飲食（蛋白質、碳水化合物、脂肪）時，RER在靜止時的一般範圍是0.80到0.72。RER反映了被氧化的主要能量基質。正常條件下，蛋白質的氧化（來自酮酸〔ketoacids〕）非常小，而RER大大的反映了脂肪和蛋白質的氧化。例如，在經過訓練的運動員中，RER反映出脂肪代謝（RER為0.72至0.77）的增強，而在禁食和飢餓（即減重）時，RER可能接近0.7。高碳水化合物飲食會增加RER，且隨著運動強度增加，可以達到1.0（或更高）。因此，RER值會受到所吃的食物、身體質量維持和運動的影響。

能量消耗則是經由氧氣攝取來測量。通常，RER為0.82時，1公升的氧氣消耗等於4.8千卡路里。隨著RER的增加（例如運動強度增加），每公升氧氣的卡路里值也會隨之增加。這種方法已經被用來估算各種類型身體活動的卡路里消耗（表6.1）。

## 恢復能量消耗

人們在考量運動能量消耗時，經常忽略的一個因素，是運動後或恢復能量消耗（見第四章〈生物能量學和代謝因素〉）。有些研究證明了有氧穩定狀態運動對恢復能量消耗的影響[12,13,33,217,219]。這些研究通常指出，比起持續時間，運動強度（功率輸出）對運動後能量消耗有更大的影響。和較低強度相比，較高強度運動對於體內恆定的干擾程度更大，導致需要用更多的能量來恢復[38,148]。這個觀察指出，和有氧運動相比，無氧運動，例如重量訓練，因為高強度的參與，可能需要更多的恢復能量，並且可能需要更長的恢復時間。有些關於重量訓練運動後能量消耗的研究顯示，這確實發生了[39,38,80,217]。

雖然一般的小訓練量休閒性重量訓練，可能不會產生夠大的運動後能量消耗，以及顯著影響身體組成或大量的總能量消耗增加，但運動員可能並非如此。例如，證據指出，重量訓練後的運動能量消耗，與運動的訓練量有關，而且從高訓練量中恢復，可能需要大量的能量[175]。此外，在接受高水準訓練的肌力—爆發力運動員中，每日重量訓練的累積效果，可能會產生大量的恢復能量需求和消耗。運動後能量消耗通常不是運動能量消耗計算的考量因素，並且通常不包括在表6.1中。因此，某些運動員的能量消耗和消耗量（攝取）的需求，可能比估算消耗所能認定的要高得多，並且可能是在某些運動（表6.2）或個別運動員中，產生大範圍能量消耗的重要因素。

## 重量訓練的類型和能量消耗

優先進行重量訓練是一種方法。將相對於達成目標最重要的運動（對運動的重要性），放在第一項訓練，比較不重要的運動則是在比較重要的之後進行。通常，這表示大肌肉質量運動先於小肌肉質量運動。使用優先訓練，在進行下一個運動之前，要先完成每

一個運動的所有組數和反覆次數，並在項目之間有充足的休息，以確保每組的適當反覆次數順利完成。

在循環重量訓練中，通常上半身和下半身的運動會每組交替，並且使用短組間休息時間（＜1分鐘）。短組間休息時間可用來刺激新陳代謝和增加能量消耗。與優先訓練計劃相比，循環訓練通常著重在較小的肌肉質量運動。因為使用小肌肉質量訓練和短組間休息時間，訓練強度（平均所舉的質量）通常遠低於優先訓練。

使用大肌肉質量訓練進行循環訓練時，可以產生相當高的能量消耗。然而，著重大肌肉質量訓練的優先訓練（表6.1），因為較重的負荷，即使有相對較長的組間休息間隔，也會產生類似的卡路里消耗[215]。

與有氧訓練相同，重量訓練的能量消耗，與能量（食物）的攝取有關[46]。因此，當訓練的訓練量負荷增加時，卡路里的攝取應該隨之增加。考量到高水準（重負荷）訓練可能導致的能量消耗，以及延長恢復的可能性，我們會合理期望肌力與體能教練和運動員，能仔細思考運動選擇、訓練時間長度、訓練量和強度，以及每天的訓練次數。

# 蛋白質

多年來，運動員、教練和競技科學家都十分關注蛋白質在飲食中的作用，以及蛋白質補充的效果。運動員在訓練時飲食蛋白質的某些效果，目前仍不清楚。根據個人經驗，許多運動員和教練往往認為攝取超過RDA或DRI的蛋白質，對於最佳或最大表現以及增加LBM來說是必要的。即使是科學家，也常常對運動員確切的蛋白質需求有異議，特別是那些強度或訓練量非常高的運動員。會有諸多混淆，其根本原因，是許多科學研究採行了設計不良的實驗所致，特別是使用短期和設計不當的訓練計劃。缺乏對蛋白質代謝的全面了解，也導致了這個問題。本段落會簡要回顧當前的知識，討論關於蛋白質代謝的主要部分，以及訓練對蛋白質需求的影響。

## 蛋白質的代謝和功能

一般成年美國人的飲食中，總卡路里攝取有大約9%至16%是蛋白質[119,189,199]；許多運動員，尤其是肌力—爆發力運動員，總卡路里攝取有15%至25%是蛋白質[137,247,245]。蛋白質是具有酶或結構功能的相對複雜分子，而且在有關人體生長、維護和修復，以及能量產生等各種生物合成和生物能量作用中扮演重要角色。在正常的靜止條件下，由蛋白質產生的能量，約佔所需總能量的1%至2%；然而，由於能量需求是首要功能，如果飲食中的碳水化合物和脂肪不足，會使用大量的蛋白質做為能量來源[131]。骨骼肌有個重要功

能,就是蛋白質的儲存庫,當飲食攝取低(與饑餓時相同),可以將其分解代謝來做為能量[232]。

肌肉蛋白質會處於穩定的轉換狀態。肌肉中蛋白質的含量,很大程度取決於蛋白質合成代謝與分解代謝之間的平衡[28]。如果攝取過量的飲食蛋白質,可以將它氧化為能量或轉化為脂肪[119,248,247]。因此,食用過量的蛋白質會增加身體脂肪(對於碳水化合物來說也是如此)。

## 蛋白質的組成

蛋白質結構的基本單位是**胺基酸**(amino acids),全部都含有氮。氮是形成肽鍵(peptide bonds)所必需的,它將胺基酸連接在一起。蛋白質本質上是透過肽鍵將胺基酸連接在一起的長鏈。其它的(二級、三級、和四級)蛋白質結構可以透過氫鍵和共價鍵形成。

胺基酸是基本的結構單位,所以蛋白質的需求與胺基酸的需求有關。在我們所吃的食物中,通常只會發現少量的游離胺基酸。食物蛋白質包含胺基酸的混合物,必須先進行消化才能釋放出可供吸收的胺基酸。

蛋白質的生物價(biological value,BV),是用來測量蛋白質吸收與利用。蛋白質的BV越高,則氮的吸收、使用和保留也就越多。因此,具有最高BV的蛋白質,通常會促進更高水準的組織重塑和肌肉增長。人類的蛋白質合成需要大約22種不同的胺基酸,對於成年人來說,其中有9種是**必需胺基酸**(essential amino acids,EAA)。必需胺基酸是那些不能被合成,但必須在飲食中獲得的胺基酸(表6.3)。只要有足夠的氮來源(例如其它胺基酸)可用,非必需胺基酸可以藉由其它物質來合成,例如碳水化合物。含有非常少量一種或

**表6.3　胺基酸**

| 非必需 | 必需 |
| --- | --- |
| 甘胺酸(Glycine) | 白胺酸(Leucine) |
| 丙胺酸(Alanine) | 異白胺酸(Isoleucine) |
| 天門冬胺酸(Aspartic acid) | 纈胺酸(Valine) |
| 麩胺酸(Glutamic acid) | 蘇胺酸(Threonine) |
| 絲胺酸(Serine) | 離胺酸(Lysine) |
| 胱胺酸(Cystine) | 甲硫胺酸(Methionine) |
| 酪胺酸(Tyrosine) | 苯丙胺酸(Phenylalanine) |
| 精胺酸(Arginine) | 色胺酸(Tryptophan) |
| 脯胺酸(Proline) | 組胺酸*(Histidine) |
| 羥脯胺酸(Hydroxyproline) | |
| 天門冬醯胺酸(Asparagine) | |
| 麩醯胺酸(Glutamine) | |

*某些成人可以合成組胺酸。對於大多數成人和嬰兒來說,組胺酸是必需胺基酸。

資料來源:Adapted from M.H. Stone and H.S. O'Bryant, 1987, *Weight training: A scientific approach* (Minneapolis: Burgess).

## 建議飲食攝取量（飲食參考攝取量）

在考量攝取微量和大量營養素之前，我們需要討論當前對這些營養素的建議。2002年，加拿大與美國發表了聯合專家報告，為健康的美國和加拿大個人以及群眾，提供了一套全面的營養素攝取參考值。美國食品與營養委員會（Food and Nutrition Board）、美國國家學院醫學會（Institute of Medicine of the National Academies）與加拿大衛生部合作[166]，共同發表了〈能量、碳水化合物、纖維、脂肪、脂肪酸、膽固醇、蛋白質和胺基酸的飲食參考攝取量（Dietary Reference Intakes，DRIs）〉報告。

該報告對關於巨量營養素的攝取，就減少慢性疾病風險和維持健康所需量的證據，提出了嚴格的回顧。報告的作者確立了一組參考值，以擴大和取代先前發布的美國建議飲食容許量（RDAs）和加拿大建議營養素攝取量（Recommended Nutrient Intakes，RNIs）。然而，該報告並未顧及參與高水準運動的營養。（報告中）提出的飲食參考攝取量（DRI），包含以下的概念：

### DRI術語

巨量營養素的DRIs是由一組參考值所組成，定義如下：

- **可接受巨量營養素分布範圍**（Acceptable macronutrient distribution range，AMDR）：特定能量來源的飲食攝取範圍（能量攝取的百分比），與減少慢性疾病風險，同時提供足夠的必需營養素攝取有關聯性。
- **建議飲食容許量**（Recommended dietary allowance，RDA）：在特定生命階段和生物性別的人群中，平均每日飲食營養素攝取水準，足以滿足幾乎所有（97至98%）健康個體的營養素需求。
- **適當攝取量**（Adequate intake，AI）：建議的平均每日攝取水準，是根據被觀察到，或透過實驗確認的一組（或多組）顯然健康的人，其營養素攝取的近似值或估算值，在無法確認RDA時使用，一般認為這是適當的作法。
- **容許上限攝取水準**（Tolerable upper intake level，UL）：最高的平均每日營養素攝取水準，對一般人群中的幾乎所有個體，可能不會造成不良健康影響的風險。當攝取量增加到超過UL時，潛在的不良反應風險可能會增加。
- **估算平均需要量**（Estimated average requirement，EAR）：估算的平均每日營養素攝取水準，滿足特定生命階段和性別群組中，一半健康個體的需求。
- **估算能量需要量**（Estimated energy requirement，EER）：預估的平均飲食能量攝取，在限定年齡、性別、體重、身高、和身體活動水準的健康成人中，能維持能量平衡以保持良好健康的量。

多種EAA的飲食蛋白質，被稱為**不完全蛋白質**（incomplete proteins）。不完全蛋白質的來源通常是植物，包括堅果、穀物、豆類和種子。然而，在某些植物產品中，尤其是豆類，可用的蛋白質含量相對較高，可以部分彌補較低的BV。含有所有人體組織合成所需EAA的飲食蛋白質具有高BV，且被稱為完全蛋白質。完全蛋白質的來源，通常是動物與相關產品，例如紅肉、乳製品、蛋、魚類和家禽。

蛋白質的分解代謝和轉換（分解和替換），會造成胺基酸的脫胺作用，並且導致氮的排泄。儲存的蛋白質是經由分解代謝和合成的連續作用來重塑。在飲食充足的成年人中，每日重塑量約為全身蛋白質的3%至4%[63]，接受大重量訓練的運動員，百分比可能更高。與碳水化合物或脂肪的轉換相比，蛋白質分解和替換的效率較低，佔RMR的10%至25%[63,204]。蛋白質轉換的研究，有2種主要方法：（1）標記胺基酸輸注法，和（2）氮平衡的測量。

標記胺基酸輸注法是根據同位素稀釋和隨後的前驅物—產物反應。該方法可以用來追蹤全身蛋白質、特定組織的混合蛋白質和單一蛋白質的動力學[18,64]。該方法用於計算從特定內源蛋白質釋放特定胺基酸的速率。由靜脈內輸注特定的放射性標記胺基酸（radiolabeled amino acid，RLAA），並在設定的時間間隔採集血液樣本，以確認內源胺基酸對RLAA的稀釋。RLAA對內源胺基酸的比例，定義為比活性（specific activity，SA）。胺基酸從內源蛋白質中釋放的速率變化，可用下列公式計算：

$$RA\ (\mu mol \cdot min^{-1}) = \frac{i}{血漿胺基酸SA}$$

其中，i是RLAA以每分鐘衰減（dpm）的輸注速率，SA是胺基酸的比活性（dpm×$\mu$mol）。白胺酸是估算全身蛋白質轉換最常用的胺基酸[63]。通常選擇白胺酸是因為它是一種EAA，容易被氧化，並且會在骨骼肌中被完全氧化。該方法相對於其它方法，例如氮平衡研究，主要優點在於可以更直接的確認基質、荷爾蒙或其它刺激物的變化，何者可以影響蛋白質代謝的機制[63]。

氮平衡的測量提供了氮的攝取對比流失之間的估算，並且提供了蛋白質平衡的合理估算。當氮流失大於攝取時，發生負氮平衡，表示體內蛋白質流失。當攝取大於流失時，發生正氮平衡，表示蛋白質處於合成代謝狀態。氮平衡的公式如下：

$$Bn = I - (U + F + S + SW)$$

其中Bn是氮平衡；I是氮的攝取；U、F、S和SW分別是尿液、糞便、皮膚和汗液中

的氮流失。

氮平衡會受到許多因素影響，包括受試者的生理狀態和健康、能量攝取，以及必需和非必需胺基酸的攝取。

飲食中攝取的EAA過低，會減少蛋白質合成的速率，並妨礙蛋白質合成中其它胺基酸的使用。如果蛋白質合成減少得夠多，分解代謝作用會開始佔優勢，導致氮排泄的增加。如果飲食中EAA的比例不平衡，而且總蛋白質攝取不足以彌補負氮平衡，則可能會發生負氮平衡。即使只有一種EAA因為飲食不足而受到限制，也會增加蛋白質的分解代謝和負氮平衡[199]。

各自缺乏不同的EAA而受到限制的兩種不完全蛋白質，一起供應時就可以提供完全蛋白質飲食，這種做法稱為**相互補充**（mutual supplementation）。為了使素食者能獲得足夠的完全蛋白質以保持健康，有必要食用含有補充蛋白質的食物，它們將會一起提供所有的必需EAA。以下是可以提供互補蛋白質組合的典型食物組合：

大豆和稻米
豌豆和小麥
豆類和玉米
扁豆和小麥或稻米
穀類和豆類
全穀類和向日葵種子
花生和小麥（麵包）

進食的時間對於最佳蛋白質合成可能十分重要。一些證據顯示，如果在2小時內沒有攝取所有EAA，則相互補充會比較沒有效果[4]。儘管這一想法受到許多挑戰，但是吃下具有不完全蛋白質的兩餐時間相隔太久，則可能無法導致最有效的相互補充。此外，餐後立即運動可能會減少胺基酸和其它營養素的吸收。因此，考量到大重量訓練運動員的蛋白質需求相對較高，應該考慮蛋白質（即胺基酸）的攝取時間。

蛋白質的品質是確立蛋白質每日攝取需求的重要因素。儘管許多食品聲稱具有高蛋白質含量，但是由於缺乏一種或多種EAA，品質可能很差。多樣化飲食可以增加攝取高品質蛋白質食物的可能性，並增加滿足蛋白質和其它營養素需求的可能性。

## 蛋白質的消化

消化從咀嚼（咬）和食物顆粒的機械分解開始。吞嚥後，從胃壁釋放的鹽酸和胃蛋白

酶（pepsin）會進一步分解在胃中的小顆粒。成人的胃不會吸收胺基酸。許多種不活化的消化酶被從胰臟釋放出來，例如來胰蛋白酶（trypsin）、胰凝乳蛋白酶（chymotrypsin）和羧肽酶（carboxypeptidase），並進入小腸。這些酶在小腸中被活化，而且催化胺基酸之間特定肽鍵的水解，產生較小的肽和單一胺基酸。單一胺基酸可以被黏膜細胞吸收，但更通常以二或三肽被吸收。吸收的過程中，這些較小的肽被分解成胺基酸，並且釋放進入血液中。健康的人類體內，幾乎100%進入小腸的胺基酸都會被吸收；只有3%至5%進入大腸[199]。

小腸的吸收很快，且仰賴特定的主動運輸系統。胺基酸（Amino acids，AAs）可以按照化學結構和功能來分類；AAs根據側鏈（R-基團）的不同，有很大的差異。根據R-基團的相似性，有6個結構上相關的胺基酸基團（脂肪族〔aliphatic〕、芳香族〔aromatic〕、醚〔ether〕或硫醚〔thioether〕取代物、酸性或醯胺〔amide〕官能基、鹼性官能基和奇數基團）。每個結構上相關的胺基酸都有自己的運輸系統，以幫助沿著小腸一路吸收[119,199]。具有相同結構基團的胺基酸會競爭運輸位置，且吸收是按照先到先運輸的方式進行[22]。例如，離胺酸、精胺酸、胱胺酸和鳥胺酸（ornithine）共用運輸位置；這些胺基酸其中之一過量，會妨礙其它3種的吸收。因此，攝取含有1種或多種過量胺基酸的食物、胺基酸或蛋白質補充品，可能會導致其它胺基酸的吸收減少。

由於胺基酸的吸收方式，與自由型式的胺基酸以及某些類型的蛋白質補充品相比，從一般食物中獲得的蛋白質，對於消化和吸收似乎具有更好的胺基酸組合和比例。消化過程所需的時間，能讓胺基酸和肽逐漸被吸收。因為消化和吸收的機制和時間，可以提供穩定而非極大量的胺基酸供應。在某些補充品中發現的大量預先消化的蛋白質和游離胺基酸，可能會壓垮可用的運輸系統，因而減少總胺基酸的吸收。

幾乎所有進入胃和小腸的蛋白質都會被消化和吸收。口服的酶或肽荷爾蒙大部分會被去活化或失效，因為它們也會被消化。號稱合成代謝類固醇替代品的腺體物質和其它含蛋白質物質可能無效，因為它們在進入血液之前就會被消化作用分解。小腸吸收後，胺基酸被釋放進入門脈循環中，然後到達肝臟。胺基酸可以經由肝臟釋放到血液中，並且從那裡根據特定需求被各種組織吸收。

## 蛋白質的代謝和控制

美國的蛋白質RDA為$0.8 \text{ g} \cdot \text{kg}^{-1} \cdot \text{day}^{-1}$[183]。在嘗試計算和控制蛋白質代謝、正常氮流失和身體活動程度的個體差異時，該RDA中包含1個安全限度。根據RDA的標準，由於安全限度，健康的人無需因為任何原因在飲食中添加額外的蛋白質。有趣的是，有些國家有略高的蛋白質攝取值。例如，德國使用$0.83 \text{ g} \cdot \text{kg}^{-1} \cdot \text{day}^{-1}$。確實，有幾個因素可能會

減少RDA以及DRI的有效性,並且在像是傑出運動員等身體非常活躍的群體中引發質疑。

一直以來都假設RDA在很大程度上不受卡路里消耗的影響。但是,卡路里攝取必須足夠,否則總蛋白質需求會增加[245]。通常,由於能量需求會隨著身體訓練的需求而增加,為了滿足需求,食物攝取和卡路里攝取也會增加。為了維持正常的氮平衡,蛋白質攝取的增加要和較高的卡路里消耗成正比。然而,這種蛋白質攝取增加並不總是發生。例如,當1名運動員從1個訓練階段轉變為另1個時,可能需要2到4個星期來重新調整能量和蛋白質的攝取和輸出;如果身體質量有所增加或減少,則可能需要更長的調整期間[8,199]。這裡要注意的一個重要可能性是,訓練量或強度的改變,沒有配合適當的飲食改變(例如卡路里、蛋白質的改變),可能會造成身體質量、身體組成和蛋白質狀態(身體蛋白質含量)的不利變化,至少在調整期間內是如此。

蛋白質會在肝臟和骨骼肌中被分解成其組成胺基酸。最後,所有胺基酸都會產生反應,導致提供其胺基(--NH$_2$)給α-酮戊二酸,用以形成麩胺酸。哺乳動物肝臟細胞負責胺基酸氮最終的降解和清除,這與麩胺酸的脫胺作用與後續氨的產生有關。氨(NH$_3^+$)是很毒的物質,必須快速移除或緩衝。大部分產生的氨會經由鳥胺酸—精胺酸途徑(尿素循環)轉化為尿素。尿素是一種無毒的物質,可以從尿液中排出。由於運動會增加蛋白質的分解代謝和降解,因而顯著提高氨和尿素的濃度。

蛋白質代謝會受到各種荷爾蒙的影響[63,106,251]。睪固酮、胰島素、類胰島素生長因子和生長激素是合成代謝荷爾蒙,可以直接增強蛋白質合成或是抑制分解代謝。此外,腎上腺素透過降低降解速率,對蛋白質代謝具有淨合成代謝作用[63]。皮質醇具有分解代謝特性,會增強蛋白質的分解代謝,並拮抗睪固酮。升糖素和甲狀腺荷爾蒙因為其代謝作用,而具有淨分解代謝作用。這些荷爾蒙具有廣泛的代謝和生理作用。它們不僅影響蛋白質代謝,還有碳水化合物和脂肪代謝、水和電解質平衡、行為、生長以及與蛋白質狀態有關的許多其它生理功能。運動和訓練造成的靜止和運動後荷爾蒙濃度變化,會影響蛋白質代謝,包括合成和降解。

## 運動和訓練對蛋白質合成的影響

通常在運動時,蛋白質的合成會受到抑制,根據運動的強度和持續時間,非收縮性肌肉蛋白質的降解,和肝臟中的降解會不變或增加[70,110,176]。收縮性蛋白質的降解通常在運動中減少[110]。淨效應,尤其是有氧運動的結果,是使胺基酸用於分解代謝作用。恢復時,蛋白質的分解代謝回復到基線,而且蛋白質的合成會增加[70]。

3-甲基組胺酸(3-methylhistidine)排泄的觀察,支持運動造成蛋白質加速降解的概念。該胺基酸主要是由收縮性蛋白質(肌動蛋白和肌凝蛋白)降解而形成的,而且不能在

新蛋白質的合成中重複使用[28,110]。因此，3-甲基組胺酸排泄的變化，與運動中及運動後發生的收縮性蛋白質降解的程度有關。動物[44,73,72]和人類[205]的研究都指出，在有氧和無氧運動中，包括重量訓練，從肌肉釋放出的3-甲基組胺酸會減少[72,83,201]；然而，運動後的釋放大幅增加，顯示收縮性蛋白質的分解代謝確實發生了。運動造成的蛋白質分解代謝的確切性質尚不清楚，可能取決於許多因素，包括訓練量、強度和運動類型。在解釋和使用3-甲基組胺酸的數據時必須慎重，因為有些肌肉外部位含有收縮性蛋白質（腸和皮膚），可能在人體3-甲基組胺酸的排泄上佔了很大部分（多達25%）[2]。

訓練（有氧和無氧）增加了飲食蛋白質攝取的需求[156,161,211]。然而，額外蛋白質的主要用途，可能會因為運動類型和訓練方法而有所不同。有氧訓練為了能量，主要導致胺基酸（蛋白質）的氧化增加；無氧訓練，尤其是重量訓練，主要導致胺基酸在組織修復和肌肥大上的使用增加[176,157,246,245]。

根據同位素稀釋和氮平衡的研究顯示，有氧[96,108,109]和無氧訓練[162,176,248]，包括舉重[49,153]，會導致蛋白質的需求增加。負氮平衡取決於其程度和持續時間，會導致LBM的流失，其中可能包括荷爾蒙、結構和酶蛋白質、抗體和其它必需蛋白質。這些不利作用可能會導致受傷、疾病、降低表現能力和增加過度訓練的可能性[176,236]。

與訓練的負氮平衡觀察有關的研究和回顧顯示，高訓練量的有氧訓練，也許還有無氧訓練[200]，增加了對特定胺基酸的需求。骨骼肌可以氧化大約6個胺基酸：丙胺酸、天門冬胺酸、麩胺酸，尤其是支鏈胺基酸（branched chain amino acids，BCAA）、白胺酸、異白胺酸和纈胺酸[11,70,82,130]。支鏈胺基酸可以提供氮給丙酮酸，它可以由葡萄糖或胺基酸來形成[100]。丙酮酸和BCAA的合併如下：

$$丙酮酸 + BCAA \rightarrow 丙胺酸 + \alpha\text{-}酮酸$$

丙胺酸是一種無毒的載體，可以將胺基運輸到肝臟進行糖質新生，這是乳酸、甘油和胺基酸轉化為葡萄糖的作用。有氧運動可以大幅加速這個作用，尤其是在沒有攝取外來碳水化合物的情況下[85]。產生的α-酮酸，其氧化可提供額外的燃料，以滿足肝臟和肌肉的代謝需求。肝臟和肌肉都可以分解代謝大量的蛋白質和釋放胺基酸[69,71,160,279]。運動導致的蛋白質代謝改變，至少有3種重要的生理方式[70]：

- 胺基酸轉化為克勞伯循環的中間產物，可以增加由葡萄糖和脂肪酸氧化所產生的乙醯輔酶A（CoA）氧化速率。
- 增加胺基酸轉化為葡萄糖，可以幫助預防低血糖。

- 特定胺基酸的氧化，可以為肌肉收縮提供額外能量。

淨效應與糖質新生的加速有關，糖質新生進行得越快，分解代謝的蛋白質就越多。

影響蛋白質氧化速率的重要因素，是初始肌肉肝醣濃度[160]。如果骨骼肌肝醣濃度低，則會更依賴蛋白質和蛋白質降解。如果肌肉肝醣不足，有氧運動總能量需求來自蛋白質的比例，會是百分之十或更多[160]。高訓練負荷加上飲食不足，會增加LBM流失的可能性；這種情況增加了過度訓練的可能性[236]。因此，嚴格訓練中的耐力和肌力—爆發力運動員，飲食蛋白質應該佔所攝取卡路里約15%左右，尤其是在高訓練量階段，工作非常辛勞的體力勞動者也是如此[247,245]。碳水化合物應該佔飲食卡路里約55%至60%，以確保肌肉和肝臟中有足夠的肝醣濃度，因而減少可能的蛋白質分解代謝作用[211,236]。

長期過度勞累而導致的身體質量流失和身體組成不利變化，也可能與心理變化有關，例如失去食慾[10,236,277]。這些變化可能會導致表現下降，尤其是在需要高度肌力或爆發力的活動中。

## 蛋白質的攝取

儘管確切數量仍有些爭議，但是有大量證據顯示，運動員需要超過RDA的蛋白質攝取量，特別是在高訓練量期間[34,43,71,155,157,158,159,211,271,273]。蛋白質的實際需求取決於幾個因素，包括運動的類型、訓練量和強度、訓練時間的長短、碳水化合物的攝取、環境因素、攝取的時間、攝取的蛋白質品質，可能還有性別[155,159]。儘管增加需求的確切機制和原因似乎不同[157,158,176]，有氧訓練和無氧訓練都增加了蛋白質的需求[155,247,245]。對於耐力運動員，增加的需求似乎有部分與組織修復有關，但主要相關的是在運動中增加使用胺基酸，尤其是BCAA做為燃料。另一方面，對於肌力—爆發力運動員，增加的蛋白質似乎是用於組織修復、組織重塑和維持正氮平衡，使得訓練的肌肥大適應達到最大化[155,245]。

耐力運動員的蛋白質需求似乎在1.2和1.4 $g \cdot kg^{-1} \cdot day^{-1}$之間[87,157,158]。遠超過RDA需求的原因，可能是胺基酸的氧化增加，尤其是BCAA[96,155,157,158]。支鏈胺基酸的補充，理論上可以延長耐力表現[24]。會發生這種情況，可能有2個原因。第一，BCAA可以影響代謝變化，導致耐力延長；例如，外源BCAA可能會減少蛋白質的分解代謝，並且促進使用游離脂肪酸做為能量來源，因而保留肝醣[68]。第二個原因是BCAA與大腦吸收色胺酸之間的關係。色胺酸是一種芳香族胺基酸，由於它會轉變為神經傳導物質血清素（serotonin），而與睡意、倦怠和疲勞的感覺有關。色胺酸還涉及運動造成的疲勞，以及過度訓練狀態的病因[1,164,187,188]。色胺酸和BCAA會相互競爭，進入血腦障壁（blood-brain barrier）[188,187,278]。

在動物[1,278]和人類[60]身上，色胺酸的血清和大腦濃度似乎有高度相關。運動中，經過訓練和未經訓練的大鼠，會因為胺基酸的分解代謝導致BCAA的血液濃度降低，色胺酸的相對濃度增加[1]，這樣會進而增加大腦中的色胺酸濃度。在動物身上，增加大腦色胺酸濃度，可以增加神經傳導物質血清素的濃度[60]；增加的血清素會導致疲勞感，進而可能導致表現降低[187,188]。動物實驗的證據已經證實，耐力運動會造成大腦中的血清素濃度增加[1,60]。儘管有些證據顯示，血清素的改變會影響大鼠和人類的有氧耐力表現[61]，但這並不令人信服。此外，在人類身上，訓練量改變所增加的疲勞感，與色胺酸對BCAA比例的變化無關[154,244]。在人類身上，也沒有令人信服的數據指出，血清素的改變可能會導致與無氧活動或過度勞累相同的疲勞[102]。

　　在大鼠身上，BCAA補充所產生的結果不一，有項研究顯示會增加耐力[45]，另一項則顯示沒有效果[256]。在人類身上，補充BCAA在耐力表現會產生增加[25,178]、減少[196,254]和沒有任何效果[23,255]等變化。表現下降可能與BCAA補充所引起的氨濃度增加有關[68,168,260]。表現下降也可能是因為導致克勞伯循環中間產物減少的BCAA胺基轉移酶反應增加，它需要額外的克勞伯循環中間產物[260]。在動物身上，氨濃度的增加也和耐力表現下降有關[3]。此外，攝取碳水化合物可以減少或顯著降低運動過程中對BCAA氧化的依賴[60,260]。顯然，需要進一步的研究來解釋胺基酸補充與疲勞和過度勞累相關的作用。

　　Lemon[157,158]，Tarnopolsky及同事[247]，以及Fielding和Parkington[87]建議，肌力—爆發力運動員的蛋白質需求約為1.4至1.8 g・kg$^{-1}$・day$^{-1}$。的確，有些證據顯示，即使飲食中蛋白質攝取的初始值高於RDA，在肌力運動員的飲食中增加蛋白質，可能會強化肌力和肌肉質量的增加。例如傑出的羅馬尼亞舉重運動員，蛋白質攝取由RDA的225%增加至438%（約3.5到4.0 g・kg$^{-1}$・day$^{-1}$），與肌力增長5%和肌肉質量增長6%出現正相關[75]；然而，這些運動員使用雄性素的潛在影響是一個未知因素。Fern及同事[86]發現，超過4週的補充結合重量訓練，對比攝取蛋白質1.3 g・kg$^{-1}$・day$^{-1}$，攝取3.3的受試者，身體質量和LBM的增長更大。這些研究提供了証據，表明蛋白質補充結合阻力訓練，有增強肌肉和表現的潛力。

　　另一方面，與對照組相比，未經訓練的受試者進行重量訓練，並增加飲食中蛋白質的補充到RDA的3.67倍，並未顯示出身體組成的改變[266]。與對照組相比，經過中等訓練的受試者，增加蛋白質和卡路里攝取，同時執行重量訓練計劃，顯示出身體質量、LBM和肌力表現測量上的提升[191]。然而，在超大重量訓練期間，高階運動員增長肌力或LBM的蛋白質需求可能更高（2.0-2.2 g・kg$^{-1}$・day$^{-1}$）[137]。有些運動員可能會透過低卡路里飲食來減輕重量（使重量符合運動的重量分級）；為了部分彌補伴隨的負氮平衡和除脂體重流失，可能需要增加蛋白質攝取[261]。（見第七章〈人為輔助〉中的「營養補充品」

部分)。

據信,胺基酸補充可以產生包括增加LBM在內等廣泛多樣的作用。儘管在1990年代,某些肌力運動員和健美運動員普遍使用胺基酸補充[112,197],但幾乎沒有其功效的證據。例如傑出的青少年舉重運動員,胺基酸補充1週[98]和1個月[99],對於各種身體、生理和表現的測量上都沒有影響(見第七章〈人為輔助〉)。然而,這可能是蛋白質補充的總量[98,99]不足以促進恢復和生長所導致。

即使經由飲食提供了足夠的能量,初始訓練或是增加訓練量或強度,會導致氮平衡降低或負氮平衡[108,109,155]。隨著訓練的進行,氮平衡會恢復到正值;這一點有部分可經由運動強度的改變來解釋。運動中蛋白質的使用,與運動和訓練的強度,以及相對強度(最大值的百分比)有關[43,155]。隨著訓練的進行和適應的發生,相對強度可能會降低,並且降低對蛋白質的依賴[155]。訓練量或強度的增加,會伴隨睪固酮濃度減少或皮質醇濃度增加,導致生物體「合成代謝狀態」減少[118]。受過良好訓練的自行車運動員,大量增加訓練量8週,會導致靜止睪固酮濃度顯著降低[114]。然而,蛋白質補充會減少睪固酮濃度的下降,且增加生長激素的濃度。碳水化合物補充對睪固酮或生長激素沒有影響[114]。在增加訓練量或強度期間,當短期負氮平衡可能出現時,蛋白質攝取就算高達 $2 \text{ g} \cdot \text{kg}^{-1} \cdot \text{day}^{-1}$,可能也不足以維持正氮平衡[43]。蛋白質攝取過少,尤其採行低卡路里飲食,也可能會加強或惡化過度訓練的症狀。

另一個與蛋白質攝取有關的因素,是蛋白質攝取的時機。有些回顧[87,181,258]指出,在運動中及運動後(尤其是肌力運動)立即攝取蛋白質,可能會刺激組織修復和蛋白質增長,特別是攝取大量的EAA,像是乳清蛋白[30,250]。因此,攝取蛋白質(和碳水化合物)飲品,可能會增強恢復和適應(見第七章〈人為輔助〉)。

無論何種狀況,顯而易見的,運動員的蛋白質攝取應高於RDA,特別是在高訓練量時。最近由美國運動醫學會(American College of Sports Medicine)、美國膳食營養學會(American Dietary Association)和加拿大營養師協會(Dieticians of Canada)發表的聯合立場主張中,證明了這一認知[6]。這份聲明的作者在蛋白質攝取上的建議為,耐力運動員為1.2至1.4 $\text{g} \cdot \text{kg}^{-1} \cdot \text{day}^{-1}$,肌力運動員為 1.6 至 1.7 $\text{g} \cdot \text{kg}^{-1} \cdot \text{day}^{-1}$。假設卡路里攝取的增加和訓練的能量需求成正比,則蛋白質攝取應該佔約15%的卡路里攝取。如果卡路里攝取顯著降低,則蛋白質的百分比應提高到15%以上[261]。

# 碳水化合物

碳水化合物是由碳、氫和氧以大約1:2:1的比例所組成的化合物,具有至少3個碳

原子。碳水化合物可分為3大類[199]：

1. **單醣**（Monosaccharides）：通常由3至7個碳原子組成。生物重要的單醣是葡萄糖和果糖。
2. **寡醣**（Oligosaccharides）：2至10個經由化學鍵結在一起的單醣所組成的碳水化合物。例如蔗糖（食用砂糖），是由1個葡萄糖分子和1個果糖分子所組成的雙醣（disaccharide）。
3. **多醣**（Polysaccharides）：包含多於10個單醣單位，以線性或複雜支鏈鍵結在一起的碳水化合物。**同元多醣**（Homopolysaccharides）（多醣的一種類型）僅包含一種單醣。

肝醣是同元多醣的重要例子，僅含有葡萄糖單位，以高度分支結構排列。肝醣是動物代謝中唯一重要的同元多醣。植物澱粉是2種葡萄糖同元多醣的混合物：直鏈澱粉（amylose，線性聚合物）和支鏈澱粉（amylopectin，支鏈聚合物）。這2種物質是美國飲食中最常見的多醣。異元多醣（Heteropolysaccharides）在其結構中包含了2種以上不同的單醣。例子包括粘多醣（mucopolysaccharides），它構成結締組織基質結構的一部分。

從生物能量學能量生產的角度來看，碳水化合物是代謝燃料的首選。在3種巨量營養素（碳水化合物、蛋白質和脂肪）中，碳水化合物是唯一可以在沒有氧氣的直接參與下，代謝用以產生能量的物質。因此，不能低估碳水化合物的重要性，以及其與無氧代謝的關係。此外，碳水化合物可以被氧化並且用於長時間運動。

碳水化合物在持久有氧活動的表現，以及在涉及高訓練量的反覆無氧活動中尤其重要[117]。碳水化合物可以由胺基酸合成，因此在生長上僅需要很少量；但是，在飲食中增加碳水化合物可以加速生長。除了純脂肪外，幾乎所有食物都含有碳水化合物。低碳水化合物飲食（攝取量低於30%千卡路里）通常與疲勞的症狀有相關性，而適應這些飲食必然是困難的[35,199,236]。

除了提供能量之外，碳水化合物還有助於多種生理功能，包括以下幾種[35,199]：

- 避免酮的產生（酮是由於脂肪代謝過多導致）
- 減少陽離子流失
- 形成細胞外被（cell coat）
- 形成軟骨和骨骼的基質
- 形成肝素（heparin）和天然抗凝血劑

肝臟和肌肉肝醣都扮演著儲存碳水化合物的角色。一般美國飲食，總卡路里攝取中約有45%至52%由碳水化合物所組成。攝取過多碳水化合物，有少量可能會被轉化為身體脂肪；然而，大多數可能會優先用於能量產生，從而保留脂肪[132]。因此，在沒有適當的運動下，攝取大量碳水化合物可能會促進肥胖。

## 碳水化合物的消化

單醣、大多數寡醣和澱粉是可以完全消化的。不可以消化的植物多醣包括果膠（pectin）、半纖維素（hemicellulose）和纖維素（cellulose）。其它的植物多醣，例如半乳多醣（galactogens）、菊醣（inulin）和棉子糖（raffinose）可以部分消化。

複雜碳水化合物的消化始於咀嚼。在口腔中，**唾液澱粉酶**催化澱粉分解為**麥芽糖**（maltose）（含有兩個葡萄糖單位的雙醣）；只有在咀嚼和吞嚥之間有足夠的時間時，這一階段的消化才會發生。澱粉酶活性的最佳胃部pH值範圍是6.6至6.8；酶會持續活化直到胃酸分泌使得pH值進一步降低為止。儘管因為酸水解（acid hydrolysis），可以在胃中發生碳水化合物的一些額外消化，但大多數的消化發生在胃內容物進入到小腸的十二指腸之後，有更多的澱粉酶是由胰臟所分泌。胰澱粉酶會進一步消化碳水化合物，產生麥芽糖、**麥芽三糖**（maltotriose）、和**糊精**（dextrins）的混合物。腸壁表面上的酶，負責將這些分子最終水解為葡萄糖[199]。

雙醣（來自澱粉消化或攝取）經由腸粘膜中特定雙醣酶的作用，分解成其組成的單醣。例如，蔗糖酶（sucrase）分解蔗糖，而乳糖酶（lactase）分解乳糖。缺乏雙醣酶會導致雙醣在吸收前不完全水解[56,199]。這些雙醣酶之一，即乳糖酶，在吸收前會催化乳糖分解為葡萄糖和半乳糖。乳糖酶缺乏是導致乳糖不耐症的相對常見情況。乳糖在消化道中仍沒被吸收，而且在大腸中發酵，造成胃腸脹氣、腹部脹氣、有時還會抽筋[56,199]。儘管症狀的嚴重程度不一，但乳糖不耐症的患者，通常必須避免或是大幅減少攝取含乳糖食物，例如牛奶和某些奶製品。

消化產物的吸收主要發生在小腸的十二指腸。單醣會在幾分鐘（＜20分鐘）內被吸收並在血液中出現。更複雜的碳水化合物，例如澱粉，通常在咀嚼開始後30至60分鐘內被吸收並在血液中出現[199]。

半乳糖和葡萄糖經由選擇性$Na^+$－依賴型主動運輸系統所吸收。因為在主動運輸系統中的選擇性程度，比其它經由擴散作用吸收的己糖、半乳糖和葡萄糖吸收得更快[199]。經由促進擴散吸收的果糖，比起甘露糖（mannose）、木糖（xylose）或阿拉伯糖（arabinose）進入得更快。吸收後，單醣進入血液，並且可以被肝臟或其它組織吸收。吸收的果糖大部分被運送到肝臟，並轉化為葡萄糖，然後釋放到血液中或以肝醣形式儲存。

## 碳水化合物的代謝和控制

　　肌肉細胞的葡萄糖吸收，是受到被稱為**葡萄糖運輸蛋白**（glucose transporters）或 GLUT 的蛋白質家族所調節[15,16,97,133,226]。在正常的基礎狀況下，葡萄糖運輸受到 GLUT-1 的調節，其沿著細胞膜和微血管內皮細胞分布。葡萄糖運輸蛋白-4 對骨骼肌來說，是更重要的 GLUT，因為它有更高的運輸效率。它通常儲存在細胞內。胰島素刺激或運動會使得 GLUT-4 移位，從細胞內移到細胞膜和 T 管。這種移位導致葡萄糖吸收加速。一旦葡萄糖進入細胞，就可以根據細胞需求，可能將其用於能量或儲存。碳水化合物的儲存和分解，是了解肌肉為了收縮，要如何維持和提供充足能量基質的重要考量。儘管在不同肌肉之間並不一致[29]，但在 I 型肌纖維中，GLUT-4 的濃度傾向於更高[101]。然而，GLUT-4 濃度很大程度受到身體活動水準的影響[57]。

　　肝醣儲存在肌肉和肝臟中，與兩種酶[97]有關，分別是肝醣合成酶（glycogen synthetase，肝醣組成）和磷酸化酶（phosphorylase，肝醣分解）。在葡萄糖和肝醣調節中另外兩種重要的酶（同工酶），是己糖激酶（hexokinase，在肌肉、肝臟和其它細胞中）和葡萄糖激酶（glucokinase，只在肝臟中）。這兩個同工酶負責磷酸化葡萄糖的第六個碳，如下所示：

$$ATP + 葡萄糖 \xrightarrow{\text{己糖激酶或葡萄糖激酶}} ADP + 葡萄糖\text{-}6\text{-}磷酸 \text{ (glucose-6-phosphate)}$$

　　包括肝臟和肌肉在內的大多數細胞中，葡萄糖轉化成肝醣時需要這個反應，這也是葡萄糖進入糖解的第一個步驟所必需的。

　　隨著血糖濃度增加，葡萄糖激酶變得更加活化，因此肝臟可以吸收更多的葡萄糖，並且將其轉化為肝醣。葡萄糖激酶的活性增加，是由於胰島素的誘導效應，導致葡萄糖激酶的合成和濃度增加。胰島素可以增加其血液濃度，以因應血糖濃度的增加。隨著血糖濃度的降低，葡萄糖激酶的活性跟著降低，儲存在肝臟中的肝醣也變得較少[35]。

　　荷爾蒙對碳水化合物的儲存和分解代謝具有深切的影響（見第五章〈神經內分泌因素〉）。兒茶酚胺、皮質醇和升糖素可以增加血糖濃度，而生長激素可以間接增加。胰島素可以降低血糖濃度；胰島素和睪固酮可增強肝臟和肌肉中的肝醣合成和儲存。肝醣儲存會被兒茶酚胺和升糖素所活化。如同蛋白質和脂肪，碳水化合物做為能量基質的調節，取決於神經和內分泌機制，可以經由多種因素來改變，包括營養狀態、身體運動和訓練[34,35]。

特別是，胰島素和皮質醇這2種荷爾蒙對碳水化合物攝取的反應，會對阻力訓練的反應和適應有相當大影響。有氧[242]和阻力運動[174]都會導致運動後胰島素濃度降低。胰島素濃度減少，會增強脂肪細胞中游離脂肪酸的活化，以及使肝臟分解代謝肝醣，並將葡萄糖釋放到血液中，促進運動肌肉的能量基質可用性[242]。儘管胰島素濃度減少，通常會降低靜止細胞的葡萄糖吸收，但運動本身會增加作功肌肉的葡萄糖吸收。經過有氧和阻力訓練的運動員，在靜止和運動中可能會出現胰島素敏感性增加；因此控制基質可用性時，需要的荷爾蒙較少[174,242]。

胰島素作用會經由誘導肝醣合成酶和促進能量基質吸收，來增強肝醣的儲存。胰島素也是一種合成代謝荷爾蒙，會促進胺基酸吸收和蛋白質合成。運動中，以及特別是運動後，增加的胰島素濃度可以增強肝醣恢復，並且可能會造成更加促進合成代謝的環境，有助於增加肌肉質量（即肌肥大）。因此，運動中和運動後立即攝取碳水化合物，可以提供葡萄糖（基質）和刺激，以加強肝醣恢復和蛋白質合成代謝。攝取碳水化合物和少量蛋白質，似乎增強了這些作用（與胰島素有關），並刺激了生長激素的增加[50,84]。在胰島素濃度增加的相關時間區間時，應該要注意限制脂肪的攝取，因為它會增強脂肪堆積[53]。

皮質醇是由腎上腺皮質所生產和分泌的糖皮質素（見第五章〈神經內分泌因素〉）。皮質醇的基本功能為[53,63]：（1）維持血糖的濃度，（2）經由抑制水從血液轉移到組織中來減輕發炎反應，（3）胺基酸轉化為碳水化合物，（4）誘導蛋白水解酶（proteolytic enzymes），（5）抑制蛋白質的合成，並且增加一般蛋白質的降解，以及（6）對睪固酮的拮抗。儘管皮質醇對於幫助抵抗壓力是必需的，但其分泌也可能會引起對於訓練正常適應的反效果生理反應，特別是阻力訓練──例如，皮質醇的一般分解代謝作用。皮質醇的主要代謝作用似乎是糖質新生，需要蛋白質的降解。肌肉萎縮和肌力流失，與皮質醇濃度長期升高有關[89]。

運動引起的肌肉損傷是由各種類型的運動所造成的，尤其是離心肌肉動作[186]。阻力運動可以具有大的離心組成，並且會造成相當大的肌肉損傷。有效率的免疫功能似乎對運動後的組織修復十分重要，並且可能會影響阻力訓練的肌肥大作用[212,227,267,275]。然而，大重量運動或過度訓練所導致的皮質醇濃度升高，會抑制免疫系統的功能，增加組織修復的時間，並且可能會干擾組織的肥大。證據顯示，攝取碳水化合物可以抑制皮質醇分泌[177]；這種抑制可能會造成更加促進合成代謝的環境。隨著時間，這種環境可能會刺激增強對阻力訓練的適應[53]。

## 碳水化合物的攝取

碳水化合物在運動員飲食中的重要性，早在1901年就已經確認[269]。1939年發現，

高碳水化合物含量的飲食，可以增強從事長時間大重量作功的能力[51]。幾項研究和回顧載明，高碳水化合物攝取，與運動前肌肉肝醣濃度和作功表現或耐力之間有強烈的相關性[17,53,143,193,230]。此外，肌肉肝醣濃度可能與肌肉肌力、短時間高強度（無氧）運動以及反覆或持續高強度運動的能力有關聯性[53,94,117,115,138,151]。

由於飲食的碳水化合物與肌肉和肝臟肝醣儲存之間的關係[53,225]，以及高濃度肌肉肝醣的蛋白質保存作用[155]，飲食中的碳水化合物是身體訓練中重要的考量因素。在某些情況下，缺乏碳水化合物的飲食或是訓練計劃長期消耗肝醣儲存，可能是過度訓練和表現降低的重要原因[236]。大多數的飲食攝取，或許應該由複雜的碳水化合物所組成，而非單糖[199]；例外可能是在運動中和運動後立即攝取，因為單糖傾向於更快吸收，並且對於胰島素釋放的影響更大。碳水化合物的每日攝取應該為 6 至 11 $g \cdot kg$ 身體質量$^{-1}$。超過這個範圍，碳水化合物攝取似乎不會提供額外的益處。對於吃入足夠卡路里的嚴格訓練運動員，尤其是在高訓練量期間，來自於碳水化合物的卡路里比例，應該約為 55% 至 60%[53,240]。

經由操控碳水化合物的攝取，可以延長有氧作功，並且可以增加在特定時間內的作功量[53]。有些證據[140,172]，但不是全部[150]，指出攝取碳水化合物有益於影響間歇性無氧運動（例如阻力訓練）。碳水化合物攝取的數量、時機和型式，以及其對阻力運動和訓練的影響，還沒有得到很好的研究。關於碳水化合物攝取和阻力運動最早的研究[151]，測試了碳水化合物飲料對於多回合腿伸的影響。使用雙盲交叉方式研究顯示，比起安慰劑飲料，運動前立即攝取葡萄糖聚合物（1 $g \cdot kg^{-1}$），且每 5 組後攝取 0.17 $g \cdot kg^{-1}$，產生了更多的總組數（$p = 0.067$）和反覆次數（$p = 0.056$）[151]。Haff 及同事[116]發現，在 120° $\cdot s^{-1}$ 的半等速運動裝置上，碳水化合物的補充可以增加在 16 組 10 反覆次數中的總作功量。

然而，其他研究人員並未發現阻力運動中的增補作用。Conley 及同事[54]使用雙盲交叉的計劃，在運動前立即給予受試者 0.3 $g \cdot kg^{-1}$ 的碳水化合物，以及在完成每組蹲舉後給予 0.15 $g \cdot kg^{-1}$。從蹲舉（每組以 65% 1RM 做 10 次反覆）到力竭，該計劃並未造成完成作功上的差異。Vincent 及同事的一項研究中[1993]，受試者在自由重量訓練之前立即喝下 100 克的碳水化合物，並且訓練後接著在等速運動裝置（Biodex，75° $\cdot s^{-1}$ 下肢和 90° $\cdot s^{-1}$ 上肢）上運動。Biodex 對於力量、爆發力和作功輸出的測量指出，攝取碳水化合物並未造成益處。應該要注意的是，那些顯示出攝取碳水化合物產生增補作用的研究，持續時間超過 55 分鐘，且涉及更大的總作功量；那些沒有顯示出作用的研究，持續時間短得多。這些數據指出，在相對長時間或需要相對較大總作功量的阻力運動中，補充碳水化合物可能會像增補劑一樣有效[115]。這觀察顯示，補充碳水化合物可能有益於持續超過 55 分鐘的其它高強度活動，例如橄欖球和美式足球。

運動員，尤其是進階和精英運動員，在一天之中進行多次訓練並不少見。若是攝取足

夠的碳水化合物，可能會影響第二次或第三次訓練的結果[117]。

與單獨蛋白質或碳水化合物的補充相比，蛋白質和碳水化合物的合併補充，尤其是在運動前和運動後使用時，可能會提供更能促進合成代謝的環境，並促進更大程度的肝醣再合成和組織重塑[258]。在第七章〈人為輔助〉中，詳細討論了這種合併的用法。

# 脂肪

脂肪的生理功能非常多樣，從做為生理結構到用在能量產生皆有。脂肪為生物作功提供了最大的容易可用能量儲存。在一般西方飲食中，每日卡路里攝取大約有35%至45%是由脂肪所組成[124]。脂肪（脂質〔lipid〕）相對不溶於水，但是可以經由有機溶劑，例如乙醚或丙酮，從生物材料中萃取。取決於溫度，脂肪可以固體或液體存在。脂肪參與各種代謝作用，並與包括心血管疾病和某些類型癌症在內的疾病狀態有關。脂肪的功能包括以下幾種[124,199]：

- 能量來源
- 脂溶性維生素的運輸
- 細胞膜的結構組成
- 神經細胞髓鞘的結構組成
- 膽固醇的生產和相關類固醇的合成

脂肪存在於所有人體細胞中，主要儲存在脂肪細胞，以及肌纖維的脂質液泡中[124]。脂肪可分為3類：簡單脂肪（simple fats）、複合脂肪（compound fats）和衍生脂肪（derived fats）。

簡單脂肪是脂肪酸和三酸甘油酯。脂肪酸（Fatty acids，FA）是最簡單的脂質，由具有長鏈烴側基的單羧酸（monocarboxylic acids）所組成。脂肪酸可以是不飽和或飽和的。不飽和FA可以是單元不飽和或多元不飽和的。單元不飽和FA在碳原子之間只有一個雙鍵，而多元不飽和FA有2個或多個；飽和FA在碳原子之間則只有單鍵。最常吃的食物大多包含有偶數碳原子的直鏈飽和或不飽和FA。在一般美國飲食中，亞麻油酸（Linoleic）、油酸（oleic）、棕櫚酸（palmitic）和硬脂酸（stearic）FA佔90%或以上。亞麻油酸、次亞麻酸（linolenic）和花生油酸（arachidonic）等FA在人體只能合成非常少量，而被稱為必需脂肪酸（essential fatty acids，EFA）。為了身體健康，必須在飲食中攝取這些EFA。

三酸甘油酯是由三碳的甘油分子，以及3個FA所組成。甘油的2個碳上都附著1個FA。三酸甘油酯是脂肪的主要儲存形式，約佔食物中脂肪的95%[124]；因此，大多數脂肪以三酸甘油酯來攝取。在室溫下，含有長鏈脂肪酸（8個或更多的碳）的三酸甘油酯通常是固體（例如豬油）；那些含有短鏈或不飽和FA的通常是液體（例如玉米油）。

　　複合脂肪由結合不同部分的脂質所組成。複合脂質包括脂蛋白（lipoproteins）、醣脂（glycolipids）和磷脂（phospholipids）。脂蛋白是血液中不同類型脂質的運輸蛋白。醣脂含有碳水化合物，並構成細胞膜和髓鞘的各種結構。**磷脂**有類似於三酸甘油酯的結構，帶有三碳的磷脂酸核（phosphatidic acid core，PCA）。PCA只有2個FA，磷酸基團則連接至第三個碳上。磷脂會因連接在磷酸基團上化合物的類型，而有很大的不同。磷脂是由細胞膜和次細胞膜所組成。磷脂具有脂溶性（FA端）和水溶性部分（甘油和有機鹼部分）；因此其作用為當作必須通過膜的脂溶性和水溶性物質之間的聯繫。通常，由於其重要的結構和運輸作用，磷脂很少被用於產生能量。

　　衍生脂肪是由其它脂質或前驅分子所生成或衍生的脂質。衍生脂肪包括酒精、固醇（sterols）、類固醇和碳氫化合物（hydrocarbons）。這些脂肪具有多種功能，包括提供細胞膜完整性、合成維生素D和合成膽固醇。膽固醇（一種固醇）是最常見的衍生脂肪，在所有的動物組織中，其合成由醋酸（acetate）而來。通常，膽固醇以游離形式存在，或與FA結合形成膽固醇酯。膽固醇是膽酸（cholic acid，膽汁酸）、維生素D和類固醇荷爾蒙的前驅物。

## 脂肪的消化

　　脂肪消化始於咀嚼時。雖然口腔中沒有發生三酸甘油酯的水解，但是三酸甘油酯和其它脂肪的存在，會導致舌根漿液腺（serous glands）釋放出舌脂肪酶。舌脂肪酶會在胃中活化；最佳的脂肪水解發生在pH範圍4.5至5.4之間[120]。進入胃的百分之十或更少三酸甘油酯會在那裡被消化。當脂肪進入十二指腸時，胃排空變慢，可能是因為腸抑胃泌素（enterogastrone）荷爾蒙釋放的緣故。因為胃排空變慢，脂肪進入十二指腸的速率，會與胰脂肪酶水解脂肪的能力有相關性。甘油酯水解酶（Glycerol ester hydrolase）是主要的脂肪酶，作用是將三酸甘油酯還原成FA、甘油和單酸甘油酯（monoglycerides）。膽固醇酯酶（Cholesterol esterase）會將膽固醇酯分解為膽固醇和FA。三酸甘油酯的分解取決於從膽囊所釋放的膽汁鹽（bile salts）量。膽汁鹽，與膽固醇和FA，其作用就如同清潔劑，且幫助三酸甘油酯顆粒乳化。

　　脂肪水解所得的產物，會聚集在稱為微胞（micelles）的顆粒中。微胞與小腸的粘膜壁細胞交互作用，並且以此方式將脂肪運輸進入腸壁。被吸收FA的命運取決於鏈長。短

鏈和中鏈FA會經由粘膜細胞吸收進入門靜脈（portal vein）且直接運輸至肝臟。長鏈FA和甘油則重新合成為三酸甘油酯，與蛋白質和其它脂肪結合，形成乳糜微粒（chylomicrons）和少量的極低密度脂蛋白（very low-density lipoproteins，VLDL）。乳糜微粒和VLDL被淋巴系統所吸收，並且經由胸管（thoracic duct）進入血液。在所有脂蛋白中，乳糜微粒含有的三酸甘油酯比例最高（85%）。

## 脂肪的運輸和細胞吸收

進入血液後，乳糜微粒和VLDL可以被各種組織分解。這些顆粒的殘留物可以被肝臟吸收，並轉化為其它脂質或膽汁鹽。特定的脂肪和蛋白質─脂肪複合物會在肝臟中製造，隨後釋放進入血液（例如脂蛋白）。脂蛋白是包含三酸甘油酯、磷脂和膽固醇等各種組合的分子，被卵磷脂（phosphatidylcholine）和蛋白質外殼（protein coat）所包圍。蛋白質外殼部分功能為增加脂蛋白的水溶性，並且保護脂蛋白在血液運輸的過程中不會被水解[163]。脂蛋白外殼含有一種或多種特定的蛋白，每一類蛋白都會賦予不同的脂蛋白不同特性。

為了被細胞吸收，循環中的三酸甘油酯必須先分解為甘油和FA。該作用是由脂蛋白脂肪酶（lipoprotein lipase）所催化，會在微血管內皮細胞結合[36]。脂肪酸和甘油轉化回三酸甘油酯，並且儲存在脂肪細胞中，這個作用在肌肉和其它組織中發生的比例較小[77]。因此，脂肪（三酸甘油酯）有3種「儲存庫」可以做為能量基質：循環中的三酸甘油酯（乳糜微粒）、脂肪組織和肌肉內儲存。對於接受良好訓練的耐力運動員來說，這將相當於約5000至10,000克（11至22磅）的脂肪組織，以及約350克的肌肉內儲存[124]。

要將脂肪釋放進入到循環中，存在於脂肪組織中的荷爾蒙敏感性脂肪酶（hormone-sensitive lipase，HSL）會將三酸甘油酯還原為甘油和游離脂肪酸。脂肪酸活化的增強，是透過禁食和運動刺激，釋放包括升糖素和兒茶酚胺在內的活化荷爾蒙。由HSL控制的反應，是脂肪分解的速率限制步驟[129]。一旦游離脂肪酸被釋放進入循環，就可以被其它組織吸收，並且做為能量使用，以三酸甘油酯的形式儲存，或者加入細胞結構中，例如膜。肌肉中含有HSL的同功酶，會催化所儲存三酸甘油酯的分解，來當作粒線體中的能量基質[77]。

肝臟會將VLDL、一些低密度脂蛋白（low-density lipoproteins，LDL）和高密度脂蛋白（high-density lipoproteins，HDL）釋放進入到循環中。當這些脂蛋白經過組織時，脂蛋白脂肪酶會去除大部分的三酸甘油酯，透過將其分解為FA和甘油，就能讓它們被組織吸收。進入細胞後，FA可以重新形成三酸甘油酯，或當作能量使用。從VLDL中去除三酸甘油酯，會在循環中留下「殘留物」，稱為中密度脂蛋白（intermediate-density lipoprotein，IDL）。大部分IDL會在肝臟中降解，膽固醇會遭去除並轉化成為膽汁鹽。一些IDL去除了更多的三酸甘油酯，導致形成了LDL[77]。

低密度脂蛋白是膽固醇的主要載體，可以與許多組織中的受體結合，包括肝、肌肉和動脈壁[77]。膽固醇用此方式可以沉積進入各種組織的細胞中。一旦沉積，膽固醇可以用於形成各種膜結構，或是用於生產維生素D或類固醇荷爾蒙。然而，膽固醇與動脈壁受體的不受控制和過度結合，似乎是形成動脈粥樣硬化的第一步[77,107]。由於某些疾病，或飲食中飽和脂肪攝取過量，會導致肝臟膽固醇濃度增加。肝臟膽固醇升高，會導致IDL和LDL受體數量減少[107]。受體數量減少，正如肝臟膽固醇濃度增加的後果，會導致更多IDL轉化為LDL，以及增加動脈粥樣硬化的可能性。

高密度脂蛋白可以從動脈壁去除膽固醇，並且接受VLDL中的膽固醇。膽固醇轉移到HDL，是經由卵磷脂膽固醇轉醯酶（lecithin cholesterol acetyl transferase，LCAT）所催化的反應而完成。高密度脂蛋白會經由肝臟脂肪酶所催化的反應，在肝臟中降解。肝臟脂肪酶的活性，與血清HDL的濃度為負相關[274]。

由於控制脂蛋白合成和降解的潛在機制，使得這些血脂與心血管疾病（cardiovascular disease，CVD）產生關聯性。高的總膽固醇、LDL膽固醇、VLDL和三酸甘油酯，與CVD風險的增加有相關性。高HDL膽固醇濃度、低LDL與HDL膽固醇的比例，以及低總膽固醇與HDL膽固醇的比例，與較低的風險有相關性[184,221]。表6.4顯示了血脂相關CVD的風險。減少總膽固醇、總膽固醇與HDL的比例，以及LDL與HDL膽固醇的比例，和降低CVD的發病率以及死亡率有相關性。

飲食介入有益於改變血脂。高飽和與反式脂肪酸的飲食，易於提高總膽固醇和LDL膽固醇。

表6.4　根據血液脂蛋白和三酸甘油酯濃度（mg·dl⁻¹）得出的CVD相對風險

| 顆粒 | 相對風險 |
|---|---|
| 低密度脂蛋白膽固醇 ||
| <100 | 理想（無相對風險） |
| 100-129 | 接近到高於理想 |
| 130-159 | 邊際稍高 |
| 160-189 | 高 |
| >190 | 非常高 |
| 總膽固醇 ||
| <200 | 很好（低風險） |
| 200-239 | 邊際稍高 |
| >240 | 高 |
| 高密度脂蛋白膽固醇 ||
| <40 | 低 |
| 41-59 | 中 |
| >60 | 高 |
| 三酸甘油酯 ||
| <150 | 正常（低風險） |
| 150-199 | 邊際稍高 |
| 200-499 | 高 |
| >500 | 非常高 |

總膽固醇對HDL膽固醇的比例應該小於4.5，並且LDL對HDL的比例應該小於5。

資料來源：Adapted from American Medical Association, 2001, "National Cholesterol Education Program, expert panel on detection, evaluation and treatment of high blood cholesterol in adults (Adult Treatment Panel III)," *Journal of the American Medical Association* 16 (285): 2486-2497; and E. Shahar et al., 2003, "Plasma lipid profile and incident ischemic stroke: The Atherosclerosis risk in community (ARIC) study," *Stroke* 34: 623-631.

在低脂飲食中用碳水化合物取代飽和脂肪時，除非食用升糖指數（glycemic index）低的食物，否則LDL和HDL傾向於同樣降低，而三酸甘油酯傾向於增加[213]。事實上，靜態生活的成年人，採用非常高碳水化合物飲食（男性為＞57.4%的能量攝取；女性為＞59.1%的能量攝取），與低血清HDL膽固醇和高血清三酸甘油酯有相關性[276]。雖然證據指出，有氧訓練和阻力訓練[234]都可以減少三酸甘油酯並且增加HDL膽固醇，但是一般的低訓練量運動計劃對於總膽固醇和LDL膽固醇的影響很小，除非身體質量減輕或總脂肪攝取減少，或兩者同時發生[78]。

然而，有些證據顯示，在任何藥物治療之前，低總膽固醇並不總是和低死亡率有相關性[47,48,185]，並且老年人的實際死亡率可能比預測值更高[48]。這些回顧顯示，＜160 mg的總膽固醇可能與多種非心血管疾病有關，包括肝癌和胰臟癌、消化疾病以及行為障礙，例如酗酒和自殺[47,48,185]。儘管低總膽固醇與高死亡率之間的因果關係還不清楚，但是將基線總膽固醇減少到非常低的濃度時，應該要非常小心。

## 脂肪代謝

脂肪代謝受到內分泌系統的深切影響。通常，胰島素可以增強脂肪合成，生長激素、甲狀腺素、兒茶酚胺和皮質醇可增強脂肪分解[124,174]。脂肪代謝最重要面向的之一，是在運動中及運動後活化和使用FA來做為能量。

游離脂肪酸的活化是有氧運動的重要燃料來源[124]，並且是包括阻力運動在內的無氧運動運動後效果[174,195]。脂肪酸氧化是透過在線粒體中進行的β-氧化作用。β-氧化包括4個個別反應，其中衍生自FA的醯基CoA會降解為乙醯CoA，然後進入克勞伯循環。脂肪酸的氧化速率，取決於衍生自丙酮酸的乙醯CoA進入速率和鏈長。比起長鏈脂肪酸，中鏈脂肪酸的氧化更快且更完全[124,203]。

已有研究提出各種營養策略，來增強運動中及運動後的脂肪活化和氧化。這些策略機制雖然相似，但有不同的目標；一種是在長時間運動中提高脂肪的氧化速率和保留肝醣，另一種是促進脂肪流失。

經由使用甲基化黃嘌呤（methylated xanthines），像是咖啡因[124]，（理論上）可以保留肝醣以延長耐力，但其功效仍有疑問（見第七章〈人為輔助〉），或使用脂肪補充。脂肪補充包括運動前進食，和運動中攝取長鏈和中鏈三酸甘油酯；這些類型的補充或介入，可以增強脂肪氧化的速率[124]。然而，一般而言，這些介入並未增強表現，而且在某些情況下會降低表現[124,265]。

另一種用於增強脂肪氧化（或許保留碳水化合物）的飲食策略，涉及對高脂肪飲食的長期適應。適應高脂肪、低碳水化合物的飲食，似乎會增加FA做為能量來源的相對貢獻

到運動所需總能量的約40%[124]。然而，飲食適應似乎沒有改變肌肉肝醣的使用速率，或改善中等強度運動的耐力[146]。儘管理論上，長期採用高脂肪、低碳水化合物飲食可能有益於超耐力表現，但是與飲食相關的潛在健康風險（以及幾乎沒有確認其益處的實驗）排除了推薦這種方法。

其它增進長時間耐力的策略，還包括一種「碳水化合物負荷」（carbohydrate loading）的型式，其高脂肪、低碳水化合物飲食（持續約5天）是用以消耗肌肉肝醣，且增加脂肪的氧化速率。在第六天，高碳水化合物飲食可以回復肌肉肝醣。在2小時的中等強度運動下（以70% $\dot{V}O_2$max騎自行車），因為脂肪適應，使用肌肉肝醣的比例降低了；然而，與高碳水化合物飲食相比，在表現上並沒有很大的差異[41,40]。

令人感興趣的是，健美運動員會使用相對高脂肪、高蛋白質和低碳水化合物的飲食來促進身體脂肪的流失。潛在的概念是增強脂肪氧化[124]，並且任何過多的碳水化合物不會以脂肪的形式儲存，因此身體脂肪減少了；額外的蛋白質以及訓練將會幫助維持LBM[261]。雖然這種形式的飲食可能對健美運動員非常有效，但長期使用可能會導致延長疲勞、酮症、鈣濃度降低和血脂數據不佳[32,144]。

使用營養補充品來促進脂肪流失是相當普遍的做法。脂肪酸氧化與運動引起的身體脂肪流失有關；因此，對於減少身體脂肪，有氧和無氧運動都應該是有用的。只要運動的訓練量和強度足夠，耐力和阻力訓練都可以在相對短期的時間內（數個月）產生明顯的身體脂肪和脂肪百分比減少[104,128,135]。增加FA活化的速率（例如，使用甲基化黃嘌呤，麻黃〔ephedra〕），或是增加FA進入粒線體的速度（使用左旋肉鹼〔L-carnitine〕），理論上可能會增加脂肪的流失。然而，這些增補劑的功效充其量仍有疑問，並且某些增補劑，例如麻黃，具有潛在的危險（見第七章〈人為輔助〉）。

## 維生素和礦物質

維生素是有機化合物，對於正常代謝功能來說，必需量非常小。維生素的一個重要面向，是人體無法自行合成（維生素D除外），必須從飲食中攝取。維生素可以根據可溶性來分類：脂溶性維生素為A、D、E和K，水溶性維生素為B複合物和C。

維生素具有許多功能。大多數水溶性維生素的作用為輔酶，是與酶鬆弛結合的有機分子，也是酶完全活化的必需品。脂溶性維生素一般具有抗氧化特性，或是類荷爾蒙特性。維生素在直接或間接涉及肌肉收縮和能量消耗的反應中會大量活化，但也涉及血紅素的合成、免疫功能和骨骼代謝（表6.5）。

礦物質是無機鹽離子，作用為輔因子（cofactors）或是礦化結構的一部分，例如牙齒

表6.5　所選維生素和礦物質的功能

| 營養素 | 能量代謝 | 神經系統和肌肉功能 | 血紅素合成 | 免疫系統功能 | 抗氧化功能 | 骨骼結構和代謝 | 血液凝集 |
|---|---|---|---|---|---|---|---|
| 水溶性 | | | | | | | |
| 硫胺素（Thiamin，B1） | × | × | | | | | |
| 核黃素（Riboflavin） | × | × | | | | | |
| 菸鹼酸（Niacin） | × | × | | | | | |
| 抗皮炎素（Pyridoxine，B6） | × | × | × | × | | | |
| 鈷胺素（Cobalamin，B12） | | × | × | | | | |
| 泛酸（Pantothenic acid） | × | | | | | | |
| 葉酸（Folic acid） | | × | × | | | | |
| 生物素（Biotin） | × | | | | | | |
| 抗壞血酸（Ascorbic acid，維生素C） | | | | × | × | × | |
| 脂溶性 | | | | | | | |
| 網膜醇（Retinol，維生素A） | | | | × | × | | |
| 鈣化醇（Calciferol，維生素D） | | | | | | × | |
| 生育醇（α-Tocopherol，維生素E） | | | | × | × | | |
| 維生素K | | | | | | | × |
| 礦物質 | | | | | | | |
| 巨量 | | | | | | | |
| 鈣 | | × | | | | × | |
| 鉀 | | × | | | | | |
| 鎂 | × | × | | × | | × | |
| 鈉 | | × | | | | | |
| 磷 | | | | | | | |
| 微量 | | | | | | | |
| 鐵 | | × | × | | × | | |
| 鋅 | | × | | | × | | |
| 銅 | | × | | × | × | | |
| 鉻 | × | | | | | | |
| 硒 | | | | | × | | |

資料來源：Adapted from M. Fogelholm, 2000, Vitamin, mineral and antioxidant needs of athletes. In *Clinical sports nutrition*, edited by L. Burke and V. Deakin (Rossville, NSW: McGraw-Hill Australia), 312-340. With permission of The McGraw-Hill Australia.

或骨骼（表6.5）。輔因子與輔酶具有相同的功能。根據飲食的需求，礦物質可分為巨量礦物質（鈉、鉀、鈣、磷、鎂）或微量元素（鐵、鋅、銅、鉻、硒）。巨量礦物質的每日容許量大於 100 mg・day$^{-1}$，而微量元素的每日容許量小於 20 mg・day$^{-1}$ [91]。維生素和礦物質對最佳和最大表現十分重要。

維生素和礦物質顯然是必需的微量營養素。一般認為對於健康的人，所有必需微量營養素都可以經由「均衡」的日常飲食獲得。然而，許多教練建議運動員服用維生素和礦物質補充品，認為它們有益於恢復和適應，以及良好的表現[208]。

幾乎沒有一致的證據顯示[37,91]，大量攝取微量營養素會對表現產生重大影響；而且有些微量營養素，例如脂溶性維生素，大量可能有害[173]。儘管少數研究顯示，微量營養素補充會對表現產生有益影響[65,240]，但大多數並沒有[91]。

如果飲食無法滿足RDA或運動員的個人需求，維生素和礦物質補充品可能有用[224]。眾所周知，維生素和礦物質缺乏會導致表現降低[240]。飲食上攝取足夠卡路里和營養健全的運動員，無需補充就應該攝取到足量的維生素和礦物質。然而，運動員並不總是攝取「均衡」飲食，而且許多運動員經常必須「控制體重」。根據推測，這2個因素是飲食中維生素和礦物質攝取不足的原因。例如，Guillard及同事[113]評估了55位20歲各種運動的男性運動員，以及20位靜態生活對照組的血液濃度。2組的維生素B1、B6、E都低於正常濃度。然而，運動員中缺乏的頻率和許多個體的嚴重度，都比對照組的更大。補充不足維生素一個月後，對照組的微量營養素狀態顯著改善，但是不能完全回復運動員的狀態。此外，卡路里限制和控制體重會對微量營養素狀態產生負面改變[90,91]。

對運動員而言，僅需滿足微量營養素RDA（和DRI）的狀況，可能有一種例外，就是抗氧化物對於表現結果可能造成的影響。運動可以導致增加自由基和其它形式活性含氧物（reactive oxygen species，ROS）的產生。理論上，這些自由基和ROS可能代表運動所引起的肌肉氧化還原狀態干擾機制，可能導致疲勞或細胞損傷[202,243]。酶和非酶抗氧化物在細胞層級上會共同作用，以減少ROS的有害影響。抗氧化物酶包括超氧化物歧化酶（superoxide dismutase）、穀胱甘肽過氧化酶（glutathione peroxidase）和過氧化氫酶（catalase）。重要的非酶抗氧化物包括維生素C和E以及β-胡蘿蔔素（carotene）。許多動物研究[7,122,13,218]已經顯示，使用抗氧化物補充可以增進耐力表現；有限的證據直接或間接支持，會改善人類的耐力或肌力表現[9,111,202,207]。

即使滿足RDA，訓練也可能會改變微量營養素的狀態（即維生素和礦物質的組織濃度）。對於許多微量營養素來說，我們不容易確認它們的營養狀態。考量個人飲食需求的不確定性，和飲食評估的不準確性，不能使用飲食攝取評估做為狀態的唯一準則。此外，微量營養素的血清和血漿濃度，對於邊際微量營養素缺乏相對較不敏感，因此必須檢驗額

外的身體部分或組織，才更能代表微量營養素狀態。Fogelholm[91]表示，理想的狀態評估，應該使用結合臨床、人體測量、飲食、生物化學標記的方式。因此，準確評估微量營養素狀態，充其量可說是困難的。

某些維生素的需求，尤其是維生素B1、B2、菸鹼酸，大約與新陳代謝的需要成等比；因此，需求可能會隨著身體活動的需要和訓練的累積效果而增加[26,253]。若要假設額外的食物攝取含有足夠的微量營養素，足以彌補隨著身體活動增加而增加的代謝需要，可能不太合理。高訓練量訓練或非常激烈的訓練，可能會改變微量營養素的狀態，達到會損害表現的程度。因為壓力源的累積而導致的狀態改變，也可能會造成過度訓練。不幸的是，在激烈或高訓練量訓練期間，尤其是對於傑出運動員，很少有類似的微量營養素攝取或狀態的數據。

儘管幾乎沒有證據，至少在短期內，單一營養素的改變會導致表現下降[91]，但有證據指出，多種微量營養素的邊際缺乏（有時）會對表現產生負面影響[91]。一份關於營養的蘇聯研究總結[65]顯示，高壓力的情況，例如環境改變、競技活動、軍事任務，會減少微量營養素的狀態，並增加對維生素和礦物質的需求，尤其是水溶性維生素以及維生素A和E。Zelessky[280]指出，多種維生素的補充可以增強運動員在低作功耐受時的表現和「一般健康」。Van der Beck及同事[253]發現，硫胺素、核黃素和B6的合併消耗，會影響狀態、紅血球轉酮酶活性係數（erythrocyte transketolase activation coefficient，E-TKAC）和有氧功率的測量。

在運動員身上還發現了低於正常值的礦物質靜止血清濃度。Strauzenberg及同事[240]的報告指出，在參與各種運動的女性運動員中發現鉀與鎂濃度偏低的狀況。在此情況下，即使是相對輕微的鐵缺乏，也會對耐力表現產生負面影響[62]。在男性和尤其女性耐力運動員身上，曾被報告有貧血以及鐵和鐵蛋白（ferritin）濃度偏低的狀況[52,62]。鐵蛋白是一種與鐵結合的蛋白質，儲存在肝臟、脾臟、骨骼[199]。因此，鐵蛋白代表了鐵的存儲形式。應該要注意的是，素食會改變鐵蛋白的狀態，特別是涉及身體訓練時。與食用大量紅肉的對照組相比，每週攝取少於100克（3.5盎司）紅肉的女性長跑運動員，具有明顯較低的靜止血清鐵蛋白濃度和鐵結合能力[229]。由於所吃的蔬菜中含有大量的鐵，此觀察結果[229]顯示，飲食中鐵的攝取形式會影響鐵的狀態。

耐力運動員的鐵缺乏，可能與有氧功率（$\dot{V}O_2max$）降低有關，可能會因此影響表現。如果有氧功率降低與血紅素濃度降低有關，表現上可能會遭受到很大的損害[59,58]。補充鐵，可以部分或完全重建狀態；補充可以使有氧運動功率更快回復到正常表現。在缺乏時期，鐵的吸收會增加；然而，低鐵值對於飲食的反應可能不會太大，因此某些運動員可能需要補充[206]。此外，有些研究顯示，與靜態生活的貧血個體相比，運動員飲食中吸

收的鐵可能少於一半[79]。鐵吸收不良，以及因為劇烈身體活動而可能增加的溶血，可能會造成貧血。

鈣和磷是骨骼和牙齒的主要成分。骨骼的作用，是這2種礦物質的儲存庫，並且反應血液濃度的變化（和內分泌的影響），而儲存或釋放礦物質（特別是鈣），來增加或減少鈣的濃度。鈣和磷具有高轉換率，必須透過飲食或在某些情況下補充，來不斷的替補。

骨質疏鬆症是因為骨骼質量流失所引起的狀況。骨質疏鬆症如果不加以檢查，會導致受影響的骨骼結構嚴重脆弱。骨質疏鬆症有兩種類型。一型骨質疏鬆症通常發生在50至60歲的人群中，女性的盛行率是男性的8倍，並且與遠端橈骨和脊椎骨折有關。與男性相比，二型骨質疏鬆症在女性身上的盛行率是2倍；與髖部、骨盆、和遠端肱骨骨折有關，並且通常發生在70歲以後[141,145]。以女性來說，骨質疏鬆症可能與停經以及伴隨的雌激素減少有關；這可能解釋了女性骨質疏鬆症盛行率更高的原因。然而，儘管不會產生骨骼替補，停經後的雌激素替代療法可能會減慢骨骼流失的速率[165]。飲食中的鈣對於預防骨質疏鬆症發生十分重要[182]。鈣的RDA，對於4至8歲兒童為800 mg·day$^{-1}$，9至18歲為1300 mg·day$^{-1}$，19至50歲成人為1000 mg·day$^{-1}$，50歲以上成人為1200 mg·day$^{-1}$ [67]。然而，停經前後的女性實際需求可能會多達1500 mg·day$^{-1}$。有些婦女在飲食攝取時，可能會少於RDA[125,182]；因此，增加飲食中的鈣（和增加負重運動），可能會減少骨質疏鬆症發生。

透過身體訓練或許能預防或逆轉骨質疏鬆症，尤其是同時採用高鈣飲食或補充鈣時。研究[55,152,223]和文獻回顧[220,233,235]指出，身體訓練，尤其是負重和重量訓練運動，可以增加包括骨骼在內的結締組織密度和抗張強度。與任何單一介入相比，飲食和運動也可能會更有效的減少骨質疏鬆症發生。

但是，長期高訓練量的某些類型訓練，例如長跑，實際上可能會降低骨骼密度；因此，在設計訓練計劃時必須注意。例如，與靜態生活的對照組，或較低里程運動員相比，男性[127]和女性長跑運動員[241]都顯示出骨骼礦物質密度和骨骼礦物質含量減少的狀況。無月經的女性運動員，尤其容易產生訓練所引起的骨骼密度和骨骼礦物質含量減少[76,165,241]。由於女性運動員，尤其是長跑運動員，容易受到影響而產生低骨骼密度和骨質疏鬆症，增加飲食中的鈣，以及也許補充鈣和維生素D，加上阻力訓練，可能是有益的。

## 運動員的實務營養考量

運動員通常會遇到許多超出常規的營養問題。吃入的食物類型和數量十分重要，但是何時吃入食物可能同樣重要。例如，如果考量到適當的攝取量、類型和時間，事前和事後

的進食可能會有相當大的益處。運動員（尤其是體重分級的運動）經常要面對「控制體重」，此外，所有運動員都必須特別注意體液平衡，以避免脫水和其後果。

## 事前和事後的進食

運動員可以從賽前進食中獲得生理和心理上的益處。在某些情況下，訓練前不久攝取蛋白質可能會增強組織重塑和肥大[258]；比賽前幾個小時吃大餐以攝取蛋白質，可能沒有深切的生理益處，但可能有心理上的滿足。訓練前或比賽前食用高脂肪，由於胃排空減慢，可能會降低表現。

因為碳水化合物與表現的關係，事前碳水化合物攝取量是重要的考量。然而，一些數據顯示，運動前30至60分鐘攝取相對大量的葡萄糖或蔗糖，會因為敏感個體的胰島素突增，導致血糖的反彈下降[95]。其它研究指出，攝取單糖不會發生反彈效應，且事前30至60分鐘攝取葡萄糖，可以使肌肉在運動中有更多的葡萄糖[105,121]。事前進食以攝取大量的碳水化合物（和蛋白質），通常應該以飲料的形式，尤其是在運動前一刻或運動中，因為以食物的形式攝取大量碳水化合物，會引起相當的不適。

長時間的有氧運動[149]和反覆回合的無氧運動[151]，尤其是在炎熱的環境，比起只有水分，含葡萄糖或葡萄糖聚合物的飲料，可能更能減少心血管和溫度調節的障礙。溶液的「濃度」應該是4%至20%的碳水化合物，並且應該每15至20分鐘喝一次飲料，尤其是在長時間耐力項目的最後階段，血糖可能會下降時。然而，由於胃部不適或胃排空延遲，高於6%的溶液可能不適合於某些類型的耐力項目。儘管增加溶液中碳水化合物的濃度會增加吸收，但是這種作用會被胃排空減少所抵消。不應該使用高於20%碳水化合物的溶液，因為它會減慢胃排空，以致於較高的濃度無法補償以增加吸收。運動中應該避免果糖，因為它與胃部不適有關。

事後進食的內容應該包含高碳水化合物，以幫助肝醣回復。經由在2小時內攝取每公斤身體質量1至3克碳水化合物，並且在運動後持續每2小時一次，可以讓肝醣恢復最大化[97,222]。有些證據指出，在運動後的前6小時中，比起複雜碳水化合物，攝取簡單碳水化合物會有更多的肝醣補充[147]。此外，有些證據指出，葡萄糖更容易促進肌肉肝醣的儲存，而果糖或許能更充分的回復肝臟肝醣[97]。儘管並非所有研究都同意，添加蛋白質可能會增強肝醣補充，並且有助於組織的修復和重塑，尤其是做為運動前一刻或恢復飲料攝取時[136,258]。

## 食慾降低

失去食慾常常伴隨著疲勞狀態，以及過度勞累或過度訓練。失去食慾會導致過少的能

量和其它營養素攝取不足[139]。食物的能量和營養素流失的結果，是加重或增強過度使用和過度訓練，導致表現下降。例如，在為期一週的訓練營中，16位青少年舉重運動員的食物攝取發生變化[237,236]。許多運動員回報食慾降低。儘管碳水化合物的卡路里攝取百分比稍有增加，但是因為脂肪攝取較低以及單純的進食減少，總卡路里減少了約350千卡路里。在這一週中維生素B的攝取減少。如果繼續下去，這種較少卡路里和較低維生素攝取的趨勢，最終可能會導致過度訓練的狀態。因此，幫助避免過度訓練的一個因素，可能是充足的營養。

## 水分和電解質

水分是佔人體組成最多的物質[126]。水分組成約男性體重的60%，約女性體重的50%。人體全部的水分，約55%在細胞內，39%在細胞間，以及約6%在血漿和淋巴中。細胞內水分的功能是提供型態和結構的支撐，以及為各種生物化學反應提供介質。細胞外水分則是做為生物物質運輸和交換的方式，例如營養素和像是氣體等代謝副產物，並且做為熱交換的媒介。即使在細胞內或細胞外的水分含量只有微小變化，也會導致功能大舉改變，因為生物反應、溫度調節和電解質平衡取決於水分是否足夠。

脫水會導致各種表現和健康的問題，甚至死亡。僅僅1%至2%的身體質量流失，就會造成脫水，即使是短時間（即數小時），也會對各種心理和生理功能產生不良的影響。輕度脫水（1至2%）會導致表現減低，包括心血管功能和表現[171,214]、間歇性自行車表現[263]、也許肌肉肌力[216]、以及記憶處理和認知功能[272]。的確，長時間輕度脫水的狀態與中樞神經系統的損害有相關性[272]。特別重要的是水分狀態與溫度調節之間的關係；脫水會加劇疲勞感、熱衰竭（heat exhaustion）和中暑（heatstroke）。因此，運動前和運動中都應該避免任何程度的脫水。

運動時，排汗速率會受到許多因素的影響，包括溫度、濕度和穿著的衣服類型。一般的運動，尤其是在炎熱的環境下，會流失2%至3%的身體質量，大部分是水分，這種情況並不少見。當液體補充不足時，曾有報告指出，在非常長時間的運動中，會流失多達8%的身體質量，例如馬拉松或像是秋季美式足球訓練等反覆高強度運動[31,210]。要注意的是，對於口渴的觀察，常常落後於對水分的需求[81]。因此，即使運動員仍未感覺到口渴，也應該攝取液體。對於長時間運動，以及長時間間歇性高強度運動，例如美式足球訓練，通常每30分鐘450至600毫升（15至20液盎司）的液體，應該就足以補充。

運動員必須補水，尤其是在高海拔和炎熱的環境之中[194]。儘管血液中水分測量是最準確的，不過它是侵入性的，而且較為昂貴。使用折射測定法（refractometry）測量尿液的比重相對較為容易，並且能夠合理準確的指示水分狀態。練習前和練習後測量運動員的

重量，對於判斷補充水分量也很有價值；每流失1磅體重，應該（至少）要補充1品脫。

**電解質**是礦物質，帶有正或負電荷，與膜電位有關，而且溶於體液[126]。電解質大量流失會干擾各種生理功能，包括主動和被動運輸系統以及液體平衡，並且會間接影響溫度調節和各種代謝功能。運動時，大部分可能經由排汗流失的電解質，最重要的是鈉、鉀、氯[170]。鈉和鉀是陽離子（正電荷），氯是陰離子（負電荷）。包括這3種在內的大多數電解質，都很容易在飲食中獲得。

鈉和鉀都與血壓維持和高血壓產生有關。鈉攝取太多可能會升高血壓；但是，如果鉀攝取的比例是鈉的40%，則血壓可能會降低。鈉：鉀比例是減少高血壓的主要因素，尤其是對鈉敏感的個體[103,142]。通常建議血清鈉：鉀比例為0.6，如此有助於減少高血壓的發生率。

電解質通常可以在運動飲料中獲得，其中大多數還含有碳水化合物。這些運動飲料可用於預防脫水，防止因為排汗所造成的電解質流失，並且增強恢復，尤其是肝醣。儘管運動時可能會透過汗液流失電解質和某些維生素，但流失通常不大或不明顯，尤其是經過適應的運動員[126]。儘管汗液的成分變化多端，但與液體空間相比，汗液總是低張的；因此，排汗的淨效應該是血漿滲透壓增加[170]。這樣的話，可能就不需要替補電解質。然而，雖然一開始科學家的態度，是懷疑至少在某些狀況下，運動飲料可能會為運動員提供益處。大多數運動飲料含有少量的鈉（10-25 mmol·L$^{-1}$），部分是替補流失的鈉，而部分是因為期望鈉可能會增強腸道的液體吸收[42]。此外，在持續超過4小時的運動中，例如超級馬拉松，會導致低血漿鈉濃度（低鈉血症〔hyponatremia〕），尤其是如果沿途攝取低鈉飲料（水或可樂）時[170]。在炎熱的環境中訓練也可能會導致低鈉濃度，尤其是未經適應或部分適應的運動員；這種情況通常需要3到5天才會產生[167,231]，並且長期攝取運動飲料可能會抵消其產生。

## 體重增長

在運動中發現身體質量達到100至160公斤（220至353磅）的情況並不少見，例如美式足球、橄欖球、投擲項目，以及在較重量級的拳擊、柔道、健力、舉重。運動員需要相當多的考量和計劃，以達到如此大的身體質量，例如最佳的LBM增長和最小的脂肪增長，因此獲得更大的潛力與表現。計劃不僅包括身體訓練，還包括最佳營養策略。對於那些考慮增加身體質量的運動員來說，應該考量以下問題。

儘管體重增長的目標是最大化LBM增加，並且最小化脂肪增長，但是受過良好訓練的運動員幾乎總是會增長一些脂肪[92,93,94]，並且身體質量的大量增長，幾乎總是伴隨著身體脂肪百分比的增加[93]。

儘管並非所有的研究都同意[66]，有些數據顯示，即使是相同卡路里數字（等卡路里〔isocaloric〕）的飲食，透過含有相對較多脂肪卡路里的飲食，可以增長更多量的身體脂肪，尤其是如果他們如此持續一段長時間（幾個月）的情況下[27,74,252]。飲食脂肪含量較高會使身體脂肪增長較多的部分原因，可能與攝取的脂肪類型有關。有些證據指出，與飽和脂肪相比，即使在等卡路里飲食中，單元不飽和脂肪可能導致較少的脂肪增長，這是因為其熱效應更高[198]。因此，在謹慎的增長身體質量時，應該將脂肪含量控制在總卡路里的30%以下，並且攝取相對較大量的不飽和脂肪（總脂肪攝取的70至80%）。保持低脂肪含量可能會相當困難，尤其當運動員攝取大量卡路里（>5000 kcal·day$^{-1}$）時。此外，個體差異也會影響飲食效果。有些證據指出，即使能量消耗相似，食用不同量巨量營養素的個體，也可以維持相似的總身體脂肪和身體脂肪百分比[268]。因此，應該要小心的計劃飲食；如果出現困難（例如增長大量的脂肪），應該諮詢營養師。

購買非處方的特殊重量增長產品，通常沒有保證。其中有些產品含有相對大量的脂肪（>30%），應該要避免。人們可以透過攝取額外的食物來增加飲食中額外的能量；然而，這通常會導致腹脹增加和不適感，尤其是如果一口氣吃下額外的食物時。如果因為工作、上學、訓練時間表，費用、或僅僅由於個人喜好而無法攝取額外的食物，那麼補充品是有用的。脫脂牛奶是蛋白質和碳水化合物（和額外的卡路里）相對便宜的來源。脫脂牛奶可以加以調味或是與其它食品混合，並且可以液體或粉末的形式來使用。對於進階與精英運動員，補充可能有助於促進對沉重訓練的正面適應（見第七章〈人為輔助〉）。

要增加身體質量，最好使用有計劃的飲食和特定的身體訓練，尤其是重量訓練，可以增強LBM的增長。身體質量的增長應該要相對緩慢，大約為0.5至1.0 kg·week$^{-1}$（1至2磅），因為曾觀察到，身體質量增加速率較低，會減少身體脂肪的增長[19]。在大量體重增長的過程中，持續體重增長（少於6個月）應該要以更慢的速率發生。在長期體重的增長中，身體質量增加的速率應該約為0.25至0.5 kg·week$^{-1}$（0.5至1.0磅），以確保最少量的脂肪增長。

每1至2週，應該使用皮褶或靜水量重法（hydrostatic weighing）密切監測身體質量的增長和身體組成的變化。如果身體脂肪百分比顯著增加，則應該要更改訓練和飲食計劃。作者的觀察顯示，已經進行高訓練量和高強度訓練的進階運動員（美式足球運動員、投擲運動員、舉重運動員），每增長10公斤（22磅）的身體質量，身體脂肪通常會增長1%至3%。

退役後，應該鼓勵體型大的運動員減少身體質量。減少身體質量和脂肪含量，可以減少心臟病和其它退化性疾病的發生機率。在大學和專業機構中，經由適當的專家提供營養和訓練諮詢不無道理。

## 體重和脂肪減少

體重減少（或控制體重）在嚴格體重限制（體重分級）的運動中並不少見，例如拳擊、柔道、輕量級划船、摔跤、舉重。在維持和減少身體質量時都必須要小心，否則會損害表現。即使在沒有體重分級的運動中，例如體操，為了要有競爭力，也必須要達到並且維持低體重和低身體脂肪。要達到身體質量和身體脂肪的目標，經常需要大量的減少身體質量。打算減少身體質量的運動員（及其教練）應該要考量以下的問題。

未經訓練的個人和初學運動員，可能會經由卡路里限制和訓練，在增加LBM的同時減少身體脂肪（有時是身體質量）[238]。然而，已經具有低身體脂肪和低脂肪百分比的運動員，不太可能會減少大量的體重而不也減少一些LBM，尤其是如果使用卡路里限制來增強身體質量的減少時[14,261]。為了減少因為卡路里限制而導致的LBM減少，可以經由訓練，尤其是阻力訓練[14]，以及在卡路里限制期間使用高蛋白飲食[261]。不鼓勵使用例如全流質飲食等流行飲食。

表現的理想體重並不一定是運動員可以維持的最低身體質量。半飢餓或脫水的運動員表現不會好。卡路里限制可能會加強能量儲存的消耗、疲勞和過度訓練[236]。在兒童和青少年中，有些證據顯示，卡路里限制會減少成年時的身高[228]。

可接受體重減少的**最大**速率似乎為每週約1%。對於大多數的運動員，這大約是0.5至1.0 kg・week$^{-1}$（1至2磅），相當於卡路里赤字大約500至1000 kcal・day$^{-1}$ [90]。較慢的身體質量減少速率通常較為理想，這是由於卡路里赤字約為100至400 kcal・day$^{-1}$。更快的速率會加強顯著流失LBM、肝醣存儲、脫水以及維生素和礦物質攝取的流失，並且會增加過度訓練的可能性[90,262]。進行超過4週的卡路里限制和身體質量減少，或總身體質量減少超過5%，也可能改變運動員的微量營養素狀況，對表現有不利影響[90]。重要的是要了解，在文獻中並沒有充分顧及非常小型或非常大型運動員的體重減少需求。

身體脂肪也可能會太低。男性低身體脂肪含量與睪固酮濃度降低和受傷發生率增加有關[239,259]。由於低身體脂肪，也可能會增加撞擊傷害，以及提升過度使用傷害的發生率[192,264]。男性的身體脂肪通常不應降至低於6%，女性不應低於10%。

可以經由（短期）限制液體來達到身體質量的快速減少。使用的人相信，這種快速減少會增強表現，因為這種作法保留了較重身體質量所得到的大部分LBM。儘管這種快速減少體重的方法被廣泛使用，但可能伴隨著以下潛在不利影響[262]：

- 肌力和爆發力減少（可能所受影響最少，除非體重減少非常快速）
- 低和高強度耐力下降

- 血漿體積降低
- 心臟功能減少
- 溫度調節損害
- 腎臟功能下降
- 肝醣濃度降低
- 電解質流失

補水通常要5小時以上。儘管在體重分級的運動中，脫水—補水的操作十分常見，但在隨後的比賽中，脫水—補水的潛在正面作用可能會失去效用。觀察顯示，脫水的影響通常是相當負面的[259,作者的觀察]，尤其是流失超過2%的身體質量時。此外，反覆多次快速脫水的累積影響也可能是負面的[259]。使用人工的方式補水，例如靜脈輸液，有危險性，應該避免。控制體重時，要小心避免會造成水分滯留的食物（鹹的食物）和高纖食物。

## 本章總結

過去25年，營養尤其是運動營養有了很大的進步。許多因素讓營養和營養學家來到了運動管理的第一線，並且讓營養成為規劃運動計劃中不可或缺的一部分。這些因素包括了解某些營養素的RDA值，特別是蛋白質，對於許多運動的需求是不夠的；認識恢復飲料實際上可以增強恢復；以及實行增長和減少體重的良好方法。確實，現在有些大學也提供運動營養的專業學位。隨著更多有趣的發展，和未來將進行的更多研究，運動營養可能會在運動成就上發揮更大的作用。

## 參考文獻：

1. Acworth, I., J. Nicholass, B. Morgan et al. 1986. Effect of sustained exercise on concentrations of plasma aromatic and branched chain amino acids and brain amine. *Biochemistry and Biophysics Research Communication* 137(1): 149-153.
2. Afting, E.G., W. Bernhardt, R.W.C. Janzen et al. 1981. Quantitative importance of non-skeletal muscle Nmethylhistidine and creatinine in human urine. *Biochemistry Journal* 220: 449-452.
3. Alborn, E.N., J.M. Davis, and S.P. Baily. 1992. Effects of ammonia on endurance performance in the rat. *Medicine and Science in Sports and Exercise* 24(5) (Suppl.): S50.
4. Alfin-Slater, R. 1973. *Nutrition for today*. Dubuque, IA: Brown.
5. American Alliance for Health, Physical Education, Recreation and Dance. 1971. *Nutrition for the athlete*. Washington, DC: AAPHERD.
6. American College of Sports Medicine, American Dietary Association, and Dieticians of Canada. 2000. Joint position statement: Nutrition and athletic performance. *Medicine and Science in Sports and Exercise* 32: 2130-2145.
7. Asha Devi, S., S. Prathima, and M.V. Subramanyam. 2003. Dietary vitamin E and physical exercise: I. Altered endurance capacity and plasma lipid profile in aging rats. *Experimental Gerontology* 38: 285-290.
8. Åstrand, P.O., and K. Rodahl. 1970. *Textbook of work physiology* (2nd ed.). New York: McGraw-Hill.
9. Avery, N.G., J.L. Kaiser, M.J. Sharman, T.P. Scheett, D.M. Barnes, A.L. Gomez, W.J. Kraemer, and J.S. Volek. 2003. Effects of vitamin E supplementation on recovery from repeated bouts of resistance exercise. *Journal of Strength and Conditioning Research* 17: 801-809.
10. Ayers, J.W.T., Y. Komesu, R.A. Romani et al. 1985. Anthropometric, hormonal and psychological correlates of semen quality in endurance-trained male athletes. *Fertility and Sterility* 43: 917-921.
11. Babij, P., S.M. Matthews, and M.J. Rennie. 1983. Changes in blood ammonia, lactate and amino acids in relation to workload during bicycle ergometer exercise in man. *European Journal of Applied Physiology* 50: 405-411.
12. Bahr, R., I. Ingnes, O. Vaage et al. 1987. Effect of duration of exercise on excess postexercise O2 consumption. *Journal of Applied Physiology* 62: 485-490.
13. Bahr, R., P.K. Opstad, J.I. Medbo et al. 1991. Strenuous prolonged exercise elevates resting metabolic rate and causes reduced mechanical efficiency. *Acta Physiologica Scandinavica* 141: 555-563.
14. Ballor, D.L., V.L. Katch, M.D. Beque, and C.R. Marks. 1988. Resistance weight training during caloric restriction enhances lean body weight maintenance. *American Journal of Clinical Nutrition* 47: 19-25.
15. Banks, E.A., J.T. Brozinik, B.B. Yaspelkis et al. 1992. Muscle glucose transport, GLUT-4 content and degree of exercise training in obese Zucker rats. *American Journal of Physiology* 263(5, Part 1): E1010-E1015.
16. Barnard, R.J., and J.F. Youngren. 1992. Regulation of glucose transport in skeletal muscle. *FASEB Journal* 6(14): 3238-3244.
17. Bergstrom, J., and E. Hultman. 1966. Muscle glycogen synthesis after exercise: An enhancing factor to the muscle cells in man. *Nature* 210: 309.
18. Bier, D.M. 1989. Intrinsically difficult problems: The kinetics of body proteins and amino acids in man. *Diabetes and Metabolic Reviews* 5: 111-132.
19. Birrer, R.B. 1984. *Sports medicine for the primary care physician*. Norfolk, CT: Appleton-Century-Crofts.
20. Blair, S.N. 1993. Exercise and chronic disease: Emerging evidence for a protective effect. Keynote address, Southeast ACSM meeting, Norfolk, VA.
21. Blair, S.N., H.W. Kohl, R.S. Paffenbarger et al. 1989. Physical fitness and all cause mortality. *Journal of the American Medical Association* 262: 2395-2401.
22. Bleich, H.L., E.S. Boro, M.H. Sleisenger et al. 1971. Protein digestion and absorption. *New England Journal of Medicine* 300: 659-663.
23. Bloomstrand, E., S. Andersson, P. Hassemen et al. 1995. Effect of branched-chain amino acid and carbohydrate

supplementation on the exercise induced change in plasma and muscle concentration of amino acids in human subjects. *Acta Physiologica Scandinavica* 153: 87-96.
24. Bloomstrand, E., F. Celsing, and E.A. Newsholme. 1988. Changes in concentrations of aromatic and branched chain amino acids during sustained exercise in man and their possible role in fatigue. *Acta Physiologica Scandinavica* 133: 115-123.
25. Bloomstrand, E., P. Hassemen, B. Ekblom et al. 1991. Administration of branched-chain amino acids during sustained exercise—effects on performance and on plasma concentrations of some amino acids. *European Journal of Applied Physiology* 63: 83-88.
26. Bobb, A., D. Pringle, and A.J. Ryan. 1969. A brief study of the diet of athletes. *Journal of Sports Medicine* 9: 255-262.
27. Boissonneault, G.A., C.E. Elson, and M.W. Pariza. 1986. Net energy effects of dietary fat on chemically induced mammary carcinogenesis. *Journal of the National Cancer Institute* 76: 335-338.
28. Booth, F.W., W.F. Nicholson, and P.A. Watson. 1982. Influence of muscle use on protein synthesis and degradation. *Exercise and Sport Sciences Reviews* 10: 27-48.
29. Borgouts, L.B., G. Schaart, M.K. Hesselink, and H.A. Keizer. 2000. GLUT-4 expression is not consistently higher in type-1 than in type-2 fibres of rat and human vastus lateralis muscles; an immunohistochemical study. *Pfluegers Archiv* 441: 351-358.
30. Borsheim, E., K.D. Tipton, S.E. Wolfe, and R.R. Wolfe. 2002. Essential amino acids and muscle protein recovery from resistance exercise. *American Journal of Physiology, Endocrinology and Metabolism* 283: E648-657.
31. Bowers, R.W., and E.L. Fox. 1992. *Sports physiology* (3rd ed.). New York: Saunders.
32. Bray, G.A. 2003. Low-carbohydrate diets and realities of weight loss. *Journal of the American Medical Association* 289: 1853-1855.
33. Brehm, B.A., and B. Gutin. 1986. Recovery energy expenditure for steady state exercise in runners and nonrunners. *Medicine and Science in Sports and Exercise* 18: 205-210.
34. Brooks, G.A. 1987. Amino acid incorporation and protein metabolism during exercise and recovery. *Medicine and Science in Sports and Exercise* 19(Suppl.): S150-S156.
35. Brooks, G.A., T.D. Fahey, and T.P. White. 1996. *Exercise physiology* (2nd ed.). Mountain View, CA: Mayfield.
36. Brown, M.S., P.T. Kovanen, and J.J. Goldstein. 1981. Regulation of plasma cholesterol by lipoprotein receptors. *Science* 212: 628-635.
37. Brubacher, G.B. 1989. Scientific basis for the estimation of the daily requirements for vitamins. In: P. Walter, H. Stahelin, and G. Brubacher (Eds.), *Elevated dosages of vitamins* (pp. 3-11). Stuttgart: Hans Huber.
38. Burelson, M.A., H.S. O'Bryant, M.H. Stone et al. 1997. Effect of weight training exercise and treadmill exercise on post-exercise oxygen consumption. *Medicine and Science in Sports and Exercise* 30(4): 518-522.
39. Burhus, K.A., J.L. Lettunich, M.L. Casey et al. 1992. The effects of two different types of resistance training exercise on post-exercise oxygen consumption. *Medicine and Science in Sports and Exercise* 24: S76.
40. Burke, L.M., and J.A. Hawley. 2003. Effects of shortterm fat adaptation on metabolism and performance of prolonged exercise. *Medicine and Science in Sports and Exercise* 34: 1492-1498.
41. Burke, L.M., J.A. Hawley, D.J. Angus, G.R. Cox, S.A. Clark, N.K. Cummings, B. Desbrow, and M. Hargreaves. 2002. Adaptations to short-term high-fat diet persist during exercise despite high carbohydrate availability. *Medicine and Science in Sports and Exercise* 34: 83-91.
42. Burke, L.M., and R.S. Read. 1993. Dietary supplements in sport. *Sports Medicine* 15: 43-65.
43. Butterfield, G.E. 1987. Whole-body protein utilization in humans. *Medicine and Science in Sports and Exercise* 19(Suppl.): S157-S165.
44. Bylund-Fellenius, A.C., K.M. Ojamaa, K.E. Flaim et al. 1984. Protein synthesis versus energy state in contracting muscles of perfused rat hindlimb. *American Journal of Physiology* 246: E297-E305.
45. Calders, P., J-L. Pannier, D.M. Matthys et al. 1997. Preexercise branched-chain amino acid administration increases

endurance performance in rats. *Medicine and Science in Sports and Exercise* 29: 1182-1186.
46. Campbell, W.W., M.C. Crim, V.R. Young et al. 1994. Increased energy requirements and changes in body composition with resistance training in older adults. *American Journal of Clinical Nutrition* 60: 167-175.
47. Capurso, A. 1992. Lipid metabolism and cardiovascular risk: Should hypercholesterolemia be treated in the elderly? *Journal of Hypertension* (Suppl.) 110: S65-S68.
48. Casiglia, F., A. Mazza, V. Tikhonoff, R. Scarpa, L. Schiavon, and A.C. Paessina. 2003. Total cholesterol and mortality in the elderly. *Journal of Internal Medicine* 254: 353-362.
49. Celajowa, I., and M. Homa. 1970. Food intake, nitrogen, and energy balance in Polish weightlifters during training camp. *Nutrition and Metabolism* 12: 259-274.
50. Chandler, R.M., H.K. Byrne, J.G. Patterson et al. 1994. Dietary supplements affect the anabolic hormones after weight-training exercise. *Journal of Applied Physiology* 76: 839-845.
51. Christensen, E., and O. Hansen. 1939. Arbeits fahigheit und ernahrung. *Scandinavian Archives of Physiology* 81: 169.
52. Clement, D.B., and R.C. Admundsun. 1982. Nutritional intake and hematological parameters in endurance runners. *Physician and Sportsmedicine* 10: 37-43.
53. Conley, M.S., and M.H. Stone. 1996. Carbohydrate ingestion/supplementation for resistance exercise and training. *Sports Medicine* 21: 7-17.
54. Conley, M.S., M.H. Stone, J.L. Marsit et al. 1995. Effects of carbohydrate ingestion on resistance exercise. *Journal of Strength and Conditioning Research* 9: 201.
55. Conroy, B.P., W.J. Kraemer, C.M. Maresh, G.P. Dalskey, S.J. Fleck, M.H. Stone, A.C. Fry, and P. Cooper. 1993. Bone mineral density in weightlifters. *Medicine and Science in Sports and Exercise* 25: 1103-1109.
56. Dalqvist, A. 1962. The intestinal disaccharidases and disaccharide intolerance. *Gastroenterology* 43: 694-696.
57. Daugaard, J.R., and E.A. Richter. 2001. Relationship between muscle fibre composition, glucose transporter protein 4 and exercise training: Possible consequences in non-insulin-dependent diabetes mellitus. *Acta Physiologica Scandinavica* 171: 267-276.
58. Davies, K.J.A., C.M. Donavan, C.J. Refino, G.A. Brooks, L. Parker, and P.R. Dallman. 1984. Distinguishing effects of anemic and muscle iron deficiency on exercise bioenergetics in the rat. *American Journal of Physiology* 246: E535-E543.
59. Davies, K.J.A., J.J. Maguire, and G.A. Brooks. 1982. Muscle mitochondrial bioenergetics, oxygen supply and work capacity during iron deficiency and repletion. *American Journal of Physiology* 242: E418-E427.
60. Davis, J.M. 1995. Carbohydrates, branched-chain amino acids and endurance: The central fatigue hypothesis. *International Journal of Sports Medicine* 5(Suppl.): S25-S38.
61. Davis, J.M., and S.P. Baily. 1997. Possible mechanisms of central nervous system fatigue during exercise. *Medicine and Science in Sports and Exercise* 29: 45-57.
62. Deakin, V. 2000. Iron depletion in athletes. In: L. Burke and V. Deakin (Eds.), *Clinical sports nutrition* (pp. 270-310). Rossville, NSW: McGraw-Hill Australia.
63. De Feo, P. 1996. Hormonal regulation of human protein metabolism. *European Journal of Applied Physiology* 153: 7-18.
64. De Feo, P., and M.W. Haymond. 1994. Principles and calculations of the labeled leucine methodology to estimate protein kinetics in humans. *Diabetes, Metabolism and Nutrition* 7: 165-184.
65. Dibbern, V. 1981. *Nutrition research*—USSR(U) Dst-18105-144 [U.S Army document].
66. Dich, J., N. Grunnet, O. Lammert, P. Faber, K.S. Bjornsbo, L.O. Larsen, R.A. Neese, M.C. Hellerstein, and B. Quistorff. 2000. Effects of excessive isocaloric intake of either carbohydrate or fat on body composition, fat mass, de novo lipogenesis and energy expenditure in normal young men. *Ugeker Laeger* 162: 4794-4799.
67. Dietary Reference Intakes. 1997. DRI for calcium, phosphorus, magnesium, vitamin D and fluoride. www. nap.edu.
68. Dioguardi, F.S. 1997. Influence of the ingestion of branched chain amino acids on plasma concentrations of ammonia

and free fatty acids. *Journal of Strength and Conditioning Research* 11(4): 242-245.
69. Dohm, G.L., A.L. Hecker, W.E. Brown et al. 1977. Adaptation of protein metabolism to endurance training. Increased amino acid oxidation in response to training. *Biochemistry Journal* 164: 705-708.
70. Dohm, G.L., G.J. Kasperek, E.B. Tapscott et al. 1985. Protein metabolism during endurance exercise. *Federation Proceedings* 44: 348-352.
71. Dohm, G.L., F.R. Puente, C.P. Smith et al. 1978. Changes in tissue protein levels as a result of endurance exercise. *Life Sciences* 28: 845-849.
72. Dohm, G.L., E.B. Tapscott, G.J. Kasperek et al. 1987. Protein degradation during endurance exercise and recovery. *Medicine and Science in Sports and Exercise* 19: S166-S171.
73. Dohm, G.L., R.T. Williams, G.J. Kasparek et al. 1982. Increased excretion of urea and N-methylhistidine by rats and humans after a bout of exercise. *Journal of Applied Physiology* 52: 27-33.
74. Donato, K., and D.M. Hegsted. 1985. Efficiency of utilization of various sources of energy for growth. *Proceedings of the National Academy of Science* 82: 4866-4870.
75. Dragon, G.I., A. Vasilu, and E. Georgescu. 1985. Effects of increased protein supply on elite weightlifters. In: T.E. Galesloot and B.J. Timbergen (Eds.), *Milk proteins* (pp. 99-103). Wageninen, The Netherlands: Poduc.
76. Drinkwater, B.L., K. Nilson, C.H. Chestnut, W.J. Bremer, S. Shainholtz, and M.B. Southworth. 1984. Bone mineral content of amenorrheic and eumenorrheic athletes. *New England Journal of Medicine* 311: 277-282.
77. Dufaux, B., G. Assmann, and W. Hollman. 1982. Plasma lipoproteins and physical activity: A review. *International Journal of Sports Medicine* 3: 123-136.
78. Durstine, J.L., P.W. Grandjean, C.A. Cox, and P. Thompson. 2002. Lipids, lipoproteins and exercise. *Journal of Cardiopulmonary Rehabilitation* 22: 385-398.
79. Ehn, L., B. Carlwark, and S. Hoglund. 1980. Iron status in athletes involved in intense physical activity. *Medicine and Science in Sports and Exercise* 11: 61-64.
80. Elliot, D.L., L. Goldberg, and K.S. Kuehl. 1992. Effect of resistance training on excess post-exercise oxygen consumption. *Journal of Applied Sport Science Research* 6(2): 77-81.
81. Engell, D.B., O. Maller, M.N. Sawka, R.P. Franseseconi, L. Drolet, and A.J. Young. 1987. Thirst and fluid intake following graded hypohydration in humans. *Physiological Behavior* 40: 226-236.
82. Evans, W.J., E.C. Fisher, R.A. Hoerr et al. 1983. Protein metabolism and endurance exercise. *Physician and Sportsmedicine* 11: 63-72.
83. Evans, W.J., C.N. Meredith, J.G. Cannon et al. 1986. Metabolic changes following eccentric exercise in trained and untrained men. *Journal of Applied Physiology* 61: 1864-1868.
84. Fahey, T.D., K. Hoffman, W. Colvin et al. 1993. The effects of intermittent liquid meal feeding on selected hormones and substrates during intense weight training. *International Journal of Sport Nutrition* 3: 67-75.
85. Felig, P., and J. Wahren. 1971. Amino acid metabolism in exercising man. *Journal of Clinical Investigation* 50: 2703-2714.
86. Fern, E.B., R.N. Belinski, and Y. Schutz. 1991. Effect of exaggerated amino acid and protein supply in man. *Experientia* 47: 168-172.
87. Fielding, R.A., and J. Parkington. 2002. What are the dietary protein requirements of physically active individuals? New evidence on the effects of exercise on protein utilization during post-exercise recovery. *Nutrition and Clinical Care* 5: 191-196.
88. Flatt, J.P. 1992. The biochemistry of energy expenditure. In: P. Bjorntop and B.N. Brodoff (Eds.), *Obesity* (pp. 100-116). New York: Lippincott.
89. Florini, J.R. 1987. Hormonal control of muscle growth. *Muscle and Nerve* 10: 577-598.
90. Fogelholm, G.M., R. Koskinen, J. Laakso, T. Rankinen, and I. Ruokonen. 1993. Gradual and rapid weight loss: Effects on nutrition and performance in male athletes. *Medicine and Science in Sports and Exercise* 25: 371-377.
91. Fogelholm, M. 2000. Vitamin, mineral and antioxidant needs of athletes. In: L. Burke and V. Deakin (Eds.), *Clinical*

*sports nutrition* (pp. 312-340). Rossville, NSW: McGraw-Hill Australia.
92. Forbes, G.B. 1983. Some influences on lean body mass: Exercise, androgens, pregnancy and food. In: P.L. White and T. Mondieka (Eds.), *Diet and exercise: Synergism in health maintenance.* Chicago: American Medical Association.
93. Forbes, G.B. 1985. Body composition as affected by physical activity and nutrition. *Federation Proceedings* 4: 343-347.
94. Forsberg, A.P., P. Tesch, and J. Karlsson. 1978. Effects of prolonged exercise on muscle strength performance. In: E. Asmussen, and K. Jorgensen (Eds.), *Biomechanics VI-A.* Baltimore: University Park Press.
95. Foster, C., D.L. Costill, and W.J. Fink. 1979. Effect of preexercise feedings on endurance performance. *Journal of Applied Physiology* 11: 1-15.
96. Freidman, J.E., and P.W.R. Lemon. 1985. Effect of protein intake and endurance exercise on daily protein requirements. *Medicine and Science in Sports and Exercise* 17(Suppl.): S231.
97. Friedman, J.E., P.D. Neufer, and G.L. Dohm. 1991. Regulation of glycogen synthesis following exercise. *Sports Medicine* 11(4): 232-243.
98. Fry, A.C., W.J. Kraemer, and M.H. Stone. 1991. The effect of amino acid supplementation on testosterone, cortisol and growth hormone responses to one week of intensive training. Presented at the MAACSM annual meeting, New Brunswick, NJ.
99. Fry, A.C., W.J. Kraemer, M.H. Stone et al. 1993. Endocrine and performance responses to high volume training and amino acid supplementation in elite junior weightlifters. *International Journal of Sport Nutrition* 3: 303-322.
100. Galim, E.B., K. Hruska, and D.M. Bier. 1980. Branched chain amino acid nitrogen transfer to alanine in vivo in dogs: Direct isotopic demonstration with [15 N] leucine. *Journal of Clinical Investigation* 66: 1295-1304.
101. Gaster, M., W. Vach, H. Beck-Nielsen, and H.D. Schroder. 2002. GLUT 4 expression at the plasma membrane is related to fibre volume in human skeletal muscle fibres. *Acta Pathologica, Microbiologica et Immunologica Scandinavica* 110: 611-619.
102. Gastmann, U.A., and M.J. Lehmann. 1998. Overtraining and the BCAA hypothesis. *Medicine and Science in Sports and Exercise* 30: 1173-1178.
103. Geleijnse, J.M., F.J. Kok, and D.E. Grobbee. 2003. Blood pressure response to changes in sodium and potassium intake: A metaregression analysis of randomized trials. *Journal of Human Hypertension* 17: 471-480.
104. Gippini, A., A. Mato, R. Pazos, B. Suarez, B. Vila, P. Gayoso, M. Lage, and F.F. Casanueva. 2002. Effect of long-term strength training on glucose metabolism. Implications for individual impact of high lean mass and high fat mass on relationship between BMI and insulin sensitivity. *Journal of Endocrinological Investigation* 25: 520-525.
105. Gleeson, M., R.J. Maughn, and P.L. Greenhaff. 1986. Comparison of the effects of glucose, glycerol and placebo on endurance and fuel homeostasis in man. *European Journal of Applied Physiology* 55: 645-653.
106. Goldberg, R.L. 1980. Hormonal regulation of protein degradation and synthesis in skeletal muscle. *Federation Proceedings* 39: 31-36.
107. Goldstein, J., T. Kita, and M. Brown. 1983. Defective lipoprotein receptors and atherosclerosis. *New England Journal of Medicine* 309: 288-292.
108. Gontzea, I., P. Sutzscu, and S. Dumitrache. 1974. The influence of muscular activity on nitrogen balance and on the need for protein. *Nutrition Reports International* 10: 35-43.
109. Gontzea, I., P. Sutzscu, and S. Dumitrache. 1975. The influence of adaptation to physical effort on nitrogen balance in man. *Nutrition Reports International* 11: 231-236.
110. Graham, T.E., J.W.E. Rush, and D.A. MacLean. 1995. Skeletal muscle amino acid metabolism and ammonia production during exercise. In: M. Hargreaves (Ed.), *Exercise metabolism* (pp. 131-175). Champaign, IL: Human Kinetics.
111. Groussard, C., G. Machefer, F. Rannou, H. Faure, H. Zouhal, O. Sergent, M. Chevanne, J. Cillard, and A. Gratas-Delamarche. 2003. Physical fitness and plasma non-enzymatic antioxidant status at rest and after a Wingate test. *Canadian Journal of Applied Physiology* 28: 79-92.

112. Grunwald, K.K., and R.S. Baily. 1993. Commercially marketed supplements for bodybuilding athletes. *Sports Medicine* 15(2): 90-103.
113. Guillard, J.C., T. Penaranda, C. Gallet, W. Boggio, F. Fuchs, and J. Keppling. 1989. Vitamin status of young athletes including the effects of supplementation. *Medicine and Science in Sports and Exercise* 21: 441-449.
114. Hackney, A.C., R.L. Sharp, W.S. Runyan et al. 1989. Resting hormonal changes during intensive training: Effects of a dietary protein supplement. *Conference abstracts,* SEACSM.
115. Haff, G.G., M.J. Lehmkuhl, L.B. McCoy, and M.H. Stone. 2003. Carbohydrate supplementation and resistance training. *Journal of Strength and Conditioning Research* 17: 187-196.
116. Haff, G.G., C.A. Schroeder, A.J. Koch, K.E. Kuphal, M.J. Comeau, and J.A. Pottieger. 2001. The effects of supplemental carbohydrate ingestion on intermittent isokinetic leg exercise. *Journal of Sports Medicine and Physical Fitness* 41: 216-222.
117. Haff, G.G., M.H. Stone, B.J. Warren, R. Keith, R.L. Johnson, D.C. Nieman, F. Williams, and K.B. Kirksey. 1998. The effect of carbohydrate supplementation on multiple sessions and bouts of resistance exercise. *Journal of Strength and Conditioning Research* 13: 111-117.
118. Hakkinen, K., A. Pakarinen, M. Alen et al. 1985. Relationship between training volume, physical performance capacity and serum hormone concentrations during prolonged training in elite weightlifters. *International Journal of Sports Medicine* 8: 61-65.
119. Hamilton, E.M.H., E.N. Whitley, and F.S. Sizer. 1985. *Nutrition: Concepts and controversies.* St. Paul, MN: West.
120. Hamosh, M., and R.O. Scow. 1975. Lingual lipase and its role in the digestion of dietary lipid. *Journal of Clinical Investigation* 52: 88-95.
121. Hargreaves, B.J., D.L. Costill, W.J. Fink, D.S. King, and R.A. Fielding. 1987. Effects of preexercise carbohydrate feedings on endurance cycling performance. *Medicine and Science in Sports and Exercise* 19: 33-36.
122. Hargreaves, B.J., D.S. Kronfeld, J.N. Waldron, M.A. Lopes, L.S. Gay, K.E. Saker, W.L. Cooper, D.J. Sklan, and P.A. Harris. 2002. Antioxidant status and muscle cell leakage during endurance exercise. *Equine Veterinary Journal* (Suppl.) 34: 116-121.
123. Hauer, K., W. Hildebrandt, Y. Sehl, L. Elder, P. Oster, and W. Droge. 2003. Improvement in muscular performance and decrease in tumor necrosis factor level in old age after antioxidant treatment. *Journal of Molecular Medicine* 81: 118-125.
124. Hawley, J. 2000. Nutritional strategies to enhance fat oxidation during aerobic exercise. In: L. Burke and V. Deakin (Eds.), *Clinical sports nutrition* (pp. 428-454). Rossville, NSW: McGraw-Hill Australia.
125. Heaney, R.P. 1987. The role of calcium in prevention and treatment of osteoporosis. *Physician and Sportsmedicine* 15: 83-88.
126. Herbert, W.G. 1983. Water and electrolytes. In: M.H. Williams (Ed.), *Ergogenic aids in sport* (pp. 56-98). Champaign, IL: Human Kinetics.
127. Hetland, M.L., J. Haarbo, and C. Christiansen. 1993. Low bone mass and high bone turnover in male long distance runners. *Journal of Clinical Endocrinology and Metabolism* 77: 770-775.
128. Hickson, R.C., M.A. Roesenkoetter, and M.M. Brown. 1980. Strength training effects on aerobic power and short-term endurance. *Medicine and Science in Sports and Exercise* 12: 336-339.
129. Hollet, C.R., and J.V. Auditore. 1967. Localization and characterization of a lipase in rat adipose tissue. *Archives of Biochemistry and Biophysics* 9: 423-430.
130. Hood, D.A., and R.L. Terjung. 1990. Amino acid metabolism during exercise and following endurance training. *Sports Medicine* 9: 23-35.
131. Horton, E.S. 1982. Effects of low-energy diets on work performance. *American Journal of Clinical Nutrition* 35: 1228-1233.
132. Horton, T., H. Drougas, A. Brachey et al. 1995. Fat and carbohydrate overfeeding in humans: Different effects on energy stores. *American Journal of Clinical Nutrition* 62: 19-29.

133. Houmard, J.A., P.C. Eagen, P.D. Neufer et al. 1991. Elevated skeletal muscle glucose transport levels in exercise-trained middle-aged men. *American Journal of Physiology* 261(4, Part 1): E437-E443.
134. Hunter, G., L. Blackman, L. Dinnam et al. 1988. Bench press metabolic rate as a function of exercise intensity. *Journal of Applied Sport Science Research* 2(1): 1-6.
135. Hunter, G., D.R. Bryan, C.J. Wetstein, P.A. Zuckermann, and M.M. Baumann. 2002. Resistance training and intra-abdominal adipose tissue in older men and women. *Medicine and Science in Sports and Exercise* 34: 1023-1028.
136. Ivy, J.L. 2001. Dietary strategies to promote glycogen synthesis after exercise. *Canadian Journal of Applied Physiology* 26(Suppl.): S236-245.
137. Ivy, J., and R. Portman. 2004. *Nutrient timing.* North Bergen, NJ: Basic Health.
138. Jacobs, I., P. Kaiser, and P. Tesch. 1982. The effects of glycogen exhaustion on maximal short-term performance. In: P. Komi (Ed.), *Exercise and sport biology, International series on sport sciences* (pp. 103-108). Champaign, IL: Human Kinetics.
139. Jaquier, E. 1987. Energy, obesity and body weight standards. *American Journal of Clinical Nutrition* 45: 1035-1047.
140. Jenkins, D.G., J. Palmer, and D. Spillman. 1993. The influence of dietary carbohydrate on performance of supramaximal intermittent exercise. *European Journal of Applied Physiology* 67: 309-314.
141. Johnston, C.C., and C. Slemeda. 1987. Osteoporosis: An overview. *Physician and Sportsmedicine* 15: 65-68.
142. Kaplan, N.M. 1986. Dietary aspects of the treatment of hypertension. *Annual Reviews of Public Health* 7: 503-519.
143. Karlsson, J., and B. Saltin. 1971. Diet, muscle glycogen and endurance performance. *Journal of Applied Physiology* 31: 203-206.
144. Kennedy, E., S.A. Bowman, and J.T. Spence. 2001. Popular diets: Correlation to health, nutrition, and obesity. *Journal of the American Dietetic Association* 101: 411-420.
145. Kenny, A.M., C. Joseph, P. Taxel, and K.M. Prestwood. 2003. Osteoporosis in older men and women. *Connecticut Medicine* 67: 481-486.
146. Kiens, B., and J. Helge. 2000. Adaptations to a high-fat diet. In: R. Maughn (Ed.), *Nutrition in sport* (pp. 192-202). Oxford: Blackwell Science.
147. Kiens, B., A.B. Raben, A.K. Valeus, and E.A. Richter. 1990. Benefit of dietary simple carbohydrates on the early postexercise glycogen repletion in male athletes. *Medicine and Science in Sports and Exercise* 22(Suppl.): S88.
148. Kindermann, W., A. Schnabel, W.M. Schmitt et al. 1982. Catecholamines, growth hormone, cortisol, insulin and sex hormones in anaerobic and aerobic exercise. *European Journal of Applied Physiology* 49: 389-399.
149. Lamb, D.R., and G.R. Brodowicz. 1986. Optimal use of fluids of varying formulations to minimize exerciseinduced disturbances in homeostasis. *Sports Medicine* 3: 247-274.
150. Lamb, D.G., K.F. Rinehardt, R.L. Bartels et al. 1990. Dietary carbohydrate and intensity of interval swimming. *American Journal of Clinical Nutrition* 52: 1058-1063.
151. Lambert, C.P., M.G. Flynn, J.B. Boone et al. 1991. Effects of carbohydrate feeding on multiple-bout resistance exercise. *Journal of Applied Sport Science* 5: 192-197.
152. Lane, N., W. Bevier, M. Bouxsein, R. Wiswell, R. Carter, and D.R. Marcus. 1988. The effect of intensity on bone mineral. *Medicine and Science in Sports and Exercise* 20(Suppl.): S51.
153. Laritcheva, K.A., N.I. Valovarya, V.I. Shybin et al. 1978. Study of energy expenditure and protein needs of top weightlifters. In: J. Parizkova and V.A. Rogozkin (Eds.), *Nutrition, physical fitness and health, International series on sport sciences* (Vol. 7, pp. 53-61). Baltimore: University Park Press.
154. Lehmann, M., H. Mann, U. Gastmann, J. Keul, D. Vetter, J.M. Steinacher, and D. Haussinger. 1996. Unaccustomed high-mileage vs intensity trainingrelated changes in performance and serum amino acid levels. *International Journal of Sports Medicine* 17: 187-192.
155. Lemon, P.W.R. 1987. Protein and exercise. Update. *Medicine and Science in Sports and Exercise* 19(Suppl.): S179-S190.
156. Lemon, P.W.R. 1991. Effect of exercise on protein requirements. *Journal of Sports Sciences* 9: 53-70.

157. Lemon, P.W.R. 1995. Do athletes need more protein and amino acids? *International Journal of Sport Nutrition* 5(Suppl.): S39-S61.
158. Lemon, P.W.R. 1996. Is increased dietary protein necessary or beneficial for individuals with a physically active lifestyle? *Nutrition Reviews* 54: S169-S175.
159. Lemon, P.W., J.M. Berardi, and E.E. Noreen. 2002. The role of protein and amino acid supplements in the athlete's diet: Does type or timing of ingestion matter? *Current Sports Medicine Reports* 1: 214-221.
160. Lemon, P.W.R., and J.P. Mullin. 1980. Effect of initial muscle glycogen levels on protein catabolism during exercise. *Journal of Applied Physiology* 46: 624-629.
161. Lemon, P.W.R., and F.J. Nagle. 1981. Effects of exercise on protein and amino acid metabolism. *Medicine and Science in Sports and Exercise* 13: 141-149.
162. Lemon, P.W.R., M.A. Tarnopolsky, J.D. MacDougall et al. 1992. Protein requirements and muscle mass/strength changes during intensive training in novice bodybuilders. *Journal of Applied Physiology* 73: 767-775.
163. Leon, A.S. 1985. Physical activity levels and coronary heart disease. *Medical Clinics of North America* 69: 3-20.
164. Liberman, H.R., S. Corkin, and B.J. Spring. 1983. Mood, performance and pain sensitivity. *Journal of Psychiatric Research* 17: 135-146.
165. Lindsay, R. 1987. Estrogen and osteoporosis. *Physician and Sportsmedicine* 15: 105-108.
166. Lupton, J. 2005. The 2005 dietary guidelines advisory committee report: From molecules to dietary patterns. *Nutrition Today* 40: 215.
167. MaCance, R.A. 1936. Experimental sodium chloride deficiency in man. *Proceedings of the Royal Society of London* 119: 245-268.
168. MacLean, D.A., T.E. Graham, and B. Saltin. 1996. Stimulation of muscle ammonia production during exercise following branched-chain amino acid supplementation in humans. *Journal of Physiology* 493: 909-922.
169. Manore, M., and J. Thompson. 2000. Energy requirements of the athlete. In: L. Burke and V. Deakin (Eds.), *Clinical sports nutrition* (pp. 124-146). Rossville, NSW: McGraw-Hill Australia.
170. Maughn, R.J. 2000. Fluid and carbohydrate intake during exercise. In: L. Burke and V. Deakin (Eds.), *Clinical sports nutrition* (pp. 369-395). Rossville, NSW: McGraw-Hill Australia.
171. Maughn, R.J. 2003. Impact of mild dehydration on wellness and on exercise performance. *European Journal of Clinical Nutrition* 57(Suppl. 2): S19-S23.
172. Maughn, R.J., and D.C. Poole. 1981. The effects of a glycogen-loading regimen on the capacity to perform anaerobic exercise. *European Journal of Applied Physiology* 46: 211-219.
173. McMillan, J., R.E. Keith, and M.H. Stone. 1988. The effects of vitamin B6 and exercise on the contractile properties of rat muscle. *Nutrition Research* 8: 73-80.
174. McMillan, J., M.H. Stone, J. Sartain et al. 1993. The 20 h response to a single session of weight training. *Journal of Strength and Conditioning Research* 7(1): 9-21.
175. Melby, C., C. Scholl, G. Edwards et al. 1993. Effect of acute resistance exercise on postexercise energy expenditure and resting metabolic rate. *Journal of Applied Physiology* 75: 1847-1853.
176. Mero, A., H. Pitkanen, S.S. Oja et al. 1997. Leucine supplementation and serum amino acids, testosterone, cortisol and growth hormone in male power athletes during training. *Journal of Sports Medicine and Physical Fitness* 37: 137-145.
177. Mitchell, J.B., D.L. Costill, J.A. Houmard et al. 1990. Influence of carbohydrate ingestion on counter regulatory hormones during prolonged exercise. *International Journal of Sports Medicine* 11: 33-36.
178. Mitchell, R., R. Kreider, R. Miller et al. 1991. Effects of amino acid supplements on metabolic responses to ultraendurance triathlon performance. *Medicine and Science in Sports and Exercise* 23(4)(Suppl.): S15.
179. Montoye, H.J., H.C.G. Kemper, W.H.M. Saris, and R.A. Washburn. 1996. *Measuring physical activity and energy expenditure.* Champaign, IL: Human Kinetics.
180. Morris, J.N. 1987. Exercise and the incidence of coronary heart disease. In: *Exercise-heart-health.* London: Coronary

Prevention Group.
181. Mosoni, L., and P.P. Mirand. 2003. Type and timing of protein feeding to optimize anabolism. *Current Opinion in Clinical Nutrition and Metabolic Care* 6: 301-306.
182. Moyad, M.A. 2003. The potential benefits of dietary and/or supplemental calcium and vitamin D. *Urology and Oncology* 21: 384-391.
183. National Academy of Sciences. 1989. *Recommended dietary allowances* (10th ed.). Washington, DC: National Academy of Sciences.
184. National Cholesterol Education Program, Expert Panel on Detection, Evaluation and Treatment of High Blood Cholesterol in Adults (Adult Treatment Panel III). 2001, May. *Journal of the American Medical Association* 16(285): 2486-2497.
185. Neaton, J.D., H. Blackburn, D. Jacobs, I. Kuller, D.J. Lee, R. Sherwin, J. Shih, J. Stamler, and D. Wentworth. 1992. Serum cholesterol level and mortality for men screened in the Multiple Risk Factor Intervention Trial. *Archives of Internal Medicine* 152: 1490-1500.
186. Newman, D.J., K.R. Mills, B.M. Quigley et al. 1983. Pain and fatigue after concentric and eccentric muscle contractions. *Clinical Science* 64: 55-62.
187. Newsholme, E. 1990. The metabolic causes of fatigue/ overtraining. Keynote address, Southeast ACSM meeting, Charleston, SC.
188. Newsholme, E., I.N. Acworth, and E. Bloomstrand. 1985. Amino acids, brain neurotransmitters and a functional link between muscle and brain that is important in sustained exercise. *Advances in Biochemistry* 1: 127-133.
189. NHANES III (National Health and Nutrition Examination Survey). 1988-2004. Hyattsville, MD: U.S. Department of Health and Human Services, Centers for Disease Control.
190. Nicolette, R. 1993. Effect of two different resistance exercise bouts of equal work on post-exercise oxygen consumption. Master's thesis, Purdue University.
191. Nimmons, M.J., J.L. Marsit, M.H. Stone et al. 1995. Physiological and performance effects of two commercially marketed supplement systems. *Strength and Conditioning* 17(4): 52-58.
192. Nindl, B.C., K.E. Friedl, L.J. Marchitelli, R.L. Shippee, C.D. Thomas, and J.F. Patton. 1996. Regional fat placement in physically fit males and changes with weight loss. *Medicine and Science in Sports and Exercise* 28: 786-793.
193. O'Keefe, K., R.E. Keith, D.L. Blessing et al. 1987. Dietary carbohydrate and endurance performance. *Medicine and Science in Sports and Exercise* 19: S538.
194. Oppliger, R.A., and C. Bartok. 2002. Hydration in athletes. *Sports Medicine* 32: 959-971.
195. Petitt, D.S., S.A. Arngrimsson, and K.J. Cureton. 2003. Effect of resistance exercise on postprandial lipemia. *Journal of Applied Physiology* 94: 694-700.
196. Petruzzello, S.J., D.M. Landers, J. Pie et al. 1992. Effect of branched-chain amino acid supplements on exercise-related mood and performance. *Medicine and Science in Sports and Exercise* 24(5)(Suppl.): S2.
197. Philen, R.M., D.I. Ortiz, S.B. Auerbach et al. 1992. Survey of advertising for nutritional supplements in health and bodybuilding magazines. *Journal of the American Medical Association* 268(8): 1008-1011.
198. Piers, L.S., K.Z. Walker, R.M. Stoney, M.J. Soares, and K. O'Dea. 2002. The influence of the type of dietary fat on postprandial fat oxidation rates: Monounsaturated (olive oil) vs saturated fat (cream). *International Obesity Related Metabolic Disorders* 26: 814-821.
199. Pike, R.L., and M. Brown. 1984. *Nutrition: An integrated approach* (3rd ed.). New York: Macmillan.
200. Pitkanen, H.T., T. Nykanen, J. Knuutinen et al. 2003. Free amino acid and muscle protein balance after resistance exercise. *Medicine and Science in Sports and Exercise* 35: 784-792.
201. Pivarnik, J.M., J.F. Hickson, and I. Wolinsky. 1989. Urinary 3-methylhistidine excretion increases with repeated weight training exercise. *Medicine and Science in Sports and Exercise* 21: 283-287.
202. Powers, S.K., and K. Hamilton. 1999. Antioxidants and exercise. *Clinical Sports Medicine* 18: 525-536.
203. Rassmussen, B.B., and R.R. Wolfe. 1999. Regulation of fatty acid oxidation in skeletal muscle. *Annual Review of*

*Nutrition* 19: 463-484.
204. Reeds, P.J., M.R. Fuller, and B.A. Nicholson. 1985. Metabolic basis of energy expenditure with a particular reference to protein. In: J.S. Garrow and D. Halliday (Eds.), *Substrate and energy metabolism* (pp. 102-107). London: Libbey.
205. Rennie, M.J., R.H.T. Edwards, S. Krywawych et al. 1981. Effect of exercise on protein turnover in man. *Clinical Sciences* 61: 627-639.
206. Risser, W.L., E. Lee, H.B.W. Poindexter, M.S. West, J.M. Pivarnik, J.M.H. Risser, and J.F. Hickson. 1988. Iron deficiency in female athletes: Its prevalence and impact on performance. *Medicine and Science in Sports and Exercise* 20: 116-121.
207. Rokitski, L., E. Logemann, G. Hunter, E. Keck, and J. Keul. 1994. Alpha-tocopherol supplementation in racing cyclists during extreme endurance training. *International Journal of Sport Nutrition* 4: 253-264.
208. Ronsen, O., J. Sundgot-Borgen, and S. Maehlum. 1999. Supplement use and nutritional habits of Norwegian elite athletes. *Scandinavian Journal of Medicine and Science in Sports* 9: 28-35.
209. Rontoyannis, G.P., T. Skoulis, and K.N. Pavlou. 1989. Energy balance in ultramarathon running. *American Journal of Clinical Nutrition* 49: 976-979.
210. Roy, S.R., and W. Irwin. 1983. *Sports medicine.* Englewood Cliffs, NJ: Prentice-Hall.
211. Rozenek, R., and M.H. Stone. 1984. Protein metabolism related to athletes. *National Strength and Conditioning Association Journal* 6(2): 42-62.
212. Ryan, G.B. 1977. Acute inflammation. *American Journal of Pathology* 86: 185-264.
213. Sacks, F.M., and M. Katan. 2002. Randomized clinical trials on the effects of dietary fat and carbohydrate on plasma lipoproteins and cardiovascular disease. *American Journal of Medicine* 113(Suppl. 9B): 13S-24S.
214. Saltin, B., and J. Stenberg. 1964. Circulatory response to prolonged severe exercise. *Journal of Applied Physiology* 19: 833-838.
215. Scala, D., J. McMillan, D. Blessing et al. 1987. Metabolic cost of a preparatory phase of training in weightlifting: A practical observation. *Journal of Applied Sport Science Research* 1(3): 48-52.
216. Schoffstall, J.E., J.D. Branch, B.C. Leutholtz, and D.E. Swain. 2001. Effects of dehydration and rehydration on the one-repetition maximum bench press of weight-trained males. *Journal of Strength and Conditioning Research* 15: 102-108.
217. Scholl, C.G., R.C. Bullough, and C.L. Melby. 1993. Effect of different modes on postexercise energy expenditure and substrate utilization. *Medicine and Science in Sports and Exercise* 25: 532.
218. Scott, K.C., R.C. Hill, D.D. Lewis, A.J. Boning, and D.A. Sunderstrom. 2001. Effect of alpha-tocopheryl acetate supplementation on vitamin E concentration in greyhounds before and after a race. *American Journal of Veterinary Research* 62: 1118-1120.
219. Sedlock, D.A., J.A. Fisinger, and C.L. Melby. 1989. Effect of exercise intensity and duration on postexercise energy expenditure. *Medicine and Science in Sports and Exercise* 21: 626-646.
220. Seguin, R., and M.E. Nelson. 2003. The benefits of strength training for older adults. *American Journal of Preventive Medicine* 25(3 Suppl. 2): 141-149.
221. Shahar, E., L.E. Chambless, W.D. Rosamond, L.L. Boland, C.M. Ballantyne, P.G. McGovern, and A.R. Sharrett. 2003. Plasma lipid profile and incident ischemic stroke: The Atherosclerosis Risk in Community (ARIC) study. *Stroke* 34: 623-631.
222. Sherman, W.M., and G.S. Wimer. 1991. Insufficient carbohydrate during training: Does it impair performance? *Sports Nutrition* 1: 28-44.
223. Shibata, Y., I. Ohsawa, T. Watanabe, T. Miura, and Y. Sato. 2003. Effects of physical training on bone mineral density and bone metabolism. *Journal of Anthropology and Applied Human Science* 22: 203-208.
224. Short, S.H., and W.R. Short. 1983. Four-year study of university athletes' dietary intake. *Journal of the American Dietary Association* 82: 632-645.
225. Simonses, J.C., W.M. Sherman, D.R. Lamb et al. 1991. Dietary carbohydrate, muscle glycogen and power output

during rowing training. *Journal of Applied Physiology* 70: 1500-1505.
226. Slentz, C.A., E.A. Gulve, K.J. Rodnick et al. 1992. Glucose transporters and maximal transport are increased in endurance trained rat soleus. *Journal of Applied Physiology* 73(2): 486-492.
227. Smith, L.L. 1992. Causes of delayed onset muscle soreness and the impact on athletic performance. *Journal of Applied Sport Science Research* 6: 135-141.
228. Smith, N.J. 1976. Gaining and losing weight in athletics. *Journal of the American Medical Association* 236: 149-151.
229. Snyder, A.C., L.L. Dvorak, and J.B. Roepke. 1989. Influence of dietary iron source on measures of iron status among female runners. *Medicine and Science in Sports and Exercise* 21: 7-10.
230. Snyder, A.C., D.R. Lamb, T. Baur et al. 1983. Maltodextrin feeding immediately before prolonged cycling at 62% of $\dot{V}O_2$ max increases time to exhaustion. *Medicine and Science in Sports and Exercise* 15: S126.
231. Sohar, E., and A. Adar. 1962. Sodium requirements in Israel under conditions of work in hot climate. In: *UNESCO/India Symposium on Environmental Physiology and Psychology.* Lucknow, India: UNESCO.
232. Sparge, E. 1979. Metabolic functions of man, mammals, birds and fishes: A review. *Journal of the Royal Society of Medicine* 72: 921-925.
233. Stone, M.H. 1990. Muscle conditioning and muscle injury. *Medicine and Science in Sports and Exercise* 22: 457-462.
234. Stone, M.H., S.J. Fleck, W.J. Kraemer, and N.T. Triplett. 1991a. Healthand performance-related potential of resistance training. *Sports Medicine* 11: 210-231.
235. Stone, M.H., and C. Karatzeferi. 2002. Connective tissue (and bone) response to strength training. In: P.V. Komi (Ed.), *Encyclopaedia of sports medicine: Strength and power in sport* (2nd ed.). London: Blackwell.
236. Stone, M.H., R.E. Keith, J.T. Kearney, G.D. Wilson, and S.J. Fleck. 1991b. Overtraining: A review of the signs, symptoms and possible causes. *Journal of Applied Sport Science Research* 5(1): 35-50.
237. Stone, M.H., R.E. Keith, D. Marple, S.J. Fleck, and J.T. Kearney. 1989. Physiological adaptations during a one-week junior elite weightlifting camp. *Conference abstracts,* SEACSM annual meeting, January.
238. Stone, M.H., G.D. Wilson, D. Blessing, and R. Rozenek. 1983. Cardiovascular responses to short-term Olympic style weight training in young men. *Canadian Journal of Applied Sport Sciences* 8: 134-139.
239. Strauss, R.H., R.R. Lanese, and W.B. Malarky. 1985. Weight loss in amateur wrestlers and its effect on serum testosterone levels. *Journal of the American Medical Association* 255: 3337-3338.
240. Strauzenberg, S.E., F. Schneider, R. Donath, H. Zerbes, and E. Kohler. 1979. The problem of dieting in training and athletic performance. *Bibliotheca Nutritio et Dieta* 27: 109-122.
241. Suominen, H. 1993. Bone mineral density and long-term exercise. An overview of cross-sectional athlete studies. *Sports Medicine* 16: 316-330.
242. Sutton, J.R., P.A. Farrell, and V.J. Harber. 1990. Hormonal adaptation to physical activity. In: C. Bouchard, R.J. Shepard, T. Stephens, J.R. Sutton, and B. McPherson (Eds.), *Exercise, fitness, and health* (pp. 217-257). Champaign, IL: Human Kinetics.
243. Takanami, Y., K. Iwane, Y. Kawai, and T. Shimomitsu. 2000. Vitamin E supplementation and endurance exercise: Are there benefits? *Sports Medicine* 29: 73-83.
244. Tanaka, H., K.A. West, G.E. Duncan, and D.R. Basset. 1997. Changes in plasma tryptophan/branched chain amino acid ratio in response to training volume variation. *International Journal of Sports Medicine* 18: 270-275.
245. Tarnoplosky, M. 2000. Protein and amino acid needs for training and bulking up. In: L. Burke and V. Deakin (Eds.), *Clinical sports nutrition* (pp. 90-123). Rossville, NSW: McGraw-Hill Australia.
246. Tarnopolsky, M.A., S.A. Atkinson, J.D. MacDougall et al. 1991. Whole body leucine metabolism during and after resistance exercise in fed humans. *Medicine and Science in Sports and Exercise* 23: 326-333.
247. Tarnopolsky, M.A., S.A. Atkinson, J.D. MacDougall et al. 1992. Evaluation of protein requirements for trained strength athletes. *Journal of Applied Physiology* 75: 1986-1995.
248. Tarnopolsky, M.A., J.D. MacDougall, and S.A. Atkinson. 1988. Influence of protein intake and training status on

nitrogen balance and lean body mass. *Journal of Applied Physiology* 64: 187-193.
249. Thompson, J., M.M. Manore, and J.S. Skinner. 1993. Resting metabolic rate and thermic effect of a meal in lowand adequate intake male endurance athletes. *International Journal of Sport Nutrition* 3: 194-206.
250. Tipton, K.D., E. Borsheim, S.E. Wolfe, A.P. Sanford, and R.R. Wolfe. 2002. Acute response of net muscle protein balance reflects 24-h balance after exercise and amino acid ingestion. *American Journal of Physiology, Endocrinology and Metabolism* 28: E76-89.
251. Tischler, M.E. 1981. Hormonal regulation of protein degradation in skeletal and cardiac muscle. *Life Sciences* 28: 2569-2576.
252. Tsai, A.C., and T-W. Gong. 1987. Modulation of the exercise and retirement effects by dietary fat intake in hamsters. *Journal of Nutrition* 117: 1149-1153.
253. Van der Beck, E.J. 1991. Vitamin supplementation and physical exercise performance. *Journal of Sports Sciences* 9: 77-89.
254. Vandewalle, L., A.J.M. Wagenmakers, K. Smets et al. 1991. Effect of branched-chain amino acid supplementation on exercise performance in glycogen depleted subjects. *Medicine and Science in Sports and Exercise* 23(4)(Suppl.): S116.
255. van Hall, G., J.S.H. Raaymakerts, W.H.M. Saris et al. 1995. Ingestion of branched-chain amino acids and tryptophan during sustained exercise in man. *Journal of Physiology* 486: 789-794.
256. Verger, P., P. Aymard, L. Cynobert et al. 1994. Effect of administration of branched chain amino acids versus glucose during acute exercise in the rat. *Physiological Behavior* 55: 523-526.
257. Vincent, K.R., P.M. Clarkson, P.S. Freedson et al. 1993. Effect of a pre-exercise liquid, high carbohydrate feeding on resistance exercise performance. *Medicine and Science in Sports and Exercise* 25: S194.
258. Volek, J. 2003. Strength nutrition. *Current Sports Medicine Reports* 2: 189-193.
259. Vorobyev, A. 1978. *Weightlifting*. Budapest: International Weightlifting Federation, Medical Committee [translated by A.J. Brice].
260. Wagenmakers, A.J.M., K. Smets, L. Vandewalle et al. 1991. Deamination of branched-chain amino acids: A potential source of ammonia production during exercise. *Medicine and Science in Sports and Exercise* 23(4)(Suppl.): S116.
261. Walberg, J.L., M.K. Leidy, D.J. Sturgill et al. 1988. Macronutrient content of a hypocaloric diet affects nitrogen retention and muscle function. *International Journal of Sports Sciences* 4: 261-266.
262. Walberg-Rankin, J. 2000. Making weight in sports. In: L. Burke and V. Deakin (Eds.), *Clinical sports nutrition* (pp. 185-209). Rossville, NSW: McGraw-Hill Australia.
263. Walsh, R.M., T.D. Nokes, J.A. Hawley, and S.C. Dennis. 1994. Impaired high-intensity cycling performance time at low levels of dehydration. *International Journal of Sports Medicine* 15: 392-398.
264. Wang, S.C., B. Bednarski, S. Patel, A. Yan, C. KohoydaInglis, T. Kennedy, E. Link, S. Rowe, M. Sochor, and S. Arbabi. 2003. Increased depth of subcutaneous fat is protective against injuries in motor vehicle collisions. *Annual Proceedings of the Advancement of Automotive Medicine* 47: 545-559.
265. Wee, S.L., C. Williams, and P. Garcia-Roves. 1999. Carbohydrate availability determines endurance running capacity in fasted subjects [abstract]. *Medicine and Science in Sports and Exercise* 31: S91.
266. Weideman, C.A., M.G. Flynn, F.X. Pizza et al. 1990. Effects of increased protein intake on muscle hypertrophy and strength following 13 weeks of resistance training [abstract]. *Medicine and Science in Sports and Exercise* 22:S37.
267. White, T.P., and K.A. Esser. 1989. Satellite cell and growth factor involvement in skeletal muscle growth. *Medicine and Science in Sports and Exercise* 21(Suppl.): S158-S163.
268. Whitley, H.A., S.M. Humphreys, I.T. Campbell et al. 1998. Metabolic and performance responses during endurance exercise after high-fat and high-carbohydrate meals. *Journal of Applied Physiology* 85: 418-424.
269. Williams, M.H. 1976. *Nutritional aspects of human physical and athletic performance*. Springfield, IL: Charles C Thomas.
270. Wilmore, J.H., and D.L. Costill. 1994. *Physiology of sport exercise*. Champaign, IL: Human Kinetics.

271. Wilmore, J.H., and B.J. Freund. 1984. Nutritional enhancement of athletic performance. *Nutritional Abstracts and Reviews* A54: 1-6.
272. Wilson, M.M., and J.E. Morley. 2003. Impaired cognitive function and mental performance in mild dehydration. *European Journal of Clinical Nutrition* 57(Suppl 2): S24-S29.
273. Wolfe, R.R. 1987. Does exercise stimulate protein breakdown in humans? Isotopic approaches to the problem. *Medicine and Science in Sports and Exercise* 19(Suppl.): S172-S178.
274. Wood, P.D., and M.L. Stefanic. 1990. Exercise, fitness and atherosclerosis. In: C. Bouchard, R.J. Shephard, T. Stephens, R. Sutton, and B.D. McPherson (Eds.), *Exercise, fitness, and health.* Champaign, IL: Human Kinetics.
275. Yamada, S., N. Buffinger, J. Dimero et al. 1989. Fibroblast growth factor is stored in fiber extracellular matrix and plays a role in regulating muscle hypertrophy. *Medicine and Science in Sports and Exercise* 21(Suppl.): S173-S180.
276. Yang, E.J., H.K. Chung, W.Y. Kim, J.M. Kerver, and W.O. Song. 2003. Carbohydrate intake is associated with diet quality and risk factors for cardiovascular disease in U.S. adults. NHANES III. *Journal of the American Medical Association* 22: 71-79.
277. Yates, A., K. Leechy, and C.M. Shisslak. 1983. Running: An analogue of anorexia? *New England Journal of Medicine* 308: 251-253.
278. Yokogoshi, H., T. Iwata, K. Ishida et al. 1987. Effect of amino acid supplementation to low-protein diet on brain and plasma levels of tryptophan and brain 5-hydroxyindoles in rats. *Journal of Nutrition* 117: 42-47.
279. Young, V.R., and H.N. Munroe. 1978 N+methylhistidine (3-methylhistidine) and muscle protein turnover: An overview. *Federation Proceedings* 37: 2291-2300.
280. Zelessky, M. 1977. Coaching: Medico-biological and psychological means of recovery. *Legkaya Atletica* 7: 20-22.

# 第七章

# 人為輔助

　　Ergogenic（源自希臘文）的意思是「人為製造的」，因此，人為輔助的共同特點為增強功能（即運動表現）。人為輔助或運動表現增強劑的概念並不是新鮮的事物，長期以來人為輔助一直用在日常工作努力，或者像是打鬥等壓力極大的情境。例如，幾個世紀以來，一些南美洲的印地安人會咀嚼古柯（coca）葉來幫助他們得以持續辛勤工作，維京狂戰士則會在戰鬥前食用含有毒蕈鹼（muscarine）的蘑菇。

　　我們可能會爭論競爭是否為人類基本天性的一部分，這樣的競爭天性在競技運動中尤其明顯。運動員要努力超越對手，或實際上可能是跟自己競爭，試圖創造個人紀錄。由於這樣的競爭精神，人們發展出大量增強運動表現的工具，這些工具可以稱為人為輔助。運動中使用人為輔助的歷史也很悠久，至少可以追溯到久遠之前的奧林匹克運動會[2,22,27,67]。人為輔助在運動表現的範疇內可分類為環境性、心理性、機械性、藥物性、以及營養性。目前，在運動中使用人為輔助（或潛在人為輔助）是很普遍的。

　　在本章，我們會非常簡短地討論每種人為輔助類型的一些範例；這裡的目的不是要深入討論每種潛在人為輔助的效用。更詳細的資訊，特別是有關潛在的營養和藥物人為輔助的資訊，散見於幾篇文獻回顧中[2,15,31,95,135,140,141,152,161,169,170,171]。我們的目的是在討論中向讀者提出挑戰，讓大家思考是否要使用人為輔助，以及人為輔助的測試是否遵循道德以及實際應用層面。

## 環境性人為輔助

　　儘管環境通常不被視為人為輔助，但對環境的某些操作可能會對運動表現產生正面或負面影響。

　　操縱環境的一種方法是改變運動場地或其表面，以增強運動員的表現（或削弱對手的肌力）。例證包括將美式足球場上的草皮割短，讓球隊在比賽中的跑步更具優勢、讓草長的長一些，以減慢一支善於跑步的球隊的速度、以及將壘球場的界線畫斜一點，如此一

來，**觸擊球就更有可能滾到界外（或留在界內）**。

有的人可能還會改變大氣條件，以提升運動員的運動表現。例如在體育場內打開或關閉大門、在鐵餅比賽中改變氣流（風速和風向），使地主隊選手有順風而對手沒有。
（M. Ritchie-Stone, personal communication）

另一種操縱方法是為了提升運動員的運動表現，改變設備而在變化的環境條件下佔有優勢。例證可能包括了改變滑雪板上的蠟以適應冰雪狀況、以及使用高海拔的帳幕或房間來模擬高住低練的條件。[130,165]

對於肌力—爆發力運動員來說，在舉重台上使用專用鞋和更適當的鞋底來進行肌力訓練以及舉重比賽，可以提高成績並為運動員提供更好的安全性。

## 心理性人為輔助

儘管體能訓練可以使生理準備狀態達到最適或最大水準，但顯而易見地是，心智（心理因素）亦可對運動表現產生深遠影響。的確，實現「理想表現狀態」是大多數運動員的目標[168]。這樣的心智狀態可以包括以下幾個特徵：

- 進入「絕對領域」（zone）——一種時間與空間的迷失感
- 個人的控制感良好
- 一種身體需求毫不費力的感覺
- 專注於當下任務的能力增強
- 全自動的動作控制——競技表現時無需思考或分析自己的動作
- 無懼於失敗

這些特徵雖然通常被認為與競技有關，但對訓練也是有利的。雖然要實現這些特性可能是一個內在的過程，但外部輔助或許能幫到運動員。這些輔助可能包括：

- 教練使用恰當的激勵技術[109,172]
- 恰當的使用正向以及負向強化[108]
- 喚醒技術[71]
- 恰當地使用放鬆技術
- 心像（mental imagery）的建立[136,167]

這些技術可視為潛在的人為輔助，它們可以幫助特定運動員達到非凡的訓練或運動表現水準。在這方面，運動心理學家會協助發展這些技術，並有可能提升他們的運動表現，或許可視為一種人為輔助。在心理因素以及其對訓練和運動表現的影響上更完整的論述，請參見第十一章〈阻力訓練的心理面向〉。

## 機械性人為輔助

這些年來，已開發了許多用於增進運動表現的機械性輔助裝置。這些輔助裝置可**粗略**分為可以增強訓練成果（即身體和生理適應性），以及可能提升運動表現的設備。

訓練設備包括重量、負重背心、阻力訓練器械、增強肌肉生長的電刺激、鐵鍊與彈力帶，以及心率監測器。

鐵鍊和彈力帶可以透過在動作幅度內的特定點處增加或減少阻力，來改變自由重量（或者器械訓練）所提供的正常阻力模式。例如，將彈力帶綁在框式蹲舉架的頂端，另一端綁在槓鈴上，可以降低深蹲過程中障礙區域（sticking region）下方的阻力。隨著槓鈴（重訓者）上升穿越障礙區域，阻力隨著動作接近動作幅度的終點而增加；因為這樣可以在動作幅度的最後一段施加更多外力，額外增加的阻力可以比傳統深蹲更有效地訓練這段動作幅度。鐵鍊也是用來增加某段動作幅度內的阻力，然而這類訓練的效果仍然不明朗。[46]

近年來，振動訓練已經用於強化神經肌肉訓練上，特別是肌力—爆發力運動員。振動活化了肌肉傳入、調節激素釋放[65]、並導致反射性活動和血流量增加，從而可能改變後續肌肉活動[17,38,121]。快速振動（單次施加）證實可增強未受過訓練的男性及女性受試者最大肌力以及爆發肌力（跳躍表現）[18,153,164]。此外，快速振動已證實會增加血清睪固酮和生長激素濃度，並降低皮質醇濃度[18]。僅使用全身振動（振動板）進行的振動訓練，可能會[38,123]，也可能不會[43]增加未受過訓練的受試者最大肌力或爆發肌力與爆發力。將全身振動與肌力訓練互相結合時，未受過訓練的受試者，可能會[38]，也可能不會[123]比單純只做肌力訓練更能提升肌力。

振動練習和訓練的潛在效益，可以透過使用適當的振動頻率和振幅，以及適當的振動介入時間來提升[24,25,164]。因此，振動是提升運動員，特別是肌力—爆發力運動員神經肌肉表現潛在的實用工具[25]。長期使用振動介入時應當謹慎小心，可能會損傷軟組織[25]。

提升表現的裝置可能還包括速滑冰鞋（Klap skates）、速度裝（speed suits）與氣墊（padding）。有幾種被禁止使用的機械性人為輔助我們也必須知道，像是棒球中的軟木塞填充球棒、將鏈球的鋼鍊加長，以及雪車競賽時使用加熱的冰刀。

競賽中一直都使用著各式各樣的機械性輔助，其中包括比賽平台與特殊鞋（如舉重鞋）。舉例來說，蹲舉裝與臥推裝可以大幅增加蹲舉與臥推的重量。

從本質上來說，這些機械性人為輔助設備是科技進步、教練與運動員的企圖心、以及精良工程技術下的產物。

## 藥物（藥品）和營養補充劑

會考量將藥物和營養補充劑放在同一標題下，是因為要準確定義這些產品或是物質的分類其實並不那麼容易。要討論此議題前，應考量以下定義：

- 藥物是改變生理或生物化學過程的物質。
- 營養補充劑是正常生理或生物化學過程的組成成分。

然而，這些簡單的定義，留有很大的辯駁或爭論空間（尤其是從法律角度來看）；因此，更詳盡的定義是必要且有用的。根據美國食品藥物管理局（Food and Drug Administration，FDA）的規定：藥物是指任何用於診斷、治癒、緩解、治療或預防疾病的物品（不包括器械）、或是除食品之外，任何可以影響身體的結構和功能的物品。FDA會要求對藥物在銷售之前進行上市前評估。這項評估包括對該藥的有效性、與其他物質的潛在交互作用、安全性和適當劑量的臨床研究[2]。但FDA不會要求對營養補充劑進行上市前評估。根據美國國家衛生研究院膳食補充劑局處（Office of Dietary Supplement at the National Institutes of Health，NIH）的定義，膳食補充劑是用於補充一種或多種膳食成分的飲食產品（菸草除外）（如：維生素、礦物質、胺基酸、草藥或其他植物性物質，透過增加總攝入量來補充飲食的一種物品，或任何這些成分的混合物）；膳食補充劑也會以液體、膠囊、粉末、軟膠囊或蓋膠囊的形式攝入，但並不能作為常規食物或只攝取膳食補充劑來當正餐。[2,44]

### 藥物

我們會用以上定義，從藥物開始討論。我們會分成2大類：可能增強蛋白質合成的藥物，以及興奮劑。我們會分別討論每個類別的主要範例。而會選擇這2大類別，是因為它們是常使用的人為輔助。

## 雄性素

　　蛋白質合成增強劑包括2種：可能能直接刺激蛋白質合成的藥物，和具抗分解代謝特性的藥物。這一類別中最著名的藥物或許就是雄性素。雄性素（Androgen，來自希臘語）意思是「男性創造」。它是一種固醇類荷爾蒙，而主要的雄性素就是**睪固酮**。男性的睪固酮大部分由睪丸製造，極少部分由腎上腺製造。在女性體內，有少量睪固酮會由卵巢和腎上腺產生。雄性素的主要功能涉及男性第一和第二性徵的生長和維持；雄性素也具有合成代謝和抗分解代謝功能（詳見第五章〈神經內分泌因素〉）。睪固酮產生的一般途徑如圖7.1所示。合成代謝類固醇（Anabolic Steroids，AS）是睪固酮的合成衍生物，已廣泛用於醫藥和運動上，特別是肌力—爆發力運動與健美[86,135,140]。儘管有人嘗試過，但要將合成代謝作用與雄性素的作用區分開來實在困難；確實，文獻回顧指出，低濃度的雄性素同時也是低濃度的合成代謝劑[140]。

　　雄性素是促進蛋白質合成[72]和在進行重量訓練後的恢復過程中，抗分解代謝作用[75]的強效增補劑[97,135,140]。甚至在已經受過良好訓練的運動員中，雄性素給藥也可以引起顯著的肌肥大，並可能增加神經衛星膠質細胞結合[84]。增強肝糖補充[156]、產生較高的雄性素：皮質醇比率、較低的乳酸濃度和較低的主觀疲勞感[125]也可能有助於提高恢復與適應能力。雄性素可以改善身體組成，降低脂肪含量和增加除脂體重，尤其是在進行高強度阻力訓練時[8,9,140]。從表現的角度來看，雄性素可以對肌力和爆發力輸出產生深遠影響[1,10,11]，可以用劑量依賴的方式提高肌力—爆發力的表現[11,144]，並通常可以提高工作耐受性。此外，雄性素可能對攻擊行為和運動訓練動機產生深遠影響，從而引導出出色

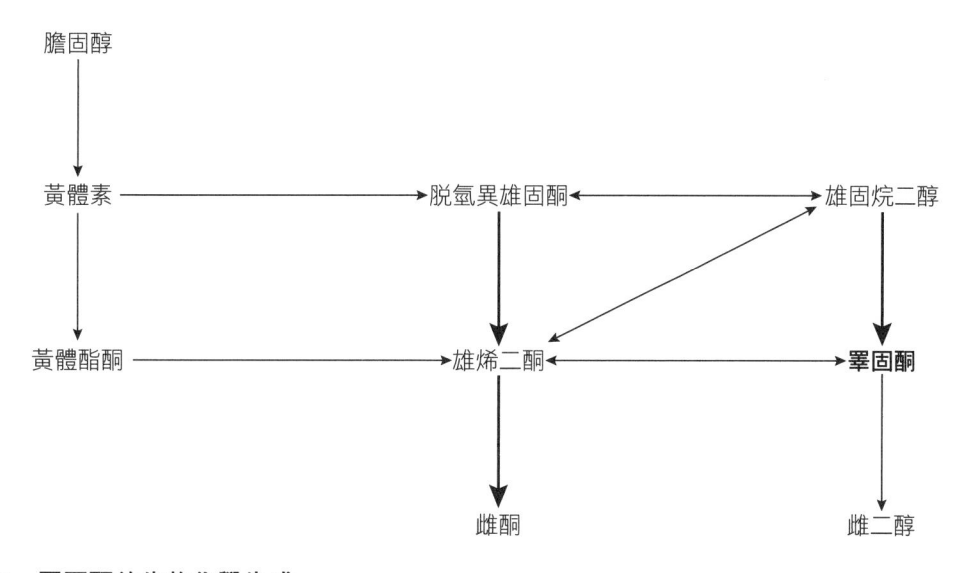

**圖7.1　睪固酮的生物化學生成**

的運動表現[129,140]。考慮到雄性素給藥的潛在效果，不難理解為何使用這些藥物作為增補劑對運動員來說是個誘惑。

近年來，前驅激素（prohormones）已越來越普遍地用以作為潛在的人為輔助。這些前驅激素包括脫氫異雄固酮（DHEA）、雄烯二酮、去甲基雄烯二酮和黃體素，它們可以作為食品補充劑來出售[44]（延伸了食品補充劑的定義）。雖然它們是效果較弱的雄性素，但這些產品會熱賣，是由於它們是生成睪固酮的前驅物（見圖7.1）。儘管有相當多的新聞報導（像是美國職棒大聯盟選手馬克．麥奎爾的新聞），迄今為止，這些前驅激素已顯示其幾乎沒有人為輔助的作用[20,45,88]，並且在正常的男性中，它實際上可能會提高雌激素濃度[88]。

雄性素，尤其是高劑量或長期給藥，可能與許多潛在的健康有害影響相關，包括婦女男性化、某些類型的癌症、心血管疾病和肝臟疾病[86,135,140,173]。大多數潛在的有害作用與攝取通常為口服製劑的17-α烷基化類固醇有關[94,140]。此外，與大多數藥物一樣，不良影響會隨著劑量上升而增加。儘管可能會出現這些副作用，但在現行使用者或過去使用者中實際發生的程度，可能不如人們先前想像的那麼大，尤其是在使用劑量較低時[50,145]。

## 生長激素

生長激素（Growth hormone，也稱為somatotropin）是腦垂腺前葉以脈動式分泌的多肽激素。生長激素具有多種功能，包括刺激蛋白質合成和促使動用脂肪酸以獲取能量。生長激素對蛋白質合成的影響主要由胰島素生長因子1（$IGF_1$）所導引（詳見第五章〈神經內分泌因素〉）。

運動員和教練都認為，使用人類生長激素（hGH）與阻力訓練結合可以增強肌肉生長和最大肌力，這不是只做肌力訓練可以達到的。由於這樣觀念以及可靠並準確地測量外源性hGH非常困難[91,137]，過去十年中，在競技運動中非法使用它的人有所增加。

快速給予hGH可以刺激動物和成人的胺基酸攝取和增加蛋白質合成[61]。人類生長激素的治療可以加強生長激素缺乏症成年人的肌肉質量和肌力[33]。一些研究[126,146]，但也不是所有研究[101]指出，長期採用hGH治療可以增加老年人的除脂體重和肌力。但讓生長激素缺乏症的成年人進行替代治療不一定會導致純粹的肌力提升，而可能導致骨骼肌肥大但無力[146]。另外，使用生長激素可能會改變肌凝蛋白的重鏈譜，從而使MHC 2X型肌纖維的數量增加[101]。

然而，應該注意的是，幾乎沒有數據顯示腦垂體腺功能正常的成年人中，人為輔助使用生長激素是有效的。此外，動物研究[12]已證明，儘管施用生長激素可以增加年輕老鼠的肌肉橫截面積，但這些動物每克肌肉的等長收縮肌力，比未治療的動物要小。給老年老鼠施用生長激素和跑步機訓練，會增加肌肉橫截面積，而腓腸肌與比目魚肌的最大強直性

收縮肌力強度在2.5個月內增加了23%。儘管這些數據指出hGH可能具有人為輔助作用，更嚴謹的審視研究顯示，年輕運動員使用hGH的作用可能不及老年人的使用效果。

肢端肥大症會產生巨大的肌肉和明顯的肌肉組織。然而肢端肥大者的肌力成長和體型不成比例[107,111]，這和Bigland與Jehring[12]的動物觀察結果一致。這類個體的結締組織大幅成長，佔了他們身體的大部分[111]。在年輕男性中，hGH的給藥與阻力訓練相結合，6週後可以使除脂體重增加和脂肪量顯著減少；然而，並未產生功能的改變[32]。在進行了為期12週阻力訓練的年輕男性中，hGH的施用顯著增加了全身蛋白質合成和除脂體重[176]。但是，肌肉的質量或肌力並未增加，這一發現與肢端肥大症患者的結締組織增加現象是一致的。所以目前幾乎沒有數據支持年輕運動員使用hGH作為人為輔助劑[58]。

使用hGH的潛在不良反應包括骨骼和結締組織過度生長、器官腫大、心肌疾病、胰島素敏感性降低和胰島素阻抗性[58,107]。

由於可以使脈衝性分泌增加，大量胺基酸（例如，精胺酸和離胺酸）的使用已被用於「自然」提高hGH[7,78]。這些數據促使運動員嘗試使用胺基酸作為營養補充劑來增加hGH。然而，無論短期還是長期攝入胺基酸（數週），對重量訓練者[99,162]或刻苦鍛鍊的肌力—爆發力運動員而言，在靜態休息時或運動後hGH濃度都沒有顯著影響。[55,60,63]因此，幾乎沒有理由相信補充胺基酸會顯著提高運動員的生長激素。

**興奮劑**

興奮劑是一種可以提高機敏性和喚醒能力，並減輕疲勞的物質。興奮劑包括擬交感神經藥物，像是腎上腺素（epinephrine）和甲氧胺（methoxamine），以及中樞神經興奮劑，像是安非他命（amphetamines）和咖啡因（caffeine）。通常非運動族群都會使用到諸如咖啡因、麻黃鹼（ephedra alkaloids）和偽麻黃鹼（pseudoephedrine）等興奮劑，但許多體育管理機構（包括國際奧委會／世界反興奮劑機構〔IOC／WADA〕）目前都還是禁止使用麻黃鹼和大多數相關化合物。儘管大多數的興奮劑相對容易檢測出來，所以運動員不再廣泛使用，但有2種興奮劑（咖啡因和偽麻黃鹼）值得討論。

咖啡因和其相關化合物質茶鹼（theophylline）和可可鹼（theobromine），是自然存在於咖啡、茶和巧克力中的甲基黃嘌呤（methyl xanthines）。茶鹼的衍生物胺基非林（aminophylline）通常用於治療哮喘症狀。咖啡因可能是世界上最常用的藥物[112]。作為一種運動性的人為輔助劑，咖啡因可能最為人所知，可以透過抑製肝糖消耗並增強游離脂肪酸的能量利用，來抑制環狀單磷酸腺苷（cyclic adenosine monophosphate）失去活性，為有潛力提高長期耐力表現的物質[30,127]。然而，咖啡因也是中樞神經系統的刺激物。咖啡因可以穿越血腦屏障來干擾腺苷對其受體的接觸，以拮抗腺苷的作用[112,138]。透過拮抗腦中

腺苷的作用，讓刺激性神經傳遞物質保持高濃度狀態[49]。因此，在訓練或比賽期間低劑量攝入咖啡因可能會使運動的強度（爆發力輸出）提高[138]。而在訓練過程中持續保持較高強度，可能會增加適應性反應。

偽麻黃鹼（Pseudoephedrine，PSE）是一種擬交感神經作用藥物，周邊作用與腎上腺素相似，而中樞作用與安非他命相似，但強度較弱。偽麻黃鹼和類似藥物如麻黃生物鹼（ephedra alkaloids），是潛在的人為輔助，運動員和業餘訓練者時常使用[15]。

PSE的口服製劑可作為緩解充血劑，通常會在非醫師處方藥中看見。雖然PSE可能具有人為輔助性的刺激，但當以醫療目的服用時，人為輔助的功效是有疑慮的[41,147]。然而，非醫師處方藥中的確含有足夠的PSE，可將尿液濃度提高至至少每毫升12微克（原先IOC / WADA設定的臨界值）以上至少16小時[28]。過去，運動員對PSE呈陽性（與醫療用途一致的劑量）時，會受到運動管理機構的警告或相對較輕的處罰。

有趣的是，咖啡因和PSE均從2004年1月1日起在IOC / WADA的禁藥清單中除名。理由涉及咖啡因的普及以及PSE作為緩解充血劑的普遍用途。從禁藥名單中刪除這些藥物的根本原因，是由於一些運動員使用了非人為輔助意圖的低劑量，卻檢測出陽性反應，而遭到褫奪獎牌（例如，2000年奧運會女子體操比賽），這點值得反思。

## 營養補充劑

儘管有關營養補充品的許多議題已在第六章〈營養和代謝因素〉中討論過了，但這裡主要探討的領域是：恢復和適應，以及可能加速恢復和適應過程的補充品。

肌酸（Creatine，Cr）是一種胺基酸衍生物，主要以每天1至2公克的平均速率在肝臟、腎臟和胰臟中合成[106,163]。對於一個70公斤（154磅）的人來說，體內的總Cr（游離和磷酸化形式）存量約為120克[5]。大約95%的Cr總量儲存在骨骼肌中。骨骼肌中Cr的大約有60%至66%呈磷酸肌酸（PCr）的形式。透過腎臟中不可逆的Cr轉化和肌酸酐（creatinine）排泄，Cr的清除率為每天1至2公克（每天約佔總Cr量的1.6%）。每日所需的Cr約有一半來自飲食，主要是肉和魚。內源性的Cr由甘胺酸，精胺酸和甲硫胺酸等胺基酸合成而來，可以填補每日不足的Cr需求[95]。

肌酸是磷酸系統的一部分，可迅速磷酸化ADP。短期無氧運動，尤其是爆發性運動，提供給ADP再磷酸化為ATP的能量主要取決於肌肉中PCr的含量。當PCr耗盡時，由於無法以與肌肉收縮強度相匹配的速率恢復ATP，因此表現可能會下降[5]。利用PCr會明顯影響短期高強度運動中肌肉產生的能量，因此透過補充肌肉中的Cr含量，可以增加PCr的利用率。反過來說，增加PCr的儲量，將允許運動後ATP的重新合成有更高的速率[5]。儘管並非所有研究都同意[38,53,166]，但大多數研究和評論指出，補充Cr可以增加肌肉中的Cr含

量;增強爆發型運動和連續爆發型運動的表現[47,8,90,92,119,131];並在訓練期間促進增加更多肌力、爆發力和除脂體重[119,143]。當補充的週期至少持續5天時,經由鍛鍊和補充而提高的爆發力表現更可能出現正向影響。[47]

一些數據指出,男性可能會比女性從Cr補充中獲得更大的人為輔助作用[4],且肌力和爆發力的增加與肌肉對Cr的吸收成正比[87];根據此發現,如果個體的肌肉已經擁有高濃度的Cr,那麼就可能無法從Cr補充中受益,這可能可以解釋為什麼補充Cr會產生一些不確定的人為輔助結果。另外,一些數據指出,與小肌群參與的運動相比,大肌群參與的運動,補充效果可能更明顯[155]。

肌酸補充通常有兩種形式:負載性和維持。肌酸負載性補充涉及增加膳食中Cr的可利用性,以嘗試迅速增加總Cr和PCr在肌肉中的濃度,這通常包含5到7天,每天攝入每公斤0.3公克;然後是幾個星期的維持期(每天每公斤0.03公克),以維持飽和的儲存。僅在需要非常快速的讓肌肉組織達到飽和時才需要負載補充階段;否則,維持補充的劑量也可以達到飽和,只是這可能需要數週時間。

儘管有傳聞證據和推測說,Cr可能與像是熱病、肌肉痙攣、腎臟疾病和肝病等對健康的不良影響有關[83],但迄今為止,只有1項客觀報告指出,Cr的補充會有嚴重的不良影響。Schroeder及其同事[133]發現,補充Cr和休息與有氧運動後的腹部前腔室壓力異常有關。然而,後續的研究表示,腔室壓力的改變是短暫的,也不會引起腔室症候群的症狀[76]。的確,大多數動物和人類研究回顧,都沒有顯示出連續多天到多年補充Cr而導致的熱病、肌肉痙攣、肌肉損傷、心臟病、腎臟疾病、肝病或血液學指標異常的任何證據[52,96,110,115,122,132,149,150]。一些證據指出,補充Cr實際上可以減少熱病、肌肉損傷和肌肉痙攣的發生率[66,132]、增強葡萄糖耐受性[42]、增強肝醣儲存[158]、改善大腦表現[117]、以及在預防神經系統疾病、心血管疾病或動脈粥樣硬化疾病中發揮重要作用[149,174]。

補充Cr可能引起的副作用之一是水腫[40,98]。水腫引起的體重增加範圍為1%至3%,並且似乎很大程度上取決於劑量和運動員的個體特徵,其中大部分水腫發生在補充的最初幾週內[19,40,98,116,128]。要如何分辨是何種水腫(細胞內還是細胞外)尚不清楚[19,116,128];然而,水流入細胞可能會刺激或至少和蛋白質合成增加有關[19,73,74]。由於上述資料,近來Cr成為最受運動員歡迎的營養補充品之一,就不令人意外了[132]。

- 恢復—適應性營養補充品是研究人為輔助最重要的領域之一。恢復的重要性在於不僅可以使運動員回歸到運動前的狀態(恢復),還可以在訓練計劃中,使身體、生理和運動表現獲得進步(適應)。有證據指出,營養會在恢復—適應過程中發揮重要作用。這個概念不僅涉及哪些營養素對於恢復—適應至關重要,還涉及了營養素

攝入的類型和時間⁽¹⁰³⁾。Ivy和Portman⁽⁸¹⁾指出，要促進對肌力訓練的適應性，需要考慮3個重要階段：能量階段，合成代謝階段和生長階段，能量供應階段關乎訓練課程中的能量使用。訓練所涉及的生理機能有個主要目標，即釋放並提供足夠的能量，來驅動完成訓練課程。運動過程中，皮質醇、兒茶酚胺和肌肉組織的營養攝取增加，胰島素濃度、能量儲存則會減少。由於胰島素是肌肉中強大的合成代謝調節劑，在運動中（和運動後）保持較高的濃度，將會提供一個更能促進合成代謝的環境。適當的營養補充可以讓血液中胰島素低濃度狀況減少，以及增加肌肉的營養（碳水化合物，胺基酸和維生素）供應。在此階段前和階段期間，提供碳水化合物和蛋白質可能讓肝醣儲存減少的狀況降低，並促進肝醣加速再合成⁽²⁹,⁶⁹,¹⁷⁷⁾，可能會抑制分解代謝反應（例如皮質醇的升高），也可能會限制後續的免疫抑制作用⁽⁶⁴,¹⁰⁰⁾，能夠增加訓練進行的強度（即減輕疲勞）⁽²⁹,⁶⁹⁾，並為增強恢復和適應能力做好神經肌肉系統的準備。在此期間添加攝取抗氧化劑（維生素C和E），可能有助於限制肌肉的損傷程度⁽¹²⁴⁾。

- 合成代謝階段是訓練結束後接下來的30至45分鐘，在此期間，肌肉吸收營養的速度仍在上升，且開始啟動包括肝醣和蛋白質在內的合成反應。雖然蛋白質合成有部分取決於荷爾蒙的影響，尤其是胰島素，但它也對血液中胺基酸濃度的變化非常敏感。⁽¹³,¹⁴,⁵¹,¹¹⁸,¹⁵⁷,¹⁵⁹,¹⁶⁰⁾。在合成代謝階段，肌肉營養攝取（由於運動的影響）仍在上升；然而，在這45分鐘的窗口結束後，養分吸收開始減少，實際上肌肉開始產生胰島素阻抗，合成代謝活性也下降⁽⁷⁹,⁸⁰,¹⁰⁴⁾。在此階段，補充碳水化合物、蛋白質和抗氧化劑可以刺激肝醣的再合成與蛋白質積累（即組織修復與肌肥大），並可能限制進一步的免疫抑制⁽⁸¹⁾。

- 成長階段的時間最長，會從合成代謝階段結束延伸到下一次訓練。神經肌肉系統主要的適應性，正是在此階段發生。Ivy和Portman⁽⁸¹⁾指出，生長階段中有2個亞階段，可以透過合成代謝活動的速率來區分。（1）快速生長階段是合成代謝的活躍期，可以持續至合成代謝階段後4小時，在合成代謝階段適度補充營養即可啟動。（2）持續或緩慢生長階段，是相對較長時間的緩慢合成代謝活動時期，主要受非營養補充飲食的影響；供應足夠的蛋白質為主要因子⁽⁵⁷,⁵⁶⁾。在此期間，只要攝入足夠營養，就可以刺激正氮平衡和肌肉生長（詳見第六章〈營養和代謝因素〉），但必須攝入足夠的蛋白質⁽⁸¹,¹⁶⁰⁾。例如，在健美運動員和肌力訓練者中，Fern及其同事⁽⁵⁴⁾發現，攝取每公斤每天3.3公克蛋白質產生的肌肉質量，大於每公斤每天1.3公克的肌肉質量增加，這指出大量蛋白質可以刺激除脂體重的增長。然而他們指出，當蛋白質攝入量較高（3.3克）時，會有大量的蛋白質會被氧化，不會被用於

促進增長。Tarnopolsky[151]發現，每公斤每天1.4公克比每公斤每天0.9公克產生了更多的去脂體重，不過當攝入量增加到每公斤每天2.4公克時，卻不會額外提升除脂體重。此外，一些證據[102]指出，至少需要每公斤每天1.6至1.8公克的蛋白質才能促進正氮平衡（即正向蛋白質累積）。另外，Forslund及其同事[56]發現，在24小時內攝入每公斤每天2.5公克的大量營養素，不僅可以促進正氮平衡，還可以導致脂肪的負平衡（促進脂肪流失）。

補充營養和其時機對於適當刺激每個階段至關重要。此外，有證據顯示，營養補充通常應該以液體而非固體形式使用[34]。流質飲食通常更容易消化、吸收速度快；因此，液體可以更容易對應到準確的時序。對於能量供應階段，以下補充形式是合適的：

- 碳水化合物——高升糖指數（葡萄糖、蔗糖、麥芽糖糊精）
- 乳清蛋白（包含大量必需胺基酸）
- 維生素C（30至120毫克）和維生素E（20至60 IU）——抗氧化劑可能能夠限制肌肉損傷和免疫抑制
- 鈉（100至250 IU）、鉀（60至120毫克）和鎂——可添加用以改善口感，並提供更快恢復的條件

碳水化合物應與蛋白質以4或5：1的比例混合，例如25克葡萄糖和6克乳清蛋白加500毫升（17盎司）水混合。確切的攝取量取決於體重，一定程度上還取決於味道。液體還有助於減少運動後的脫水。

一些作者[81]建議可以添加1克白胺酸，它可以強烈刺激胰島素釋放和蛋白質合成。訓練前應先及時攝入約30%至50%的補充飲品，並且在鍛鍊過程中少量食用。注意不要一次攝入過多，以免影響肌力訓練過程中的舒適感。

合成代謝階段，可以使用以下補充方法：

- 碳水化合物——高升糖指數（葡萄糖，蔗糖，麥芽糖糊精）
- 乳清蛋白（包含大量必需胺基酸）
- 肌酸（每公斤0.3公克）——在此階段當營養攝取增加時可以添加肌酸
- 白胺酸（Leucine）——1克
- 麩醯胺酸[81]——1至2克，可能會限制免疫抑制
- 維生素C（60至120毫克）和維生素E（80至400IU）

可以將碳水化合物和乳清蛋白以4：1的比例混合（加上500毫升〔17盎司〕的水），例如50克葡萄糖和12克乳清蛋白。液體可以幫助運動後補充水分。

快速生長的亞階段可以從以下補充和飲食中受益。碳水化合物（高升糖指數，2至4克），乳清蛋白（10至20克）和酪蛋白（1至3克）混合在500毫升水中，可以幫助維持更高的胰島素敏感性和合成代謝環境[81]。該混合飲品應於運動後約2至4小時服用。少量碳水化合物是促進胰島素釋放所必需；然而，如果在生長期補充大量碳水化合物（用於運動和恢復過程中的能量產生）或蛋白質的食物，可能會轉化為脂肪。各種類型的蛋白質具有或快或慢的消化和吸收速率，這會影響其維持合成代謝作用的能力[16,34,59]。乳清蛋白吸收快而酪蛋白吸收慢；在快速生長階段添加酪蛋白，可能可以使增強蛋白質合成的時間維持更長[81]。運動員還可以攝取白胺酸（2至3克）和麩醯胺酸（glutamine，1克）。

生長緩慢的亞階段持續時間最長，且此階段在飲食中攝取了大量卡路里。由於該階段的持續時間，與攝入相對大量的卡路里，該階段對肌肉的生長影響最大[81]。雖然胰島素濃度下降，但兩餐之間適當的飲食和補充仍然可以維持合理水準的蛋白質合成和正氮平衡。

正常訓練期間的餐點應解決熱量問題，並包含大約15%的蛋白質、40%至50%的碳水化合物，和25%至35%的脂肪（大部分為不飽和脂肪）。在相對較長時間（超過2週）的高量訓練中，可將卡路里含量（增加100至200大卡）和碳水化合物含量調高（>45%）。

如果增加肌力是主要目標，則飲食應包含約20%至25%的蛋白質、45%至50%的碳水化合物，和25%至35%的脂肪（大部分為不飽和脂肪）。應增加熱量（50大卡）以確保正氮平衡。如果目標是增加體重和除脂體重（限制脂肪增加），則每天總熱量攝取應增加100至200大卡。

如果目標是在維持除脂體重的情況下減脂，則考慮飲食中應含25%的蛋白質、40%至45%的碳水化合物，和25%至30%的脂肪（大部分為單元不飽和脂肪）。卡路里應減少（每天100至200大卡）。

正餐之間的零食應含有高蛋白質、低碳水化合物以及非常低的脂肪含量。乳清蛋白和少量酪蛋白混合在稀釋的運動飲料中是合理的做法。這類補充飲食不會使胰島素產生很大的變化；胰島素長期攀升加上高碳水化合物或高脂肪的飲食，會導致脂肪儲存增加、膽固醇升高和代謝性疾病。此外，多吃一餐小點可以提供少量的蛋白質，比起在一兩次用餐中攝取大量蛋白質，這樣更能促進蛋白質合成。

這些建議是營養補充的一種方法。為了針對競技運動提供最適營養補充，可能要解決個體的差異性。然而，透過使用合理的飲食策略，可以大大提高對訓練計劃的適應性。

# 人為輔助爭論之現行議題

毫無疑問的是，運動員現在正在使用，未來也將持續使用各種人為輔助。教練和運動員在決定使用人為輔助工具以前，應先處理4個重要的問題：

1. 哪些項目真的具人為輔助效果？
2. 哪些項目可能具人為輔助效果？
3. 哪些項目是完全無效的？
4. 哪些項目被運動管理機構禁止使用，或根本非法，以及伴隨此問題的道德後果為何？

對教練和運動員來說，這可能是一些很艱難的問題。競技科學教育的進步可以幫助教練與運動員更理解被吹捧為人為輔助物品的潛在功效。透過競技科學，通常（終於）可以確認前三個問題的明確答案。多年來，儘管人們已經做出了許多被稱為「尖端研究」的承諾或準承諾，但大多數都沒辦法提升運動表現。不幸的是，教練與運動員的知識不一定足夠，可能無法區分合理的科學資訊、時尚潮流、無用的花招、或僅是平凡的誤導資訊。太多關於膳食補充劑的宣傳，成天轟炸著教練和運動員，但它們實際上沒有什麼作用。太多小玩意被誇大為具有提高運動表現的神奇功效，但成效通常差強人意。這個問題，有時候會因為科學與科學方法的相對遲鈍，以及競技科學家自身問題而變得複雜。競技科學家們鮮少用非科學家能完全理解的語言來說話。以上種種，再加上近來競技領域裡「專家主義」的顯著崛起，使教練和運動員更徬徨該往哪條路走。因此，教練和運動員應開始以下行為：

- 學習科學語言（同時競技科學家應學習運動語言），以及學習如何評估研究
- 累積足夠的知識，以嚴格評估廠商提出的潛在人為輔助工具聲明，以及
- 與競技科學家合作，以評估潛在的人為輔助工具，同時推動競技體育前進

關於第四個問題，了解體育管理機構禁止使用那些人為輔助工具是相對較簡單的。例如，世界反禁藥機構（WADA）及其各國分部，像是美國反禁藥機構（USADA）所發布的禁用藥物清單，可以輕易地在適當的網站上查詢到（例如WADA的禁用清單為www.wada-ama.org/en/prohibitedlist.ch2）。

然而，圍繞在人為輔助運用上的道德議題並非如此單純。此討論不是要假裝成對使用

人為輔助有關的道德後果進行詳盡研究；而是要指出這中間有灰色地帶。在此，我們概述了幾個更重要的問題。

## 健康議題

在高水準的競技運動中，選手與其支持者期望的是勝利。在某些國家，會將亞軍視為**輸家中的第一名**。有幾項因素驅動了競賽、教練和運動員。第一項是競技運動本質的內在因素：好的運動員喜歡競爭，有強烈的獲勝動機，且通常討厭輸掉比賽。還有一些可能會增加求勝壓力的外在因素，包括社會因素、金錢、甚至輸贏的政治影響（想想1980和1984年奧林匹克運動會中的美蘇政治杯葛）。因為這些內在和外在壓力，菁英運動員期盼成為贏家。

在這種情況下，不難理解為何運動員會使用人為輔助。然而，許多類型的人為輔助是遭到各種協力機構禁止的。這些人為輔助遭禁止的原因，包括健康考量、以及失去公平性的作弊考量。這些概念看似簡單，但實則不然。舉例來說，我們可以思考一下禁藥問題。國際奧委會／世界反禁藥機構就禁藥問題提出的政策，其中包括了建議禁用（至少部分禁用）某些藥物，以防止損害運動員健康的聲明。然而，競技運動，尤其是高水準的競技運動，本質上就是一種既危險又不健康的活動。如果健康是一項因素，那麼為何不也禁止某些具有高受傷率與高創傷率的競技運動（例如拳擊）呢？過重與過胖有可能導致各種代謝性與退化性疾病，包括心血管疾病和某些類型的癌症[77,82]。然而，要在某些體育活動中表現出色，選手的體型必須非常碩大（例如，NCAA和NFL的線鋒、無限量級舉重選手、以及某些投擲項目中的運動員）；但這些項目並未遭到禁止，也沒有限制參賽者的體重或體脂率，大多數管理機構通常也不會努力協助重量級運動員在退休後減輕體重。

目前為止，尚無將參與競技體育的有害影響，與使用人為輔助的影響進行比較的研究。然而，有資訊指出，人們已誇大了某些人為輔助的有害影響，尤其是雄性素[145]。並不是說人為輔助不會造成傷害，而是應以合適的脈絡來討論。若用邏輯的角度論證，某些人為輔助，像是雄性素，基於其合成代謝特性，可能會對運動傷害提供一些保護。確實，關於雄性素以及許多其他人為輔助的錯誤資訊如此普遍、無所不在、又具有說服力，以至於人們以為走進健身房和健身俱樂部會看到躺在地板上的死人。由於害怕使用雄性素後的有害影響、媒體的過度關注，與擔心藥物檢測呈陽性反應，雄性素以醫學用途使用的益處，例如傷後復健[6]等，時常遭到排除。

關鍵在於，人們可能會認為，適合競技體育的作法，與適合健康的往往大有不同，這麼一來，重新評估健康與競技體育之間的關係，或許是必要而且合理的？

## 裁判沒吹就是好球

　　一般認為，當一個人沒有受到極端脅迫時，撒謊這行為是不誠實和不道德的，畢竟這是一種刻意誤導的行為。然而，許多競技培訓過程都促進了這種行為，並且這種行為已被接受甚至預期是比賽的一部分。舉例來說，在田徑比賽中，如果鉛球選手意識到自己犯規了，但是裁判認為這一次投擲是合乎規則的，那麼這名鉛球選手應該告訴裁判自己犯規了，並失去這次投擲的成績嗎？怎麼做才是正確且合乎道德的選擇呢？與運動員（田徑）合作，特別是舉重運動的40年中，本書作者僅見過一次運動員告訴裁判他犯規了。有人可能會爭論說，這取決於個人以及其良心，或這僅僅是比賽的一部分（即「沒吹就是好球」）。不過，如果大家可以接受這種做法，那麼只要在裁判不知道的情況下，鉛球或鐵餅比賽時就能偷偷作弊嗎？儘管在第一個例子中，很難要運動員（包括作者在內）主動告知裁判自己犯規，這類可接受的行為，似乎不符合良好的體育精神與公平競爭的概念，同樣的行為準則也可以用來論證藥物檢測。試圖以某種方法避開藥檢陽性結果也僅是沒吹就是好球嗎？

　　也許最令人不安的議題，是像是IOC和IAAF（國際田徑協會）等國際和國家管理機構對於使用人為輔助的態度和行為。我們認為，就任何從事競技體育已經夠久的人來說，顯然各個不同國家的運動員會刻意使用各種遭禁止的人為輔助，其中包括雄性素，且不會被抓到。不幸的是，許多管理機構指出，如果運動員為了讓自己成為贏家，而僅是做出刻苦訓練、正確飲食、大量睡眠等努力，即使始終知道自己是「乾淨」的，卻不太可能與同樣刻苦訓練、正確飲食、大量睡眠，且施用雄性素與其他人為輔助的運動員競爭。大多數高水準運動員相信（觀念正確），要贏過使用人為輔助藥物的運動員是相當困難（但並非不可能）的。

　　說這種情況令人沮喪只是輕描淡寫。對教練而言，當運動員問他們是否可以在不使用人為輔助藥物（尤其是雄性素）的情況下來贏得比賽時，教練們才真正意識到茲事體大。有趣的是，當國際或國家管理機構（NGB）遇到「禁藥」時總強烈呼籲倫理道德，但當他們在描述某些運動員「作弊」時，卻顯然不覺得自己使用這樣的誤導性詞語有什麼錯。

　　男子舉重可以作為一個案例。在舉重圈內，人們懷疑，一段時間以來，某些國家（尤其是東歐）的舉重選手會定期在訓練時使用小劑量的雄性素。加拿大、英國、芬蘭、瑞典、挪威和美國，大約有7000名現役舉重選手；他們通常無法在大多數國際比賽中獲得獎牌，包括世界盃錦標賽和奧林匹克運動會。東歐人種不太可能具有遺傳上的優勢，也不太可能是東歐人發現了某種極其優越的訓練課表並將其私藏了25年。有趣的是，加拿大、英國、芬蘭、瑞典、挪威和美國已對自家舉重選手實施嚴格的禁藥監控約25年了。和其他競技運動一樣，舉重的資金贊助（主要來自NGB）通常與運動員的表現以及在重

大賽事（例如世界盃錦標賽和奧林匹克運動會）上獲得的獎牌數量有直接關聯。因此，即使管理機構知道運動員非常不可能在公平的基礎上競爭，還是希望自家選手能獲得獎牌。想像一下這些國家在舉重項目的預算編列狀況，以及這樣會對這項競技造成何種衝擊。這個問題不是只存在於舉重項目。

## 什麼是人為輔助而什麼不是？

「我用的人為輔助是OK的，但你用的不行。」在競技科學家和體育行政人員中，對於何謂人為輔助仍然存在許多爭議。存在幾種極端情況：基本上有三種不同論點或概念，反映了圍繞在人為輔助使用上的倫理：

1. 一些體育官員認為，幾乎所有未能直接證明是「天然」存在的營養補給品都應該禁止；包括維生素和人工包裝或包括運動飲料在內的精緻食品。
2. 另一個極端是那些允許使用任何可能提升運動表現的方法的人。這種立場是明確的，然而第一種卻不是，因為該立場需要定義出什麼是人為輔助。
3. 儘管大多數體育部門主管與競技科學家並不完全屬於其中一種極端，但他們通常會傾向於其中一方。

顯然，這三組人馬對於人為輔助使用不會有明確共識。一旦試圖去定義何為人為輔助，以及何時可以使用這些輔助時，困境就開始了。

例如，在美國和其他數個國家，雄固烯二酮（androstenedione）、脫氫異雄固酮（DHEA）、和少數相關化合物（前驅激素），都可以在沒有醫師處方箋的情況下合法販售，它們是否具人為輔助功效尚存疑問[88]，國際奧委會及其相關管理機構禁止使用這些化合物，因為它們與雄性素有關（是人為產物）。本文截稿（2005年）時，棒球、NHL和其他一些過去從未禁止使用前驅激素的職業競技體育管理機構，正考慮將它們列為禁用物質，主要是因為美國國會的施壓。1998年，鉛球世界紀錄保持者蘭迪·巴恩斯（Randy Barnes）因施用了雄固烯二酮而被判決終生禁賽，而承認有施用雄固烯二醇的馬克·麥奎爾（Mark McGwire）則打破了很久沒人破的全壘打紀錄，根據媒體報導，蘭迪·巴恩斯是個玷汙體壇的作弊者，而馬克·麥奎爾則是個英雄，哪個描述才是正確的？

IOC／WADA的禁藥政策基本上指出：為了獲得運動表現優勢而使用「方便的物質或方法」是違反規定的。訓練和比賽期間使用避孕藥來調節生理期並未遭到禁止，但顯然這可以將女性置於不自然狀態，而且相當方便。支持女性可以服用避孕藥來調節生理期的論點為，避孕藥所提供的激素基本上就是一種替代療法[120]。訓練量或訓練強度增加，已經

證實會降低男性的睪固酮濃度，並且與過度訓練與壓力過大的症狀有關[70,142]，然而，男性施用外源性的睪固酮，即使是作為替代療法，也是禁止行為。難道不能把這樣的資訊解讀為，可以接受女性使用性激素療法，但男性卻不行嗎？

高海拔訓練對耐力型運動員而言，可能是一種可行的人為輔助，尤其在高海拔的賽事中。的確，近期證據強烈支持以高海拔訓練，來提高近海平面海拔的運動表現[105,130,165]。除非選手本來就住在高海拔地區，否則要利用這種人為輔助，會需要大量金錢支持。運動員不是擁有可觀的個人財產，就是得要獲得贊助（通常是透過NGB）。如果運動員（或其NGB）沒有足夠的資源，就不可能利用高海拔訓練或模擬高海拔訓練這項有潛力的人為輔助效果，這讓他們在對上擁有高海拔訓練資源的運動員時，會處於劣勢。

紅血球生成素（Erythropoietin，EPO）是腎臟製造的一種激素，當它作為外源性施用時，會刺激紅血球生成，並且能模仿某些高海拔的效果。有趣的是，所有業餘競技團體都禁用EPO，卻沒有禁止高海拔訓練或模擬高海拔訓練。遭懷疑正在施用EPO的運動員，尤其是碰巧獲勝的運動員，時常飽受批評[21]，而批評時常來自那些定期花費大量金錢和時間進行高海拔訓練，或住在高海拔地區的運動員。令人深思為何2種相近的人為輔助，一種大家可以接受，另一種卻不行？

## 藥檢議題

對於藥檢的普遍態度可以表達為「這項檢測程序是準確的則可使用，縱使不準確，亦可使用。」在任何有關人為輔助和禁藥的討論中，都必須考量到檢測和檢測程序本身。以科學和以科學為基礎的檢測程序，都是基於概率而非絕對值。檢測和檢測過程中，總是存在一定比例的誤差。

### 我們從未犯錯過嗎？

因為檢測總是存在一定比例的誤差，所以一定會出現偽陽性與偽陰性。不幸的是，迄今為止，國際奧委會和其附屬組織幾乎未曾公布運動員藥檢程序的相關數據。大多數已公布的檢測數據，尤其是使用AS（Anabolic Steroid，合成型類固醇）的檢測數據，都是透過極少數量未經訓練的非運動員母群體獲得的。因此，並未直接參與競技運動藥物檢測的科學家們，不知道檢測的確切誤差程度。為了論證，可以假設誤差的概率是0.0015%[37]。這概率看似很小；然而，如果一年要測試10000名運動員，則期望值是會有15例左右的偽陽性檢測結果（至少在A樣本上是如此）。實際上，這意味著可能有15名運動員被指控為作弊者，媒體會玷汙詆毀其人格和聲譽，且幾乎求助無門。此外，截至1996年，6個國際奧委會實驗室之間的誤差程度著實令人難以接受[26]。這意味著各實驗室之間的誤差程度

不一致，並且在某些實驗室中，偽陽性或偽陰性檢測結果的機率可能更大，讓此問題更加嚴重。縱使現在可以假定此爭議已經改正，但作者在科學文獻中找不到任何證據可表明這爭議已經改正。(154)

### 自然還是不自然？

某些藥物（例如古柯鹼〔cocaine〕）在人體中是不會自然存在的（據我們目前所知）。因此，檢測這些物質相對容易。但很多荷爾蒙用作人為輔助時很難檢測到，生長激素就是一個例子。雄性素是具有合成代謝特性的雄性激素，而睪固酮是最強大的天然雄性素。「**同化類固醇**」（AS）這個辭彙通常用來代表合成型雄性素（但不正確），它在化學結構和功能上與睪固酮相似，近期已證明AS中的某些種類是自然存在的（即諾龍〔nandrolone〕）；因此，必須確立藥物檢測的分界線。

競技運動界，尤其在田徑領域，諾龍檢測陽性反應的案例數量高到嚇人，許多田徑領域的超級巨星，包括曾獲得1992年奧運男子100公尺金牌的林福德‧克利斯蒂（Linford Christie）和多次獲得奧運會與世錦賽田徑項目獎牌的瑪琳‧奧蒂（Merlene Ottey）等，都被檢測出陽性反應。諾龍通常是以油基來注射，而且是需要接受藥物檢測的運動員得避免使用的合成型代謝藥物，因為即使在注射後數月也很容易檢測到(89)。一直到最近兩三年內，才確定諾龍是天然存在於人體內的固醇類物質，IOC採用的陽性截斷值為 $2 \text{ ng} \cdot \text{ml}^{-1}$ (35,89)，非常有趣的是，許多的陽性檢測結果濃度僅在8到12 $\text{ng} \cdot \text{ml}^{-1}$ (154)，這暗示著幾種可能性，一種是檢測靈敏度增加了（此為IOC的立場），且運動員確實施用了此種違禁物質。第二種是該檢測並不精確，並且會產生偽陽性結果，或是其他一些外部變項，如鍛鍊等，會提高尿中諾龍代謝產物的濃度（此為一部分運動員、教練與科學家的立場）(93)。第三種可能性是運動員正在服用（合法管道購買的）非處方膳食補充劑，其中含有如雄烯二酮之類的物質，會產生諾龍或其代謝產物，而運動員並不知情（此為一部分運動員、教練、科學家的立場）。(93,113,154)

檢測出藥檢陽性的運動員的地位與人數，使得藥物檢測的效度令人質疑，這樣的爭議已達到國家政府的層級(39,23)。迄今，IOC／WADA幾乎沒有透露檢測計畫的資訊，這將使其測試程序得到獨立驗證。

包括睪固酮（T）在內的雄性素檢測，會帶來一些其他問題。因為睪固酮有相對大量的比例是人體自然生產的，僅是發現某個人身上的睪固酮濃度高於平均值，並不能視為陽性。另外，顯然有些運動員睪固酮濃度天生就是比其他運動員高（在高水準領域中很多人是如此）。目前是否有使用外源性睪固酮的檢測方法，是以睪固酮與表睪固酮（epitestosterone）的比例（T：E）來判斷。在正常未訓練的成人中，比例大約為1：1。

酒精攝取（尤其在女性身上）、老化[85,139]、體育活動或性行為都可能會稍微影響這個比例。用來檢測是否陽性的確定比率（目前）為6：1。在藥物檢測中使用這樣的比率會是一件非常複雜的事，因為有證據指出，2000名男性中會有1名（0.0005%）缺乏產生表睪固酮所需的酶[48]，這意味著他們的T：E比率將高於6：1。

瑞典的反禁藥計畫說明了找到具有高T：E比率運動員的可能性。根據1996年的調查報告，8946個樣本中有28名運動員（0.003%）的T：E比率高於6；而這28人之中，只有一名被明確地認為有使用外源性睪固酮[62]。這項研究不僅指出了要確定是否使用外源性睪固酮有多困難，還指出自然存在的高T：E比率在男性和女性運動員中的實際發生率可能高達0.003%。如果運動員同時使用了外源性的表睪固酮（E），那麼要檢測出是否使用外源性睪固酮（T）會更加困難[36]。由於使用T：E比率來區分天然睪固酮與外源性睪固酮是如此困難，現在有在考慮使用其他替代方法或增加檢測方法，例如睪固酮與黃體激素（luteinizing hormone，LH）的比率[114]。另一種選擇是使用碳同位素比率。用來合成外源性睪固酮的碳同位素比率，與人體自然生成的睪固酮中的碳同位素比率不同。然而，目前使用碳同位素來區別合成與天然睪固酮的準確度並不如T：E比，此外，碳同位素比率（C12:C13）可能會受到食用食物類型的影響。[134]

## 公平競爭的定義，是否因人而異？

40多年來，作者群有機會與許多不同競技運動的教練、運動員、競技科學家、競技運動管理人員和藥物測試人員，對藥物檢測進行詳細探討。藥物檢測應該是一種用來強化公平競爭的工具，某些禁藥控管人員，尤其是直接參與藥物檢測、作弊糾察的人員，其熱衷程度令人訝異。這是作者群曾聽聞，不只一位運動員說過的故事——藥物檢測人員說：「我們認為你在作弊，我們會逮到證據的。」這似乎會降低科學測試該有的客觀性，並且令人質疑這樣的程序是否適當。有趣的是，有些運動員認為自己比其他人接受了更多次藥物檢測。當一個人選擇成為運動員時，不幸之處在於，當藥物檢測到來時會出現一些問題，像是焦慮和不便。運動員的心理焦慮其來有自，若藥檢出現陽性，其職業生涯便就此終結。現實上的不便是必須前往指定檢測地點。在其他的情況下，藥檢人員可能會在未通知的情況下，凌晨5點出現在運動員的家中（是的，這已經發生過了），或是比賽結束後，運動員被拘留數個小時，因為他們無法產生足以供藥檢使用的尿液量；最重要的是，他們必須放棄他們的法律和公民權利。

例如，在美國，就《美國憲法》第四和第十四修正案提出的幾項訴訟中，都提出了公民權利和法律權利問題（例如，1989年美國國家財政部僱員工會控訴馮·拉布案；2000年賴瑞控訴洛克尼案；1995年弗農尼亞地方公立學校控訴艾克頓案；2002年教育局控訴

艾爾斯案）。第四修正案保護人民免受非法和不合理的搜查和扣押。第十四修正案（第一段）涉及美國公民的法律、公民權利以及正當的法律程序。美國法院（包括最高法院）裁定，藥物檢測，包括尿液採樣在內，已構成了搜查行為（1995年弗農尼亞地方公立學校控訴艾克頓案）。然而，贊成進行藥物檢測的人認為，為了整體利益，在特定條件下得以進行全面搜索調查（例如：國際航線、競技運動）。隨機抽檢或全體運動員都參與藥物檢測的基本原則，是假定其中有人有罪；但是，反對藥物檢測的論點是，許多運動員（或其他個體）在沒有潛在原因下遭到搜查，且檢測結果有可能出現「偽」陽性[175]。當法院通常性（狹義地）裁定支持競技藥物檢測時，爭論焦點就落在人們是否必須放棄公民權利才能參與競技運動。此外，對於藥物檢測在限制或減少（如果有的話）非法藥物的使用上能發揮多大功效[175]，也有一些疑問，這也增加了爭議。

在藥物檢測程序中，會採取並儲存兩份尿液樣品。如果A樣品檢測出陽性結果，就會通知NGB、媒體，與該運動員，運動員或其代理人可以親自視察B樣品的檢測過程。通常媒體熱潮始於將運動員貼上「可恥的作弊者」之類的標籤；然後媒體會將關於該特定物質的所有舊故事，以及曾被抓到使用此物質的人都扯上。運動員有權將爭議交付仲裁，仲裁基本上是一項審判。使用「審判」此一術語，暗示著經過參與仲裁的所有人（雙方）的同意；雙方通常都會有律師在場，由「仲裁員」組成的小組來擔任法官和陪審團。

在許多競技運動中，會有兩次的審判。首先是該運動員所屬管理機構或是藥物控制小組（例如USADA）的審判；接著才是由國際機構進行審判。這樣的系統可以使該運動員及其NGB扮演互相對抗的角色。例如，在田徑競技中，國際田徑聯合會（IAAF）是國際管理機構。首先，運動員必須在其NGB（例如：英國田徑協會或USADA）進行仲裁，隨後此仲裁的結果會轉發IAAF。IAAF鮮少會接受NGB的仲裁裁定，而認為運動員在使用禁藥這件事上無罪（例如美國短跑運動員丹尼斯・米契爾與英格蘭短跑名將道吉・沃克）。IAAF的立場是：直到證明無罪之前，運動員都是有罪，至於該物質存在於體內的理由則完全不重要[3]。因此，IAAF開始第二次審判時，通常很少有運動員能對IAAF證明自己是無罪的（例如美國短跑運動員丹尼斯・米契爾與英格蘭短跑名將道吉・沃克）。運動員還可以向比利時體育仲裁法院提交此案，這項程序在撰寫本文時才剛開始實行。運動員可以提出許多藥檢呈陽性結果時，應考慮在內的可能原因，其中包括新陳代謝的個體差異、在不知情的情況下服用了含有違禁物質的合法補充劑和遭到惡意陷害。在IOC／WADA或像是IAAF等國際管理機構眼中，這些理由都不夠充分。

此過程最終結果是運動員的聲譽受到了損害；花了大量的時間、金錢和精力；通常會需要進行法律訴訟，要花更多時間、精力和金錢。目前為止，往往（例如英國中長跑運動員黛安・莫達爾案）當運動員贏得訴訟，而其NGB損失大量金錢時，IAAF／IOC卻受到

保護。即使國家法院裁定有利於運動員方（例如1988年奧運400公尺接力金牌得主巴奇‧雷諾茲），IOC／IAAF和其他組織也沒有公開或公平地履行其義務，反而是威脅要懲罰，或以其他方式制裁冒犯他們的運動員所屬的整個競技聯邦，但這整個程序應該是要保護運動員才對。

## 總結想法

儘管還可以提出許多其他爭議，但我們認為上述討論闡明了反禁藥過程存在爭議。指出這些問題並不是在全面指責禁藥管控，而是試圖引起人們對其缺陷的關注。

我們毫不懷疑，大家將會持續使用人為輔助（考慮到圍繞2004年奧運會的田徑項目和奧運會本身，以及最近的BALCO實驗室禁藥案等爭議）。我們毫不懷疑，在設計出適當的檢測方法前，大家將會持續使用這些違禁物質。我們也堅信，若絕大多數運動員認為比賽是公平的，他們就不會使用違禁物質。我們也同樣堅信，當前的檢測方法並不像預期般正常運行。我們並不提倡使用違禁物質；然而，我們也不能容忍用不適當的檢測方法和程序，使無辜的運動員陷入危難。以下建議值得考慮：

- IOC／WADA 測試程序應由獨立機構進行審核[154]。可為這類審核設立大學實驗室（獨立或合作）。IOC應將運動員的檢測數據（尤其是睪固酮和諾龍的數據）發布給獨立機構，以進行評估和驗證。
- IOC／WADA 應重新思考並修訂其非故意誤用禁藥的相關規則（例如，多例諾龍陽性檢測結果）。
- 直到可以為睪固酮設計出合適的檢測方法前，應考慮從禁用清單中刪除睪固酮。

禁藥管控的程序到目前為止顯然還不夠健全。不過正如Sweeney[148]所建議的，只要等到基因操作技術可行即可！

## 章節總結

使用人為輔助引起了很大的爭議。人為輔助由數種不同類型組成，包括環境性、心理性、機械性和藥物性，以及營養補給品。競技運動中使用人為輔助已有很長的歷史，至少可以追溯到古希臘的奧運會。運動員已廣泛使用人為輔助；常見的人為輔助包括興奮劑、蛋白質合成性藥物、以及營養補給品。使用人為輔助的道德議題，尤其是其合法性，引發了許多問題與爭議。同樣地，為限制人為輔助所使用的藥物檢測，也存在問題與爭議。

**參考文獻：**

1. Alen, M., K. Hakkinen, and P.V. Komi. 1984. Changes in neuromuscular performance and muscle fiber characteristics of elite power athletes self-administering androgenic and anabolic steroids. *Acta Physiologica Scandinavica* 122: 535-544.
2. Antonio, J., and J.R. Stout. 2001. *Sports supplements.* Baltimore: Lippincott, Williams & Wilkins.
3. Athlete Guilty. 1999, August 20. Gillon, D. *The Electronic Herald*, Glasgow, Scotland.
4. Ayoama, R., E. Hiruma, and H. Sasaki. 2003. Effects of creatine loading on muscular strength and endurance of female softball players. *Journal of Sports Medicine and Physical Fitness* 43: 481-487.
5. Balsom, P., K. Soderlund, and B. Ekblom. 1994. Creatine in humans with special reference to creatine supplementation. *Sports Medicine* 18: 268-280.
6. Beiner, J.M., P. Jokl, J. Cholewicki, and M.M. Panjabi. 1999. The effect of anabolic steroids and corticosteroids on healing of muscle contusion injury. *American Journal of Sports Medicine* 27: 2-9.
7. Besset, A., A. Bonardet, G. Rendouin, B. Decamps, and P. Passdouant. 1982. Increase in sleep related GH and Prl secretion after chronic arginine aspartate administration in man. *Acta Endocrinologica* 99: 18-23.
8. Bhasin, S. 2003a. Effects of testosterone administration on fat distribution, insulin sensitivity and atherosclerosis progression. *Clinical Infectious Disease* 37(Suppl. 2): S142-S149.
9. Bhasin, S. 2003b. Regulation of body composition by androgens. *Journal of Endocrinology Research* 26: 814-822.
10. Bhasin, S., T.W. Storer, N. Berman, C. Callegari, B. Clevenger, J. Phillips, T.J. Bunnell, R. Tricker, A. Shirazi, and R. Casaburi. 1996. The effects of supraphysiologic doses of testosterone on muscle size and strength in normal men. *New England Journal of Medicine* 335: 1-7.
11. Bhasin, S., L. Woodhouse, R. Casaburi, A.B. Singh, D. Bhasin, N. Berman, X. Chen, K.E. Yarasheski, L. Magliano, C. Dzekov, J. Dzekov, R. Boss, J. Phillips, I. Sinha-Hikim, R. Shen, and T.W. Storer. 2001. Testosterone dose-dependent relationship in healthy young men. *American Journal of Physiology, Endocrinology and Metabolism* 28: E1172-E1181.
12. Bigland, B., and B. Jehring. 1952. Muscle performance in rats: Normal and treated with growth hormone. *Journal of Physiology* 1167: 129-136.
13. Biolo, G., S.P. Maggi, B.D. Williams, K.D. Tipton, and R.R. Wolfe. 1995. Increased rates of muscle protein turnover and amino acid transport after resistance exercise in humans. *American Journal of Physiology* 268(3 Part 1): E514-520.
14. Biolo, G., K.D. Tipton, S. Klein, and R.R. Wolfe. 1997. An abundant supply of amino acids enhances the metabolic effects of exercise on muscle protein. *American Journal of Physiology* 273(1 Part 1): E122-129.
15. Bohn, A.M., M. Khodace, and T.L. Schwenk. 2003. Ephedrine and other stimulants as ergogenic aids. *Current Sports Medicine Reviews* 2: 220-225.
16. Boirie, Y., M. Dangin, P. Gachon, M.P. Vasson, J.L. Maubois, and B. Beaufrere. 1997. Slow and fast dietary proteins differently modulate postprandial protein accretion. *Proceedings of the National Academy of Science* 94: 1430-1435.
17. Bosco, C., M. Cardinale, and O. Tsarpela. 1999. Influence of vibration on mechanical power and electromyogram activity in human arm flexor muscles. *European Journal of Applied Physiology* 79: 306-311.
18. Bosco, C., M. Iacovelli, O. Tsarpela, M. Cardinale, M. Bonifazi, J. Tihanyi, M. Viru, A. De Lorenzo, and A. Viru. 2000. Hormonal responses to whole-body vibration in man. *European Journal of Applied Physiology* 81: 449-454.
19. Brilla, L.R., M.S. Giroux, A. Taylor, and K.M. Knutzen. 2003. Magnesium-creatine supplementation effects on body water. *Metabolism* 52: 1136-1140.
20. Brown, G.A., M.D. Vukovich, R.I. Sharp, T.A. Reifenrath, K.A. Parsons, and D.S. King. 1999. Effect of oral DHEA on serum testosterone and adaptations to resistance training in young men. *Journal of Applied Physiology* 87: 2274-2283.
21. Brown misses out. 1998, August 19. Sports, *BBC Online News*.

22. Burks, T.F. 1981. Drug use in athletics. *Federation Proceedings* 40: 2680-2681.
23. Call for fail safe drug tests. 1999, August 4. Sports, *BBC Online News*.
24. Cardinale, M., and J. Lim. 2003. Electromyography of vastus lateralis muscle during whole-body vibrations of different frequencies. *Journal of Strength and Conditioning Research* 17: 621-624.
25. Cardinale, M., and M.H. Pope. 2003. The effects of whole body vibration on humans: Dangerous or advantageous. *Acta Physiologica Hungaria* 90: 195-206.
26. Catlin, D.H., D.A. Cowan, R. de la Torre, M. Donike, D. Fraisse, H. Oftebro, C.K. Hatten, B. Starcevic, M. Becchi, X. de la Torre, H. Norli, H. Geyer, and C.J. Walker. 1996. Urinary testosterone (T) to epitestosterone (E) ratios by GC/MS. I. Initial comparison of uncorrected T/E in six international laboratories. *Journal of Mass Spectroscopy* 31: 397-402.
27. Catlin, D.H., and T.H. Murray. 1996. Performance enhancing drugs. Fair competition and Olympic sport. *Journal of the American Medical Association* 276: 231.
28. Chester, N., D.R. Mottram, T. Reilly, and M. Powell. 2004. Elimination of ephedrines in urine following multiple dosing: The consequences for athletes, in relation to doping control. *British Journal of Clinical Pharmacology* 57: 62-67.
29. Conley, M.S., and M.H. Stone. 1996. Carbohydrate ingestion/supplementation for resistance exercise and training. *Sports Medicine* 21: 7-17.
30. Conway, K.J., R. Orr, and S.R. Stannard. 2003. Effect of a divided dose on endurance cycling performance, postexercise urinary concentration and plasma paraxanthine. *Journal of Applied Physiology* 94: 1557-1562.
31. Corrigan, B. 2002. DHEA and sport. *Clinical Journal of Sports Medicine* 12: 236-241.
32. Crist, D.M., G.T. Peake, P.A. Eagen, and D.L. Waters. 1988. Body composition responses to exogenous GH during training in highly conditioned adults. *Journal of Applied Physiology* 65: 579-584.
33. Cuneo, R.C., F. Salomon, C.M. Wiles, R. Heep, and P.H. Sonksen. 1991. Growth hormone treatment in growth hormone-deficient adults. 1. Effects on muscle mass and strength. *Journal of Applied Physiology* 70: 688-694.
34. Dangin, M., Y. Boirie, C. Garcia-Rodenas, P. Gachon, J. Fauquant, P. Callier, O. Ballavre, and B. Beaufrere. 2001. The digestion rate of protein is an independent regulating factor of postprandial protein retention. *American Journal of Physiology* 280: E340-E348.
35. Dehennin, L., Y. Bonnaire, and P. Plou. 1999. Urinary excretion of 19-norandrosterone of endogenous origin in man: Quantitative analysis by gas chromatographymass spectrometry. *Journal of Chromatography and Biomedical Application* 72: 301-307.
36. Dehennin, L., and G. Peres. 1996. Plasma and urinary markers of oral testosterone misuse by healthy men in presence of masking epitestosterone administration. *International Journal of Sports Medicine* 17: 315-319.
37. Dehennin, L., and R. Scholler. 1990. Detection of selfadministration of testosterone as an anabolic by determination of the ratio of urinary testosterone to urinary epitestosterone in adolescents. *Pathological Biology* 38: 920-922.
38. Delecluse, C., M. Roelants, and S. Verschueren. 2003. Strength increase after whole-body vibration compared with resistance training. *Medicine and Science in Sports and Exercise* 335: 1033-1041.
39. Demands grow for drug test review. 1999, August 5. Sports, *BBC Online News*.
40. Demant, T.W., and E.C. Rhodes. 1999. Effects of creatine supplementation on exercise performance. *Sports Medicine* 28: 49-60.
41. DeMeersman, R., D. Getty, and D.C. Schaefer. 1987. Sympathomimetics and exercise enhancement: All in the mind? *Pharmacology, Biochemistry and Behaviour* 28: 361-365.
42. Derave, W., B.O. Eijnde, P. Verbessen, M. Ramaekers, M. Leemputte, E.A. Richter, and P. Hespel. 2003. Combined creatine and protein supplementation in conjunction with resistance training promotes muscle GLUT-4 content and glucose tolerance in humans. *Journal of Applied Physiology* 94: 1910-1916.
43. De Ruiter, C.J., S.M. Van Raak, J.V. Schilperoort, A.P. Hollander, and A. Haan. 2003. The effects of 11 weeks of whole body vibration training on jump height, contractile properties and activation of human knee extensors.

*European Journal of Applied Physiology* 90: 595-600.

44. Dietary Supplement Health and Education Act (DSHEA). 1994. Food and Drug Administration. 1999. http://vm.cfsan.fda.gov/~dms/dietsupp.html.
45. Earnest, C.P., M.A. Olsen, C.E. Broeder, K.F. Breul, and S.L. Beckham. 2000. Oral 4-androstene-3,17-dione and 4-androstene-3,17-diol supplementation in young males. *European Journal of Applied Physiology* 81: 229-231.
46. Ebben, W.P., and R.L. Jensen. 2002. Electromyographic and kinetic analysis of traditional, chain and elastic band squats. *Journal of Strength and Conditioning Research* 16: 547-550.
47. Eckerson, J.M., J.R. Stout, G.A. Moore, N.J. Stone, K. Nishimura, and K. Tamura. 2004. Effect of two and five days of creatine loading on anaerobic capacity in women. *Journal of Strength and Conditioning Research* 18: 168-173.
48. Eichner, E.R. 1997. Ergogenic aids: What athletes are using—and why. *Physician and Sportsmedicine* 25: 70-77.
49. El Yacoubi, M., J. Costenin, and J.M. Vaugeois. 2003. Adenosine A2A receptors and depression. *Neurology* 61(11 Suppl. 6): S82-S87.
50. Evans, N.A. 2004. Current concepts in anabolic-androgenic steroids. *American Journal of Sports Medicine* 32: 534-542.
51. Fafournoux, P., A. Bruhat, and C. Jousse. 2000. Amino acid regulation of gene expression. *Biochemistry Journal* 351(Part 1): 1-12.
52. Farquhar, W.B., and E.J. Zambraski. 2002. Effects of creatine use on the athlete's kidney. *Current Sports Medicine Reports* 1: 103-106.
53. Finn, J.P., T.R. Ebert, R.T. Withers et al. 2001. Effect of creatine supplementation on metabolism and performance in humans during intermittent sprint cycling. *European Journal of Applied Physiology* 84: 238-243.
54. Fern, E.B., R.N. Bielinski, and Y. Schutz. 1991. Effects of exaggerated amino acid and protein supply in man. *Experientia* 47: 168-172.
55. Fogelholm, G.M., H.K. Naveri, K.T. Kiilavuori, and M.H. Harkonen. 1993. Low-dose amino acid supplementation: No effects on serum growth hormone and insulin in male weightlifters. *International Journal of Sports Medicine* 3: 290-297.
56. Forslund, A.H., A.E. El-Khoury, R.M. Olsson, A.M. Sjodin, L. Hambraeus, and Y.R. Young. 1999. Effect of protein intake and physical activity on 24-h pattern and rate of macronutrient utilization. *American Journal of Physiology* 276(Part 1): E974-E976.
57. Forslund, A.H., L. Hambraeus, R.M. Olsson, A.E. El-Khoury, Y.M. Yu, and V.R. Youn. 1998. The 24-h whole body leucine and urea kinetics at normal and high protein intakes with exercise in healthy adults. *American Journal of Physiology* 275(Part 2): E310-E320.
58. Frisch, H. 1999. Growth hormone and body composition in athletes. *Journal of Endocrinological Investigation* 22(5 Suppl.): 106-109.
59. Fruhbeck, G. 1998. Protein metabolism: Slow and fast dietary proteins. *Nature* 39: 843-845.
60. Fry, A.C., W.J. Kraemer, M.H. Stone, B.J. Warren, J.T. Kearney, C.M. Maresh, C.A. Weseman, and S.J. Fleck. 1993. Endocrine and performance responses to high volume training and amino acid supplementation in elite junior weightlifters. *International Journal of Sport Nutrition* 3: 306-322.
61. Fryberg, D.A., R.A. Gelfeld, and E.J. Barrett. 1991. Growth hormone acutely stimulates forearm muscle protein synthesis in normal adults. *American Journal of Physiology, Endocrinology and Metabolism* 23: E499-E504.
62. Garle, M., R. Ocka, E. Palonek, and I. Bjorkhem. 1996. Increased urinary testosterone:epitestosterone ratios found in Swedish athletes in connection with a national control program. Evaluation of 28 cases. *Journal of Chromatography and Biomedical Application* 687: 55-59.
63. Gater, D.R., D.A. Gater, J.M. Uribe, and J.C. Bunt. 1992. Impact of nutritional supplements and resistance training on body composition, strength and insulin-like growth factor-1. *Journal of Applied Sport Science Research* 6: 66-76.
64. Gleeson, M., G.I. Lancaster, and N.C. Bishop. 2001. Nutritional strategies to minimize exercise-induced immunosuppression in athletes. *Canadian Journal of Applied Physiology* 26(Suppl.): S23-S35.

65. Gosselink, K.L., R.R. Roy, H. Zhong, R.E. Grindeland, A.J. Bigbee, and V.R. Edgerton. 2004. Vibration-induced activation of muscle afferents modulates bioassayable growth hormone release. *Journal of Applied Physiology* 96: 2097-2102.
66. Greenwood, M., R.B. Kreider, L. Greenwood, and A. Byars. 2003. Cramping and injury incidence in collegiate football players are reduced by creatine supplementation. *Journal of Athletic Training* 38: 216-219.
67. Grivetti, L.E., and E.A. Applegate. 1997. From Olympia to Atlanta: A cultural-historical perspective on diet and athletic training. *Journal of Nutrition* 127: 8605-8685.
68. Haff, G.G., B. Kirksey, M.H. Stone, B.J. Warren, R.L. Johnson, M. Stone, H.S. O'Bryant, and C. Proulx. 2000. The effect of six weeks of creatine monohydrate supplementation on dynamic rate of force development. *Journal of Strength and Conditioning Research* 14: 426-433.
69. Haff, G., A. Whitley, L.B. McCoy, and M.H. Stone. 2003. Carbohydrate supplementation and resistance training. *Journal of Strength and Conditioning Research* 17: 187-196.
70. Hakkinen, K., A. Pakarinen, M. Alen, H. Kauhanen, and P.V. Komi. 1987. Relationships between training volume, physical performance capacity, and serum hormone concentrations during prolonged training in elite weightlifters. *International Journal of Sports Medicine* 1: 61-65.
71. Hanin, Y.L. 1989. Interpersonal and intragroup anxiety in sports. In: D. Hackford and C.D. Spielberger (Eds.), *Anxiety in sports: An international perspective.* New York: Hemisphere.
72. Hartgens, F., and H. Kuipers. 2004. Effects of androgenic-anabolic steroids in athletes. *Sports Medicine* 34: 513-554.
73. Haussinger, D., and F. Lang. 1991. Cell volume in the regulation of hepatic function: A mechanism for metabolic control. *Biophysica Acta* 1071: 331-350.
74. Haussinger, D., E. Roth, F. Lang, and W. Gerok. 1993. Cellular hydration state. An important determinant of catabolism in health and disease. *Lancet* 341: 1330-1332.
75. Hickson, R.C., S.M. Czerwinski, M.T. Falduto, and A.P. Young. 1990. Glucocorticoid antagonism by exercise and androgenic anabolic steroids. *Medicine and Science in Sports and Exercise* 22: 331-340.
76. Hile, A.M., J.M. Anderson, K.A. Fiala, J.H. Stevenson, D.J. Casa, and C.M. Maresh. 2006. Creatine supplementation and anterior compartment pressure during exercise in the heat in dehydrated men. *Journal of Athletic Training* 41: 30-35.
77. Hubbard, J.S., S. Rohrmann, P.K. Lnadia, E.J. Metter, D.C. Muller, B. Andres, H.B. Carter, and E.A. Platz. 2004. Association of prostate cancer risk with insulin, glucose and anthropometry in the Baltimore longitudinal study of aging. *Urology* 63: 253-258.
78. Isidori, A., A. Lo Monaco, and M. Cappa. 1981. A study of growth hormone release in man after oral ingestion of amino acids. *Current Medical Research Opinion* 7: 475-481.
79. Ivy, J.L. 2001. Dietary strategies to promote glycogen synthesis after exercise. *Canadian Journal of Applied Physiology* 26 (Suppl.): S236-245.
80. Ivy, J.L., A.L. Katz, C.L. Cutler, W.M. Sherman, and E.F. Coyle. 1988. Muscle glycogen synthesis after exercise: Effect of time of carbohydrate ingestion. *Journal of Applied Physiology* 64: 1480-1485.
81. Ivy, J., and R. Portman. 2004. *Nutrient timing.* North Bergen, NJ: Basic Health.
82. Jeffreys, M., P. McCarron, D. Gunnell, J. McEwen, and G.D. Smith. 2003. Body mass index in early and mid-adulthood, and subsequent mortality: A historical cohort study. *International Journal of Obesity Related Metabolism Disorders* 27: 1391-1397.
83. Juhn, M.S. 2000. Does creatine supplementation increase the risk of rhabdomyolysis? *Journal of the American Board of Family Practice* 13: 150-151.
84. Kadi, F., A. Eriksson, S. Holmner, and L.E. Thornell. 1999. Effects of anabolic steroids on the muscle cells of strength-trained athletes. *Medicine and Science in Sports and Exercise* 31: 1528-1534.
85. Karila, T., V. Kosumen, A. Leinomen, R. Tahtela, and T. Seppala. 1996. High doses of alcohol increase urinary testosterone-to-epitestosterone ratio in females. *Journal of Chromatography Biological and Biomedical Application*

687(1): 109-116.
86. Kicman, A.T., and D.B. Gower. 2003. Anabolic steroids in sport: Clinical and analytical perspectives. *Annals of Clinical Biochemistry* 40(Part 4): 321-356.
87. Kilduff, L.P., Y.P. Pitsiladis, L. Tasker, J. Attwood, P. Hyslop, A. Dailly, I. Dickson, and S. Grant. 2003. Effects of creatine on body composition and strength gains after 4 weeks of resistance training in previously nonresistance-trained humans. *International Journal of Sport Nutrition and Exercise Metabolism* 13: 504-520.
88. King, D.S., R.L. Sharp, M.D. Vukovich, G.A. Brown, T.A. Reifenrath, N.L. Uhl, and K.A. Parsons. 1999. Effect of oral androstenedione on serum testosterone and adaptations to resistance training in young men. *Journal of the American Medical Association* 28(21): 2020-2028.
89. Kintz, P., V. Crimele, and B. Ludes. 1999. Nandrolone and noretiocholanolone: Metabolite markers. *Acta Clinica Belgica* (Suppl.) 1: 68-73.
90. Kirksey, B., M.H. Stone, B.J. Warren, R.L. Johnson, M.E. Stone, G.G. Haff, E.E. Williams, and C. Proulx. 1999. The effects of six weeks of creatine monohydrate supplementation on performance measures and body composition in collegiate track and field athletes. *Journal of Strength and Conditioning Research* 13: 1148-1156.
91. Kneiss, A., E. Ziegler, J. Kratzsch, D. Thieme, and B.K. Muller. 2003. Potential parameters for the detection of hGH doping. *Analytical and Bioanalytical Chemistry* 376: 696-700.
92. Koak, K.S. 2003. Effects of high dose oral creatine supplementation on anaerobic capacity of elite wrestlers. *Journal of Sports Medicine and Physical Fitness* 43: 488-492.
93. Kohler, R.M.N., and M.I. Lambert. 2002. Urine nandrolone metabolites: False positive doping test? *British Journal of Sports Medicine* 36: 325-329.
94. Kopera, H. 1993. Side effects of anabolic steroids and contraindications. *Wein Medicine Wochensch* 14: 399-400.
95. Krieder, R.B. 1999. Dietary supplements and the promotion of muscle growth with resistance exercise. *Sports Medicine* 27: 97-110.
96. Krieder, R.B., C. Melton, C.J. Rasmussen, M. Greenwood, S. Lancaster, E.C. Cantler, P. Milnor, and A.L. Almada. 2003. Long-term creatine supplementation does not affect clinical markers of health in athletes. *Molecular and Cellular Biochemistry* 244: 95-104.
97. Kuhn, C.M. 2002. Anabolic steroids. *Recent Progress in Hormone Research* 57: 411-434.
98. Kutz, M.R., and M.J. Gunter. 2003. Creatine monohydrate supplementation on body weight and percent body fat. *Journal of Strength and Conditioning* 17: 817-821.
99. Lambert, M.I., J.A. Hefer, R.P. Millar, and P.W. MacFarlane. 1993. Failure of commercial oral amino acid supplements to increase serum growth hormone in male body-builders. *International Journal of Sport Nutrition* 3: 298-305.
100. Lancaster, G.I., R.L. Jentjens, L. Mosely, A.E. Jeukendrup, and M. Gleeson. 2003. Effect of pre-exercise carbohydrate ingestion on plasma cytokine stress hormone and neutrophil degranulation responses to continuous high-intensity exercise. *International Journal of Sports Medicine* 13: 436-453.
101. Lange, K.H., J.L. Andersen, N. Beyer, F. Isaksson, B. Larsson, M.H. Rasmussen, A. Juul, J. Bulow, and M. Kjaer. 2002. GH administration changes myosin heavy chain isoforms in skeletal muscle but does not augment muscle strength or hypertrophy, either alone or combined with resistance exercise training in healthy adults. *Journal of Clinical Endocrinology and Metabolism* 87: 513-523.
102. Lemon, P.W. 2000. Beyond the zone: Protein needs of active individuals. *Journal of the American College of Nutrition* 19(5 Suppl.): 513S-521S.
103. Lemon, P.W., J.M. Berardi, and E.E. Noreen. 2002. The role of protein and amino acid supplements in the athlete's diet: Does type or timing of ingestion matter? *Current Sports Medicine Reports* 1: 214-221.
104. Levenhagen, D.K, C. Carr, M.G. Carlson, D.J. Maron, M.J. Borel, and P.J. Falkol. 2002. Postexercise protein intake enhances whole-body and leg protein accretion in humans. *Medicine and Science in Sports and Exercise* 34: 828-837.

105. Levine, B.D., and J. Stray-Gundersen. 1997. Living high– training low: Effect of moderate altitude acclimatization with low-altitude training on performance. *Journal of Applied Physiology* 83: 102-112.
106. Loike, J.D., M. Somes, and S.C. Silverstein. 1986. Creatine uptake: Metabolism and efflux in human monocytes and macrophages. *American Journal of Physiology* 251(Part 1): C128-135.
107. Lombardo, J.A., R.C. Hickson, and D.R. Lamb. 1991. Anabolic/androgenic steroids and growth hormone. In: D.R. Lamb and M.H. Williams (Eds.), *Perspectives in exercise science and sports medicine* (pp. 249-284). Indianapolis: Brown and Benchmark.
108. Martens, R. 1975. *Social psychology and physical activity.* New York: Harper & Row.
109. McClelland, D.C., J.W. Atkinson, R.W. Clark, and E.L. Lowell. 1953. *The achievement motive.* New York: Appleton-Century-Crofts.
110. Mendes, R.R., and J. Tirapegui. 2002. Creatine: The nutritional supplement for exercise—current concepts. *Archives of Latin American Nutrition* 52: 117-127.
111. Nagulesparen, M., R. Trickey, M.J. Davies, and J.S. Jenkins. 1976. Muscle changes in acromegaly. *British Medical Journal* 2: 914-915.
112. Paluska, S.A. 2003. Caffeine and exercise. *Current Sports Medicine Reports* 2: 213-219.
113. Pepin, G., F. Vayssette, and Y. Gaillard. 2001. Urinary nandrolone metabolites in antidoping control. *Annales Pharmaceutiques Francaises* 59: 345-349.
114. Perry, P.J., J.H. MacIndoe, W.R. Yates, S.D. Scott, and T.L. Holman. 1997. Detection of anabolic steroid administration: Ratio of urinary testosterone:epitestosterone vs the ratio of urinary testosterone to luteinizing hormone. *Clinical Chemistry* 43: 731-735.
115. Poortmans, J.R., and M. Francaux. 2000. Adverse effects of creatine supplementation: Fact or fiction. *Sports Medicine* 30: 155-170.
116. Powers, M.E., B.L. Arnold, A.L. Weltman, D.H. Perrin, D. Mistry, D.M. Kahler, W. Kraemer, and J. Volek. 2003. Creatine supplementation increases total body water without altering fluid distribution. *Journal of Athletic Training* 38: 44-50.
117. Rae, C., A.L. Digney, S.R. McEwan, and T.C. Bates. 2003. Oral creatine monohydrate supplementation improves brain performance: A double blind, placebo-controlled, cross-over trial. *Proceedings of the Royal Society of London (Series B): Biological Sciences* 22: 2147-2150.
118. Rasmussen, B.B., K.D. Tipton, S.L. Miller, S.E. Wolf, and R.R. Wolfe. 2000. An oral essential amino acidcarbohydrate supplement enhances muscle protein anabolism after resistance exercise. *Journal of Applied Physiology* 88: 386-392.
119. Rawson, E.S., and J.S. Volek. 2003. Effects of creatine supplementation and resistance training on muscle strength and weightlifting performance. *Journal of Strength and Conditioning Research* 17: 822-831.
120. Reis, E., U. Frick, and D. Schmidtbleicher. 1995. Frequency variation of strength training sessions triggered by the phases of the menstrual cycle. *International Journal of Sports Medicine* 16: 545-550.
121. Rittweger, J., G. Beller, and D. Felsenberg. 2000. Acute physiological effects of exhaustive whole-body vibration in man. *Clinical Physiology* 20: 134-142.
122. Robinson, T.M., D.A. Sewell, A. Casey, G. Steenge, and P.L. Greenhaff. 2000. Dietary creatine supplementation does not affect some haematological indices or indices of muscle damage and hepatic and renal function. *British Journal of Sports Medicine* 34: 284-288.
123. Roelants, M., C. Delecluse, M. Goris, and S. Verschueren. 2004. Effects of 24 weeks of whole body vibration training on body composition and muscle strength in untrained females. *International Journal of Sports Medicine* 25: 1-5.
124. Rokitzki, L., E. Logemann, A.N. Sagredos, M. Murphy, W. Wetael-Roth, and J. Keul. 1994. Lipid peroxidation and antioxidative vitamins under extreme endurance stress. *Acta Physiologica Scandinavica* 151: 149-158.
125. Rozenek, R., C.H. Rahe, H.H. Kohl, D.N. Marple, G.D. Wilson, and M.H. Stone. 1990. Physiological responses to resistance-exercise in athletes self-administering anabolic steroids. *Journal of Sports Medicine and Physical Fitness*

30: 354-360.
126. Rudman, D., A.G. Feller, J.S. Nagraj, G.A. Goldberg, P.A. Schlenker, L. Cohn, I.W. Rudman, and D.E. Matson. 1990. Effects of human growth hormone in men over 60 years old. *New England Journal of Medicine* 323: 1-6.
127. Ryu, S., S.K. Choi, S.S. Joung, H. Suh, Y.S. Cha, S. Lee, and K. Lim. 2001. Caffeine as a lipolytic food component increases endurance performance in rats and athletes. *Journal of Nutrition Science and Vitaminology* 47: 139-146.
128. Saab, G., G.D. Marsh, M.A. Casselman, and R.T. Thompson. 2002. Changes in human muscle transverse relaxation following short-term creatine supplementation. *Experimental Physiology* 87: 383-389.
129. Salvadora, A., F. Suay, S. Martinnez-Sanchis, V.M. Simon, and P.F. Brain. 1999. Correlating testosterone and fighting in male participants in judo contests. *Physiological Behaviour* 68: 205-209.
130. Saunders, P.U., R.D. Telford, D.B. Pyne, R.B. Cunningham, C.J. Gore, A.G. Hahn, and J.A. Hawley. 2003. Improved running economy in elite runners after 20 days of moderate simulated altitude exposure. *Journal of Applied Physiology* 96: 931-937.
131. Schedel, J.M., P. Terrier, and Y. Schutz. 2000. The biomechanic origin of sprint performance enhancement after one-week creatine supplementation. *Japanese Journal of Physiology* 50: 273-276.
132. Schilling, B.K., M.H. Stone, A. Utter, J.T. Kearney, M. Johnson, R. Coglianese, L. Smith, H.S. O'Bryant, A.C. Fry, M. Starks, R. Keith, and M.E. Stone. 2001. Creatine supplementation and health: A retrospective study. *Medicine and Science in Sports and Exercise* 33: 183-188.
133. Schroeder, C., J. Potteiger, J. Randell, D. Jacobsen, L. Magee, S. Benedict, and M. Hulver. 2001. The effects of creatine dietary supplementation on anterior compartment pressure in the lower leg during rest and following exercise. *Clinical Journal of Sport Medicine* 11: 87-95.
134. Shakleton, C.H., A. Phillips, T. Chang, and Y. Li. 1997. Confirming testosterone administration by isotope ratio mass spectrometric analysis of urinary androstenediols. *Steroids* 62: 379-387.
135. Silver, M.D. 2001. Use of ergogenic aids by athletes. *Journal of the American Academy of Orthopedic Surgeons* 9: 61-70.
136. Sinclair, G.D., and D.A. Sinclair. 1994. Developing reflective performers by integrating mental management intervention. *Behavior Modification* 6: 443-463.
137. Sonksen, F.H. 2001. Insulin, growth hormone and sport. *Journal of Endocrinology* 170: 13-25.
138. Spriet, L.L., and M.J. Gibala. 2004. Nutritional strategies to influence adaptations to training. *Journal of Sports Sciences* 22: 127-141.
139. Starka, L., M. Hill, O. Lapcik, and R. Hampl. 1996. Epitestosterone as an endogenous antiandrogen in men. *Vnitrni Lekarstvi* 43(9): 620-623.
140. Stone, M.H. 1993. Position/policy statement and literature review for the National Strength and Conditioning Association on "explosive exercise." *National Strength and Conditioning Association Journal* 15: 7-15.
141. Stone, M.H. 1995. Human growth hormone: Physiological functions and ergogenic efficacy. Literature review for NSCA position stance. *Strength and Conditioning* 17: 72-74.
142. Stone, M.H., R. Keith, J.T. Kearney, G.D. Wilson, and S.J. Fleck. 1991. Overtraining: A review of the signs and symptoms of overtraining. *Journal of Applied Sport Science Research* 5(1): 35-50.
143. Stone, M.H., K. Sanborn, L. Smith, H.S. O'Bryant, T. Hoke, A. Utter, R.L. Johnson, R. Boros, K. Pierce, and M.E. Stone. 1999. Five week supplementation with creatine monohydrate, pyruvate and a combination in American football players. *International Journal of Sport Nutrition* 9: 146-165.
144. Storer, T.W., L. Magliano, L. Woodhouse, M.L. Lee, C. Dzekov, J. Dzekov, R. Casaburi, and S. Bhasin. 2003. Testosterone dose-dependently increases maximal voluntary strength and leg power, but does not affect fatigability or specific tension. *Journal of Clinical Endocrinology* 88: 1478-1485.
145. Street, C., J. Antonio, and D. Cudlipp. 1996. Androgen use by athletes: A reevaluation of the health risks. *Canadian Journal of Applied Physiology* 21: 421-440.
146. Svensson, J., K. Stibrant Suunerhagen, and G. Johannsson. 2003. Five years of growth hormone replacement

therapy in adults: Age-and gender-related changes in isometric and isokinetic muscle strength. *Journal of Clinical Endocrinology and Metabolism* 88: 206-209.

147. Swain, R.A., D.M. Harsha, J. Baenzinger, and R.M. Saywell. 1997. Do pseudoephedrine or phenylpropanolamine improve maximum oxygen uptake and time to exhaustion? *Clinical Journal of Sports Medicine* 7: 168-173.

148. Sweeney, H.L. 2004. Gene doping. *Scientific American* 291: 62-69.

149. Taes, Y.E., J.R. Delanghe, A.S. De Vriese, R. Rombaut, J. Van Camp, and N.H. Lameire. 2003a. Creatine supplementation decreases homocysteine in an animal model of uremia. *Kidney International* 64: 1331-1337.

150. Taes, Y.E., J.R. Delanghe, B. Wuyts, J. van de Voorde, and N.H. Lameire. 2003b. Creatine supplementation does not affect kidney function in an animal model with preexisting renal failure. *Nephrology, Dialysis, Transplantation* 18: 258-264.

151. Tarnopolsky, M.A. 1999. Protein and physical performance. *Current Opinion in Clinical Nutrition and Metabolic Care* 2: 533-537.

152. Thien, L.A., J.M. Thein, and G.L. Landry. 1995. Ergogenic aids. *Physical Therapy* 75: 426-439.

153. Torvinen, S., P. Kannu, H. Sievanen, T.A. Jarvinen, M. Pasanen, S. Kontulainen, T.L. Jarvinen, M. Jarvinen, P. Oja, and I. Vuori. 2002. Effect of a vibration exposure on muscular performance and body balance. Randomized crossover study. *Clinical Physiology and Functional Imaging* 22: 145-152.

154. U.K. Sports Council. 2003. Nandrolone progress report to the UK Sports Council from the expert committee on nandrolone. *International Journal of Sports Medicine* 24: 620-626.

155. Urbanski, R.L., W.J. Vincent, and B.B. Yaspelkis. 1999. Creatine supplementation differentially affects maximal isometric strength and time to fatigue in large and small muscle groups. *International Journal of Sport Nutrition* 9: 136-145.

156. Ustunel, I., G. Akkoyunlu, and R. Demir. 2003. The effect of testosterone on gastrocnemius muscle fibres in growing and adult male and female rats: A histological, morphological and ultrastructural study. *Anatomy, Histology and Embryology* 32: 70-79.

157. Van Loon, L.J., M. Kruijshoop, H. Verhagen, W.H. Saris, and A.J. Wagenmakers. 2000a. Ingestion of protein hydrolysate and amino acid-carbohydrate mixtures increases postexercise plasma insulin responses in men. *Journal of Nutrition* 130: 2508-2513.

158. Van Loon, L.J., R. Murphy, A.M. Oosterlaar, D. CameronSmith, M. Hargreaves, A.J. Wagenmakers, and R. Snow. 2004. Creatine supplementation increases glycogen storage but not GLUT-4 expression in human skeletal muscle. *Clinical Science* 106: 99-106.

159. Van Loon, L.J., W.H. Saris, M. Kruijshoop, and A.J. Wagenmakers. 2000b. Maximizing postexercise muscle glycogen synthesis: Carbohydrate and the application of amino acid or protein hydrolysate mixtures. *American Journal of Clinical Nutrition* 72: 106-111.

160. Volek, J.S. 2004. Influence of nutrition on responses to resistance training. *Medicine and Science in Sports and Exercise* 36: 689-696.

161. Wagenmakers, A.J. 1999. Amino acid supplements to improve athletic performance. *Current Opinion in Clinical Nutritional and Metabolic Care* 2: 539-544.

162. Walberg-Rankin, J., C.E. Hawkins, D.S. Fild, and D.R. Sebolt. 1994. The effect of oral arginine during energy restriction in male weight trainers. *Journal of Strength and Conditioning Research* 8: 170-177.

163. Walker, J.B. 1979. Creatine: Biosynthesis, regulation and function. *Advances in Enzymology* 50: 177-242.

164. Warman, G., B. Humphries, and J. Purton. 2002. The effects of timing and application of vibration on muscular contractions. *Aviation, Space and Environmental Medicine* 73: 119-127.

165. Wilber, R.L., P.L. Holm, D.M. Morris, G.M. Dallam, and S.D. Callan. 2003. Effect of F(I)O on physiological responses and cycling performance at moderate altitude. *Medicine and Science in Sports and Exercise* 35: 1153-1159.

166. Wilder, N., R. Gilders, F. Hagerman, and R.G. Deivert. 2002. The effects of a 10-week, periodized, off-season resistance-training program and creatine supplementation among collegiate football players. *Journal of Strength and*

*Conditioning Research* 16: 343-352.
167. Wilkes, R.L., and J.J. Summers. 1984. Cognition, mediating variables and strength performance. *Journal of Sport Psychology* 6: 351-359.
168. Williams, J.M. 1993. Psychological characteristics of peak performance. In: J.M. Williams (Ed.), *Applied sports psychology: Personal growth to peak performance.* Mountain View, CA: Mayfield.
169. Williams, M.H. 1984. Vitamin and mineral supplements to athletes: Do they help? *Clinical Sports Medicine* 3: 623-637.
170. Williams, M.H. 1996. Ergogenic aids: A means to Citius, Altius, Fortius and Olympic gold? *Research Quarterly for Exercise and Sport* 67(3 Suppl.): S58-64.
171. Williams, M.H. 2000. [Comment on Williams, M.H. 1994. The use of nutritional ergogenic aids in sports: Is it an ethical issue? *International Journal of Sport Nutrition* 4: 120-131.] *International Journal of Sport Nutrition and Exercise Metabolism* 10(2): vi-vii.
172. Whitmore, J. 1992. *Coaching for performance.* London: Nicholas Brealy.
173. Wu, F.C. 1997. Endocrine aspects of anabolic steroids. *Clinical Chemistry* 43: 1289-1292.
174. Wyss, M., and A. Schulze. 2002. Health implications of creatine: Can oral creatine supplementation protect against neurological and atherosclerotic diseases? *Neuroscience* 112: 243-260.
175. Yamaguchi, R., L.D. Johnston, and P.M. O'Malley. 2003. Relationship between student illicit drug use and school drug testing policies. *Journal of School Health* 73: 159-164.
176. Yarasheski, K.E., J.A. Campbell, K. Smith, M.J. Rennie, J.O. Holloszy, and D.M. Bier. 1992. Effects of growth hormone and resistance exercise on muscle growth in young men. *Endocrinology and Metabolism* 25: E261-E267.
177. Zawadzki, K.M., B.B. Yaspelkis, and J.L. Ivy. 1992. Carbohydrate-protein complex increases the rate of muscle glycogen storage after exercise. *Journal of Applied Physiology* 72: 1854-1859.

## 第三部

# 阻力訓練的適應性與益處

　　適應性是訓練過程的產物（見第十章與第十一章）。適應性可能與生物力學、生理、心理學或生理學特性有關，最終可能會對運動表現產生正面或負面改變。訓練過程最重要的問題之一，也是時常遭到忽視的部分，就是監控與評估一項運動以及上述特性的潛在適應性相關連的專項特性（見第八章與第九章）。對這些特性與潛在適應性的監控與評估，需要合理與可靠的測試過程才能實現（第八章）。如果將適當的監控融入訓練過程，則更可能產生正面的適應性，而非負面適應性。本書第三部旨在說明如何監控運動員，以及在運動員的訓練環境中加入測試與監控的重要性。

# 第八章

# 測試、測量和評估

在討論阻力訓練的適應性和益處、以及考量第四部份中的訓練原則與理論前，我們需要討論測試的重要性和必要性，並提供適當的測量和評估。如果少了這些測試工具，就不可能測量適應性或追蹤進度。

在競技運動或競技運動科學的脈絡下，測試可以詳細檢驗運動員或運動相關設備的特質與特性，且可以生物力學、生理、心理或表現為導向。測量是負責量化（評估數字）測試的特質與特性；評估則是根據測量，來決定這項運動或運動相關特質或特性的意義或品質。評估之前必須仔細考量測量值的意義。在運動中，評估通常與特定測量值的變化程度有關，可能是正面的適應，也可能是負面的，且只有在適當地測試和測量後，才有可能進行充分評估。

由於測試和評估很大程度上屬於競技運動科學領域，所有參與測試的人都必須對競技運動科學有所了解。Stone 與同事[53]提出了競技運動科學和競技運動科學家的相關定義。

以下為基本定義：

- 生物學是生命的跨領域研究。
- 運動科學是運動與訓練的生物學反應和適應性的研究。運動科學建立在包括生物力學、生理學、心理學和社會學在內的各個領域之上。運動科學中有各種專業，包括老年醫學、成人體能與康健、人體工學以及兒童運動。當前，運動科學主要關注的是健康，與健康相關表現以及潛在機制，儘管上述概念都能延伸至競技運動，但大部分是間接的。
- 競技運動科學關注的是運用科學方法和原則來提升運動表現。競技運動科學有幾項基本功能，和運動科學一樣，競技運動科學也具有教育作用。然而，與運動科學不同，競技運動科學涉及了密集的整合與例行性競技測試和回饋，同時還有實際與應用研究。雖然健康和物理因素會間接討論，但是競技運動科學的關注重點還是生理表現。

這樣一來，從概念上來看：

- 運動科學家使用運動和訓練來了解人類生物學。
- 競技運動科學家利用人類生物學來了解運動和訓練。

因此，競技運動科學的主要目的，是彌合科學與競技運動之間的鴻溝。

本章分為2個主要部分。第一部分是測量和測量技術的概略討論。第二部分則是就肌力與諸如發力率與爆發力等肌力相關參數的測量與評估，做更具體的討論。下一章，第九章，會詳細討論如何成功地追蹤和監控表現與訓練過程。

## 測試、測量與評估原則

競技運動科學和教練學最重要的面向之一，是執行精確測量的能力[18]，主要原因有2個。首先是需要準確評估事物的特性或價值，從而回答某類問題的答案，例如：它有多重？一個物體有多大？經過多少時間了？它有多長？第二個原因是需要區分和客觀評估潛在差異。該評估過程可以確定田徑比賽的獲勝者，也可以允許教練確定訓練計劃是否正朝向實現期望的目標前進。

在競技運動中，有2個主要領域需要準確的測量和評估：服務和研究。**服務**旨在為教練和運動員提供有關運動員當前訓練狀態的資訊。因此，服務測試應提供關於訓練計劃的正向或負向適應的訊息。服務測量包括生物力學（技術）、生理和心理測量。這份測量應符合競技運動與運動員的要求（測量的特殊性）、應該要容易讓教練和運動員解讀，並且通常應該要能迅速的回饋給教練和運動員。迅速回饋相當重要，因為教練需要能夠在任何無益的適應之前，進行必要的負荷調整。這意味著任何數據分析都必須迅速進行。

測試頻率取決於諸如運動員是否可接受測試、測量的精細度與複雜度、回饋所需時間等因素。住在大學或奧林匹克訓練中心的運動員，通常可以更頻繁且更規律地接受測試；不過對於許多競技項目而言，運動員可能會散布在較大的地理區域，在這種情況下，必須要組織常規的訓練營以便測試。如果無法迅速回傳測試結果（通常要在0到3天內），教練就無法及時更改訓練負荷，而無法改變訓練計畫的成果。然而，某些測試，像是利用攝影進行的技術分析，會非常耗時，特別是在有大量運動員參與的情況下，可能需要數週的時間才能將結果回傳。某些類型的侵入性測試，像是抽血和激素分析，可能會需要數天到數週的分析時間。測試開始前，應該將測試結束到數據回傳之間的潛在時間差傳達給教練和運動員。較少人參與、容易執行、能迅速回傳的測試可以較常執行。

**研究**是探索真理與釐清的過程。在競技運動領域裡，研究與運動科學家和教練為推動競技運動前進所做的努力息息相關。競技運動科學研究應該要是應用研究，目標是以提升運動表現為主要成果。通常研究的進行必須要了解最適合該特定競技運動類型的服務測試。通常，服務計畫與研究調查可以同時進行，無論服務或研究，都必須有適當的實驗設計。

## 服務與研究測試設計

選擇合適的設計取決於幾個因素：問題或主題的本質；調查模式；調查方法；意識形態立場；政治立場；主題可行性；以及資金、設施和儀器。Hopkins[18]詳細探討了許多影響研究項目設計的特點：

- **問題或主題的本質**：一項研究或服務項目始於確定想解決的特定議題或難題為何，例如：一項專項運動的表現需求或特點為何？營養補充劑真的有效嗎？某特定運動最有效的測量工具為何？潛在主題的本質形成了一個連續性光譜，從一端的純粹物理主題，延伸到另一端的社會主題（圖8.1）。
- **調查範圍**：研究設計的範圍也必須納入考量。例如，調查是針對單一個體還是族群樣本？個案研究調查的是「這人身上發生了什麼？」族群樣本研究可以透過確認這群人發生了什麼事來確認整體情況。
- **調查模式**：調查模式可以是觀察性或介入性的。在觀察性調查中，調查人員不會以任何方式影響調查結果。大多數競技運動服務計畫都屬於觀察性調查。在介入性或實驗性調查中，特色是研究者干預的結果會造成受試者的反應或適應。
- **調查方法**：調查可以是質性或量性的。使用質性方法時，研究人員是從文本、對話或結構鬆散的訪談中收集資訊或主題，然後嘗試提出連貫的論述。使用量性方法時，可以使用如計時器、測力板或結構化問卷等測量工具收集數據。然後對數據進行量化和分析，以發掘出從數據得出的變量之間的關係。
- **意識形態立場**：研究者可以採取客觀或主觀的立場。大多數研究人員認為，他們可以獲取和分享相關對象或條件的數據，然後識別和解決與這些對象和條件有關的問題，而不會對含義或現實的本質產生分歧。其他研究者更重視含義和真理的主觀面

身體特徵─表現─生物力學／生理學─心理學／社會學

**圖8.1 測試─研究連續性光譜**

向。「這個維度有助於凸顯某些所謂的研究典範的特色，從實證主義的客觀性（主流典範）到後結構主義的神祕矛盾性，再到解釋主義和紮根理論的主觀性」[18]。因此，許多質性研究是從後現代主義理論衍生出來的，它認為所有真理都是過濾後的結果。

- **政治立場**：調查可以是中立的或偏袒的。大多數研究人員試圖公正地陳述一項議題各種角度的看法。然而，有些人透過公開（或祕密）管道，選擇特定數據，並將論點偏向特定觀點（無可避免地是他們自己的觀點）來支持（或有目的地選擇）某陣營或反對立場。這類具價值觀的主觀研究，是社會科學的批判或激進典範的基礎。但是，物理和生物科學中有時也會看到這種設計維度。儘管在健全的科學基礎下，總會有容納不同觀點的空間，但是當2個論點確實並非均等時，一名好老師、科學家或教練不會將它們相提並論。科學的目的並非爭論；而是探索真理與釐清。
- **受試者可及性**：如果研究人員希望研究12歲的女性體操選手，但無法取得可用的群體，就應該更改項目主題。此外，若是有可取得的人口樣本，但由於工作、上學或訓練時程讓他們並不總是可以持續接受測試，那麼進行縱貫研究可能不太合理。
- **資金、設施和儀器**：顯然地，如果資金（這幾乎總是一大問題）、設施或儀器短缺，則該研究計畫必須以使用現有可用元素的方式設計。

## 實驗設計的類型

實驗設計的選擇大抵上取決於前面討論過的研究題目的本質，以及受試者與資金的可行性。實驗設計基本上有3種類型：橫斷面研究、時間遞延研究與縱貫性研究（圖8.2）。

橫斷面研究，基本上是在一個時間點收集樣本數據。以圖8.2為例，假設一項研究是關於22至26歲男子短跑運動員的身體組成，一種研究方法是在同一時間測量所有22至26歲男性受試者的身體組成。（在本例中為2028年）。這種方法的

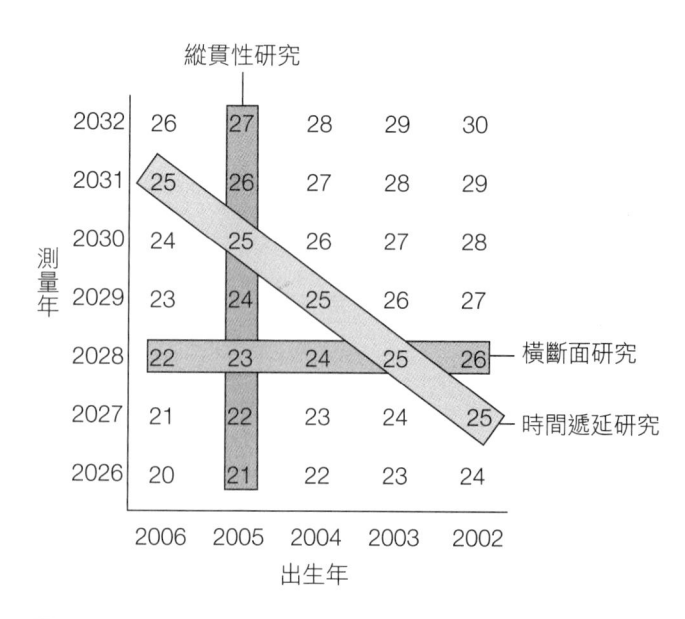

圖8.2 研究設計的3種類型：橫斷面、時間遞延與縱貫性研究

優點是節省時間（和可能的花費），因為無需進行為期數年的研究就可以做跨年齡層的比較。缺點是只能在一個時間點（2028）進行比較，而短跑運動員的身體組成卻可能會隨著時間變化。

時間遞延研究設計，是在一段較長的時間區間內測量一個定義組（在圖8.2中為25歲）。在此範例中，5年的時間區間內，20歲的人花了5年時間達到24歲。這種設計的優點是，可以逐年研究達到24歲這段過程的變化。然而，每個樣本都有所不同，且需要花好幾年收集數據。

縱貫性研究基本上是在一個定義的時間段，對相同族群進行一系列表現測量。在此範例中，2026年開始測量的21歲研究對象，會在接下來6年每年測量。這種設計的優點在於，隨著時間的推移，追蹤的是相同的樣本族群，因此測量結果更有可能反映出受試者自身的變化以及環境方面的影響。缺點依舊是曠日費時。

## 測量工具

無論是研究、服務還是兩者結合，要用於衡量我們想知道的變項的工具，都必須有效且可靠。**效度**是指儀器是否真的實際測量到應該測量的地方。基本上有3種不同類型的測量效度：

- 內在效度是指工具在測量目標變項（例如肌力、爆發力、速度、耐力）的表現。
- 外在效度指的是針對研究群體以外群體的預測能力，例如，研究人員測量一組人的肌力後，接著將另一組的數據歸納出來。
- 預測效度指的是從一個變項預測另一個變項的能力，例如，研究人員測量肌力以預測垂直跳的高度。

測量也必須是可靠的。**信度**是指測量的一致程度；也就是說，此測量會有多少誤差？運動科學家與教練必須注意測量─再測量的信度。測量─再測量的信度與在相同條件不同時間進行相同測量結果差異有關。建立信度的方法包括組內相關性（intraclass correlation, ICC）、變異係數（coefficient of variation, CV）和平均值的標準誤差（standard error of the mean, SEM）。[18]

計算信度有其必要；否則無法建立組跟組之間的比較或表現的縱向變化。如果測量工具不可靠，就無法信任使用該儀器收集的任何數據，因為我們將無法確切明瞭，運動表現或生理學方面的潛在差異是真實狀況，還是測量誤差的結果。

然而，由於測量本身的誤差大於實際差異，運動研究人員在處理測量中的微小差異時

有可能遇到問題。生理變化通常比實驗室測量時偵測到的要小。精英水準的競賽（世界錦標賽和奧林匹克運動會）中，第一名與第四名之間的差異通常小於1%至1.5%，而目前的測量工具可能無法檢測並解釋這些差異的潛在生理機制。

參與測試的人員必須提出一些問題，以確保有足夠的效度與信度：

1. 測量設備是否適合研究群體？是否考慮了年齡、性別、技能水準呢？如果測試太困難或不適合特定族群，則其效度與信度將受到質疑。
2. 測量跟運動或活動的要求有關嗎？如果一項測試不能反映出該運動項目的特殊性，且不能證明與運動表現有關，那就應該找出其他更適合的測試。某些運動最有效的一項或多項測試可能還沒人找到；在這種情況下，應在對運動員進行長期測試或監控之前，先進行研究以建立與某項運動相關的測試。
3. 是否考慮到運動員的經驗（熟悉度）？與大多數活動相同，在測驗前可能需要一段時間的練習，受試者才會熟悉測試內容。否則早期測試結果可能只是反映了學習的過程。
4. 研究人員對測試環境的瞭解程度如何？應盡可能嚴格控制測試環境，使運動員最有可能拿出最佳表現；如果之後會再重複測試，則環境應與第一個測試期間相同。環境不僅包括溫度和濕度，還包括諸如研究人員的測量精確度、一天中的哪個時間、一週中哪一天（短期訓練狀態、疲勞程度都要相似）、外在噪音、適當的照明和衣服等因素。
5. 工具是否適當校正？工具校正是提供合理效度與信度的必要條件。缺乏適當的儀器校正可能是造成測量錯誤的主要原因。研究人員必須知道如何校正所有工具，並在測試之前進行良好的校正。
6. 是否已移除誤差（主觀性vs.客觀性）？為了盡可能消除主觀性誤差，測試工具必須讓所有測試對象有相同機會拿出最佳表現。此外，研究人員在選擇合適的測量工具和解釋數據時必須保持客觀。
7. 是否在無意間設置了「地板或天花板效應」？如果測試太簡單而使所有受試者的表現都很好（天花板效應），或者測試太困難而使所有受試者的表現都很差（地板效應），就無法區分受試者（或群體）的差異。
8. 最適測試順序為何？在同一期間進行多項測試時，必須讓測試後的疲勞程度，不會大到改變後續測試的結果。例如，如果要在同一天進行1RM深蹲，反向動作垂直跳高（countermovement vertical jump，VJ）和靜態垂直跳高（static vertical jump，SJ）的測試，適當的順序可能是VJ、SJ、1RM深蹲；因為1RM深蹲是最會產生疲

勞的動作，先執行它可能會影響其他兩個測試的表現。同樣的，以 VJ、SJ、1RM 深蹲的順序來看，跳躍動作可以作為深蹲的額外熱身動作。測試順序的一致性也很重要；由於疲勞或增益效果，如果測試順序從一個測試週期轉換為另一個測試週期，則效度和信度都會受到很大影響。

如果沒有解決和控制這些因素，就無法信任這些測試數據。

## 統計分析

任何可能擁有不同數值特質或特徵的項目都稱為變項。研究人員會在實驗中對變項進行操作或研究。自變項是研究人員操作的項目；依變項是操作過程導致的變項，並且就是要研究的項目。變項可以量化（賦予一數值），可以是離散或連續的。離散變項有一個定義值，或為不連續的數值；例如，父母可以有1、3或6個孩子，但不能有2.34654個孩子。當用於量化的度量並不間斷且並非由離散值所組成時，變量是連續的——例如，完成100公尺衝刺的時間範圍。變項有其次數分布；常態次數分布（鐘形曲線）如圖8.3所示。

為了區分和評估，有必要採用適當的統計方法；確實，區分和評估的確始於適當的統計應用。簡單的統計包括平均數或分配的平均值、中位數或分配中間的數據值，以及眾數，也就是最常觀察到的數值。度量分布的中心趨勢讓研究人員得以判斷特定數據點可能與較典型的「中心」值（平均值、中位數或眾數）相差多少。常態分布中，平均值、中位數和眾數會是相同的值（圖8.3）。但由於分布或頻率是經由觀測而來的，分布的平均值附

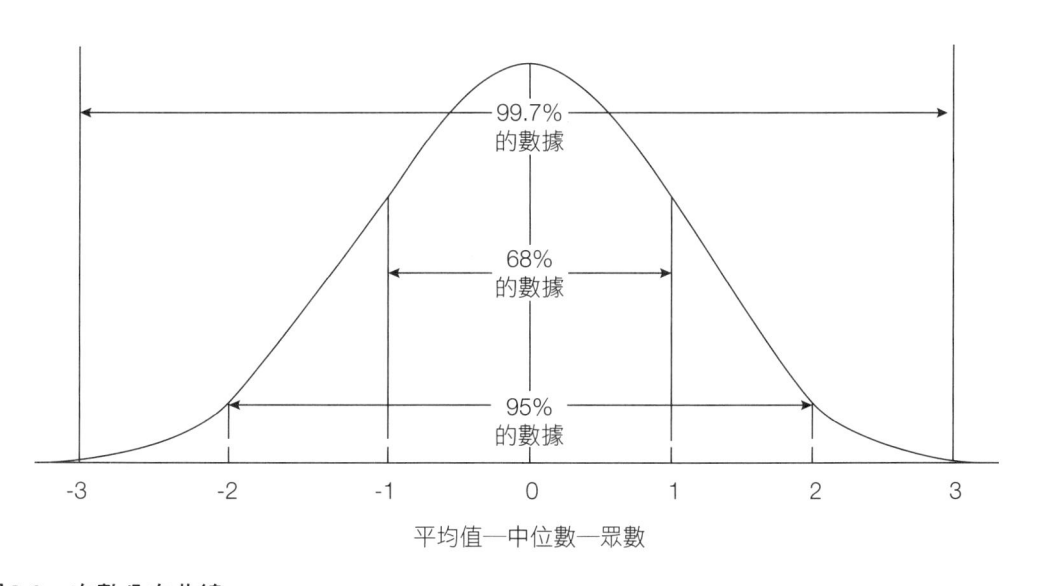

**圖8.3　次數分布曲線**

近會出現變化。

數據可能（而且幾乎總是）會偏斜。圖8.4顯示2個偏態數據的範例。圖8.4a中的分布曲線為正偏態（右尾偏態），圖8.4b中的曲線則為負偏態（左尾偏態）。請注意，在偏態分布曲線中，中心趨勢的度量與常態分布有些不同。圖8.5是偏態分布曲線的例子。這些數據以直方圖的形式，顯示出1991年所有註冊女體操運動員年齡的出現頻率（百分比）[39]。

要分辨不同分布變化特徵有個簡單方法，就是看最小值到最大值的範圍或分數。偏差（deviation）為變化的度量，等於變量（x）的值減去其平均值（x–mean$_x$）。標準差（standard deviation，SD）是每個觀察值到平均值之差的總和[18]。

標準差可以用**變異數**（variance）計算。

$$變異數（variance）= \frac{\sum(平均值_1 - 平均值_2)^{-2}}{n-1}$$

變異數的平方根就是標準差。與最大值與最小值的範圍相比，標準差更能衡量變項的變化，因為它可以在某種程度上判斷出特定變項的測量值與平均值之間的距離。一個標準差（以平均值為基準的左右邊各一個標準差）包括樣本中67%的觀察值；1.96個標準差（約2個標準差）涵蓋了95%的觀測值；3個標準差佔觀察值的99.7%。由此可知，距離平

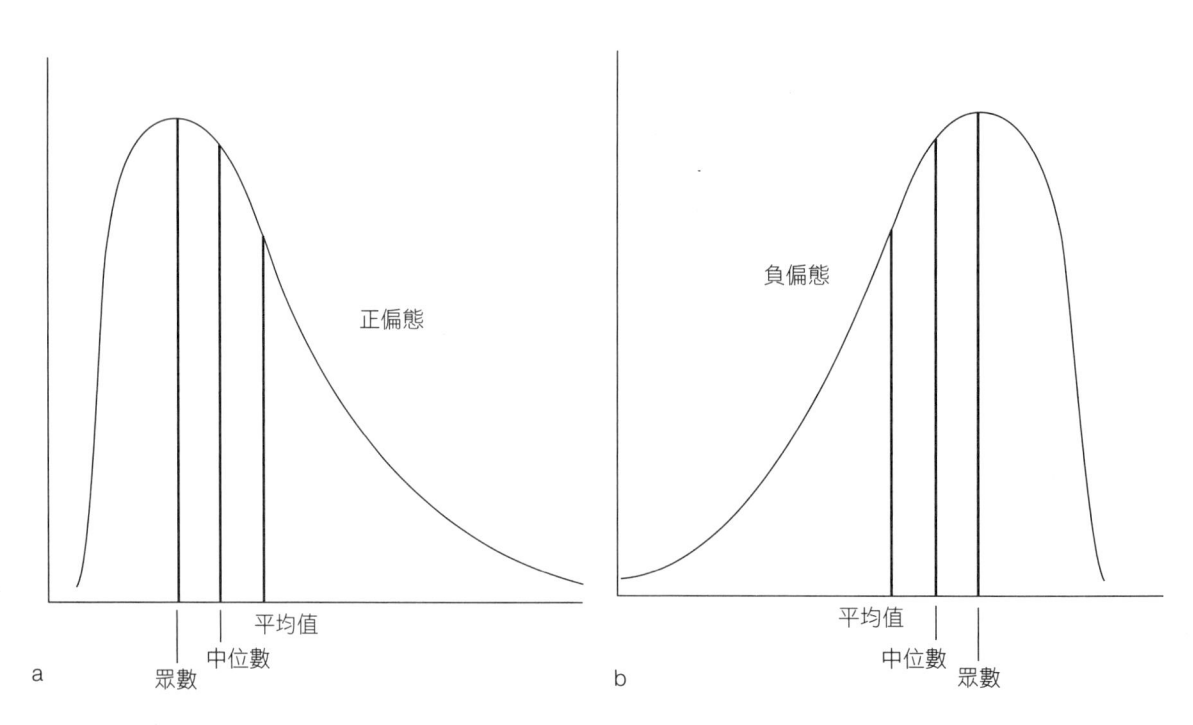

**圖8.4 偏態次數分布曲線**

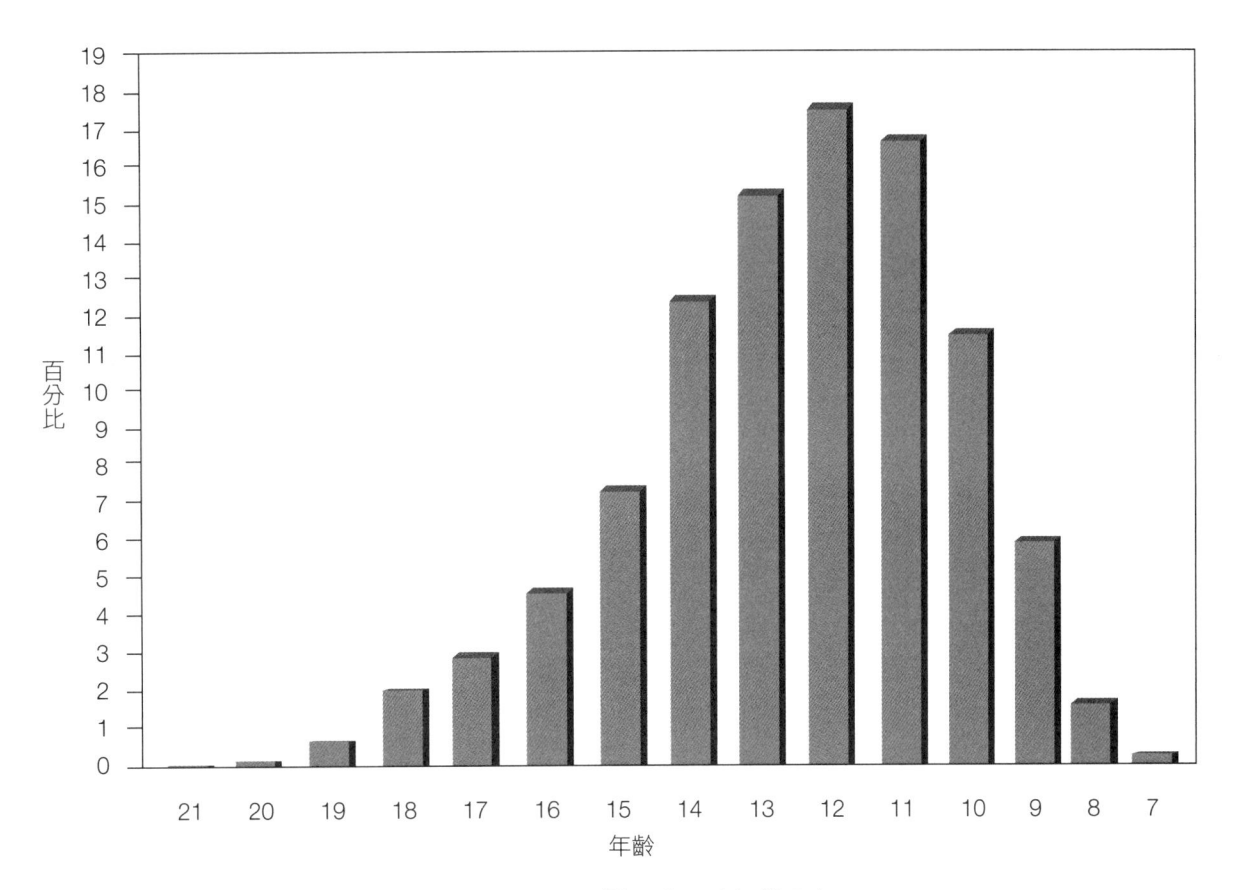

[圖表:條形圖,x軸為年齡(21至7),y軸為百分比(0至19)]

**圖8.5　偏態分布曲線的範例：1991年美國女性體操運動員的年齡分布。**

均值3個標準差以外的數據點，通常表示這個數據很少見。因此，標準差提供了可計算機率的限制。

變項偏差的比較是確定2個（或多個）變項關聯程度的重要過程。共變數（Covariance）則是2個變項偏差值匹配程度的度量。共變數可用以下公式描述：

$$\text{變項a和b的共變數} = \text{總和}[(a-\text{平均值}_a)(b-\text{平均值}_b)]$$

關聯最大時，變項a的高度正偏差與變項b的高度正偏差相匹配，或高度負偏差與高度負偏差相匹配。相關性（correlation）是標準變項的共變數的一種度量（減去平均值並除以標準差）。當計算的共變數與最大可能共變數一樣高時，相關性的值為1.0，表示兩個變項的次序完全匹配。而−1.0是完美的負相關性值，在這種情況下，一個變項的最高正值與第二個變項的最高負值可以相匹配。相關性為0則表示兩個變項之間是隨機關係或沒有關係（按次序）。因此，相關性是2個（或多個）變項之間的關係程度（強度）的數學表

徵。Cohen[12]與Hopkins[18]將關係強度大小訂定為相關係數（correlation coefficients）（表8.1）。

從實際的角度來看，相關性可以指出哪些因素有助於測量特定的變項，例如，確定那些因素可能對成功的運動表現有貢獻，或者哪些因素可能適合在天賦認證計畫中作為測試項目。圖8.6a和b以散佈圖的形式，將強相關性與弱相關性以視覺化呈現。

相關值通常會用確定係數（$r^2$）來表示。確定係數是相關係數的平方。$r^2$代表2個或多個變項共享的變異數百分比。因為相關性是雙向的，所以相關性可以指出由自變項解釋的依變項的變異數百分比，或者由依變項闡述的自變項的共享變異數百分比。相關性無法預測因果關係；因此，教練或競技運動科學家必須嘗試根據相關性以外，但被相關性支持的數據或邏輯假設，來確定其原因的性質和方向。因此，相關性是確定因果關係的第一步，而且是產生假設研究的有用工具。

競技運動的研究或服務監控計畫最重要的面向之一，是用來確定2個樣本分布是否真的不同；例如，圖8.7中的次數分布可以表示同一時間在2個不同樣本族群上收集的同一變項，或是不同時間在同一群組收集的同一變項的2種不同分布。問題是，我們要如何知道這些運動員是否真的不同？此外，當人們收集數據進行研究或監控時，不可能測量整個群體。但是，測量樣本群體並歸納至更大的總群體是可行的。用這種方式歸納，需要夠大的樣本群體，並使用推論統計（Inferential statistics）。

推論統計仰賴機率的概念，即計算一個族群或次數分布的機率是否確實與另一族群不同。如果族群之間不同的機率很高，那麼從研究結果自信地歸納或推斷到總族群是不同的能力也會很高。機率的典型檢驗包括效應值（effect size，EF，實務顯著性）。效應值（EF）可用下列公式計算[36]：

$$平均值_1 (mean_1) - 平均值_2 (mean_2) / 最高標準差 (hightest\ SD) = EF$$

效應值越高，2個樣本的分布確實不同的機率就越大。這裡可以使用幾種檢驗來計算機率：

**表8.1　相關性的相對強度**

| 無相關 | 0.0 | 相關性非常強 | 0.7 |
|---|---|---|---|
| 相關性小 | 0.1 | 相關性接近完美 | 0.9 |
| 相關性中等 | 0.3 | 相關性完美 | 1.0 |
| 相關性強 | 0.5 | | |

資料來源：Adapted from J. Cohen, 1988, *Statistical power analysis for the behavioral sciences*, 2nd ed. (Hillsdale, NJ: Lawrence Erlbaum Associates); and W.G. Hopkins, 2000, *A new view of statistics.* Internet Society for Sport Science.www.Sportsci.org/resource/stats/

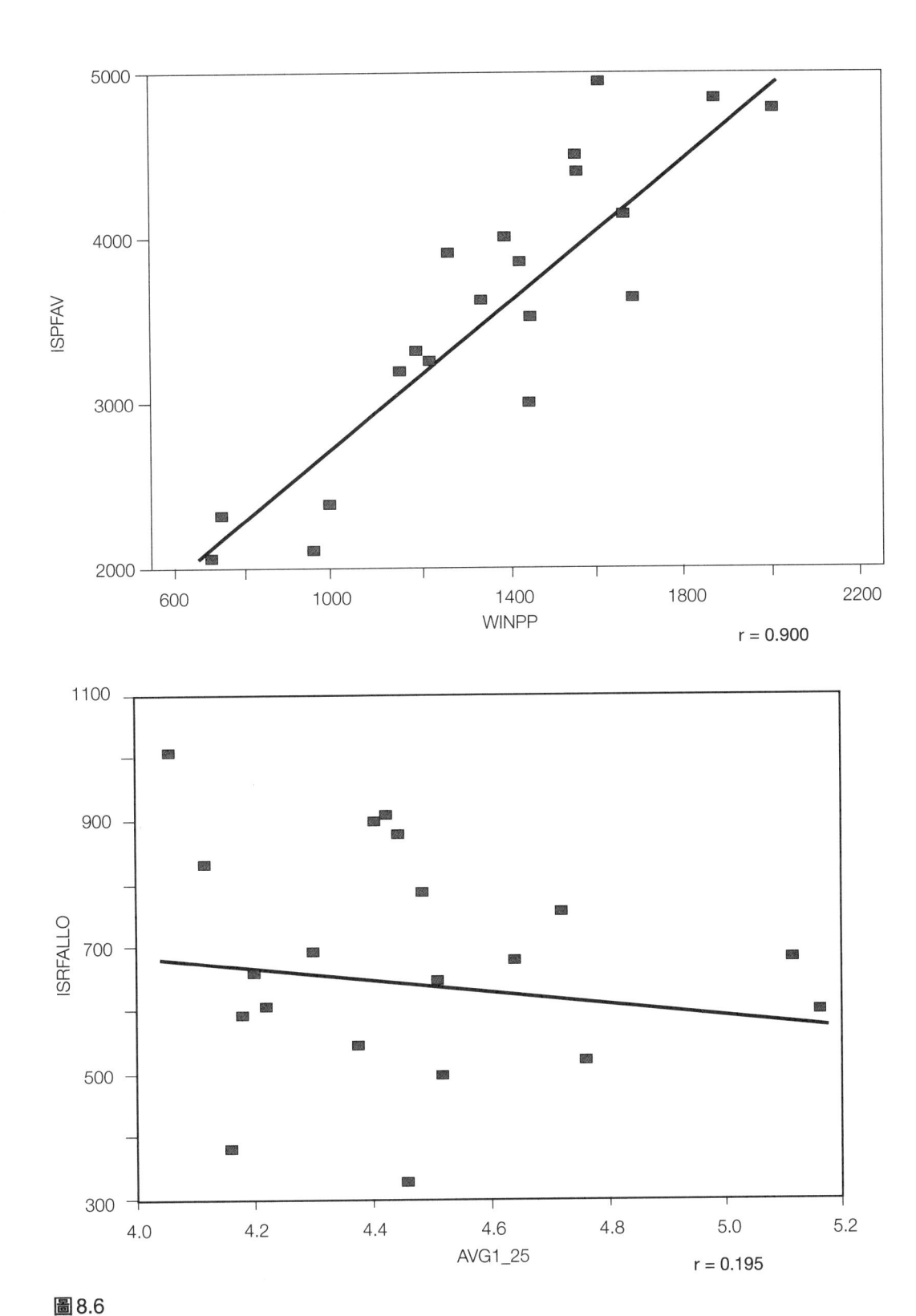

**圖 8.6**
（a）具有非常強相關性的散佈圖範例：標準化等長峰值力（大腿中段拉力）與Wingate無氧機制峰值爆發力（n＝20）之間的關係。（b）弱相關性的散佈圖範例：標準化等長發力率（大腿中段拉力）與25公尺循環衝刺時間（n＝20）之間的關係。

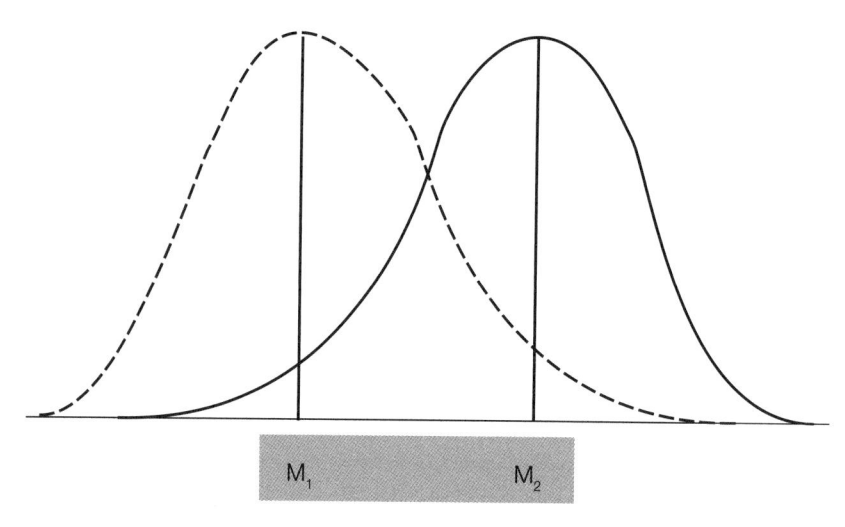

**圖8.7　不同的分布**

- t- 檢驗（t-tests）
- ANOVA（變異數分析）
- ANCOVA（共變數分析）
- G x T（重複測量）階乘變異數分析
- MANOVA（多元變異數分析）
- 整合分析（Meta-analysis，一種「量化」多項研究結果的方法）

　　本質上，這些檢驗可以計算出2個次數分布的平均值差異達到統計差異的機率。統計上的差異基本上意味著這兩個分布的平均值很有可能存在差異。要確定統計差異，就要確認機率值（p value，p值）。例如，p值為0.05（p = 0.05）或1.96個標準差（SDs），表示2個樣本群體的平均值只有5%機率沒有真正差異。

　　雖然這些統計技術已經應用在競技運動的長期適應性研究上，但在競技運動監控計劃中，其他技術可能更有用。其中一些技術如下：

- 單一主題設計（Single-subject designs）
- 趨勢分析（Trend analyses）
- 自相關（Autocorrelation，週期性趨勢）
- 頻率分析（Frequency analysis，數據模式）（不仰賴機率）
- 統計過程控制（Statistical process control）

例如，趨勢分析可以在訓練適應方向上，給予教練和運動員一個更清楚的藍圖。圖8.8a和b顯示，2002年為美國錦標賽備賽的6名女子舉重運動員，其工作量（負荷量）與睪固酮／皮質醇比（T：C）之間的潛在關係。每個變項生成了一條六階多項式趨勢線。數據顯示T：C與負荷量（估計訓練量）呈反比關係，但T：C和訓練強度（平均負荷）卻沒有發現相同關係。它也會生成個人數據，使教練能夠了解族群與每個人的一般適應趨勢。這些數據可以快速回饋，讓教練可以對訓練計劃做出必要調整。

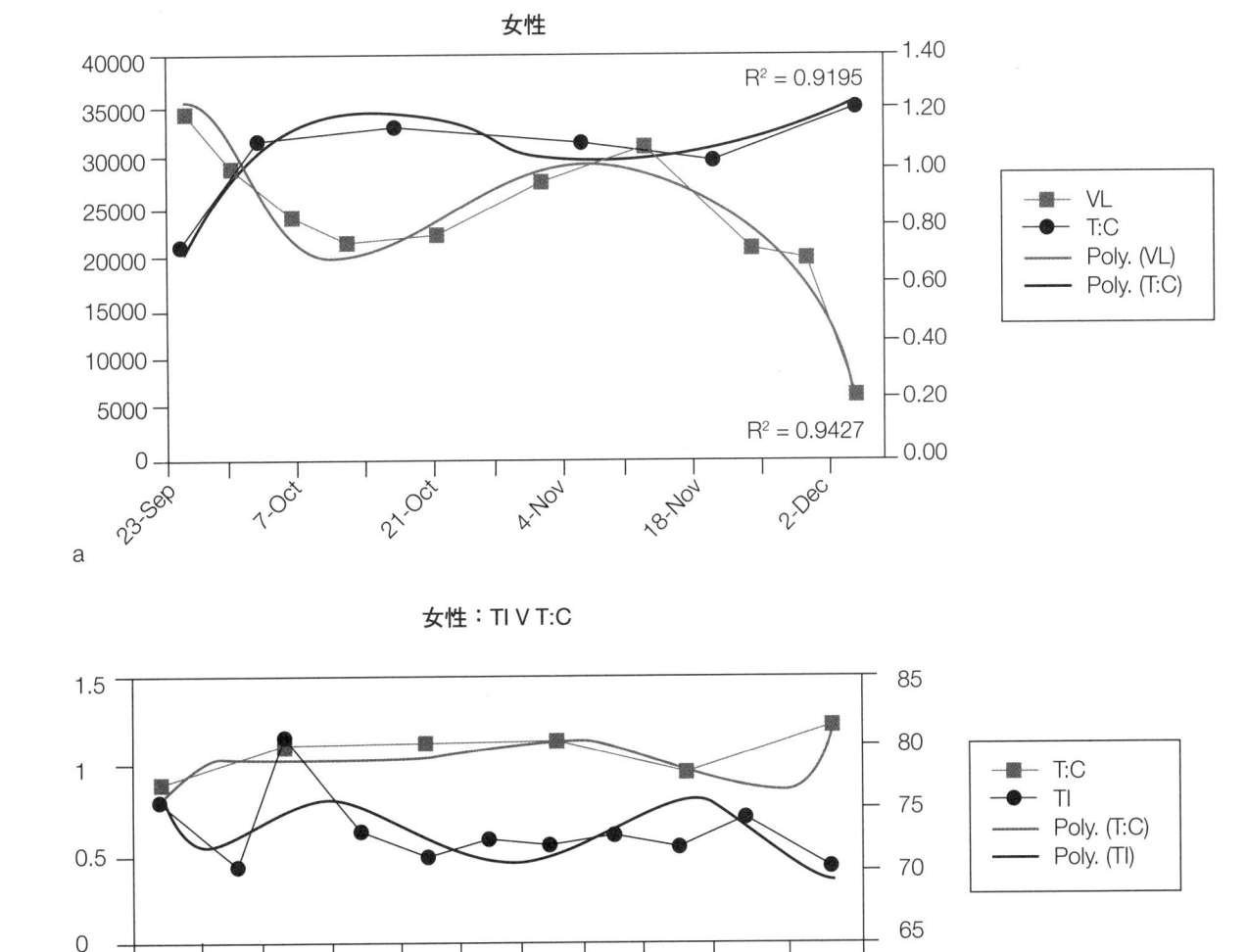

### 圖8.8 休息時的賀爾蒙。

（a）睪固酮與皮質醇的比率（T：C）與負荷量（VL）的關係。（b）睪固酮與皮質醇的比率（T：C）與訓練強度（TI）的關係。

監控競技運動還有另一個非常有用的統計方法範例，就是統計過程控制（statistical process control，SPC）[44]。本質上，此方法可讓教練或競技運動科學家自動監視異常離群值。潛在離群值會先由教練或競技運動科學家透過設置容差界限來認定。圖8.9描述了SPC的基礎概念。事實上，次數分布曲線位於一側，隨著時間軸，可用先前就已設置的容差界限來識別離群值。容差界限是根據先前的經驗並透過文獻檢索來認定。此過程可以用電腦處理，且可以用電腦編寫程式來檢測離群值，從而大舉加快處理過程。一旦識別到極端值，資訊便可迅速回饋給教練和運動員。

## 測試、測量與評估的實務面向

運動表現需要不同程度的施力，在需要高水準力量輸出的運動中，最大肌力與肌力訓練顯然是整體訓練計畫中不可或缺的一環。然而，就算在以高耐力為主要考量的項目上，產生相對較大力量這種能力，可能比許多教練與運動員認為的更重要。[6,10,34] 此外，包含力量產生的速率以及爆發力輸出等相關變量的力量輸出特性，跟最高程度的力量輸出一樣重要，甚至更加重要。**證據**顯示肌力訓練可以強化這些力量輸出特性，因此將合適的肌力

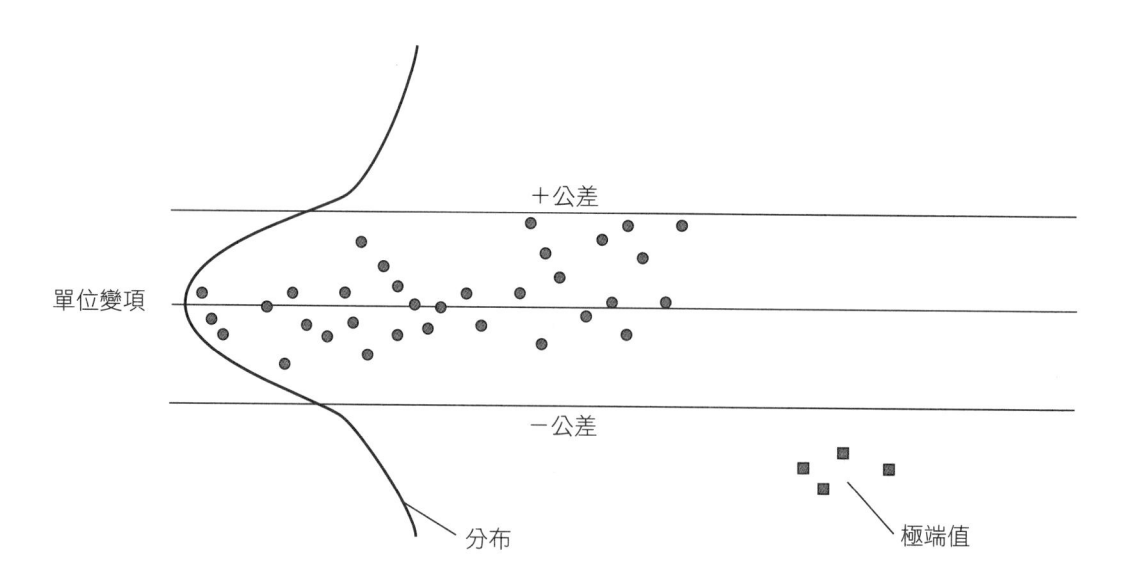

**圖8.9　統計過程控制範例。超出容差界限的數據點會標記為極端值。**

資料來源：Adapted from W.A. Shewart, 1986, *Statistical method from the viewpoint of quality control* (New York: Dover).

與體能訓練恰當地融入於整體的訓練計畫中，在運動表現上所帶來的進步會更勝於僅只做傳統的專項訓練。本部分探討肌力與其相關特性上的測量與評估，介紹力量輸出相關的專有名詞與簡短討論其對於競技運動的重要性、力量輸出的測量大綱，以及影響力量輸出特性相關測試的介紹與評估。

## 專有名詞

教練、運動員、醫療專業人士與運動科學家在專有名詞的使用上時常存在分歧，特別是那些同時用於科學與運動領域的術語，「肌力」（strength）、「爆發力」（power）與「耐力」（endurance）就屬於這類易生分歧的術語。許多教練與運動員確實會用「肌力」表示「阻力爆發力」（power of resistance）或「韌性」（toughness），而田徑選手用「肌力」表示「耐力」或「肌力—耐力」（strength-enduramce）的情況並不少見。另一方面，投擲運動員、美式足球員或舉重選手則會用「肌力」表示舉起大重量能力或強大爆發力動作。專有名詞在定義與解讀上的差異，可能會導致運動科學家與教練間的困惑，上述範例點出了，兩方需要一套簡明扼要的定義。

## 肌力

多年來，科學文獻對肌力下過許多不同的定義，例如Steindler[46]將肌力定義為「所展現的最大爆發力」，然而就Atha[5]指出，此定義一樣不明確，只是用一個未做解釋的術語（爆發力）替代另一個術語（肌力）。後來提出其他定義的學者，開始思考肌力與力量的關聯性；例如Muller[27]建議肌力應該定義為「單次收縮施加在一個不動阻抗上的最大力量」，因為等長收縮會造成收縮單元的最大活化。然而Muller[27]的定義暗示所有肌力都是最大等長努力。許多科學家與專業人士都不認同這個定義，並指出力量輸出有動態的一面，而肌力在動態活動中扮演著重要角色。例如我們已知道力量輸出跟肌耐力及動作速度有關聯[25,30,31]，此外，力量對於爆發力輸出尤為重要[8]。研究人員已經注意到，包含1RM在內的最大肌力測量，與爆發力輸出有著緊密關係[26,37,48]。因此，將肌力定義為最大等長收縮可能過度簡化，而未將各種狀況下的肌力納入考量，或許將肌力當成一種能力是一個比較好的切入點。從這些觀察與爭論中，我們得到以下的定義[45,47]：

肌力＝神經肌肉系統產生力量來抵抗一個外在阻力的能力

在這個定義下，力量基本上就是肌力展現的結果，因此力量可以看作是肌力，使用這定義便消除了先前提到等長收縮情況的特殊限制，但還是需要進一步採用一組描述上的限

制（如：一組特定的肌力展現控制條件）。舉例來說，力量是一個向量，有數值與方向，而且我們還可以用靜態或動態術語來描述力量，因此肌力有個介於0%到100%（最大值）的數值，在一組特定肌群活動下有了一個方向，進而產生一個介於0%到100%的動作速度。

在運動競技的情境下，Zatsiorsky[60] 提出3種不同程度的最大肌力可能的狀況。重要的是要仔細去定義這幾種最大肌力會在哪些情況下產生。絕對最大肌力（Absolute maximum strength，AMS）代表單一肌肉、一個或多個肌群能夠產生的最大肌力，且可以透過等長或動態的方式測量。將一電刺激疊加在最大自主收縮上，藉此提升運動神經元的徵召，就可以產生絕對最大肌力[55]。最大自主肌力（Maximum voluntary strength，MVS）是少了外來電刺激之下，能自主產生的最大肌力。在一些特定條件下，MVS與AMS的差異可稱為肌力赤字[60]。儘管有可能因為電擊施加處、疼痛、積極度、特定肌肉量等因素而受到限制，未受過訓練的受測者從事離心收縮運動時，MVS與AMS之間的差異可能高達20%[55]。向心與等長肌肉收縮運動中觀察到的差異較小[55]，而在受過高度肌力訓練的運動員中，向心與等長肌肉收縮運動造成的肌力赤字又更小。

絕對最大肌力一般透過單關節動作與孤立肌肉來測量，正如Siff[45] 所指出，測量運動員時常使用的複雜多關節運動所涉及的多肌群動作，要達到真正的AMS會是困難的，甚至是危險的事情。以孤立肌肉測量AMS，可能與多關節運動中肌肉的複雜使用關聯不大[50,59]。就目前而言，AMS在競技運動設定的測量上並不可行。

最大自主肌力為最大自主努力而產生的峰值力量，且可透過等長或動態的方式來測量。要注意的是MVS會受情緒狀態（如：醒覺程度）影響。考慮到情緒狀態，Zatsiorsky[60] 建議在競技運動的情境之下，可進一步將MVS分為競技最大肌力（competitive maximum strength，Cmax）與訓練最大肌力（training maximum strength，Tmax）。這樣的分類是根據在一些已知狀況下觀察得出，訓練最大值（1RM）通常會小於競技最大值，因為積極度與醒覺程度有所不同，訓練時很難達到比賽時的神經興奮與醒覺程度。因此Tmax基本上等同於沒有大量情緒興奮下，可以舉起的最大負重或產生的最大力量。舉例來說，精英舉重選手中，Tmax與Cmax的差異可高達12$^+$%，且較重量級的差異通常會大於較輕量級[60]。進階與頂尖運動員的Cmax與Tmax，可相對穩定維持數週與數月，但在初學者與新手則格外不穩定。此外，新手，尤其是初學者，Tmax與Cmax的差距可能非常小。了解肌力程度上的差異，可能對於肌力的測量與訓練負荷的設計有著重要意義。

其中可以透過描述力量特性的牛頓第二運動定律，來闡明肌力（力量）的重要性：

$$F = MA + W$$

公式中，

M表物體的質量，
A表藉由施加力量產生的對抗重力加速度，而
W表重力作用下，物體質量產生的重量。

所以，想要提升加速度，就需要產生更大的力量，且加速度最後會導致一定的速度，較大的力量就會產生較高的速度。因此要達到高速度，要仰賴高力量輸出（例如肌力）。此外，爆發力輸出也仰賴力量輸出，並且與最大肌力水準有關。（詳見「爆發力（P）與其組成」章節）。

可以從精英水準短跑選手所需的力量，來了解力量（肌力）產生（與時間間隔）的重要性。直立衝刺的限制因素可能來自於垂直力[22,56]。世界上最優秀的短跑選手，腳接觸地面時間約為0.087秒，短跑衝刺時，質心垂直方向速度在交替地面反作用階段[22]上與下時都為約0.49公尺／每秒。以一個身體質量79.5公斤（175磅）的男性短跑選手為例，峰值垂直力可以透過牛頓第二運動定律計算得出：

垂直力（Fv）＝質量×垂直方向速度的變化／觸地時間

垂直力＝79.5（0.98）／0.087＝91.4公斤（9.8公尺／秒平方）＝896牛頓

總垂直力（Ft）＝垂直力＋W（身體重量）

總垂直力（Ft）＝896牛頓＋779牛頓＝1675牛頓＝375磅（171公斤）

因此一個精英男性短跑選手單隻腳（膝蓋角度約135度至140度）會產生約1675牛頓的力量。從這個例子中，我們可以確定精英短跑選手不僅要夠強壯，同時爆發力也要夠大，才能在短時間（0.087秒內）產生這樣的力量。在一些（也許是大部分）競技運動中，可能會有人認為發力率與最大力量的產生（如：最大肌力）可能同等，或者更為重要。因此，發力率也是測量的重點之一。

## 發力率

發力率（rate of force development，RFD）是力量變化除以時間變化的值，這與神經系統增加肌肉活化的速率直接相關[21,38]。儘管力量是使物體加速的直接原因，但人們可能認為，獲得施力的速度越快，相對應的質量加速度就越快。因此，RFD會與加速物體的能

> ### 發力率對運動表現的影響
>
> 　　影響運動表現的另一個因素是達到最大肌力需要的時間。Andersen與Aagaard[3] 將腿部伸展時的最大等長自主肌力（maximum isometric voluntary strength，MIVS）和最大自主發力率（maximum voluntary rate of force development，MVRFD）與電誘發抽動（electrically evoked twitch，EERFD）所產生的發力率比較。EERFD代表肌肉的內在性質。收縮時間小於40毫秒的情況下，MVRFD與EERFD呈中度相關，而與MIVS的相關性較低。然而收縮時間為50毫秒時，MVRFD與MIVS也呈中度相關，且隨著收縮時間越長，兩者的相關性越高。收縮時間介於90至250毫秒時，MIVS顯示出52到91%的差異。此觀察說明肌肉的內在性質可能與持續時間低於40毫秒活動的爆發性更為相關，且最大肌力的重要性可能會隨著收縮時間的延長而增加。此觀察也點出了在不同時間間隔測量肌力（力量）表現的必要性，以及發力率的重要性。

力劃上等號[43]，也因此，有高平均或高峰值RFD（爆發肌力），就有更高的加速能力。發力率可以用等長或動態動作測量。

### 爆發力（P）與其組成

　　爆發力輸出可能是競技運動中最重要的特點，因此，爆發力的測量尤為重要。然而，在討論此論述的證據前，必須先檢驗爆發力與其組成。

　　速率（Speed）是一種量值，是速度（Velocity）這個向量中表示大小的量值。速度具有大小（速率）與方向兩種值。力量的定義為，任何導致或驅使引起物體運動變化的動作，可由牛頓第二定律解釋。功（Work）是力量在一定距離內施加在物體上的一種能量表現，與時間或速度無關。功（在線性系統中）可用下列公式表示：

$$W = F(\cos \upsilon) s$$

在這條公式中

F是所施加的力量
$\upsilon$是施力的角度
S是物體由於施力所導致的位移

並非所有功都是線性。在角運動（例如肢段繞關節旋轉）中，功可以描述為：

$$W = Fr\upsilon$$

在這條公式中

F是所施加的力量
r是旋轉半徑
υ是角位移（弧度）

測量功的方法有很多，例如自行車測功計，其中位移是飛輪旋轉的結果。在使用槓鈴的典型肌力測試中，可以用槓鈴總重量與垂直位移的乘積來估算向心收縮所作的外部作功。然而，要更準確地描述舉起槓鈴（或其他競技動作）的作功量，則需要對關節力矩（力量）、肢段位移與動作效率進行詳細分析。

爆發力（Power，P），本質上是作功的速率，可用以下公式描述：

$$P = W/T = F \times V$$

爆發力可以用較大位移範圍內的平均值來計算，或是位移期間的特定瞬間的瞬時值。峰值爆發力（Peak Power，PP）是在特定的一組條件下（例如訓練狀態、訓練動作類型、訓練或競技情境等）在一定位移範圍內能找到的最高瞬時爆發力值。最大爆發力（maximum power，MP）是在最佳條件下能夠產生的最高爆發力輸出峰值。Schmidtbleicher[42,43]提出了一個理論框架，指出最大肌力是影響爆發力輸出的基本特質，他進一步表明，最大肌力會以分層級的方式影響爆發力，隨著外部負重降低到一定程度時，對爆發力的影響會逐漸減小，不過像是RFD等要素可能會變得更加重要。然而，爆發力與最大肌力之間的確切關係仍不完全明朗[47,50,52]。

爆發力輸出（或者說功率）可能是區別運動表現（即誰獲勝誰落敗）最重要的因素，因此，以訓練目標而言，適當地發展爆發力是最重要的課題。雖然平均爆發力輸出可能與耐力項目上的表現更為相關，但對於像是跳高跳遠、短跑和舉重等一次性最大努力項目，峰值爆發力（PP）通常與獲勝密切相關。[14,19,24,54]

## 特殊性因素與表現變項的測量

在設計訓練計畫，以及為肌力－爆發力測試（以及訓練）選擇適當的設備時，動作和

訓練的特殊性是最重要的考量因素，尤其是在以提升表現為主要目標時。特殊性同時囊括了生物能量學與訓練機制兩個層面[49,57]，而這裡的討論也涉及了力學特殊性。

使用特殊性這個術語不代表兩個變項相同；特殊性處理運動變項本身或之間的關聯程度。因此，當變項之間的關聯性大時，可以推斷其具有較大程度的特殊性。「訓練效果的遷移」一詞，是用於描述因訓練而導致的表現適應程度，並且與特殊性密切相關。力學特殊性是指訓練動作與身體表現之間的動力學和運動學的關聯，包括了考量最適遷移所必需的動作特性。這些動作特性包括下列幾點[45,47,51]：

- 動作模式
  ✓ 動作複雜度
  ✓ 身體姿勢要素
  ✓ 動作幅度和力量產生重點徵召區
  ✓ 肌肉動作類型（如向心收縮、離心收縮、伸展—收縮循環）
- 力量大小（平均力量和峰值力量）
- 發力率（平均發力率和峰值發力率）
- 加速度與速度參數
- 彈震式動作與非彈震式動作

在特殊性脈絡下適當的超負荷，會增加訓練遷移的機率，文獻回顧中可找到大量支持這個觀點的證據[7,35,38,41,51]。這意味著，為了加強肌力—爆發力增加的測量效果（或是其他的表現變項），由於上述列出的訓練效果遷移特性，測試項目應該盡可能與訓練項目相同或相似。測試動作在力學上與訓練動作相似度越低，觀察到訓練適應的可能性就越低。這也意味著，如果要將特殊性測試得出的概論外推到另一個動作，則這項測試在動力學和運動學都應該與想要向外推及的動作類似。

## 肌力（力量）與其相關因子的測量

對於訓練計畫的成果和其提升運動表現潛力的合理評估，測量內容（或合理估計）應該包括肌力以及諸如力量峰值、發力率與爆發力等其他因子。肌力可以用許多不同方法來測量或表現。此外，如前所述，力學特殊性似乎與肌力（以及其他參數，例如爆發力和耐力）的測量呈高度相關[51]。這意味著並不是每一種最大肌力、速度、或爆發力的測試都能滿足需求。測試中的特殊性有個重要面向是肌肉動作類型，典型的肌力與相關參數測試，尤其是1RM測試，可能包含不同類型的肌肉動作。

以下是不同類型的肌肉動作：

- 等長：肌肉張力增加，但長度沒有明顯改變（儘管某些收縮單元確實有出現縮短現象，但整條肌肉連結的關節角度沒有變化）
- 向心：肌肉張力增加並縮短
- 離心：肌肉張力增加並伸長
- 增強式：離心動作後立刻接著做向心動作（即為伸展—收縮循環）。

上述後三種類型的肌肉動作是動態的，可以各種動作型態施展以及在不同速度與爆發力輸出中使用。另一方面，等長肌肉動作是靜態肌力的一種表現形式，可以應用在多種身體姿勢以及不同發力率上。以上所有因素加起來，可能使得肌力測試相當令人困惑，適切的為專項運動選擇正確的肌力測試至關重要。

本部分先前已經將肌力定義為產生力量的能力。從牛頓第二定律可以推論出，力量（肌力）與物體的加速度有關，對物體施加力量可使物體具有速度。因此，肌力對各種類型的體育活動都會產生重大影響，在這些體育活動中，各種物體被賦予速度，包括運動員的身體。

最大肌力水準與出色的運動表現，或說運動表現的相關變項有關[50]。因為有這層關聯，測量最大肌力通常是用於評估運動員對肌力訓練計畫的適應性，並假設最大肌力的進步，會遷移到運動表現上。但是，在進行適當的肌力評估以前，必須要滿足幾個重要的測量面向（請參閱本章「測試、測量與評估原則」小節）。

如同先前討論過的，任何形式的身體表現測試，包括肌力或任何其他變項，都必須建立效度和信度。增強信度有一種方法是熟悉程序，或是讓受試者或運動員習慣測量動作。實際測試開始之前，會進行包含幾項練習的熟悉程序，在此程序中，重要的是確保運動員理解所有指示且能確實執行。假設熟悉度已經不是問題，而且已經考慮到特殊性的面向，則肌力測試通常會顯示出高度內部效度和信度。

重要的是要處理力學特殊性相關特性[45, 47, 51]，以提高測量的效度和信度。了解這些特性如何影響測量的信度和效度，有助於了解如何適當測量肌力。

## 肌肉動作

等長測試用於科學研究和田野調查已經有50多年了。只要位置考量恰當，其信度和內部效度通常十分優異，然而，等長測試的外部與預測效度備受質疑[58]。低外部與預測效度，是由於神經、力學和方法學因素所造成的，這些因素可能會減少甚至消除等長測量

在評估動態運動中的實用性。因此，正如稍後會在姿勢和動作模式特殊性的背景下討論到的，不具特殊性的等長測量通常在運動表現遷移性的評估上價值有限。

基於多種原因，時常採用只做向心收縮的測試。例如，許多體育動作的開始都沒有反向動作（例如：短跑起步、美式足球員線鋒的動作），因此，評估這些與靜態啟動表現相關的肌力素質可能很有用。測試向心肌肉動作還可以幫忙評估收縮機制（contractile apparatus），而可以排除掉肌肉牽張反射或伸展—收縮循環（SSC）的影響。此外，向心動作與增強式動作（上述的SSC）的特定面向[13]以及某些具有增強式動作面向的運動表現[52]具有高度相關性。此外，對於相對未受訓練或體弱的人，可能會難以控制訓練中離心的部分，向心測試可能會允許一定程度的實驗控制，若用向心以外的收縮模式就無法辦到。

基於多種原因，離心肌肉測試也很重要。例如：離心動作中所施加的最大肌力，通常都大於等長或向心動作時的最大肌力。離心與等長或向心力之間的差異可以視為一種赤字，且會受運動員從事的訓練類型所影響[15,60]。大量赤字可能意謂著採行的肌力訓練計畫類型不適合他所從事的運動。許多運動項目要求在某些表現要素上展現出高離心力量，以舉重為例，它需要在上挺的下降階段生成非常高的峰值離心力。無法生成夠高的力量，可能會影響相對應的向心動作階段。離心肌力測試有可能點出動作在離心部分時，力量生成的問題。

增強式（Plyometric）測試是最常見的肌力測試形式。通常肌力會在實驗室中和運動場上，透過像是水平深蹲等增強式動作來測量。這類測試利用了肌肉結締組織伸展（SSC）的優勢，而這是許多運動表現類型的特徵[4,9,20,32,33]。一次反覆最大重量（1RM）測試可能是最常見的最大肌力評估方法。1RM值是合理的最大動態肌力測量方式，因為它與克服特定負荷所需的力量成正比。大多數教練和運動員都用1RM類型的測試來評估肌力訓練計畫。以舉重動作、投擲與跳躍等形式執行的增強式測試，對於評估爆發肌力與爆發力也深具價值。

## 姿勢與動作模式特殊性

姿勢特殊性與動作模式特殊性通常是肌力測試中被忽略的面向。特殊性在肌肉內很明顯，而在不同肌肉間更明顯。也就是在執行特定動作時，特定運動單元會在特定時間序列內在肌肉內活化，而主動肌、協同肌與穩定肌會產生一種特定的活化模式。這些模式甚至可以透過力矩模式的微小變化，也可能因為速度變化而改變[51,59]。因此，選擇與一項特定運動表現極為類似的肌力測試程序，可以使人們作出更好的推斷。在選擇測試模式，並考慮單關節還是多關節測試，或等長還是動態動作時，姿勢特殊性和動作模式特殊性是重要的考量因素。

## 單關節 vs 多關節測試

雖然單關節測試經常用於某些需要高度控制的研究，多關節測試更適合大多數體育和復健情境。對於多關節動作肌力（以及其他肌力相關特性）的評估需求，與大多數體育活動都具有多關節動作特性這項事實有關。重要的是要了解，在執行多關節動作，特別是帶有速度變化時，肌肉的功能行為可能與同樣肌肉執行單關節動作時截然不同[59]。

## 等長測試

不同身體姿勢和關節角度會讓等長峰值力量改變；因此選擇與特定運動相關的姿勢是很重要的。善用姿勢特殊性可以大舉強化等長—動態力量之間的關係[16,52,58]，也就是要以符合運動表現的姿勢特殊性，並選擇能在表現上帶來最高力量輸出的關節角度。這代表以特定姿勢進行等長測量，且在目標動作幅度內量測。有證據指出，等長最大肌力測試最合適的姿勢，是有可能產生最大力量的關節角度[29,52]，這樣的特定姿勢將最能推論到動態活動[16,52,58]。例如，衝刺時採軀幹直立，膝關節角度大約呈135至140度的姿勢，能產生最大垂直力，因此，使用此姿勢測試短跑運動員，較可能增加測量的實用性。圖8.10展示了可用於測試各種等長動作（例如蹲、拉和推的動作）的力量／爆發力測量架（force／power rack）。這些動作的力量—時間特性會用測力板測量，上面的槓鈴（固定式）可用滑輪或液壓千金頂調節至任何高度。因此，這類設備可以用來增強姿勢特殊性。

有個非常重要的考量要素，就是最大肌力可能不是測試的唯一因素或是最佳特性。要增強外部效度，應考慮到其他幾項與力量相關的特性，其中以時間和發力率最為重要。

## 發力率

對許多（幾乎大多數）運動來說，能夠快速產生力量可能比產生最大肌力更為重要，因此，發力率是測量時要考慮到的重要面向。發力率是力量變化除以時間變化，是神經系統快速活化肌肉活動的能力[21,38]，同時也是加速物體的能力[43]。測量發力率需要使用特殊設備；測量體育動作的發力率時，通常使用測力版。例如，運動員在測力板上操作等長深蹲、靜態或動態跳躍，然後會產生一條或多條力量—時間曲線（圖8.11，a至c）。

圖8.11a展示出一條典型的等長力量—時間曲線（F-TC）。前30毫秒內產生的力量稱為「起始肌力」（starting strength），且與初始發力率相關[43]。發力率峰值（PRFD）又稱為「爆發肌力」[43,47]。峰值力（PF）是在測量條件下可以產生的最大力量。看起來[43]，在輕負荷、超高動作速度的運動項目中（例如擊劍和拳擊），要獲得最適表現，必須擁有高起始肌力、高等長肌力與動態PRFD。隨著負重增加（例如，鉛球項目），PRFD或爆發肌力變得越來越重要；且當負重接近最大值時，最大肌力將占主導地位（例如，健力項目）。使用測

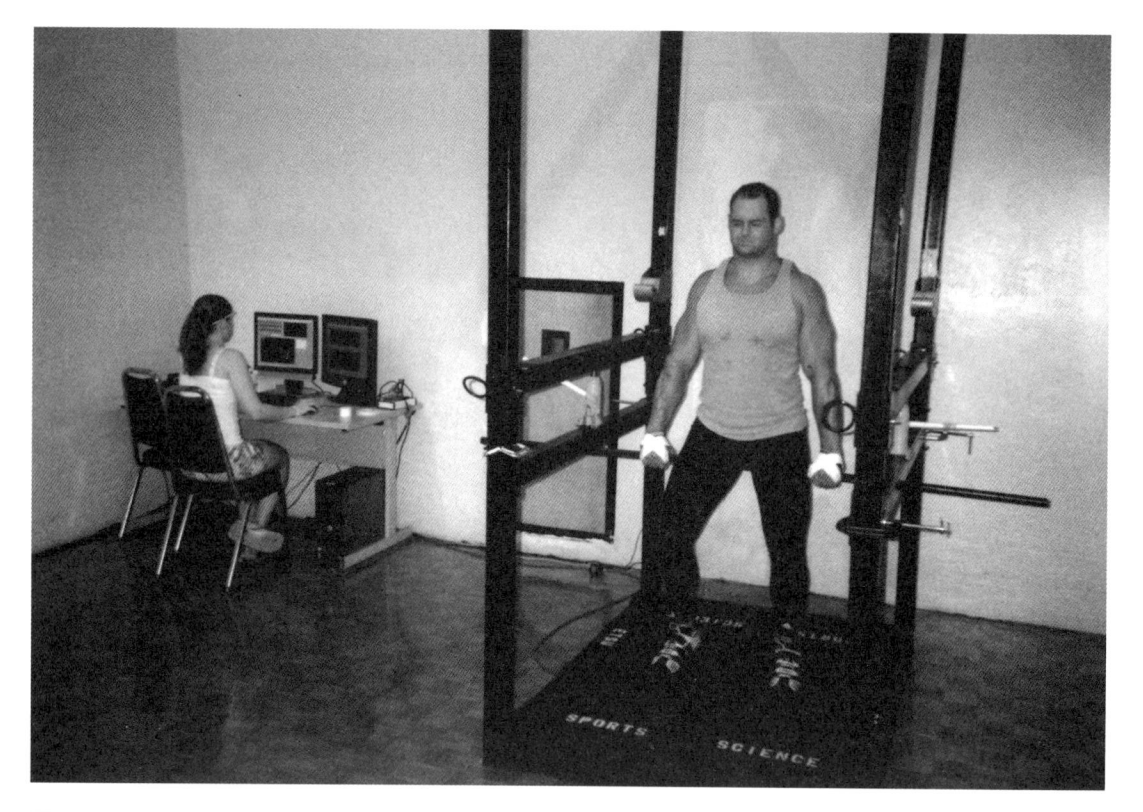

**圖8.10　力量／爆發力測量架。**

運動員站在大型測力板上；運動員依據指令盡其所能快速地拉動槓鈴（沒有反向動作），產生出一條等長力量─時間曲線（圖8.11a）。固定槓鈴可以任意調節高度，並使用插銷或夾子固定。這組框架也可以用來測量像是蹲或推等舉重動作。

*本圖片由麥克・史東提供。*

力板，可以為許多姿勢測出等長肌力的F-TC圖表，其中包括各種推、蹲與拉的姿勢。

　　圖8.11b展示了一條向心動態力量─時間曲線。起始肌力、爆發肌力、峰值力量跟等長力量─時間曲線一樣，可以動態方式展現。要注意的是峰值肌力會隨著舉起負重增加而減少。儘管並非所有研究都同意[28]，但有證據指出，動態動作過程中，PF和PRFD是呈負相關的，大肌群參與的動作中更是如此[16,52]。因此（至少在一定程度上），較輕的負重可以產生比較重的負重更高的PRFD。然而，也有證據表示，根據1RM數值估算出的最大肌力，與等長肌力、動態動作中的PRFD，亦與峰值爆發力有關連[2,16,52]。這樣的觀察結果很有趣，因為它指出透過適當的肌力訓練可以同時提高最大肌力和PRFD。的確，適當的肌力訓練已證實可以提升未經訓練的受試者[1]以及受過訓練的運動員[52]的最大肌力和PRFD。知道這些關係以後，值得慎重考慮採取同時測量上述肌力特性的測試。可以透過推、拉、蹲與跳躍等動作來生成向心肌力─時間曲線。此外，可以使用各種負重，來更

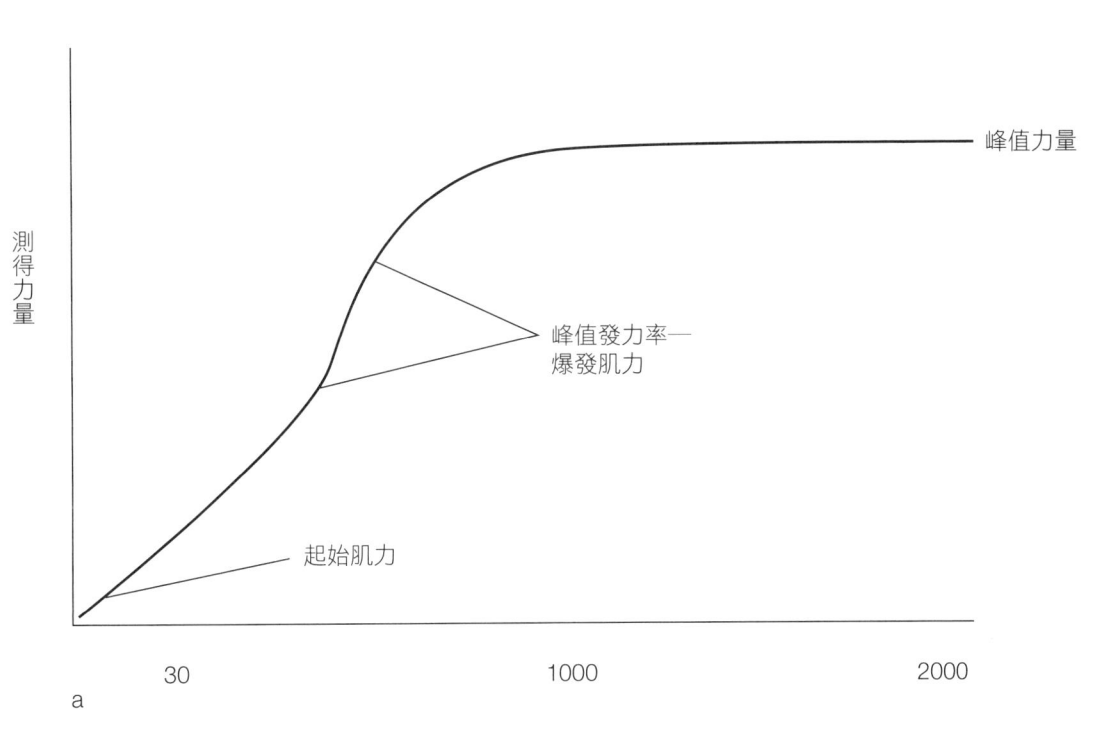

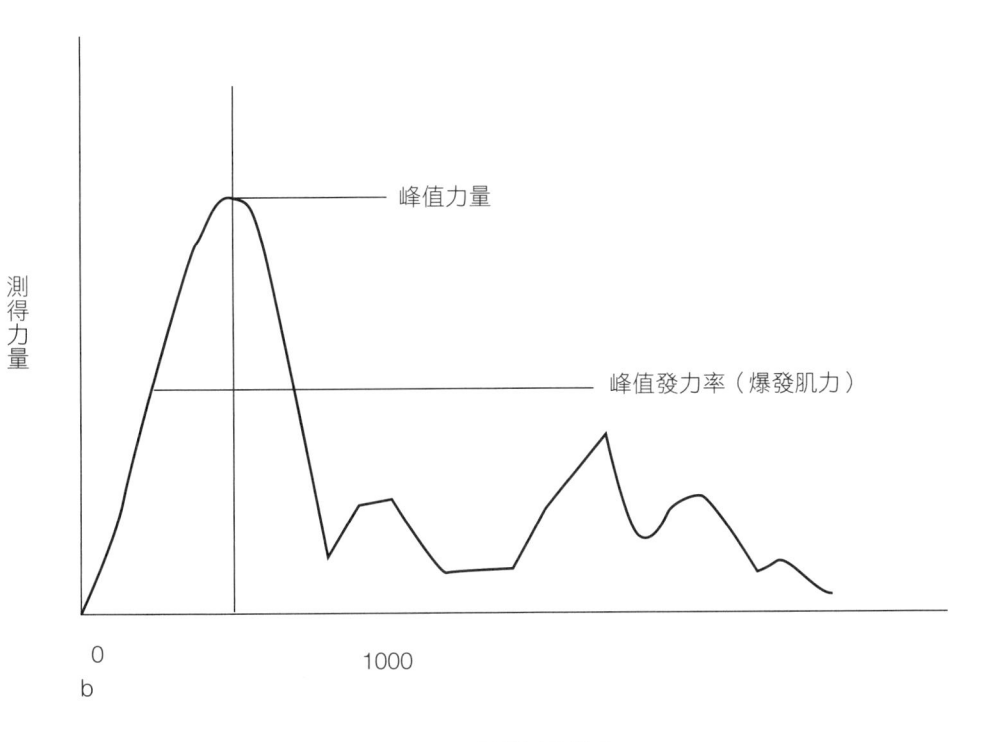

**圖 8.11**
爆發性動作測量（a）等長力量—時間曲線。「起始肌力」是在30毫秒產生的力量；「爆發肌力」是發力率峰值；「峰值力量」適在給定的條件組下產生的最大力量。（b）只有向心的力量—時間曲線。（c）增強式動作（反向垂直跳躍）。
UW＝失重階段；ECC＝離心制動階段；CON＝向心推進階段。

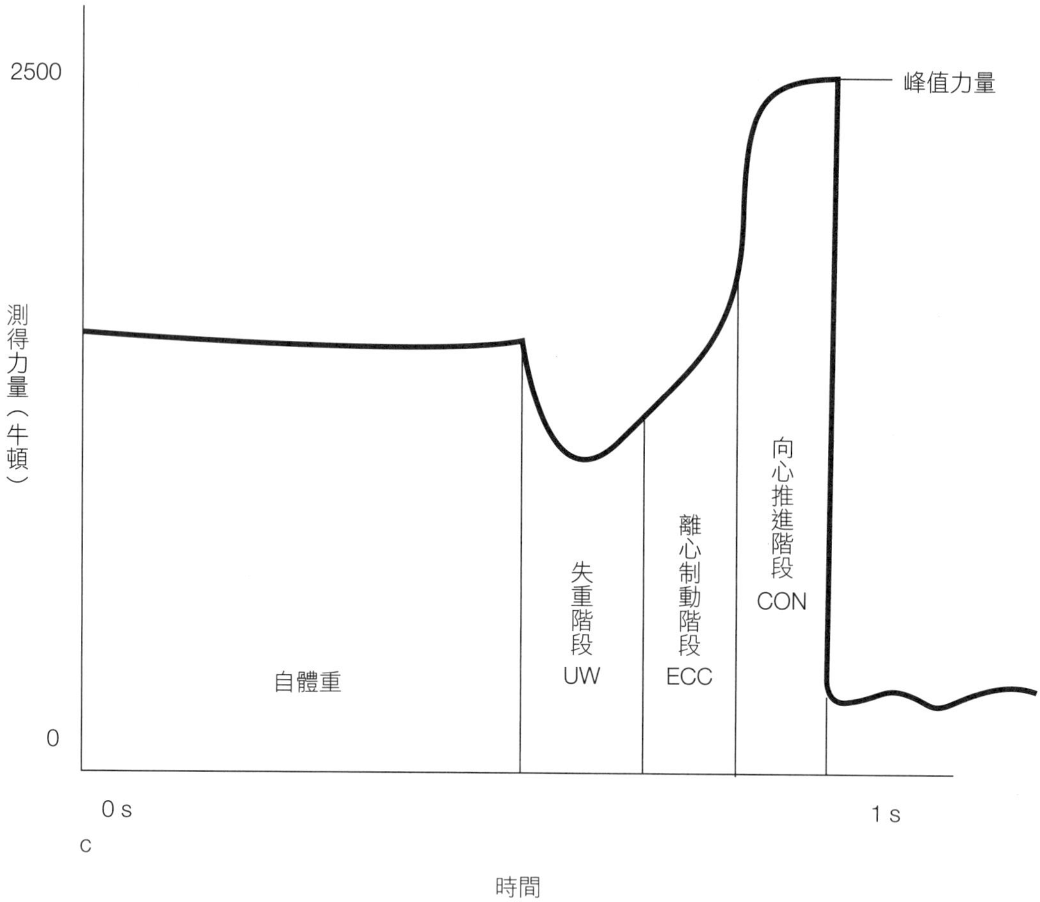

图中纵轴为「測得力量（牛頓）」，最高標示 2500；橫軸為「時間」，範圍 0s 至 1s。曲線分為幾個階段：自體重、失重階段 UW、離心制動階段 ECC、向心推進階段 CON，最高點標示「峰值力量」。

**圖 8.11**（續）

完整地了解力量生成能力。

　　圖 8.11c 展示了增強式力量—時間曲線。許多動作都涉及了部分增強式動作，也就是有使用到 SSC。此圖顯示的是跳躍動作所產生的典型力量—時間曲線圖。在典型的反向動作跳躍過程中，失重階段會啟動 SSC 並產生增強式動作，最後產生的向上力量是透過先前的肌肉拉伸來增加。能透過先將肌肉拉伸來增加向心力量的機制尚不完全清楚，但涉及了多種可能性，包括了（a）肌肉本身的彈性（b）牽張反射？（c）肌肉回到最適長度（d）肌肉活化模式最佳化。就跟向心測試一樣，各種動作與負重都可以測量。

## 爆發力

　　對大多數運動而言，爆發力是最重要且必須發展的特性[14, 19, 24, 42, 43, 54]。要開始理解爆發力的重要性，有個簡單的方法是將爆發力概念化為功率：多數情況下，以最快速度完成工作

的運動員會獲勝。因此，適當測量爆發力非常重要。爆發力測量動作可以分為兩種類型：

- 一次性最大努力瞬間爆發動作，例如單次垂直跳躍
- 在特定距離（如登階測試），或特定的時間（如溫蓋特爆發力測試）內，以一系列最大努力來克服阻力。

這兩種動作類型都可以用來測量平均與峰值爆發力。從代謝觀點來看，爆發力與ATP促使肌肉收縮的速率直接相關。隨著收縮強度增加，ATP的需求速率也隨之增加。因此，爆發力的測量反映了肌肉收縮的強度和使用ATP的速率，平均爆發力輸出反映了ATP使用的平均速率，峰值爆發力反映了ATP使用的峰值速率。與肌力或耐力測量一樣，如何選擇合適的爆發力測試主要取決於特殊性。例如，可以為排球運動員選擇垂直跳躍爆發力測試，為競速自行車選手選擇改良過的溫蓋特（Wingate）測試。

可以使用非常簡易的設備以合理的精準度估算出爆發力輸出值，以下是兩個範例，一個範例進行了單次最大努力測試，另一個進行了多次最大努力測試。

對於單次最大努力測試，使用跳躍摸高，或者使用電子跳氈（switch mat）並從飛行時間推導跳躍高度，就可以從跳躍高度和體重計算出爆發力數值。可以使用修改後的自由落體公式估算平均爆發力：

$$AP（W）＝SqR 跳躍高度（公尺）× 體重 × 2.21 × 9.8 m \cdot s^{-2}$$

Sayers及其同事[40]的估計峰值爆發力方程式有良好的效度和信度，而且不受性別差異所影響[11,17,40]：

$$PP（W）＝（60.7）×（以公分為單位的跳躍高度）＋ 45.3 × 體重 － 2055$$

如此的最大單次努力測試可在各種負重或負重比率下輕鬆執行，從而產出峰值爆發力曲線[24,51]。

至於多次最大努力測試，可以使用登階動作來算出平均爆發力輸出[23,49]。在這些測試中，運動員用最大努力衝上階梯（通常用5至6公尺〔5.5至6.6碼〕代入），登階總時間可以用碼錶或電子跳氈來測量。使用此爆發力（功率）方程式，可以算出平均爆發力：

$$AP ＝ F × D / T$$

在這裡

F＝與體重成正比的力
D＝階梯的垂直高度
T＝完成登階的總時間

Margaria-Kalamen 樓梯爬升測試已經標準化，並且可提供不同年齡層男性和女性的一般正常數值[49]。

爆發力也可以用更複雜的設備來測量。例如，將電位器與測力板接在一起（並且使之同步），可以使研究者同時獲得姿勢和力量的測量值。由於還可以測量每單位時間的姿勢變化，因此也可以確定動作速度。爆發力（F×V）可以從力量和速度的測量值計算出來，圖 8.10 和 8.12 展示了一座力量／爆發力測量架，可以在其中測量各種拉、跳躍或推的動作。位於測量架頂部的兩組電位器，分別連接槓鈴軸環兩端。兩組電位器數值平均後，將合理地得出槓鈴正中心的速度測量值。這點相當重要，特別是跳躍動作，因為槓鈴的一端移動速度可能比另一端更快，這樣會降低其信度。所以可以從這類儀器得到並顯示出力量、速度與爆發力的合理測量值（圖8.13）。除了測量單次最大努力動作外，這類設備還可以測量一連串努力動作中個別動作的爆發力（以及其他力量特性）。如此一來，就可以查驗出疲勞以及短時間高強度動作耐力的影響。

**圖 8.12**
在肌力／爆發力測試架中進行負重反向動作垂直跳躍。透過使用電位計（此圖中沒有展示出來）和測力板的結合，可以計算出施加在槓鈴上的爆發力。
本圖片由麥克・史東提供。

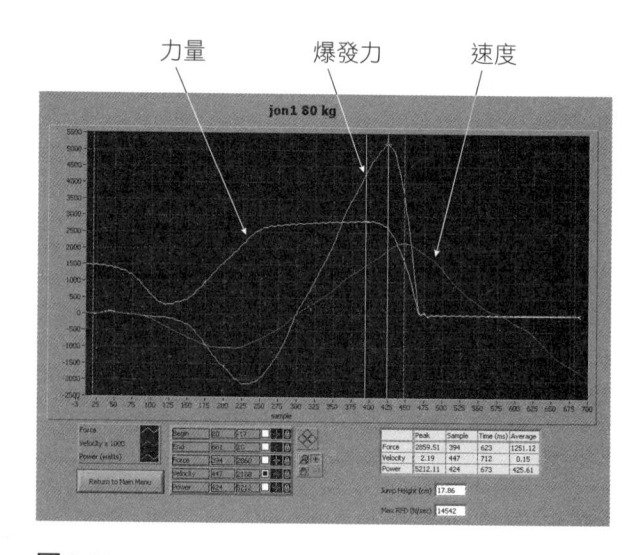

**圖 8.13**
負重反向跳躍後得出的計算圖表，顯示出力量、發力率、速度、爆發力以及跳躍高度

## 章節總結

　　競技科學（和良好的教導）致力於透過應用科學方法和原則來提高運動表現。競技科學家投入包括研究和實作測試在內的多種努力方向。如果想讓服務和研究都派上用場，相關的測量就必須具備特殊性，且必須有足夠的信度和效度。

　　科學文獻明確指出，特定訓練計劃所產生的耐力、肌力或其他變項（例如速度或爆發力），其增加幅度取決於測試動作與訓練使用動作的相似性[51]。例如，如果運動員使用深蹲動作來訓練，則1RM的深蹲測量值會比在腿部伸屈機上取得的測量值更可能在最大肌力上反映出訓練適應性。這與動作模式特殊性的概念有關。

　　信度與測量值的可重複性或一致性有關，而效度則與測試儀器是否真的在測量應該測量的內容有關。測量的信度和效度非常重要，否則會無法評估表現和表現相關的參數。

　　測試結果和評估必須在合理的時間內回傳給教練和運動員，通常在3天內。這樣才可以確保訓練時可以做適當的更改，趁著還有時間，來糾正測試與評估後發現的那些可能會出現的明顯問題。

　　因此，在評估運動員的體能水準，或是為了適切地追蹤對訓練計畫的適應性時，測試的特殊性、信度和效度是非常重要的。此外，測試結果必須在合理的時間內，以容易理解的形式回傳給教練和運動員。

## 參考文獻

1. Aagaard, P., E.B. Simonsen, J.L. Andersen, P. Magnus-son, and P. Dyre-Poulsen. 2002. Increased rate of force development and neural drive of human skeletal muscle following resistance training. *Journal of Applied Physiology* 93: 1318-1326.
2. Aagaard, P., E.B. Simonsen, M. Trolle, J. Bangsbo, and K. Klausen. 1994. Effects of different strength training regimes on moment and power generation during dynamic knee extensions. *European Journal of Applied Physiology* 69: 382-386.
3. Andersen, L.L., and P. Aagaard. 2005. Influence of maximal muscle strength and intrinsic muscle contractile properties on contractile rate of force development. *European Journal of Applied Physiology* 96: 46-52.
4. Asmussen, E., and F. Bonde-Petersen. 1974. Storage of elastic energy in skeletal muscles in man. *Acta Physiologica Scandinavica* 91: 385-392.
5. Atha, J. 1981. Strengthening muscle. *Exercise and Sport Sciences Reviews* 9: 2-73.
6. Bastiaans, J.J., A.B. van Diemen, T. Veneberg, and A.E. Jeukendrup. 2001. The effects of replacing a portion of endurance training by explosive strength training on performance in trained cyclists. *European Journal of Applied Physiology* 86: 79-84.
7. Behm, D.G. 1995. Neuromuscular implications and applications of resistance training. *Journal of Strength and Conditioning Research* 9: 264-274.
8. Berger, R.A., and J.M. Henderson. 1966. Relationship of power to static and dynamic strength. *Research Quarterly* 37: 9-13.
9. Bobbert, M.F., K.G.M. Gerritsen, M.C.A. Litjens, and A.J. van Soest. 1996. Why is countermovement jump height greater than squat jump height? *Medicine and Science in Sports and Exercise* 28: 1402-1412.
10. Bosco, C. 1982. Physiological considerations of strength and explosive power and jumping drills (plyometric exercise). In: *Proceedings of Conference 82: Planning for elite performance* (pp. 27-37). Toronto: Canadian Track and Field Association.
11. Carlock, J., S.L. Smith, M. Hartman, R. Morris, D. Ciroslan, K.C. Pierce, R.U. Newton, E. Harman, W.A. Sands, and M.H. Stone. 2004. Relationship between vertical jump power estimates and weightlifting ability: A field-test approach. *Journal of Strength and Conditioning Research* 18: 534-539.
12. Cohen, J. 1988. *Statistical power analysis for the behavioral sciences* (2nd ed.). Hillsdale, NJ: Erlbaum.
13. Cronin, J.B., P.J. McNaira, and R.N. Marshall. 2000. The role of maximum strength and load on initial power production. *Medicine and Science in Sports and Exercise* 32: 1763-1769.
14. Garhammer, J.J. 1993. A review of the power output studies of Olympic and powerlifting: Methodology, performance prediction and evaluation tests. *Journal of Strength and Conditioning Research* 7: 76-89.
15. Gohner, U. 1994. Experimental results on force eccentric strength gains. *International Journal of Sports Medicine* 15(Suppl.): S43-49.
16. Haff, G.G., M.H. Stone, H.S. O'Bryant, E. Harman, C. Dinan, R. Johnson, and K.H. Han. 1997. Force-time dependent characteristics of dynamic and isometric muscle actions. *Journal of Strength and Conditioning Research* 11: 269-272.
17. Hertogh, C., and O. Hue. 2002. Jump evaluation of elite volleyball players using two methods: Jump power equations and force platform. *Journal of Sports Medicine and Physical Fitness* 42: 300-303.
18. Hopkins, W.G. 2000. A new view of statistics. Internet Society for Sport Science. www.sportsci.org/resource/stats/.
19. Kauhanen, H., J. Garhammer, and K. Hakkinen. 2000. Relationships between power output, body size and snatch performance in elite weightlifters. In: J. Avela, P.V. Komi, and J. Komulainen (Eds.), *Proceedings of the Fifth Annual Congress of the European College of Sports Science* (p. 383). Finland: University of Jyvaskala.
20. Komi, P.V., and C. Bosco. 1978. Utilization of stored elastic energy in leg extensor muscles by men and women. *Medicine and Science in Sports* 10: 261-265.

21. Komi, P.V., and J.H. Viitasalo. 1976. Signal characteristics of EMG at different levels of muscle tension. *Acta Physiologica Scandinavica* 96: 267-276.
22. Mann, R. 1994. *The mechanics of sprinting and hurdling.* Orlando, FL: Compusport.
23. Margaria, R., I. Aghemo, and E. Rovelli. 1966. Measurement of muscular power (anaerobic) in man. *Journal of Applied Physiology* 21: 1662-1664.
24. McBride, J.M., T.T. Triplett-McBride, A. Davie, and R.U. Newton. 1999. A comparison of strength and power characteristics between power lifters, Olympic lifters and sprinters. *Journal of Strength and Conditioning Research* 13: 58-66.
25. McCloy, C.H. 1934. The measurement of general capacity and general motor ability. *Research Quarterly* 5(1): 46-61.
26. Moss, B.M., P.E. Refsnes, A. Abildgaard, K. Nicolaysen, and J. Jensen. 1997. Effects of maximal effort strength training with different loads on dynamic strength, cross-sectional area, load-power, and load velocity relationships. *European Journal of Applied Physiology* 75: 193-199.
27. Muller, E.A. 1970. Influence of training and of inactivity on muscle strength. *Archives of Physical Medicine and Rehabilitation* 51(8): 449-462.
28. Muller, K. 1987. *Statische und Dynnamiche Muskelkraft.* Frankfort/M. Deutsch, Thun. Cited in Schmidtbleicher, D. 1992. Training for power events. In: P.V. Komi (Ed.), *Strength and power in sport* (pp. 381-395). London: Blackwell Scientific.
29. Murphy, A.J., G.J. Wilson, J.F. Pryor et al. 1995. Isometric assessment of muscular functions: The effect of joint angle. *Journal of Applied Biomechanics* 11: 205-215.
30. Nelson, R.C., and R.A. Fahrney. 1965. Relationship between strength, speed of elbow flexion. *Research Quarterly* 336(4): 455-463.
31. Nelson, R.C., and B.I. Jordan. 1969. Relationship between arm strength and speed in horizontal adductive arm movement. *American Corrective Therapy Journal* 23: 82-85.
32. Newton, R.U., W.J. Kraemer, K. Hakkinen, B.J. Humphries, and A.J. Murphy. 1996. Kinematics, kinetics and muscle activation during explosive upper body movements. *Journal of Applied Biomechanics* 12: 31-43.
33. Newton, R.U., A.J. Murphy, B.J. Humphries, G.J. Wilson, W.J. Kraemer, and K. Hakkinen. 1997. Influence of load and stretch shortening cycle on the kinematics, kinet- ics and muscle activation that occurs during explosive upper-body movements. *European Journal of Applied Physiology* 75: 333-342.
34. Paavolainen, L., K. Hakkinen, I. Hamalainen, A. Num- mela, and H. Rusko. 1999. Explosive strength-training improves 5-km running time by improving running economy and muscle power. *Journal of Applied Physiology* 86(5): 1527-1533.
35. Plisk, S., and M.H. Stone. 2003. Periodization strategies. *Strength and Conditioning* 25:19-37.
36. Rhea, M.R. 2004. Determining the magnitude of treatment effects in strength training research through use of the effect size. *Journal of Strength and Conditioning Research* 18: 18-20.
37. Robinson, J.M., C.M. Penland, M.H. Stone, R.L. Johnson, B.J. Warren, and D.L. Lewis. 1995. Effects of different weight training exercise-rest intervals on strength, power and high intensity endurance. *Journal of Strength and Conditioning Research* 9(4): 216-221.
38. Sale, D.G. 1992. Neural adaptations to strength training. In: P.V. Komi (Ed.), *Strength and power in sport* (pp. 249-265). London: Blackwell Scientific.
39. Sands, W.A. 1991. Monitoring the elite female gymnast. *National Strength and Conditioning Association Journal* 13: 66-71.
40. Sayers, S.P., D.V. Harackiewicz, E.A. Harman, P.N. Frykman, and M.T. Rosenstein. 1999. Cross-validation of three jump power equations. *Medicine and Science in Sports and Exercise* 31: 572-577.
41. Schmidt, R.A. 1991. *Motor learning and performance.* Champaign, IL: Human Kinetics.
42. Schmidtbleicher, D. 1985. Strength training: Part 2: Structural analysis of motor strength qualities and its application to training. *Science Periodical on Research and Technology in Sport* 5: 1-10.

43. Schmidtbleicher, D. 1992. Training for power events. In: P.V. Komi (Ed.), *Strength and power in sport* (pp. 381-395). London: Blackwell Scientific.
44. Shewart, W.A. 1986. *Statistical method from the viewpoint of quality control.* New York: Dover.
45. Siff, M. 2001. Biomechanical foundations of strength and power training. In: V. Zatsiorsky (Ed.), *Biomechanics in sport* (pp. 103-139). London: Blackwell Scientific.
46. Steindler, A. 1935. *Mechanics of normal and pathological locomotion in man.* Baltimore: Thomas.
47. Stone, M.H. 1993. Explosive exercise. *National Strength and Conditioning Association Journal* 15(4): 7-15.
48. Stone, M.H., G. Moir, M. Glaister, and R. Sanders. 2002. How much strength is necessary? *Physical Therapy in Sport* 3: 88-96.
49. Stone, M.H., and H. O'Bryant. 1987. *Weight training: A scientific approach* (2nd ed.). Minneapolis: Burgess.
50. Stone, M.H., H.S. O'Bryant, L. McCoy, R. Coglianese, M. Lehmkuhl, and B. Schilling. 2003a. Power and maximum strength relationships during performance of dynamic and static weighted jumps. *Journal of Strength and Conditioning Research* 17: 140-147.
51. Stone, M.H., S. Plisk, and D. Collins. 2002. Training principle: Evaluation of modes and methods of resistance training—a coaching perspective. *Sport Biomechanics* 1(1): 79-104.
52. Stone, M.H., K. Sanborn, H.S. O'Bryant, M. Hartman, M.E. Stone, C. Proulx, B. Ward, and J. Hruby. 2003b. Maximum strength-power-performance relationships in collegiate throwers. *Journal of Strength and Conditioning Research* 17: 739-745.
53. Stone, M.H., W.A. Sands, and M.E. Stone. 2004. The downfall of sports science in the United States. *Strength and Conditioning* 26: 72-75.
54. Thomas, M., A. Fiataron, and R.A. Fielding. 1994. Leg power in young women: Relationship to body composition, strength and function. *Medicine and Science in Sports and Exercise* 28: 1321-1326.
55. Westing, S.H., J. Seger, and A. Thorstensson. 1990. Effects of electrical stimulation on eccentric and concentric torque-velocity relationships during knee extension. *Acta Physiologica Scandinavica* 140: 17-22.
56. Weyand, P.G., D.B. Sternlight, M.J. Bellizi, and S. Wright. 2000. Faster top running speeds are achieved with greater ground forces not more rapid leg movements. *Journal of Applied Physiology* 89: 1991-1999.
57. Wilmore, J.H., and D.L. Costill. 1994. *Physiology of sport and exercise.* Champaign, IL: Human Kinetics.
58. Wilson, G.J., and A.J. Murphy. 1996. The use of isometric tests of muscular function in athletic assessment. *Sports Medicine* 22(1): 19-37.
59. Zajac, F.E., and M.E. Gordon. 1989. Determining muscle's force and action in multi-articular movement. In: K. Pandolph (Ed.), *Exercise and sport science reviews* (Vol. 17, 187-230). Baltimore: Williams & Wilkins.
60. Zatsiorsky, V.M. 1995. *Science and practice of strength training.* Champaign, IL: Human Kinetics.

# 第九章
# 阻力訓練的監控

訓練的監控是一系列活動的連續光譜，可使我們理解訓練與表現的進程。訓練監控可以很簡單，僅透過簡單觀察，將訓練成果記在心裡；也可以很複雜，像是一連串腦電波圖與血液、內分泌、免疫力和其他測試相結合的複合系列測試。訓練監控可以在相對較短的時間內進行，但通常認為訓練監控是一項長期的一系列測量過程，用於追蹤和描述訓練任務，以及運動員對這些任務的反應。然而，為了瞭解訓練監控，定義訓練會有幫助。

訓練的定義如下：

「任何旨在迅速提高人類身體、心理、智力或力學表現的組織性指導」[30]
「為運動員準備好最高水準的表現」[30]
「透過身體鍛煉，讓一名運動員進行身體、技術、智力、心理和道德準備」[30]
「為運動員最高水準運動表現而進行的整套系統化準備程序」[30]

無論從單一或總和來看，這些定義都表明了訓練是一個導向強化或增加準備程度的過程。透過增加準備程度，應該會提升運動員的表現。訓練監控試圖描述以時間為基礎的運動員準備程度狀態與變化特性。準備程度可以透過身體、心理、智能和力學等方式來分類。運動員會透過執行略微超出當前能力的身體、技術、戰術和心理任務，來強化自己的準備程度。透過執行這些統稱為壓力源的任務，運動員嘗試訓練身體來適應，從而提高自己的身體素質，以便將來可以表現並完成更困難的任務。應用於運動員的壓力源稱為**訓練劑量**（dosage），對這些壓力源的適應則稱為**反應**（responses）。訓練監控旨在透過測量、描述、比較和描繪劑量與反應的關係來了解訓練。

訓練劑量涉及了訓練任務，訓練任務可以大致歸為方才所述的這些類別，這些類別是訓練的「負荷」。當然，運動員還承受了許多其他「負荷」或壓力，例如社交、家庭、學校、工作和其他需求。這些需求都是運動員適應性資源的「輸入」，這些需求會單獨也會共同作用，導致運動員的身體做出反應。Selye[77]將壓力定義為引起生物體反應的任何事

物,他更進一步將壓力分為有益壓力(「好」壓力)和有害壓力(「壞」壓力),這些壓力的子類型影響著運動員的適應來源。這裡所說的**適應來源**(adaptive resources)在概念上類似於Verkhoshansky[91]的累積適應性儲量和Selye[77]的適應性能量。

訓練劑量涉及運動員做的所有事情或引發運動員反應的所有訓練任務。訓練劑量是影響運動員的劑量—反應關係中的任務輸入。訓練因素在很大程度上受教練和競技科學家的控制,但他們對生活因素的審查和控制則少得多。儘管幾乎無法控制生活因素或壓力,但由於這些非訓練因素可能會累積、匯總或與訓練任務和壓力源產生交互作用,運動員的準備程度可能會因此大受影響。運動員對這些壓力源、任務和要求的反饋,就是運動員的反應。

運動員對訓練任務和生活壓力的反應就是劑量—反應關係的輸出。運動員沒有無限的能力來應對訓練和生活壓力;因此,訓練與生活壓力的劑量必須適合運動員當前狀況,這樣運動員才能在任何特定的任務或負荷上獲得最適反應。未能達成最適平衡,通常會造成運動表現上的失敗,原因是訓練劑量太低,使得運動員被準備更徹底、更強的對手擊敗。或者,運動員表現可能失敗的另一個原因,是接受的訓練或生活需求過大,而失敗原因是由於受傷或過度疲勞。

訓練監控旨在描述劑量和反應的特性,以便根據適切的生活需求來為運動員提供最理想的訓練任務,從而達成最佳適應效果。運動員應在沒有受傷或過度訓練的威脅下獲得最理想的進步。由於每個運動員承受訓練需求的能力可能不同,而這些能力在很大程度上是未知的,因此防止傷害和過度訓練唯一合乎邏輯的方法,是仔細監控訓練劑量和反應,以便將相對應的資訊回饋到訓練需求上。接下來,監控所得資訊就可以用來調整訓練與生活壓力輸入,以實現最理想的表現輸出。

## 監控阻力訓練的重要性

唯有全面監控才能提供一種測量方法,隨後控制訓練的計劃和非計劃面向。如果沒有計畫,將難以想像如何設計出一個系統化的成功計劃或過程。西方世界已經接受了透過訓練理論和週期化進行規劃(請參閱第一章和第十三章),以作為增強訓練和表現的重要手段。[8,9,10,11,12,13,16,17,18,26,53,82,89,92] 週期化原理已進入幾乎所有現代教練教育以及競技科學家的養成之中,作為長期提供訓練計劃的統一方案。雖然週期化的規劃顯然是至關重要的第一步,但僅有規劃並不能引導運動員完成訓練計劃,許多不可預測的事件會使運動員的表現和適應能力從預期路徑轉移到意外路徑,包括疾病、受傷、高估運動員的適應性資源、獲勝、敗北以及比賽時程表的更動。即使是最佳訓練計畫,也有可能遭到上述狀況破壞。

就算使用相對簡單且非侵入性的量測方法對訓練進行時域研究，也可以提供對劑量—反應關係之性質的可觀認識。例如，各種訓練週期會如何影響受傷？圖9.1和9.2顯示了全國排名頂尖大學女子體操代表隊每個訓練時期的受傷人數。要注意的是受傷型態有所不同，總傷害數字包括了新傷害（首次記錄）和舊傷害（仍會記錄）的總和。在這項研究中，傷害的定義是指所有會限制或減少當天訓練內容的任何身體損傷[74]。圖9.1和9.2所顯示的數據僅透過每天記錄所有運動員的受傷情況而獲得。圖9.3顯示了一名女大學生體操運動員的練習前靜止心率和練習前體重量測的監測數據。圖9.3中的數據來自簡單的觀察和評估，然而，這些數據所講述的故事，對於教練可能會進行哪些修改以減少受傷的可能性具

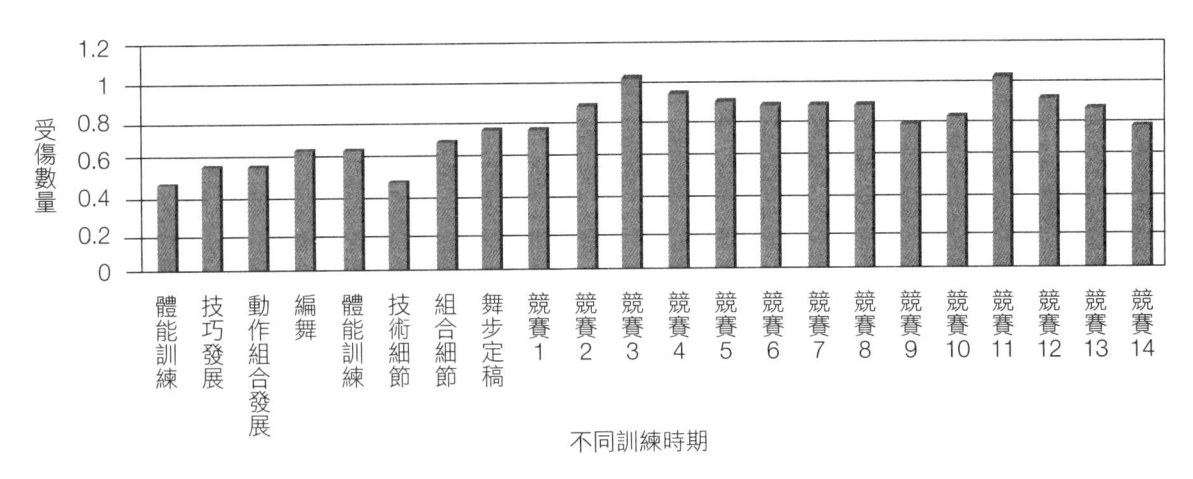

**圖9.1　全國排名頂尖大學女子體操代表隊每個訓練時期的總受傷人數。**
此圖表收集了5年數據，且是取每個訓練時期的平均值。

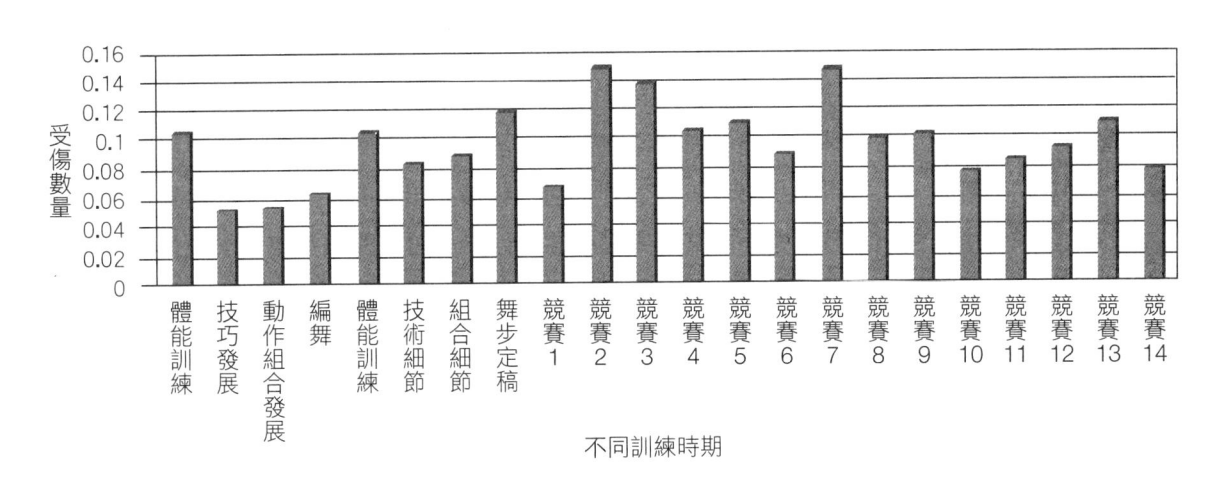

**圖9.2　全國排名頂尖大學女子體操代表隊每個訓練時期的新受傷人數。**
此圖表收集了5年數據，且是取每個訓練時期的平均值。

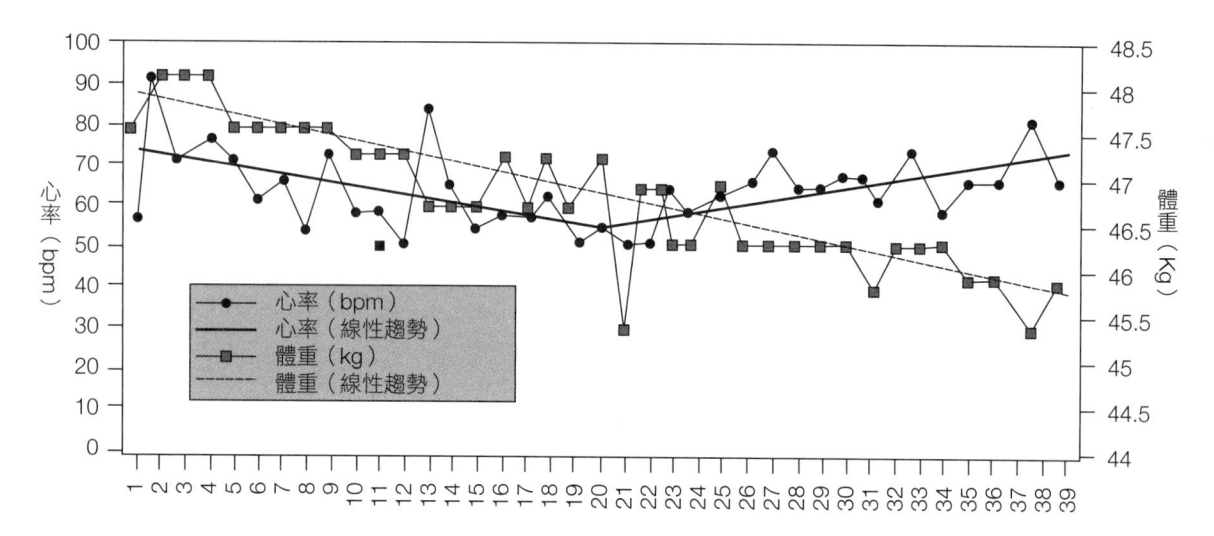

**圖9.3　此圖顯示了過度訓練的經典模式。**

從開始量測一直到大約第20天，運動員的心率和體重持續逐漸降低。第20天起，運動員的練習前安靜心率開始呈上升趨勢。持續上升的安靜心率和持續減輕的體重被認為是交感神經過度訓練的經典症狀。令人難過的是，第39天是這位運動員作為大學體操運動員的最後一天，因為她在那一天受了足以終結職業生涯的傷。

有深刻意義（畢竟現在他已經知道何時可能受傷），且教練可能會重新看重一些運動員心率與體重之間的關係，因此，如果將來遇到類似情況，訓練時教練可能會更加謹慎。

## 監控阻力訓練的目的

監控訓練有2個總體目的：（1）常規監控和（2）特定監控。常規監控旨在確定施加於運動員身上的總體訓練與生活壓力之間的劑量—反應關係。特定監控旨在確定特定訓練負荷和任務之間的劑量—反應關係（通常是短期之內）。例如，紀錄早晨心率、睡眠障礙情況與心理情緒狀態的訓練日記，通常用來確定運動員對訓練的總體反應，而1RM則用於測試特定阻力訓練動作某個面向的特定適應。當然，這些監控目的常常會重疊，且許多差異源自於測量次數和測量持續時間。僅重複幾次的測試可能會用於評估賽前準備情況，經常使用且測試時間相對較長的測試，較有可能用來當作對訓練反應更全面的測量。這兩種級別的訓練監控功能，是評估訓練對整個生物體的短期和長期影響。

## 阻力訓練值得監控的面向

基於找尋可靠又有效的訓練狀態指標這個難題，Hopkins提出了一個問題，即有什麼是值得監控的？[32,34] Viru也寫道，雖然可以用監控訓練的名義來衡量許多變項，但並非

所有變項都是表現狀態，或運動員適應能力隨時間變化的合適指標[96]。不過，在尋找特定指標之前，應確切識別監控目的。

## 劑量監控

無論從常規監控還是特定監控的角度來看，訓練劑量或許都是最簡單、最合乎邏輯、最單純的監控項目。訓練劑量分為訓練量、訓練強度、訓練密度與訓練頻率。訓練量是訓練的數量，通常可以用組數、反覆次數，以及運動進行了多少來衡量。訓練強度是力量、作功率或運動員執行訓練內容的努力程度。訓練密度指的是在一定時間內所進行的訓練量。「一天兩次」比起「一天一次」是更密集的訓練劑量。訓練頻率就是訓練的節數。

阻力訓練提供了多種相對容易量測的劑量變項。運動的類型、反覆次數、使用的阻力、1RM的百分比、動作速度、動作的活動度、組數、組間休息時間、身體姿勢、運動順序、一日中何時訓練、過往的運動特徵、休息期間的活動以及其他變項等，都可評估與紀錄。這些變項全都會對運動員訓練的特性產生影響，且最終會影響運動員對訓練反應的特性。傳統上來說，阻力訓練會監控組數、反覆次數、使用重量、1RM的百分比以及組間休息時間，然而，我們現在知道，這些變項雖然很重要，但通常不足以完全描述出運動員的訓練特性[1,29,49,71]。爆發力監控、發力率、動作速度，甚至是爆發動作的力量—時間曲線的形狀，都可用於描述和監控阻力訓練。

## 監控反應

與劑量變項相比，有效反應變項更難確定[32]，其難處來自3個方面：

1. 特定的訓練壓力源可能會產生非特定的生理反應[15,20,31,43,46,59,60,81,84]
2. 訓練反應可能不會與訓練劑量呈線性關係[94,95,97]
3. 訓練反應可能在不確定的時間後才會表現出來[88,90,91]

儘管確立一或數個可靠而有效訓練反應指標，一直倍受運動生理學領域的重視和追求，但是對於哪種指標變項在所有情況下都適用於所有運動員，卻鮮少有共識。

選出可靠又有效的一項或多項反應變項，取決於反應監控的目的（即你想知道的內容）、你可以達到的侵入性程度（例如，血液檢查與問卷調查）、期望的測量頻率（測試可能會帶來痛苦或困難，或者可能因測試靈敏度而出現問題）、可用的財務資源（某些標記變項的測量成本很高），以及數據分析和報告的難易度。

反應變項通常用於確定2件事情的變化，即體能與疲勞或恢復。體能變項下降時，可

能會歸因於疲勞。然而,最近的研究者已經開始將恢復視為訓練反應的一個單獨面向。例如,可能是這名運動員的整體體能水準相當高,但是由於缺乏局部或短期恢復,使他無法在測試中展現出高體能水準。Kellmann及其他人,已經提出了測量恢復或其缺乏狀況的方法。[6,22,28,40,41,42,43,44,81]

如果監控正以連續且每天或幾乎每天的頻率進行,則理所當然地可以完成對體能和恢復情況的監控,然而,在間歇測試的狀況下,進行時間的間隔可能是固定的,但頻率不到每天一次(例如,每月、每季、每半年)的話,要評估局部或近期恢復情況,則可能需要專門的測試,以使運動員處於休息狀態,或至少確保每次測試的狀態一致。換句話說,進行的測試應該是要偵測體能變化,而不是最近或局部疲勞的隨機狀態。例如,運動員應補充充足水分;只要在測試之前進行尿比重測試,就可以找出哪些運動員嚴重脫水,且可以將測試延後至他們補足水分為止。受脫水因素干擾的測試,對確定運動員當前狀態的幫助,並不如在正常狀態下進行的測試。用於確定當前疲勞狀態或測試前準備狀態(或同時適用)的其他測試包括Margaria測試、休息時血液中的乳酸濃度和Rusko心率反應測試。當然,以上所有測試結果都要與基準值比較。

然而,我們想指出,傳統訓練監控方法不僅有問題,而且注定會在實際訓練情境中失敗。原因與大家一向仰賴分組數據(通則式調查),而非監控、研究和分析個別運動員數據(個體調查)有關。對訓練的反應幾乎具有類似特徵,但又具有個體差異,這意味著隨著時間的推移,個別運動員會傾向於對特定的訓練或生活壓力做出類似反應,但這些反應可能會因人而異。[4,5,14,21,23,39,46,47,56,57,61,64,78]。單一受試者研究設計的技術已經建立了多年,但是很少有競技科學家接受過這些方法的訓練。[4,5,7,14,19,21,24,25,37,45,50,55,56,57,64]。此外,由於訓練反應變項可能具有個體差異,傳統推論統計方法會產生問題,原因是小樣本會無法找到足夠多且匹配的對照組以及運動員(尤其是菁英運動員)的異質性[35,36]。傳統推論性統計的替代方法非常適合監控阻力訓練,這些分析方法包括單一受試者實驗設計、圖解分析法、統計製程控制、趨勢分析、時間序列分析等。

## 如何監控阻力訓練?

首先,選出並且監控你可掌握的最佳變項。(請注意,特定變項的選擇超出了本章的範圍,這取決於你想要瞭解的特定身體、生理、心理或其他資訊。本書第二章至第六章,和第十章至第十一章,提出了一些已經相當成熟,且在監控阻力訓練上相當有用的變項)。

一旦選擇了一或多項變項,就必須在變項與收集狀況允許下盡可能頻繁地獲取數據。

以訓練日誌或問卷的形式，有辦法收集到每天的劑量—反應數據。取得困難、耗費心神或所費不貲的劑量數據，收集上可能不會那麼頻繁，但仍應以規律的間隔時間獲取。利用侵入性測試（例如血液檢測、活組織切片檢查等）獲得的反應數據，因為具有侵入性，並且有時伴隨著疼痛，獲取上必須有所限制。應要避免會中斷訓練過多的測試，或將其分配給訓練計畫中的特定時間或預先規劃好的時間。如果想做的測試需要付出極大努力或大量的恢復時間，則教練和運動員必須在每次測試之前藉由結合一些特殊的小週期，來為這類測試制定計畫，以確保運動員在每次測試時，都能保持同樣的休息狀態。

當研究者計劃從大學的常規人類受試者批准委員會獲取長期訓練和表現數據時，可能會出現一些問題。[83] 對於常規人類受試者委員會而言，這些持續時間超過1年且需要頻繁測試的研究，與他們所習慣的前測、後測和對照組設計範式相當不同。此外，由於個別運動員對訓練介入的反應可能不同，因此當人們試圖確定運動員的訓練方式以及對訓練的反應時，不能指望單一變項測試會產生足夠的保真度。最終，進行訓練監控的目的是為了提供教練足夠證據，以「即時」修改訓練負荷，從而使運動員始終保持在適應性窗口的最佳反應。這意味著教練將根據監控結果不斷修正訓練負荷，然後科學家必須對數據分析採取「觀望」的方式；也意味著典型的假設測試方法無法順利運作，研究人員會需要向人類受試者委員會陳述其案例中的大量未知資訊。而這通常與人類受試者委員會授權的內容，以及該委員會密切控制研究人員對人類受試者所做之事的能力背道而馳。

監控主要以2種形式完成：（1）訓練日誌、問卷或調查類型的工具；（2）根據測試性質，以不同時間間隔執行的特定生理、心理、營養或生物力學測試（或這些測試的某些組合）。

每種監控形式都有其優劣。訓練日誌能夠在更規律、更即時的基礎上提供資訊，但可能無法提出需要侵入性或企圖心較大的測試的特殊性訓練看法。特殊性生理測試更加耗時、影響訓練、花費更高、使用頻率低。然而，由於特定的生理、心理和生物力學測試方法更具針對性，因此通常可以提供更高品質的資訊。

## 訓練日誌

教練和運動員已經提出並使用訓練日誌很多年了[33,34,43,44,51,67,69,68,73]。訓練日誌可以書本、紙本形式保存，近期則是透過電腦（圖9.4、9.5和9.6）。在實際訓練環境中運用時，訓練日誌是最單純、最便宜和最簡單的監控方法。訓練日誌幾乎可以將訓練和表現的所有層面全部記錄下來，並提供所有訓練監控方法所能獲取的最高解析和最緊密的數據，然而，訓練日誌需要認真記錄訓練數據。訓練日誌的最大問題，在於運動員的服從問題（即「麻煩」因子），以及將數據轉換成易於分析的形式的難度。繁瑣而乏味的數據條目，常

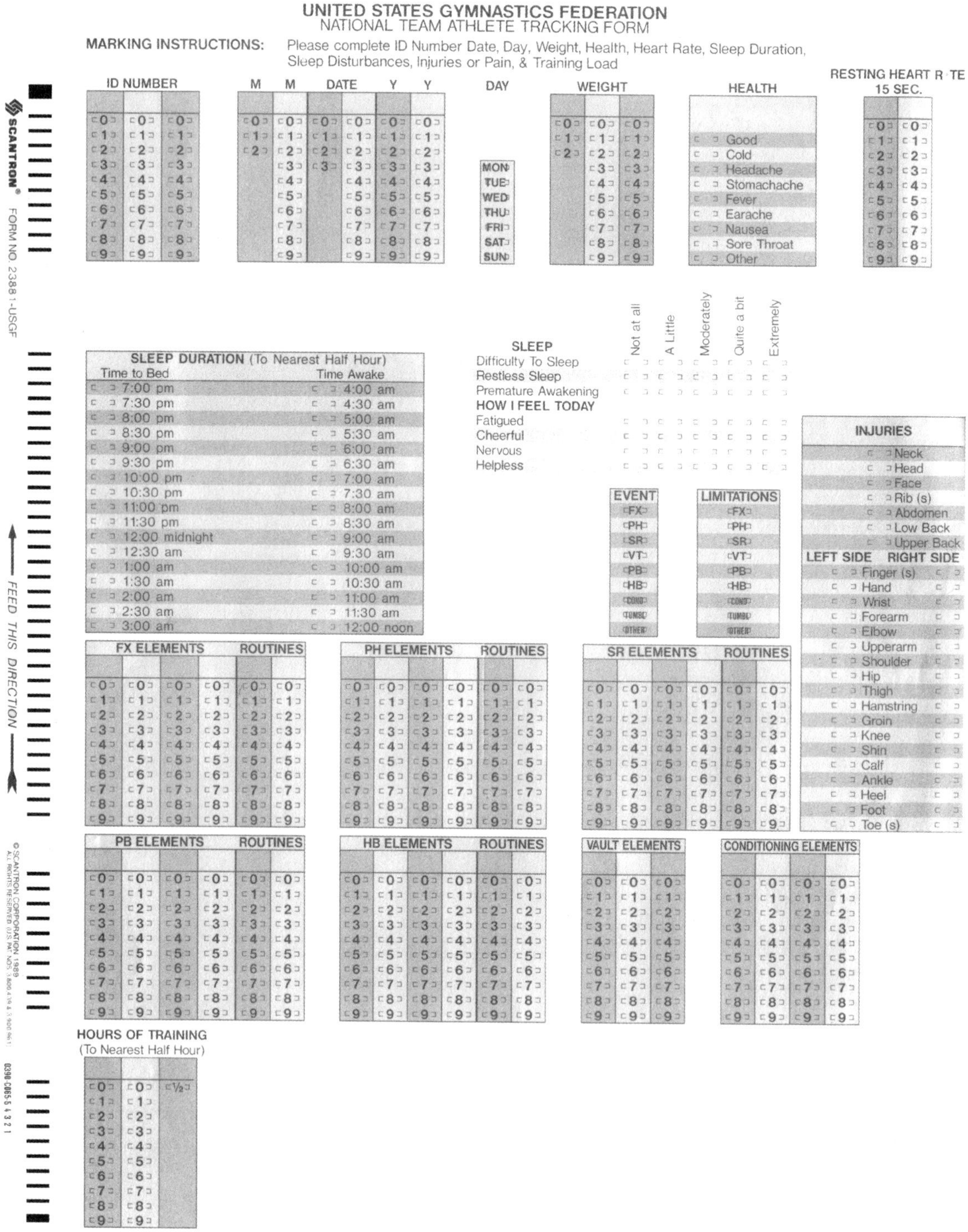

**圖9.4　美國男子國家體操隊的監控表單。**

請注意，這個表單可以記錄許多劑量（表格下半部）和反應（表格上半部）變項。 該表單已透過教練分發給運動員，以記錄每日的訓練數據。

Bill Sands提供

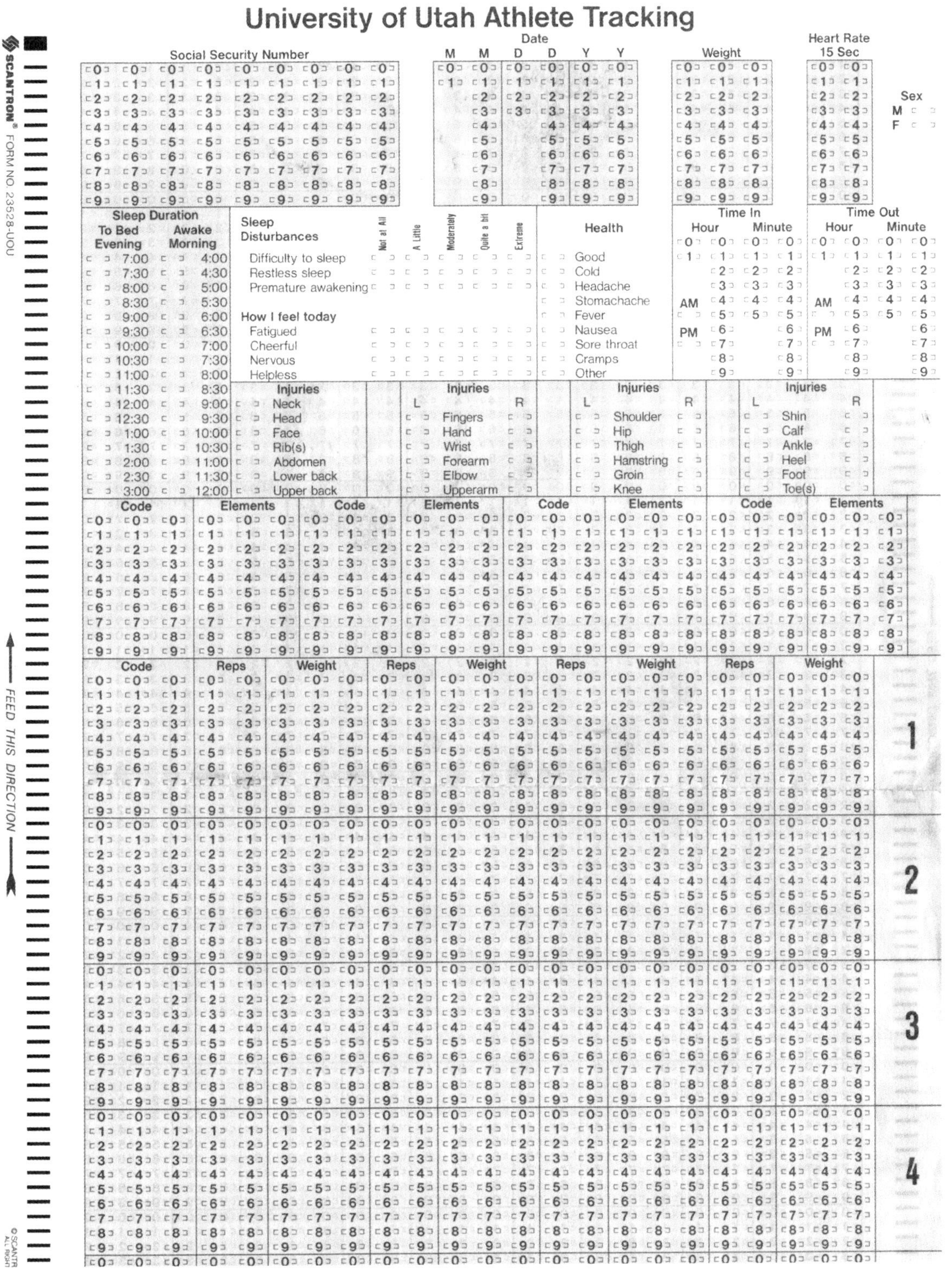

**圖9.5 阻力訓練的監控表單。**
這是11×18英寸的雙面格式。所有重訓動作都有一個代碼編號。表格上半部記錄了反應數據，下半部和背面記錄了劑量數據。
Bill Sands提供

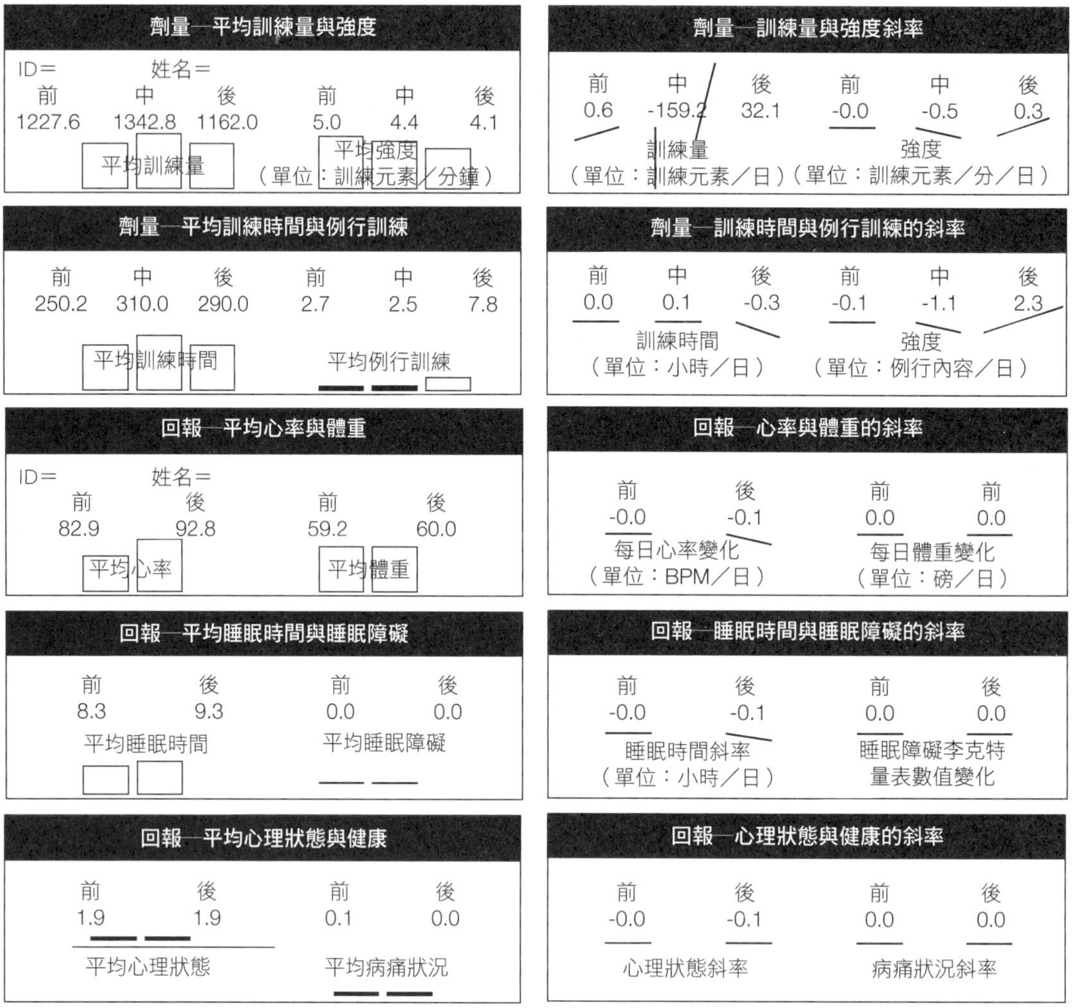

| 劑量—平均訓練量與強度 | | | | | | 劑量—訓練量與強度斜率 | | | | | |
|---|---|---|---|---|---|---|---|---|---|---|---|
| ID= | 姓名= | | | | | 前 | 中 | 後 | 前 | 中 | 後 |
| 前 | 中 | 後 | 前 | 中 | 後 | 0.6 | -159.2 | 32.1 | -0.0 | -0.5 | 0.3 |
| 1227.6 | 1342.8 | 1162.0 | 5.0 | 4.4 | 4.1 | 訓練量 | | | 強度 | | |
| 平均訓練量 | | | 平均強度（單位：訓練元素／分鐘） | | | （單位：訓練元素／日）（單位：訓練元素／分／日） | | | | | |

| 劑量—平均訓練時間與例行訓練 | | | | | | 劑量—訓練時間與例行訓練的斜率 | | | | | |
|---|---|---|---|---|---|---|---|---|---|---|---|
| 前 | 中 | 後 | 前 | 中 | 後 | 前 | 中 | 後 | 前 | 中 | 後 |
| 250.2 | 310.0 | 290.0 | 2.7 | 2.5 | 7.8 | 0.0 | 0.1 | -0.3 | -0.1 | -1.1 | 2.3 |
| 平均訓練時間 | | | 平均例行訓練 | | | 訓練時間（單位：小時／日） | | | 強度（單位：例行內容／日） | | |

| 回報—平均心率與體重 | | | | | 回報—心率與體重的斜率 | | | |
|---|---|---|---|---|---|---|---|---|
| ID= | 姓名= | | | | 前 | 後 | 前 | 後 |
| 前 | 後 | 前 | 後 | | -0.0 | -0.1 | 0.0 | 0.0 |
| 82.9 | 92.8 | 59.2 | 60.0 | | 每日心率變化（單位：BPM／日） | | 每日體重變化（單位：磅／日） | |
| 平均心率 | | 平均體重 | | | | | | |

| 回報—平均睡眠時間與睡眠障礙 | | | | 回報—睡眠時間與睡眠障礙的斜率 | | | |
|---|---|---|---|---|---|---|---|
| 前 | 後 | 前 | 後 | 前 | 後 | 前 | 後 |
| 8.3 | 9.3 | 0.0 | 0.0 | -0.0 | -0.1 | 0.0 | 0.0 |
| 平均睡眠時間 | | 平均睡眠障礙 | | 睡眠時間斜率（單位：小時／日） | | 睡眠障礙李克特量表數值變化 | |

| 回報—平均心理狀態與健康 | | | | 回報—心理狀態與健康的斜率 | | | |
|---|---|---|---|---|---|---|---|
| 前 | 後 | 前 | 後 | 前 | 後 | 前 | 後 |
| 1.9 | 1.9 | 0.1 | 0.0 | -0.0 | -0.1 | 0.0 | 0.0 |
| 平均心理狀態 | | 平均病痛狀況 | | 心理狀態斜率 | | 病痛狀況斜率 | |

**圖9.6**
此圖為回傳給教練的數據圖表，左上角的圖顯示劑量資料的各項平均值，例如在「訓練量」欄位下，3個區塊分別為最後7個訓練日（最右區塊）、倒數第二個7個訓練日（中間區塊）與最後14個訓練日之前與回歸訓練大週期的平均訓練量（每日的總訓練元素）。左下角的圖顯示回報的資訊，回報資訊區分為最後10個訓練日（最後區塊）以及回歸訓練起始的剩餘訓練（最左區塊），右側的圖為斜率（透過一條顯示相對斜率的線，表示每個運動變項的變化率）

常會導致實施一小段時間後便放棄紀錄訓練日誌。不過，已經有一些新方法已證明能有效透過訓練日誌提供訓練監控，並且使訓練數據相對容易分析[73,67,69,68,70]。

　　圖9.4顯示了一張電腦「讀卡」表格，用於記錄男性體操運動員的體操訓練數據，女子國家體操隊和猶他大學女子體操隊也使用了類似的讀卡表格。值得注意的是，猶他大學的體操隊在過去5年中累積了5000多筆訓練記錄，並多次展現了訓練監控的價值。[35,36,66,67,69,68,70,73,75] 這樣的點狀讀卡紙專門設計來當成訓練記錄，可讓運動員在不到1分鐘的

時間內完成紀錄，每位運動員在每次練習時都要完成一張讀卡紙，讀卡紙回收後會用掃描機將整張掃描。特製軟體會分析收集到的數據趨勢，並採用人工智慧來挖掘數據資料，找出其中的微妙或隱秘關係[68,70]。讀卡紙會每週掃描，並將完整的多頁報告回傳給每位教練。以人工智慧為基礎的軟體，是分析數據紀錄的專門系統，隨後會以英文句子回應個別運動員當前的狀態。這樣一來，教練就能看到量化數據、原始數據圖、抽取資料後分析的趨勢圖、以及運動員數據的紙本報告（圖9.6）[69,68,70]。

## 生理、心理、營養和生物力學測試

生理、心理、營養和生物力學測試的本質，是要確保他們在面對特定訓練或表現問題時，展現出高度指向性。通常，這類型測試獲取的數據需要經過電腦計算、複雜的處理程序和專家解釋。此外，由於其處理的是高度特定性的問題，且需要專門儀器，數據分析的結果要回傳給教練和運動員的往返所需時間可能從數小時到數週不等。圖9.7顯示了專門的肌力和爆發力測試設備，這種多功能設備可用於許多重要的肌力和爆發力測量上。然而，這機器要價不菲，並且需要使用到測力板和槓鈴軌跡追蹤感應器。這台機器獲得的數據可在大約一天之內分析完畢並回傳給教練，更複雜的分析可能需要更多的時間。這台機器的測試結果圖形如圖9.8所示。

垂直跳躍可用於評估跳躍高度、峰值力量、爆發力和發力率。圖9.9有一張攜帶式測力板，該測力板可用來測量多達二十幾項肌力與爆發力變項，如靜態垂直跳、反向動作垂直跳和負重或無負重的落地反跳。儘管使用此儀器，通常只需要幾個小時就可以快速地獲得並回傳數據，但是該設備的花費需要數千美元，並且需要使

**圖9.7　一組框式蹲舉架。**
運動員站在測力板上；槓鈴兩端連接電位器的追蹤器（在本圖中看不到那小小的電線），且所有數據都透過電腦（此圖未顯示）來記錄。
麥可‧史東提供

**圖9.8**
用圖9.7的儀器測量負重垂直跳躍時的數據，所得出的力量—時間曲線、爆發力—時間曲線、速度—時間曲線。

用電腦和客製化軟體來計算數據[52]。儘管如此，回傳給運動員的數據既準確又豐富（圖9.10）。

特殊性測試的解讀取決於此特定測試，這些測試具有較高的分辨率與精確度，使其成為解決特定表現問題，以及研究生理、心理、營養和生物力學等更深度面向的理想選擇。

無論使用訓練日誌類型的數據還是特殊性測試來監控，這些數據的分析，在時域上基本上是相同的。其中有許多常識、統計、和圖像學方法可用於分析阻力訓練的長期情況。

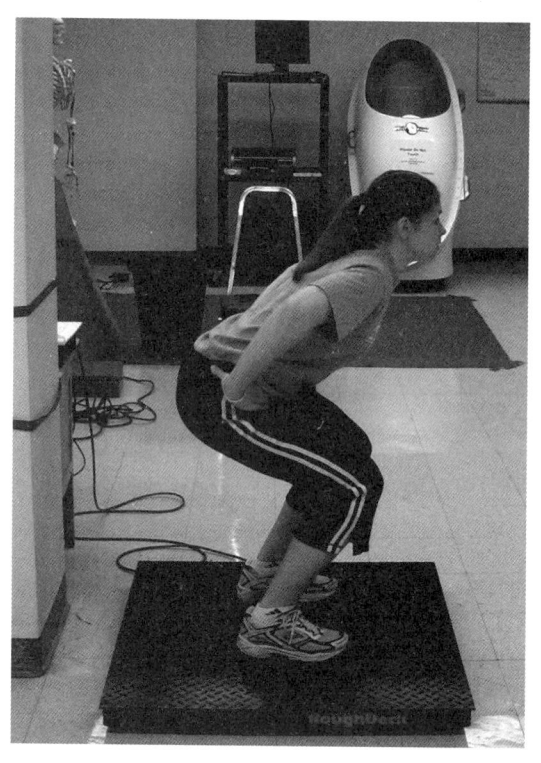

**圖9.9** 一名舉重選手在可攜式測力板上測量垂直跳躍。

麥可·史東提供

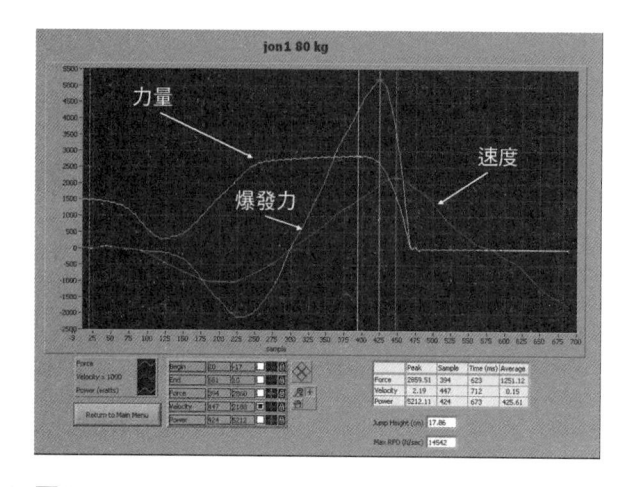

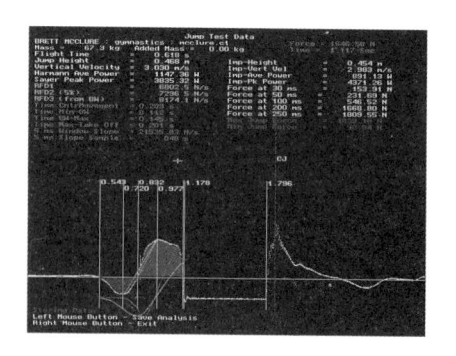

**圖9.10** 螢幕畫面，為在可攜式測力板上進行一次反向動作跳躍回傳的變項數值。

## 分析訓練監控數據

每當運動員以某種訓練方法從一種狀態進展到另一種時，這些數據就要使用時域分析。然而，多重連續測量的訓練監控，帶來了獨特的時間序列分析維度。時間序列分析，可以跟繪製數據圖表，並注意那些變項是增加、減少、或保持不變一樣，是一種常見手

法；或者，時間序列分析也可以像確定幾個循環變項的頻率特徵，以預測這些變項未來可能的行為一樣複雜。尤其是自電腦問世以來，已經發明了許多分析工具，這些分析工具是設計來讓時間序列數據以某種形式闡述過去發生什麼事，或充當未來表現預測模型的原料。

　　時間序列數據是以陣列排序，陣列即是事物照順序排列的清單。收集訓練監控數據後會以陣列排序，每個陣列位置都代表特定的（且通常是統一的）持續時間，因此，每個變項在陣列中都有一個值和一個位置，位置就代表時間，且變項的這兩個面向都極具意義。與實驗設計中常用的典型前測、後測和對照組設計不同，時間序列數據是以相對於時間的分組數據、個別數據和數據序列來分析。例如，如果運動員連續10日，每日早晨起床時量測自己的安靜心率，則蒐集到的數據會得出10個位置的心率值數列，這樣的數據數列可以用大量傳統統計方法來處理，可以計算出該數列的平均值、中位數、眾數和標準差，以及可以用符合回歸分析的最小平方法來識別其簡單線性趨勢。圖9.3顯示了體操運動員的心率和體重數據，並包含了線性趨勢。圖9.11顯示了整個訓練年度的心率數據，其中包括平均值和標準差資訊。

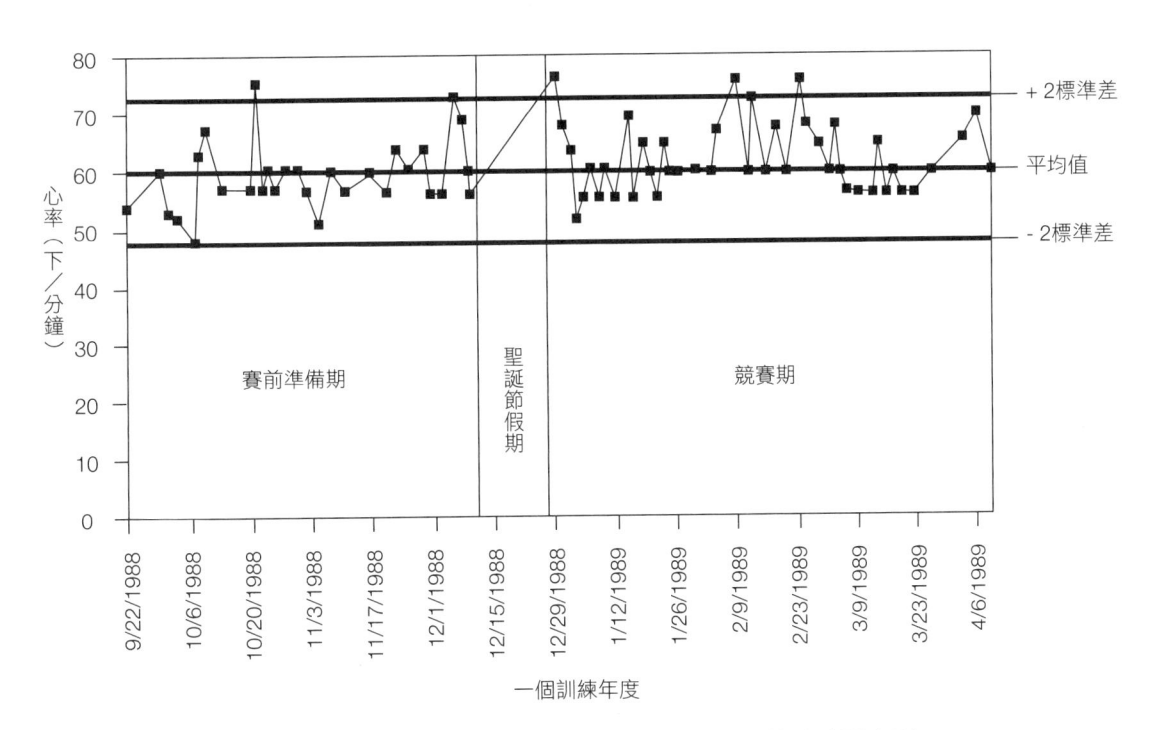

**圖9.11　女子大學體操運動員整個訓練年度的練習前安靜心率數據的時間序列。**
請注意，平均值和標準偏差（上下各一條）線描繪出了這些數據的控制極限邊界

## 單一受試者實驗設計調查與監控

　　從本質上來說，阻力訓練是提高個體肌力與爆發力體能的問題，然而，個體分析由於現代太過強調個體一般性而非個體，因此產生了爭議。對個人的研究稱為個人特性研究（ideographic research），是透過單一受試者研究設計來進行的。對一群個體進行調查，為求找尋通則的研究，則稱為通則式研究（nomothetic research）。有趣的是，19世紀時許多科學都是透過個人特性研究方法進行的。20世紀推論統計學的興起，導致研究重點從個人研究轉向群體研究[4]。然而，值得注意的是，我們有些最有價值的科學發現，是以僅涉及單一受試者的調查為基礎。例如，Broca對大腦言語區域的研究是根據一名患者，而據說Pavlov研究了一隻狗來發展刺激—反應條件的概念[4]。

　　個人特性研究被認為與通則式研究是對立的，這主要是由於人們對2種類型研究的優缺點缺乏了解。調查臨床介入與結果的應用研究，若使用結合涉及通則式調查方法來敘述其涵蓋原則與法則，實做起來會更理想。而個人特性研究可以代表應用研究的第二階段，在此階段要確定通則性研究的結果在實際個人臨床介入中是否有效[24]，而臨床研究設置類似於運動員訓練設置。

　　單一受試者調查涉及對個體的系統性研究，有一個常見的誤解，認為單一受試者調查設計是「個案研究」。個案研究通常包含2個階段：基準期（測量或假設）和治療期。治療成效可能是觀察的巧合（研究人員在正確時間於正確位置觀查某些治療的結果，例如訓練），也可能是研究人員造就了治療的結果[37]。個案研究是一個相對較弱的實驗設計，因為除了視為因果關係的變項或僅在觀察之下的變項外，很多變項都可能影響觀察到的結果。單一受試者設計可能涉及透過記錄足夠長的基準期，在控制下引入治療變項、觀察治療效果、除去治療變項，然後重新引入具有相應觀察結果的治療變項。個案研究通常可以歸類為A-B設計。A表示基準狀況；B代表治療狀況。單一受試者設計可以使用許多不同的方法，但是方才描述的方法是A-B-A-B設計[4]，在這種情況下，「A」是指基準或無介入期，而「B」是指實施或加強介入。

　　對於那些接受過典型推論統計學訓練的人來說，單一受試者的設計似乎既陌生又反科學。不詳加考慮而直接拒絕替代方法會太過武斷，且可能對2種類型的調查都有害。有許多關於單一受試者設計的誤解應該要解決。提倡單一受試者設計的主要問題，是藉由使用與仰賴平均值的情況下，我們可以發現調查下的一群受試者中，可能找不到一個實際上符合該群組平均值的個體[24]，並且，在小組調查中常會發現，有些個體治療後沒有改善，甚至惡化，但看小組的平均值卻顯示有改善。因為平均值趨向於極端分數，導致群組成員間出現差異顯著的情況，可能主要是由於少數個體呈現大幅改善，其他人則呈現約略改

善、沒有改善、或反而惡化。當然，沒有改善或個體實際上惡化了，在臨床或訓練設定中是不可接受的事情。訓練介入必須讓一名運動員進步，就像醫學臨床調查一樣，如果患者的病情沒有好轉，那醫師就算是失敗。一組患者的平均健康水準是否提高固然很重要，但是醫師的重點必須放在每位患者上，同理，教練和肌力體能訓練專家必須向其他人證明單一運動員（尤其是他們最佳的運動員）的進步狀況。

還有許多誤解與單一受試者設計有關。與常規調查不同，單一受試者調查常會跨越多次練習或競賽進行，或是兩者並行。單一受試者設計依賴複寫邏輯，而非採樣概率。透過縱貫研究法與重複數據採集，得以確立運動員在表現上的自然變異性，但這種類型的群體調查沒有將單名運動員的變異性視為重要因素，同時在計算平均值時常會遺漏重要資訊。為了在群體研究設計中使用推論統計進行分析，受試者或運動員的數量相對來說必須較大些[35,36]，然而涉及到真正菁英運動員（如奧運代表隊、奧運獎牌得主）的研究與監控，幾乎根本不可能使用群組研究設計，因為從定義上來看，菁英運動員十分稀少。單一受試者設計通常是針對1到5名受試者或運動員來進行的。單一受試者設計所需的受試者相對較少，可以在幾乎任何時間、持續時間下，來評估幾乎任何水準的運動員。單一受試者設計不需要對照組，每個受試者都可以作為自己的對照組。因此，單一受試者研究方法能夠以少量運動員作為對象，且可以隨時開始介入；教練和運動員不用擔心某些運動員由於處於對照組或非處理組而無法接受處理[37]。雖然這些想法可能會是運動員研究的一份資產，但對於以相對較長的基線數據蒐集這份需求，無論怎麼強調也不為過。某些目標變量上的運動員表現，研究的時間得要長到足以使該變項的固有可變性得以穩定，從而能夠可靠地識別正常行為所引起的偏移。

舉例來說，我們可以想想要如何在阻力訓練中進行單一受試者調查和監控，讓我們從假想研究開始：我們想知道設計來增加髖關節和下背活動度的認真伸展，是否有助於增強我們4名奧運舉重選手的頂尖團隊在抓舉項目中的肌力與爆發力。我們決定採取A-B-A-B研究設計。首先，我們每週收集2次資訊，以了解運動員目前伸展動作總量和類型。我們獲得了4週的伸展活動基線，當前的活動度表現使用了坐姿體前彎、Thomas測試，以及從側面拍攝抓舉動作所獲得的關節角度測量值，同時我們也測量了各種輔助評估項目，如深蹲、爆發上膊、直膝硬舉等動作的1RM重量；這些數據就是第一個「A」。我們每週收集1次這些項目的資訊，然後，我們開始執行伸展計畫並每週2次監控這些測試，共進行8週；這是第一個「B」。我們記錄並將所有測試數值繪製成時間函數圖表。接下來我們將伸展計畫移除4個星期，同時繼續執行表單上所有的測試；這是第二個「A」。最後，我們將伸展計畫恢復8週，同時繼續監控所有測試結果；這是最後的「B」。

圖9.12顯示了我們在24週內對4名運動員的槓鈴移動速度進行伸展介入後的一些結

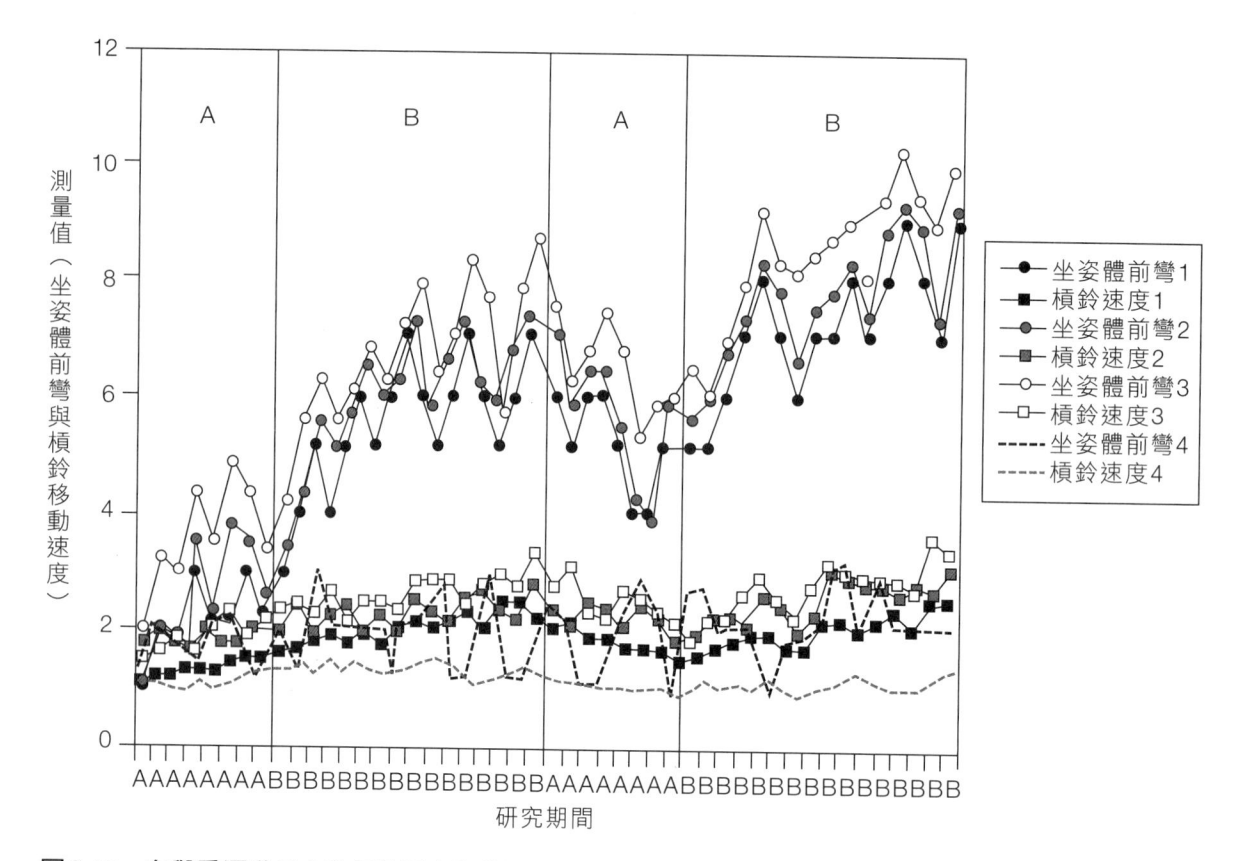

**圖9.12　在舉重運動員中進行伸展介入的假設單一受試者設計數據。**

請注意，A期是基線期，沒有施加任何伸展。B期是進行伸展的時期。還請注意，受試者1、2和3在B期間傾向於展現出增加的柔軟度，這與槓鈴速度的提升相吻合。另請注意，受試者4不具有這種趨勢。

果，以假設的縱斷面圖呈現。為了簡化，僅出於說明目的顯示了坐姿體前彎測試和槓鈴移動速度的數據。我們注意到4名運動員中有3名顯示出進步的趨勢，在基線期（A），進步似乎只是雜訊，而在處理期（B），運動員的柔軟度與槓鈴的移動速度都趨於進步。至於沒有表現出相同進步趨勢的運動員，或者說沒有像其他人一樣對訓練有所反應的運動員，可能是由於這樣的訓練無法改變其柔軟度、或是生病、受傷；我們無法根據這張圖表顯示的資訊來說明，然而，我們確實知道這樣的介入對其中3名運動員有效，而對第四名運動員無效。

這類分析的優勢在於可重複性。伸展運動時，運動員傾向於提高柔軟度和槓鈴速度，而當伸展項目移除後，運動員的柔軟度與槓鈴移動速度都趨於下降，此外，受試者4號並不遵循這種趨勢。為何受試者4號沒有以同樣的方式回應，這件事值得競技科學家和教練花時間找出原因。這可能有助於競技科學家和教練進一步診斷與訓練有關的問題，並且可能有助於確定受試者4號的其他特性，以及為什麼此運動員可能不會像其他運動員那樣，

對訓練產生反應。這會讓受試者4號有機會獲得更好的訓練與指導。顯然地，以通則式取向方法來處理這類問題，這4名運動員的變異性會在計算平均值時消失殆盡。假如樣本量夠大，我們或許能夠透過這類研究，達到統計上的顯著差異性，這將可證明伸展可能有益於槓鈴移動速度。然而，這樣的分析會掩蓋其實有一名或多名運動員對這類介入反應不佳的結果。

透過單一受試者設計方法可以很好地監控阻力訓練。個人特質研究方法與傳統的通則式研究方法相比有一些不同的假設，但是個人特質研究方法很適合單名運動員的個人縱向評估。

## 圖表、趨勢分析與自相關

監測阻力訓練最簡單、最基本的方法之一，就是繪製數據圖。單純繪製數據圖並紀錄所觀察的趨勢看似簡單，但統計上的簡單計算也可能會造成誤導[37]。其實只需要研究一系列的散佈圖就可以發現，一個大相關係數可能只表示2個母體群聚在相對較遠處，而導致相關係數膨脹[93]。因此單獨只看相關係數也可能造成誤導，但附隨的散佈圖可以顯示這對數據來自一或多個母體。典型的試算表與統計軟體包提供了許多製圖選項，而近期研究顯示僅採用數據圖可能比任何表格或文字更具啟發性[85,86]。

由於數據是從監測過程中所獲取的，它可能反映了一種趨勢。趨勢通常為線性、曲線或週期，線性趨勢可以透過多種方式來確定。例如中間分割（split-middle）分析來自於單一受試研究方法，中間分割用於計算代表趨勢的中位數斜率。為了計算中間分割，陣列位置會將數據陣列一分為二，並且計算這2個半份的中位數，這樣數據陣列就會分成4份，後半份數據的中位數則落在數據陣列現有數據的75%處，而前半份數據的中位數則落在數據陣列的25%處。接著將兩個點連結成為直線，便能顯示出數據的中位數斜度或中位數趨勢（圖9.13）[4]。線性趨勢也可以透過簡單最小平方迴歸程序來計算[38,93]，曲線趨勢可以透過相似但稍微複雜些的數學方法來計算。中間切割分析還需要人工計算，迴歸軟體已經可以輕鬆演算線性迴歸與曲線擬合，這些方法用於設計電腦軟體去自動分析時間陣列數據時非常有用；然而，在監測運動員進行特定領域的阻力訓練時，簡單的數據圖與線性方法通常已足以協助調整訓練[68,69,70]。

自相關是簡單雙變項相關的特殊案例，用於檢測與顯示數據週期行為之特性。皮爾遜積矩相關係數是統計量，但還有額外的面向，也就是通常還會將它描述為零階相關係數，2個相關的變數沒有時間上的位移，或是至少測量的時間點並不重要。例如，皮爾遜積矩零階相關係數可以用來計算身高與體重之間的關係。自相關使用相同的數學方式來計算相

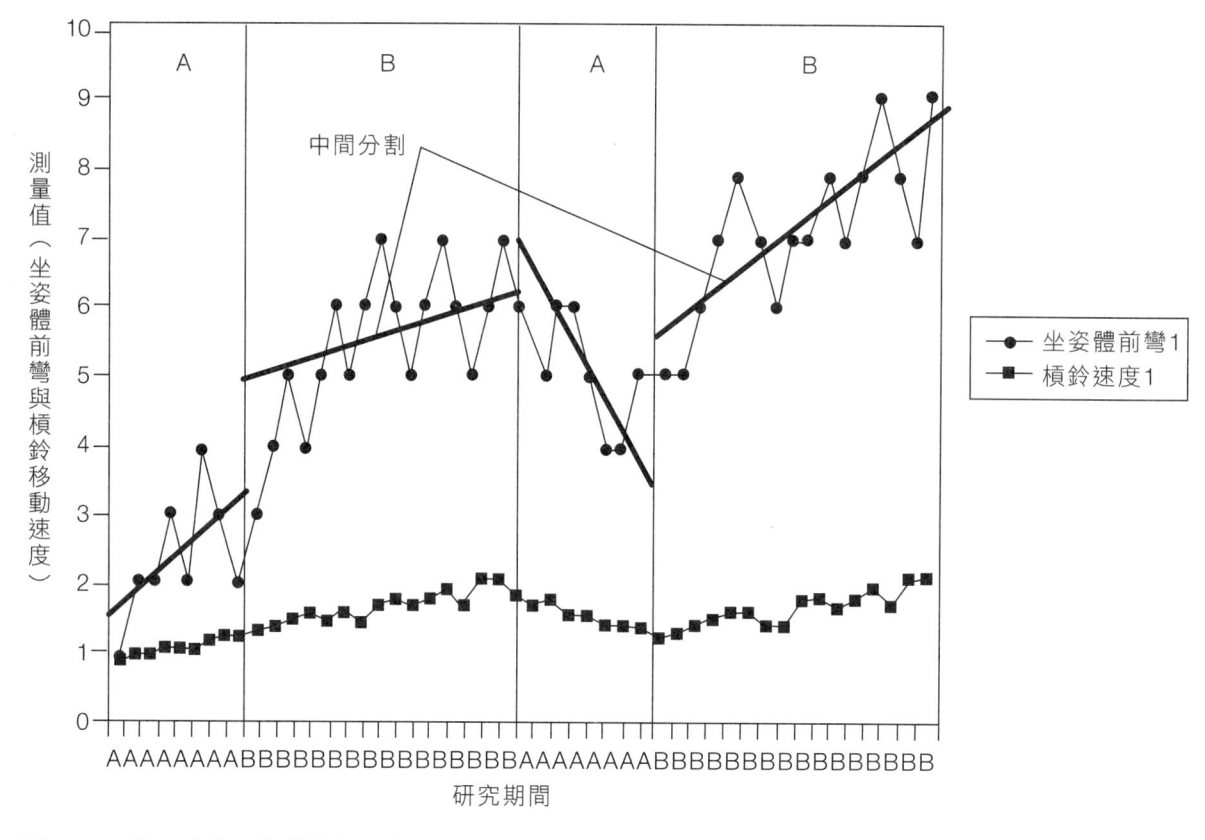

**圖9.13　單一受試研究數據顯示出坐姿體前彎假設數據的中間分割（中位數斜率）。**
請注意，雖然初始基準線A期間應造成對該受試者結果的謹慎解讀，這些數據的中位數（中間分割線的中心）以及中間分割顯示伸展可能有益。

關係數，但其中相關的數據，是同樣變項在時間上的位移。時間或陣列位置的位移稱為滯後數，例如：計算數據位置1和2、2和3、3和4等以此類推的相關係數，是滯後數1的自相關，而透過計算陣列位置1和3、2和4、3和5的相關性，可得到滯後數2的自相關（圖9.14）。再運用具有理論意義的滯後數，在整個數據陣列中重複這個程序。圖9.15是一個相關圖的範例，要注意的是，在滯後數2與10達到了最高自相關，這表明了根據數據陣列最大共變異數或可預測性（或兩者），僅可預測到未來的2或10個數據點。然而，我們很難替這些明顯卻適度的週期特性確立一個良好的理論性原因。

## 統計製程控制

統計製程控制（statistical process control，SPC）是一個在工業製造上相當普及的完整研究領域[63,80]。如同製造，訓練也是個製程。統計製程控制提供了強而有力的工具組，

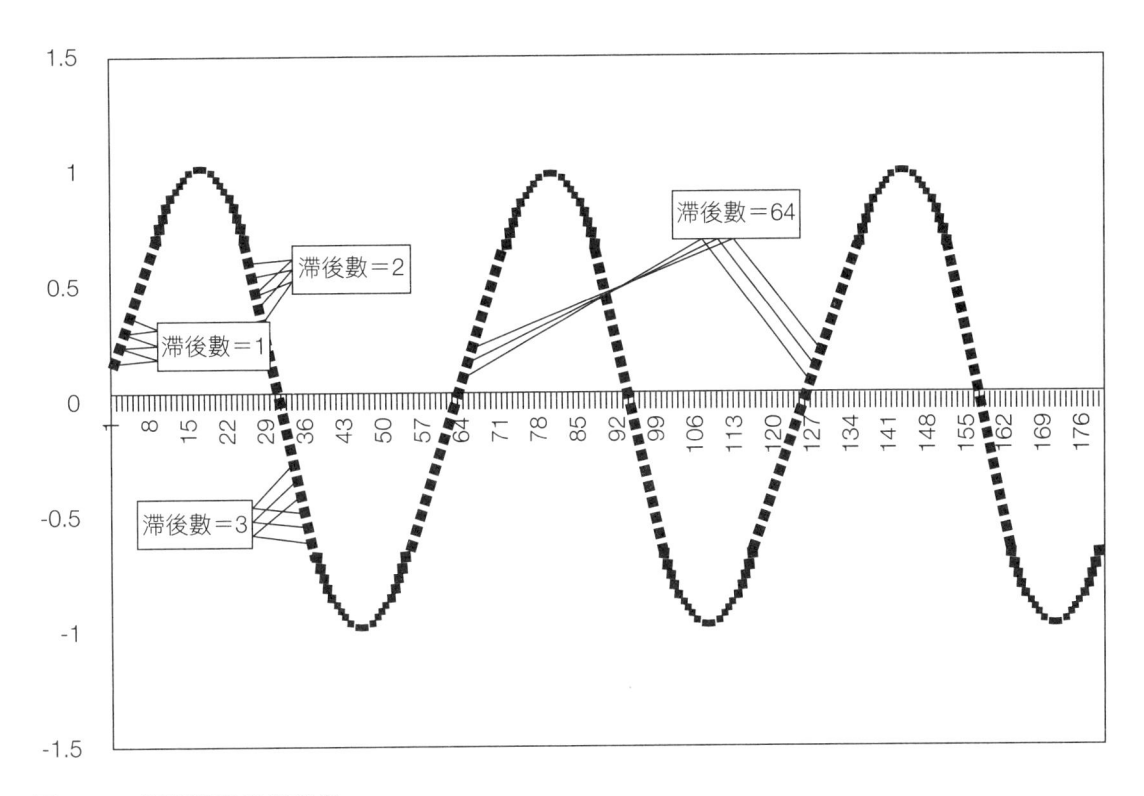

**圖9.14　相關係數與滯後數**
此圖顯示計算自相關的整體方法，滯後數值指出計算相關係數所使用的陣列距離或位置。要注意的是，當滯後數值達到與週期曲線相對應處上數值相似之陣列點時，會產生較大的相關係數。使用此方法時，研究者可以判斷是否存在週期行為以及最佳滯後數，或陣列點之間的距離，從而描繪出週期行為的時段特性。

來分析阻力訓練監測的縱向數據，儘管SPC使用了許多工具，但也可藉由幾種最簡易的工具組來有效監測訓練。

　　統計製程控制的基本前提是，在整體性地檢查縱向數據時，能採用標準統計程序的方式來進行分佈，舉例來說，假使我們監測了數個月的靜止心率，就會發現要是數據隨時間折疊，最終的分佈會非常接近於常態分佈，因此我們可以透過常態分佈的特性來決定每一個數據點的相對稀有度。藉由使用平均數與標準差來計算Z分數，我們可以替每個心率值下一個相關機率。圖9.16是練習前的靜止心率數據，統計製程控制使用平均數與標準差將「控制界限」相關數據分類，高於或低於平均數1個標準差，代表的是第一個控制界限；高於或低於平均數2個標準差，為第二個控制界限，以此類推。這些資訊的精妙之處在於，實際上我們可以決定哪些數值稀有到需要解釋，舉例來說，當數據值超過2個標準差，我們就知道發生的機率等於或小於5%，這麼少見的情況就需要進一步解釋。如果靜止心率值超過2個標準差，可能表示存在問題。如同圖9.16所示，除了一個以外，其他所有超過第二控制界限（與平均數相距兩個標準差）的心率值都與疾病症狀相符。

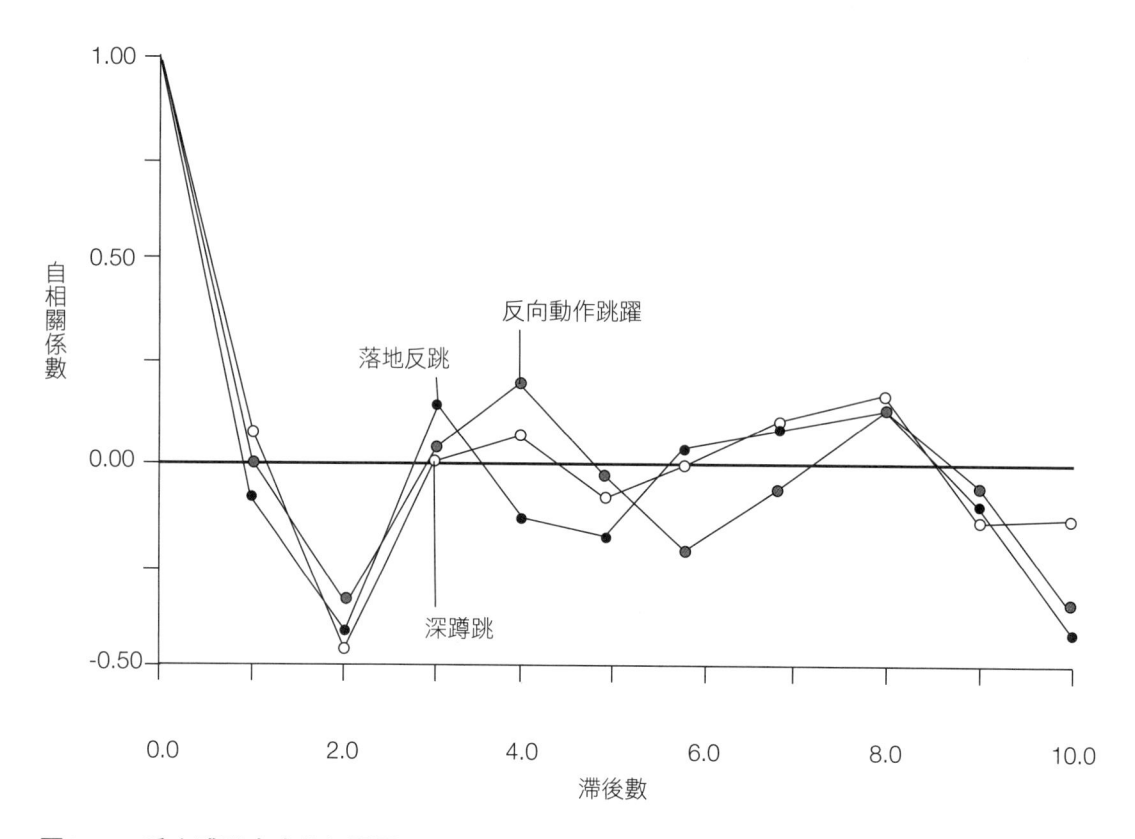

**圖9.15　垂直跳躍高度的相關圖**

此相關圖是根據大學女性田徑選手的時間序列數據計算所得出,目的是要確定序列測試中獲得的垂直跳躍高度數字是否呈現週期行為。如圖中所示,在滯後數2與10的測試期(在此特定研究中為數週時間),自相關係數呈中高強度。這表明在第2週到第10週這段時間,垂直跳躍表現可能存有週期性的成分。然而,負值代表當選手在給定週期跳躍數字高的情況下,2週與10週之後此數值可能會較低。

　　這裡有必要提出警語。儘管圖9.16的數據是相對於常態分佈來呈現的,但在依循機率制定決策時,採用常態分佈而非與常態性假設相差甚遠的方法,應有統計上的依據。顯然地,就練習前的靜止心率而言,數值有增加而非降低的趨勢,並且可能會改變數據分佈的基本假設。

　　當縱向數據以相對於平均值與標準差來分析,且數據成常態分佈時,我們就可以判斷數值是常見或是罕見。將罕見數值視為過程的一部分,它便幾乎總是指出了一些需要解釋的東西。如果訓練方式帶來的進展大於2個標準差,可以相對確定這樣的進展不是隨機變數。如果數據落在1個標準差之內,既然我們都知道大約68%的數值應該落在正負1個標準差之內,代表它們可能並不罕見,在此範圍之間的數值,便可就其是否罕見到需要進一步解釋來討論。這類決策可能需要長期分析,以確保訓練和表現的觀察與決策,和可能只有中度罕見的數據結合得起來。

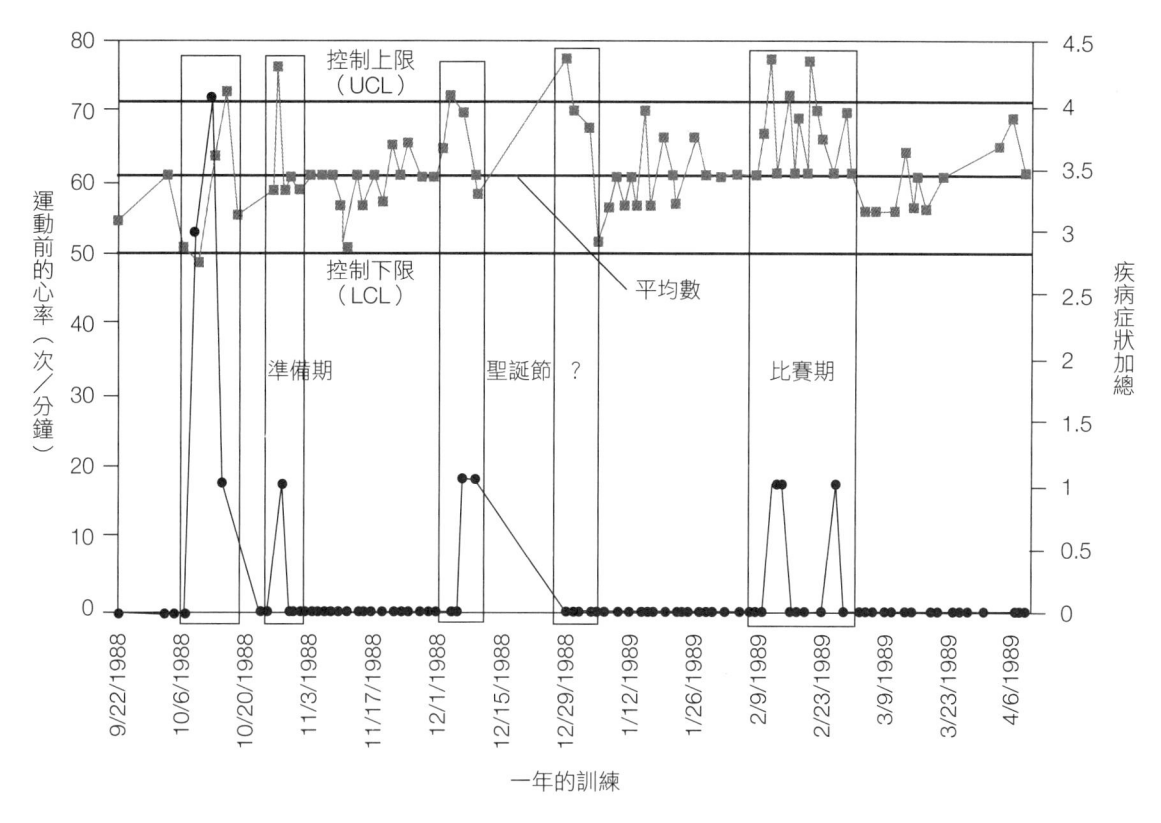

**圖9.16　練習前心率與總疾病症狀。**

數據來自於一名女性大學體操選手，此圖顯示除了標示問號的那次練習外，其他次練習時，該體操選手的練習前心率都超過控制上限（upper control limit，UCL，2個標準差），同時也回報出現明顯的疾病症狀。控制上限與控制下限（lower control limit，LCL）之間的範圍，代表這些數據其中95%應落在位於常態分佈的範圍內。要注意，練習前靜止心率只有5%的機率會超過控制上限與下限，因此數值超過上下限的狀況確實罕見，需要解釋。

# 專家系統

　　執行一個訓練監控計畫時，很快就會遭遇最主要的實際問題：數據過多。不論是紙張或是電腦上的訓練日誌，都因為無法快速地看出訓練趨勢中明顯和微小的面向，而在實際執行上遭遇困難。訓練數據的電腦化分析不僅僅只是單純的資料庫，雖然所有的訓練監測軟體都需要資料庫「前端」來獲取和儲存訓練資料，但訓練監控不能以單純地儲存資料為最終目的。訓練監控的最適方法為無需手動搜尋，即可獲取資料中所有重要關係的電腦化手段。

　　已有設計用來分析訓練數據的電腦程式。[68,69,70,72,75,76] 這些程式使用一個稱為**專家系統**的人工智能範式。專家系統是由電腦科學家創建，目的是使電腦像人類專家一樣工作，專家系統通常為以規則為基礎的程式，並將一組規則套用在數據上，在這種情況下，這套

規則會用於訓練監控、過度訓練之偵測與阻力訓練上的其他層面，舉例來說，過度訓練的常見症狀之一是靜止心率增加，同時體重會降低。[58,65,67,68,69,70,72,75,76,87,98]。因此，這套以電腦為基礎的專家系統，在分析訓練數據時，應該要將一套規則，以類似以下的格式嵌入程式碼：

訓練過度＝心率增加（與）體重降低

專家系統會編寫成分析恰當的數據（透過來自於訓練文獻、個人經驗與其他來源的規則），以及使用容易理解的英文句子，來描述訓練現況的重要層面。

使用現代電腦圖像化工具、統計程式和人工智慧方法，可以實現許多其他不同方式的數據摘要和圖形顯示手段。雖然起初讓電腦思考這個想法被過度炒作，但人工智慧已達到能成為主流商業產品的成熟水準。電腦科學家發現，要讓電腦像人類一樣思考比想像中困難許多。透過使用在探索較小問題時學習到的技術，電腦科學家已經能獲得許多有用與先前未預期到的益處。當數據可用但判讀上有困難且耗時的情況下，透過這些方法可以提供教練和科學家「決策支持」，這對訓練監控幫助良多[2,3,27,48,54,62,79]。

## 章節總結

阻力訓練監控會是高水準表現的關鍵，藉由劑量—反應關係來了解每個運動員訓練過程的特色、辨明趨勢、發現異常值與從訓練文獻中引用規則，可以使我們在研究與控制訓練與表現上做的更好。肌力教練、競技科學家與專項教練，可以使用訓練監測範式，強化對於每個運動員的訓練控制。

## 參考文獻

1. Abernethy, P., and G. Wilson. 2000. Introduction to the assessment of strength and power. In: C.J. Gore (Ed.), *Physiological tests for elite athletes* (pp. 147-154). Champaign, IL: Human Kinetics.
2. Bahill, A.T., P.N. Harris, and E. Senn. 1988. Lessons learned building expert systems. *AI Expert* 3(9): 36-45.
3. Bailey, D., D. Thompson, and J. Feinstein. 1989. The practical side of neural networks. *PC AI* 3(2): 56-58.
4. Barlow, D.H., and M. Hersen. 1984. *Single case experimental designs: Strategies for studying behavior change.* New York: Pergamon Press.
5. Bates, B.T. 1996. Single-subject methodology: An alternative approach. *Medicine and Science in Sports and Exercise* 28(5): 631-638.
6. Beckmann, J. 2002. Interaction of volition and recovery. In: M. Kellmann (Ed.), *Enhancing recovery: Preventing underperformance in athletes* (pp. 269-282). Champaign, IL: Human Kinetics.
7. Bithell, C. 1994. Single subject experimental design: A case for concern? *Physiotherapy* 80(2): 85-87.
8. Bompa, T. 1984a. Peaking for the major competition(s) part one. *Science Periodical on Research and Technology in Sport,* 1-6.
9. Bompa, T. 1984b. Peaking for the major competition(s) part two. *Science Periodical on Research and Technology in Sport,* 1-6.
10. Bompa, T.O. 1990a. Periodization of strength: The most effective methodology of strength training. *National Strength and Conditioning Association Journal* 12(5): 49-52.
11. Bompa, T.O. 1990b. *Theory and methodology of training.* Dubuque, IA: Kendall/Hunt.
12. Bompa, T.O. 1993. *Periodization of strength.* Toronto, Ontario, Canada: Veritas.
13. Bondarchuk, A. 1988. Periodization of sports training. *Soviet Sports Review* 23(4): 164-166.
14. Bryan, A.J. 1987. Single-subject designs for evaluation of sport psychology interventions. *Sport Psychologist* 1: 283-292.
15. Cannon, W.B. 1928. The mechanism of emotional disturbance of bodily functions. *New England Journal of Medicine* 198(17): 877-884.
16. Charniga, A., V. Gambetta, W. Kraemer, H. Newton, H.S. O'Bryant, G. Palmieri, J. Pedemonte, D. Pfaff, and M.H. Stone. 1986a. Periodization part 1. *National Strength and Conditioning Association Journal* 8(5): 12-21.
17. Charniga, A., V. Gambetta, W. Kraemer, H. Newton, H.S. O'Bryant, G. Palmieri, J. Pedemonte, D. Pfaff, and M.H. Stone. 1986b. Periodization part 2. *National Strength and Conditioning Association Journal* 8(6): 17-24.
18. Charniga, A., V. Gambetta, W. Kraemer, H. Newton, H.S. O'Bryant, G. Palmieri, J. Pedemonte, D. Pfaff, and M.H. Stone. 1987. Periodization part 3. *National Strength and Conditioning Association Journal* 9(1): 16-26.
19. Cicciarella, C.F. 2000. Runs analysis—a tutorial with application to sport. *International Sports Journal* 4(1): 107-118.
20. Cohen, S., and G.M. Williamson. 1991. Stress and infectious disease in humans. *Psychological Bulletin* 109(1): 5-24.
21. Cooper, J.O. 1981. *Measuring behavior.* Columbus, OH: Charles E. Merrill.
22. Davis IV, H., C. Botterill, and K. MacNeill. 2002. Mood and self-regulation changes in underrecovery: An intervention model. In: M. Kellmann (Ed.), *Enhancing recovery: Preventing underperformance in athletes* (pp. 161-179). Champaign, IL: Human Kinetics.
23. Dishman, R.K. 1983. Stress management procedures. In: M.H. Williams (Ed.), *Ergogenic aids in sport* (pp. 275-320). Champaign, IL: Human Kinetics.
24. Dunn, J.G.H. 1994. Toward the combined use of nomothetic and idiographic methodologies in sport psychology: An empirical example. *Sport Psychologist* 8: 376-392.
25. Duquin, M.E. 1984. Perception of fairness in sport: Conflicts in psychological orientations. American Alliance for Health, Physical Education, Recreation and Dance. National Convention and Exhibition with Southwest District and CAHPERD. University of Waterloo, Waterloo, Ontario, Canada: Author.
26. Fry, R.W., A.R. Morton, and D. Keast. 1992. Periodisation of training stress—a review. *Canadian Journal of Sport*

*Sciences* 17(3): 234-240.
27. Graham, I., and P.L. Jones. 1988. *Expert systems knowledge, uncertainty, and decision.* London, England: Chapman and Hall.
28. Hanin, Y.L. 2002. Individually optimal recovery in sports: An application of the IZOF model. In: M. Kellmann (Ed.), *Enhancing recovery: Preventing underperformance in athletes* (pp. 199-217). Champaign, IL: Human Kinetics.
29. Harman, E.A. 1995. The measurement of human mechanical power. In: P.J. Maud and C. Foster (Eds.), *Physiological assessment of human fitness* (pp. 87-113). Champaign, IL: Human Kinetics.
30. Harre, D. 1982. *Principles of sports training.* Berlin, German Democratic Republic: Sportverlag.
31. Hatfield, B.D., and D.M. Landers. 1983. Psychophysiology—a new direction for sport psychology. *Journal of Sport Psychology* 5: 243-259.
32. Hopkins, W.G. 1991. Quantification of training in competitive sports. *Sports Medicine* 12(3): 161-183.
33. Hopkins, W.G. 1998a. Measurement of training in competitive sports. *Sportscience* 2(4). www.sportsci.org/jour/9804/wgh.html.
34. Hopkins, W.G. 1998b. Training: Quantification in competitive sports. *Sportscience* 2(4). www.sportsci.org/jour/9804/wgh.html.
35. Hopkins, W.G. 2002. Probabilities of clinical or practical significance [Web Page]. Available at: sportsci.org/jour/0201/wghprob.htm.
36. Hopkins, W.G., J.A. Hawley, and L.M. Burke. 1999. Design and analysis of research on sport performance enhancement. *Medicine and Science in Sports and Exercise* 31(3): 472-485.
37. Hrycaiko, D., and G.L. Martin. 1996. Applied research studies with single-subject designs: Why so few? *Journal of Applied Sport Psychology* 8: 183-199.
38. Jackson, A.S. 1989. Application of regression analysis to exercise science. In: M.J. Safrit and T.M. Wood (Eds.), *Measurement concepts in physical education and exercise science* (pp. 181-206). Champaign, IL: Human Kinetics.
39. Jacobson, E. 1967. *Biology of emotions.* Springfield, IL: Charles C Thomas.
40. Kallus, K.W. 2002. Impact of recovery in different areas of application. In: M. Kellmann (Ed.), *Enhancing recovery: Preventing underperformance in athletes* (pp. 283-300). Champaign, IL: Human Kinetics.
41. Kellmann, M. 2002a. Enhancing recovery: Preventing underperformance in athletes. In: D. Gould and K. Dieffenbach (Eds.), *Overtraining, underrecovery, and burnout in sport* (pp. 25-35). Champaign, IL: Human Kinetics.
42. Kellmann, M. 2002b. Planning, periodization, and sequencing of training and competition: The rationale for a competently planned, optimally executed training and competition program, supported by a multidisciplinary team. In: S.R. Norris and D.J. Smith (Eds.), *Enhancing recovery: Preventing underperformance in athletes* (pp. 121-141). Champaign, IL: Human Kinetics.
43. Kellmann, M. 2002c. Psychological assessment of under-recovery. In: M. Kellmann (Ed.), *Enhancing recovery: Preventing underperformance in athletes* (pp. 37-55). Champaign, IL: Human Kinetics.
44. Kenttä, G., and P. Hassmén. 2002. Underrecovery and overtraining: A conceptual model. In: M. Kellmann (Ed.), *Enhancing recovery: Preventing underperformance in athletes* (pp. 57-79). Champaign, IL: Human Kinetics.
45. Kinugasa, T., Y. Miyanaga, H. Shimojo, and T. Nishijima. 2002. Statistical evaluation of conditioning for an elite collegiate tennis player using a single-case design. *Journal of Strength and Conditioning Research* 16(3): 466-471.
46. Lacey, J.I., D.E. Bateman, and R. VanLehn. 1953. Autonomic response specificity: An experimental study. *Psychosomatic Medicine* 15(1): 8-21.
47. Lacey, J.I., and B.C. Lacey. 1958. Verification and extension of the principle of autonomic response-stereotypy. *American Journal of Psychology* 71: 50-73.
48. Lane, A. 1989. What is an expert system. *PC AI* 3(6): 20-23.
49. Logan, P., D. Fornasiero, P. Abernethy, and K. Lynch. 2000. Protocols for the assessment of isoinertial strength. In: C.J. Gore (Ed.), *Physiological tests for elite athletes* (pp. 200-221). Champaign, IL: Human Kinetics.
50. Maas, S., and J. Mester. 1996. Diagnosis of individual physiological responses in elite sport by means of time-

series-analysis. In: P. Marconnet, J. Gaulard, I. Margaritio, and F. Tessier (Eds.), *Book of abstracts* (pp. 98-99). Nice, France: European College of Sport Science.
51. Mackinnon, L., and S. Hooper. 1994. Training logs: An effective method of monitoring overtraining and tapering. *Sports Coach* 17(3): 10-12.
52. Major, J.A., W.A. Sands, J.R. McNeal, D.D. Paine, and R. Kipp. 1998. Design, construction, and validation of a portable one-dimensional force platform. *Journal of Strength and Conditioning Research* 12(1): 37-41.
53. Matveyev, L. 1977. *Fundamentals of sports training.* Moscow: Progress.
54. Menzies, T. 1989. Domain-specific knowledge representation. *AI Expert* 4(6): 36-45.
55. Mueser, K.T., P.R. Yarnold, and D.W. Foy. 1991. Statistical analysis of single-case designs. *Behavior Modification* 15(2): 134-155.
56. Newsham-West, R. 2002. Why the need for the case report. *New Zealand Journal of Sports Medicine* 30(2): 44-46.
57. Nourbakhsh, M.R., and K.J. Ottenbacher. 1994. The statistical analysis of single-subject data: A comparative examination. *Physical Therapy* 74(8): 768-776.
58. Nye, S. 1987. Monitoring workouts with heart rate. *Swimming Technique* 24(2): 25-29.
59. Obrist, P.A. 1968. Heart rate and somatic-motor coupling during classical aversive conditioning in humans. *Journal of Experimental Psychology* 77(2): 180-193.
60. O'Leary, A. 1990. Stress, emotion, and human immune function. *Psychological Bulletin* 108(3): 363-382.
61. Ottenbacher, K.J., and S.R. Hinderer. 2001. Evidence based practice methods to evaluate individual patient improvement. *American Journal of Physical Medicine and Rehabilitation* 80(10): 786-796.
62. Parsaye, K., and M. Chignell. 1988. *Expert systems for experts.* New York: Wiley.
63. Pitt, H. 1994. *SPC for the rest of us.* King of Prussia, PA: Tunnel Publishing Group.
64. Riddoch, J., and S. Lennon. 1994. Single subject experimental design: One way forward? *Physiotherapy* 80(4): 215-218.
65. Rusko, H.K., P. Rahkila, V. Vihko, and H. Holappa. 1989. Longitudinal changes in heart rate and blood pressure during overtraining period. *Proceedings 1st IOC World Congress on Sport Sciences* (October 28-November 3), 1, 45-46.
66. Sands, W.A. 1990a. Fragen zum training der nationalmannschaft der US-Junioren (Frauen) im kunstturnen. U. Gohner *Leistungsturnen im kindesalter* (pp. 81-96). Stuttgart, Germany: Internationaler Turnerbund (FIG) und das Organisationskomitee Weltmeisterschaften im Kunstturnen Stuttgart 1989.
67. Sands, W.A. 1990b. National women's tracking program, part 2: Response. *Technique* 10(1): 23-27.
68. Sands, W.A. 1991a. Monitoring elite gymnastics athletes via rule based computer systems. In: *Masters of innovation III* (p. 92). Northbrook, IL: Zenith Data Systems.
69. Sands, W.A. 1991b. Monitoring the elite female gymnast. *National Strength and Conditioning Association Journal* 13(4): 66-71.
70. Sands, W.A. 1992. AI and athletics. *PC AI* 6(1): 52-54.
71. Sands, W.A. 2000. Monitoring power. In: B.G. Bardy, T. Pozzo, P. Nouillot, N. Tordi, P. Delemarche, C. Ferrand, Y. Léziart, D. Hauw, J. Aubert, M. Loquet, A. Durny, and J.F. Robin (Eds.), *Actes des 2èmes Journées Internationales d'Etude de l'A.F.R.A.G.A.* (p. 102). Université de Rennes, Rennes, France: L'Association Française de Recherche en Activités Gymniques et Acrobatiques (AFRAGA).
72. Sands, W.A. 2002. Monitoring gymnastics training. *3èmes Journées Internationales d'Etude de l'AFRAGA.* Lille, France: AFRAGA.
73. Sands, W.A., K.P. Henschen, and B.B. Shultz. 1989. National women's tracking program. *Technique* 9(4): 14-19.
74. Sands, W.A., B.B. Shultz, and A.P. Newman. 1993. Women's gymnastics injuries. *American Journal of Sports Medicine* 21(2): 271-276.
75. Sands, W.A., B.B. Shultz, and D.D. Paine. 1993. Gymnastics performance characterization by piezoelectric sensors and neural networks. *Technique* 13(2): 33-38.

76. Sands, W.A., B.B. Shultz, and D.D. Paine. 1994. Neural nets and gymnastics: Recognizing errors in athletic performance. *PC AI* 8(1): 42-43.
77. Selye, H. 1956. *The stress of life.* New York: McGraw-Hill.
78. Shephard, R.J. 1998. Assumptions inherent in biological research. *Adapted Physical Activity Quarterly* 15: 222- 235.
79. Sherald, M. 1989. Neural nets versus expert systems. *PC AI* 3(4): 10-15.
80. Shewhart, W.A. 1986. *Statistical method from the viewpoint of quality control.* New York: Dover.
81. Steinacker, J.M., and M. Lehmann. 2002. Clinical findings and mechanisms of stress and recovery in athletes. In: M. Kellmann (Ed.), *Enhancing recovery: Preventing underperformance in athletes* (pp. 103-118). Champaign, IL: Human Kinetics.
82. Stone, M.H., H. O'Bryant, and J. Garhammer. 1981. A hypothetical model for strength training. *Journal of Sports Medicine* 21: 342-351.
83. Stone, M.H., W.A. Sands, and M.E. Stone. 2004. The downfall of sports science in the United States. *Strength and Conditioning Journal* 26(2): 72-75.
84. Tucker, L.A. 1990. Physical fitness and psychological distress. *International Journal of Sport Psychology* 21: 185-201.
85. Tufte, E.R. 1983. *The visual display of quantitative information.* Cheshire, CT: Graphics Press.
86. Tufte, E.R. 1990. *Envisioning information.* Cheshire, CT: Graphics Press.
87. Uusitalo, A.L.T. 2001. Overtraining. *Physician and Sportsmedicine* 29(5): 35-40, 43-44, 49-50.
88. Verchoshanskij, J.V. 1999. The end of "periodisation" of training in top-class sport. *New Studies in Athletics* 14(1): 47-55.
89. Verhohshansky, Y. 2002. Some principles of the construction of the yearly training cycles in speed strength events. *Modern Athlete and Coach* 40(2): 3-9.
90. Verhoshansky, Y.V., I.N. Mironenko, T.M. Antonova, and O.V. Hachatarian. 1991. Some principles of constructing the yearly training cycle in speed-strength sports. *Soviet Sports Review* 26(4): 189-193.
91. Verkhoshansky, Y.V. 1985. *Programming and organization of training.* Moscow: Fizkultura i Sport.
92. Verkhoshansky, Y. 1998. Organization of the training process. *New Studies in Athletics* 13(3): 21-31.
93. Vincent, W.J. 1995. *Statistics in kinesiology.* Champaign, IL: Human Kinetics.
94. Viru, A. 1994. Molecular cellular mechanisms of training effects. *Journal of Sports Medicine and Physical Fitness* 34: 309-322.
95. Viru, A. 1995. *Adaptation in sports training.* Boca Raton, FL: CRC Press.
96. Viru, A., and M. Viru. 2001. *Biochemical monitoring of sport training.* Champaign, IL: Human Kinetics.
97. Viru, M., and A. Viru. 2002, Fall. Monitoring of training. *Track Coach* 161: 5154-5155.
98. Yushkov, O.P., S.M. Repnevsky, and V.P. Serdyuk. 1986. Use of heart rate for control over training loads. *Soviet Sports Review* 21(3): 151-152

# 第十章
# 阻力訓練帶來的身體適應及生理適應

在開始討論阻力訓練帶來的身體反應及適應之前，必須先區分健康體能及運動體能。為健康而訓練，和為體能而訓練是兩回事。其實，運動訓練可能反而不健康。例如，一個超過140公斤（309磅）的人也許不健康，但他可能是優秀的美式足球員，在NFL贏得數百萬的獎金；也可能是奧運鉛球冠軍。

## 訓練適應的定義及關鍵因素

**運動**指的是一段時間的身體活動，在運動結束後，會立即產生劇烈的生理反應。例如，深蹲10下或跑步2英里（3.2公里）會讓心跳加速、血壓上升。**訓練**指的則是規律的運動，造成長期的身體和生理改變（即適應）。

**專項性**是運動科學一個重要概念。專項運動會造成專項反應，而專項訓練會造成專項適應。例如，鉛球選手的訓練方法，和一萬公尺跑者的訓練方法很不一樣，也會帶來不同的身體和生理適應。甚至可以說，體能在不同運動中代表不同的意義。因此，鉛球的體能和長跑的體能不一樣。

圖10.1說明造成運動表現進步的理想適應過程。不管教練是否有相關概念，在一個設計妥當的訓練計畫之下，運動表現的進步可能來自於不同的生理因素。一個訓練計畫的理想結果是刺激蛋白質合成，提高體內酵素濃度、改變同工酶比例，促成組織重塑，最後造成運動表現提升。為達成教練的目標和提升蛋白質合成，必須考量恢復及適應的過程。

**恢復**指的是將失去的東西取回，或讓運動員回歸原先表現水準的過程。**適應**則是與專項訓練計畫相關的長期調整和改變。因此，教練和運動員不能自滿於恢復而已，而是必須努力達到「恢復—適應」。這個概念將在第十三章〈週期化的概念〉詳述。

影響訓練適應的因素有很多，包括基因、年齡、發育程度、性別、社會心理因素、營養、環境、教練運動員互動關係等等。基因在運動表現扮演最重要的角色[94,176,186]。運動反應和訓練適應也受訓練程度（即進階者或新手）、訓練量和訓練強度、運動選擇、疲勞

程度的影響。

## 基因

基因在運動表現扮演最重要的角色，原因有二；首先，基因決定了特定運動表現能力[94]；另外，基因決定了適應的上限，而有些運動員的上限較高，也就是有較強的適應能力[32,114]。

例如，休息時睪固酮濃度的高低[81]、Alpha輔肌動蛋白3[225]、以及高速度時的運動控制能力[146]，有很大程度是由基因決定，這點對肌力—爆發力運動員特別重要。另外，I型肌纖維數量較多[101,231]、以及較佳的心肺適應能力[84]，也是和較高最大攝氧量有關的2個基因因素，讓運動員有較好的長距離耐力能力。事實上，類似上述的基因因素，造成有些運動員的訓練成效注定優於他人。

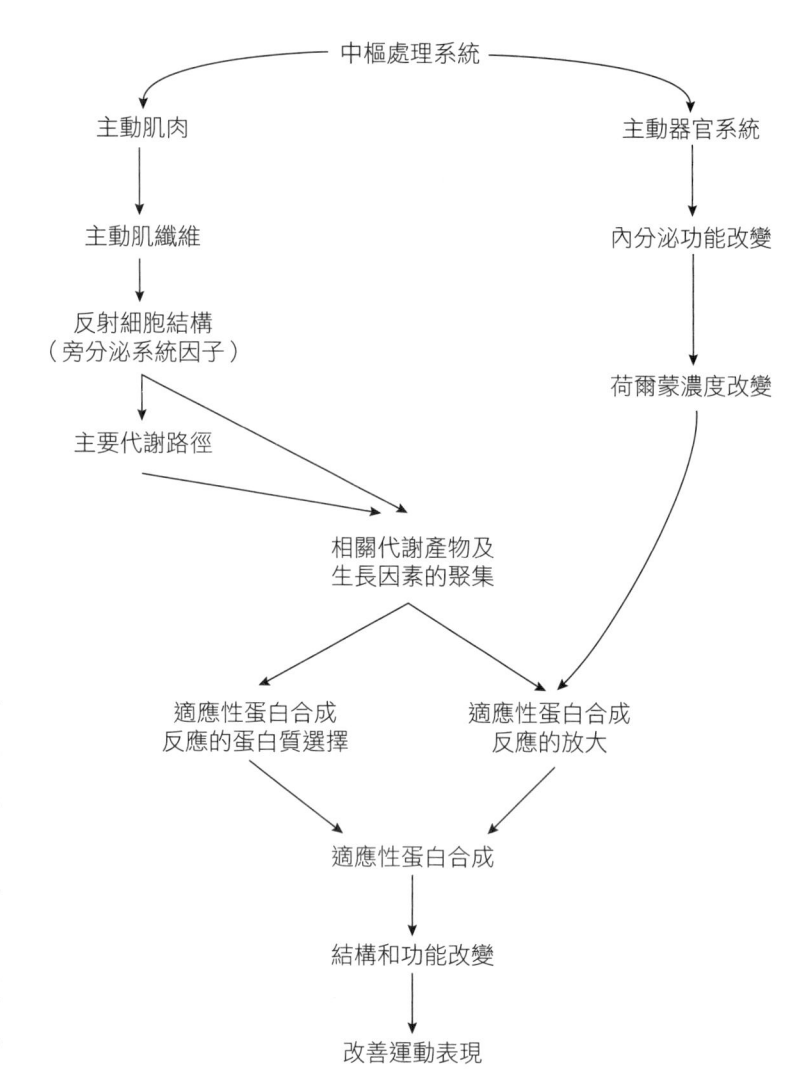

**圖10.1 訓練計畫的目的就是產生適應，提升運動表現。**

訓練計畫會牽涉到體內很多器官系統，包括中樞神經系統、心肺系統、神經內分泌系統、旁分泌系統、免疫系統等。以上各系統與身體代謝參數交互作用，改變蛋白質合成，以產生酵素，並重塑身體組織，尤其是肌肉。特定的訓練計畫會產生特定的適應效果，也能增強身體功能，提升技巧與表現。

資料來源：Adapted, by permission, from A. Viru and M. Viru, 2000, Nature of training effects. In *Exercise and Sport Science*, edited by J. Bangsbo (Baltimore, MD: Lippincott, Williams, and Wilkins), 68.

例如，基因決定了體型，而體型影響了阻力訓練帶來的肌力和肌肥大效果[218]。與基因相關的身體和生理因素，在菁英運動員的養成上固然重要，但心理因素的重要性也不容忽視[115]，這點將在第十一章詳述。

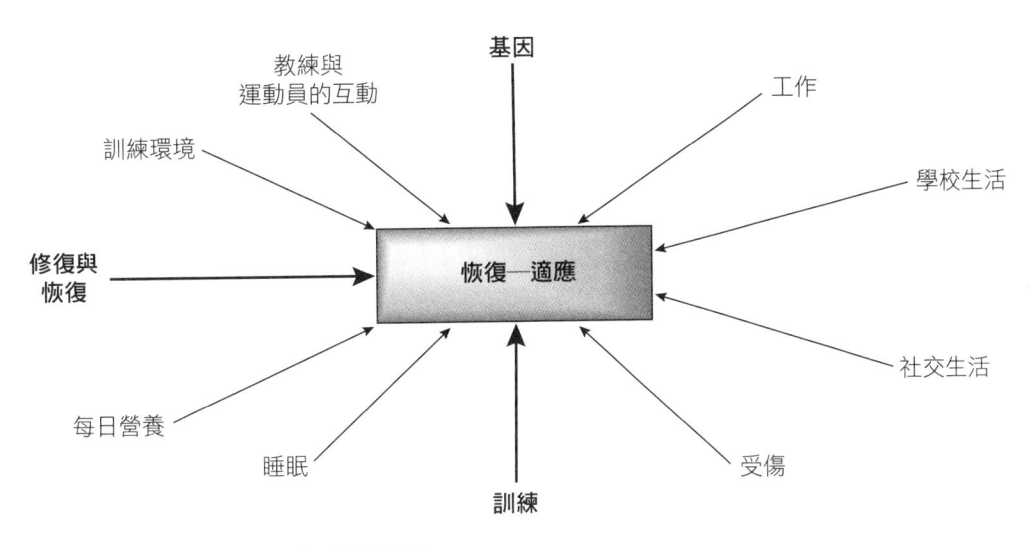

圖10.2 影響運動表現的因素（壓力源）

## 訓練程度

針對各式訓練計畫的研究清楚指出，初學者的進展速度大於進階者[179,203]。圖10.3描述了阻力訓練計畫理論上的肌力增加效果。值得注意的是，有2個主要因素造成運動表現、肌肥大（橫截面積）、神經因素的提升。在初期的肌力（和爆發力）提升上，神經因素扮演主要角色；在後期，則以肌肥大較為重要[179]。這並不代表無法在肌力訓練後期改變神經因素，也不代表訓練初期不會有肌肥大效果，而是在訓練初期，神經因素扮演主導角色。肌肥大效果來得比神經因素晚，是因為最大努力程度，或次最大努力程度，必須透過鍛鍊，在訓練強度夠高的情況下，才有辦法做到。換句話說，若要對肌肉系統施加足夠的壓力，造成顯著的肌肥大，最大或次最大努力似乎扮演決定性的角色。無論背後機制為何，初學者和新手的適應窗

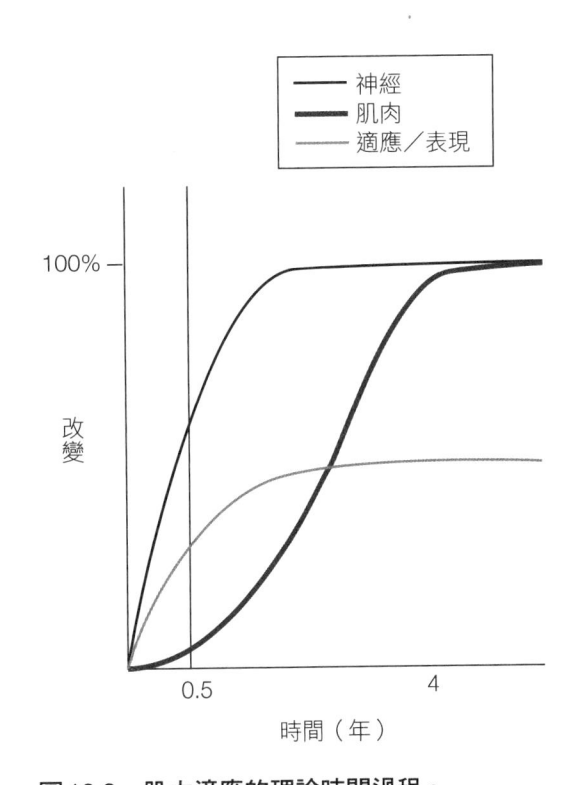

圖10.3 肌力適應的理論時間過程。
初學者適應速度比進階者快。初期適應主要來自神經機制，後期適應則主要來自肌肥大。

口都比進階者大得多。初學者在任何合理的訓練計劃下都能進步，進階者則需要更高的刺激和變化。

## 疲勞

疲勞可以分為兩個面向：急性疲勞發生於運動中，以及運動結束後不久，結果是運動員無法維持或持續同等的力量或爆發力[92]，因此，訓練變項上的任何細微調整，都可能造成不同程度的疲勞（即反覆次數失敗時間）。與急性疲勞相關的因素包括：氫離子濃度增加造成的興奮收縮耦合作用失效[190]、細胞內與細胞間鈣離子濃度改變[6,190]、以及磷酸肌酸（PCr）分解帶來的無機磷酸鹽增加[222]。

神經系統與急性疲勞的關聯尚未有定論，因為神經與肌肉之間訊息傳遞成功與否相當難界定[60]。有人猜測高負荷（即低次數大重量）可能導致神經系統疲勞，不過此種說法尚未證實。事實上，相較於負擔的絕對重量，神經系統在高負荷阻力訓練中扮演的角色，更像是促成動作完成的功能[21]。然而，有證據指出，高強度動態、爆發力訓練，諸如50% 1RM的多次高爆發力跳躍[130]，或是多次落地反跳[187]，對神經系統造成的疲勞，可能比傳統大重量訓練更多。長期持續運動造成的疲勞，可能也和神經系統有關[145]。無論背後機制為何，阻力訓練可讓運動員更不容易出現急性疲勞[154,174]。然而，某些高強度衝擊性運動（如落地反跳）所帶來的疲勞，其恢復的速度可能取決於訓練種類（耐力或衝刺）或主要肌纖維種類[187]。

慢性疲勞會導致運動表現不佳，因為運動員無法從訓練負荷、以及身心壓力下恢復。慢性疲勞可能是過度訓練的前兆或症狀（詳見第十三章〈週期化訓練〉），並可能與能量耗損、荷爾蒙改變[33,196] 長期缺水[25,147]、肌質網鈣離子調節能力[127]、以及神經性疲勞，尤其是爆發力訓練帶來的神經疲勞[130]有關。慢性疲勞會導致力量、爆發力、發力率輸出下降、並影響動作控制和運動技巧。同時，慢性疲勞也會導致疲勞感上升、以及所需恢復時間變長。

慢性疲勞會造成運動員對運動的反應、恢復能力下降。因此，必須避免慢性疲勞，以免干擾恢復過程。但這並不代表訓練不應帶來疲勞，而是訓練（以及所有壓力指標的總和）不應過大，以免造成負向的恢復適應過程及適應不良（詳見本章「肌力—爆發力相關適應」。）

若運動員受到的壓力刺激太大，就會造成適應不良（過度訓練）。過度訓練的特色，包括運動表現進入高原期，或是達不到該訓練階段的預設表現，而可能不是因為訓練強度太高。值得注意的是，過度訓練一詞常被誤解，因為背後原因並非只有訓練，而是各種壓力因子累積的結果。過度訓練可依類型和症狀長度，分為幾種不同型態（圖10.4）[199]。

```
壓力負載
  ↓                    ↓
純粹訓練              訓練超量
                      ↓         ↓
                  功能性過負荷   長期
                   （短期）   1. 交感神經
                              2. 副交感神經
```

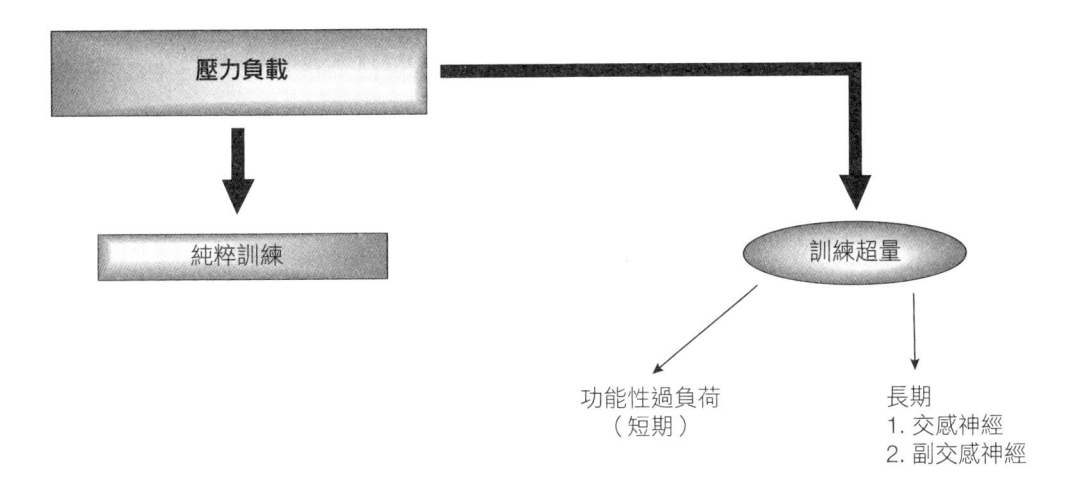

**圖10.4 過度訓練的種類**

資料來源：Adapted from M.H. Stone et al., 1991, "Overtraining: A review of the signs and symptoms and possible causes of overtraining," *Journal of Applied Sports Science Research* 5(1): 35-50.

簡單來說，造成過度訓練機制可分為**純粹訓練**以及**壓力負載**兩種。純粹訓練造成的過度訓練，並非因為高度疲勞，或任何與過度訓練相關的表面因素造成；而是因為中樞神經系統對相同的刺激產生過度適應（詳見第十三章〈週期化的概念〉），造成高原期，甚至運動表現些微退步，壓力負載則是因為日常生活各種壓力因子的累積（包括訓練），當這些因子累積到一個程度之後，恢復適應過程就會受到干擾。

壓力負載可進一步分為短期（功能性過負荷）和長期2種。功能性過負荷指的是短期內訓練量或強度（或兩者）增加，造成短期運動表現下降。功能性過負荷的跡象和症狀，比起過度訓練，通常影響較小，也較不嚴重。重要的是，在功能性過負荷的情況下，運動表現在幾天或幾週內就會恢復。通常在功能性過負荷發生後的2到5週左右，運動表現會慢慢進步[199]。長期壓力負載的跡象和症狀通常嚴重得多，並可能與中樞神經系統有關。而且，這些症狀可能類似交感神經及副交感神經的過度刺激，在不同運動項目會有不同的出現頻率。交感神經型的壓力負載，也可能出自副交感神經的機制（圖10.5）。

雖然壓力負載的症狀，可視為總壓力因子的功能性表現，但負載的程度和嚴重性似乎與訓練強度和訓練量成正相關，其中訓練量的影響更高一些[199]。圖10.6顯示在逐漸邁入壓力負載的過程中，理論上的症狀改變機制。肌力—爆發力型的運動員，在邁入壓力負載的過程中，似乎是從神經系統的改變開始（運動單元控制和技巧改變，造成明顯的荷爾蒙改變，見圖10.7）。過度訓練的確切機制（圖10.8及圖10.9）仍有待商榷，但可能與細胞因子合成帶來的複雜生理機制變化有關[14,140,188]。

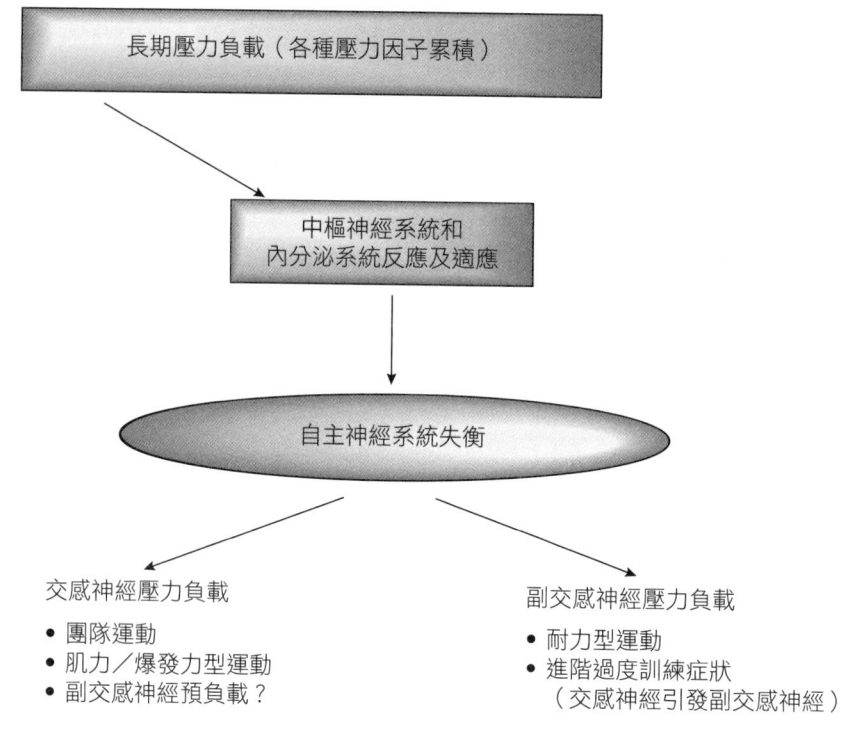

```
                    ┌──────────────────────────┐
                    │ 長期壓力負載（各種壓力因子累積）│
                    └────────────┬─────────────┘
                                 ↓
                       ┌──────────────────┐
                       │ 中樞神經系統和    │
                       │ 內分泌系統反應及適應 │
                       └────────┬─────────┘
                                ↓
                      ╭──────────────────╮
                      │  自主神經系統失衡  │
                      ╰────┬─────────┬───╯
                           ↓         ↓
                  交感神經壓力負載    副交感神經壓力負載
                  • 團隊運動         • 耐力型運動
                  • 肌力／爆發力型運動 • 進階過度訓練症狀
                  • 副交感神經預負載？  （交感神經引發副交感神經）
```

**圖10.5　長期壓力負載：中樞神經系統與過度訓練的關聯，以及運動種類分析**

資料來源：Adapted from M.H. Stone et al., 1991, "Overtraining: A review of the signs and symptoms and possible causes of overtraining," *Journal of Applied Sports Science Research* 5(1): 35-50.

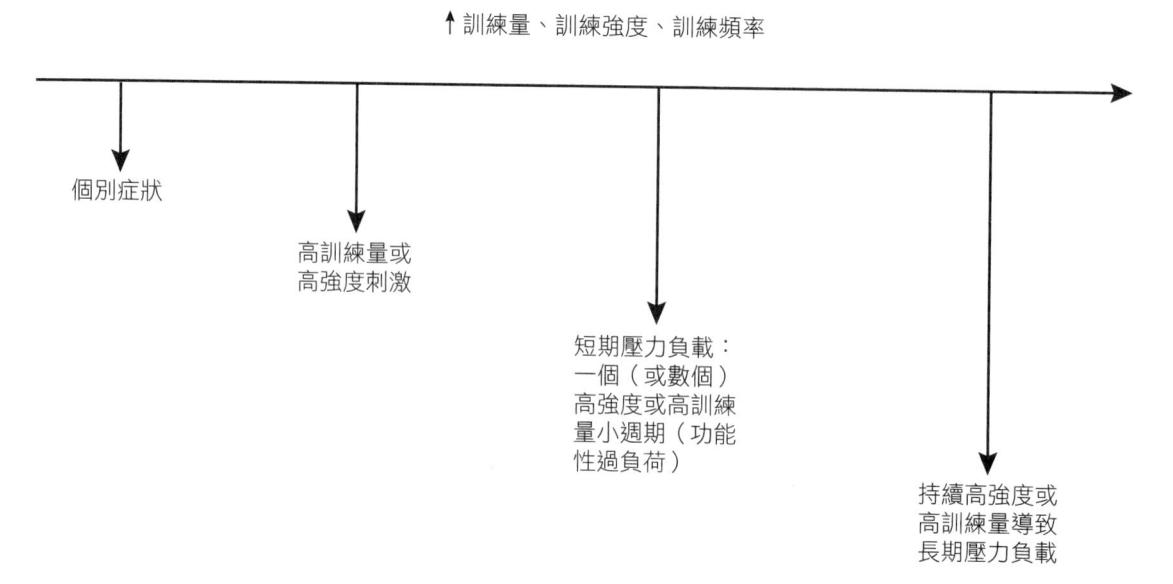

↑ 訓練量、訓練強度、訓練頻率

個別症狀

高訓練量或高強度刺激

短期壓力負載：一個（或數個）高強度或高訓練量小週期（功能性過負荷）

持續高強度或高訓練量導致長期壓力負載

**圖10.6　訓練導致的壓力負載症狀光譜**

生理

　　　　神經功能改變
　　　　　　運動單元徵召改變
　　　　　　　　腦下垂體腎上腺軸控制改變
　　　　　　　　　荷爾蒙濃度改變
　　　　　　　　　　興奮收縮耦合改變
　　　　　　　　　　　肌肉肝醣儲存改變
　　　　　　　　　　　　安靜心跳率及血壓改變
　　　　　　　　　　　　　免疫功能改變
　　　　　　　　　　　　　　睡眠和心情影響

運動表現

　　　　協調性下降
　　　　　　技術退化
　　　　　　　　峰值發力率下降
　　　　　　　　　最大爆發力下降
　　　　　　　　　　最大肌力下降

**圖10.7　肌力－爆發力運動員過度訓練症狀之進程**

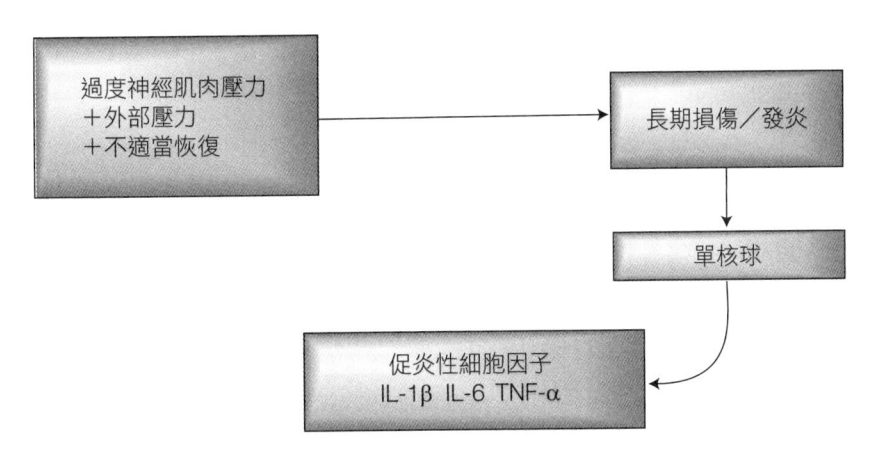

**圖10.8　過度訓練理論機制：過度壓力導致促炎性細胞因子產生**
資料來源：Adapted, by permission, form L. Smith, 2000, "Cytokine hypothesis of overtraining: a physiological adaptation to excessive stress?" *Medicine and Science in Sports and Exercise* 32(2): 317-331.

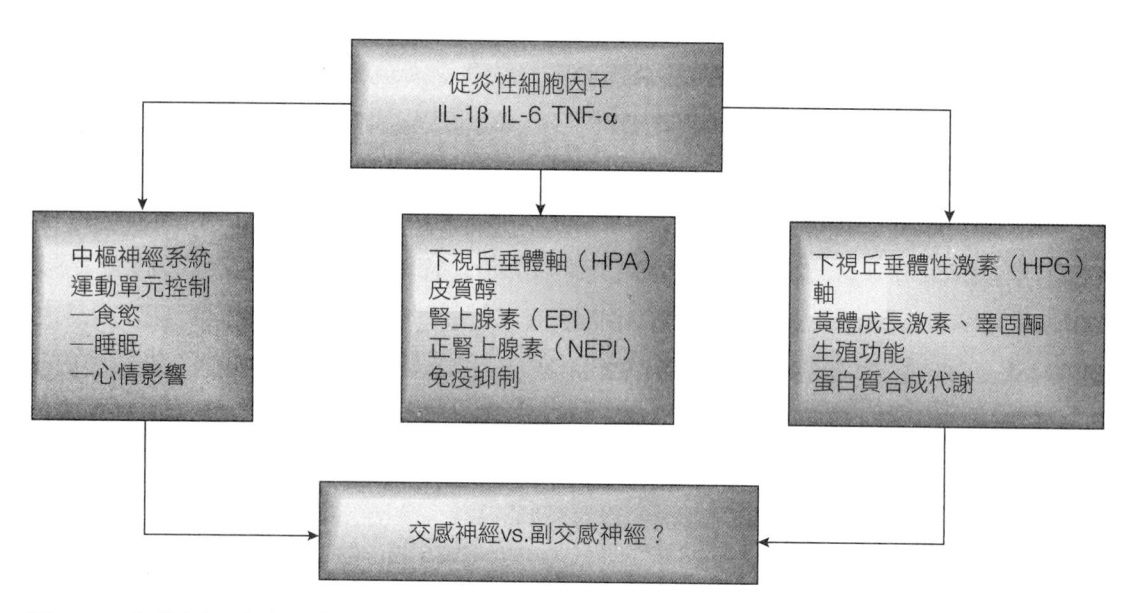

圖10.9　細胞因子產生，導致身體各系統功能改變。

資料來源：Adapted, by permission, form L. Smith, 2000, "Cytokine hypothesis of overtraining: a physiological adaptation to excessive stress?" *Medicine and Science in Sports and Exercise* 32(2): 317-331.

## 年齡及發育程度

　　隨著年齡增長，運動表現會逐漸下降。Åstrand與Rodahl[17]分析未訓練受試者的橫截面等長肌力值時，指出男性約在20歲達到肌力巔峰，女性則約在18歲。高峰後，等長肌力持續下降，直到70歲時，大約回到15歲的肌力水準。在未訓練的受試者中，年過40之後，等長肌力及動態最大肌力以每10年約11%的幅度下降[79,129]。然而，個別肌肉或肌群的肌力退化速度不盡相同[9]。

　　對已經有訓練經驗的受試者（健力選手）而言，在40至50歲之間，動態多關節動作（蹲舉、臥推、硬舉）的肌力，每年約下降1%至3%；而50歲之後則每年約下降1%[59]。雖然男性舉重選手動態爆發肌力的下降並不如動態最大肌力顯著，在40歲之後仍會以每年約1%至1.5%的幅度下降[212,143]，且其下降情形類似於專業田徑選手因年齡導致的運動表現下降[18,58]。年齡增長導致爆發力下降的情況，在女性身上較為顯著[18]。例如，1997年女子抓舉和挺舉的世界紀錄，在5個量級看來，平均大約是男子的68%[177]。而在40至54歲的選手中，這個比例下降至大約50%；在55至59歲的選手中則是大約30%。因為舉重動作有很高的爆發力成分，上述的情況顯示，女性在速度和爆發力的下降速度大於男性。然而，相對高齡的女性參賽者較少，因此尚無確切定論。

　　假設在訓練者和未訓練者之間，肌力（與爆發力）下降速度相同，肌力訓練將帶來健

康和運動表現的好處，因為不管在任何年齡層，訓練者總會比未訓練或靜態生活者強壯。年齡增長造成的肌力和爆發力下降，似乎與以下因子相關：靜態生活、肌少症及身體組成改變、II型運動單元優先流失、特定肌纖維類型最大收縮速度下降[46,121,122,166]、神經功能退化[220]、荷爾蒙改變，尤其是類胰島素生長因子1（IGF1）、睪固酮、硫酸脫氧表雄酮[108,166]。肌耐力也會隨著年齡增長而下降，但速度比最大肌力還慢[18,59]，原因或許是年齡增長過程中，慢速運動單元較易保留[122]。

　　阻力訓練似乎能有效延緩年齡增長帶來的耐力下降，甚至可能延緩肌力與爆發力下降[23,125]。阻力訓練可促成II型肌纖維的保留、強化結締組織、強化運動單元控制、改善荷爾蒙濃度、帶來健康與運動表現等好處[99,193,195,198]。然而，太年幼或年長者，適應能力不如青少年和年輕成人。年齡增長會降低肌肥大的潛力，也會降低1RM的進步幅度。然而，特定張力（等長最大至截面積區）不受年齡影響[100,99,221]。

　　中老年人在進行阻力訓練的初期，必須循序漸進，訓練前的暖身階段要夠長。負重也必須慢慢增加，不管是同一次訓練或不同次訓練。最大肌力（包括1RM）測試，可在安全的前提下執行，並必須確保充分熟悉測試動作[160]。

　　過去，兒童是否適合進行阻力訓練，存在一些爭議，但是證據顯示，兒童及青少年進行阻力訓練，可獲得相當的好處。先前的爭議，主要是關於兒童可藉由阻力訓練提升多少肌力及爆發力；也有些安全議題上的爭議。

　　不贊同兒童進行肌力訓練的人認為，兒童成長過程自然會帶來最大肌力的提升，而在這段過程中，阻力訓練帶來的力量進步相當有限；其背後的理論是，由於兒童的合成荷爾蒙濃度較低，因此肌肉不易生長[110,124]。青少年透過阻力訓練得到的肌力提升，將相當顯著，並伴隨除脂體重及合成型荷爾蒙的提升（「觸發假說」）。然而，有些實證資料甚至純粹觀察都顯示，參與有負重成分運動（特別是體操）的兒童，比起未訓練的同儕，明顯強壯得多，力量也更大。雖然兒童的荷爾蒙刺激峰值，以及肌肥大和運動表現的調節較低，背後的機制可能是神經系統的適應。

　　圖10.10說明兒童、青少年、成人身體和生理的成長模型。該模型顯示，即使是7歲或8歲的兒童，運動單元和神經系統的成熟，都足以帶來肌力訓練的適應。此外，近期資料顯示，阻力訓練可能提升青春期前（11至13歲）和青春期（14至16歲）男童的荷爾蒙濃度，包括睪固酮[215]。研究和文獻回顧指出，阻力訓練可改善兒童的肌力、運動單元控制表現、心血管指標、身體組成[27,34,48,51,128,156,189]。對青春期後的青少年而言，生理和運動表現的進步相當顯著[51,156]。事實上，研究顯示阻力訓練能提升青少年的運動相關表現[34,44,45]。

　　針對兒童（特別是青春期前）是否應該從事阻力訓練，尤其是舉重和健力，一直有安全上的考量[27]。阻力訓練、舉重、健力固然有造成兒童受傷的案例，但是比例相對低，

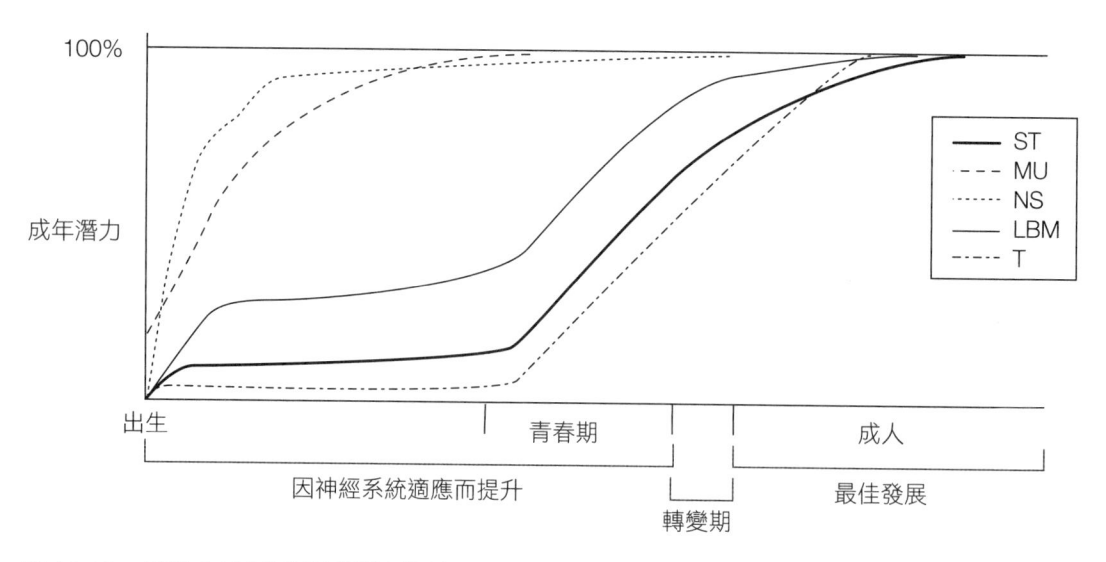

**圖 10.10　男性力量因子發展理論模型。**

此為身體及生理發展之理論模型。雖然最大肌力（ST）和除脂體重（LBM）與荷爾蒙改變（T）關聯較強，神經系統（NS）、運動單元（MU）及肌纖維種類成熟則早得多。因此，對兒童來說，肌力訓練主要的適應來自神經系統。

資料來源：Adapted, by permission, from W.J Kraemer et al., 1989, "Resistance training and youth," *Pediatric Exercise Science* 1: 336-350.

嚴重傷害更是相當稀少[34,44,45,78]。骨骼受傷（生長板受傷）尤其受到關注。雖然高頻率的高強度運動（特別是衝擊型運動）會造成兒童骨骼受傷，阻力訓練（包括健力）造成骨骼受傷的機率相當低，特別是在監督完善的課程設計下操作時[78]。此外，即使生長板受傷，只要經過適當的治療，通常不會造成長期問題[136]。

一些資料顯示，在高強度運動中，兒童比成人不容易疲勞。另外，在跑步衝刺中，兒童和成人的峰值力量輸出及平均力量輸出下降幅度，均比自行車衝刺更明顯；但在兩種衝刺中，兒童都比成人不容易疲勞[170]。然而，上述狀況的原因，不確定是否為成人較兒童容易達到真正的最大表現。

動作控制與運動技巧的早期發展對運動表現至關重要。教導孩童（或初學者）阻力訓練或其他運動的正確技巧，有以下幾個好處：

- 降低受傷風險
- 促進技巧保留
- 促進訓練長期進步
- 促進訓練長期適應
- 促進訓練專項轉換效果（即將訓練效果轉移至運動表現）

另外，證據顯示，教導兒童正確的運動技巧，能讓動作控制的效果根深蒂固。Andren-Sandberg[11, p. 4480]指出：「青春期前動作控制的訓練，能有相當長期的效果；但成人階段才開始肌力體能訓練的話則必須長期持續，否則效果會消失。」此概念有2個非常重要的面向。首先，若運動技巧已達高水準，持續訓練運動技巧可能不太有意義，反而訓練提升或維持運動專項體能可能更有意義。另外，此概念也顯示，運動技巧能夠根植成為動作控制記憶印跡。因此，學習運動技巧後，可能很難改變，所以必須盡全力將正確的運動技巧教給兒童（或初學者）。

兒童開始進行阻力訓練之前，需考量下列因素：該名兒童的身心狀況（例如譚納標準）必須足以面對訓練計畫。另外，必須特別留意實際年齡與生理年齡的落差，例如有些實際年齡11歲的兒童，生理年齡可能已經14歲。舉例來說，保加利亞、土耳其裔的Naim Suleymanoglu從10歲就開始練健力，當時體重是60至64公斤（132至141磅）；他在15歲時第一次創下青年世界紀錄，隨後贏得4個世界冠軍及3個奧運冠軍。若他生長於美國或英國多數地區，就會等到15歲才能進健身房訓練。另一方面，測量心理成熟度則相當困難。雖然已有一些測量指標，例如Janus與Offord的「早期發展計畫」（Early Development Instrument）[98]，但這些指標主要是測量兒童是否準備好入學，不一定能測量兒童是否準備好進行運動或阻力訓練。雖然這些指標可能有用，但是教練仍肩負著決定兒童是否在心理上準備好接受訓練的任務及責任。

阻力訓練器材，應適合兒童使用；雖然自由重量器材適合任何人，但機械式器材則通常是為成人設計。兒童與教練必須了解訓練計畫中，每個動作的正確技巧。若未精熟動作技巧，就不應進階。兒童與教練都必須了解正確的保護技巧，以及何時該使用這些技巧。

關於兒童該採取怎樣的訓練計畫，仍存有爭議，但教練應採取合理的訓練計畫。一般來說，訓練青春期前的兒童，一組10至15下的多組數訓練，1週至少訓練2天，是很合理的開始[34,49]。最大肌力檢測（1RM）應小心執行，即使沒有證據顯示其對兒童有害，或容易受傷[34,50]。教練仍應充分了解訓練計畫的潛在結果。

## 性別

男性和女性在肌力與爆發力上的差別，一部分的原因是身材差異[216]，當然除了身材以外，還有其他不同因素[19,217]。

未經訓練男性與女性的最大肌力比較[126,144,181]顯示，平均而言，女性的全身肌力約為男性的64%；上肢肌力為56%；下肢肌力為74%。值得注意的是，以上的數值來自各種不同測試模式，包括等長肌力與自由移動，機械式器材與自由重量，以及離心收縮、向心收縮、增強式肌肉動作等。因此，測驗模式不同，可能帶來不同的結果。某種程度上，以上

數值並未考量體重及肌肉分布的差異。若考量體重和除脂體重,男性與女性的差別其實不那麼明顯。

以上肢肌力而言,在體重相同的情況下,女性最大肌力約為男性的60%;在除脂體重(LBM)相同的情況下,則為70%至75%。以下肢肌力而言,在體重相同的情況下,女性最大肌力約為男性的80%至85%;在肌肉量相同的情況下,則為95%至100%。

雖然目前針對長年肌力訓練女性的資料較少,但是在包括健力、舉重[120]以及投擲類[206]等力量和爆發力型運動員中,男性與女性的力量比率差異類似。表10.1a顯示美國男性與女性菁英舉重選手中腿拉的等長最大肌力,表10.1b顯示由最大動態爆發力動作(抓舉和挺舉)表現出來的相對舉重表現。資料均以絕對數值呈現,並已使用4種方法,將體重差異正常化。所謂將資料「正常化」的方法,包括除以體重(得出每公斤的肌力)、除以肌肉量(每公斤肌肉的肌力)、使用異速生長量表(肌力除以體重的0.67次方)、使用辛克萊方程式(多項式回歸=肌力×係數)。(詳見第三章〈阻力訓練的生物力學機制〉)。

這些資料顯示,在測試型動作(等長中腿拉)以及舉重動作(主要均屬於下肢動作),經過訓練的男性比女性更為強壯。雖然考量體重、體型等因素之後,兩性的差異變小,但還是有差異存在。值得注意的是,考量肌肉量之後,女性與男性的中腿拉肌力比率為97%,顯示體脂的差異,是等長最大肌力差別的決定因素(表10.1a)。然而,考量肌肉量之後,爆發力動作(舉重動作)的重量差異都比等長最大肌力值更大(抓舉=91%、挺

**表10.1a　美國女性與男性菁英舉重選手的等長最大肌力與相對最大肌力(中腿拉)**

|  | IPF | IPF/kg | IPFa | IPFs | IPF/LBM |
|---|---|---|---|---|---|
| 女性(n=6) |  |  |  |  |  |
| 　平均數 | 3424 | 47.0 | 193.5 | 3753 | 61.4 |
| 　標準差 | 593 | 6.6 | 28.7 | 587 | 7.6 |
| 男性(n=9) |  |  |  |  |  |
| 　平均數 | 5127 | 54.0 | 241.6 | 5746 | 63.4 |
| 　標準差 | 1056 | 5.1 | 25.8 | 774 | 6.5 |
| W:M | 67% | 87% | 80% | 65% | 97% |

表中數值代表受測樣本的平均數及標準差。
IPF=等長最大力量(N)
IPF/kg=每公斤體重的IPF(N/公斤)
IPFa=IPF除以體重的0.67次方(N/體重的0.67次方)
IPFs=IPF除以辛克萊方程式(N)
LBM=除脂體重
W:M=女性與男性數值的百分比

**表10.1b　美國女性與男性菁英舉重選手的舉重與相對力量表現**

| | 舉重動作 |||||||||
|---|---|---|---|---|---|---|---|---|---|
| | SN | SN/kg | SNa | SNs | SN/LBM | C&J | C&J/kg | C&Ja | C&Js | C&J/LBM |
| 女性（n＝6） | | | | | | | | | | |
| 　平均數 | 92.5 | 1.29 | 5.3 | 101.5 | 1.66 | 112.9 | 1.57 | 6.4 | 123.8 | 2.03 |
| 　標準差 | 6.8 | 0.11 | 0.4 | 6.3 | 0.10 | 8.9 | 0.14 | 0.4 | 7.7 | 0.10 |
| 男性（n＝9） | | | | | | | | | | |
| 　平均數 | 146.9 | 1.57 | 7.0 | 165.8 | 1.84 | 176.9 | 1.86 | 8.3 | 198.1 | 2.19 |
| 　標準差 | 16.9 | 0.17 | 0.4 | 8.6 | 0.15 | 33.6 | 0.16 | 0.9 | 23.5 | 0.23 |
| W：M | 63% | 82% | 75% | 61% | 91% | 64% | 84% | 77% | 63% | 93% |

SN＝抓舉（公斤）
SN/kg＝每公斤體重抓舉重量（公斤／公斤）
SNa＝抓舉重量除以體重的0.67次方（公斤／體重的0.67次方）
SNs＝抓舉重量除以辛克萊方程式（公斤）
LBM＝除脂體重
C&J＝挺舉（公斤）
C&J/kg＝每公斤體重挺舉重量（公斤／公斤）
C&Ja＝挺舉重量除以體重的0.67次方（公斤／體重的0.67次方）
C&Js＝挺舉重量除以辛克萊方程式（公斤）
W:M＝女性與男性數值的百分比

舉＝93%，而等長最大肌力則為97%）。此一觀察，顯示除了肌肉量以外，還有其他因素造成兩性動態爆發力的差異。

爆發力與眾多運動項目表現息息相關，並且是決定勝敗的關鍵。爆發力與動態爆發肌力有關；針對爆發力的測量顯示，男性與女性之間的差異，不只在於體型[61]。女性在抓舉和挺舉[61]的爆發力輸出峰值大約是男性的65%；而在各種跳躍表現也差不多是65%[52]。未訓練和訓練過的女性，在每單位肌肉量的爆發力輸出，以及發力率峰值，都比男性低[116,178]，而發力率峰值可能造成絕對爆發力的差異。

除了體脂肪與發力率之外，影響動態爆發肌力的因素可能包括荷爾蒙差異、上肢肌力差異（因為在這些動作中，力量都會傳遞至上肢）、女性骨盆前傾較顯著，及其他生物力學因素，例如女性臀部較寬等，皆與先前針對未訓練男性與女性的觀察相呼應[19,217]。

針對兩性大學及菁英投擲選手、健力選手、舉重選手的資料，顯示出以下幾點：

- 最大肌力與爆發力有顯著關聯，最大肌力與運動表現（即使是輕負荷）也有顯著關聯[206,201,205]。
- 兩性上肢肌力差異比下肢明顯[206]。

- 初階運動員在肌力上的性別差異，比菁英運動員明顯[206]。

以上資訊顯示，女性要在肌力—爆發力型運動達到較高水準的關鍵，就是提升肌力—爆發力。兩性在上肢肌力的差別，可能與整體肌肉分布有關，即男性上半身肌肉相對較女性多[97]。

女性訓練須注意的因素包括受傷、上肢下肢肌力水準、月經週期等等。某些特定項目，尤其是衝擊型運動，或是含有跳躍、衝刺等肌力—爆發力型運動的女性選手，前十字韌帶（ACL）受傷的機率可能是男性的6倍之高[229,232]。女性膝蓋韌帶受傷率較高的原因並未完全證實，但可能包含肌力不足（絕對肌力與相對肌力），進而影響動作控制能力；發力率不足，一樣會影響動作與平衡控制；腿後肌啟動，這點很重要，因為女性通常以股四頭肌來主導落地動作，更容易造成脛骨前向位移[93]；以及女性單腳蹲動作型態與男性不同，即踝關節背屈、臀肌內收、臀肌伸展、髖關節外旋較多[230]，造成女性比男性更容易在深蹲和跳躍時弄傷前十字韌帶。

由於女性上肢（絕對和相對）肌力水準不如男性，建議應特別強調上肢訓練[67]，如此一來可提升運動表現，不管該運動對上肢肌力需求的多少。如此強調上肢肌力訓練，部分理由是較弱的上肢肌力，可能會限制下肢肌力的提升（深蹲、挺舉等。）

女性月經週期會伴隨若干荷爾蒙的大幅改變，例如黃體素、雌激素等。荷爾蒙波動和月經可能造成情緒起伏、認知功能改變、身體感覺不適。有趣的是，未訓練女性（非運動員）比女性運動員更容易因生理期產生問題，例如無法專心、抽筋等[66]，這些問題可能會干擾訓練，所以必須處理。女性運動員通常較沒有類似問題，或已有解決策略。

荷爾蒙改變也會造成生理上的影響，進而影響力量輸出[118, 141]。事實上，女性肌力提升，與血液中總睪固酮和自由睪固酮濃度有關[77]。月經週期的特色就是若干荷爾蒙會規律（或近乎規律）改變。這些荷爾蒙（黃體素、雌激素等）會影響代謝及神經肌肉功能，因此訓練和運動表現可能會在週期中受到不同影響。雖然多數研究並未顯示月經週期對各種運動表現造成重大影響，有證據[171]指出，濾泡期初期對肌力成長會有負面影響，而濾泡期晚期和黃體期初期則有正面影響，此正面影響來自血液中雌激素和睪固酮濃度上升。另外，Reis與其同事[171]指出，在月經週期中調整訓練頻率（黃體期時減少訓練）可能會增進訓練效果（即最大肌力提升效果更好）。針對荷爾蒙對女性肌力訓練的適應效果仍須更多實驗，但此類研究相當困難，因為不是每個人的週期都一樣，而且像是使用避孕藥也會改變週期和荷爾蒙變化。

## 影響肌力、爆發力的神經、生物力學、人體測量因素

人體與肌力（產生力量）相關的關鍵因素如下：

- 運動單元徵召
- 運動單元啟動頻率（頻率編碼）、
- 協同性（彈震式動作）
- 運動單元啟動形式（肌肉內啟動）
- 肌肉動作形式（肌肉間啟動）
- 彈性位能和反射（伸展收縮循環）
- 神經抑制
- 運動單元種類（肌纖維種類）
- 生物力學和人體測量因素
- 肌肉橫截面積。

上述因素可大致分為3個面向：神經、肌肥大、人體測量。圖10.3說明訓練帶來的神經和肌肥大變化相對時間。值得注意的是，在訓練初期，進步主要來自神經因素；後期則主要來自肌肥大，其中一個原因是訓練者必須先學會用力，才能施予肌肉和結締組織足夠的壓力，進而產生適應。

### 神經因素

圖10.11說明神經系統和肌肉的基本交互作用，使得肌肉得以收縮、力量得以產生。大腦先產生做動作的

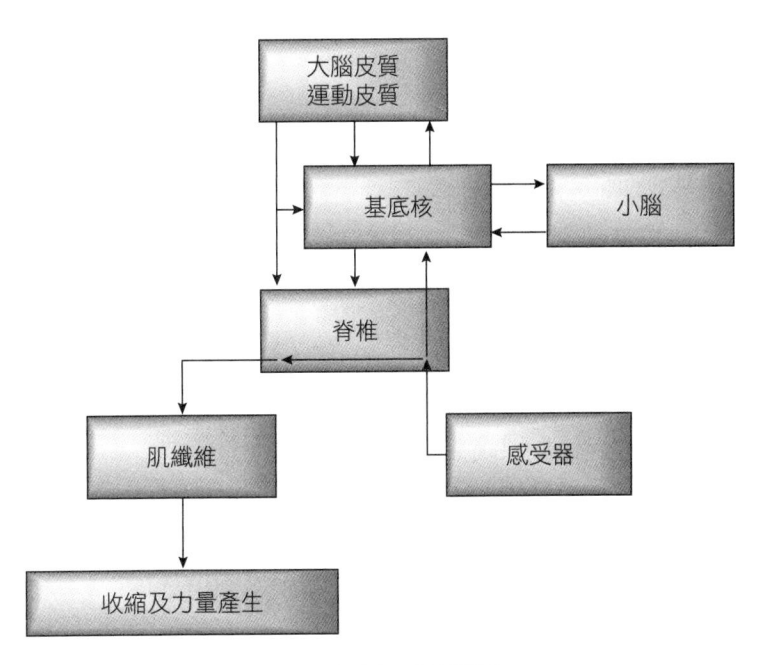

**圖10.11　自主性動作的理論神經系統機制。**
肌纖維收縮帶來力量產生，刺激組織再造和選擇性肌纖維生長，帶來功能及表現進步。
資料來源：Adapted from J. Noth, 1992, Cortical and peripheral control. In *Strength and power in sport*, edited by P.V. Komi (London: Blackwell Scientific), 9-20.

意圖，然後將訊號傳遞至運動皮質，再經由腦幹和脊椎將訊號傳遞至適當的動作神經元。此基本神經系統運作形式，即為運動單元控制的基礎。

雖然阻力訓練毫無疑問能影響神經系統，但影響的形式和程度則不完全明朗。多數關於神經效應的證據都是間接取得，或是刪去其他因素而得來的結果。例如在訓練初期，肌力、爆發力、以及發力率等表現變因的進步速度遠大於肌肥大或肌肉量[75,161]，因此假設肌力提升的機制為單一或多種神經適應。在光譜的另一端，進階和菁英肌力—爆發力選手已不太能增加肌肉量，特別是區分量級的運動，例如健力和舉重。然而，這些選手在身體組成或肌肉大小幾乎不變的情況下，肌力仍持續提升（雖然幅度較小），再次顯示神經適應正在發生[204, 201]。

### 徵召及頻率編碼

影響肌肉收縮產生力量的因素，主要是受徵召運動單元的數量及形式，以及刺激頻率（頻率編碼），圖10.12說明了此關係。肌肉啟動時，各種機制之間的作用多少，取決於力

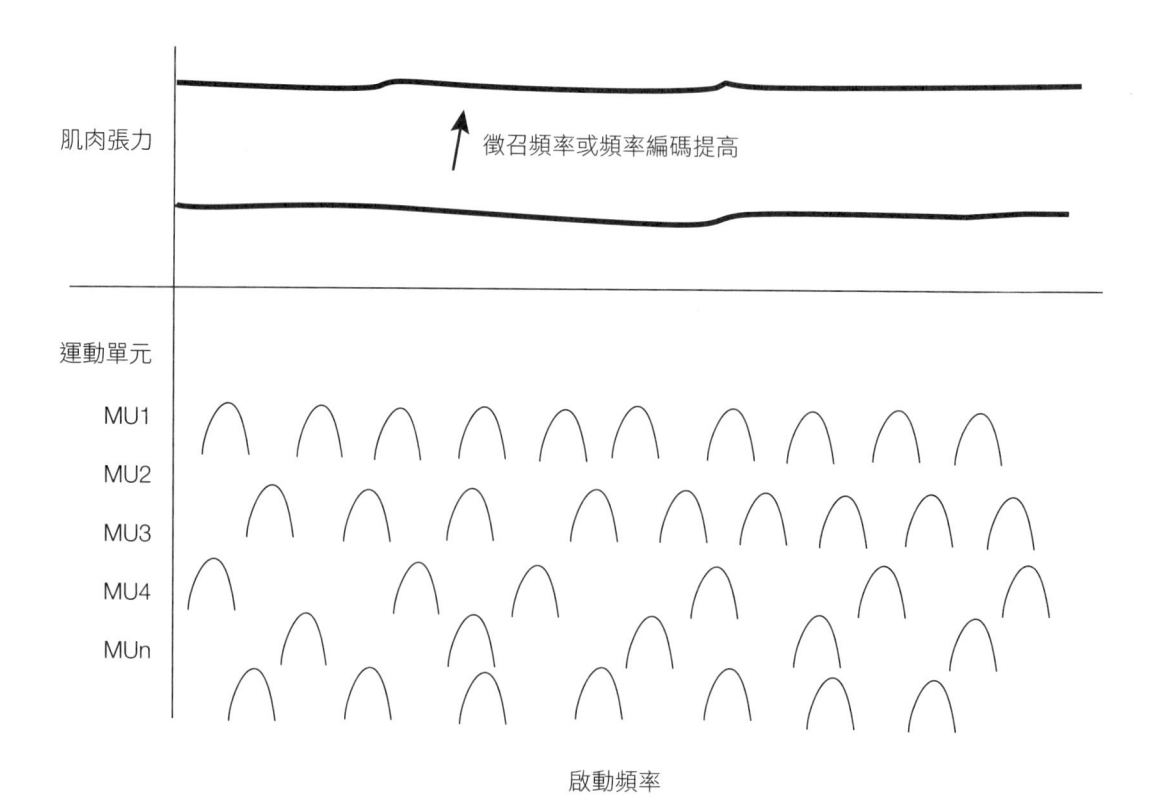

**圖 10.12**
整體肌肉張力（力量）的徵召和頻率編碼，直接影響受啟動運動單元的數量，以及啟動頻率。較大的運動單元受徵召頻率通常較高。

量的需求,以及啟動肌肉的大小和形式[60]。然而,未經訓練的肌肉能否在正常自主狀況下啟動,仍有爭議[1,183]。此外,肌力訓練可帶來更高程度的肌肉啟動,因此影響力量輸出。

**運動單元徵召**

肌肉內部的運動單元徵召,通常依循大小原則[83,82]。某種程度上來說,運動單元大小決定了徵召閾值,較大的運動單元閾值較高。運動單元大小會隨著運動單元種類改變[60];因此,較有力量的運動單元,在同時含有多種運動單元的肌肉中,會最後被徵召。然而,即使只含有單一運動單元,或單一運動單元主導的肌肉,大小原則的情況仍然顯著[28]。

**頻率編碼**

頻率編碼即受徵召運動單元的啟動頻率。一般來說,較快的運動單元,啟動的頻率越高。頻率編碼對運動單元和整體肌肉啟動有很重要的影響,也是發力率等指標的決定性因素[117]。Viitasalo和Komi的一項研究[116]清楚指出,肌電圖所偵測到的運動單元啟動越高,肌肉力量就越高,關係如圖10.13所示。圖中A曲線中,初始啟動頻率和發力率都比曲線B還高,因此發力率可說是神經系統啟動肌肉的能力。一般來說,高發力率在衝刺、投擲、舉重等爆發型運動至關重要。有趣的是。最大肌力和發力率呈強烈正相關,因此提升最大肌力可能是許多運動中,提高發力率與爆發力的關鍵因素[10]。

**啟動頻率與協同性**

運動單元的協同性,也會影響肌肉產生力量的能力。運動單元啟動通常是短暫的「動態」收縮。圖10.14說明若干運動單元的非同步啟動形式。值得注意的是,在非同步啟動中,運動單元是一個接一個啟動,此模式產生相對平順的肌肉張力輸出,帶來相對平順的動作。徵召或頻率編碼增加肌肉啟動下,可增加肌肉力量。

在正常低強度肌肉啟動的情況下,各運動單元會以非同步的方式啟動;但在使用接近最大肌力時,數個運動單元會同時啟動。隨著力量產生增加,就會達到更高的協同性。取決於運動單元種類和肌肉動作的強度,低閾值運動單元啟動的最大頻率,大約介於30至50赫茲;較高閾值的運動單元則可高達100赫茲。此外,肌力訓練可提升運動單元協同徵召的數量,結果是在低力量輸出時,也能產生徵召協同性[184]。協同性對最大肌力的影響似乎很小,特別是以離心收縮來測量的時候[226]。然而,協同性在彈震式動作中扮演了重要角色。

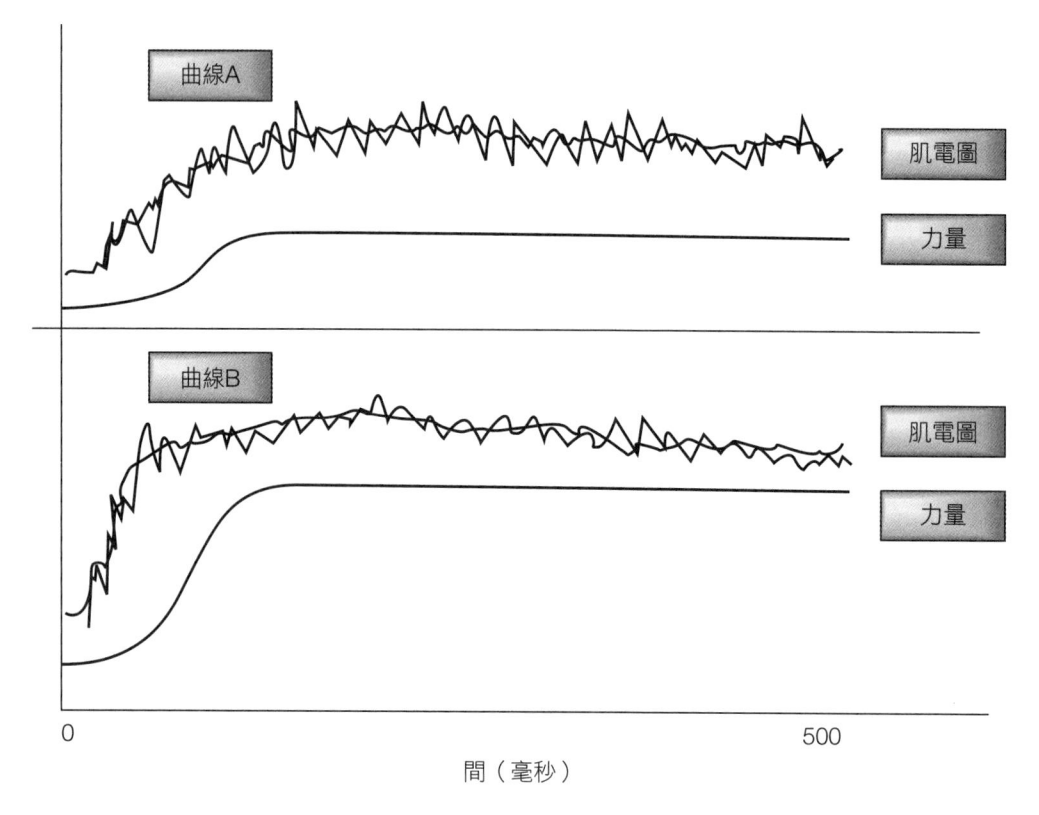

**圖10.13 頻率編碼對發力率的影響。**

肌肉被啟動的速度越快（肌電圖），發力率越高。

資料來源：Adapted from P.V. Komi and J.H. Vitasalo, 1976, "Signal characteristics of EMG at different levels of muscle tension," *Acta Physiologica Scandinavica* 96: 267-276.

　　請參照圖10.14中肌電圖記錄的典型三階段肌肉啟動模式。在第一階段中，大約有50毫秒的平靜期，運動單元有足夠時間完成不反應期。此一「前運動平靜期」發生在主動肌或抗拮肌啟動之前。此平靜期可讓更多運動單元協同啟動，在第二階段（預先計畫期）帶來短暫卻非常大的力量脈衝。在主動肌的強烈動作之後，抗拮肌啟動，作為煞車系統，將動作放慢，降低受傷機率。在第三階段（本體感覺期）中，主動肌再次動作，微調動作的最後階段。以上三階段反應會在彈震式動作中啟動，並可藉由適當的訓練計劃來調整。

### 任務專項性

　　關於肌肉內和肌肉間任務專項性的概念，有相當多的證據。肌肉內任務專項性與運動單元啟動的特殊形式有關；而肌肉間任務專項性則與特定動作中，肌肉啟動的形式與交互作用有關。從解剖學的角度來看，有些肌肉有分層的狀況，而在不同動作中，這些分層啟動的程度不盡相同[223]。此外，神經元也會依照任務種類，區分為不同的分層，在特定任

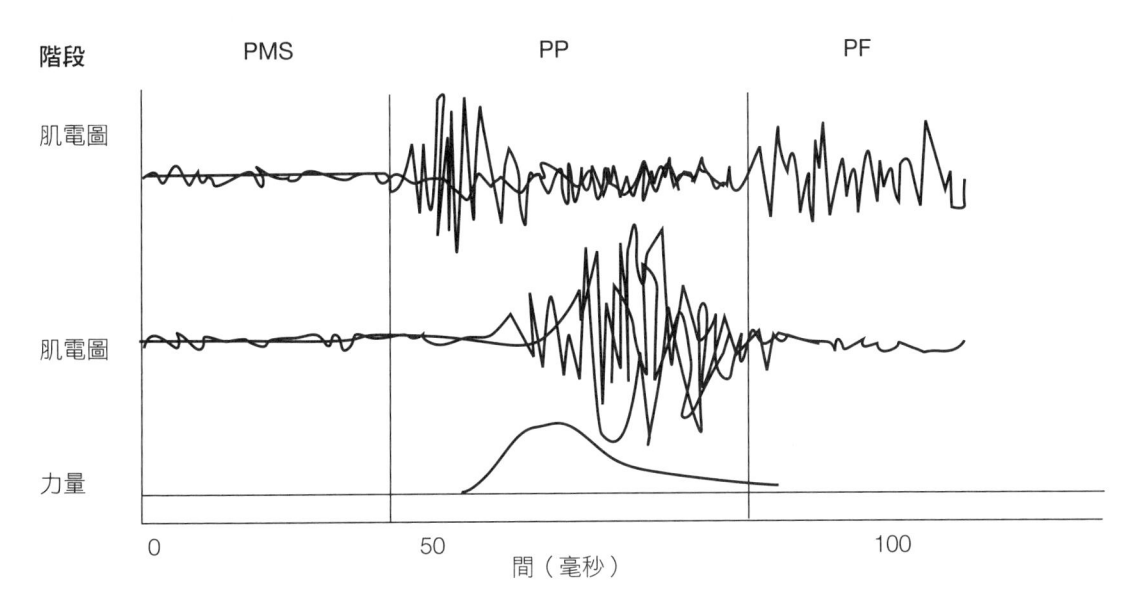

[Figure: 三階段反應圖,顯示PMS、PP、PF三階段的肌電圖與力量曲線,時間軸0-100毫秒]

**圖10.14 彈震式動作的三階段反應。**
PMS＝前運動平靜期;PP＝預先計畫期;PF＝本體感覺期。
資料來源:Adapted from E.P. Zehr and D.G. Sale, 1994, "Ballistic movement: Muscle activation and neuromuscular adaptation,"*Canadian Journal of Applied Physiology* 19(4): 363-378.

務中啟動特定神經元[131]。肌肉內任務特殊性,有助於解釋局部肌肥大的現象[2,12,43,207],即特定動作造成肌肉局部產生肌肥大現象。健美訓練者理解這點,因此指出若要完整鍛鍊某一肌肉,必須使用該肌肉執行多種不同動作。

　　肌肉內與肌肉間的啟動形式,很容易受許多因素影響,包括動作模式、向心收縮或離心收縮、動作速度改變等等[183,228]。正因為啟動模式的改變,肌力—爆發力訓練的動作選擇,應以動作導向為主,而非肌肉導向。肌肉內和肌肉間啟動效率提升,代表協調能力提升,也是帶來肌力進步的重要機制[183]。

### 神經抑制

　　神經抑制的程度也會影響肌力。抑制有兩種形式:意識抑制和軀體反射抑制。意識抑制即大腦察覺到一個特定重量可能會造成受傷(不管是否真的會受傷),例如,若你從未做過深蹲,現在突然要你背負300公斤做全幅深蹲,只要你還有點智慧,應該就會拒絕。然而,透過適當訓練,你最終很可能可以蹲300公斤(660磅)。

　　軀體反射抑制包括從各個肌肉和關節受器的反饋,並被認為是一種保護機制(圖10.14),可在最大或接近最大努力時,減少肌肉張力。肌力訓練似乎能降低受器敏感度、降低抑制,進而造成更大的力量[1]。

## 伸展收縮循環

反射和伸展收縮循環（SSC）可改變力量輸出[29,42]。本質上，一個伸展收縮循環包括一個增強式肌肉動作，即向心動作緊跟在離心動作之後。造成向心動作力量增強的機制，可能包含彈性位能、伸展反射、最佳肌肉長度、最佳肌肉啟動與肌肉啟動形式等[29,30]。學習更有效率的使用SSC，可顯著提升力量產生。證據指出，最大肌力提升，可讓SSC中的離心和向心階段都獲得提升[1,42]。

## 運動單元種類

運動單元和肌纖維種類也會影響肌力，更會影響爆發力。研究和相關領域文獻均指出，II型肌纖維的比例較高、橫截面積較大，可能有助於動態力量輸出[70,164]，即使考量肌肉整體結構和其他力學因素後，也是如此。肌力—爆發力型運動員，通常II型肌纖維比例和IIX型肌纖維總橫截面積，都較未訓練者稍高。肌力訓練（尤其是爆發力訓練）似乎可提高II型肌纖維相對於I型肌纖維的橫截面積，提升肌力和爆發力輸出[70]。然而，隨著訓練量提升，會產生肌球蛋白重鍊適應，降低IIX型肌纖維比例，並提高IIA型肌纖維比例[4,107]。雖然此轉變（IIX轉為IIA）會稍微降低肌纖維肌凝蛋白運作，因此可能影響力量輸出，但有其他適應機制可以彌補。神經系統和肌纖維的改變、肌肥大，可以抵消潛在的爆發力下降。隨著神經系統效應和肌肥大持續時間大於運動單元轉換，短期的訓練減量似乎能將IIA型肌纖維轉回為IIX型，並些微提高爆發力輸出[175]。

## 生物力學與人體測量因素

整體肌肉結構、羽狀角度、肌肉節點、身高、四肢長度、力臂等因素，會影響整體肌肉槓桿系統的力學優勢。例如，比起未訓練者或其他運動員，舉重選手的體重身高比例（Bm/h）較高，為他們帶來更高的力量輸出（詳見第三章〈阻力訓練的生物力學機制〉）。此優勢的成因，與肌肉生理橫截面積和肌肉最大力量輸出，有強烈的正向關聯性[183]。2位身高和四肢長度不同的運動員，若有相同的肌肉重和肌肉量，則較矮的運動員會有較大的肌肉橫截面積，因此會有更大的力量。

阻力訓練帶來肌肉橫截面積變大（也就是肌肥大），會在肌纖維中增加額外的收縮成分（肌原纖維），不過背後機制複雜，尚未完全確定。骨骼肌肌肥大的主要刺激，似乎來自肌肉收縮與機械壓力帶來的肌肉損傷[64,151]。其次，肌肉重複收縮帶來的代謝因素，也會刺激肌肥大適應[15,151]。此刺激也會帶來一連串的效應，如圖10.15所示。

肌肉離心收縮等強力伸展階段，會帶來較短肌小節與肌肉漿膜的損傷，似乎也和肌小節長度有關[167]。確實有證據指出，離心收縮帶來的肌肉損傷、延遲肌肉疼痛[63]、與隨

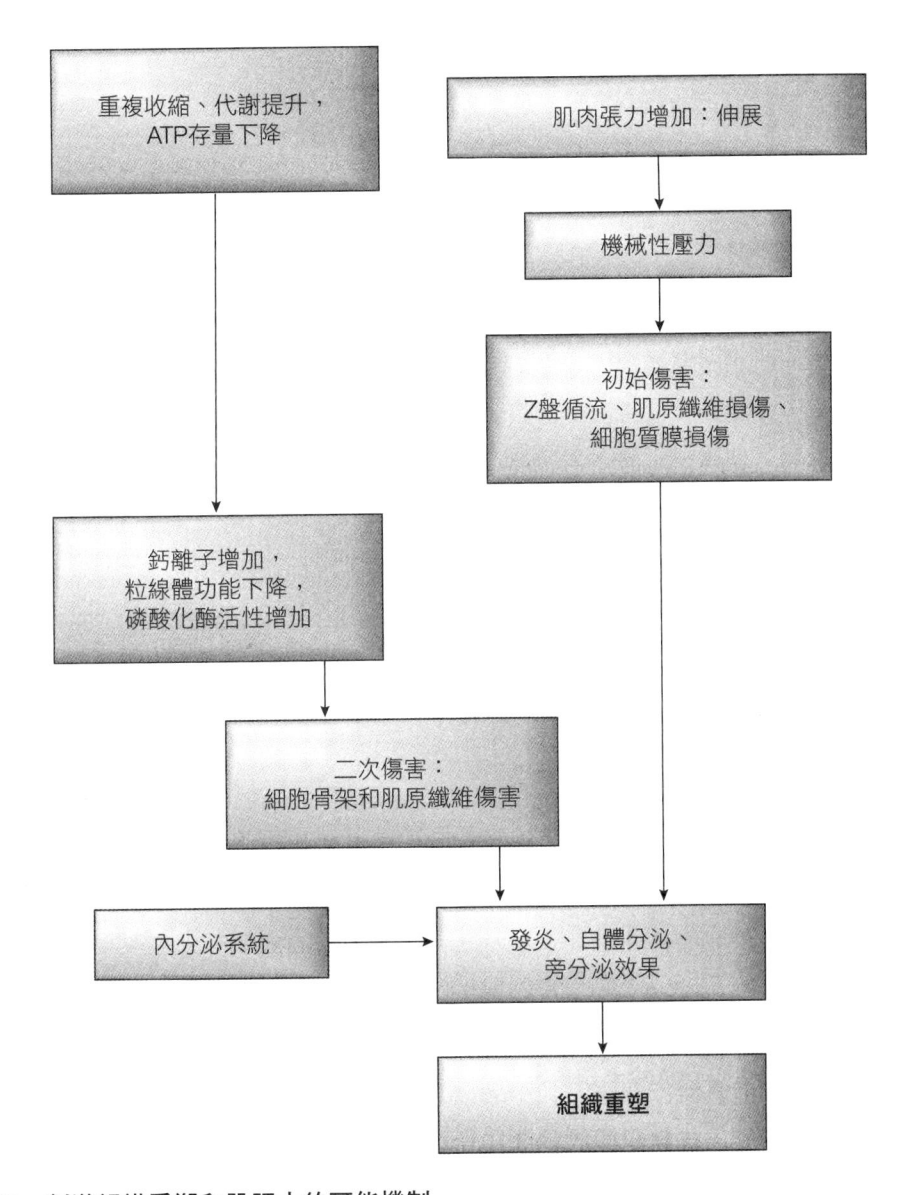

```
重複收縮、代謝提升、           肌肉張力增加：伸展
ATP存量下降                        │
    │                               ▼
    │                          機械性壓力
    │                               │
    │                               ▼
    │                          初始傷害：
    │                          Z盤循流、肌原纖維損傷、
    │                          細胞質膜損傷
    ▼                               │
鈣離子增加，                        │
粒線體功能下降，                    │
磷酸化酶活性增加                    │
    │                               │
    ▼                               │
二次傷害：                          │
細胞骨架和肌原纖維傷害              │
    │                               │
    ▼                               ▼
內分泌系統 ──────────► 發炎、自體分泌、
                        旁分泌效果
                            │
                            ▼
                        組織重塑
```

**圖10.15　刺激組織重塑和肌肥大的可能機制**

資料來源：Adapted from K. Nosaka, A. Lavender, M. Newton, and P. Sacco, 2003, "Muscle damage in resistance training. Is muscle damage necessary for muscle hypertrophy?" *International Journal of Sport and Health Science* 1: 1-8.

之而來的肌肥大適應，比向心收縮大得多[85,88]。也有資料指出，離心階段更大的伸展或更大的力量（即更大的動作幅度），會帶來更大的肌肉損傷，因此帶來更顯著的肌肥大效果[152,153]。這些觀察也解釋了為何等長運動對肌肥大的效果相當有限[95,39]。此外，向心加離心（即伸展收縮循環）的方法，似乎比純向心收縮訓練帶來更多的肌肥大效果[88]。然而，在力量輸出相同的情況下，向心收縮帶來的肌肥大效果，可能與離心收縮相當，甚至更高[137]，顯示較大負重的離心收縮，或半等速的低速動作帶來的更高力量及更大的肌

肉損傷，會比向心收縮帶來更多的肌肥大反應。此外，證據指出II型肌纖維比I型肌纖維更容易受到損傷[53]，這或許也解釋了阻力訓練會對II型肌纖維帶來更大的肌肥大反應。

肌肉重複收縮的情況下，細胞質中鈣離子濃度可能會超過閾值（$>0.1$ mmol・$L^{-1}$），引發鈣敏感降解路徑[15,37,54]，造成二次損傷，其機制為非溶酶鈣引發的鈣蛋白酶，催化細胞骨架蛋白，並引發肌原纖維結構降解[54,64]。二次損傷後，會發生發炎反應，為組織重塑必經之途[15,37]。此發炎反應包含巨噬細胞和中性粒細胞（能降解蛋白質）的滲透[15,168,192]。此發炎過程也會造成細胞激素釋放，刺激衛星細胞啟動與整合[192]。衛星細胞啟動，以及隨後與現存纖維融合，以及可能發生的增生反應，似乎都需要足夠的肌肉損傷[153]。以上肌肉結構的損傷，會刺激自體分泌和旁分泌系統，進而釋放絲裂原，以及類胰島素生長因子、機械生長因子等，加速肌肥大過程[64]。這些生長因子和絲裂原似乎是機械性刺激（肌肉損傷帶來的伸展或緊張）與基因表現啟動之間的連結[24,65,64]。此外，內分泌系統也會影響組織重塑（詳見第五章〈神經與內分泌因素〉）。分解型和合成型荷爾蒙的急性反應與慢性適應，可以改變訓練帶來的肌肥大和增生適應[5]。

增生指的是細胞數量增加，可透過長期大量刺激造成的肌肉細胞損傷造成，並與衛星細胞啟動[60,151]有關。有合理證據指出，動物體內會發生超負荷帶來的增生現象，雖然禽鳥類的肌纖維增生數量大於哺乳類[112]，但人類是否會因超負荷帶來增生現象，仍有爭議。2到3個月的短期阻力訓練研究，並未顯示足夠證據支持人體內的增生現象[139]。但是針對健美選手大體的資料和研究指出，長期的阻力訓練可能是必要的刺激[3,123,134]。人體內可能的增生現象，通常以斷層掃描來檢視，估計肌纖維數量的方式，是以肌肉平均橫截面積（CSA）除以平均纖維面積[60]。MacDougall及同事利用這個方法下了一個結論[133]，即肌肉CSA總面積與纖維面積更有關係，而非纖維數量。然而他們也指出，CSA總面積最大的健美選手，估計的纖維數量也最高。Larsson和Tesch指出[123]，肌肉較大的健美選手有較多的纖維，並以肌肉內部的肌電圖證據指出，健美選手擁有高於預期的纖維密度（即每運動單元有更多的纖維），支持其論點。假設人類真的會發生增生現象，對肌肉的CSA總面積影響也不大[3]。

結締組織負責傳遞骨骼肌造成的力量，而阻力訓練也會帶來結締組織重塑，其背後機制與骨骼肌重塑機制類似[151,198]。然而，與衛星細胞啟動類似的是，結締組織重塑似乎需要大量因運動造成的肌肉損傷，而且對離心收縮的反應似乎大於向心收縮[95]。

一個很重要的問題是，要造成肌肥大或增生，需要多少的肌肉損傷。有證據指出，單次離心運動帶來的蛋白質合成刺激效應，在有訓練經驗者身上會減少[159]。相同的訓練刺激，在有訓練經驗者身上帶來的肌肉損傷和痠痛也較少，因此合理預肌肥大適應較小。此外，值得注意的是，未訓練者在訓練初期發生的肌肥大相對不明顯，可能是因為未訓練

者無法應付足以造成組織重塑和肌肥大的訓練刺激。因此，對初學者而言，必須先將肌力提升到一個程度，才能有實質的肌肥大效果。然而，因為向心收縮造成的肌肉傷害一般不如離心收縮，卻也能帶來肌肥大適應[90]，看來大量肌肉損傷可能不是肌肥大的必要條件。然而，結締組織生長和肌肉增生可能就不是這樣。表10.2顯示不同收縮型態對CSA增加的相對理論貢獻程度。

表10.2 肌肉收縮種類對肌肥大和增生的相對效果

| 肌肉收縮種類 | 肌肉橫截面積 | 肌肉增生 | 結締組織橫截面積 |
|---|---|---|---|
| 等長收縮 | NA, + | NA | NA |
| 向心收縮 | ++ | NA, + | NA, + |
| 離心收縮 | +++ | + | ++ |
| 伸展收縮循環（增強式動作） | +++ | + | + |

NA＝無顯著影響

資料來源：Adapted from K. Nosaka et al., 2003, "Muscle damage in resistance training. Is muscle damage necessary for muscle hypertrophy?" *International Journal of Sport and Health Science* 1: 1-8; and N. Ishii, 1994, Resistance training and muscle hypertrophy. In *Resistance training*, edited by Training Science Association (Tokyo: Asakura), 19-31.

肌纖維生長能帶來多大的CSA增加仍不明[60]，但依據訓練計畫的種類和持續時間，其增加範圍大約是30%至70%[7,191,214]。高度訓練運動員的平均肌纖維CSA，可能是靜態生活者的2到3倍[8,56,74,165,210]。一般來說，II型肌纖維肌肥大的速度比I型肌纖維快，因此高度訓練運動員不意外地具有較大的總CSA面積[56,74]。

與最大肌力相關的所有機制中，最重要的就是肌肉的CSA以及II型肌纖維的總CSA [214]。（詳見第三章〈阻力訓練的生物力學機制〉）從實務的角度來看，若CSA並非影響最大肌力最重要的因素，則拳擊、柔道、角力、舉重等運動就不會有體重分級。力量與肌肉CSA的關係來自平行肌小節的數量。平行肌小節數量越多，肌肉的最大力量越大。肌力訓練帶來的肌肥大，會增加平行肌小節的數量，因此提升肌肉的潛在力量輸出[64]。此外，有證據指出，阻力訓練帶來的肌肥大，會稍微增加肌原纖維的填充密度[102]。

## 阻力訓練與肌肥大相關的代謝及超微結構改變

一般來說，阻力訓練可改變肌纖維的無氧代謝相關成分，但對有氧相關成分的影響較小。

### 酵素改變

阻力訓練幾乎不會帶來酵素改變，而老鼠經過等長收縮訓練後，肌酸肌酶和肌激酶的濃度會提升[47]。人類的肌激酶活性與肌肉力量輸出有關[31]，並會因阻力訓練帶來些

微提升[213]。琥珀酸去氫酶等有氧代謝相關酵素的活性，會因等長訓練而提升，此情況在動物[47]和人類[68]身上都有。然而，典型阻力訓練（如大重量訓練）一般而言不會帶來酵素活性改變[209]。反之，高訓練量（即每組高反覆次數）、短休息時間的阻力訓練，可能帶來若干無氧及有氧酵素改變[41,209]；此現象指出訓練計畫種類會影響酵素改變。事實上，諸如高反覆肌力訓練或衝刺訓練等持續高強度收縮，可能改變若干酵素活性，特別是與無氧代謝相關的酵素活性[132,214]。

同工酶改變與長期訓練的關係，尚未有足夠研究。例如，某些肌力訓練和衝刺訓練會產生乳酸去氫酶（LDH）環境（LD1／LD5），其中「肌肉型態」同工酶（LD5）改變較顯著[109]，而耐力訓練則會增強「心臟型態」同工酶（LD1）[13]。訓練帶來的同工酶改變，可能會帶來更好的運動表現，即使整體酵素對於訓練的適應相當有限亦然。

## 肌肉基質

磷化物存量（ATP和PCr）對阻力訓練等高強度運動至關重要。雖然阻力訓練可提升巔峰運動表現以及耐疲勞能力（皆與磷化物有部分關係），幾乎沒有證據顯示阻力訓練可顯著提升動物[87]或人類[211]體內的磷化物存量。

阻力訓練可提升人類[141]和動物[227]肌纖維對血液中葡萄糖的利用能力。研究證實，阻力訓練會提升葡萄糖的利用、運送、以及運輸蛋白（GLUT-4）的濃度[227]。因此，阻力訓練對葡萄糖攝取有正面影響。

阻力訓練不會顯著改變血液中的葡萄糖濃度[113]，意即葡萄糖利用與可用量同時提升。然而，阻力訓練可顯著減少肝醣存量[38,69]。此現象說明，血液中的葡萄糖在阻力訓練中並非限制因素，反之，運動其實和肝醣更有關係。因此，訓練造成的葡萄糖濃度提升，會有正面的效果[38]。研究顯示，經過5個月的大重量訓練後，肝醣含量會顯著提升[135]；而較短期的訓練（3個月）則不會帶來顯著的肝醣濃度適應[211]。

雖然阻力訓練的主要機制是無氧系統，但許多證據指出，阻力訓練後，脂肪氧化會顯著提升[26,141,158]，而且阻力訓練也會降低飲食後及基準的三酸甘油脂指數[158]。以上現象顯示，訓練量足夠的阻力訓練可改變脂肪內容。運動中使用多少三酸甘油脂仍不清楚，但數量應該不大。短期阻力訓練會提升肌肉中三酸甘油脂的存量，但各肌群之間存在些許差異[208]。阻力訓練對三酸甘油脂的影響可能非常小。

營養和訓練計畫類型，與阻力訓練和能量存量改變至關重要。因此可合理推論，訓練類型和營養策略的交互作用，會大幅影響能量存量適應（詳見第六章〈營養與代謝因素〉和第七章〈人為輔助〉）。

## 不同訓練類型的訓練適應

本章前半部討論影響訓練適應的因素，以下討論與運動表現相關的特殊訓練適應。教練與運動員最在乎的議題之一是訓練方式，顯然不同訓練方式會帶來不同的適應。

### 肌力與爆發力表現的適應

訓練適應受許多因素影響，包括訓練量、訓練強度、動作專項性、訓練程度等。此外，不同訓練方式會帶來明顯不同的長期適應。例如，典型大重量肌力訓練帶來的進步，是在力量─時間曲線上高力量端的提升。爆發力訓練（特別是動態爆發力訓練）可能帶來更大的初始力量，而非最大力量。值得注意的是，為達到最佳的長期適應，教練和運動員應選擇最適當的訓練量和訓練強度。

Hakkinen及同事研究菁英舉重選手[74,76]，發現最大肌力取決於最大肌肉啟動。最大肌肉啟動（EMG）只會出現在1RM的80%以上強度。若平均強度低於80%，最大力量和最大肌肉啟動都會下降。以上資料顯示，對菁英舉重選手而言，維持或提升最大肌力的門檻，大約是1RM的80%強度。此結果驗證一句格言：「要強壯就必須舉起大重量」。

然而，同一研究也發現，若舉重選手在高強度訓練區（80%以上）訓練太久，無論訓練強度為何，最大肌力和爆發力都會下降。Fry和同事在更近期[58]的研究結果指出，長達2至4週的持續高強度訓練，會降低最大肌力和爆發力表現。有趣的是，1週僅僅2天的高強度訓練，也會帶來同樣的結果[57]。此類過度訓練的原因是神經性疲勞，顯示訓練變化的重要性。除了訓練強度以外，訓練量也有類似的狀況。

### 訓練特殊性

如第一章及第八章所述，訓練特殊性指的是訓練動作與實際運動動作的相似程度。訓練遷移效果指的是訓練動作帶來的運動表現適應，並與訓練特殊性息息相關。力學特殊性指的是訓練動作與運動動作在動力學與運動學的關係。因此，力學特殊性的要素包含動作型態、峰值力量、發力率、加速度、速率等。訓練動作與運動動作越相似，遷移效果越好[20,180,182,202]。

要提升運動表現，有多種肌力、爆發力訓練方法可採用。然而，這些方法會帶來截然不同的神經肌肉生理學，以及運動表現適應。這邊討論4種訓練方法：等長訓練、大重量訓練、高爆發或速度─肌力訓練、刻意慢速訓練。表10.3比較以上4種訓練方式對神經肌肉系統的相對效果[70,91,104,103,148,206]。

**等長訓練**在1960年代大受歡迎，不過至今尚未證實能帶來良好的肌肥大效果。大重

量訓練的特色是非彈震式動作，強度大約在1RM的80%以上，次數大約是5到8下。大重量訓練時，即使以爆發的方式做動作，重量移動速度仍然緩慢，因為相對接近最大強度。大重量訓練可帶來顯著的肌肥大效果，不過在初期則較不顯著，因為初期的進步重點

表10.3　肌力爆發力訓練特殊性：相對神經肌肉適應

| 訓練方法 | 肌肥大 | II型和I型肌纖維橫截面積 | 神經 |
|---|---|---|---|
| 等長訓練 | + | + | +++ |
| 大重量訓練 | ++++ | ++ | + |
| 速度肌力訓練 | + | +++ | ++++ |
| 刻意慢速訓練 | ++ | + | ++ |

資料來源：Hakkinen 1994; Hunter et al. 2003; Jones et al. 1999, 2001; Keeler et al. 2001; McBride et al. 2002; Morrissey et al. 1998; Olsen and Hopkins 2003; Stone 1993; Stone, Triplett-McBride, and Stone 2001.

是神經系統適應（學習）。速度—肌力訓練的爆發力輸出大，除了靜態生活者外，通常沒有顯著的肌肥大效果，不過可帶來顯著的神經系統適應。刻意慢速訓練最近在大型俱樂部相當受歡迎，基本上就是使用相對輕的重量，在離心和向心階段都故意將速度放慢[111]，會讓運動單元更加疲勞，據說可以徵召更多運動單元。支持刻意慢速訓練的人認為，肌肉在壓力下時間較長，可帶來肌肥大和肌力提升的效果，而此種訓練方法通常只執行一組。目前幾乎沒有刻意慢速訓練對肌肥大的相關資訊，不過現有證據指出，他能帶來一定的肌肥大效果，但效果不如大重量訓練[111]。

不同訓練方法也會帶來不同的肌纖維適應效果。如前所述，II型肌纖維肌肥大比I型肌纖維快，雖然原因並不清楚。幾乎所有形式的阻力訓練都能帶來肌纖維生長，使得II型肌纖維相對I型肌纖維橫截面積比率提升，不過提升的程度仍取決於訓練方法。有證據指出，速度—肌力（高爆發）訓練比起其他訓練方法，更能提升II型肌纖維相對I型肌纖維橫截面積比率[56,70]，而這個比率越高，可能對爆發動作和高爆發輸出越有利。

表10.4比較不同訓練方法可能帶來的運動表現提升效果。雖然動作角度特殊性很重要，但等長訓練可提升相當大範圍角度的最大肌力，尤其是用等長的方式來測量最大肌力時。對訓練經驗相對較少的人而言，只要刻意把動作做快，等長訓練可以提升動作速度[20]。然而，等長訓練對爆發力和速度的效果，相對不如速度—肌力訓練[70,138]，對進階運動員更是如此[155]。大重量訓練對於1RM最大肌力效果最好，而對於初學者和新手而言，可相對顯著提高爆發力、發力率、爆發力輸出，最大肌力效果則較不明顯[70]。刻意慢速訓練的最佳效果是最大肌力提升，但對於發力率、爆發力、速度的效果較小，甚至會有負面影響（研究者的個人觀察）。

Hakkinen和Komi[72,73]在一系列研究中比較了大重量訓練和速度—肌力訓練，提出了訓練特殊性的概念。2組體育背景學生，都熟悉運動及測驗程序，分別接受大重量半蹲舉訓練，或大約30% 1RM的爆發跳躍訓練（速度—肌力訓練）。訓練前後的等長力量—時間

表10.4　肌力－爆發力訓練特殊性：相對運動表現效果

| 訓練方法 | 等長峰值力量 | 1RM | IPRFD | DPRFD | PP | Max vel. |
|---|---|---|---|---|---|---|
| 等長訓練 | ++++ | +++ | ++ | + | + | + |
| 大重量訓練 | +++ | ++++ | ++ | ++ | ++ | ++ |
| 速度－肌力訓練 | + | ++ | +++ | ++++ | ++++ | +++ |
| 刻意慢速訓練 | +++ | ++ | ? | + | + | +, - |

注意：時間和訓練階段至關重要。IPRFD＝等長發力率峰值；DPRFD＝動態發力率峰值；PP＝爆發力峰值；Max vel＝動作最大速度
資料來源：Aagard et al. 2000; Hakkinen 1994; Hunter et al. 2000; Jones et al. 1999; Jones et al. 2001; Keeler et al. 2001; McBride et al. 2002; Morrisey et al. 1998; Olsen and Hopkins 2003; Peterson et al. 2004; Rhea et al. 2003; Stone 1993; Stone et al. 2001.

曲線，顯示出2種訓練方法的不同適應結果。大重量訓練組峰值力量進步27%，但發力率進步則相對有限。同時以肌電圖測量，發現力量—時間曲線呈現相應改變，峰值力量區啟動只增加3%，且峰值發力率區沒有顯著改變。大重量訓練帶來的峰值力量進步，是來自肌肥大。另一方面，速度—肌力訓練組的峰值力量區啟動進步了11%，峰值發力率進步了24%。同時以肌電圖測量，發現測出來的進步大致與峰值力量、峰值發力率的相對提升互相呼應。很明顯，速度—肌力訓練組有較好的神經系統適應，而大重量訓練組則有較好的肌肥大效果。

如同先前討論，動作型態也會影響訓練和運動表現的遷移效果。動作型態的範疇，包括最有效率的發力方法及方向，而動作型態特殊性包含了肌肉內與肌肉間兩個面向。

### 肌肉內動作型態特殊性

若干研究顯示，肌肉內動作型態特殊性的情況相當顯著[180]。這些研究指出，在進行特定動作時，數個運動神經元會因不同任務而有不同的啟動方式。若任務改變，無論是動作型態或動作速度，則神經元啟動的情況也將改變。由此看來，健美選手使用多種動作來訓練單一特定肌肉，是有道理的[12]。

### 肌肉間動作型態特殊性

同一動作中所有參與肌群的啟動形式，包括高效率使用牽張反射及伸展收縮循環，也有任務特殊性。在這樣的情況下，肌肉作為主動肌群、抗拮肌群、穩定肌群的功能性角色，必須小心歸類，因為這些角色其實是以解剖學的角度來分類，而非功能性。肌群的功能性角色，會隨著單關節動作、多關節動作、動作速度改變等因素而有所不同[228]。

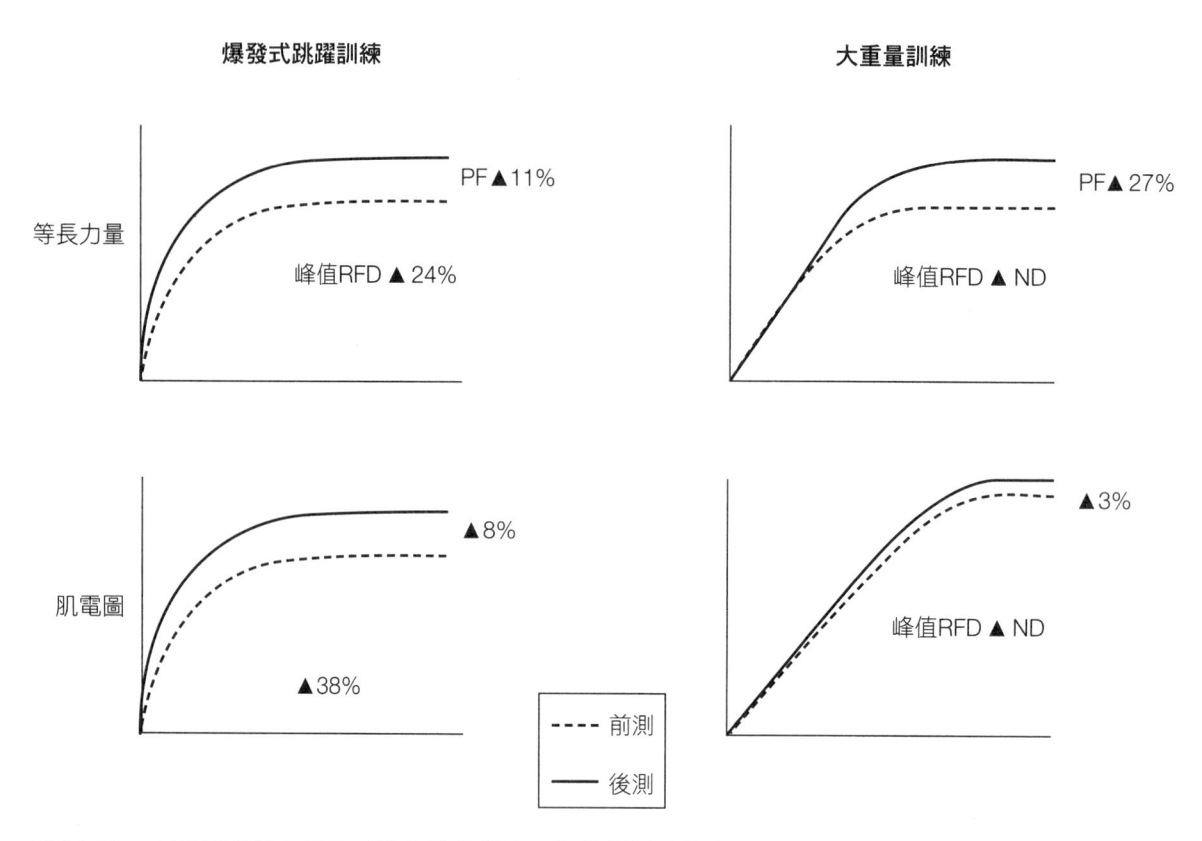

**圖10.16** 大重量訓練和爆發式肌力訓練效益，包括等長峰值力量、發力率、肌肉啟動。
PF＝峰值等長力量；RFD＝發力率；ND＝無差異。
資料來源：Adapted from K. Hakkinen and P.V. Komi, 1985a, "Changes in electrical and mechanical behaviour of leg extensor muscle during heavy resistance strength training," *Acta Physiologica Scandinavica* 125: 573-585; K. Hakkinen and P.V. Komi, 1985b, "Effect of explosive type strength training on electromyographic and force production characteristics of leg extensor muscles during concentric and various stretch shortening cycle exercises," *Acta Physiologica Scandinavica* 125: 587-600.

也就是說，由於運動場上和日常生活中較常使用多關節動作，尤其是高爆發力或高速度的動作，因此採用複合式多關節動作的訓練遷移效果就好，因為運動學和動力學特性較為相似。

由於動作型態具有高度任務特殊性，肌力的提升可能受到若干因素的影響，包括參與的關節數量、動作速度、姿勢等等[169,206,228]。例如，Thorstensson花了8週的時間，訓練大學體育系學生半蹲舉[213]。該實驗的前測與後測動作包括半蹲舉（訓練動作）、等長腿推舉、坐姿腿伸屈。結果發現，8週的訓練讓半蹲舉的1RM進步約75%；然而，等長腿推舉只進步約40%，而坐姿腿伸屈甚至根本沒有進步。雖然半蹲舉動作訓練到的肌肉，在上述3個動作都有參與，明顯可看出動作型態差異，還是會影響肌力進步。類似的研究[169,213]都指出，訓練動作與表現動作的形態越接近，遷移效果越好。

## 速度—肌力訓練

速度在許多運動中都扮演著重要角色。若要提升速度，可採用一種特殊訓練動作，稱為**速度—肌力訓練**。速度—肌力訓練動作需以最大努力進行，有相當高的峰值發力率和爆發力輸出。一般來說，速度—肌力訓練會選擇次最大重量，以達到刺激爆發力的最佳效果。證據指出，執行單關節和小肌群動作時，峰值爆發力大約是峰值等長力量的30%。在自身體重參與的多關節動作，例如跳躍或舉重動作，峰值爆發力則落在峰值等長力量的10%至50%。至於多大的重量會帶來最大峰值爆發力，可能取決於訓練程度、動作種類、以及自身體重是否參與動作[201]。

另外，動作是否為彈震式動作，也相當重要。不同於典型的臥推或深蹲，彈震式動作在動作末端不會因為關節活動範圍限制而減速[150]，包括投擲、跳躍、舉重等動作。值得注意的是，彈震式動作可以是向心收縮，也可以是增強式動作（伸展收縮循環）。證據指出，若運動動作是彈震式動作，則訓練動作中很可能多數都應該是彈震式動作[149]。

針對爆發力和力量的訓練動作，可根據動作速度及是否包含增強式（伸展收縮循環）動作來分類。例如，跳躍動作可以大重量深蹲、大重量蹲跳，或速度—肌力動作來訓練。然而，上述動作初期都有離心階段（反向動作）。有些運動動作初期沒有反向動作，例如短跑衝刺。因此，為符合動作型態特殊性，有些訓練動作需移除初始的反向動作。因此，舉例來說，依據訓練階段的重點，訓練者在執行大重量或輕重量深蹲時，可蹲下去停留幾秒再站起來，或可將槓鈴掛勾至於特定高度，執行向心深蹲。

## 成功的訓練遷移效果

如前所述，訓練動作要達到成功的訓練遷移效果，須滿足若干重要條件，包括動作型態、力量輸出、動作速度等。另外也必須有超負荷，以達到成功的表現適應。若沒有超負荷，則運動表現的進步，將僅限於動作技術本身。成功的訓練動作，應包含下列特性[185,206]：

- 動作型態特殊性
    - 肌肉動作型態（離心、向心、伸展收縮）
    - 力量輸出重點肌群
    - 動作複雜性、幅度、方向
    - 彈震式或非彈震式
- 可超負荷的因子
    - 力量輸出

—最大力量輸出率
—爆發力輸出
- 訓練階段

圖10.3以量化方式呈現肌力適應的長期適應情形，以及背後的機制。背後的機制大致分為神經性和肌肥大因素。在訓練初期，神經性適應比肌肥大更快，是為初期肌力提升的主要機制；而後期的適應則更依賴肌肉橫截面積的提升。然而，這2個因素都有先天限制，使得進階運動員很難再提升肌力或爆發力。

有趣的是，幾乎任何合理的訓練計劃，都可快速的產生神經適應，提升初學者的最大肌力、爆發力、速度[157]。然而，針對進階和菁英運動員的訓練，需考量變化以及創新的訓練方式，才能得到最好的訓練效果。

### 未訓練者的肌力、爆發力訓練特殊性

表10.5列出未訓練者在3種訓練方法後的預期初步表現適應。現有的文獻和經驗都指出，大重量訓練可使最大肌力、發力率、爆發力顯著進步。速度—肌力訓練對發力率、爆發力效果最顯著；而刻意慢速訓練對肌力固然有幫助，但對發力率和爆發力則效益不大[70]。

### 有經驗訓練者的肌力爆發力訓練特殊性

進階和菁英運動員的訓練，需要大量變化和創新方法，以得到最好的訓練效果。Wilson及同事執行一項針對有大重量訓練經驗男性的研究時[224]，試圖檢驗各種訓練方式對下肢、最大肌力、爆發力的影響。該實驗一共有55名受試者，被分為4組。控制組持續大重量訓練，但不嘗試超負荷；第二組持續訓練，但在研究期間增加負重以達到超負荷；第三組將訓練動作從大重量深蹲轉換成落地反跳，箱子高度從20公分一路進步到80公分；第四組則執行爆發式跳躍動作，負重大約是膝關節角度135度時峰值等長力量的30%。

**表10.5 肌力和爆發力訓練特殊性（運動表現）：未訓練者**

| 訓練種類 | 主要適應 |
| --- | --- |
| 高力量低速度（大重量爆發式重量訓練） | 肌力、發力率、爆發力（尤其是負重動作）提升 |
| 高爆發力訓練（速度—肌力訓練） | 發力率和爆發力提升，最大肌力些微提升 |
| 刻意慢速動作 | 肌力提升，發力率和爆發力些微提升 |

資料來源：Sale 1988, 1992; Hakkinen and Komi 1985a, b; Stone, Johnson, and Carter 1979; Stone et al. 1993; Hakkinen 1994.

實驗的前測與後測都包含反向動作、靜態垂直跳、$400°·s^{-1}$ 的等速腿屈伸、以及改良版的風扇腳踏車最大爆發力測試。經過10週的訓練，控制組的數據完全不變；傳統肌力訓練組的反向動作、靜態垂直跳、風扇腳踏車爆發力測試都有進步；落地反跳組只有反向動作垂直跳進步。然而，速度—肌力訓練組則全部都有進步，而且進步幅度均大於等於他組進步幅度。以上資料顯示，速度—肌力訓練可提升有訓練經驗者的爆發力表現。另外，先前的肌力訓練可能為後續的爆發力進步奠定良好基礎。因此，也許按照順序的肌力、爆發力訓練，可帶來優異的結果（詳見第十三章〈週期化的概念〉）。

在順序妥當的訓練計畫中，前期訓練可激發後期訓練的證據，也可在舉重選手的訓練方法中發現。Medvedev 及同事[142] 將數百名蘇聯舉重選手分成3組：第一組在數個月的實驗過程中都做大重量訓練（80%1RM以上），並強調大重量訓練和肌力提升；第二組則以爆發力訓練為主，使用相對輕的重量，大約是1RM的70%至80%；第三組則使用按照順序的方法，其中第一階段（大約1個月）使用大重量訓練，其他時間則使用速度—肌力訓練。在大約為期3個月的實驗過後，第三組的舉重總和成績進步最多，尤其是抓舉。此外，第三組在其他爆發力指標的進步幅度也最多，例如衝刺能力、藥球投擲等。這些資料顯示，按照順序的訓練計畫（即先訓練肌力再訓練爆發力）可帶來最好的結果，尤其是爆發力的進步。

為了進一步探討此順序訓練的概念，Harris 及同事[80] 研究了42名美式足球選手。該研究相當特殊，因為運動員在實驗前都有相當豐富的訓練經驗。訓練主要聚焦於腿部和臀部的最大肌力和爆發力。在訓練初期（前4週），所有選手都採用高訓練量的肌力、肌耐力訓練計畫（多組10下）。4週後，所有選手依據深蹲的1RM重量和體重分成3組：第一組使用大重量（80% 1RM以上）繼續訓練9週；第二組使用速度—肌力訓練，重量約為深蹲1RM的30%至40%；第三組則使用按照順序的訓練計畫，即在4週初期訓練後，前5週訓練方式和第一組一樣，唯獨區分大重量日與輕重量日，其中輕重量日的動作和大重量日一樣，但是重量少了20%。最後4週則結合大重量訓練和速度—肌力訓練，例如深蹲搭配對比訓練：暖身組後做一組85%到90%的大重量，接著馬上做三組30%1RM的跳躍。實驗過程中，所有選手都被提醒要全力執行動作。

前測與後測包括各種最大肌力測試、反向動作垂直跳、垂直跳爆發力、登階爆發力測試、30公尺衝刺、9.1公尺敏捷度測試、以及立定跳遠。結果指出，大重量訓練組（第一組）和綜合組（第三組）最大肌力進步幅度較高。然而，爆發力指標方面，則是速度—肌力組（第二組）和綜合組（第三組）表現較佳。此外，綜合組（第三組）在各測試項目的進步比率，都大於等於其他兩組。以上資料再次顯示：綜合訓練可提升各個表現變項，以及按照順序的訓練方式（即將訓練分為肌耐力、肌力、爆發力期）可得到最好的訓練效果。

教練應注意的，是讓已有訓練經驗的運動員持續進步。表10.6列出有訓練經驗運動員肌力、爆發力的可能適應狀況。例如，持續大重量訓練可能對最大肌力、發力率或爆發力帶來越來越小的進步幅度；刻意慢速動作帶來的適應效果，最可能隨時間顯著減少。實證發現，轉換到刻意慢速訓練，可能會降低最大肌力，甚至對發力率、爆發力有更負面的影響（以上為作者的觀察經驗，以及和 E. Harman的討論結果）。另一方面，從大重量訓練轉換到速度—肌力訓練，對發力率和爆發力有非常顯著的效果[80,224]。

## 影響肌力和爆發力成長的因素

除了訓練種類以外，還有若干因素對運動表現會有顯著影響，特別是與爆發力相關的特質。如先前討論，這些因素包括最大肌力、疲勞程度、交替訓練。

最大肌力、爆發力、速度的交互作用，對大部分運動員來說都很重要。目前證據指出[200,201,205]：

1a. 最大肌力、爆發肌力、爆發力三者具有顯著甚至非常顯著的關係。
1b. 最大肌力與肌力—爆發力運動，具有中等至非常顯著的關係。
2. 最大肌力與爆發力的關係，部分取決於動作在力學上的相似程度。
3. 雖然最大肌力會顯著影響低阻力爆發力，但隨著阻力提高，最大肌力的影響也會提高（影響有上限，並非絕對正比）。
4. 最大爆發力與速度，無法只靠大重量訓練取得。

順序合理的週期化訓練，對提升運動表現有相當的好處。

因此，爆發力和爆發肌力可透過肌力提升來加強。然而值得注意的是，單獨訓練肌力，不會帶來最大的爆發力輸出；順序合理的訓練方式，似乎才能帶來最佳的爆發力、爆發肌力進步。

### 表10.6　肌力和爆發力訓練特殊性（運動表現）：有訓練經驗運動員

| 訓練方式 | 主要適應 |
| --- | --- |
| 高力量、低速度（大重量訓練） | 最大肌力、發力率、爆發力提升減少或幾乎消失 |
| 速度—肌力訓練 | 發力率和爆發力提升 |
| 刻意慢速動作 | 最大肌力提升減少或幾乎消失，發力率和爆發力提升減少 |
| 週期化訓練 | 進步潛力提升 |

資料來源：Sale 1988, 1992; Hakkinen and Komi 1985a, b; Stone, Johnson and Carter 1979; Stone et al. 1993; Wilson et al. 1993; Hakkinen 1994; Harris et al. 2000.

最大肌力等因素對爆發力有正面影響，而疲勞、交替訓練等因素則可能有負面影響。訓練計畫必須考量的2個因素，包括單次訓練帶來的疲勞，以及不同訓練之間的疲勞累積。疲勞可能導致最大肌力、發力率、爆發輸出下降。因為疲勞會降低運動表現，較高的疲勞程度，可能干擾動作學習、動作穩定等技巧。因此，在疲勞的情況下執行爆發力訓練，可能會帶來負面影響。

另外，證據指出，長跑等低強度有氧訓練，搭配肌力、爆發力訓練，會降低肌肥大、最大肌力適應，對爆發力和速度的影響則更為顯著[71,96]。因此，若想提升肌力，甚至提升爆發力和速度，則應該將傳統有氧訓練降到最低，或直接移除。

## 阻力訓練的受傷風險

重量訓練的受傷風險，低於其他休閒[163]和運動活動[78]。雖然普遍認為自由重量訓練受傷風險高於器械式訓練，但並沒有任何證據[172]。這點特別重要，因為自由重量訓練可帶來比器械式訓練更好的訓練遷移效果，尤其是爆發肌力[206]。因此，運動員的訓練，應以自由重量訓練為主（詳見第十二章〈阻力訓練的模式〉）。

也有很多人相信，舉重動作和其他彈震式爆發力動作，受傷風險很高。不過，如同其他阻力訓練的整體受傷率，幾乎沒有資料可證明彈震式動作受傷風險高，遑論災難性的傷害。Hamill研究英國與美國各種運動的受傷率時發現[78]，以每100小時參與時間帶來的受傷率而言，一般阻力訓練與舉重訓練的受傷率，在所有運動中都是數一數二的低。因此，幾乎沒有證據指出阻力訓練會帶來較高的受傷率，不管是否有爆發力成分（包括舉重）都一樣。

## 阻力訓練可能的健康益處

本書主要討論運動員肌力—爆發力訓練，但教練和運動員也必須了解阻力訓練可能帶來的健康益處。以下簡短討論此議題。

阻力訓練可包含數種訓練目標，例如提升運動表現、肌肥大（即健美運動）、提升體能及健康、運動傷害防護、復健[195]。阻力訓練帶來的健康相關益處，包括更好的心血管指數，例如安靜心跳率，甚至運動時的心跳輸出和血壓[195]。另外的益處也包括內分泌功能與血脂改善、肌肉骨質提升、脂肪降低、組織抗拉強度（包括骨骼）提升、降低心理壓力[40,100,99,141,162,195]。阻力訓練可能可以預防疾病，甚至在治療代謝症候群、糖尿病等退化性疾病上扮演重要角色[105,106]。證據指出，阻力訓練可改善血脂、降低糖化血紅素（HbA1c），以及提升胰島素調節葡萄糖攝取、葡萄糖載體蛋白、二型糖尿病患的胰島素訊號[36,86]。此外，阻力訓練對於上述因素的效果，大於有氧運動[36]。與健康相關提升的重

要因素之一,是總能量支出。現有證據顯示,阻力訓練帶來的好處,與訓練量有關[195]。因此,在合理範圍內,訓練量提升,可帶來更多的健康益處。

然而,與阻力訓練最相關的益處,仍是運動表現提升。證據指出,以肌力訓練為主的體能訓練計畫,可提升人體工學動作表現,例如將有重量的箱子搬到不同高度[16,62];也可提升整體健康。

## 章節摘要

根據本章的討論,我們可以得到以下結論:只要適當整合進訓練計畫,阻力訓練可在整體訓練扮演極重要的角色。值得注意的是,不同的訓練計畫,會帶來特殊的長期適應;不同訓練階段會影響訓練適應;最大運動努力對最大訓練適應至關重要;進階運動員訓練需要創新的訓練安排,即應包含合理的週期化訓練架構(詳見第一章及第十三章)。

**參考文獻：**

1. Aagaard, P., E.B. Simonsen, J.L. Andersen, S.P. Magnusson, J. Halkjaer-Kristensen, and P. Dyhre-Poulsen. 2000. Neural inhibition during maximal eccentric and concentric quadriceps contraction: Effects of resistance training. *Journal of Applied Physiology* 89: 2249-2257.
2. Abe, T., K. Kojima, C.F. Kearns, H. Yohena, and J. Fukuda. 2003. Whole body muscle hypertrophy from resistance training: Distribution and total mass. *British Journal of Sports Medicine* 37: 543-545.
3. Abernethy, P.J., J. Jurimae, P.A. Logan, A.W. Taylor, and R.E. Thayer. 1994. Acute and chronic response of skeletal muscle to resistance exercise. *Sports Medicine* 17: 22-38.
4. Adams, G.R., B.M. Hather, K.M. Baldwin, and G.A. Dudley. 1993. Skeletal muscle myosin heavy chain composition and resistance training. *Journal of Applied Physiology* 74: 911-915.
5. Ahtiainen, J.P., A. Pakarinen, M. Alen, W.J. Kraemer, and K. Hakkinen. 2003. Muscle hypertrophy, hormonal adaptations and strength development during strength training in strength-trained and untrained men. *European Journal of Applied Physiology* 89: 555-563.
6. Allen, D.G., A.A. Kabbara, and H. Westerblad. 2002. Muscle fatigue: The role of intracellular calcium stores. *Canadian Journal of Applied Physiology* 27: 83-96.
7. Alway, S.E., J.D. MacDougall, and D.G. Sale. 1989. Contractile adaptations in the human triceps surae after isometric exercise. *Journal of Applied Physiology* 66: 2725-2732.
8. Alway, S.E., J.D. MacDougall, D.G. Sale, J.R. Sutton, and A.J. McComas. 1988. Functional and structural adaptations in skeletal muscle of trained athletes. *Journal of Applied Physiology* 64: 1114-1120.
9. Amara, C.E., C.L. Rice, J.J. Koval, D.H. Paterson, E.M. Winter, and D.A. Cunningham. 2003. Allometric scaling of strength in an independently living population age 55-86 years. *American Journal of Biology* 15: 48-60.
10. Andersen, L.L., and P. Aagaard. 2005. Influence of maximal muscle strength and intrinsic muscle contractile properties on contractile rate of force development. *European Journal of Applied Physiology* 96: 46-52.
11. Andren-Sandberg, A. 1998. Athletic training of children and adolescents. *Lakartidningen* 95(41): 4480-4484.
12. Antonio, J. 2000. Nonuniform response of skeletal muscle to heavy resistance training: Can bodybuilders induce regional muscle hypertrophy? *Journal of Strength and Conditioning Research* 14: 102-113.
13. Apple, F.S., and P.A. Tesch. 1989. CK and LD isozymes in human single muscle fibers in trained athletes. *Journal of Applied Physiology* 66: 2717-2720.
14. Armstrong, L.E., and J.L. VanHoost. 2002. The unknown mechanism of the overtraining syndrome. *Sports Medicine* 32: 185-209.
15. Armstrong, R.B., G.L. Warren, and J.A. Warren. 1991. Mechanisms of exercise induced muscle fiber injury. *Sports Medicine* 12: 184-207.
16. Asfour, S.S., M.M. Ayoub, and A. Mital. 1984. Effects of an endurance and strength training programme on lifting capability of males. *Ergonomics* 27(4): 435-442.
17. Åstrand, P.O., and K. Rodahl. 1970. *Textbook of work physiology.* New York: McGraw-Hill.
18. Baker, A.B., Y.Q. Tang, and M.J. Turner. 2003. Percentage decline in masters superathlete track and field performance with ageing. *Experimental Aging Research* 29: 47-65.
19. Batterham, A.M., and K.M. Birch. 1996. Allometry of anaerobic performance: A gender comparison. *Canadian Journal of Applied Physiology* 21: 48-62.
20. Behm, D.G. 1995. Neuromuscular implications and applications of resistance training. *Journal of Strength and Conditioning Research* 9: 264-274.
21. Behm, D., G. Reardon, J. Fitzgerald, and E. Drinkwater. 2002. The effect of 5, 10, and 20 repetition maximums on the recovery of voluntary and evoked contractile properties. *Journal of Strength and Conditioning Research* 16: 209-218.
22. Bell, D.G., and I. Jacobs. 1986. Electro-mechanical response times and rate of force development in males and

females. *Medicine and Science in Sports and Exercise* 18: 31-36.
23. Bemben, M.G. 1998. Age-related alterations in muscular endurance. *Sports Medicine* 25: 259-269.
24. Bickel, C.S., J.M. Slade, F. Haddad, G.R. Adams, and G.A. Dudley. 2003. Acute molecular responses of skeletal muscle to resistance exercise in able-bodied and spinal cord-injured subjects. *Journal of Applied Physiology* 94: 2255-2262.
25. Bigard, A.X., H. Sanchez, G. Claveyrolas, S. Martin, B. Thimonier, and M.J. Arnaud. 2001. Effects of dehydration and rehydration on EMG changes during fatiguing contractions. *Medicine and Science in Sports and Exercise* 33: 1694-1700.
26. Binzen, C.A., P.D. Swan, and M.M. Manore. 2001. Postexercise oxygen consumption and substrate use after resistance exercise in women. *Medicine and Science in Sports and Exercise* 33: 932-938.
27. Blimkie, C.J. 1993. Resistance training during preadolescence: Issues and controversies. *Sports Medicine* 15: 389-407.
28. Blinder, M.D., P. Bawa, P. Ruenzel, and E. Henneman. 1983. Does orderly recruitment of motoneurons depend upon the existence of different types of motor units? *Neuroscience Letters* 36: 55-58.
29. Bobbert, M.F., K.G. Gerritsen, M.C.A. Litjens and A.J. Van Soest. 1996. Why is countermovement jump height greater than squat jump height? *Medicine and Science in Sports and Exercise* 28: 1402-1412.
30. Bobbert, M.F., and A.J. Knoek van Soest. 2001. Why do people jump the way they do? *Exercise and Sports Sciences Reviews* 29: 95-102.
31. Borges, O., and B. Essen-Gustavsson. 1989. Enzyme activities in type I and type II muscles of human skeletal muscle in relation to age and torque development. *Acta Physiologica Scandinavica* 136: 29-36.
32. Bouchard, C., F.T. Dionne, J.A. Simoneau, and M.R. Boulay. 1992. Genetics of aerobic and anaerobic performance. *Exercise and Sport Sciences Reviews* 20: 27-58.
33. Busso, T., K. Hakkinen, A. Pakarinen, H. Kauhanen, P.V. Komi, and J.R. Lacour. 1992. Hormonal adaptations and modeled responses in elite weightlifters during 6 weeks of training. *European Journal of Applied Physiology* 64: 381-386.
34. Byrd, R., K. Pierce, L. Reilly, and L. Brady. 2003. Young weightlifters' performance across time. *Sports Biomechanics* 2: 133-140.
35. Carins, S.P., W.A. Wang, S.R. Slack, R.G. Mills, and S.S. Loiselle. 1998. Role of extracellular [Ca2+] in fatigue of isolated mammalian skeletal muscle. *Journal of Applied Physiology* 84: 1395-1406.
36. Cauza, E., U. Hanusch-Enserer, B. Strasser et al. 2005. The relative benefits of endurance and strength training in the metabolic factors and muscle function of people with type 2 diabetes mellitus. *Archives of Physical Medicine and Rehabilitation* 86: 1527-1533.
37. Clarkson, P.M., and S.P. Sayers. 1999. Etiology of exercise-induced muscle damage. *Canadian Journal of Applied Physiology* 24: 234-248.
38. Conley, M.S., and M.H. Stone. 1996. Carbohydrate ingestion/supplementation for resistance exercise and training. *Sports Medicine* 21: 7-17.
39. Conley, M.S., M.H. Stone, M.J. Nimmons, and G.A. Dudley. 1997. Specificity of resistance training response in neck muscle size and strength. *European Journal of Applied Physiology* 75: 443-448.
40. Conroy, B.P., W.J. Kraemer, C.M. Maresh, G.P. Dalsky, S.J. Fleck, M.H. Stone, A.C. Fry, and P. Cooper. 1993. Bone mineral density in weightlifters. *Medicine and Science in Sports and Exercise* 25(10): 1103-1109.
41. Costill, D.L., E.F. Coyle, W.F. Fink, G.R. Lesmes, and F.A. Witzmann. 1979. Adaptations in skeletal muscle following strength training. *Journal of Applied Physiology* 46: 96-99.
42. Cronin, J.B., P.J. McNair, and R.N. Marshall. 2000. Magnitude and decay of stretch-induced enhancement of power output. *European Journal of Applied Physiology* 84: 575-581.
43. Daneels, L.A., A.M. Cools, G.G. Vanderstraeten, D.C. Cambier, E.E. Witrouw, J. Bourgois, and H.J. de Cuyper. 2001. The effects of three different training modalities on the cross-sectional area of the paravertebral muscles.

*Scandinavian Journal of Medicine and Science in Sports* 11: 335-341.
44. Drozdov, V.F., and N.Y. Petrov. 1983. Physical development and health of weightlifting students. *1983 Soviet weightlifting yearbook* (pp. 51-54). Moscow: Fizkultura Sport [translated by A. Charniga].
45. Dvorkin, L.S., and A.S. Medvedev. 1983. Age changes in muscular strength and speed-strength qualities. *Soviet weightlifting yearbook* (pp. 43-51). Moscow: Fizkultura Sport [translated by A. Charniga].
46. Evans, W.J. 1995. What is sarcopenia? *Journal of Gerontology (Series A): Biological Sciences and Medical Sciences* 50 (Spec. No.): 5-8.
47. Exner, G.U., H.W. Staudte, and D. Pette. 1973. Isometric training of rats: Effects upon fast and slow muscle and modification by an anabolic hormone in female rats. *Pfluegers Archiv* 345: 1-4.
48. Faigenbaum, A.D. 2000. Strength training for children and adolescents. *Clinical Sports Medicine* 19: 593-619.
49. Faigenbaum, A.D., L.A. Milliken, R.L. Loud, B.T. Burak, C.L. Doherty, and W.L. Wescott. 2002. Comparison of 1 and 2 days per week of strength training in children. *Research Quarterly for Exercise and Sport* 73: 416-424.
50. Faigenbaum, A.D., L.A. Milliken, and W.L. Wescott. 2003. Maximal strength testing in healthy children. *Journal of Strength and Conditioning Research* 17: 162-166.
51. Falk, B., and G. Tenenbaum. 1996. The effectiveness of resistance training in children. A meta-analysis. *Sports Medicine* 22: 176-186.
52. Fleck, S.J., and W.J. Kraemer. 1997. *Designing resistance training programs* (2nd ed.). Champaign, IL: Human Kinetics.
53. Friden, J., and R.L. Leiber. 1998. Segmental muscle fiber lesions after repetitive eccentric contractions. *Cell and Tissue Research* 293: 165-171.
54. Friden, J., and R.L. Leiber. 2001. Eccentric exercise-induced injuries to contractile and cytoskeletal muscle fibre components. *Acta Physiologica Scandinavica* 171: 321-326.
55. Fry, A.C., W.J. Kraemer, M. Lynch, T. Triplett, and L.P. Koziris. 1994. Does short-term near-maximal intensity machine resistance training induce overtraining? *Journal of Strength and Conditioning Research* 8: 188-191.
56. Fry, A.C., B.K. Schilling, R.S. Staron, F.C. Hagerman, R.S. Hikida, and J.T. Thrush. 2003. Muscle fiber characteristics and performance correlates of male Olympic-style weightlifters. *Journal of Strength and Conditioning Research* 17: 746-754.
57. Fry, A.C., J.M. Webber, L.W. Weiss, M.D. Fry, and Y. Li. 2000. Impaired performances with excessive highintensity free-weight training. *Journal of Strength and Conditioning Research* 14: 34-61.
58. Fung, L., and H. Ha. 1994. Changes in track and field performance with chronological aging. *International Journal of Aging and Human Development* 38: 171-180.
59. Galloway, M.T., R. Kadoko, and P. Jokl. 2002. Effect of aging on male and female master athletes' performance in strength versus endurance athletes. *American Journal of Orthopedics* 31: 93-98.
60. Gardiner, P.F. 2001. *Neuromuscular aspects of physical activity.* Champaign, IL: Human Kinetics.
61. Garhammer, J.J. 1991. A comparison of maximal power outputs between elite male and female weightlifters in competition. *International Journal of Sport Biomechanics* 7: 3-11.
62. Genaidy, A., N. Davis, E. Delgado, S. Garcia, and E. Al-Herzalla. 1994. Effects of a job-simulated exercise programme on employees performing manual handling operations. *Ergonomics* 37(1): 95-106.
63. Gibala, M.J., S.A. Interisano, M.A. Tarnopolsky, B.D. Roy, J.R. Macdonald, K.E. Yaresheski, and J.D. MacDougall. 2000. Myofibrillar disruption following concentric and eccentric resistance exercise in strength trained men. *Canadian Journal of Physiology and Pharmacology* 78: 656-661.
64. Goldspink, G. 1999. Changes in muscle mass and phenotype and the expression of autocrine and systemic growth factors by muscle in response to stretch and overload. *Journal of Anatomy* 194(Part 3): 323-334.
65. Goldspink, G. 2002. Gene expression in skeletal muscle. *Biochemical Society Transactions* 30: 285-290.
66. Golub, S. 1992. *Periods: From menarche to menopause.* Newbury Park, CA: Sage.
67. Gotshalk, L., W.J. Kraemer, B.C. Nindl, S. Toeshi, J. Volek, J.A. Bush, W.J. Sebastianelli, and M. Putukian. 1998.

Contribution of upper body training on total body strength and power in young women. *Medicine and Science in Sports and Exercise* 30(5): S162.
68. Grimby, G., P. Bjorntorp, M. Fahlen, T.A. Hoskins, O. Hook, H. Oxhof, and B. Saltin. 1973. Metabolic effects of isometric training. *Scandinavian Journal of Clinical Laboratory Investigation* 31: 301-305.
69. Haff, G., A. Whitley, L.B. McCoy, and M.H. Stone. 2003. Carbohydrate supplementation and resistance training. *Journal of Strength and Conditioning Research* 17: 187-196.
70. Hakkinen, K. 1994. Neuromuscular adaptation during strength training, aging, detraining and immobilization. *Critical Reviews in Physical and Rehabilitation Medicine* 6: 161-198.
71. Hakkinen, K., M. Alen, W.J. Kraemer, E. Gorostiaga, M. Izquierdo, J. Rusko, J. Mikkola, A. Hakkinen, H. Valkeinen, E. Kaarakainen, S. Romu, V. Erola, J. Ahtianen, and L. Paavolainen. 2003. Neuromuscular adaptations during concurrent strength and endurance training versus strength training. *European Journal of Applied Physiology* 89: 42-52.
72. Hakkinen, K., and P.V. Komi. 1985a. Changes in electrical and mechanical behaviour of leg extensor muscle during heavy resistance strength training. *Acta Physiologica Scandinavica* 125: 573-585.
73. Hakkinen, K., and P.V. Komi. 1985b. Effect of explosive type strength training on electromyographic and force production characteristics of leg extensor muscles during concentric and various stretch shortening cycle exercises. *Acta Physiologica Scandinavica* 125: 587-600.
74. Hakkinen, K., P.V. Komi, M. Alen, and H. Kauhanen. 1987. EMG, muscle fibre and force production characteristics during a 1 year training period in elite weightlifters. *European Journal of Applied Physiology* 56: 419-427.
75. Hakkinen, K., R.U. Newton, S.E. Gordon, M. McCormick, J.S. Volek, B.C. Nindl, L.A. Gotshalk, W.W. Campbell, W.J. Evans, A. Hakkinen, B.J. Humphries, and W.J. Kraemer. 1998. Changes in muscle morphology, electromyographic activity and force production characteristics during progressive strength training in young and older men. *Journal of Gerontology (Series A)* 53: B415-B423.
76. Hakkinen, K., A. Pakarinen, M. Alen, H. Kauhanen, and P.V. Komi. 1988. Neuromuscular and hormonal adaptations in athletes to strength training in two years. *Journal of Applied Physiology* 65: 2406-2412.
77. Hakkinen, K., A. Pakarinen, H. Kyrolainen, S. Cheng, D.H. Kim, and P.V. Komi. 1990. Neuromuscular adaptations and serum hormones in females during prolonged training. *International Journal of Sports Medicine* 11: 91-98.
78. Hamill, B.P. 1994. Relative safety of weightlifting and weight training. *Journal of Strength and Conditioning Research* 8: 53-57.
79. Harries, U.J., and B.M. Bassey. 1990. Torque-velocity relationships for the knee extensors in women in their 3rd and 7th decades. *European Journal of Applied Physiology* 60: 186-190.
80. Harris, G.R., M.H. Stone, H. O'Bryant, C.M. Proulx, and R. Johnson. 2000. Short term performance effects of high speed, high force and combined weight training. *Journal of Strength and Conditioning Research* 14(1): 14-20.
81. Harris, J.A., P.A. Vernon, and D.I. Boomsma. 1998. The heritability of testosterone: A study of Dutch adolescent twins and their parents. *Behavior Genetics* 28: 165-171.
82. Henneman, E. 1982. Recruitment of motor units: The size principle. In: J. R. Desmedt (Ed.), *Motor unit types, recruitment and plasticity in health and disease.* New York: Karger.
83. Henneman, E., G. Somjen, and D.O. Carpenter. 1965. Excitability and inhibitability of motoneurons of different sizes. *Journal of Neurophysiology* 28: 599-620.
84. Hernandez, D., A. de la Rosa, A. Barragan, A. Barrios, E. Salido, A. Torres, B. Martin, I. Laynez, A. Duque, A. De Vera, V. Lorenzo, and A. Gonzalez. 2003. The ACE/DD genotype is associated with the extent of exercise-induced left ventricular growth in endurance athletes. *Journal of the American College of Cardiology* 6(42): 527-532.
85. Higbie, E.J., K.J. Cureton, G.L. Warren III, and B.M. Prior. 1996. Effects of concentric and eccentric training on muscle strength, cross-sectional area and neural activation. *Journal of Applied Physiology* 81: 2173-2181.
86. Holten, M.K., M. Zacho, M. Gaster et al. 2004. Strength training increases insulin-mediated glucose uptake, GLUT4 content and insulin signaling in skeletal muscle in patients with type 2 diabetes. *Diabetes* 53: 294-305.

87. Hornberger, T.A., and R.P. Farrar. 2004. Physiological hypertrophy of the FHL muscle following 8 weeks of progressive resistance exercise in the rat. *Canadian Journal of Applied Physiology* 29: 16-31.
88. Hortabagyi, T., J. Barrier, D. Beard, J. Brapennincx, P. Koens, P. de Vita, L. Dempsey, and J. Lambert. 1996. Greater initial adaptation to submaximal muscle lengthening than maximal shortening. *Journal of Applied Physiology* 81: 1677-1682.
89. Hortabagyi, T., L. Dempsey, D. Fraser, D. Zheng, G. Hamilton, J. Lambert, and L. Dohm. 2000. Changes in muscle strength, muscle fibre size and myofibrillar gene expression after immobilization and retraining in humans. *Journal of Physiology* 524: 293-304.
90. Housh, D.J., T.J. Housh, G.O. Johnson, and W.K. Chu. 1992. Hypertrophy response to unilateral concentric isokinetic resistance training. *Journal of Applied Physiology* 73: 65-70.
91. Hunter, G.R., D. Seelhorst, and S. Snyder. 2003. Comparison of metabolic and heart rate responses to super slow vs. traditional resistance training. *Journal of Strength and Conditioning Research* 17: 76-81.
92. Hunter, S.K., J. Duchateau, and R.M. Enoka. 2004. Muscle fatigue and the mechanisms of task failure. *Exercise and Sport Sciences Reviews* 32: 44-49.
93. Huston, L.J., and E.M. Wojtys. 1996. Neuromuscular performance characteristics in the elite female athlete. *American Journal of Sports Medicine* 24: 427-435.
94. Huygens, W., M.A. Thomis, M.W. Peeters, R.F. Vlietinck, and G.P. Beunen. 2004. Determinants and upper-limit heritability of skeletal muscle mass and strength. *Canadian Journal of Applied Physiology* 29: 186-200.
95. Ishii, N. 1994. Resistance training and muscle hypertrophy. In: Training Science Association (Eds.), *Resistance training* (pp. 19-31). Tokyo: Asakura.
96. Izquierdo, M., J. Ibanez, K. Hakkinen, W.J. Kraemer, M. Ruesta, and E.M. Gorostiago. 2004. Maximal strength and power, muscle mass, endurance and serum hormones in weightlifters and road cyclists. *Journal of Sports Medicine* 22: 465-478.
97. Janssen, I., S.B. Heymsfield, Z.M. Wang, and R. Ross. 2000. Skeletal muscle mass and distribution in 468 men and women age 18-88 yr. *Journal of Applied Physiology* 89: 81-88.
98. Janus, M., and D.R. Offord. 2000. Readiness to learn at school. *Isuma: Canadian Journal of Policy Research* 1: 71-75.
99. Johnson, C.C., M.H. Stone, R.J. Byrd, and A. Lopez-S. 1983. The response of serum lipids and plasma androgens to weight training exercise in sedentary males. *Journal of Sports Medicine and Physical Fitness* 23: 39-41.
100. Johnson, C.C., M.H. Stone, A. Lopez-S, J.A. Herbert, L.T. Kilgore, and R. Byrd. 1982. Diet and exercise in middle-aged men. *Journal of the American Dietary Association* 81: 695-701.
101. Jones, A. 2002. Human performance: A role for the ACE genotype? *Exercise and Sport Sciences Reviews* 30(4): 184-190.
102. Jones, D.A., and O.M. Rutherford. 1987. Human muscle strength training: The effects of three different regimes on the nature of the resultant changes. *Journal of Physiology* 391: 1-11.
103. Jones, K., P. Bishop, G. Hunter, and G. Fleisig. 2001. The effects of varying resistance-training loads on intermediateand high-velocity-specific adaptations. *Journal of Strength and Conditioning Research* 15: 349-356.
104. Jones, K., G. Hunter, G. Fleisig, R. Escamilla, and L. Lemak. 1999. The effects of compensatory acceleration on the development of strength and power. *Journal of Strength and Conditioning Research* 13: 99-105.
105. Jurca, R., M.J. Lamonte, T.S. Church et al. 2004. Associations of muscle strength and fitness with metabolic syndrome in men. *Medicine and Science in Sports and Exercise* 36: 1301-1307.
106. Jurca, R., M.J. Lamonte, C.E. Kampert et al. 2005. Association of muscular strength with incidence of metabolic syndrome in men. *Medicine and Science in Sports and Exercise* 37: 1849-1855.
107. Kadi, F., and L. Thornell. 1999. Training affects myosin heavy chain phenotype in the trapezius muscle of women. *Histochemistry and Cell Biology* 112: 73-78.
108. Kamel, H.K., D. Maas, and E.H. Duthie. 2002. Role of hormones in the pathogenesis and management of sarcopenia.

*Drugs and Aging* 19: 865-877.
109. Karlsson, J., B. Sjodin, A. Thorstensson, B. Hulten, and K. Firth. 1975. LDH isozymes in skeletal muscles of endurance and strength trained athletes. *Acta Physiologica Scandinavica* 93: 150-156.
110. Katch, V. 1983. Physical conditioning of children. *Journal of Adolescent Health Care* 3: 241-246.
111. Keeler, L.K., L.H. Finkelstein, W. Miller, and B. Fernhall. 2001. Early-phase adaptations of traditional-speed vs. superslow resistance training on strength and aerobic capacity in sedentary individuals. *Journal of Strength and Conditioning Research* 15: 309-314.
112. Kelly, G. 1996. Mechanical overload and skeletal muscle fiber hyperplasia: A meta-analysis. *Journal of Applied Physiology* 81: 1584-1588.
113. Keul, J., G. Haralambie, M. Bruder, and H.J. Gottstein. 1978. The effect of weight lifting exercise on heart rate and metabolism in experienced lifters. *Medicine and Science in Sports and Exercise* 10: 13-15.
114. Klissouras, V. 1971. Adaptability of genetic variation. *Journal of Applied Physiology* 31: 338-344.
115. Klissouras, V., B. Casini, V. De Salvo, M. Faina, C. Marini, F. Pigozzi, M. Pittaluga, A. Spataro, F. Taddei, and P. Parisi. 2001. Genes and Olympic performance: A cotwin study. *International Journal of Sports Medicine* 22: 250-255.
116. Komi, P.V., and J. Karlsson. 1978. Skeletal muscle fiber types, enzyme activities and physical performance in young males and females. *Acta Physiologica Scandinavica* 103: 210-218.
117. Komi, P.V., and J.H. Viitasalo. 1976. Signal characteristics of EMG at different levels of muscle tension. *Acta Physiologica Scandinavica* 96: 267-276.
118. Kraemer, W.J. 1992. Endocrine responses and adaptations to strength training. In: P.V. Komi (Ed.), *Strength and power in sport* (pp. 291-304). London: Blackwell Scientific.
119. Kraemer, W.J., A.C. Fry, F.N. Frykman, B. Conroy, and J. Hoffman. 1989. Resistance training and youth. *Pediatric Exercise Science* 1: 336-350.
120. Kraemer, W.J., and L.P. Koziris. 1994. Olympic weightlifting and powerlifting. In: D.R. Lamb, H.G. Knuttgen, and R. Murray (Eds.), *Physiology and nutrition for competitive sports* (pp. 1-54). Carmel, IN: Cooper.
121. Krivickas, L.S., D. Suh, J. Wilkins, V.A. Houghes, R. Roubenoff, and W.R. Frontera. 2001. Ageand genderrelated differences in maximum shortening velocity of skeletal muscle fibers. *American Journal of Physical Medicine and Rehabilitation* 80: 447-455.
122. Larsson, L., and J. Karlsson. 1978. Isometric and dynamic endurance as a function of age and skeletal muscle characteristics. *Acta Physiologica Scandinavica* 104: 129-136.
123. Larsson, L., and P. A. Tesch. 1986. Motor unit fibre density in extremely hypertrophied skeletal muscles in man. Electrophysiological signs of muscle fibre hyperplasia. *European Journal of Applied Physiology* 55: 130-136.
124. Legwold, G. 1982. Does lifting weights harm a prepubescent adolescent athlete? *Physician and Sportsmedicine* 10: 141-144.
125. Lemmer, J.T., D.E. Hurlbut, G.F. Martel, B.L. Tracy, F.M. Ey, E.J. Metter, J.L. Fozard, J.L. Fleg, and B.F. Hurley. 2000. Age and gender responses to strength training and detraining. *Medicine and Science in Sports and Exercise* 32: 1505-1512.
126. Lewis, D.A., E. Kamon, and J.L. Hodgson. 1986. Physiological differences between genders. Implications for sports conditioning. *Sports Medicine* 3: 357-369.
127. Li, J.L., X.N. Wang, S.F. Fraser, M.F. Crey, T.V. Wrigley, and M.J. McKenna. 2002. Effects of fatigue and training on sarcoplasmic reticulum Ca (2+) regulation in human skeletal muscle. *Journal of Applied Physiology* 94: 912-922.
128. Lillegard, W.A., E.W. Brown, D.J. Wilson, R. Henderson, and E. Lewis. 1997. Efficacy of strength training in prepubescent to early postpubescent males and females: Effects of gender and maturation. *Pediatric Rehabilitation* 1: 147-157.
129. Lindle, R., E. Metter, N. Lynch et al. 1997. Age and gender comparisons of muscle strength in 654 women and men aged 20-93. *Journal of Applied Physiology* 83: 1581-1587.

130. Linnammo, V., R.U. Newton, K. Hakkinen, P.V. Komi, A. Davie, M. McGuigan, and T. Triplett-McBride. 2000. Neuromuscular responses to explosive and heavy resistance loading. *Journal of Electromyography and Kinesiology* 10: 417-424.

131. Loeb, G.E. 1987. Hard lessons in motor control from the mammalian spinal cord. *Trends in Neuroscience* 10: 108-113.

132. MacDougall, J.D., A.L. Hicks, J.R. MacDonald, R.S. Mckelvie, H.J. Green, and K.M. Smith. 1998. Muscle performance and enzyme adaptations to sprint interval training. *Journal of Applied Physiology* 84: 2138-2142.

133. MacDougall, J.D., D.G. Sale, S.E. Alway, and J.R. Sutton. 1984. Muscle fiber number in biceps brachii in bodybuilders and control subjects. *Journal of Applied Physiology* 57: 1399-1403.

134. MacDougall, J.D., D.G. Sale, G.C.B. Elder, and J.R. Sutton. 1982. Muscle ultrastructural characteristics of elite power lifters and body builders. *European Journal of Applied Physiology* 48: 117-126.

135. MacDougall, J.D., G.R. Ward, D.G. Sale, and J.R. Sutton. 1977. Biochemical adaptation of human skeletal muscle to heavy resistance training and immobilization. *Journal of Applied Physiology* 43: 700-703.

136. Maffulli, N. 1990. Intensive training in young athletes. The orthopaedic surgeon's viewpoint. *Sports Medicine* 9: 229-243.

137. Mayhew, T.P., J.M. Rothstein, S.D. Finucane, and R.L. Lamb. 1995. Muscular adaptation to concentric and eccentric exercise at equivalent power levels. *Medicine and Science in Sports and Exercise* 27: 868-873.

138. McBride, J.M., T. Triplett-McBride, A. Davie, and R.U. Newton. 2002. The effect of heavy versus light load jump squats on the development of strength, power and speed. *Journal of Strength and Conditioning Research* 16: 75-82.

139. McCall, G.E., W.Q.C. Byrnes, A. Dickinson, P.M. Pattany, and S.J. Fleck. 1996. Muscle fiber hypertrophy, hyperplasia, and capillary density in college men after resistance training. *Journal of Applied Physiology* 81: 2004-2012.

140. McKinnon, L.T. 2000. Special feature for the Olympics: Effects of exercise on the immune system: Overtraining effects on immunity and performance in athletes. *Immunology and Cell Biology* 78: 502-509.

141. McMillan, J., M.H. Stone, J. Sartain, D. Marple, R. Keith, D. Lewis, and W. Brown. 1993. The 20-h hormonal response to a single session of weight training. *Journal of Strength and Conditioning Research* 7: 51-54.

142. Medvedev, A.S., V.F. Rodionov, V. Rogozkin, and A.E. Gulyants. 1981. Training content of weightlifters in preparation period. *Teoriya i Praktika Fizicheskoi Kultury* 12: 5-7 [translation by M. Yessis].

143. Meltzer, D.E. 1994. Age dependence of Olympic weightlifting ability. *Medicine and Science in Sports and Exercise* 26: 1053-1067.

144. Miller, A.E., J.D. MacDougall, M.A. Tarnopolsky, and D.G. Sale. 1993. Gender differences in strength and muscle fiber characteristics. *European Journal of Applied Physiology* 66(3): 254-262.

145. Millet, G.Y., and R. Lepers. 2004. Alterations in neuromuscular function after prolonged running, cycling and skiing exercises. *Sports Medicine* 34: 105-116.

146. Missitzi, J., and V. Klissouras. 2004. Heritability of neuromuscular coordination: Implications for control strategies. *Medicine and Science in Sports and Exercise* 36: 233-240.

147. Monnier, J.F., A.A. Benhaddad, J.P. Micallef, J. Mercier, and J.F. Bruin. 2000. Relationships between blood viscosity and insulin-like growth factor I status in athletes. *Clinical Hemorheology and Microcirculation* 22: 277-286.

148. Morrissey, M.C., E.A. Harman, P.N. Frykman, and K.H. Han. 1998. Early phase differential effects of slow and fast barbell squat training. *American Journal of Sports Medicine* 26: 221-230.

149. Newton, R.U., W.J. Kraemer, and K. Hakkinen. 1999. Effects of ballistic training on preseason preparation of the elite volleyball players. *Medicine and Science in Sports and Exercise* 31: 323-330.

150. Newton, R.U., W.J. Kraemer, K. Hakkinen, B.J. Humphries, and A.J. Murphy. 1996. Kinematics, kinetics and muscle activation during explosive upper body movements. *Journal of Applied Biomechanics* 12: 31-43.

151. Nosaka, K., A. Lavender, M. Newton, and P. Sacco. 2003. Muscle damage in resistance training. Is muscle damage necessary for muscle hypertrophy? *International Journal of Sport and Health Science* 1: 1-8.

152. Nosaka, K.A., and M. Newton. 2002. Differences in the magnitude of muscle damage between maximal and submaximal eccentric loading. *Journal of Strength and Conditioning Research* 16: 202-208.
153. Nosaka, K., and K. Sakamoto. 2001. Effect of elbow joint angle on the magnitude of muscle damage to the elbow flexors. *Medicine and Science in Sports and Exercise* 33: 22-29.
154. O'Bryant, H.S., R. Byrd, and M.H. Stone. 1988. Cycle ergometer and maximum leg and hip strength adaptations to two different methods of weight training. *Journal of Applied Sport Science Research* 2: 27-30.
155. Olsen, P.D., and W.G. Hopkins. 2003. The effect of attempted ballistic training on the force and speed of movement. *Journal of Strength and Conditioning Research* 17: 291-298.
156. Payne, V.G., J.R. Morrow, L. Johnson, and S.N. Dalton. 1997. Resistance training in children and youth: A meta-analysis. *Research Quarterly for Exercise and Sport* 68: 80-88.
157. Peterson, M.D., M.R. Rhea, and B.A. Alvar. 2004. Maximizing strength development in athletes: A meta-analysis to determine the dose-response relationship. *Journal of Strength and Conditioning Research* 18: 377-382.
158. Petitt, D.S., S.A. Arngrimsson, and K.J. Cureton. 2003. Effect of resistance exercise on postprandial lipemia. *Journal of Applied Physiology* 94: 694-700.
159. Phillips, S.M., K.D. Tipton, A. Aarsland, and S.E. Wolfe. 1999. Resistance training induces the acute exerciseinduced increase in muscle protein turnover. *American Journal of Physiology, Endocrinology and Metabolism* 273: E99-E107.
160. Phillips, W.T., A.M. Batterham, J.E. Valenzuela, and L.N. Burkett. 2004. Reliability of maximal strength testing in older adults. *Archives of Physical Medicine and Rehabilitation* 85: 329-334.
161. Ploutz, L.L., P.A. Tesch, R.L. Biro, and G.A. Dudley. 1994. Effect of resistance training on muscle use during exercise. *Journal of Applied Physiology* 76: 1675-1681.
162. Poehlman, E.T., A.W. Gardner, P.A. Ades, and S.M. Katzman-Rooks. 1992. Resting energy metabolism and cardiovascular disease risk in resistance-trained and aerobically trained males. *Metabolism: Clinical and Experimental* 41(12): 1351-1360.
163. Powell, K.E., G.W. Heath, M.J. Kresnow, J.J. Sacks, and C.M. Branche. 1998. Injury rates from walking, gardening, weightlifting, outdoor bicycling and aerobics. *Medicine and Science in Sports and Exercise* 30: 1246-1449.
164. Powell, P.L., R.R. Roy, P. Kanim, M.A. Bello, and V.R. Edgerton. 1984. Predictability of skeletal muscle tension from architectural determinations in guinea pig hindlimbs. *Journal of Applied Physiology* 57: 1715-1721.
165. Prince, P.P., R.S. Hikida, and F.C. Hagerman. 1976. Human muscle fiber type in powerlifters, distance runners and untrained subjects. *Pfluegers Archiv* 363: 19-26.
166. Proctor, D.N., P. Balagopal, and K.S. Nair. 1998. Agerelated sarcopenia in humans is associated with reduced synthetic rates of specific proteins. *Journal of Nutrition* 128(2 Suppl.): 351S-355S.
167. Proske, U., and D.L. Morgan. 2001. Muscle damage from eccentric exercise: Mechanical signs and adaptations and clinical applications. *Journal of Physiology* 537: 333-345.
168. Pyne, D.B. 1994. Exercise-induced muscle damage and inflammation: A review. *Australian Journal of Science and Medicine in Sport* 26: 49-58.
169. Rasch, P.J., and L.E. Morehouse. 1957. Effect of static and dynamic exercises on muscular strength and hypertrophy. *Journal of Applied Physiology* 11: 29-34.
170. Ratel, S., C.A. Williams, J. Oliver, and N. Armstrong. 2004. Effects of age and mode of exercise on power output profiles during repeated sprints. *European Journal of Applied Physiology* 92: 204-210.
171. Reis, E., U. Frick, and D. Schmidtbleicher. 1995. Frequency variations of strength training sessions triggered by the phases of the menstrual cycle. *International Journal of Sports Medicine* 16: 545-550.
172. Requa, R.K., L.N. DeAvilla, and J.G. Garrick. 1993. Injuries in recreational adult fitness activities. *American Journal of Sports Medicine* 21: 461-467.
173. Rhea, M.R., B.A. Alvar, L.N. Burkett, and S.D. Ball. 2003. A meta-analysis to determine the dose response for strength development. *Medicine and Science in Sports and Exercise* 35: 456-464.

174. Robinson, J.M., C.M. Penland, M.H. Stone, R.L. Johnson, B.J. Warren, and D.L. Lewis. 1995. Effects of different weight training exercise-rest intervals on strength, power and high intensity endurance. *Journal of Strength and Conditioning Research* 9: 216-221.
175. Ross, A., and M. Leveritt. 2001. Long-term metabolic and skeletal muscle adaptations to short-term sprint training: Implications for sprint training and tapering. *Sports Medicine* 31: 1063-1082.
176. Rotter, J.I., F.I. Wong, E.T. Lifrak, and L.N. Parker. 1985. A genetic component to the variation of dehydroepiandrosterone. *Metabolism* 34: 731-736.
177. Rozenek, R., and J.J. Garhammer. 1998. Male-female strength comparisons and rate of strength decline with age in weightlifting and powerlifting. *Conference: International Symposium on weightlifting and weight training* (pp. 287-288). Lahti, Finland.
178. Ryushi, T., K. Hakkinen, H. Kauhanen, and P.V. Komi. 1988. Muscle fiber characteristics, muscle cross-sectional area and force production in strength athletes and physically active males and females. *Scandinavian Journal Sport Science* 10: 7-15.
179. Sale, D.G. 1988. Neural adaptation to resistance training. *Medicine and Science in Sports and Exercise* 20(5) (Suppl.): S135-S145.
180. Sale, D.G. 1992. Neural adaptation to strength training. In: P.V. Komi (Ed.), *Strength and power in sport*. Oxford: Blackwell Scientific (pp. 249-265).
181. Sanborn, C.F., and C.M. Jankowski. 1994. Physiologic considerations for women in sport. *Clinical Sports Medicine* 13: 315-327.
182. Schmidt, R.A. 1991. *Motor learning and performance*. Champaign, IL: Human Kinetics.
183. Semmler, J.G., and R.M. Enoka. 2000. Neural contributions to changes in muscle strength. In V. Zatsiorsky (Ed.) *Biomechanics in sport*. Oxford, Blackwell Science, (pp. 3-20).
184. Semmler, J.G., and M.A. Nordstrom. 1998. Motor unit discharge and force tremor in skilland strength-trained individuals. *Experimental Brain Research* 119: 27-38.
185. Siff, M.C., and Y. Verkhoshanski. 1998. *Supertraining: Strength training for sporting excellence* (3rd ed.). Johannesburg: University of the Witwatersrand.
186. Simoneau, J.A., and C. Bouchard. 1995. Genetic determinism of fiber type proportion in human skeletal muscle. *Federation of American Societies for Experimental Biology Journal* 9: 1091-1095.
187. Skurvydas, A., V. Dudoniene, A. Kalvenas, and A. Zuoza. 2002. Skeletal muscle fatigue in long-distance runners, sprinters and untrained men after repeated drop jumps performed at maximum intensity. *Scandinavian Journal of Applied Physiology* 12: 34-39.
188. Smith, L. 2000. Cytokine hypothesis of overtraining: A physiological adaptation to excessive stress? *Medicine and Science in Sports and Exercise* 32: 317-331.
189. Sothern, M.S., J.M. Loftin, J.N. Udall, R.M. Suskind, T.L. Ewing, and S.C. Blecker. 2000. Safety, feasibility and efficacy of a resistance training program in preadolescent obese children. *American Journal of Medical Science* 19: 370-375.
190. Stackhouse, S.K., D.S. Reisman, and S.A. BinderMacleod. 2001. Challenging the role of pH in skeletal muscle fatigue. *Physical Therapy* 81: 1897-1903.
191. Staron, R.S., E.S. Malicky, M.J. Leonard, J.E. Falkel, F.C. Hagerman, and G.A. Dudley. 1989. Muscle hypertrophy and fast fiber type conversion in heavy-resistance trained women. *European Journal of Applied Physiology* 60: 871-879.
192. Stauber, W.T., and C.A. Smith. 1998. Cellular responses in exertion-induced muscular injury. *Molecular and Cellular Biochemistry* 179: 189-196.
193. Stone, M.H. 1988. Implications for connective tissue and bone alterations resulting from resistive exercise training. *Medicine and Science in Sports and Exercise* 20(5 Suppl.): S162-S168.
194. Stone, M.H. 1993. Revision and update: Position/policy statement and literature review for the National Strength

and Conditioning Association on "anabolic steroids and athletics." *National Strength and Conditioning Association Journal* 15: 9-29.

195. Stone, M.H., S.J. Fleck, W.J. Kraemer, and N.T. Triplett. 1991a. Health and performance related adaptations to resistive training. *Sports Medicine* 11: 210-231.

196. Stone, M.H., and A.C. Fry. 1997. Increased training volume in strength/power athletes. In: *Overtraining in sport* (chapter 5, pp. 87-106). Champaign, IL: Human Kinetics.

197. Stone, M.H., R. Johnson, and D. Carter. 1979. A short term comparison of two different methods of resistive training on leg strength and power. *Athletic Training* 14: 158-160.

198. Stone, M.H., and C. Karatzeferi. 2002. Connective tissue (and bone) response to strength training. In: P.V. Komi (Ed.), *Encyclopaedia of sports medicine: Strength and power in sport* (2nd ed.). London: Blackwell Scientific.

199. Stone, M.H., R. Keith, J.T. Kearney, S.J. Fleck, G.D. Wilson, and N.T. Triplett. 1991b. Overtraining: A review of the signs and symptoms and possible causes of overtraining. *Journal of Applied Sport Science Research* 5: 35-50.

200. Stone, M.H., G. Moir, M. Glaister, and R. Sanders. 2002. How much strength is necessary? *Physical Therapy in Sport* 3: 88-96.

201. Stone, M.H., H.S. O'Bryant, L. McCoy, R. Coglianese, M. Lehmkuhl, and B. Schilling. 2003a. Power and maximum strength relationships during performance of dynamic and static weighted jumps. *Journal of Strength and Conditioning Research* 17: 140-147.

202. Stone, M.H., S. Plisk, and D. Collins. 2002. Training principles: Evaluation of modes and methods of resistance training—a coaching perspective. *Sport Biomechanics* 1: 79-104.

203. Stone, M.H., S. Plisk, M.E. Stone, B. Schilling, H.S. O'Bryant, and K.C. Pierce. 1998. Athletic performance development: Volume load—1 set vs multiple sets, training velocity and training variation. *Strength and Conditioning* 20(6): 22-33.

204. Stone, M.H., J. Potteiger, K. Pierce, C.M. Proulx, H.S. O'Bryant, R.L. Johnson, and M.E. Stone. 2000. Comparison of the effects of three different weight training programs on the 1 RM squat. *Journal of Strength Conditioning Research* 14: 332-337.

205. Stone, M.H., K. Sanborn, H.S. O'Bryant, M.E. Hartman, M.E. Stone, C. Proulx, B. Ward, and J. Hruby. 2003b. Maximum strength-power-performance relationships in collegiate throwers. *Journal of Strength and Conditioning Research* 17: 739-745.

206. Stone, M.H., N.T. Triplett-McBride, and M.E. Stone. 2001. Strength training for women: Intensity, volume and exercise factors: Impact on performance and health. In: W.E. Garret and D.T. Kirkendall (Eds.) *Women in sports and exercise* (pp. 309-328). Rosemont, IL: American Academy of Orthopaedic Surgeons.

207. Tan, B. 1999. Manipulating resistance training program variables to optimize strength in men: A review. *Journal of Strength and Conditioning Research* 13: 3289-3304.

208. Tesch, P.A. 1992a. Shortand long-term histochemical and biochemical adaptations in muscle. In: P.V. Komi (Ed.), *Strength and power in sport* (pp. 239-248). Oxford: Blackwell Scientific.

209. Tesch, P.A. 1992b. Training for bodybuilding. In: P.V. Komi (Ed.), *Strength and power in sport* (pp. 370-380). Oxford: Blackwell Scientific.

210. Tesch, P.A., and J. Karlsson. 1985. Muscle fiber types and size in trained and untrained muscles of elite athletes. *Journal of Applied Physiology* 59: 1716-1720.

211. Tesch, P.A., A. Thorsson, and E.B. Colliander. 1990. Effects of eccentric and concentric resistance training on skeletal muscle substrates, enzyme activities and capillary supply. *Acta Physiologica Scandinavica* 140: 575-580.

212. The, D.J., and L. Ploutz-Snyder. 2003. Age, body mass and gender as predictors of masters Olympic weightlifting performance. *Medicine and Science in Sports and Exercise* 35: 1216-1224.

213. Thorstensson, A. 1977. Muscle strength, fibre types and enzyme activities in man. *Acta Physiologica Scandinavica* (Suppl.): 443.

214. Thorstensson, A., B. Sjodin, and J. Karlsson. 1975. Enzyme activities and muscle strength after sprint training in

man. *Acta Physiologica Scandinavica* 94: 313-318.
215. Tsolakis, C., D. Messinis, and S. Apostolos. 2000. Hormonal responses after strength training and detraining in prepubertal and postpubertal boys. *Journal of Strength and Conditioning Research* 14: 399-404.
216. Van Den Tillaar, R., and G. Ettema. 2004. Effect of body size and gender in overarm throwing performance. *European Journal of Applied Physiology* 91: 413-418.
217. Vanderburgh, P.M., M. Kusano, M. Sharp, and B. Nindl. 1997. Gender differences in muscular strength: An allometric model approach. *Biomedical Sciences Instrumentation* 33: 100-105.
218. Van Etten, L.M., F.T. Verstappen, and K.R. Westerterp. 1994. Effect of body build on weight-training-induced adaptations in body composition and muscular strength. *Medicine and Science in Sports and Exercise* 26: 515-521.
219. Viitasalo, J.T., and P.V. Komi. 1981. Interrelationships between electromyographic, mechanical, muscle structure and reflex time measurements in man. *Acta Physiologica Scandinavica* 111: 97-103.
220. Ward, N.S., and R.S. Frackowiak. 2003. Age-related changes in the neural correlates of motor performance. *Brain* 126: 873-888.
221. Welle, S., S. Totterman, and C. Thorton. 1996. Effect of age on muscle hypertrophy induced by resistance training. *Journal of Gerontology (Series A): Biological Sciences and Medical Sciences* 51: M270-275.
222. Westerland, H., D.G. Allen, and J. Lannergren. 2002. Muscle fatigue: Lactic acid or inorganic phosphate the major cause? *News in Physiological Sciences* 17: 17-21.
223. Wickham, J.B., and J.M.M. Brown. 1998. Muscles within muscles: The neuromotor control of intra-muscular segments. *European Journal of Applied Physiology* 78: 219-225.
224. Wilson, G.J., R.U. Newton, A.J. Murphy, and B.J. Humphries. 1993. The optimal training load for the development of dynamic athletic performance. *Medicine and Science in Sports and Exercise* 25: 1279-1286.
225. Yang, N., D.G. MacArthur, J.P. Gulbin, A.G. Hahn, A.H. Beggs, S. Easteal, and K. North. 2003. ACTN3 genotype is associated with elite athletic performance. *American Journal of Human Genetics* 73: 627-631.
226. Yao, W.X., A.J. Fuglevand, and R.M. Enoka. 2000. Motor unit synchronization increases EMG amplitude and decreases force steadiness of simulated contractions. *Journal of Neurophysiology* 83: 441-452.
227. Yaspelkis, B.B, M.K. Singh, B. Trevino, A.D. Krisan and D.E. Collins. 2002. Resistance training increases glucose uptake and transport in rat skeletal muscle. *Acta Physiologica Scandinavica* 175: 315-323.
228. Zajac, F.E., and M.E. Gordon. 1989. Determining muscle's force and action in multi-articular movement. *Exercise and Sport Sciences Reviews* 17: 187-230.
229. Zelisko, J.A., H.B. Noble, and M. Porter. 1982. A comparison of men's and women's professional basketball injuries. *American Journal of Sports Medicine* 10: 297-299.
230. Zeller, B.L., J.L. McCrory, W.B. Kibler, and T.L. Uhl. 2003. Differences in kinematics and electromyographic activity between men and women during the singlelegged squat. *American Journal of Sports Medicine* 31: 449-456.
231. Zhang, B., H. Tanaka, N. Shono, S. Miura, A. Kiyonaga, A. Shindo, and K. Saku. 2003. The I allele of the angiotensin-converting enzyme gene is associated with an increased percentage of slow-twitch type I fibers in human skeletal muscle. *Clinical Genetics* 63: 139-144.
232. Zillmer, D.A., J.W. Powell, and J.P. Albright. 1991. Gender-specific injury patterns in high-school varsity basketball. *Journal of Women's Health* 1: 69-76.

# 第十一章
# 阻力訓練的心理面向

　　討論阻力訓練時，多數人傾向把人比喻為機器。然而，執行運動技術時，有眾多因素會影響肌力表現，例如參與者、文化、期望、個人特質等。因此，所有技術性動作，都需要人為的指令與控制。運動員必須選擇適當的技巧、用適當的方式執行、並用多年的時間來發展肌力與技術，才能達到持續的體能水準進步，或在比賽關鍵時刻執行複雜的動作技術。很明顯，執行阻力訓練時，參與者絕對不只是一台會用力的機器。

　　運動心理學的定義是：「運動科學的分支，旨在了解行為過程對技術動作的影響」[21, p. 188]。本章討論的阻力訓練心理學包含2大部分：阻力訓練心理學面向的相關文獻，以及增強阻力訓練與肌力相關表現時可以使用的心理學策略。

## 心理學與阻力訓練的相關文獻

　　心理學與阻力訓練的資料並不多。現有阻力訓練相關的心理學文獻，討論的領域是心理健康及運動心理學，包括心理健康、自我概念、自尊、自我效能感、自我價值、身體形象、激發與焦慮。對運動員和阻力訓練訓練者有助益的心理學技巧，包括目標設定、放鬆、專注、意象、儀式化[40]。

## 心理健康

　　研究顯示，學生參與運動，不管內容是否包括阻力訓練，有許多好處，包括成績、入學選擇、功課、學業與職業企圖心、自尊、申請更高等教育、持續深造以及教育成就等。參與校外運動的效果優於校內運動，即使在控制許多複雜變因之後，仍是如此[33]。

　　阻力訓練常常是運動訓練的重要部分。上述結果顯示，運動參與的好處極多，與心理健康、社會心理健康、人生成就都有關係。

　　英國運動與競技科學會針對青少年阻力訓練的立場聲明中，指出阻力訓練可提升年輕人社會心理健康[47]。該學會指出，阻力訓練會帶來許多心理益處，包括肌力持續進步，

可作為短期和長期目標設定的簡易公式；團體訓練可培養學生社交能力；也能讓年輕人了解特定動作中身體的運作模式。這些好處在青少年身上尤其明顯。研究者指出，孩子比較注重當下能獲得的動機，而阻力訓練的好處往往需要一段時間才能看到，因此對孩子來說可能會有動機上的問題。然而，研究者也指出，孩子可能會想從事阻力相關活動，包括爬繩、遊戲等等。另外，針對運動與孩童的少數研究，也指出運動對心理健康有益。不過研究者警告，針對孩子的阻力訓練計畫，必須確實教學，且活動內容需符合年齡。

心理健康包括各個精神衛生的面向。例如，厭食症患者通常相當堅持有氧運動，因為他們對體重上升有莫名恐懼。Szabo和Green曾研究住院的厭食症患者，以及阻力訓練對他們心理健康與身體組成的影響[48]。該研究指出，阻力訓練對心理健康與身體組成皆有助益。研究者指出，雖然阻力訓練不會帶來立即的好處，卻是治療厭食症的重要助力。在一項針對2位厭食症患者的個案研究中，研究者發現，重量訓練對患病2年內的患者有助益，並能讓他們真心想改善病況[44]。有些患者害怕阻力訓練的原因，可能是肌肉與骨質提升會造成體重上升，但對於想改善病況的患者來說，這個提升是有助益的。此外，隨著訓練計畫持續進行，病患對於上升的體重將不那麼害怕，因此更能接受阻力訓練，以及需要的營養介入。

老年女性（75至80歲）阻力訓練研究者指出，他們主觀認為這些女性自信提升，而且感覺自己可以做到先前認為無法從事的活動[6]。研究者也發現，隨著研究持續，這些女性的一般活動量也越大。有趣的是，研究者發現，這些女性在可以接受阻力訓練後，有些人面臨到一個大問題，就是他們會把自己逼得太緊。研究顯示，老年女性參與超過3個月的重量訓練後，她們的一般健康和過渡性健康都有改善[49]。

一項針對臨床憂鬱症治療的研究，比較了跑步和阻力訓練的效果[10]。研究者指出，在各項指標和不同運動組之間，結果都相當一致。跑步組和阻力訓練組的憂鬱指數都大幅下降3級。雖然大部分針對運動的心理學效益研究中，都把跑步或其他有氧運動當作預設的運動選項[56]，Doyne和同事[10]卻指出，憂鬱症狀減輕，其效益並非出自有氧運動。因此，對於有憂鬱症狀，卻因為環境、身體組成等因素而無法跑步的人來說，阻力訓練很有幫助。針對同一批受試者的另一篇研究[43]發現，透過運動，女性展現出類似的自我概念提升。與上篇研究一樣，不同運動組之間的結果沒有差異，不過比起延後治療的控制組而言，2組的自我概念都顯著提升。

Ewart以自我效能理論為基礎，研究重量訓練對心臟病患的心理學影響[12]。Ewart強調自我認知在運動選擇、堅持運動以及對成本及效益預期的重要性。然而，自我效能理論也強調，個人對於自身處理任務的自我評估，會大幅影響嘗試的意願。雖然自我效能會因不同任務而改變，但有4種狀況能提升自我效能：（1）同任務或類似任務的成功經驗；

（2）社會模範或身邊的人從事相同任務；（3）敬重者的勸說；（4）個人身心狀況的內在回饋。上述因素在阻力訓練中相當重要，因為大致符合阻力訓練的原則，即以漸進方式確保個人能力的進步能跟上任務難度、可和夥伴或團體一起訓練、敬重者的鼓勵、以及將心情、環境、內心聲音等因素詮釋為有趣的，以維持或增強動機。雖然Ewart指出[12]運動的喜好和反應會因人而異，他也強調在他先前針對循環阻力訓練的研究中，心理學指標（即心理狀態概況）和肌力指標有關，而非跑步機耐力指標或心情。然而，阻力訓練對受試者影響的全貌並不非常清晰，因為心情或自我效能感與耐力或肌力的成長無關。

在一項針對心臟疾病復健和阻力訓練相容性的研究[60]中，研究者指出，心臟病患恢復功能的一大關鍵是自我效能感。因此，心臟疾病復健計畫的目標之一，就是讓病患接觸許多與日常活動類似的運動任務。如此一來就可協助病患建立自我效能感，不會害怕舉起重量、推、拉等肌力相關任務，甚至還會主動去做。

另一項重量訓練心理益處的研究，是針對執法人員。受試者分為2組，1組參與循環式重量訓練，控制組則在該運動計畫的候補名單[38]。43名沒有規律運動習慣的執法人員參與為期4個月的實驗，結果發現心肺和肌力指標都有顯著提升，運動組心情顯著提升，且身心症、焦慮、憂鬱、敵意、身體不適都下降，工作滿意度也提升。退出運動計畫的人員，在前測時展現顯著較大的敵意、憂鬱、焦慮，表示可能產生某種程度的自我選擇。然而，研究者的結論是，循環式重量訓練可對執法人員帶來重要的心理益處。

Tucker及同事做的一系列研究[53,52,57,58,54,55,56]顯示，重量訓練對許多亞群體的心理健康有正面影響。這些研究指出，阻力訓練對參與者的心理狀況影響很大，雖然許多其他變因會減輕這個影響。

Collins的研究[7]，將阻力訓練者分為3類，描述他們的心理狀況：（1）休閒訓練者；（2）運動訓練者；（3）競技訓練者。休閒訓練者若將重點放在上半身肌力與吸引力，則可從阻力訓練獲得好處；但是達不到標準的新手卻可能感到威脅。阻力訓練新手初期通常進步得快又明顯，使得新手特別著迷於阻力訓練。因此，Collins建議教練多多提供正面回饋，並使用漸進式目標設定。

其他項目的運動員通常使用重量訓練來提升運動表現，由於這些人進步速度通常比瘦長型和易胖型的人更快，因此多數是運動型體格。Collins認為運動員傾向做自己已經擅長的事，所以有這樣的趨勢。此外，Collins警告說，由於重量訓練的進步很明顯且容易測量，因此下降及停滯也很明顯，可能會導致過度訓練、挫敗感、疲勞。有些運動員過度執著個人最佳成績，可能會很快發現進步速度明顯變慢，更容易因為不切實際的預期，感受自我引發的挫敗感。競技訓練者的反應和運動訓練者相似，但更為劇烈。Collins建議，舉重可能會有些無趣且極度累人，運動員需要學習專注及意象技巧，以在訓練和比賽時維持

專注。強調特定技巧，也有助於在訓練和比賽時維持專注。

## 自我概念、自尊、自我效能感

自我概念指的是個人針對自己的一組想法，包括心理、情緒、身體層面[51]。自尊指的是個人對自我概念的評估。自我效能感則與自信類似，指的是個人相信自己能把事情做好的程度[12]。

Trujillo曾使用田納西自我概念量表（Tennessee Self-Concept Scale），比較跑步、重量訓練、不運動3組受試者的自尊[51]。結果發現，跑步組和重量訓練組的模式類似，數據沒有明顯差異，且2組自尊的進步，都比不運動的控制組顯著。

自我概念的改變可能取決於肌群。Van Vorst和同事的研究[59]指出，特定肌群的肌力固然可能提升，每個人自我概念改變的閾值卻不同。Moore和Bartholomew透過自尊測量指標來研究身體上的自我感知[35]，結果發現肌力相關的身體改變，通常比心理改變更快發生。

用各種自我效能感量表，比較高中重量訓練的學期數後，發現重量訓練經驗和身體自我效能感無關[5]。然而，以重量訓練學期數作為比較的變因，可能過於粗糙，無法深入評估此問題。

Melnick和Mookerjee研究重量訓練班大學生的身體關注及自尊[34]，發現他們的自尊和身體關注明顯高於沒運動的控制組，部分原因是受試者肌力體能進步。研究者也指出，此研究也證實了自尊是多面向的架構，與個人身體狀況改變有一定程度關係。Tucker進行2項類似的研究，比較了從事重量訓練及不運動的男性[52,55]。重量訓練組的所有自尊變因都顯著提升，不過許多變因之間都呈現非線性關係。對此，Tucker指出未來有關運動對心理影響的研究，必須使用更進步的理論模型。

## 身體形象

Tucker研究初學重量訓練與不運動的男性[56]，發現參與阻力訓練會提升男性身體形象概念。該研究也顯示，受試者的個性，一定程度上預測了阻力訓練帶來的心理結果。例如，研究開始時肌力體能水準較低的受試者，經過研究後，身體關注分數提升最多。然而Tucker也指出，研究開始時身體狀況較好的受試者，自信程度本來就比較高，對當下身體形象也比較滿意。因此，阻力訓練帶來的身體形象提升，對原本較強壯且身體狀況較好的受試者來說，可能有天花板效應。Tucker在另外的研究指出，身體形象特質相當複雜，即運動員本身的體型和體能，和訓練帶來的身體形象改變之間，會互相影響[55]。Tucker和Mortell的研究[58]，將受試者分成訓練組和走路組，發現走路組的耐力提升，而訓練組的

肌力提升，但是訓練組身體形象的進步高於走路組。Tucker和Maxwell的研究[57]指出，經過15週重量訓練後，一般健康和身體關注分數都顯著提升，肌力指標當然也提升。該研究也指出，父母收入較低、體重大幅下降、較低的後測皮脂厚度，與一般健康狀況關聯性最高；而與身體關注關聯性最高的指標，則是前測身體關注、前測體重較高、身形較矮小、重量訓練經驗較少、以及較低的後測皮脂厚度。

Bietz Hilton針對身體形象不滿的研究[4]，比較上課加重量訓練與單獨重量訓練的影響。在14週重量訓練開始前，檢測身體形象和身體組成。結果發現，上課和重量訓練並行組，在14週的實驗過程中，10個身體形象不滿指標中有5個顯著進步；而單獨重量訓練組則沒有顯著差異。針對女性菁英舉重選手身體形象滿意程度的研究，也發現類似的結果[46]。

## 激發與焦慮

激發指的是行為或生理上的強烈程度，而焦慮則可從狀況和特質兩個面向來定義[21]。狀態焦慮是主觀害怕或焦慮的經驗，通常伴隨不確定性。狀況焦慮看似負面，對表現的影響卻可能出現負面、中性、或正面。例如，一定程度的焦慮可能帶來更好的表現、舉起一個新重量、或做出一個新的技巧。運動員普遍相信，要有一點點焦慮，才能拿出最佳表現。特質焦慮屬於個人人格的一部分，是更永久的心理學特徵。特質焦慮可視為狀況焦慮的背後機制。焦慮可分為認知型（例如：心理狀態，如焦慮想法）和身體型（例如肌肉緊繃、心跳加速、躁動不安、緊張胃痛等等）。

一般認為激發與焦慮的最佳化與運動表現有關。換句話說，激發與焦慮必須處在最佳程度，不能太高或太低，才能帶來最佳運動表現[21]。以上論點出現在倒U理論[21,62]以及個人最佳功能區模型（IZOF）[19]。2個模型都提出激發與焦慮最佳程度的基本概念，但IZOF進一步考量任務難度、過去經驗、技能水準等等。然而，以上模型的效度仍有爭議[2]。阻力訓練對激發與焦慮似乎有正面影響。

壓力是焦慮與激發的重要概念，定義為影響個人行為的事物[45]，狀況焦慮和激發都是壓力反應。所有人都要學習處理壓力，方法是經由狀況壓力，透過控制的激發，處理特質焦慮。一份針對各項運動員處理壓力的研究指出，舉重選手在逃避處理的平均分數比其他運動員低[1]。該研究也指出處理機制的性別差異，即女性傾向使用情緒相關策略，而男性較常使用問題處理的解決方式。逃避取向的處理機制，包含尋求他人協助、從事其他任務，或兩者皆是。運動心理學家假設，逃避取向的處理方式，在競技運動中的功能性較低，因此逃避處理的分數越低，越可能帶來競技上的成功。然而，此論述也有爭議。例如，有人認為，使用逃避取向策略讓自己不要專注在犯過的錯，可幫助網球選手等運動

員很快重新專注在比賽上。然而，較低的逃避處理，也可能代表選手心中對比賽的掌控程度。很明顯，舉重選手對比賽的掌控程度很高，因此可能不會使用逃避處理方式，因為效果不彰。

　　一項重量訓練研究使用運動競賽焦慮清單（SCAI），研究8到13歲的青春期前女性體操選手，發現受試者所有肌力指標都提升，且競賽特質焦慮都下降[23]，競賽狀況焦慮都沒有改變。競賽特質焦慮的下降，幾乎都發生在研究的前10至20週。然而，研究者刻意不區分競賽情境，因此也許有不可控的複合變因。O'nan和同事也有一份針對青春期前女性體操選手的研究[41]，包括了重量訓練與競賽狀況、特質焦慮，也顯示肌力提升、競賽焦慮下降，雖然未達統計顯著。在菁英男性舉重選手身上也發現較低的特質焦慮[18]。

　　若干其他研究也討論了重量訓練與焦慮和心情狀況的關係。Lyon的研究[32]使用6週的有氧運動、重量訓練以及有系統的壓力管理計畫，探討他們如何影響體能，以及針對認知壓力的心理生理反應。Lyon發現所有介入手段都能有效降低狀況焦慮和狀況憤怒。有趣的是，沒運動的壓力管理計畫，效果與2個運動組類似。Koltyn和同事研究[29]單次重量訓練如何影響狀況焦慮和身體意識，發現狀況焦慮沒有減少，但是身體意識顯著提升。Tharion和同事使用情緒狀態量表，探討2種重量訓練方式如何影響新手訓練者[50]。結果發現，總訓練量較低的5RM方式，對心情的負面影響比高訓練量方式更少。此外，他們也發現男性對心情的反應通常比女性好。Hale和Raglin探討阻力訓練與階梯有氧運動對劇烈狀況焦慮的反應[16]。結果發現，2種運動方式都能明顯降低狀況焦慮，在8週的研究中，狀況焦慮反應都很穩定。

　　雖然阻力訓練的心理學資訊不多，我們還是可以說，阻力訓練有很多潛在益處，包括心理健康、自我概念及其衍伸概念以及焦慮與激發。阻力訓練在協助心理發展與維持心理健康上，扮演了很重要的角色。

# 心理學技巧

　　對於參與阻力訓練的運動員來說，運動心理學可讓他們獲益良多。運動員的目標是理想運動表現狀況，要達到這個目標，心理學和生理學效率至關重要，或是盡可能以最小的努力達成目標[21]。理想運動表現狀況的特色包括克服恐懼、適當專注、正向自我對話、強大的自我效能感、以及動作自動化。要達到這個目標，運動員必須學會在各種環境下，都能學會並專精各種心理學技巧[28]，包括目標設定、放鬆、專注、意象、儀式化[24,25,26,22]。

## 目標設定

目標設定即選擇並接受越來越困難的挑戰。研究顯示，目標設定可透過建立目標行為和結果來提升表現[14]。目標設定可協助運動員專注在重要的事物上。雖然目標設定看似大家都知道，執行上卻一點也不簡單。阻力訓練本身特別適合目標設定，因為重量訓練的相關數值非常清楚，即組數、次數、重量、休息時間、速度等等。

**設定**有效目標與達成目標息息相關。在設定肌力訓練目標，或幫助運動員設定目標時，應注意以下幾點：

- **實際的目標**。目標應有挑戰性，但必須實際，否則會降低動機。而且，達到實際的目標後，更可能進一步達到未來的目標。
- **短期目標與長期目標**。建議長期目標一次不要設太多（大約1至3個），而這些目標需容易分解為短期目標，作為長期目標的基石，且應可具體用數字或行為測量，不能只是模糊的概念。在任何時候，一名運動員只能同時追求3個以下的目標。
- **表現目標與結果目標**。表現目標又稱為**過程目標**，與結果目標不同。表現目標基本上就是進步目標，而結果目標可能包含贏得特定比賽。運動員應關注於表現目標而非結果目標，主要因為運動員較能掌控表現目標，而結果目標則幾乎無法控制。競賽的結果可能受環境、作弊、裁判等其他不可控因素影響[14]。
- **彈性目標**。目標應有彈性，讓運動員可調整節奏、追求稍微不同的目標、以及進行機會的目標。目標設定並不簡單，運動員可能會設下難度未知的目標，或在過程中臨時遇到資源受限的狀況。受傷、生病等因素也可能迫使目標修正。
- **個別化目標**。目標應盡可能符合個人狀況。團隊正追求相同目標時，設定個別化目標可能多餘且不切實際；但個別化目標在阻力訓練更常見，因為經驗和能力因人而異。
- **目標評估**。目標應定期監控和檢視，目標設定和評估應循環進行，每次達到目標時，就應設立新的目標。

在阻力訓練中，運動心理學原則執行的第一步就是目標設定。應鼓勵運動員設定目標，讓持續進步既有挑戰性又容易測量。

## 放鬆

放鬆是心理技能訓練的基礎之一。在阻力訓練專書中討論放鬆看似有些矛盾，不過在

一個協調的動作中，有些肌肉收縮，有些肌肉放鬆。此外，對的肌肉必須在對的時間以對的強度徵召。要做出協調動作，運動員必須能夠選擇性徵召和抑制肌肉。

放鬆技巧通常用於將焦慮與激發降到更能控制的程度，讓運動員更能專注於達到成功最重要的面向[9,11,20,21,26,40,42,61]。放鬆技巧假設，放鬆與緊張相對，無法同時發生，且運動員學習放鬆技巧後，可以在需要的時候徵召適當程度的緊張[26]。放鬆或許是最老的心理訓練技巧，可追溯到古代中國的氣功或印度的瑜珈。以下為3項放鬆技巧：

- **呼吸**。放鬆訓練一個重要的方式是橫膈膜呼吸，又稱為**腹式呼吸**[21]。呼吸控制與深呼吸技巧通常包含深吸氣和慢吐氣，且已證明能夠降低心跳、減少肌肉緊張，背後的機制是心肺控制中心與腦幹的回饋路徑[21]。這樣的呼吸技巧可提升迷走神經和副交感神經活動，帶來更低的激發與焦慮，以及更放鬆的狀況[26]。呼吸知覺必須透過練習。此方法幾乎隨時都可練習，而隨著運動員更意識到呼吸型態，自然就可運用在訓練或表現上。
- **漸進式放鬆**。漸進式放鬆的目標是放鬆與緊張的對比[26]。運動員清楚記下緊張和放鬆帶來的感覺，在了解之間的對比之後，最終能幫助運動員在特定技巧或任務中，徵召適當的緊張和放鬆。方法相當直接，運動員採取特定姿勢（通常是仰臥），然後漸漸有系統地將各肌群收縮和放鬆。可從腳開始，有系統地將腳步和小腿肌肉收縮和放鬆；接著循著身體往上，一個一個肌群輪流收縮和放鬆。全身都做完之後，最後的循環應能讓全身都放鬆。此方法每天可練習數次，並可在睡前使用。
- **自律訓練**。自律訓練起源於1930年代的德國，是相對新的技巧，就是透過公式歸納來自我催眠。執行的時候，自我重複一系列的公式，同時控制橫膈膜呼吸。舉例來說，自律公式重複的階段包括：**舒適沉重、舒適溫暖、心跳冷靜、呼吸冷靜、腹部舒適溫暖、額頭宜人涼爽**。前提是四肢和身體必須因為單純建議，而感到溫暖且沉重[26]。有些運動員不喜歡漸進式放鬆中緊張放鬆循環帶來肌肉緊繃的不舒適，因此可能更喜歡自律訓練這個方法[21]。

當然放鬆的方法還有很多，例如按摩、水療、催眠、冥想等等。放鬆技巧也可在訓練課程之間的恢復扮演重要角色[11,30]。放鬆技巧有助運動表現，甚至可能是一項受歡迎的技能，對運動場外的生活有所助益。

## 專注

專注指的是專心於特定指示，並用有效、高效率的方式完成指示的能力[25]。專注和注意幾乎已成為同義詞。注意的定義是對於形成意識感官指示的處理[21]，而專注就是以適當方式鎖定注意力。例如，一項針對若干運動的研究顯示，專家和新手運動員之間，專注於任務相關指示、以及使用任務特殊資訊來下重要決定的能力，有顯著差別[39]。

一般認為Nideffer是最傑出的注意力和注意力型態研究者之一[21,36,37]，他的研究使得後續研究者持續關注2種形式的專注連續體：廣泛—狹窄、內部—外部。廣泛注意指的是以宏觀角度來評估整體環境和其他指示的能力；狹窄注意指的是運動員將注意力限縮於較小視野，或強烈專注於環境中較小面向的能力；外部注意指的是對自身以外事物的注意；內部注意指的是對自身的注意。上述專注因素可組合成4種主要專注型態：廣泛—外部、廣泛—內部、狹窄—外部、狹窄—內部。此外，運動員必須能夠轉移注意力，才能面對表現環境的需求。例如，在接到發球之前，四分衛必須使用狹窄—外部專注策略來注意中鋒；接著在退後準備傳球加強防守時，使用廣泛—外部專注；然後在準備傳球和回想準確傳球該使用何種技巧時，使用狹窄—內部專注；最後在決定該把球往哪裡傳的時候使用狹窄—外部專注。

進行阻力訓練的運動員在做特定動作時，最常使用內部搭配廣泛或狹窄專注。此外，我們必須了解專注或注意力控制屬於被動動作，若想要有意識改變或監控這種控制，通常會導致目標任務相關的專注和注意力下降[25]。教練和運動員可透過將注意力引導至技巧的特殊面向，或引導至動作執行的本體感受，來提升注意力。

## 意象

意象是運動表現最常被引用的面向之一，也是幾乎所有運動員都曾經有過的經驗。意象或視覺化，指的是運動員使用感官來創造技能或表現心理經驗的心理學技巧[21]。使用心理意象的運動員會以各種感官（包括視覺、聽覺、嗅覺、本體感覺等）在心裡預演技能。意象雖屬於心理過程，卻能帶來生理改變。例如，研究顯示，意象可改變肌電活動[3]。Hale研究二頭肌肌電活動[15]，發現想像二頭肌彎舉的感受，比起想像二頭肌的外部形象，帶來更多的肌肉啟動。Cornwall和同事的研究[8]指出，想像股四頭肌收縮的受試者，等長肌力比控制組高了12.6%。值得教練、教學者、運動員注意的是，技能示範應正確無誤，才能讓後續使用的意象沒有瑕疵，且運動員使用意象的能力都不一樣[17]。意象可協助任何欲精進技巧的運動員、孩童等任何人。

意象有許多面向和變化[22]，會根據不同模式而改變，包括視覺、本體感覺、聽覺、

嗅覺、皮膚、味覺、內臟、疼痛，運動員可能選擇或偏好上述不同模式。意象又可分為內部或外部，內部意象指的是個人彷彿看到或感受到實際執行技術的感受；外部意象則常與視覺模式有關，運動員彷彿以第三人稱視角看到自己出現在螢幕上。換句話說，在外部意象中，運動員是站在觀眾的角度，看著自己執行技術或動作。

意象的速度也有差異。運動員的心理意象可能以正常速度、慢動作、較快動作產生。即時意象就和實際表現時相當；較慢的意象可幫助運動員看得更清楚，或更強烈感受技巧的面向；較快的意象可協助運動員快速檢視動作編排、預演競賽策略等等。專注力可分為相關專注和解離專注2種，相關專注在運動中較為常見，即專注於運動技巧或動作；而解離專注可能發生在長距離跑步等項目，運動員刻意將專注力抽離運動當下，想像自己身處完全不同地點或環境，可能有助運動員降低疼痛或疲勞感。

以下清單大致與意象相關研究相符，意象在以下情況較為有效：

- 使用許多感官模式
- 有經驗的運動員
- 自認曾成功使用意象經驗的運動員
- 舉重等封閉式技巧，或許比足球等開放式技巧更有效
- 伴隨實體練習
- 持續時間介於1至5分鐘之間

所有年齡層皆能使用意象[27]。意象使用和技能學習效率似乎有性別差異，男性使用意象的效果似乎高於女性[31]。

## 儀式化

阻力訓練心理學技巧的最後階段或高潮階段，就是儀式化或腳本化。先前有人描述過運動表現腳本[40]，它代表了心理學準備的高峰。Ogilvie和Henschen寫道：「理想表現腳本的最終結構，奠基於令運動員感到進入最佳狀態的想法。腳本實際上成為慣性的內在對話，可作為正面的口語指示激勵」[40, p.47]。表現腳本使運動員得以根據腳本行動，因此可控制情緒、引導專注、控制緊張，使得運動員可避開不必要的情緒和不適當的專注。表現腳本帶來的儀式化，也可減少負面自我對話的狀況。運動心流相關研究指出，運動員必須發展賽前和比賽中的儀式，這些儀式會隨著運動員越來越成熟、表現越來越好而漸趨自動化[13]。

阻力訓練讓運動員以一致、相對簡單、可清楚測量的方式來創造、執行、預演儀式化

技巧和表現腳本。阻力訓練的環境通常較可預測，且使用的是封閉式技巧，使得運動腳本的練習比其他運動更簡單。在阻力訓練的環境中，學習設定目標、控制放鬆、專注、意象行為和技巧，對運動員的表現和人生都有幫助。

## 章節摘要

運動員不只是機器而已。運動心理學研究的是心理技巧和特質對運動表現的影響。阻力訓練和心理學技巧相輔相成，將心理學技巧整合進整體週期化計畫，應遵循目標設定、放鬆、專注、意象、儀式化的模式。這5個階段應包括訓練和練習相應的心理學技巧，並搭配運動員整體發展；也必須隨著典型週期化準備階段而開始，且應在運動員將要比賽時大致準備完畢。不管是準備期或競賽期，運動員都應能按照需求使用這些心理學技巧，以增進訓練和運動表現。

**參考文獻：**

1. Antonini Philippe, R., R. Seiler, and W. Mengisen. 2004. Relationships of coping styles with type of sport. *Perceptual and Motor Skills* 98: 479-486.
2. Arent, S.M., and D.M. Landers. 2003. Arousal, anxiety, and performance: A reexamination of the inverted-U hypothesis. *Research Quarterly for Exercise and Sport* 74(4): 436-444.
3. Bakker, F.C., S.J. Boschker, and T. Chung. 1996. Changes in muscular activity while imagining weight lifting using stimulus or response propositions. *Journal of Sport and Exercise Psychology* 18: 313-324.
4. Bietz Hilton, W.L. 1997. The impact of lectures and weight training on body image dissatisfaction in a women's university conditioning course. Unpublished doctoral dissertation, University of South Dakota.
5. Black, G.M., E.S. Gibbons, and C. Blassingame. 1998. The relationship between weight training experience in high school athletics and physical self-efficacy in males. *1998 research abstracts.* Texas Association for Health, Physical Education, Recreation and Dance.
6. Bracewell, D.D., A. Dalton, M. Donnelly, T. Rhodes, J. Elliot, A.D. Martin, and R. Rhodes. 1999. Muscular strength changes in women ages 75-80 after 6 weeks of resistance training. *New Zealand Journal of Sports Medicine* 27(4): 51-54.
7. Collins, D. 1993-1994. Mental muscle: Psychological aspects of weight training and weight lifting. *Coaching Focus* 24: 6-7.
8. Cornwall, M.W., M.P. Bruscato, and S. Barry. 1991. Effect of mental practice on isometric muscular strength. *Journal of Orthopaedic and Sports Physical Therapy* 13(5): 231-234.
9. Dishman, R.K. 1983. Stress management procedures. In: M.H. Williams (Ed.), *Ergogenic aids in sport* (pp. 275-320). Champaign, IL: Human Kinetics.
10. Doyne, E.J., D.J. Ossip-Klein, E.D. Bowman, K.M. Osborn, I.B. McDougall-Wilson, and R.A. Neimeyer. 1987. Running versus weight lifting in the treatment of depression. *Journal of Consulting and Clinical Psychology* 55(5): 748-754.
11. Drozdowski, T., F. Feigin, I. Javorek, I. Pyka, G. Shankman, and D. Wathen. 1990. Restoration, part I. *National Strength and Conditioning Association Journal* 12(5): 20-29.
12. Ewart, C.K. 1989. Psychological effects of resistive weight training: Implications for cardiac patients. *Medicine and Science in Sports and Exercise* 21(6): 683-688.
13. Gordin, R.D., and J.P. Reardon. 1995. Achieving the zone: The study of flow in sport. In: K.P. Henschen and W.F. Straub (Eds.), *Sport psychology: An analysis of athlete behavior* (3rd ed., pp. 223-230). Longmeadow, MA: Mouvement.
14. Gould, D., and E. Vory. 1995. Goal setting and performance: A practitioner's guide. In: K.P. Henschen and W.F. Straub (Eds.), *Sport psychology: An analysis of athlete behavior* (pp. 213-222). Longmeadow, MA: Mouvement.
15. Hale, B.D. 1982. The effects of internal and external imagery on muscular and ocular concomitants. *Journal of Sport Psychology* 4: 379-387.
16. Hale, B.S., and J.S. Raglin. 2002. State anxiety responses to acute resistance training and step aerobic exercise across 8-weeks of training. *Journal of Sports Medicine and Physical Fitness* 42: 108-112.
17. Hall, C., E. Buckolz, and G.J. Fishburne. 1992. Imagery and the acquisition of motor skills. *Canadian Journal of Sports Sciences* 17(1): 19-27.
18. Hall, E.G., G.E. Church, and M. Stone. 1980. Relationship of birth order to selected personality characteristics of nationally ranked Olympic weightlifters. *Perceptual and Motor Skills* 51(3 Part 1): 971-976.
19. Hanin, Y.L. 1995. Individual zones of optimal functioning (IZOF model: an idiographic approach to performance anxiety). In: K.P. Henschen and W.F. Straub (Eds.), *Sport psychology: An analysis of athlete behavior* (3rd ed., pp. 103-119). Longmeadow, MA: Mouvement.
20. Hardy, L., and G. Jones. 1994. Current issues and future directions for performance-related research in sport

psychology. *Journal of Sports Sciences* 12: 61-92.
21. Hatfield, B.D., and E.B. Brody. 1994. The psychology of athletic preparation and performance: The mental management of physical resources. In: T.R. Baechle (Ed.), *Essentials of strength training and conditioning* (pp. 163-187). Champaign, IL: Human Kinetics.
22. Heil, J. 1995. Imagery. In: K.P. Henschen and W.F. Straub (Eds.), *Sport psychology: An analysis of athlete behavior* (pp. 183-192). Longmeadow, MA: Mouvement.
23. Henderson, L.E. 1995. Effects of a weight training program on selected strength variables competitive trait anxiety and competitive state anxiety. Unpublished doctoral dissertation, Mississippi State University.
24. Henschen, K. 1990. Psychological readiness. In G.S. George (Ed.), *USGF gymnastics safety manual* (pp. 69-70). Indianapolis: U.S. Gymnastics Federation.
25. Henschen, K.P. 1995a. Attention and concentration skills for performance. In: K.P. Henschen and W.F. Straub (Eds.), *Sport psychology: An analysis of athlete behavior* (pp. 177-182). Longmeadow, MA: Mouvement.
26. Henschen, K.P. 1995b. Relaxation and performance. In: K.P. Henschen and W.F. Straub (Eds.), *Sport psychology: An analysis of athlete behavior* (3rd ed., pp. 163-167). Longmeadow, MA: Mouvement.
27. Howe, B.L. 1991. Imagery and sport performance. *Sports Medicine* 11(1): 1-5.
28. Ives, J.C., and G.A. Shelley. 2003. Psychophysics in functional strength and power training: Review and implementation framework. *Journal of Strength and Conditioning Research* 17(1): 177-186.
29. Koltyn, K.F., J.S. Raglin, P.J. O'Connor, and W.P. Morgan. 1995. Influence of weight training on state anxiety, body awareness and blood pressure. *International Journal of Sports Medicine* 16(4): 266-269.
30. Lidell, L. 1984. *The book of massage.* New York: Simon & Schuster.
31. Lovell, G., and D. Collins. 1997. The relationship between mental imagery ability and skill acquisition rate. *Journal of Sports Sciences* 15: 94.
32. Lyon, L.A. 1995. A comparative analysis of aerobic conditioning, resistance training and a structured stress management program in the attenuation of the adult psychophysiological response to cognitive stress. Unpublished doctoral dissertation, University of Maryland.
33. Marsh, H.W., and S. Kleitman. 2003. School athletic participation: Mostly gain with little pain. *Journal of Sport and Exercise Psychology* 25: 205-228.
34. Melnick, M.J., and S. Mookerjee. 1991. Effects of advanced weight training on body-cathexis and selfesteem. *Perceptual and Motor Skills* 72: 1335-1345.
35. Moore, J.B., and J.B. Bartholomew. 2003. The effect of a 10-week resistance training program on self-esteem and physical self-worth. *Journal of the Legal Aspects of Sport* 13(3): S97.
36. Nideffer, R.M. 1985. *Athlete's guide to mental training.* Champaign, IL: Human Kinetics.
37. Nideffer, R.M. 1990. Use of the Test of Attentional and Interpersonal Style (TAIS) in sport. *Sport Psychologist* 4: 285-300.
38. Norvell, N., and D. Belles. 1993. Psychological and physical benefits of circuit weight training in law enforcement personnel. *Journal of Consulting and Clinical Psychology* 61(3): 520-527.
39. Nougier, V., H. Ripoll, and J. Stein. 1989. Orienting of attention with highly skilled athletes. *International Journal of Sport Psychology* 20(3): 205-223.
40. Ogilvie, B.C., and K.P. Henschen. 1995. The art of application of psychological enhancing principles. In: K.P. Henschen and W.F. Straub (Eds.), *Sport psychology: An analysis of athlete behavior* (3rd ed., pp. 45-54). Longmeadow, MA: Mouvement.
41. O'Nan, D.A., R. Foxworth, R.B. Boling, and L.E. Henderson. 2000. Effects of weight training on selected strength and anxiety of prepubescent female gymnasts. *International Sports Journal* 4(1): 131-144.
42. Orlick, T. 1980. *In pursuit of excellence.* Champaign, IL: Human Kinetics.
43. Ossip-Klein, D.J., E.J. Doyne, E.D. Bowman, K.M. Osborn, I.B. McDougall-Wilson, and R.A. Neimeyer. 1989. Effects of running or weight lifting on self-concept in clinically depressed women. *Journal of Consulting and*

*Clinical Psychology* 57(1): 158-161.
44. Phillips, E. 1988. The physiological and psychological effects of a weight training program on female adolescent anorexia nervosa sufferers. *Sport Health* 6(2): 6-12.
45. Selye, H. 1956. *The stress of life.* New York: McGraw-Hill.
46. Stoessel, L., M.H. Stone, R. Keith, D. Marple, and R. Johnson. 1991. Selected physiological, psychological and performance characteristics of national-caliber United States women weightlifters. *Journal of Applied Sport Science Research* 5(2): 87-95.
47. Stratton, G., M. Jones, K.R. Fox, K. Tolfrey, J. Harris, N. Mafulli, M. Lee, and S.P. Frostick. 2004. BASES position statement on guidelines for resistance exercise in young people. *Journal of Sports Sciences* 22: 383-390.
48. Szabo, C.P., and K. Green. 2002. Hospitalized anorexics and resistance training: Impact on body composition and psychological well-being. A preliminary study. *Eating Weight Disorders* 7: 293-297.
49. Taunton, J.E., M. Donnelly, E.C. Rhodes, J. Elliott, A.D. Martin, and J. Hetyei. 2002. Weight training in elderly women. *New Zealand Journal of Sports Medicine* 30(4): 106-113.
50. Tharion, W.J., E.A. Harman, W.J. Kraemer, and T.M. Rauch. 1991. Effects of different weight training routines on mood states. *Journal of Applied Sport Science Research* 5(2): 60-65.
51. Trujillo, C.M. 1983. The effect of weight training and running exercise intervention programs on the selfesteem of college women. *International Journal of Sport Psychology* 14: 162-173.
52. Tucker, L.A. 1982a. Effect of weight-training program on the self-concepts of college males. *Perceptual and Motor Skills* 54: 1055-1061.
53. Tucker, L.A. 1982b. Weight training experience and psychological well-being. *Perceptual and Motor Skills* 55: 553-554.
54. Tucker, L.A. 1983a. Effect of weight training on selfconcept: A profile of those influenced most. *Research Quarterly for Exercise and Sport* 54(4): 389-397.
55. Tucker, L.A. 1983b. Weight training: A tool for the improvement of self and body concepts of males. *Journal of Human Movement Studies* 9: 31-37.
56. Tucker, L.A. 1987. Effect of weight training on body attitudes: Who benefits most? *Journal of Sports Medicine* 27: 70-78.
57. Tucker, L.A., and K. Maxwell. 1992. Effects of weight training on the emotional well-being and body image of females: Predictors of greatest benefits. *American Journal of Health Promotion* 6(5): 338-344.
58. Tucker, L.A., and R. Mortell. 1993. Comparison of the effects of walking and weight training programs on body image in middle-aged women: An experimental study. *American Journal of Health Promotion* 8(1): 34-42.
59. Van Vorst, J.G., J. Buckworth, and C. Mattern. 2002. Physical self-concept and strength changes in college weight training classes. *Research Quarterly for Exercise and Sport* 73(1): 113-117.
60. Vescovi, J., and B. Fernhall. 2000. Cardiac rehabilitation and resistance training: Are they compatible? *Journal of Strength and Conditioning Research* 14(3): 250-258.
61. Weiss, M.R. 1991. Psychological skill development in children and adolescents. *Sport Psychologist* 5(4): 335-354.
62. Yerkes, R.M., and J.D. Dodson. 1908. The relationship of strength of stimulus to rapidity of habit formation. *Journal of Comparative Neurology and Psychology* 18: 459-482.

# 第四部
# 訓練原則、理論、與實際應用

　　第四部是本書的核心。本書的前三部分描述了基礎科學、潛在適應、以及適應成效的測量方法。第四部中將詳細討論，如何實現訓練計劃的目標（提高表現的特殊適應性）。為了達到訓練目標，必須選擇適當的訓練模式（第十二章），並遵循符合邏輯的訓練方法，以取得優異的成績（第十三章）。最後，第十四章提供了一個最終的實務範例，說明如何使用本書中先前提供的資訊，來構建訓練計劃。

# 第十二章

# 阻力訓練的模式

為了有效提高運動表現,整合訓練計畫的概念有其必要。以適當態度執行整合阻力訓練可以增加改善表現的可能性,包括改善最大肌力、爆發力、以及低強度和高強度運動耐力[67,76,82]。阻力訓練使這些能力(肌力、爆發力、耐力)產生的適應性,可能與可測量運動表現的改善有關,例如垂直跳躍、衝刺時間、長跑時間和敏捷度[50,76,132]。這些觀察顯示出,阻力訓練可以產生訓練遷移效果,導致特定能力和表現的改變。

選擇適當的訓練方法(即,次數和組數、動作速度、週期等)可以使阻力訓練計劃的結果產生很大的不同(請參見第十三章〈週期化的概念〉)[39,42,50,108,110,111]。例如,與高訓練量計畫相比,低訓練量高強度計畫對最大肌力的影響更大;然而,高訓練量的阻力訓練計劃對身體組成和耐力表現的影響,可能比低訓練量計劃更大[67]。訓練模式(設備類型)的選擇也很可能會影響訓練適應性。

以下是各類設備的定義及實用性[112]:

- 自由重量:阻力是透過使用自由移動的物體產生。自由重量包括槓鈴、啞鈴、以及長凳和蹲舉架等相關設施、藥球、投擲工具、身體質量和額外負重的身體質量(例如,負重背心、肢體重量)。自由重量能夠在遭遇阻力時,伴發出力量的產生。訓練者會面臨控制、穩定、及動作方向的挑戰。
- 器械:阻力是以引導或限制的方式產生。器械包括置放槓片、插梢選擇、電子制動、彈簧、和彈力帶等設備。使用器械通常在控制、穩定和動作方向上的難度較低。

接下來的討論,我們將從提高運動表現的訓練原則、比較研究、以及這些原則和研究的實務面,來檢視各種類型的器械及自由重量訓練的相對實用性。

## 訓練原則

3個訓練原則即是，超負荷、多樣性、及特殊性（請參考第十三章）。

**超負荷**，涉及了提供適當刺激來引發特定的身體、生理、及表現適應。超負荷包括運動和訓練，「迫使」訓練者超出身體正常的表現水準。超負荷刺激具有一定程度的強度、頻率和持續時間。特別是在阻力運動和訓練方面，所有刺激都具有一定程度的強度（絕對負荷）、相對強度（最大肌力的百分比）、頻率和持續時間（影響訓練量）。**訓練強度**也與工作頻率和能量消耗率有關；訓練量是所執行的總工作量和總能量消耗量的測量或估計值。訓練量與每次練習的反覆次數和組數有關；運動所使用的次數和動作類型（大肌群與小肌群）；以及每天、每週、每月練習的重複次數。訓練量負荷（次數 × 舉起的重量）是訓練過程中，評估完成多少工作量的最佳方式[108,110,111]。

訓練強度和訓練量負荷可能與競賽表現有關。例如，2003年世錦賽精英舉重運動員的訓練計畫中，這2個變量都與舉重表現密切相關。此外，應該注意的是，反覆次數會影響訓練量負荷，但與運動表現沒有相關性。反覆次數與表現之間的關聯性不高，部分原因為僅用反覆次數，無法良好估計所完成的工作量（表12.1）。

訓練強度和訓練量，可以指特定期間內進行的所有練習，也可以指單一運動。對超負荷要素的了解，有助於選擇運動項目與設備，特別是在選擇要採用自由重量或是器械訓練時。例如，身體組成變化的需求，尤其是降低體脂肪，與總能量消耗（運動期間和運動

**表12.1　美國精英舉重選手，訓練量與訓練強度之間的關係**

|  | AREPS | TREPS | %-75 | %PL-75 | AVL | TVL | TI | TI-75 |
|---|---|---|---|---|---|---|---|---|
| 男性 (n=4) | 339 | 3729 | 59.8 | 84 | 33,515 | 369,667 | 101 | 141 |
| 女性 (n=6) | 338 | 3713 | 58.8 | 91 | 24,566 | 270,221 | 74 | 99 |
| 美國冠軍賽所有參賽者的相關性（N = 10） ||||||||
| AREP | −0.19 | AVL | 0.72 | TI | 0.96 | | | |
| TREP | −0.03 | AVL-75 | 0.74 | | | | | |
| AREP-75 | 0.13 | TVL | 0.73 | TI-75 | 0.91 | | | |
| TREP-75 | 0.19 | TVL-75 | 0.70 | | | | | |

練習追蹤：蹲舉、硬舉、抓舉、挺舉。追蹤十名舉重運動員參加2003年世界錦標賽前11週的數值。反覆次數（REPS）與表現之間的相關性相當低。平均與總訓練量負荷（VL），與表現之間的相關性相當高，這顯示出，與REPS相比，追蹤VL的價值相對更大。一如預期，訓練強度（TI）與最終表現密切相關。
AREPS = 每週平均反覆次數；TREPS = 11週內的總反覆次數；%-75 = 超過75%1RM的反覆次數佔總反覆次數的百分比；%PL-75 = 75%重量真正反覆次數，佔預計反覆次數的百分比；AVL = 每週平均訓練量負荷（以公斤為單位）；TVL = 11週內的總訓練量負荷；TI = 11週內負荷平均值；TI-75 = 11週內負荷超過75%的平均值。

後）有關，因此會與總訓練量有關。除了腿推舉（leg press）或彈力帶裝置等少數例外，大多數器械訓練都是設計來進行單關節或小肌群訓練動作，且每次反覆所需的能量也不如大肌群訓練動作消耗的那麼多。此外，以器械為中心的訓練課表，很大程度上是使用好幾個小肌群訓練動作所組成的；與使用幾個大肌群訓練動作相比，這些類型的計劃所產生的能量消耗較小。因此，我們認為，使用自由重量更容易完成大肌群訓練動作，消耗更多能量（參見「各種訓練方式相關的優缺點」一節）。此外，與進行小肌群訓練動作相比，大肌群、多關節訓練動作對運動和日常活動的影響更大（請參見「運動模式特殊性」一節）。

**變化度**意指，對訓練量、訓練強度因子、訓練密度、動作速度、以及動作選擇上的適當控制（請參閱第一章〈前言：訓練的定義、目標、任務與原則〉和第十三章〈週期化的概念〉）。適當的變化度是長期適應必須考慮的主要因素[61,60,102,114]。此外，對訓練量、強度因子進行適當的安排，並以週期性的方式選擇訓練內容（包括速度—肌力訓練），可以有效增強多方面的運動表現能力[50]。雖然也有可能靠著器械訓練改變訓練量和強度因子，但其適當運用動作模式、速度—肌力訓練以及速度導向訓練的安排與變化的能力，受到相當的限制。因此，訓練變化度的限制，在很大程度上，是受限於訓練模式所採用的動作模式和動作特性。

**特殊性**，從概念上講，包括生物能量學以及訓練機制[108,131]。這個討論涉及力學上的特殊性；特別是專項運動上的動作特殊性。選擇合適的設備進行阻力訓練時，訓練動作和訓練的特殊性是最重要的考慮因素，尤其是主要目標為提高運動表現時。力學上的特殊性，因其對肌力訓練的影響，已受到廣泛研究。

**訓練遷移效果**，涉及了對於訓練潛在成果的運動表現適應程度，且與特殊性的概念高度相關。力學上的特殊性，是指一種訓練動作在訓練與體能或運動表現之間，其動力學和運動學上的關聯性。其中包括了動作模式、肌肉動作類型、峰值力量、發力率、加速度和速度等參數。訓練動作與實際體能表現越相似，遷移機率就越大[8,86,89]。

Siff[91]、Siff與Verkoshansky[92]、Stone及其同事[112]指出，訓練遷移效果取決於「動態對應」（dynamic correspondence）的程度。意思是為了達成最大遷移，訓練動作必須與實際體能表現類似，不過這是指基本的力學機制，不一定是表面上的動作。舉例來說，衝刺看似高度仰賴水平力量；然而，許多研究清楚顯示，身體直立時的衝刺表現主要受限於垂直力量[129]。因此，諸如蹲舉和硬舉等垂直阻力訓練動作，擁有很大的訓練遷移效果。根據這項資訊，顯而易見的是，在選擇訓練模式時，有許多表現準則可以用來達到最好的訓練遷移效果。

訓練遷移效果最佳化的訓練練習包括適當的運用：

- 肌肉動作的類型（離心 vs. 向心 vs. 伸展—收縮動作）
- 力量大小—力量產生的重點部位
- 動作幅度和方向
- 動能變化（即動作的靜態／動態特性，以及適當的爆發力輸出）
- 最大力量產生的速率和時間

此外，如果要適應持續發生，則這些因素（尤其是力量大小、發力率與爆發力）必須超負荷。

## 爆發肌力與爆發力

選擇訓練模式時，瞭解動態爆發訓練動作的組成十分重要。肌力是產生力量的能力[99]。「爆發肌力」是指產生高發力率峰值（PRFD）的能力，並且與加速物體（包括體重）的能力有關[90,99]。因此爆發肌力可用動態和等長2種方式產生[99]。動態爆發肌力的訓練（速度—肌力訓練動作）可產生高PRFD和高爆發力輸出，這對各種項目的運動員訓練都十分重要[90,99]。

作功是力與物體沿力方向移動距離的乘積。爆發力是作功的速率（P＝力×距離／時間），可以表示成力與速度的乘積（P＝力×速度）。爆發力可以用一段動作幅度內的平均值，或是物體位移期間特定瞬間的瞬間值來計算。峰值爆發力（PP）是在動作幅度內發現的最高瞬間爆發力值。最大爆發力（MP）是在給定的一組條件下（即訓練狀態，動作類型等）能夠產生的最高峰值爆發力輸出。根據動作的複雜程度，最高的向心爆發力輸出，通常大約出現在最大等長力量的30%到50%。

顯然的，爆發力輸出是決定運動表現（即誰贏誰輸）的主要因素。雖然平均爆發力輸出與耐力項目的表現相關，但對於像是跳躍、短跑和舉重運動等動態爆發運動，PP通常與勝利密切相關[43,58,65,120]。

在未經訓練的受試者身上發現，大重量訓練可以讓整個或幾乎整個力量—速度曲線產生向右上移動[46,108]。這些力量—速度變化的結果是，在過去未經訓練的各種速度範圍內，爆發力輸出將會提升。然而，證據還顯示出，在受過良好訓練的受試者中，必須進行高速訓練以進一步改善力量—速度曲線末端的高速能力[46,50,66,108]。

## 等長訓練

在相對未受訓練的受試者中，等長訓練可以導致動作的PRFD及速度增加[8]。這個結

果，只有在等長動作中，強調肌肉爆發性收縮的意圖時，才能觀察得到。但是，等長訓練對動態爆發力產生的總體效果相對較小，在訓練有素的肌力—爆發力型運動員身上更是如此[46]。確實，以發展PRFD的成效來比較等長訓練動作與快速彈震動作，結果更支持使用具有高速度和高發力率的動作來增強動態爆發力[45,66]。

雖然有一些重疊，但科學文獻的研究和回顧指出，彈震訓練主要效果是增加發力率及動作速度，而傳統的大重量訓練主要則是增加最大肌力[46,50,65,66,85]。此外，一些證據也顯示出，與傳統的大重量訓練相比，高爆發力訓練，更有助於更大範圍的運動項目之運動表現，特別是一開始就具有合理最大肌力的受試者[50,133]。然而，以組合與序列（肌力>>爆發力>>速度）訓練所帶來的肌力、爆發力及可測量運動表現的改善，可能優於僅單獨進行大重量阻力訓練或高速阻力訓練[46,69,99]。對美國大學美式足球運動員的長期研究中[50]顯示，組合訓練（大重量訓練後進行組合訓練）產生了優異的成效，因為數個涉及運動表現指標的變量顯著提升。這些變量包括最大肌力（1RM）和其他運動表現成績，像是垂直跳、站立跳遠和10碼折返跑[50]。

這些數據強烈表明，為了最有效增加動作的爆發力和速度，使用強調爆發力和速度（以及適當變化）的動作進行阻力訓練，是安排訓練計劃時必須考慮的因素。相對於使用自由重量的訓練動作，使用等長訓練以及大多數器械式訓練時，高速度與高爆發力訓練會明顯受限，這是由於受限的加速模式（特別是在變動的阻力和半等速動作的裝置上）、摩擦力、不合適的動作型態、及有限的動作幅度[25,29,48]。因此，我們認為，使用自由重量和身體自由的動作，可以更有效的執行動態爆發式動作的肌力—爆發力訓練。

## 關節角度特殊性

在久坐的受試者中，等長訓練可能可以提高關節在各種角度的肌力[64]。然而，在體能狀況佳及訓練有素的族群中，等長肌力訓練通常只會產生特定關節角度的增益；也就是說，在訓練動作所使用的角度上和附近獲益最大。隨著遠離訓練角度，測量其最大肌力則發現，等長最大肌力的增益逐漸減小[3,63]。

為了獲得最大肌力增加幅度，理想情況下，在動作過程中，維持最佳的長度—張力與槓桿特性，可以在整個動作幅度內持續最大程度的收縮。變動阻力裝置的目的，是要使用各種凸輪和槓桿系統，讓承受到的阻力，配合肌肉力量產生的變化（人體肌力曲線）。雖然，幾乎沒有證據能證明，這些設備能夠成功產生符合人體肌力曲線的阻力[25,48,49]。可能原因有以下2點：

1. 人體展現出相對較高的變化度（例如，肢段的長度，力矩臂等的差異）；因此，阻

力只符合平均肌力曲線的器械，無法適切配合每個人的肌力曲線[25,48,49]。此外，即使阻力可以與個人的肌力曲線相匹配，力量與速度之間的關係讓問題更為複雜。動作速度必須固定，讓個人在整個動作幅度內，使相關肌群獲得最大程度的負荷，單一訓練模式難以達成這個目的，且對於大多數現實生活中的動作，其神經控制也都不具備動作特殊性。

2. 沒有證據顯示，變動阻力器械可以配合人類平均肌力曲線[25,48,49]。另外，對於許多動作而言，特別是複雜的動作，實際上均涉及多個關節與肌群，而非單一關節或肌肉。每個肌肉都有不同的力矩臂，所以也可能沒有共同的力量—速度（或長度—張力）關係；因此，固定的動作速度不一定適合所有參與的肌群。因此，變動阻力器械可能採用了不適當，或與「自然動作」不一致的阻力，從而限制了適應性。

已經注意到的是，在這種情況下，雖然使用變動阻力器械通常也會產生肌力的增益，該肌力增益在施加最高阻力的關節角處最大，而在其他角度處的增益可能小得多[3]。針對特定關節角度上肌力的增益，在使用自由擺動或自由移動的器械上，沒有明顯的成效[59,75]。

雖然這並非新的看法，但最近已開始流行使用鐵鏈和彈力帶施加不同的阻力。施加阻力的想法與變動阻力器械的想法相似，不同之處在於設備（即鐵鏈和彈力帶）是連接到自由重量設備上。例如，深蹲時將鏈條掛在槓的兩端，下蹲過程中重量會減少，上升過程中負荷則會增加。理論上這樣可能會增強訓練效果，因為在膝蓋角度更大的位置可以產生更大的外力，需要更大的阻力來產生超負荷刺激。必須注意額外阻力是如何增加的。例如，「動作停滯區」（sticking region）前的力學優勢相對較低，必須限制額外的的重量，以利穿過動作停滯區。以肌電圖（EMG）測量水平蹲舉時使用彈力帶或鐵鏈的肌肉啟動程度，並未顯示出任何顯著差異；然而，垂直地面反作用力則存在顯著差異，此現象表明這些裝置在增強肌力方面的實用性值得商榷[36]。應該注意的是，此研究操作時僅使用一種鐵鏈或彈性帶，明顯有必要進行進一步研究。

## 動作模式的特殊性

研究和文獻回顧中得到一致的結論，測量到的最大肌力增加幅度，取決於測試肌力的動作與實際訓練動作之間的相似程度[1,8,40,79,84,85,86,102,112]。

觀察發現，絕大多數運動員，特別是肌力—爆發力型運動員的訓練，大多數阻力訓練都集中在自由重量。假設這些運動員和教練員至少是理性且務實的，那麼這項觀察顯示

出，自由重量可能會提供一些器械訓練所沒有的優勢。此外，一些調查和回顧也指出，以自由重量執行的特定動作，與諸如垂直跳躍等眾多特殊活動，在動力學和運動學上有強烈的相關性[26,41,112,115]。根據這些觀察與關係，可以合理推論，自由重量訓練可能比器械式擁有更大的專項運動訓練遷移效果（和人體工學）[75,97,100,105]。這種可能性的主要依據是，透過觀察得知，自由重量訓練動作在力學上能夠比器械式更有效模擬運動表現的動作。然而，很少有研究可以實際比較使用各種訓練器械所帶來的運動表現變化。

如前所述，因為訓練具有特殊性，必須適當地對許多動力學和運動學參數進行超負荷，產生充分刺激以提高運動表現。動作特殊性中最常受到研究與考量的運動表現，就數舉重及其相關動作、舉重選手的訓練動作，以及垂直跳躍（VJ）。新手藉由訓練而提高的舉重表現與所增加的VJ高度及相關的爆發力輸出有關[101]。國家和國際級的舉重選手，抓舉和挺舉的表現與反向動作的VJ和靜態VJ爆發力輸出有關[28]，且VJ的高度可以透過舉重運動員的成就水準分級（即，較好的舉重運動員跳得更高）[107]。此外，與其他運動員相比，舉重運動員展現出較優秀的負重、無負重的VJ高度、以及較大的爆發力輸出[65,98,109]。這些優異運動表現特徵的部分原因，可能與舉重選手所使用的訓練模式與方法有關。儘管訓練促成的適應性有許多因素，但有個潛在的促成因素，是舉重動作（例如抓舉、挺舉以及其衍生動作）和VJ[26,41,42]之間的力學特殊性關聯程度。其他因素還包括高爆發力輸出、高發力率、以及無法輕易用器械複製的動作模式。

想要獲得最有效的遷移，並最大化訓練對運動表現的遷移性，動作模式特殊性的考量可能最為關鍵。動作模式方面包括了動力鏈的考量、肌肉動作、穩定和不穩定的表面、以及振動的潛在影響。

## 閉鎖式 vs. 開放式動力鏈訓練動作

在科學文獻中，開放式（OKCE）和閉鎖式動力鍊訓練動作（CKCE）的概念受到了相當多的關注，尤其是在傷害復健方面[10,38,77]。儘管針對各種類型和動作組合的確切定義，一直存在著爭議，並且存在著灰色地帶[11,35]，但訓練動作**一般**可分為外圍肢段可以自由移動的動作，以及外圍肢段被固定的動作。就本討論而言，CKCE是諸如腿推舉、蹲舉、或是臥推等，腳或手固定，且力量（通常以負重方式）直接透過腳或手傳遞的動作。OKCE則是如坐姿腿伸屈等，腳或手未被固定且外圍肢段可以自由移動的動作[77,95]。

一般而言，與OKCE相比，CKCE會產生明顯不同的肌肉徵召和關節動作[96]。例如，坐姿腿屈伸中的膝蓋單關節動作，與下蹲時腳踝、膝蓋、以及臀部的多關節動作。雖然人類的某些動作（例如步行和跑步）顯然可能包含了開放和閉鎖的動力鏈動作組合，但閉鎖鏈的相關動作對於運動表現，尤其是對改善運動表現上最為重要[77,95]。由於許多

器械都是OKCE設備，因此不太可能提供與CKCE所能獲得相同水準的訓練或測試特殊性[1,4,12,77]。

比較各種訓練模式的研究之間，可能會產生一些明顯差異，原因在於動作模式（即OKCE與CKCE）而非肌肉收縮類型（例如，半等速與等慣性）的差異。由於不同的動作模式而導致的特殊性適應差異，反映出訓練時使用了不同的神經啟動方式（即神經特殊性）。單關節或小肌群的訓練課表（或測試）可能無法提供足夠的動作模式特殊性。確實，肌肉動作已顯示出與動作相關，孤立動作中的肌肉功能不太可能與多關節動作相同[135]。因此，半等速運動裝置和自由重量之間的差異，實際上很有可能是動作方式，而非收縮類型的差異所引起[1]。如果能使這些訓練模式的動作模式更相似，或許能更容易比較結果，且許多明顯的差異可能會消失。

## 器械 vs. 自由重量

利用各種不同類型的儀器測量最大肌力增加（即特定肌力檢測）的短期研究中[20,55,106,127]，一直以來都顯示，自由重量訓練會產生較好的效果。這些研究[20,55,106,127]指出，年輕男性以1RM作為最大肌力測試方式時，自由重量訓練效果轉移到器械測試的能力，比器械訓練效果轉移到自由重量測試上更好。在我們的實驗室中[22，未發表的數據。]，結果也顯示出女性同樣會產生此種效應。

然而，在不具特定性肌力測試研究中（測量肌力的儀器，與訓練中所使用的儀器不同），並未顯示出不同器械間肌力增加具有差異[70,87,93]。例如，Saunders[87]和Silvester及其同事[93]的研究，使用動態訓練動作進行訓練；但是其肌力測試則是非特定關節角度的等長測試，有可能掩蓋或減少最大肌力增益或肌群之間的差異[132]。

此外，即使使用不具特定性的動態肌力測試設備，無論使用自由重量或器械設備都會得出有利結果。原因是動態肌力測試設備必須是自由重量或是器械、開放或是閉鎖動力鏈，且測試設備會與訓練設備類似（即，數據上會有偏差）。例如，Messier與Dill[70]比較了Nautilus器械訓練與自由重量訓練。在這項研究中，肌力測試是採用Cybex II半等速腿伸屈裝置所提供的「開放式動力鏈動作」。Nautilus組使用了腿伸屈（開放式動力鏈）作為訓練動作之一。然而，自由重量組則使用深蹲這項「閉鎖式動力鏈動作」，且並未操作腿伸屈。因此，Nautilus組在測試時可能較具優勢，因為其中某部分訓練，在生物力學上更類似於測試設備上進行的動作。（請參閱「訓練模式比較上的相關問題」；稍後會進行的動力鏈討論。）有趣的是，儘管使用「非特定設備」測量肌力可以掩蓋或消除訓練差異，但這些研究的確證明了，在肌力增加上有一定程度的訓練遷移效果，因為無論採用何種訓練模式，所有測試設備都出現了肌力增加。

## 等速設備

許多臨床醫師和一些運動科學家認為,「等速」訓練和測試可能比其他模式與方法更具優勢。然而,科學文獻不支持這種觀點。目前仍無法證明等速運動訓練和測試具有這種優勢,且許多文獻都指出,等速運動可能不如其他模式和方法[4,46,59,78]。

等速運動的意思就是「相同速度」,採取在器械水平臂上施加力來保持恆定角速度的動作。理論上,等速裝置將配合力量的產生並保持速度恆定,且與施加的力量大小無關;因此,可以在整個動作幅度內做出最大努力。然而,目前市面上尚無可以在整個動作幅度內產生等速運動,特別是在更快可用速度下的設備[29,124]。動作開始時的加速和動作結束時的減速,造成無法實現在整個動作幅度內完全等速[29,73]。因此,稱這些設備是「半等速」更為恰當。半等速測試可得出還不錯的效度[1]。支持者認為,半等速測試(以及其他採用器械進行的測試)有個優勢是,與許多自由重量練習使用的動作相比,其動作對技術的依賴性較小[4],因此各種程度的訓練者都能測試,且具有良好信度和效度。但是,半等速裝置的外部和預測有效性和可靠性值得商榷[1,4,40,53,59,124]。這意味著半等速動作裝置的訓練遷移效果可能相對較差。所以,在半等速裝置上測量時,不一定能展現出在自由重量訓練或變動阻力訓練所獲得的最大肌力和爆發力增益[1,4,40]。

比較半等速與其他阻力訓練模式的研究和回顧中,顯示出高度的肌力特殊性[46,72]。例如,在相同速度下,相同肌肉的半等速收縮過程中產生的力矩(力)可能與自由動作引起的力矩(力)不同。Bobbert及van Ingen Schenau[14]將VJ蹠屈曲期間產生的力矩與半等速動作進行了比較。在VJ期間產生的力明顯更高,並且在肌肉啟動的時間上也產生了差異[14]。

在專項運動和日常生活中,幾乎很少或不可能在整個動作幅度內均以恆定的速度進行運動,並且有人認為自由移動的物體或設備會使肌肉活動以更自然的方式發生[108]。再者,「等張」(自由移動的腿伸屈器械)與半等速腿部伸屈訓練的比較顯示出,動態非等速訓練在較大的動作幅度內產生的最大肌力和爆發力較具優勢[59]。

此外,半等速動作裝置也具有一定程度的速度特殊性,這是使用包括自由重量在內的其他裝置無法實現的,這大概是由於該裝置能夠以快速度超負荷所致[128]。然而,使用大多數市售的半等速設備可能會導致最大測試(或訓練)速度僅有400°至500°·$s^{-1}$或者更小,這個角速度通常遠小於在許多體育活動中出現的關節峰值速度[30]。然而,以自由重量進行的動作,特別是多關節動作,例如舉重動作(抓舉、挺舉)以及未加重或加重的跳躍,會造成比使用當前可用的半等速裝置高得多的角速度。即使是嘗試最大重量,抓舉過程中臀部和膝蓋的角速度也可能超過500°·$s^{-1}$[7];次大重量的舉重可能會產生更高的值。

訓練的重要考慮因素是，在高角速度下是否能維持超負荷力量。Baumann 及其同事[7]仔細研究了產生的力和速度。他們注意到峰值角速度會發生在力量仍然在槓鈴施力的關節角度處，這清楚的說明了，角速度時的超負荷力量刺激，有可能超過半等速動作裝置的限制。

由於半等速動作裝置所提供的訓練遷移效果相對較差，我們認為這些裝置似乎不太可能提供與自由動作相當的力量—速度—特殊性刺激，特別是與多關節動作相比。

## 振動

振動是可能發展力量和爆發力一個較新的觀念。振動是振盪動作引起的機械刺激。操縱強度，頻率（Hz）和振幅會導致振盪振動狀態發生變化。

低頻振動（<60 Hz）的影響可能會有急性和慢性2種面向。從急性層面看來，取決於施加的頻率和持續時間，曝露在振動下會導致神經肌肉增強。目前已證實急性振動可以增加肌力和速度，同時增加神經肌肉的效率[44,122,123]。此外，低頻震動的急性影響，可能包含睪固酮升高、皮質醇降低、減少拮抗抑制作用、增加肌力和爆發力[15,18,27,34,54]。因此，急性振動或許會是有用的熱身或（長期而言的）恢復設備。

慢性接觸振動也產生了有趣的結果。經過數週的振動接觸，可以發現人類生長激素和睪固酮增加，而皮質醇減少[18]。儘管並非所有研究都有一致結果，但有些研究已注意到訓練效果，其中肌力和包括VJ在內的某些相關變量有所改善[33,83,122,123]。身體組成似乎不受影響[83]。這些作用似乎與過去未受過訓練的受試者，以中等負荷進行阻力訓練的效果類似[16,33,81,83]。

振動訓練的相關潛在適應，其確切的機制目前尚不清楚，但很可能包括神經系統的改變。藉由肌電圖測量，目前已經注意到振動會導致肌肉啟動增加[16,18,27]。肌肉啟動增加可能是肌伸張反射的結果。拉伸肌肉時，其中所包含的肌梭也會拉伸（請參見第二章〈神經肌肉生理學〉）。肌內纖維（肌梭內的肌纖維）的拉伸區域內是一個中央感覺區，可以將有關長度和張力快速變化的資訊傳回脊髓。該感覺區域稱為核鏈纖維，由傳入神經末梢的1a組所支配。傳入神經纖維的1a組也會與α運動神經元相互作用，導致伸展肌群內MU的促進作用（閾值降低）和對伸展肌拮抗肌群的抑制。因此，透過快速拉伸啟動α運動神經元可導致神經驅動增加，並增加運動單元啟動從而產生更大的力速度。這種反射活動稱為牽張反射或肌伸張反射[19]。

肌電圖（Electromyography，EMG）可用於評估運動單元啟動程度。值得注意的是，肌肉啟動會隨振動暴露的頻率和持續時間而增加或減少[16,27]。一些研究指出，觀察到EMG活動增加，主要原因是運動單元同步性的優先增加[16]。此外，導致最大程度的肌肉

啟動的頻率會隨著訓練狀態而變化（Cardinale, personal communication）。這些數據指出，振動訓練的最有效方法是同時記錄EMG值，以便始終維持最佳肌肉啟動。

要注意，某些振動頻率可能有害。例如，非常高振幅和低頻（小於1 Hz）的振動會導致動暈症（例如暈船）。有趣的是，人體擁有自己的自然共振頻率，並且人體中的各個組織會在不同的頻率下出現共振。例如，眼睛內的視網膜，共振頻率大約是15 Hz。因此，直接施加大約15 Hz的振動頻率到視網膜時，可能會在一段時間內發生組織損傷。由於每天都會遇到振動，尤其是在職業環境中，這種持續的暴露會引起長期健康問題。例如，操作鏈鋸或氣動鑽的人會暴露在非常高頻率的振動中，特別是上半身。長期暴露於這種高頻振動與關節和肌肉骨骼問題以及內部器官損傷有關[71]。因此，使用與體育訓練相關的振動裝置必須謹慎，因為目前還沒有關於這些裝置對健康影響的長期研究。

## 訓練遷移效果

幾乎沒有訓練模式研究，是針對像是衝刺或跳躍等非肌力方面能力的影響性，而且沒有研究探討訓練模式對人體工學任務的影響。只有少數研究比較了自由重量和阻力器械[4,6,55,93,106,126,127]對最大肌力以外的運動表現影響。所有這類研究都是以VJ和VJ爆發力指數為基礎來進行訓練比較。通常會選擇以VJ做為爆發力能力的指標，這是由於（1）、VJ是許多運動（例如籃球，排球）的主要動作組成；（2）、VJ與運動員的表現能力之間存在合理的關聯或相關性，會在其他「爆發力」運動中表現出色（例如，短跑、跳高運動員衝刺速度比長跑運動員或未經訓練的人快）[52]；（3）、VJ（或其動作組成部分，包括速度和爆發力輸出）與在許多專項運動中的表現能力相關[2,5,28,101,119]；以及（4）、VJ相對較沒有疲勞問題且容易測量。

5項研究[4,6,93,106,126]指出，與器械相比，自由重量產生了更好的VJ成果。2項研究[55,127]得出了統計學上相等的結果，儘管VJ增加的百分比自由重量組重為顯著。尚無研究證明，機械訓練產生比自由重量更好的VJ（或任何其他運動表現的變量）增益結果。這些研究大致顯示自由重量更能產生訓練遷移效果，但並非百分之百確定。為了充分了解與器械和自由重量相關的訓練適應性，還需要進行更多研究。

關於使用自由重量與器械的關係，還有一些其他的錯誤假設。例如，有時會假設，需要軀幹旋轉的投擲動作不能透過自由重量來進行適當的操作與訓練，必須使用旋轉器械練習。然而，這種想法可能與缺乏自由重量訓練的經驗有關，而非自由重量或器械的固有特性。首先，大多數投擲動作是在站立或直立姿勢進行的，而大多數旋轉器械是以坐姿進行的。多年來，運動員，尤其是田徑比賽的投擲選手，已經使用加重的球來模擬這些垂直的

投擲動作；此外，包括步行扭腰和鏈球投擲動作在內的訓練，已成功的使直立的軀幹旋轉和投擲動作超負荷。再者，在大多數投擲動作中，動作是由髖部旋轉而非軀幹（意即，以肩膀引導動作）發起的。但大多數旋轉器械，臀部（通常是腳）是固定的，並且必須透過軀幹旋轉來啟動旋轉，這種動作並非專門針對投擲動作。此外，借助長凳或鞍馬，使用重物和球進行的各種適當位置的練習，強調各種角度軀幹的旋轉，也無法在大多數器械上實現。

## 不穩定訓練

不穩定條件下的訓練最近也變得很流行，特別是「核心訓練」（中段）。最常見的是，訓練者透過在彈性球上進行訓練動作而帶來不穩定的狀況。不穩定訓練背後的想法是，讓更多肌肉組織發揮作用，進而增強訓練效果。然而，幾乎沒有研究在比較不穩定與穩定訓練模式。研究確實指出，當人們在不穩定條件下進行像是腿部伸展和蹲屈等周邊動作時，穩定肌的啟動（拮抗肌相對主動肌啟動的比例）會增加[9]。然而，不穩定的條件也會減少主動肌的啟動，並依不同動作，外部力量產生（即超負荷力量）降低最多達70%[9]。

儘管不穩定訓練的主要用途是增加核心肌力（中段肌力），但核心的確切組成尚無明確的定義。對於構成核心肌肉的認定上，範圍從只有腹肌，到腹肌、脊椎旁、及臀伸肌都有[62,74]。因此，更合適的術語是中段。顯然，穩定與不穩定等不同訓練動作，會對中段肌肉各造成不同的特定啟動方式[51]。儘管中段肌力與運動表現有顯著的相關性，但也有證據指出，中段肌力與下半身傷害有關，尤其是女性[62,74]。儘管中段肌力與下半身傷害（尤其是下背部）之間存在明顯關聯，但令人驚訝的是，幾乎沒有證據顯示出，特意強化中段肌力可以減少傷害[74]。目前尚無證據證明，中段不穩定訓練可減少受傷或提高表現。如果考量到訓練特殊性的概念，有人可能會認為，既然運動是在穩定表面上，那麼大多數訓練應該要是穩定的；如果是在不穩定表面上進行（例如衝浪、直排輪、體操吊環），那麼大部分訓練可能應該要是不穩定的 (W.A. Sands，未公開的數據。)。然而需注意，不穩定訓練會降低外在產生超負荷力量的能力；因此，即使是為了在不穩定狀態下進行的運動，多數甚至大部分的訓練都應該在穩定的表面上進行。

雖然大多數體育活動，都可以用自由重量模擬和適當的訓練，但可能也會有例外。例如，在某程度上，游泳是大量透過上身推動，且以仰臥或俯臥位置產生動作，這可能需要專門的陸地訓練。在這種情況下，使用與滑輪系統相關的「游泳凳」來模擬和超負荷力學行程，可能是有利的。

## 訓練模式比較上的相關問題

比較各種阻力動作模式的訓練適應性，是件相當困難的事。幾個複雜因素的影響相當顯著，其中包括受試人數、研究時間和訓練狀態、訓練量等效、以及混合研究方案。

### 受試人數

許多比較研究中的受試對象相對較少。例如，在Wathen與Shutes[127]的研究中，作者得出的結論是，儘管絕對結果與相對增益都支持自由重量，但自由重量或跳躍器械訓練之間產生VJ增益沒有差異（每組n＝8）。作者指出，如果受試者人數更多，可能會出現有利於自由重量組的潛在顯著差異。

### 研究時間與訓練狀態

不論目的為何，大多數訓練研究主要的問題在於時間長短。在比較訓練模式時，目前的研究時間都非常短（＜14週）。研究期長短（即訓練時間）是一個重要的考慮因素，因為它會影響受試者的訓練狀態。在最初未經訓練的受試者身上，幾乎所有合理的訓練計劃或設備，都可能使最大肌力顯著提高。顯然神經和肌肉適應，都會影響最大肌力的長期改變。然而，早期肌力的改善主要涉及學習如何啟動肌肉和學習新技能相關的神經變化，而非肌肉橫截面的適應。在學習新動作的初始階段，表現通常會迅速提高，隨後的進步會趨緩[31,89]。在任何訓練方式下，最初表現會提升，主要原因可能是技術表現提升，而非肌肥大的適應。的確，僅靠心智練習就能獲得可觀的肌力增長（即身體沒有實際進行鍛鍊，僅在想像中執行動作）。因此，有可能是中樞表徵（技能學習）和學習如何更適切地啟動肌肉，導致訓練初期「肌力」的提升[94,134]。

因此，我們認為，儘管在相對較短的時間內已經證明了某些特殊性[1]，但僅持續數週的研究設計間比較，可能只測量到學習的初始變化。這些初始變化中的許多變化本質，基本上都是較普遍的，尤其是肌內適應。此外，與訓練計畫中，稍後發生相同變量的適應性相比，這些初始變化通常非常大。儘管這些初始變化可以增加產生最大肌力的能力，但許多訓練特定的效果，可能會被神經系統較大的初始變化所掩蓋，需要更長的時間才能顯現出來。所以，可能需要更長的觀察期（＞0.5年），才能完全顯現出採用不同方式進行訓練，所產生的長期肌內和肌間任務特殊性，或是肌肥大和肌肉生理學的特定改變。人們學習更有效啟動肌肉的初始階段，可能部分解釋了為

什麼肌肉橫截面變化落後於神經作用。可以說，可能存在肌肥大刺激的「閾值」；因此，橫截面適應落後於神經作用的部分原因，是初學者無法以足夠強度發揮自身力量來達到該閾值。

在科學文獻中，只有3項研究的對象是過去有肌力訓練經驗的受試者[106,126,127]。這些研究通常顯示出，與器械相比，自由重量產生的效益更大。或許有人會認為，對於有訓練經驗的受試者來說，技術學習在訓練適應性中的比重並不高。但是，技術學習的效果仍然很可能影響了這些研究結果。當已熟練某種動作組（例如，深蹲，舉重動作等）的個人或團體，更改為另一種技術需求（即使可能與原本熟練的動作相關）的訓練動作時，先前所描述的神經適應性和技術學習（即初期學習）顯示出，與仍然使用之前訓練模式的人相比，可預期轉向新技術的人進步速度更快。從動作控制的角度來看，所使用動作複雜性的差異（例如，蹲舉與腿伸屈）也可能會影響短期研究的效果，因為學習簡單的動作通常比學習複雜的動作更容易且進度更快。此外，有訓練經驗受試者對測試動作的技術水準也可能會影響測試結果；由於有訓練經驗及實作水準，某些受試者可能比其他受試者有更好的表現。所以，只有透過使用重複測量的設計，或是使用干預前的測試成績，將前後表現差異作為調查變量，才能得出關於不同訓練模式直接比較的合理結論[112]。

最後，到目前為止，幾乎沒有研究將女性作為研究對象。顯然，唯一合理的結論是，需要更長的時間，進行更全面的研究。

**訓練量等效**

當人們研究各種訓練設備的效果時，消除設備之間由於訓練量差異而產生的任何潛在差異是有利的。然而，即使是組數和次數組合相同，要將完成的訓練量等量也非常困難，甚至可說是不可能的。造成這種困難的主要原因，在於器械產生阻力的方式五花八門（例如，半等速凸輪、可變阻力凸輪、摩擦力、彈力帶、彈簧等）；因此，很難準確地計算訓練量[4,25]。

我們還必須從非常實際的角度來質疑等效課表的邏輯。通常，不同的組數和次數組合必須使用有極大不同的負荷方案來均衡訓練量。因此，一個組數和次數方案的負荷可能不是最佳的訓練負荷。例如，假設一名運動員蹲舉的1RM可達180公斤。使用深蹲並以100公斤進行3組10下（3×10），可提供56%的相對強度（%1RM）。這種負荷對於使用3×10次重複來刺激肌耐力的增加是合理的。但相同的負荷，不同的組數次數組合也提供了與深蹲相同的工作量（訓練量），即100公斤的10組3下

（10×3）。雖然100公斤下的3×10可能是進行增肌的合理刺激，但當使用10×3反覆時並不是很好的刺激，對肌力刺激而言負荷可能太低。

從實際應用的角度來看，使該問題更加複雜的是，在實驗室之外，很少會選擇具有相同工作量的訓練方案。選擇某些訓練方案，通常是因為相信它們會產生期望的結果。然而，器械製造商或零售商通常會推薦與常用訓練不同的程序，特別是欲提高表現的認真運動員所使用的程序（例如，力竭組、非彈震vs.彈震動作）。因此，許多研究實際上是在比較一種設備和程序與另一種。例如，在研究訓練的方法和方式並比較製造商的建議時，Stone及其同事[106]在Nautilus組中採用一組力竭這樣的訓練程序，並與使用多組數的自由重量組相比較。儘管此方法非常實用，因為所研究的設備是以「真實」方式使用的，但該方法可能會無法對獨立於訓練計畫外的訓練模式有效性做出明確結論。

**混合研究方案**

一些研究比較了使用各種設備組合（混合）的程序。例如，Meadors及其同事[68]將自由重量加上器械，與純器械訓練做了比較。這個訓練程序運用了真實生活中使用的計畫，實用且相當合理；然而，很難區分不同設備各別的效果。另外，重要的是要留意所研究訓練設備的正確特徵與描述。例如，在Boyer[20]的研究中，他將用於下半身訓練程序的雪橇（leg sled）以「自由重量」描述之。實際上它並不是真正的自由重量設備，因為其動作僅限於單個固定平面，使動作受到引導，且該引導會產生自由移動物體不會遇到的強大摩擦力。

## 滯後時間

對於日常生活，特別是對運動員來說，最大程度提高訓練遷移效果是訓練計劃中最重要的面向；否則會在訓練中浪費大量精力。然而，遷移程度很難確定。就訓練結果來說，最大肌力、爆發力、特定運動表現的變量，從未隨著時間演進，以完全相同的速率發生變化。此外，在爆發力或運動表現的變化變得趨緩後，最大肌力可能會繼續增加（反之亦然）。最大肌力增益與其他運動表現的變量之間，有可能缺乏直接對應關係，而這至少有部分原因與滯後時間有關[1,32,125]。滯後時間是指特定適應表現出現所需的時間，或者是運動員學習如何利用訓練產生的肌力─爆發力增加所需的時間；滯後時間在某些情況下可能會長達數月，並且可能被視為一種後效應。不同設備可能會產生不同滯後時間，或產生本

質上不同的後效應。假使教練認真的向運動員解釋了肌力和技術之間的潛在關聯,這般謹慎的教練策略可能會減少滯後時間。如果指出訓練動作(即力學特性)和表現相關動作之相似性,或許可以在程度上實現這一目標。因此,與表現具有高度相似性的訓練動作,會預期擁有最大的遷移效果。

## 各種訓練模式的優點與缺點

以當前可用的科學文獻、邏輯論證、以及對訓練的仔細觀察得出,不同訓練模式會伴隨著可能的優點或缺點,如下所述[75,100,98,114,112]。

我們認為,對於大多數體育活動而言,訓練遷移效果是制定訓練計劃時最重要的考量面向。訓練的遷移效果高度仰賴力學特殊性的概念。因此,我們認為開發訓練程序時,包含高度力學特殊性再加上適當訓練變化度,是自由重量的主要優勢。使用自由重量,可以使本體感覺和運動感覺反饋,更近似於大多數競技運動和日常運動發生的狀況。因此,自由重量可用於產生肌肉內和(尤其是)肌肉間啟動的動作模式(是為動作選擇的結果),該模式能與執行特定任務所涉及的動作特徵更相似,進而產生出色的訓練遷移效果。可以有出色的遷移效果,原因在於自由重量的情況下,移動可以在所有3個平面中進行,並且不受設備引導或限制。器械會以多種方式限制動作或訓練選擇,例如以下幾點:[112]

- 通常器械僅限於1、2個訓練動作。因此,完整的訓練課表通常需要許多器械。使用自由重量可以用最少的設備進行許多不同的訓練動作。
- 器械通常允許相對較小的力學動作變化(即,手腳間距的變化);自由重量允許無限變化。
- 大多數器械通常只允許在單個平面上動作。另一方面,自由重量需要平衡,因此允許動作在多個平面上進行,就像運動中和人體工學任務中通常會發生的動作。
- 一些器械(變動阻力和半等速設備)會限制正常的加速度和速度模式,進而改變正常的本體感受和運動感覺反饋。例如,許多變動阻力器械的目的,是使人體肌力曲線與由機器設計產生的阻力曲線相匹配。然而,由於人的力學結構差異(例如,力矩臂、四肢長度、不同的肌肉附著點等)且受限於器械的設計,製造商還未能製造出能讓各別肌力曲線與阻力曲線精確匹配的設備。

從非常實際的角度來看,我們認為使用諸如跳、推、舉重動作、及其衍生動作的多關節動作主要原因在於,肌肉動作是以團塊功能任務為主而非孤立作用——因此必須以此作為

目標。對於大多數競技運動，或許大多數日常任務也是如此，爆發力輸出是最重要的發展特性。進一步來說，對於任何阻力訓練而言，努力（即力量、爆發力、發力率）越大，神經肌肉啟動、以及力量、脈衝、與爆發力輸出的後續發展訓練效果就越大。此外，在許多競技運動中，透過動力鏈「從地面開始」傳遞力或爆發力的能力，是以神經肌肉整合、穩定性、運動感覺、及本體感受發展為主要前提，反之，運動動作與日常生活的任務也是如此。

與典型的孤立或小肌群訓練相比，使用多關節大肌群的動作，需要更為複雜的神經組織。這種複雜性自動賦予了更大程度的神經性和技術學習；與典型的器械相比，使用自由重量（自由重量具有更大的自由度）可以更輕鬆、有效的完成複雜動作。就算這些複雜的訓練動作與目標動作（例如運動表現動作）不完全相同，也可能發生一些遷移[121]。然而，與使用器械相比，由於自由重量動作可以設計成更接近專項運動的動作技術，因此可以期望有更大的訓練遷移效果，從而獲得更好的運動表現。

比較訓練模式時，還需要考慮到代謝因素。各式各樣的大肌群訓練都能以自由重量來操作，且這些訓練比使用器械更容易完成。包含了能量支出與器官系統回應的大肌群代謝結果，對訓練適應性的潛在影響，會比小肌群訓練更為劇烈。舉例來說，大肌群訓練需要的能量比小肌群訓練更多[88,116]。因為能量支出會強烈影響身體質量與身體組成，在影響身體組成以及代謝適應上，大肌群訓練可能更為有效。[98]

大肌群、多關節動作提升了訓練的時間效益。大肌群訓練動作，例如下蹲上推或抓舉，可以訓練多達4到8個小肌群。與小肌群、單關節動作相比，大肌群訓練動作的相對優勢，展現於代謝考量[88,見第2點]以及肌電圖的發現[117,130]。例如，爆發抓舉或下蹲上推等訓練涉及上肢和下肢肌肉；為了啟動相同的肌群，會需要好幾種孤立的上、下肢訓練。從外觀看起來，只強調部分肌肉或看似啟動肌群都一樣的動作，顯然不會有相同的啟動程度，例如蹲舉的效益明顯高於腿推或腿伸屈等動作。[130]因此，使用一些大肌群訓練動作而不是許多孤立或小肌群訓練動作，有更高的時間效益。

在某些訓練狀況下，時間可能是重要因素。如果組間休息時間很短（<30 s），只需要輕鬆移動配重塊插梢的器械似乎有時間優勢。然而認為器械總是可以節省時間，是種錯誤觀念。在大多數訓練情況下，尤其是優先順序訓練法（priority training），組間休息時間通常扮演每組訓練量負荷（工作量）的功能，通常會持續約2至3.5分鐘。相對較長的休息時間，便消除了更換插梢方式可以節省時間的想法。

儘管移動重量上的塊插梢，通常比改變槓鈴上重量更容易，更快速，但這可能很難套用在訓練進程上，因為器械的配重片負荷增量的範圍通常是7.5到12.5公斤（17到28磅）。儘管一些器械製造商提供了更輕的附加配重，可以將其加到配重片上，但有很多器械沒有這種功能；而且這些較小的附加配重不是每次都能取得。此外，使用彈簧和彈

力帶產生阻力的設備通常不會提供較小的負荷增量（通常增量約為5至10公斤〔11至22磅〕）。使用典型的自由重量，負荷增量的變化可以從大約0.5公斤調整為50公斤（1至110磅）。更大範圍的負荷增量允許更精確的阻力負荷及更有效的訓練進程，尤其是在以最大肌力百分比來制定訓練課表時。

學習多關節自由重量動作的某些技術可能需要額外花些時間和精力。然而，我們認為學習一項新技術的成本效益比通常值得這份努力。注意技術是否適當在訓練的初始階段是必要之舉。首先，比起使用差的技術，學習好的技術將使運動員在指定動作中進步到更高水準。其次，糟糕的技術會增加受傷的可能性，也降低了訓練遷移效果的潛力。

動作失敗時，補手必須接住重量、提供正確技術相關的回饋，並鼓勵運動員。某些自由重量訓練（例如，大重量臥推和蹲舉），偶而也會有一些器械訓練需要補手介入。

孤立肌群或單關節訓練在健康和健美計劃的特定角度上、復健初期，或作為傷害預防計劃的一部分，可能十分重要。孤立的特定小肌群和單關節運動，都能輕易地用器械訓練。在某些特定條件下，器械可能比自由重量更有效或更容易地孤立小肌群，或對小肌群特定部位施加壓力。

訓練設備的空間通常不會是大多數大眾健身房的主要限制，對於美國主要大學和一些國家體育機構的運動重訓室（例如：位於坎培拉的澳大利亞體育學院）這種專門健身房來說也不是問題。然而，在某些情況下空間可能會成為問題。例如，許多私人住宅中的訓練與儲存空間是有限的。在軍隊中，空間往往非常寶貴，特別是在船隻或艦艇上。設備的運輸和儲存通常決定了可以使用的設備類型。在許多情況下，器械，尤其是使用彈簧和彈力帶的類型，由於佔用的訓練場地和儲存空間較少，可能較有優勢。

設備的費用通常是選擇訓練設備的主要決定因素。器械，特別是半等速設備，通常比自由重量更昂貴。在考慮多站式器械的價格以及購買多台單一訓練動作器械的總成本時，應記住，自由重量設備可以用來訓練相同數量的人，花費卻少得多。在典型的訓練場館中，自由重量設備還可在相同（或更少）的金錢支出和相同的空間需求下，同時訓練更多的人。

阻力訓練，特別是跳躍和舉重動作這種部分動作由彈震組成的動作，一般認為會造成嚴重傷害[23]。然而，幾乎沒有客觀證據可以證明這一主張[24,47,118]。受傷類型，以及重量訓練和舉重相關受傷率的研究與回顧指出：

- 重量訓練和舉重造成的受傷率並不算過高，傷害發生率通常低於美式足球、籃球、體操、足球或橄欖球等運動[47,104,136]。
- 沒有證據表明，嚴重傷害或創傷性傷害發生率過高[47,104]，即使是過去未受過訓練的中年男女也是如此[118]。

不合適且設計不當的訓練計劃會增加受傷的可能性。跟成人一樣，針對兒童和青少年的阻力訓練計畫，只要遵循適當的指導方針，受傷的風險也很小[37]。確實，目前已經證實監督下的重量訓練計劃，比其他形式阻力訓練的傷害率更低[24,47]。如此低的傷害率，與由具專業知識的教練構建和實施，並受到良好監督的訓練計劃有關[24,37]。

儘管阻力訓練是一種相對安全的方法，且受傷率和嚴重受傷的次數通常都較低[47,104]，但人們普遍認為器械比自由重量更安全。然而，幾乎沒有證據支持這種觀念[80]，特別是在有監督的環境中[47]。作者群在舉重室和阻力訓練上加起來擁有超過60年的經驗。在這段經歷中，我們觀察到自由重量使用者中受傷的人，不會比使用器械的人更多。

雖然阻力訓練是安全有效的，但必須要有人監督。監督者必須具有重訓室安全規程的知識、各種訓練的技術知識，且充分了解訓練原理和理論。

## 非運動員族群的自由重量訓練

儘管這本教科書主要關注的，是誘發競技運動員肌力—爆發力適應性的訓練，但可能也會有人要求教練（和其他健身專家）監督、建議或協助休閒運動員或非運動員團體的訓練。所以，我們合理認為，應該要讓這些族群對於各種阻力訓練的潛在用途，有一定程度的認識[112]。

無疑的，阻力訓練對休閒運動員及日常生活任務的執行有好處。本章對於運動員自由重量訓練的主要用途提出了看法；對於非運動族群，相同論點也可能成立。一般假定，特定的非運動族群，特別是包括老年人或處於某些退化性疾病狀態（例如關節炎）的族群，應使用器械作為阻力訓練的主要模式。確實，人們認為這些族群中的大多數人，由於身體或心理上的限制而無法使用自由重量。這種觀念或假設，可能是來自於這些人實際或自我感覺的身體限制。這種限制的例子包括：（1）、由於疼痛，虛弱和平衡問題而無法承受自由重量動作（全身或特定部位）；（2）、心理因素，認為自由重量訓練是種「嚇人的」事情；（3）、認為自由重量需要更多的「技術訓練」和監督[112]。

然而，我們認為這些假設都沒有得到充分驗證。事實上，證據指出，對於非運動族群來說，使用自由重量可以安全又有效的提高表現，且其中包括退化性疾病的頻率和嚴重性越來越高的年長人士。例如，大約30至60歲，靜態生活的男性中，以自由重量作為主要訓練內容的情況下，會產生許多有益的改變，包括增加最大肌力和爆發力、身體組成的改變以及改善血脂。[13,57,56] 以非常年長的老人為對象，Brill及其同事[21]利用自由重量訓練計畫，成功的讓73至91歲年齡組的老年人，在幾種影響日常生活項目（像是平衡和爬樓梯）的表現指標上，促進了有益的適應性發展。在這些研究調查中，並未發現不良反應。

要考慮的重要面向是「主要」動作。訓練動作首先應當以自由重量呈現，其原因與運動員應使用它們的理由相同。沒有道理相信，用自由重量可以實現的出色訓練遷移效果，卻無法有效改善舉起重物、搬運、和鏟土等日常工作的能力。在這種情況下，值得注意的是，「自由重量」不是一定要採取傳統形式的槓鈴和啞鈴；對於某些族群，例如孱弱者或老年人，可以使用負重背心和肢體重量。使用這種形式的自由重量，可以透過增加身體或肢體的超負荷，直接執行日常生活動作。例如，可以穿著負重背心，訓練從椅子上站起或爬樓梯。與傳統的槓鈴和啞鈴相比，這種自由重量訓練對某些族群來說比較沒那麼嚇人[112]。

雖然一些器械訓練可能有好處，但對所有族群而言，大多數訓練應該以自由重量操作。會有例外，通常不是因為操作的族群，而是與實際狀況有關，例如，當空間有限時（例如，潛艇船員使用彈力帶，所需空間較自由重量或大多數器械少）。的確，某人無法執行特定動作的可能原因，更多時候是取決於個人的生理和心理特徵，而這些特徵可能與特定的疾病狀態或傷害相關，而非此人屬於某一特定族群。稱職的肌力訓練人員，可以輕鬆識別出這些問題，並根據個人情況進行相應的課程調整。由此而論，作者群不僅具有訓練競技運動員的背景，還具有參與或監督肌力訓練計劃的背景，其中包括休閒運動員、殘障運動員以及中老年人族群。儘管有人會因為某些問題，而無法操作某些自由重量動作，但我們認為，大多數人可以安全有效的採取主要由自由重量動作組成的訓練計劃。

## 章節摘要

顯然我們還需要大量的附帶研究來確定不同訓練方式對運動（與人體工學）表現的確切影響。然而，目前的資訊和經驗證據指出，對於大多數活動而言，運用自由重量以複雜的多關節動作訓練，比起使用器械，可以產生更好的效果。為何要使用自由重量作為阻力訓練的主要方式，其中有許多原因；一個主要因素是力學特殊性。由於運動和訓練的特殊性，會導致更大的訓練遷移效果的證據，自由重量應該會產生更有效的訓練遷移效果。未來的研究應嘗試消除過去比較研究中涉及方法學的一些問題，特別是那些涉及訓練狀態和長度的研究。

有鑑於本章所提出的資訊，我們認為阻力訓練課程中大部分的阻力訓練動作，應當是由自由重量構成。這些動作，尤其是多關節動作，應強調其力學特性。器械可以作為主訓練的附屬動作，在運動訓練上，則可在不同階段（準備、賽前、比賽）或需要訓練孤立的特定肌群時，視情況搭配使用。

## 參考文獻

1. Abernethy, P.J., and J. Jurimae. 1996. Cross-sectional and longitudinal uses of isoinertial, isometric and isokinetic dynamometry. *Medicine and Science in Sports and Exercise* 28: 1180-1187.
2. Anderson, R.E., D.L. Montgomery, and R.A. Turcotte. 1990. An on-site battery to evaluate giant slalom skiing performance. *Journal of Sports Medicine and Physical Fitness* 30(3): 276-282.
3. Atha, J. 1983. Strengthening muscle. In: A.I. Miller (Ed.), *Exercise and sport sciences reviews* (Vol. 9, pp. 1-73). Philadelphia: Franklin Institute Press.
4. Augustsson, J., A. Esko, R. Thomes, and U. Svantesson. 1998. Weight training the thigh muscles using closed vs. open kinetic chain exercises: A comparison of performance enhancement. *Journal of Orthopaedic Sports Medicine and Physical Therapy* 27(1): 3-8.
5. Barker, M., T. Wyatt, R.L. Johnson, M.H. Stone, H.S. O'Bryant, C. Poe, and M. Kent. 1993. Performance factors, psychological factors, physical characteristics and football playing ability. *Journal of Strength and Conditioning Research* 7(4): 224-233.
6. Bauer, T., R.E. Thayer, and G. Baras. 1990. Comparison of training modalities for power development in the lower extremity. *Journal of Applied Sport Science Research* 4(4): 115-121.
7. Baumann, W., V. Gross, K. Quade, P. Galbierz, and A. Schwirtz. 1988. The snatch technique of world class weightlifters at the 1985 world championships. *International Journal of Sport Biomechanics* 4: 68-89.
8. Behm, D.G. 1995. Neuromuscular implications and applications of resistance training. *Journal of Strength and Conditioning Research* 9(4): 264-274.
9. Behm, D.G., K. Anderson, and R. Curnew. 2002. Muscle force and activation under stable and unstable conditions. *Journal of Strength and Conditioning Research* 16: 416-422.
10. Beynnon, D., and R.J. Johnson. 1996. Anterior cruciate ligament injury rehabilitation in athletics. *Sports Medicine* 22: 54-64.
11. Blackard, D.O., R.L. Jensen, and W.P. Ebben. 1999. Use of EMG in analysis in challenging kinetic terminology. *Medicine and Science in Sports and Exercise* 31(3): 443-448.
12. Blackburn, J.R., and M.C. Morrissey. 1998. The relationship between open and closed kinetic chain strength of the lower limb and jumping performance. *Journal of Orthopedic Sports and Physical Therapy* 27: 430-435.
13. Blessing, D., M.H. Stone, R. Byrd, D. Wilson, R. Rozenek, D. Pushpanari, and H. Lipner. 1987. Blood lipid and hormonal changes from jogging and weight training of middle-aged men. *Journal of Applied Sport Science Research* 1(2): 25-29.
14. Bobbert, M.F., and G.J. van Ingen Schenau. 1990. Mechanical output about the ankle joint in isokinetic flexion and jumping. *Medicine and Science in Sports and Exercise* 22(5): 660-668.
15. Bosco, C., M. Cardinale, R. Colli, J. Thanyi, S.P. von Duvillard, and A. Viru. 1998. The influence of whole body vibration on jumping performance. *Biology of Sport* 15: 157-164.
16. Bosco, C., M. Cardinale, and O. Tsarpela. 1999. Influence of vibration on mechanical power and electromyogram activity in human arm flexor muscles. *European Journal of Applied Physiology* 79: 306-311.
17. Bosco, C., R. Colli, E. Introini, M. Cardinale, O. Tsarpela, O. Madella, J. Tihanyi, and A. Viru. 1999. Adaptive responses of human skeletal muscle to vibration exposure. *Clinical Physiology* 19: 183-187.
18. Bosco, C., M. Iacovelli, O. Tsarpela, M. Cardinale, M. Boifazi, J. Tihanyi, M. Viru, A. De Lorenzo, and A. Viru. 2000. Hormonal responses to whole-body vibration in men. *European Journal of Applied Physiology* 81: 449-454.
19. Bove, M., A. Nardone, and M. Schieppati. 2003. Effects of leg muscle tendon vibration on group 1a group 11 reflex responses to stance perturbation in humans. *Journal of Physiology* 550: 617-630.
20. Boyer, B.T. 1990. A comparison of three strength training programs on women. *Journal of Applied Sport Science Research* 4(5): 88-94.
21. Brill, P.A., J.C. Probst, D.L. Greenhouse, B. Schell, and C.A. Macera. 1998. Clinical feasibility of a free-weight strength-training program for older adults. *Journal of the American Board of Family Practice* 11(6): 445-451.
22. Brindell, G. 1999. Efficacy of three different resistance training modes on performance and physical characteristics in young women. Master's thesis, Appalachian State University.

23. Brzycki, M. 1994, Spring. Speed of movement an explosive issue. *Nautilus,* 8-11.
24. Byrd, R., K. Pierce, L. Reilly, and L. Brady. 2003. Young weightlifters' performance across time. *Sports Biomechanics* 2: 133-140.
25. Cabell, L., and C.J. Zebas. 1999. Resistive torque validation of the Nautilus multi-biceps machine. *Journal of Strength and Conditioning Research* 13: 20-23.
26. Canavan, P.K., G.E. Garret, and L.E. Armstrong. 1996. Kinematic and kinetic relationships between an Olympic-style lift and the vertical jump. *Journal of Strength and Conditioning Research* 10(2): 127-130.
27. Cardinale, M., and C. Bosco. 2003. The use of vibration as an exercise intervention. *Exercise and Sport Sciences Reviews* 31: 3-7.
28. Carlock, J., S.L. Smith, M. Hartman, R. Morris, D. Ciroslan, K.C. Pierce, R.U. Newton, E. Harman, W.A. Sands, and M.H. Stone. 2004. Relationship between vertical jump power estimates and weightlifting ability: A field-test approach. *Journal of Strength and Conditioning Research* 18: 534-539.
29. Chow, J.W., W.G. Darling, and J.G. Hay. 1997. Mechanical characteristics of knee extension exercises performed on an isokinetic dynamometer. *Medicine and Science in Sports and Exercise* 29(6): 794-803.
30. Colman, S.G.S., A.S. Benham, and S.R. Northcutt. 1993. A three-dimensional cinematographical analysis of the volleyball spike. *Journal of Sports Sciences* 11: 295-302.
31. Crossman, E.R.F.W. 1964. Information processes in human skill. *British Medical Bulletin* 20: 32-37.
32. Delecluse, C. 1997. Influence of strength training on sprint running performance. *Sports Medicine* 24: 147-156.
33. Delecluse, C., M. Roelants, and S. Verschueren. 2003. Strength increase after whole-body vibration compared with resistance training. *Medicine and Science in Sports and Exercise* 35: 1033-1041.
34. De Ruiter, C.J., R.M. Van der Linden, M.J.A. Van der Zijden, A.P. Hollander, and A. De Hann. 2003. Short term effects of whole body vibration on maximal voluntary isometric knee extensor force and rate of force rise. *European Journal of Applied Physiology* 88: 472-475.
35. Dillman, C.J., T.A. Murray, and R.A. Hintermeister. 1994. Biomechanical differences of open and closed chain exercises of the shoulder. *Journal of Sport Rehabilitation* 3: 228-238.
36. Ebben, W.P., and R.L. Jensen. 2002. Electromyographic and kinetic analysis of traditional, chain and elastic band squats. *Journal of Strength and Conditioning Research* 16: 547-550.
37. Faigenbaum, A., W. Kraemer, B. Cahill, J. Chandler, J. Dziados, L. Elfrink, E. Forman, M. Gaudiose, L. Micheli, M. Nitka, and S. Roberts. 1996. Youth resistance training: Position statement paper and literature review. *Strength and Conditioning* 18: 62-75.
38. Fitzgerald, G.K. 1997. Open versus closed kinetic chain exercise: Issues in rehabilitation after anterior cruciate ligament reconstructive surgery. *Physical Therapy* 77: 1747-1754.
39. Fleck, S.J., and W.J. Kraemer. 1997. *Designing resistance training programs* (2nd ed.). Champaign, IL: Human Kinetics.
40. Fry, A.C., D.R. Powell, and W.J. Kraemer. 1992. Validity of isometric testing modalities for assessing short-term resistance exercise strength gains. *Journal of Sport Rehabilitation* 1: 275-283.
41. Garhammer, J. 1981a. Equipment for the development of athletic strength and power. *National Strength and Conditioning Association Journal* 3(6): 24-26.
42. Garhammer, J. 1981b. *Sports Illustrated strength training.* New York: Time.
43. Garhammer, J.J. 1993. A review of the power output studies of Olympic and powerlifting: Methodology, performance prediction and evaluation tests. *Journal of Strength and Conditioning Research* 7: 76-89.
44. Gullich, A., and D. Schmidtbleicher. 1996. MVC-induced short-term potentiation of explosive force. *New Studies in Athletics* 11: 67-81.
45. Haff, G.G., M.H. Stone, H.S. O'Bryant, E. Harman, C. Dinan, R. Johnson, and K.H. Han. 1997. Force-time dependent characteristics of dynamic and isometric muscle actions. *Journal of Strength and Conditioning Research* 11: 269-272.
46. Hakkinen, K. 1994. Neuromuscular adaptation during strength training, aging, detraining and immobilization. *Critical Reviews in Physical and Rehabilitation Medicine* 6: 161-198.

47. Hamill, B.P. 1994. Relative safety of weightlifting and weight training. *Journal of Strength and Conditioning Research* 8: 53-57.
48. Harman, E. 1983. Resistive torque of 5 Nautilus exercise machines. *Medicine and Science in Sports and Exercise* 15(Suppl.): 113.
49. Harman, E. 1994. Resistance training modes: A biomechanical perspective. *Strength and Conditioning* 16(2): 59-65.
50. Harris, G.R., M.H. Stone, H. O'Bryant, C.M. Proulx, and R. Johnson. 2000. Short term performance effects of high speed, high force and combined weight training. *Journal of Strength and Conditioning Research* 14(1): 14-20.
51. Hildenbrand, K., and L. Noble. 2004. Abdominal muscle activity while performing trunk-flexion exercises using Ab Roller, ABslide, FitBall, and conventionally performed trunk curls. *Journal of Athletic Training* 39: 37-43.
52. Hollings, S.C., and G.J. Robson. 1991. Body build and performance characteristics of male adolescent track and field athletes. *Journal of Sports Medicine and Physical Fitness* 31(2): 178-182.
53. Issifidou, A.N., and V. Baltzopoulos. 1998. Inertial effects on the assessment of performance in isokinetic dynamometry. *International Journal of Sports Medicine* 19:567-573.
54. Issurin, V.B., and G. Tenenbaum. 1999. Acute and residual effects of vibratory stimulation on explosive strength in elite and amateur athletes. *Journal of Sports Sciences* 17: 177-182.
55. Jesse, C., D. McGee, J. Gibson, M. Stone, and J. Williams. 1988. A comparison of Nautilus and free weight training. *Journal of Applied Sport Science Research* 3(2): 59.
56. Johnson, C.C., M.H. Stone, R.J. Byrd, and A. Lopez-S, 1983. The response of serum lipids and plasma androgens to weight training exercise in sedentary males. *Journal of Sports Medicine and Physical Fitness*, 23: 39-41.
57. Johnson, C.C., M.K. Stone, A. Lopez-S, J.A. Herbert, L.T. Kilgore, and R. Byrd. 1982. Diet and exercise in middle-aged men. *Journal of the American Dietary Association*, 81: 695-701.
58. Kauhanen, H., J. Garhammer, and K. Hakkinen. 2000. Relationships between power output, body size and snatch performance in elite weightlifters. In: J. Avela, P.V. Komi, and J. Komulainen (Eds.), *Proceedings of the Fifth Annual Congress of the European College of Sports Science* (p. 383). Finland: University of Jyvaskala.
59. Kovaleski, J.E., R.H. Heitman, T.L. Trundle, and W.F. Gilley. 1995. Isotonic preload versus isokinetic knee extension resistance training. *Medicine and Science in Sports and Exercise* 27(6): 895-899.
60. Kraemer, W.J. 1997. A series of studies: The physiological basis for strength training in American football: Fact over philosophy. *Journal of Strength and Conditioning Research* 11(3): 131-142.
61. Kramer, J.B., M.H. Stone, H.S. O'Bryant, M.S. Conley, R.L. Johnson, D.C. Nieman, D.R. Honeycutt, and T.P. Hoke. 1997. Effects of single versus multiple sets of weight training: Impact of volume, intensity and variation. *Journal of Strength and Conditioning Research* 11(3): 143-147.
62. Leetun, D.T., M.L. Ireland, J.D. Wilson, B.T. Ballantyne, and I.M. Davis. 2004. Core stability measures as risk factors for lower extremity injury in athletes. *Medicine and Science in Sports and Exercise* 36: 926-934.
63. Logan, G.A. 1960. Differential applications of resistance and resulting strength measured at varying degrees of knee flexion. Doctoral dissertation, University of Southern California.
64. Marks, R. 1994. The effects of 16 months of angle specific isometric strengthening exercises in midrange on torque of the knee extensor muscles in osteoarthritis of the knee: A case history. *Journal of Orthopaedics and Sport Physical Therapy* 20: 103-109.
65. McBride, J., T. Triplett-McBride, A. Davie, and R.U. Newton. 1999. A comparison of strength and power characteristics between power lifters, Olympic lifters and sprinters. *Journal of Strength and Conditioning Research* 13: 58-66.
66. McBride, J.M., T. Triplett-McBride, A. Davie, and R.U. Newton. 2002. The effect of heavy versus light load jump squats on the development of strength, power and speed. *Journal of Strength and Conditioning Research* 16: 75-82.
67. McGee, D., T.C. Jesse, M.H. Stone, and D. Blessing. 1992. Leg and hip endurance adaptations to three different weight training programs. *Journal of Applied Sport Science Research* 6(2): 92-95.
68. Meadors, W.J., T.R. Crews, and K. Adeyonju. 1983, Fall. A comparison of three conditioning protocols and muscular strength and endurance of sedentary college women. *Athletic Training*, 240-242.

69. Medvedev, A.S., V.F. Rodionov, V. Rogozkin, and A.E. Gulyants. 1981. Training content of weightlifters in the preparation period. *Teoriya i Praktika Fizicheskoi Kultury* 12: 5-7 [translated by M. Yessis].
70. Messier, S.P., and M.E. Dill. 1985. Alterations in strength and maximal oxygen uptake consequent to Nautilus circuit weight training. *Research Quarterly* 56(4): 345-351.
71. Mester, J., P. Spitzenfeil, J. Schwarzer, and F. Seifriz. 1999. Biological reaction to vibration—implications for sport. *Journal of Science and Medicine in Sport* 2: 211-226.
72. Morrissey, M.C., E.A. Harman, and M.J. Johnson. 1995. Resistance training modes: Specificity and effectiveness. *Medicine and Science in Sports and Exercise* 27(5): 648-660.
73. Murray, D.A., and E. Harrison. 1986. Constant velocity dynamometer: An appraisal using mechanical loading. *Medicine and Science in Sports and Exercise* 18: 612-624.
74. Nadler, S.F., G.A. Malanga, L.A. Bartoli, J.H. Feinberg, M. Prybicien, and M. Deprin. 2002. Hip muscle imbalances and low back pain in athletes: Influence of core strengthening. *Medicine and Science in Sports and Exercise* 34: 9-16.
75. Nosse, L.J., and G.R. Hunter. 1985, Fall. Free weights: A review supporting their use in rehabilitation. *Athletic Training,* 206-209.
76. Paavolainen, L., K. Hakkinen, I. Hamalainen, A. Nummela, and H. Rusko. 1999. Explosive strength-training improves 5-km running time by improving running economy and muscle power. *Journal of Applied Physiology* 86(5): 1527-1533.
77. Palmitier, R.A., A. Kai-Nan, S.G. Scott, and E.Y.S. Chao. 1991. Kinetic chain exercise in knee rehabilitation. *Sports Medicine* 11(6): 402-413.
78. Petsching, R., R. Baron, and M. Albrecht. 1998. The relationship between isokinetic quadriceps strength test and hop test for distance and one-legged vertical jump test following anterior cruciate ligament reconstruction. *Journal of Orthopedic Sports Physical Therapy* 28(1): 23-31.
79. Rasch, P.J., and L.E. Morehouse. 1957. Effect of static and dynamic exercises on muscular strength and hypertrophy. *Journal of Applied Physiology* 11: 29-34.
80. Requa, R.K., L.N. DeAvilla, and J.G. Garrick. 1993. Injuries in recreational adult fitness activities. *American Journal of Sports Medicine* 21: 461-467.
81. Rittweger, J., A. Mutschelknauss, and D. Felsenberg. 2003. Acute changes in neuromuscular excitability after exhaustive whole body vibration exercise as compared to exhaustion by squatting exercise. *Clinical Physiology and Functional Immunology* 23: 81-86.
82. Robinson, J.M., M.H. Stone, R.L. Johnson, C.N. Penland, B.J. Warren, and R.D. Lewis. 1995. Effects of different weight training intervals on strength, power and high intensity exercise endurance. *Journal of Strength and Conditioning Research* 9: 216-221.
83. Roelants, M., C. Delecluse, M. Goris, and S. Verschueren. 2004. Effects of 24 weeks of whole body vibration training on body composition and muscle strength in untrained females. *International Journal of Sports Medicine* 25: 1-5.
84. Rutherford, O.M., and D.A. Jones. 1986. The role of learning and coordination in strength training. *European Journal of Applied Physiology* 55: 100-105.
85. Sale, D.G. 1988. Neural adaptations to resistance training. *Medicine and Science in Sports and Exercise* 20: S135-S245.
86. Sale, D.G. 1992. Neural adaptation to strength training. In: P.V. Komi (Ed.), *Strength and power in sport* (pp. 249-265). London: Blackwell Scientific.
87. Saunders, M.T. 1980, Spring. A comparison of two methods of training on the development of muscular strength and endurance. *Journal of Orthopaedic and Sports Physical Therapy,* 210-213.
88. Scala, D., J. McMillan, D. Blessing, R. Rozenek, and M.H. Stone. 1987. Metabolic cost of a preparatory phase of training in weightlifting: A practical observation. *Journal of Applied Sport Science Research* 1: 48-52.
89. Schmidt, R.A. 1991. *Motor learning and performance.* Champaign, IL: Human Kinetics.
90. Schmidtbleicher, D. 1992. Training for power events. In: P.V. Komi (Ed.), *Strength and power in sport* (pp. 381-395). London: Blackwell Scientific.
91. Siff, M.C. 2000. *Supertraining* (5th ed.). Denver: Supertraining Institute.

92. Siff, M.C., and Y.V. Verkhoshanski. 1998. Supertraining. In: *Strength training for sporting excellence* (3rd ed.). Johannesburg: University of the Witwatersrand.
93. Silvester, L.J., C. Stiggins, C. McGowen, and G.R. Bryce. 1982. The effect of variable resistance and free weight training programs on strength and vertical jump. *National Strength and Conditioning Association Journal* 3(6): 30-33.
94. Smith, D., P. Holmes, D. Collins, and K. Layland. 1998. The effect of mental practice on muscle strength and EMG activity. *Proceedings of the 1998 Annual Conference of the British Psychological Society* 22 BPS, Leicester, U.K.
95. Steindler, A. 1973. *Kinesiology of the human under normal and pathological conditions.* Springfield, IL: Charles C Thomas.
96. Stensdotter, A.K., P.W. Hodges, R. Mellor, G. Sundelin, and C. Hager-Ross. 2003. Quadriceps activation in closed and in open kinetic chain exercise. *Medicine and Science in Sports and Exercise* 35: 2043-2047.
97. Stone, M. 1982. Considerations in gaining a strengthpower training effect. *National Strength and Conditioning Association Journal* 4(1): 22-24.
98. Stone, M.H. 1991. Physiological aspects of safety and conditioning. In: J. Chandler and M.H. Stone (Eds.), *United States Weightlifting Federation safety and conditioning manual.* Colorado Springs, CO: USWF.
99. Stone, M.H. 1993. NSCA position stance literature review: "Explosive exercise." *National Strength and Conditioning Association Journal* 15(4): 7-15.
100. Stone, M.H., and R.A. Borden. 1997. Modes and methods of resistance training. *Strength and Conditioning* 19: 18-24.
101. Stone, M.H., R. Byrd, J. Tew, and M. Wood. 1980. Relationship of anaerobic power and Olympic weightlifting performance. *Journal of Sports Medicine and Physical Fitness* 20: 99-102.
102. Stone, M.H., D. Collins, S. Plisk, G. Haff, and M.E. Stone. 2000a. Training principles: Evaluation of modes and methods of resistance training. *Strength and Conditioning* 22: 65-76.
103. Stone, M.H., S.J. Fleck, W.J. Kraemer, and N.T. Triplett. 1991. Health and performance related adaptations to resistive training. *Sports Medicine* 11: 210-231.
104. Stone, M.H., A.C. Fry, M. Ritchie, L. Stoessel-Ross, and J.L. Marsit. 1994. Injury potential and safety aspects of weightlifting movements. *Strength and Conditioning* 16: 15-24.
105. Stone, M.H., and J. Garhammer, J. 1981. Some thoughts on strength and power: The Nautilus controversy. *National Strength and Conditioning Association Journal* 3: 24-40.
106. Stone, M.H., R.L. Johnson, and D.R. Carter. 1979. A short term comparison of two different methods of resistance training on leg strength and power. *Athletic Training* 14: 158-160.
107. Stone, M.H., and K.B. Kirksey. 2000. Weightlifting. In: W.E. Garret and D.T. Kirkendall (Eds.), *Exercise and sport science* (pp. 955-964). Media, PA: Lippincott Williams & Wilkins.
108. Stone, M.H., and H.S. O'Bryant. 1987. *Weight training: A scientific approach.* Minneapolis: Burgess International.
109. Stone, M.H., H.S. O'Bryant, L. McCoy, R. Coglianese, M. Lehmkuhl, and B. Schilling. 2003. Power and maximum strength relationships during performance of dynamic and static weighted jumps. *Journal of Strength and Conditioning Research* 17: 140-147.
110. Stone, M.H., H.S. O'Bryant, K.C. Pierce, G.G. Haff, A.J. Koch, B.K. Schilling, and R.L. Johnson. 1999a. Periodization: Effects of manipulating volume and intensity. Part 1. *Strength and Conditioning* 21(2): 56-62.
111. Stone, M.H., H.S. O'Bryant, K.C. Pierce, G.G. Haff, A.J. Koch, B.K. Schilling, and R.L. Johnson. 1999b. Periodization: Effects of manipulating volume and intensity. Part 2. *Strength and Conditioning* 21(3): 54-60.
112. Stone, M.H., S. Plisk, and D. Collins. 2002. Training principles: Evaluation of modes and methods of resistance training—a coaching perspective. *Sport Biomechanics* 1: 79-104.
113. Stone, M.H., S. Plisk, M.E. Stone, B. Schilling, H.S. O'Bryant, and K.C. Pierce. 1998. Athletic performance development: Volume load—1 set vs multiple sets, training velocity and training variation. *Strength and Conditioning* 20: 22-31.
114. Stone, M.H., J. Potteiger, C.M. Proulx, H.S. O'Bryant, R.L. Johnson, and M.E. Stone. 2000b. Comparison of the effects of three different weight training programs on the 1 RM squat. *Journal of Strength and Conditioning Research* 14: 332-337.
115. Stone, M.H., M.E. Stone, M. Gattone, B. Schilling, K.C. Pierce, and R. Byrd. 2002. The use of weightlifting pulling movements in sport: International Society of Biomechanics, Coaches Information Service. www.coachesinfo.com/

category/strength_and_conditioning/.

116. Stone, M.H., G.D. Wilson, D. Blessing, and R. Rozenek. 1983. Cardiovascular responses to short-term Olympic style weight-training in young men. *Canadian Journal of Applied Sport Science Research* 8: 134-139.
117. Stuart, M.J., D.A. Meglan, G.E. Lutz, G.S. Growney, and K. An. 1996. Comparison of intersegmental tibiofemoral joint forces and muscle activity during various closed kinetic chain exercises. *American Journal of Sports Medicine* 24: 792-799.
118. Surakka, J., S. Aunola, T. Nordblad, S. Karppi, and E. Alanen. 2003. Feasibility of power-type strength training for middle aged men and women: Self perception, musculoskeletal symptoms and injury rates. *British Journal of Sports Medicine* 37: 131-136.
119. Thissen-Milder, M., and J.L. Mayhew. 1991. Selection and classification of high school volleyball players from performance tests. *Journal of Sports Medicine and Physical Fitness* 31(3): 380-384.
120. Thomas, M., A. Fiataron, and R.A. Fielding. 1996. Leg power in young women: Relationship to body composition, strength and function. *Medicine and Science in Sports and Exercise* 28: 1321-1326.
121. Thorstensson, A. 1977. Observations on strength training and detraining. *Acta Physiologica Scandinavica* 100: 491-493.
122. Torvinen, S., P. Kannus, H. Sievanen, T.A. Jarvinen, M. Pasanen, S. Kontulainen, A. Nenonen, T.L. Jarvinen, T. Paakkala, M. Jarvinen, and I. Vuori. 2002. Effect of four-month vertical whole body vibration on performance and balance. *Medicine and Science in Sports and Exercise* 34: 1523-1528.
123. Torvinen, S., P. Kannus, H. Sievanen, T.A. Jarvinen, M. Pasanen, S. Kontulainen, A. Nenonen, T.L. Jarvinen, T. Paakkala, M. Jarvinen, and I. Vuori. 2003. Effect of 8-month vertical whole body vibration on bone, muscle performance and body balance: A randomized controlled study. *Journal of Bone Mineral Research* 18: 876-884.
124. Tunstall, H., D.R. Mullineaux, and T. Vernon. 2005. Criterion validity of an isokinetic dynamometer to assess shoulder function in tennis players. *Sports Biomechanics* 4: 101-111.
125. Verkhoshansky, Y.V. 1985. *Programming and organization of training.* Moscow: Fizkultura i Spovt; English: Livonia, MI: Sportivny Press, 1988 [translated by A. Charniga].
126. Wathen, D. 1980. A comparison of the effects of selected isotonic and isokinetic exercises, modalities and programs on the vertical jump in college football players. *National Strength and Conditioning Association Journal* 2: 47-48.
127. Wathen, D., and M. Shutes. 1982. A comparison of the effects of selected isotonic and isokinetic exercises, modalities and programs on the acquisition of strength and power in collegiate football players. *National Strength and Conditioning Association Journal* 41: 40-42.
128. Watkins, M., and B. Harris. 1983. Evaluation of isokinetic muscle performance. *Clinical Sports Medicine* 2: 37-53.
129. Weyand, P.G., D. Sternlight, M.J. Bellizzi et al. 2000. Faster top running speeds are achieved with greater ground forces not more rapid leg movements. *Journal of Applied Physiology* 89: 1991-1999.
130. Wilk, K.E., R.F. Escamilla, G.A. Fleisig, S.W. Barrentine, J.R. Andrews, and M.L. Boyd. 1996. A comparison of tibiofemoral joint forces and electromyographic activity during open and closed kinetic chain exercises. *American Journal of Sports Medicine* 24: 518-527.
131. Wilmore, J.H., and D.L. Costill. 1994. *Physiology of sport and exercise.* Champaign, IL: Human Kinetics.
132. Wilson, G.J., and A.J. Murphy. 1996. The use of isometric test of muscular function in athletic assessment. *Sports Medicine* 22: 19-37.
133. Wilson, G.J., R.U. Newton, A.J. Murphy, and B.J. Humphries. 1993. The optimal training load for the development of dynamic athletic performance. *Medicine and Science in Sports and Exercise* 25: 1279-1286.
134. Yue, G., and K.J. Cole. 1992. Strength increases from the motor program: Comparison of training with maximal voluntary and imagined muscle contractions. *Journal of Neurophysiology* 67: 1114-1123.
135. Zajac, F.E., and M.E. Gordon. 1989. Determining muscle's force and action in multi-articular movement. In: K. Pandolph (Ed.), *Exercise and sport science reviews* (Vol. 17, pp. 187-230). Baltimore: Williams & Wilkins.
136. Zaricznyj, B., L. Shattuck, T. Mast, R. Robertson, and G. D'Elia. 1980. Sports-related injuries in school-aged children. *American Journal of Sports Medicine* 8: 318-324.

# 第十三章

# 週期化的概念

規劃訓練計畫是為了提升表現。從生理學的角度來看，適當的訓練可以促進特定蛋白的合成，最終刺激組織重塑，改善功能、運動技巧和表現（圖13.1）。因此，不管教練或者運動員有無意識到，訓練計畫的目標都是根據訓練刺激的特殊需求，以促進蛋白合成。不過實際上要如何規劃出最好的訓練方式來增加蛋白質合成，最終提升運動表現，還沒有明確的結論。

目前對於運動訓練計畫的觀念，主要是以實際操作和觀察來規劃。雖然已有一些對照研究，但支持運動計畫觀念的科學證據並不多。本章討論的重點在於整合科學和實際知識，用合邏輯的方式來規劃運動計畫。大部分的內容著重在「週期化策略」[62]還有2部論文〈週期化：控制訓練量和強度的影響〉[83,84]中提出的要點。

大部分的教練和運動員運用了許多第一章〈訓練的定義、目標、任務與原則〉提過的原則。他們通常憑著直覺，試圖透過操控練習項目、訓練量和強度來提昇表現和減少適應不良的機會。然而，過去20年來，很多（甚至大部分）的教練和運動員，都已經開始運

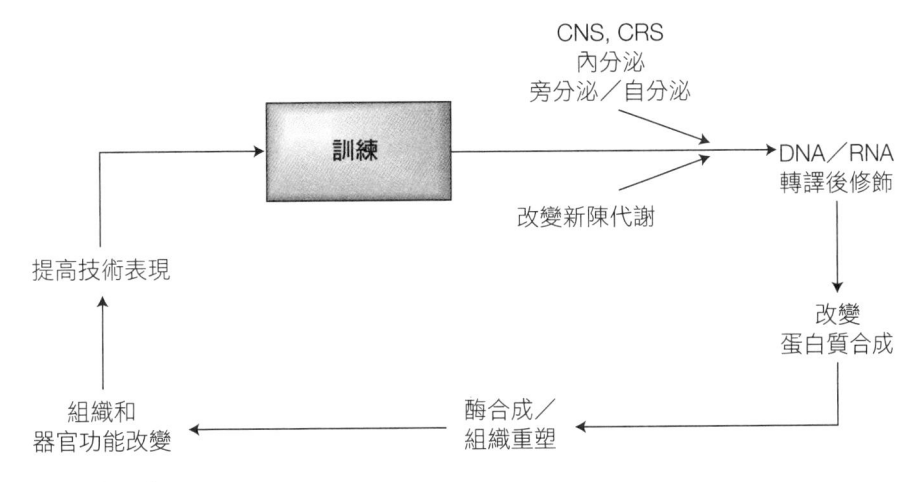

**圖13.1　訓練的目的。**
適當的訓練計畫可以促進蛋白質合成，最終改變組織重塑，改善功能，提高技術和運動表現。

用週期化理論來制定訓練計畫。

儘管週期化理論很受歡迎，有些教練和運動員似乎仍搞不太懂。的確，這個概念似乎和其他的知識與經驗脫節，週期化的概念在實際運用以及出版品與研討會的討論中，經常有不同解讀。「週期化」一詞似乎起源於東歐，所以許多西方人便認為這是一個外來的觀念。[28,57,58,74] 此外，為了理解週期化的概念，也必須理解大量科學理論和術語。這讓某些看似簡單直接的議題變得複雜，也讓它與教練和運動員產生了疏離。[89] 本章討論的目的是為了：

- 解釋形塑出週期化概念的背後機制
- 提出變化原則下的週期化訓練模型
- 提供實際策略範例。

正如Plisk和Stone所指出[62]，現存的知識存在明顯分歧。會存在分歧，是因為週期化理論主要基於假設生成研究、經驗證據、相關研究（例如，關於過度訓練的研究）、以及少數中週期長度變化的研究，而這些大抵上都獨以阻力訓練的方式進行。此外，這些研究的實驗期大多不會超過5至16週，且受試者的訓練經驗通常十分有限。目前為止，還沒有人發表過針對進階或菁英運動員的英文版多重中週期或綜合性研究（例如：結合肌力—爆發力和速度—耐力的訓練）。不過，目前已有證據支持以下兩個結論。[83] 首先，週期化似乎對肌力—爆發力訓練在內的訓練來說是更有效的方法，特別是之前訓練過的項目，即使短期訓練也是如此。第二，人們可以透過操控訓練變化項目的次序和組合來達到最適結果，而不只是簡單執行既定訓練量或達到既定強度。本章的目的是討論這些結論在理論和實際上所涉及到的議題，特別是因為這些結論和肌力—爆發力訓練有關。

## 恢復與適應

恢復是將失去物取回的過程。然而在運動的脈絡下，這意味著（例如，在運動後）運動員只是在下一次訓練前回到之前的狀態。對教練和運動員來說這不太令人滿意。適應是對特定刺激或一組刺激長期調整的過程。積極的調整（適應）意味表現提升；負面調整則會產生更差的結果。圖13.2展示了新陳代謝的基本概念。新陳代謝本質上是由兩種反應組成：**放能**（釋放能量）和**吸能**（要求能量）。放能反應是一種分解代謝，分解蛋白質、碳水化合物和脂肪來提供能量。吸能反應包含合成代謝反應，像是蛋白質合成和肌肉收縮。在放能反應時釋放的部分能量，可以間接用來驅動吸能反應。從概念上來看，可以將新陳

**新陳代謝**

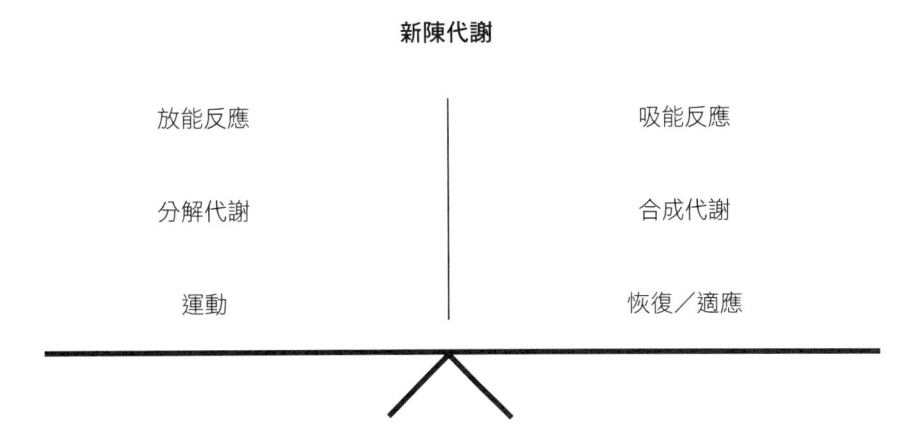

```
   放能反應              |              吸能反應

   分解代謝              |              合成代謝

     運動                |              恢復／適應
  ━━━━━━━━━━━━━━━━━━━━━━━━━━━━━━━━━━━━━━━━━━━━━
                        ▲
```

**圖13.2　新陳代謝：恢復—適應的基礎**

代謝視為一個蹺蹺板。運動（和生病）時，放能佔上風，（例如：分解代謝增加）；運動後恢復期間，吸能反應提升，合成效應旺盛，導致對訓練刺激產生適應，從而在恢復期間促進適應。因此，教練員和運動員都應該特別注意恢復—適應。

教練和運動員有2種提昇恢復—適應能力的方法。

（1）制定著重提高恢復—適應能力的訓練計畫以及（2）利用訓練計畫以外的手段來提高恢復—適應的能力（見第七章〈人為輔助〉）。

根據訓練過程的觀察[16,35]以及數據[24]，我們得到以下結果（圖13.3）：

- 訓練計畫的平均強度與維持表現高峰的時間成反比。
- 訓練計畫的平均強度與表現高峰的高度成反比。

觀察後的結果還顯示，真正的高峰只會持續很短的時間（2到3週）。這指出在特定的訓練計畫期間，運動員要達到最高水準的窗口很小。所以適當的計畫至關重要，特別是有賽季高峰的運動，例如奧林匹克運動會。

有3種可能的潛在機制或許可以解釋圖13.3所表示的觀察結果。這些機制是：（1）Selye的一般適應症候群（GAS）；（2）刺激—疲勞—恢復—適應理論（SFRA）；（3）體能—疲勞理論（Fit-Fat）。

## 一般適應症候群

約莫1928年，加拿大心理學家Hans Selye開始發展出一般適應症候群（General Adaption Syndrome，GAS）的觀念，一般相信，許多週期化訓練骨幹的原始想法，都是來

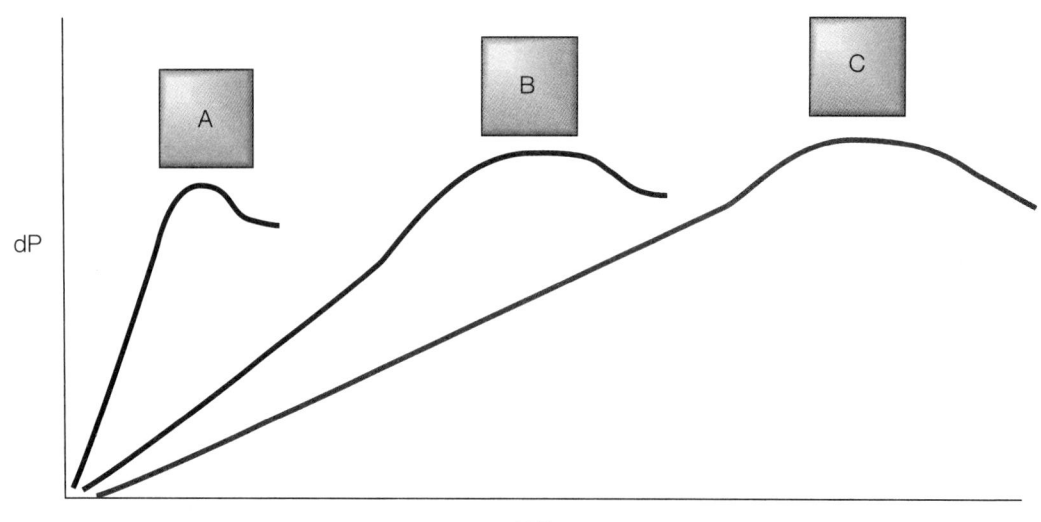

**圖13.3　表現適應的理論速率。**
平均強度下訓練計畫A，B，C的觀察性差異。平均強度從C到B到A依序增加。要注意（1）高峰與平均強度成反比，還有（2）強度越高，高峰越早。
資料來源：Based on D. Harre, 1982, *Principles of sports training* (Berlin, Germany Democratic Republic: Sportverlag), 73-94; and D.E. Edington and V.R. Edgerton, 1976, *The biology of physical activity* (Boston, MA: Houghton Mifflin).

自於GAS的觀念。[112]此觀念指的是有機體一生中適應壓力的轉換能力。Hans Selye將壓力源描述為任何會對生理或心理帶來**壓力反應**的因素，並認為所有壓力源都會造成類似的生理學反應。[73]雖然目前大家都認為此一概念不能解釋所有對壓力的反應，但可以作為一個模型，來了解運動和訓練適應的生理學反應。[27]

　　GAS意味著運動員在訓練期間內會經歷3個階段（圖13.4）。與SRFA和Fit-Fat一樣，GAS適用於一個或多個運動在數週或數月後的適應。震盪期代表的是訓練的初始階段，這個階段會產生訓練刺激，可能會因痠痛、僵硬和疲勞而造成負面效果，導致表現下滑。預警期出現運動自適應機制，產生**阻抗期**。在阻抗期，可能會出現積極適應性，使有機體回到基線（即，恢復），甚至常常達到更好的狀態（即，超補償）。GAS有一個很重要但經常被忽視的特性是，表現的好壞會受到很多因素影響，在這裡，表現會受壓力累積影響而改變，換句話說，壓力是可以累加的。圖13.5顯示了各種影響恢復—適應，從而影響表現的因素或壓力。如果壓力源累積過多，接著就會到達耗竭期（過度訓練）。GAS提供了訓練變化的基礎，顯示（1）、震盪期和阻抗期的累加效應，或可將運動員表現推升到更高水準，以及（2）、週期性地減少訓練量或強度，可能會降低達到耗竭期（過度訓練）的潛在可能。

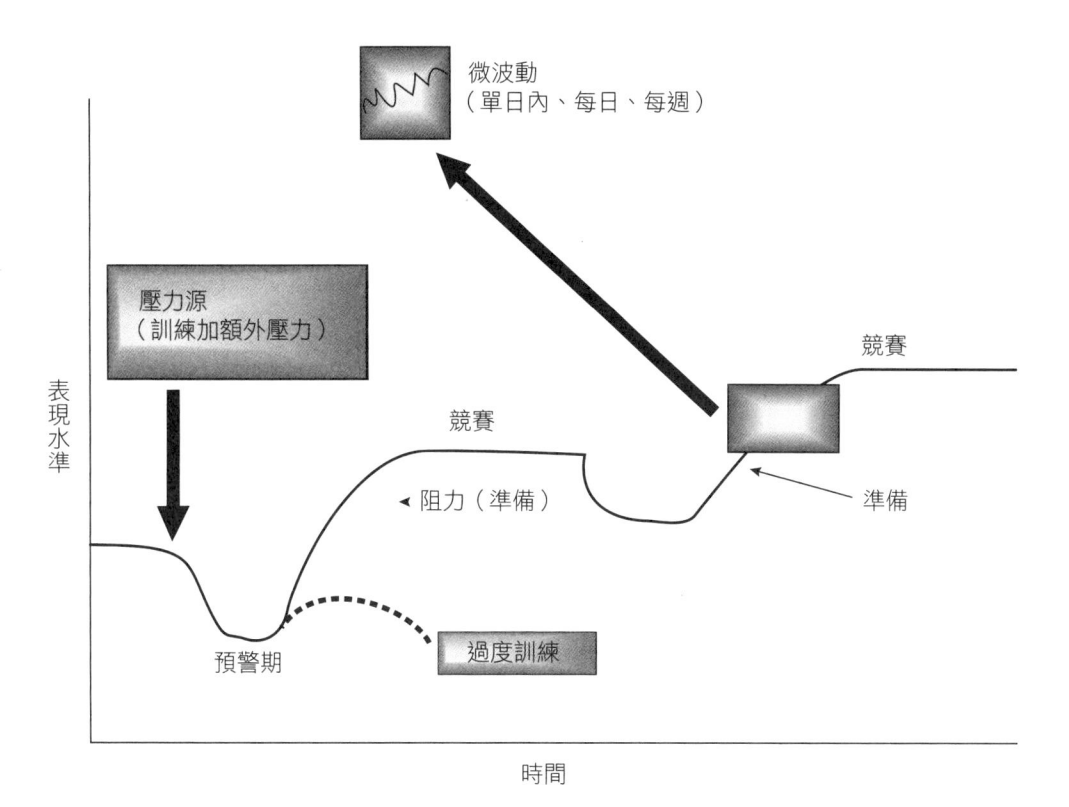

**圖13.4　影響表現的因素（壓力源）。**
修正後的一般適應症候群，用來描述潛在的訓練適應。
資料來源：Copyright © 1982 National Strength & Conditioning Association. From *National Strength and Conditioning Association Journal,* by M.H. Stone, H. O'Bryant, J. Garhammer, J. McMillan, and R. Rosenek. Adapted by permission of Alliance Communications Group, a division of Allen Press, Inc.

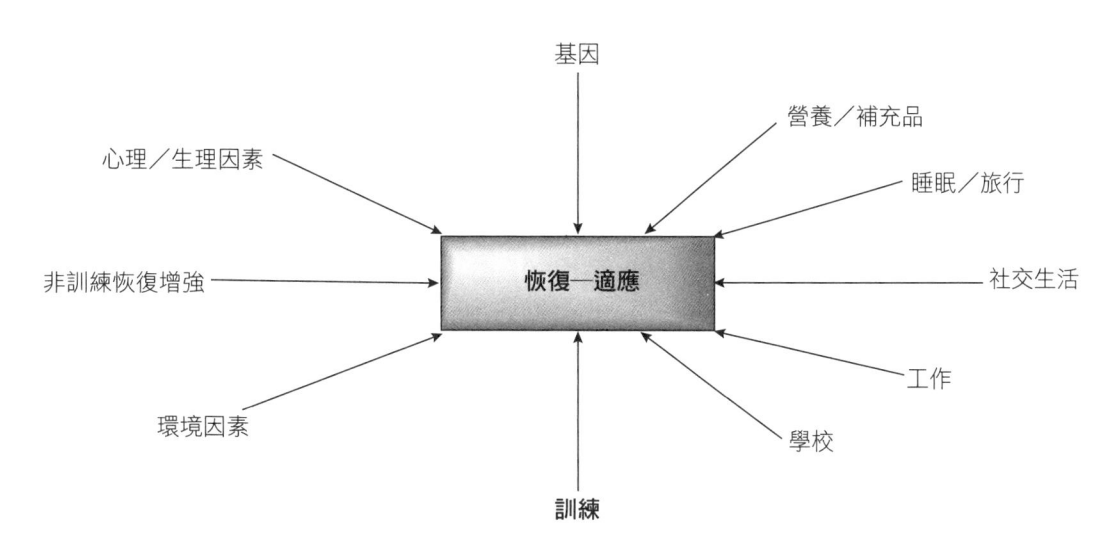

**圖13.5　影響恢復適應和表現變化的因素。**

## 刺激疲勞恢復適應理論（SFRA）

圖13.6為SFRA的基礎。[40,67,98,99,101] 刺激的應用，活化了促進蛋白質合成機制[67]，但也會產生疲勞。疲勞的累積與刺激強度和持續時間成正比。運動後的休息可以消除疲勞，促進恢復適應，可以將適應視為過度補償的作用或超補償的效果。要注意的是，此概念並不只是對單一運動的反應，而可能是在更長的時間內產生的長期訓練適應。例如，Verkhoshansky曾指出[99,101]，持續數週集中的、主要是單向的肌力負荷或肌力—耐力訓練，可能會讓田徑運動員的爆發力或速度下降，其中至少有部分原因是疲勞。運動員恢復正常訓練後，經常可以觀察到爆發力和速度提升，有時甚至超過初始值（即超補償）。年輕舉重運動員接受有計畫的高訓練量功能性過負荷期後，也會出現相同的結果。[22,75] 大學投擲運動員也會出現這樣的狀況。[88]

一些證據指出，這些觀察結果可能與合成代謝和分解代謝激素的變化、[22,31,75] 運動單元子類型的改變[66]，或與肌力增加相關的學習延遲時間效應有關[1,13]。因此，高訓練量的肌力—耐力階段（集中負荷）可能會讓一個人轉移到低訓練量階段時爆發力變高。對SFRA的觀察奠定了GAS的基礎，並支持這個概念。

## 體能疲勞模型（Fit-Fat）

目前流行的訓練適應理論是體能疲勞模型（圖13.7）。[6,112] 根據此理論，運動員的準備狀態是2種訓練後續效果的總和：疲勞和體能。與上述因素之間因果關係的超補償理論相

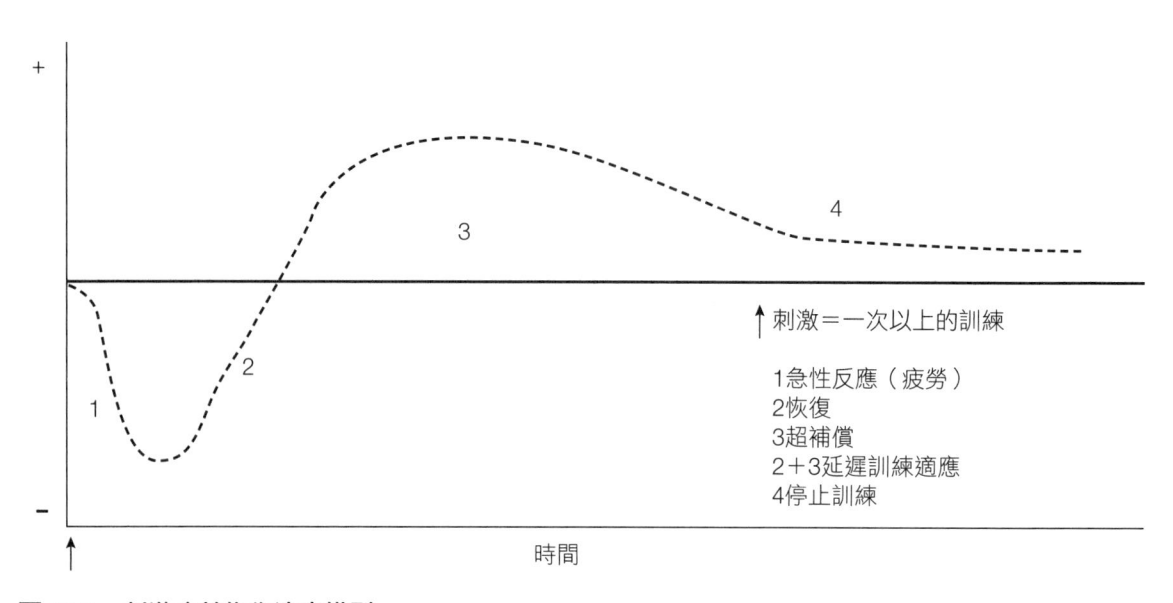

↑刺激＝一次以上的訓練

1 急性反應（疲勞）
2 恢復
3 超補償
2＋3 延遲訓練適應
4 停止訓練

**圖13.6　刺激疲勞恢復適應模型。**

資料來源：Adapted from Yakolev, 1965, *Exercise and sports science* (Philadelphia, PA: Lippincott, Williams, and Wilkins).

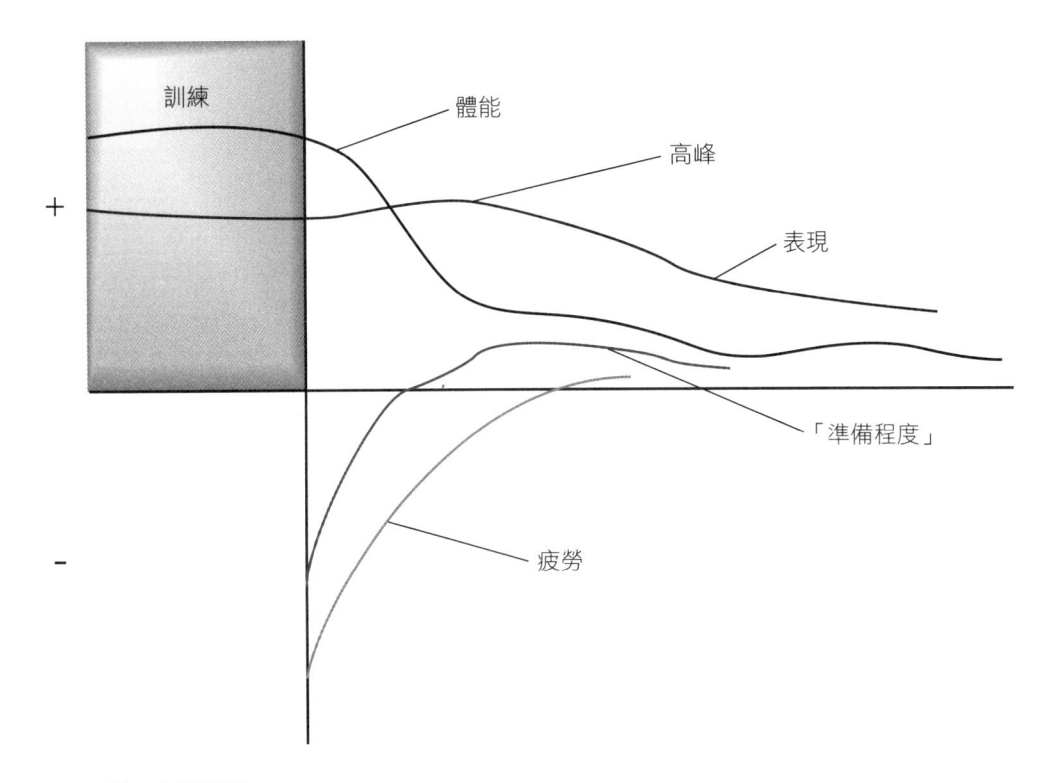

**圖13.7　體能疲勞關係。**
準備程度和表現狀態的體能疲勞理論顯示，準備程度取決於正面（體能）和負面（疲勞）對刺激反應的總和。要注意，當訓練負荷下降，體能狀態也會隨之下降；不過疲勞下降速度更快，使得準備程度得以自我修正。一個運動員的表現很大程度上反映了他的準備程度。與刺激疲勞恢復適應理論相比，根據這兩個程序之間的因果關係，此模型提出，立即訓練效果的特色是由與之相反的行為所凸顯。

比，體能疲勞模型認為體能和疲勞具有相反的效果。這對計畫設計和實施帶來一個單純卻深刻的啟示：可將對訓練刺激的體能反應最大化，以優化準備狀態，同時盡量減少疲勞。

讀者應該注意到，體能和疲勞廣義上的後續效果底下可能有特定的子類型；因為運動通常依賴於1種以上的體能要素。由此可見，特定類型的體能活動壽命或由此產生的疲勞可能有所不同，主要是取決於訓練功能。多種特定後續效果的存在，可能解釋了為何個體的生理和表現變量對訓練變化有不同反應[12,62]。舉例來說，高訓練負荷肌力—耐力訓練會造成爆發力下降，但高強度運動耐力會上升。不同的訓練特性，例如高強度運動耐力、最大絕對肌力或爆發力，可能會有不同的體能疲勞後續效果。因此，若著重某一特性，可能會導致其他未經訓練的特性後續效果減少。

很明顯地，後續效果並非完全獨立，可能會出現相互依賴程度不同的後續效果。舉例來說，大重量肌力訓練可以增加新手的爆發力[76]。雖然具體的後續效果在一定程度上是互相獨立的，但也可能因為各種後續效果互相作用，出現累積或全面的總和效應（圖

13.8）。總和效應的概念與GAS相似，因為適應和多種壓力源的總和有關。要達到最好的準備狀態和表現高峰，重點就是要減量。[53]

## 週期化：概念應用

制定訓練計畫時，有2個至關重要的想法：理解變化項的本質，和知道變化項有不同層次，以及理解創造力的必要性，同時知道如何和何時要有創造力。

### 指導策略

指導很像是醫學；醫療行為是一種以科學為基礎的藝術。教練越熟悉訓練的科學基礎，就越能掌握指導的藝術，做出更好的選擇。指導最重要的職責之一，就是學會怎麼安排訓練計畫。

規劃良好的課表設計，本質上就是有技巧地結合不同訓練模式和方法，讓訓練效果比自創或長期過度偏向使用一種模式來得更好。教練可以使用「混合法」策略，利用特定的生理學反應來達到特定目標。規劃程序的第一步是將某個訓練策略歸納成一個有邏輯的系

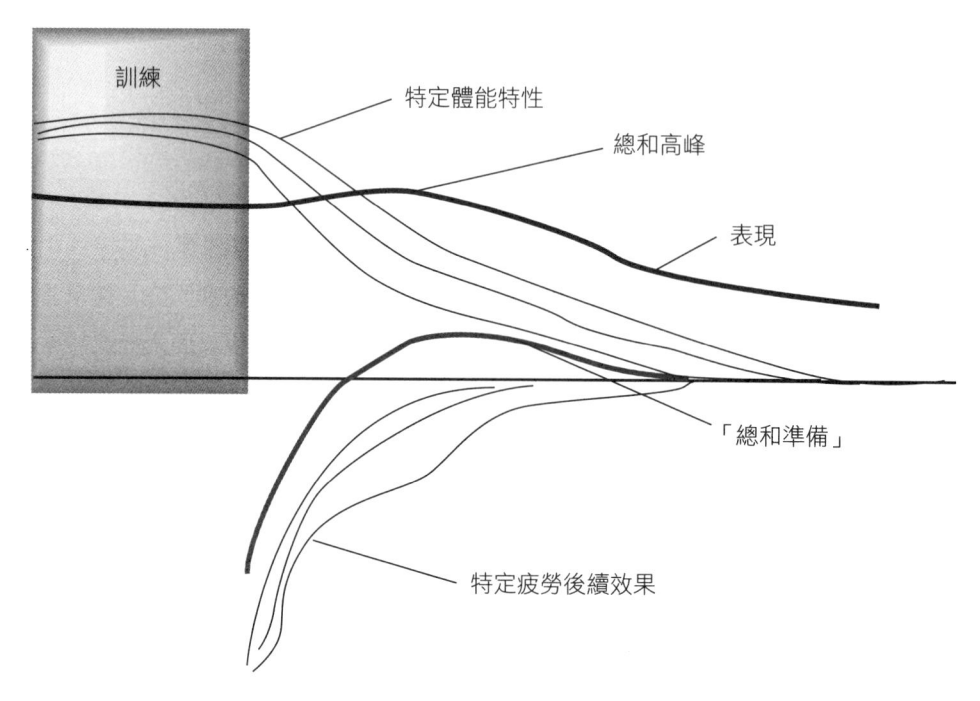

**圖13.8　體能疲勞關係以及不同特定後續效果的累加影響。**
雖然特定後續效果彼此是半獨立的，但仍有一個整體的累加影響；後續效果的總和會在準備狀態出現產生表現高峰的窗口。

統。表13.1和13.2描繪了可作為訓練菜單，合理的肌力、爆發力和耐力的分項訓練法。這些方法反映出了文獻中的一般共識，也因此可作為實用的範例。

## 週期化：做決定和評估成本

週期化可以定義為一種操控訓練變量的邏輯、階段性方法，用以增加達到特定表現目標的能力。週期化訓練是非線性訓練，以下是週期化訓練的目標：

1. 減少過度訓練的可能
2. 在適當時間達到表現巔峰，或在特定季節維持運動表現。

目標是透過適當的不同層級訓練量、強度因素和訓練項目等變量來達到的。

良好的週期化計畫設計是一種多層級多樣化的設計類型。教練可以透過不同負荷（方法）和訓練項目來讓適應過程朝著特定的目標前進，其中可以使用各種層次的變化（例如：大、中和小週期；每日及單次訓練內的變化）。事實上，可用的策略太多了，所以重點是避免過於隨意的策略以及太多變化。

然而，規劃訓練中有幾項需要權衡的因素，我們必須了解各項目的成本和效益。本節討論以下矛盾因素如何影響訓練計劃：體能與疲勞、強度與訓練量、特殊性與變化性、肌力與耐力、週期化與課程設計。

## 體能和疲勞

由於疲勞是訓練壓力主要的後續效果（尤其是高訓練量負荷時），適應在接下來的降重期才會展現出來。因此疲勞管理策略是健全訓練計畫中不可或缺的一部分，可以在不同程度的計畫中使用：[12,14,25,26,35,67,74,102,106]

- **4年一次**：在奧運會或擔任4年大學體育運動員後，休息或延長動態休息。
- **大週期**：動態休息或過渡期，或兩者都有，在競賽期之後。
- **中週期**：在功能性過負荷小週期、集中的團塊週期或高壓力競賽後的恢復小週期。
- **小週期**：維持、恢復訓練負荷強度或恢復日；各個模塊中包含日常訓練程序，中間以恢復區分；和額外的活動內緩解休息。也就是說，與其使用「最大反覆次數」法，即每組以連續方式完成，不如將團組以重量分別，之間由休息時間分隔。要注意，這個以**短時間最大努力、次最大努力加速、反應—彈震努力**所組成的訓練方法，在表13.1有詳細敘述。[30,74,112]

**表13.1　專項發展基本訓練方法的光譜**

**最大化肌力與肌肥大**
- 短時間最大努力〔最大肌力，肌肉內和肌肉間協調；發力率，尤其是新手〕*
  —增強式訓練相對強度：1RM 的 75～100%
  —離心訓練相對強度：1RM 的 105～120%
  —動作速度：慢，因為相對負荷大
  —發力率：最大到接近最大
  —反覆訓練量：15～25下／次訓練 @ 95～100%；20～40下／每次訓練 @ 90～95%；35～85下／每次訓練 @ 80～90%；70～110下／每次訓練 @75～80%（低技巧動作 ≦ 6下／組；高技巧動作≦3下／組）
  —組訓練量（不包含熱身）：每個動作3～5組
  —訓練密度：組間完全恢復（最多8分鐘）
- 反覆次最大努力〔肌肥大〕
  —相對強度：1RM 的 80-90%
  —動作速度：慢，因為相對負荷大
  —反覆訓練量：5～12下／組
  —組訓練量（不包含熱身）：每個動作5～10組
  —訓練密度：組間休息1～4分鐘；課程間休息24～48小時
  —組合方法：大團組、對比訓練組、強調離心訓練

**速度—肌力（高爆發力）**
- 次大加速努力〔爆發力；發力率〕
  —相對強度：1RM 的 30-85%
  —動作速度：最大和爆發性
  —重複訓練量：1～3下／組 @70～85%；3～5下／組 @50～70%
  —組訓練量（不包含熱身）：每個動作3～7組
  —訓練密度：組間休息3～8分鐘；每日訓練
- 反射—彈震努力〔伸展收縮循環；肌肉勁度調節〕
- 對比方法〔急性後續效果；增強作用〕

**肌力—爆發力—耐力**
- 長間歇〔低—中強度耐力；恢復能力〕
  —相對強度：1RM 的 30～65%—用更輕的負荷來強調爆發力，用較重的重量來強調肌力
  —動作速度：快且連續
  —反覆訓練量：8～20下／組
  —組訓練量（不包含熱身）：每個動作3～5組
  —訓練密度：組間休息＜5分鐘
- 密集間歇〔高強度耐力；恢復能力〕
  —相對強度：1RM 的 40～60%
  —動作速度：爆發性
  —訓練量：每個動作3～6組；每組持續時間20～45秒（無須計算反覆次數）
  —訓練密度：組間休息1～3分鐘

*〔　〕內為目標
資料來源：Adapted from S. Plisk and M.H. Stone, 2003, "Periodization strategies," *Strength and Conditioning* 25: 19-37.

**表 13.2　速度、敏捷性和速度―耐力發展的訓練光譜**

**競賽―測試―持續努力〔專項耐力〕***
- 超最大訓練
  —強度：高於競賽
  —持續時間／距離：低於競賽
- 最大訓練
  —強度：等於或低於競賽
  —持續時間／距離：等於競賽
- 次最大訓練
  —強度：低於競賽
  —持續時間／距離：高於競賽

**距離―持續時間〔次最大耐力〕**
- 持續訓練：競賽速度和爆發力的70～95%
- 法特萊克訓練法：持續時間、訓練量和密度的非結構性變化
- 變動訓練：強度、持續時間、訓練量和密度的結構性變化

**間歇〔速度―耐力〕**
- 大量訓練
  —相對強度：低到中（競賽速度／爆發力的60～80%）
  —持續時間／距離：短到中（例：進階運動員用14～180秒跑完100～1000公尺；新手用17～100秒跑完100～400公尺）
  —訓練量：大（例如，進階運動員8～40下；新手5～12下）
  —訓練密度：高；短的不完全恢復間歇讓進階運動員的心率恢復到每分鐘125～130下，或新手恢復到每分鐘110～120下（即小於完全恢復所需時間的1/3；例：進階運動員為45～90秒，新手運動員為60～120秒）
- 密集訓練
  —相對強度：高（競賽速度／爆發力的80～90%）
  —持續時間／距離：短（例：進階運動員用13～180秒跑完100～1000公尺；新手用14～95秒跑完100～400公尺）
  —訓練量：小（例如：進階運動員4～12下；新手運動員4～8下）
  —訓練密度：中；較長的不完全恢復間歇讓心率恢復到每分鐘110～120下（例：進階運動員90～189秒；新手運動員120～240秒）―進階運動員可以使用「間歇運動」（例：10秒的最大努力，然後是15秒的50%努力次最大強度，以組進行。）

**反覆訓練〔速度和敏捷性〕**
  —相對強度：非常高（競賽速度／爆發力的90～100%）
  —持續時間／距離：非常短／中（例：2～3秒到幾分鐘）
  —訓練量：非常低（例：3～6下）
  —密度：低；長到接近完全休息時間，讓心率可以回到≦每分鐘100下（例：3～45分鐘）

*〔 〕內為目標

資料來源：Adapted from S. Plisk and M.H. Stone, 2003, "Periodization strategies," *Strength and Conditioning* 25: 19-37.

請注意，合理的訓練計畫設計只是恢復適應計畫的一部分，計畫還應包含營養、睡眠、以及組織增生或治療手法（或兩者兼而有之）（參見第七章〈人為輔助〉）。

## 強度和訓練量

在強度和訓練量之間取捨這個想法似乎是基本概念，但卻會是重要的分歧，因為這兩個變量的交互作用，會驅動人們在設計訓練計畫時所做的許多決定。週期化涉及了以波動方式強調變量，從而使適應性導向特定的目標。但單獨考量其中一種是沒有意義的，因此，完成訓練的實際價值在於作為訓練壓力的指標。在阻力訓練中，訓練量負荷（次數 × 負荷）是對作功與訓練壓力的合理估計。[75,79,83,84]

訓練量負荷處方應該在有效訓練負荷範圍的情況下檢視。下限是觸發預期效果所需的刺激閾值；頂端是一個效益遞減點，超過這個點，進一步的操作不會產生任何有益的影響，甚至可能帶來有害的影響。長期發展下，訓練量負荷處方將隨著運動員適應能力和體能的提高而改變。

進階運動員通常會把訓練品質視為主要強調部分（例如：某種強度測量指標），這可以用諸如執行訓練過程中的衝量或爆發力輸出等量化術語來表示。在實際狀況中，這些參數是反映刺激強度和訓練效果的有效指標。規劃策略的主要重點是增加強度，可變的訓練負荷進展往往會產生比線性訓練負荷更好的結果。[14,20,25,26,35,37,46,47,67,74,79,86,83,84,102,112] 此外，可以透過多種策略來達到非線性的目標。

高訓練量通常與耐力的發展有關（表13.1和13.2）。但是，在合理的強度下，訓練量也滿足了其他幾項重要功能。在一般準備方面，較高的總重量是體能的基礎，影響了訓練效果的持續時間和穩定性，並且是進行特別和技術準備的密集訓練的重要先決條件。

大訓練量通常與2種基本策略有相關性：（1）每組高次數的練習，相應地減少訓練負荷；（2）增加組數和動作的數量，或者兩者都增加。還有其他策略也應該考慮。例如，週期性地操控密度變量（調整訓練時段和頻率）來調整總訓練量，以達到特定目標。本章後面的「應用策略」一節對這個問題進行了更詳細的討論。

## 特殊性和變化

Zatsiorsky表示[112]，健全的週期化計畫是訓練變量波動（根據**可變性**原則）與穩定性（滿足**特殊性**要求）之間衝突需求的權衡[112, pp. 108-135]。我們可以透過訓練內容、訓練量或兩者的系統變化來達到最適運動效果，而單調的負荷或任務（例如，完全針對特定活動的動作）會使運動員容易出現適應或停滯問題（圖13.9）。這種停滯可能是因為神經系統由於力學上過於單調，不再受到挑戰而適應[77]。這就是經常應用新任務和半新任務的

基本原理。圖13.10介紹了這種半新任務的使用和再使用。需要注意的是，在完全適應與調和前，這個任務會被中斷一段時間，然後重新引入，理論上會產生更大的適應。在實踐上，挑戰在於將引入和移除特定動作排入適當的變化週期中，這樣就不會有特定的任務或壓力源被訓練到停滯的地步。

訓練的一個基本原則是，隨著運動員準備水準的提高，其適應性對特殊性的需求也會越來越明顯。特殊性存在於幾個領域，包括代謝、生物力學和動作控制水準，每一個都是選擇和優先安排訓練任務的有用標準。在訓練計畫的規劃中，應根據運動員的發展狀況，而相對強調不同的手段與方法，特別是在潛在的關鍵或敏感期。（14,35,102,103,104,105）

青春期前似乎是加強動作控制此一面向與特性的最適階段，而這正是動作技能的基礎。雖然這些特性某種程度上仍然可以在青春期期間和之後訓練，但隨著運動員進入青春期，訓練應該更強調提高肌力與爆發力。這一問題在規劃訓練計畫的所有方面都具有重要

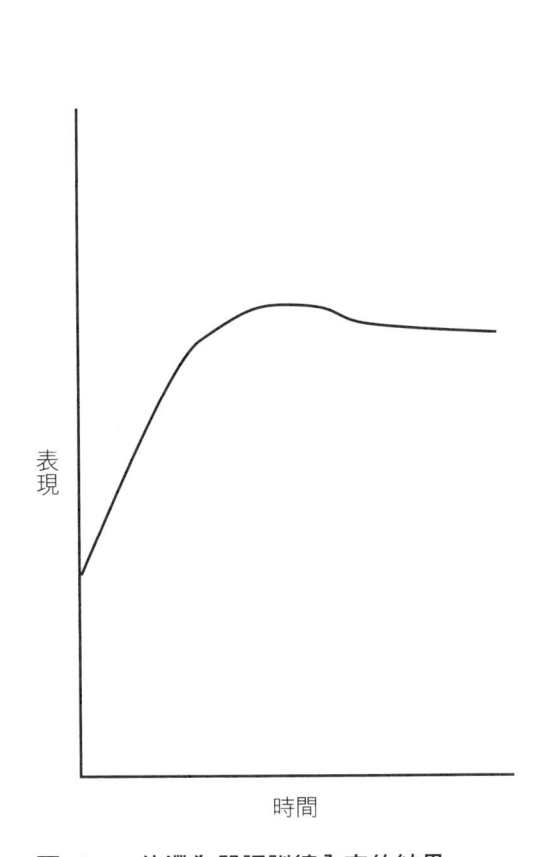

**圖13.9　停滯為單調訓練內容的結果。**
運動員不單是過度疲勞；訓練計畫缺乏力學變化的結果，也導致神經系統不再受到適應的挑戰。
(77,112)

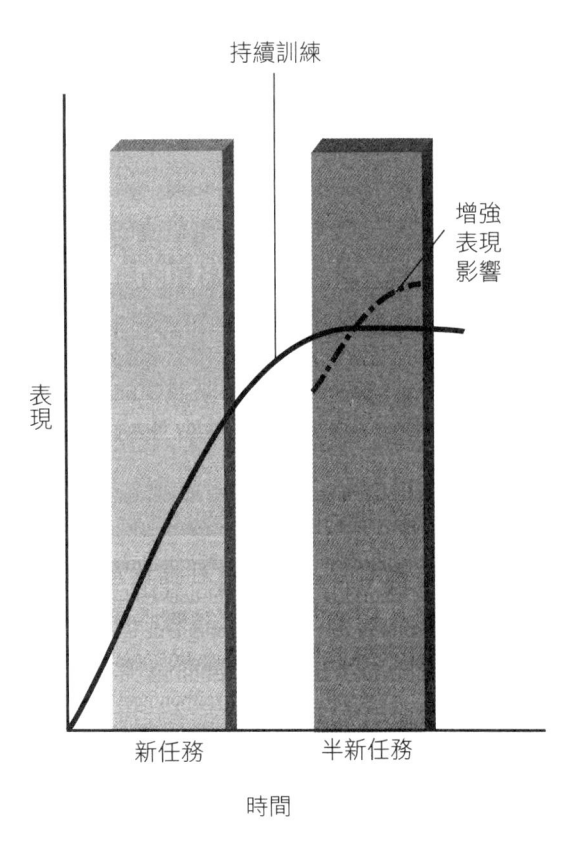

**圖13.10　對於運動刪除替換的理論表現回應。**
引入和再引入新或半新任務。在開始適應前移除任務，然後稍後重新引入。理論上來看會產生更好的表現適應。

的影響，但西方國家對此議題的關注遠遠少於其他國家，特別是北歐和東歐國家。

## 肌力和耐力

文獻回顧指出，某些類型的耐力訓練在同時進行時，會阻礙肌力、爆發力，特別是速度發展。[43,45,74,102] 這至少造成了2個問題：

1. 想讓這些特質達到高水準，必須在特定的組合中發展，以提升運動表現。甚至爆發性—肌力運動也要求運動員具有特別的高強度耐力特質，以達到預設的訓練量負荷。顯然，大多數過渡型運動或「混合」運動都涉及到次最大努力活動和反覆、激烈的爆發力輸出組合，休息的時間相當有限。
2. 雖然進階運動員能比新手承受更大的訓練壓力，但當他們同時發展多種體能特質時，可能會更容易累積疲勞。遺憾的是，目前仍十分缺乏針對訓練有素或優秀運動員同時發展多種體能特質的相容性研究。

實際上會遇到的挑戰，是要整合肌力和耐力訓練的效果（表13.1和13.2）而非彼此干擾。在基礎應用上，這可以透過相當簡單的訓練和恢復策略來達成。然而，對於訓練背景充足的運動員，以減少累積疲勞和相容性問題為目的的進階變化策略相當珍貴。

## 週期化與訓練計畫

如果說教練會自我設限，那就是在設計訓練計畫時，注重的是次數模型或組數模型，而不是計畫隱含的原則和訓練計畫設計編排策略。這可能是因為西方在流行週期化之前，注重的是計算次數和組數。不管如何，這都帶出一個有趣的問題：一個給定的訓練刺激（輸入）會導致一個不能完全預測的結果（輸出）。

根據Siff的說法[74,p. 326]：「只使用數值來計算重量往往忽略了一個事實，也就是像這樣的客觀測量顯然沒有考慮運動員**對負重的強度和整體影響的主觀感知**。」Siff推薦一種結合主觀和客觀的方法，稱為「控制論週期化」（cybernetic periodization），也就是提前計劃訓練負荷強度區間，但細部策略可以根據教練對運動員的技巧和技術評估以及表現回饋調整（例如，關於感覺到的成果和疲勞程度）。雖然運動員的主觀感受是必要的，Siff[74] 提出的方法也假設運動員的感覺總是合理且準確的，但這個假設不一定正確。

Siff的建議[74] 並不是要教練們不要仔細規劃訓練計畫。他的重點是，強度、總訓練量參數、次數／組數計畫等是次要的訓練目標。此外，比起嚴格執行訓練原則和理論，不如使用直覺因素，或更重要的，控制因素，來在訓練過程中細微調整。的確，一個人在沒

有充分理由的情況下，務必謹慎調整訓練，這需要密切觀察訓練情況才做得到。（見第八章〈測試、測量和評估〉）。

如果計畫中的所有面向都能自動到位，那策略性決策就沒有存在的必要了。週期化的藝術與科學涉及了處理難以解決的矛盾，進而組成一個連貫的計畫。

## 週期計畫結構的基礎和指南

早期週期化模型的週期結構通常更注重競賽時程，而不會注重恢復和適應，因為當時關於後者的資訊有限。隨著我們懂得愈來愈多，很明顯地，我們有機會利用某些生物學現象來增強和加強訓練效果。例如，適當運用順序與時間策略，訓練刺激的後續效果就可以調控另一個刺激的反應。這就是現代週期化策略的根本目標：系統化地彙集不同手段與方法累積或相互作用的效果。也就是說，強調前一個變量，以增強後續變量。當訓練時間有限或運動員快觸及發展極限時，這種策略尤其有價值。

退化率（或各種訓練效果的衰減）是週期課表設計中一個重要的生理學考慮因素。[102,106,112] 理論上，這是在適應性組織重塑過程中，與這些反應相關的合成反應或酶的半衰期的功能。如同我們所預料的，退化時間的過程各不相同。例如，糖酵解酶的半衰期相對較短（從一個半小時到數天不等），而氧化酶轉化較慢，肌纖維蛋白的壽命相對較長。實際上來看，退化程度是由準備時間的長短來決定的。一般來說，訓練計畫的持續時間越長，剩餘訓練效果越穩定[112]。由於這種穩定性，即使下個階段在這些體能素質上的訓練相對較少，上階段獲得的體能素質仍然可以維持住，因此可以重新調整強調的項目，並將累積的疲勞最小化。這是對合格運動員使用週期化訓練策略的基本原理，將在「應用策略」一節中討論。

根據從文獻得出的共識[62]與作者的觀察，將訓練計畫分為4週（正負2週）的週期，似乎是整合反應最好的生物學窗口。以下是證明：

- Matveyev[44] 以每月自然生物週期來建立約1個月的短期高強度訓練，以便累積訓練效果。每個週期包含3到6個子週期，每個約1週。[pp. 245-259]
- Viru[102] 表示，訓練效果退化的半衰期，是24到28天週期訓練結構的根本原因，中間包括4到6個週期，每個週期持續4至7天，以總和訓練效果[pp. 241-299]。
- Zatsiorsky[112] 指出，約需要在4週（正負2週）的時間左右構建訓練週期，以便把在這段時間內不同目標帶來的延遲訓練效果疊加在一起[pp. 344-421]。

即使採用最進階的訓練策略（例如，在隨後的章節中討論的共軛序列系統），也普遍同意這個4到6週的週期指南。這個週期至少可以用2種不同方式來組織：中週期，並細分為多個小週期和目標（作為基本和中階應用），或者作為只有一個目標的「團塊」（用於進階應用）。

許多教練和運動科學家仍然認為Matveyev的基本模型[46]是週期化的標準方法（參見圖13.11）[35,44,55,56]。從Matveyev對競賽期的小週期變化和中級中週期的討論中可以看出，他並不打算嚴格或普遍地應用這個模型[46,47,48,49]。事實上，在全世界的運動科學界有各種各樣的解釋。下面是針對特定應用設計的不同週期化方案的例子。

從操控訓練量和強度的角度來看，可以使用4種基本的週期化模型：

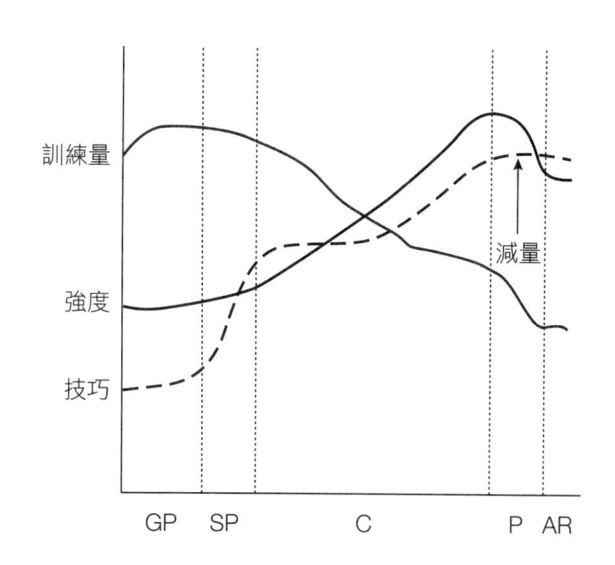

**圖13.11　肌力─爆發力訓練一般週期化模型（基礎應用）。**

主要前提是在中週期或大週期下，從高訓練量、低強度的訓練到低訓練量、高強度的訓練之間採用波浪式轉換。GP是一般準備，SP是特別準備（第一次轉變），週期中強調的是從大量到高強度和技巧訓練的轉換；C是競賽；P是高峰；AR是動態休息（第二次轉變），是由非結構性或娛樂性的活動所組成，強度和重量都降低了，恢復是主要目標。

資料來源：Copyright © 1982 National Strength & Conditioning Association. From *Strength and Conditioning Journal*, by S.S. Plisk and M.H. Stone. Reprinted by permission of Alliance Communications Group, a division of Allen Press, Inc.

1. 圖13.11是一個非常基本的傳統週期化模型，非常適合初學者與新手。這種類型的變化方案已用於各種運動，有潛在的優點和缺點。
    - 優點
        —長期經驗：此基本概念並不是什麼新東西，很多教練都已十分嫻熟，並取得了不錯的效果。
        —一般準備和特殊準備確保了運動專項體能的提高。
        —階段增強作用的潛力很高（參見〈應用策略〉一節）。
    - 缺點
        —長競賽階段會降低保持運動專項體能的能力。
        —很難保持巔峰狀態超過3週，所以這種模式不適合團隊運動，也不適合許多重要比賽接連進行的情況。

2. 圖 13.12 是一種週期化的方法，強度保持在相對較高的水準（有一些變化），並控制訓練量。這種變化方案已應用在體操等體育項目中，並且有以下的潛在優點和缺點。
   - 優點
     —雖然不一定會達到頂峰，但因為維持高強度，運動表現理論上可以保持在相當高的水準。當多個競賽時間接近時這是件好事，提供一些恢復（減量）空間。
   - 缺點
     —專項運動的體能可能會受到影響。
     —永遠無法真正確定運動表現是否達到了最高水準。
     —階段增強作用可能性低。
     —強度造成的過度訓練可能性很高。

3. 圖 13.13 是一種週期性的方法，訓練量保持在相對較高的水準（有一些變化），強度也會跟著調整。這種變型方案已經應用於長跑等運動項目中；以下是潛在的優點和缺點。
   - 優點
     —高水準的專項運動體能可以維持很長一段時間（只需要一些恢復變化）。

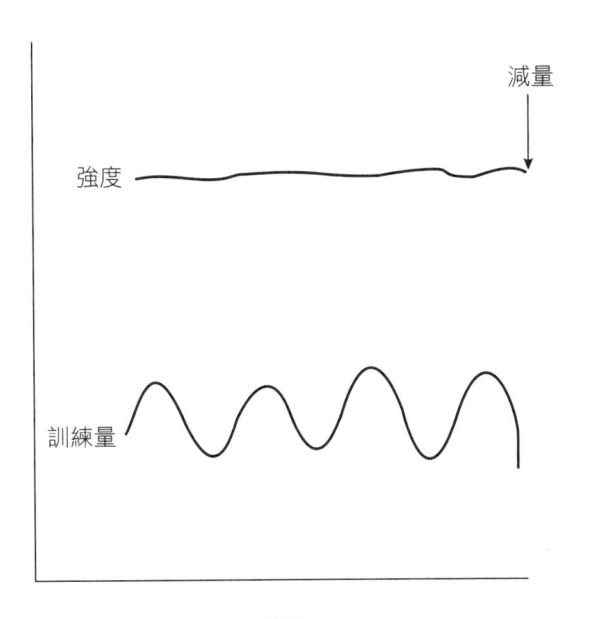

**圖 13.12　強度主導計畫。**
大週期下維持高強度，訓練量大幅波動。

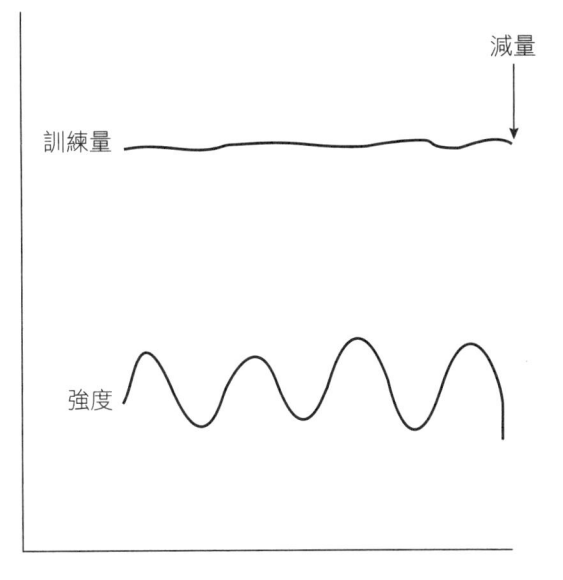

**圖 13.13　訓練量主導計畫。**
大週期下維持高訓練量，強度大幅波動。

- 缺點
  —因訓練量造成過度訓練的可能性很大。
  —階段增強作用可能性低。
4. 最後一種方法是前面3種基本類型的組合。

或許也可以採行其他特殊方法，例如，在每週或每月的週期內突然調整訓練量。[18,19,107]

在準備期和競賽期適當平衡分配技術和力量的訓練負荷[8]，或在準備期著重技術，競賽期著重肌力[41,91]，只要運用得當，也會是有用的方法。大體而言，平衡分配技術和肌力的訓練負荷，可能不會像其他策略一樣有效，因為肌力訓練會干擾技術訓練，導致疲勞累積。

菁英運動員的一個有趣的策略是「共軛序列」系統，在〈應用策略〉一節中有更詳細的介紹，在一連串的團塊中，會特別強調某一動作的訓練負荷。[100,101,109,37,69,74,92,93,94,95,96,102,112] 這種方法強調了延遲訓練效果在適應過程中的潛在角色，也反對應同時在訓練中強調不同能力的發展。

任何運動都一樣，有多少名教練，對訓練策略的詮釋就有多少種。比較整個前東歐集團教練的訓練哲學，可以從中窺見有趣且具有教育意義之處。以舉重運動為例，俄羅斯的教練Medvedev和保加利亞教練Abadzhiev在訓練不同變化項時採取的手段和方法就截然不同。[21,38,51,52,111,112] 儘管原因還不完全清楚，不過兩國運動員競賽成績差不多，但保加利亞使用的變化項**明顯**較少，可以說保加利亞的訓練方法可能更有效，因為運動員人口較少。Aján和Baroga[2]曾提出一個結合匈牙利和羅馬尼亞的觀點，某些方面跟Abadzhiev的想法相當類似。然而，訓練項目的本質在一定程度上是猜測，因為西方人很少對這些項目進行長期的直接觀察。此外，這些方法的成功有多大程度是依賴人為輔助或藥物使用還不清楚。再者，運動員可能是透過混合式方法取得最適訓練效果（表13.1和13.2）。這包括特殊運動或活動，加上一些非特殊動作的結合，讓反應或適應強化該活動的進步。

## 應用策略

下面簡要討論一些基礎、中階和進階的週期化方法。本討論旨在說明策略思維如何應用在訓練計畫設計上，但不會詳盡地解釋各種策略。此外，由於內容變化（如技術變化、輔助動作）已包含在以技術為基礎的計畫之中，所以重點會針對訓練負荷和恢復。其他幾個要點也應當銘記在心[62]，如下所述。

本節提出的許多概念起源於前東歐集團，是基於謹慎的觀察和經驗論，而非對照試

驗。雖然這些資訊對西方國家的教練可能有用，但重要的是要領會與了解研究中的社會和文化差異、人為輔助使用方法以及訓練行為。

這裡討論的「基礎─中階─進階」方法是一個非離散的光譜，而且不是評分系統。所有運動員應該從基礎開始，然後進展到中階發展階段；跳過或減少基礎和中階發展可能會讓運動員無法精通運動。在運動員的長期訓練中，將基礎和中階訓練方法視為低級的、無關緊要的或不必要的，並過早開始進行進階訓練是嚴重的錯誤。

壓力源應用是整合而非隔離對刺激的反應。雖然我們對訓練效果的相互作用及其後續影響的理解可能還處於初始階段，但我們有重要的機會來增強運動員的專項體能和管理疲勞，從而透過開發特定的訓練特性來最適化運動員的整體準備過程。

週期性計畫應隨著運動員的進步來增加變化和微管理。這不盡然意味著所有決定都應該遵照教練的安排，而是在更多方面，也就是在訓練方法與手段，以及週期內和週期之間，進行更複雜的變化。

## 基本策略

一般來說，基本週期化策略（圖13.11）的特點是訓練手段與方法的變化相對有限。正如前面所提到的，這種類型的策略是最有價值的，因為它的適用性很高。很明顯地初期階段有比較多初學者，比後期階段的菁英運動員多，對他們來說使用進階策略較為不妥。如同其他壓力源，最初的適應反應往往相對較為一般，相對簡單的訓練和恢復策略在這些情況下就會非常有效。然而，隨著時間過去，適應反應變得越來越具特殊性，難以達成，低水準或單一的刺激變得沒有效果。

傳統的週期化模型是一種簡單的方法，特點是訓練負荷以漸進、波動式增加（圖13.11）。[46,47] 請注意，該圖最初是為了說明一個基本概念，但有時被錯誤地簡化為線性週期模型。[5,9,108]「線性週期化」一詞是用來描述強度或訓練負荷相對漸進遞增的訓練週期。這是Baker和他的同事[5]從Charles Poliquin討論線性強化策略之問題[63]中所得到的點子。對此術語有部分誤解可能源於訂立訓練過程特定階段中的訓練量負荷，或是訓練量時，反覆次數的概念遭到誤用。反覆次數雖然與訓練量有關，卻不是訓練量負荷或訓練強度的最佳估計值。[83,84] 為了進一步討論，讀者可以參考Stone和O'bryant[80]以及Stone和Wathen[90] 2篇給編輯的信。

此外，**線性週期化**在術語上是矛盾的，因為根據定義，週期化意味著訓練參數的非線性變化。例如，圖13.11可以代表一個中週期，如果在一個大週期中重複，將產生一個波動的長期模式。再者，這些強度和訓練量的進展通常在小週期之中波動。[83,84] 因此，將週期化模型稱為傳統的或非傳統的可能更合適，因為**線性**和**非線性**這兩個術語容易引起誤解。

該模型的階梯式版本存在一個問題，在這種版本中，數週內的規定訓練負荷相對和緩（例如，3到4週的**肌力—耐力階段**、3到4週的**最大肌力階段**和3到4週的**速度—肌力階段**）。這種方法的目的是先增加每一步的訓練負荷強度再進到下一步，不過連續幾週在小訓練負荷範圍內訓練，實際上相當於1個星期的新刺激，然後是至多3週的單調動作，這或許會增加適應和停滯問題的可能性。然而，這種策略對於正在學習新運動技術，或使用不習慣的高訓練量與強度的初學者來說已經夠用了。對於更高階的運動員，可以透過在合理範圍內變換訓練量負荷（例如一個在重負荷與輕負荷之間調整的最大努力系統），來緩解模型的缺陷（表13.1）。[83,84]

## 中階策略

中階週期化策略的特徵，是在各自的週期內以及週期之間增加各種變化。初學者的訓練計畫可能是在大週期的基礎下，以單純的漸進式課表所組成，但中階策略的抉擇，則會指向中週期和小週期的變化（例如，每月階段、週或各別訓練課程之間，以及課程內訓練負荷對比程度，或以上安排的某些組合）。可增加強調各種訓練法（例如，**短時間最大努力、彈震式訓練**；表13.1），且隨著運動員動作技巧和能力的提高，可採取的手段範圍就更廣了。雖然在某種程度上，這受到教練與運動員的比例，和可指導與監督的時間等實際考量因素所限制，但端看此運動的需求，在一定程度上擴展訓練內容，增加額外的練習或變化（或兩者都有），絕對有益處。隨著運動員的進步程度超過發展期，對有創造性的訓練和恢復策略的需求都會增加。

根據前面討論的訓練效果累加現象，累加小週期的概念作為中階策略是有價值的（圖13.14，a和b）。累加小週期的典型特徵是一系列為期4週的團塊，其訓練負荷的增長幅度從分散到集中，恢復週期很短。這一概念讓特定的互補刺激以一種有規律的週期方式使用和再使用，這樣它們的效果就不會顯著衰減。訓練負荷分配方法是與前面描述的基本方法最不一樣的地方。這種方法可能有幾種不同的應用。例如，用累加小週期（4週）而不是一整個中週期進行肌力—耐力、最大肌力和速度—肌力高峰練習（表13.3）。這種負荷模式（圖13.14a），即在3週期間增加訓練量、強度，或兩者同時增加，接下來是降重週，隨後重複更高強度訓練，通常是用於增加最大肌力。使用這種3：1的方式時，教練和運動員要十分小心，因為第三週的訓練負荷最大，此時累積的疲勞會阻礙速度—肌力的表現與適應，因此需要在第四週降重，以減少疲勞，減少過度訓練的可能，促進適應。可以使用不同的負荷模式來增加爆發力（圖13.14b）。在這種模式中，最大的訓練量會落在第一週（通常會強調肌力）；在第一個星期的訓練量負荷可視為一個規劃下的功能性過負荷階段。第一週由於累積的疲勞，爆發力下降；然而，在接下來的幾週內恢復到正常水準的爆

發力訓練，加上降重週（第四週），可以提升爆發力表現（參見〈進階策略〉一節）。

使用累加小週期可能帶來雙重好處。[25,47,67]（1）作為一種進階的中週期內變化，它增加了集中訓練效果的機率，同時最小化壓力過度、適應或退化問題的可能。（2）此方法也增加了一個中週期之間對比的面向，可能會刺激長期適應。其他的策略（例如，有計劃的功能性過負荷）對於訓練目標是最大肌力、爆發力和速度的進階運動員可能更有效，下一節將對此進行討論。

我們可以用小週期內的變化策略來補充累加小週期。例如，用「大重量日／輕重量日」系統可以簡單而有效地加強上述的漸進式策略。該系統的重點分別是最大肌力和速度—肌力法（表13.1）。動物[11]和人類[20]的數據都指出，在一個小週期中定期納入次最大

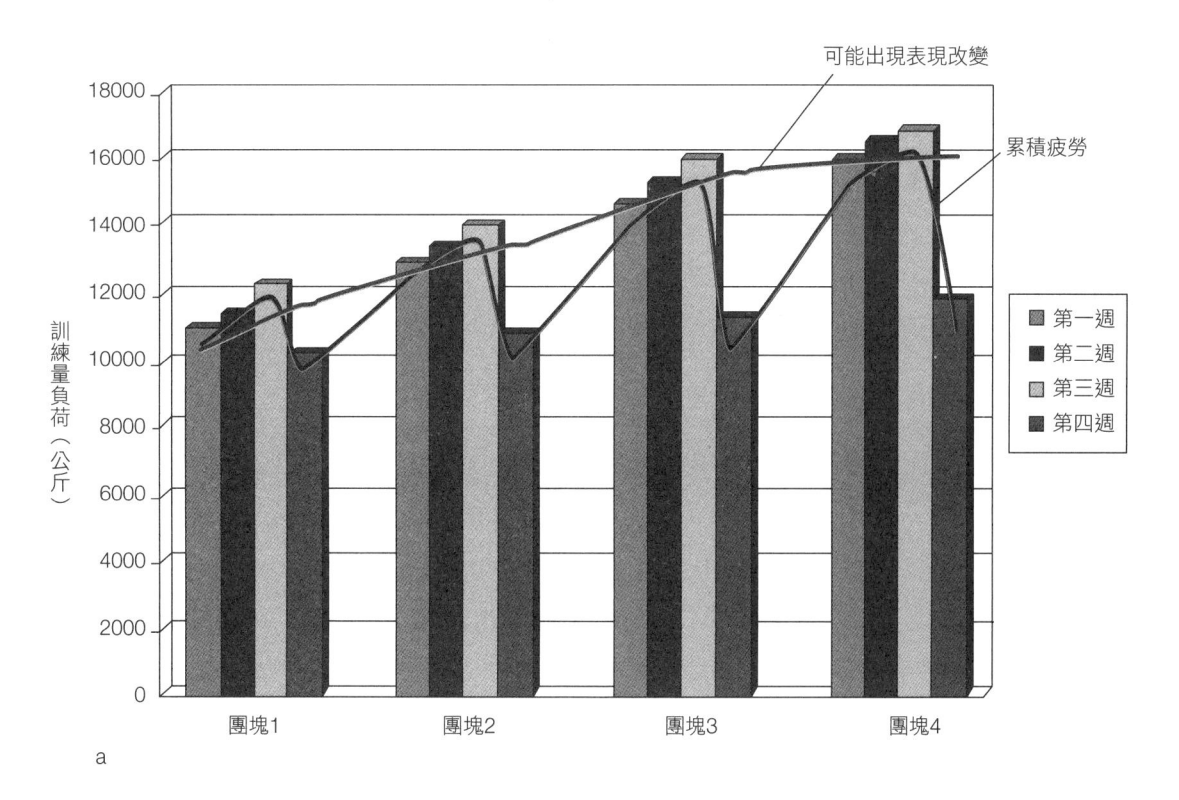

### 圖13.14 （a）中週期是由3到4個採用漸進式訓練負荷的累加小週期團塊所組成。

團塊是連續的，每個團塊由3週增加訓練負荷以及1週恢復—減量週所組成（應用於中階運動員）。訓練量負荷在第三週來到最高，此時累積的疲勞可能會阻礙特定適應（例如，爆發性與爆發力），因此需要第四週減量週來減少過度訓練的可能並促進適應。此一基本模式可運用在每個週期，以漸進式訓練負荷持續帶來肌力刺激。（b）中週期是由3到4週，採用漸進式訓練負荷的小週期團塊所組成。每個團塊包含1週的大重量，接下來是2週的「正常」訓練。接下來則有一個減量週（應用於中階和進階運動員）。同樣的，團塊是連續的，訓練量負荷（通常是致力於增加肌力）在第一週非常大（計劃下的超量訓練）；2到4週減量，促進爆發力適應。此一基本模式可運用在每個週期，以漸進式訓練負荷重複刺激爆發力增長。

資料來源：Based on Plisk and Stone 2003.

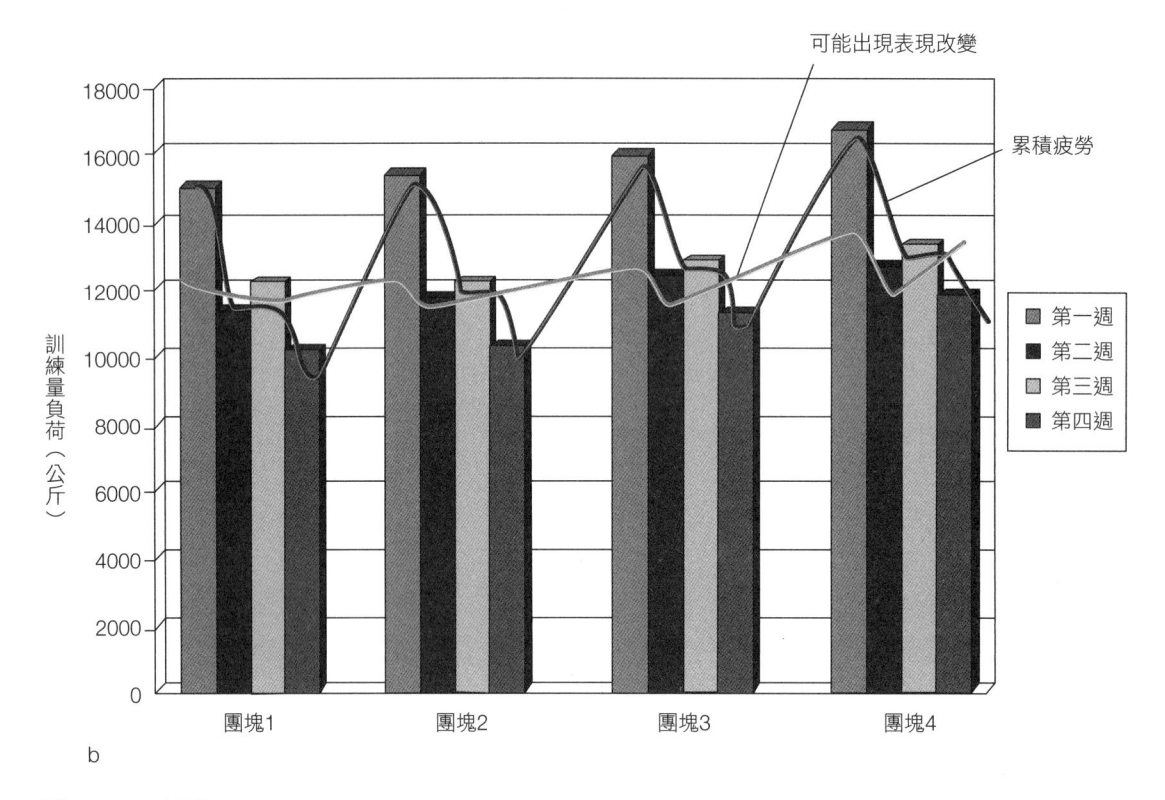

[圖表:訓練量負荷(公斤)對團塊1-4,顯示第一週至第四週的柱狀圖,並標示「可能出現表現改變」及「累積疲勞」曲線]

**圖 13.14** （續）

**表 13.3　肌力—爆發力訓練的一般週期化計畫（基礎應用）**

| 階段：<br>目標變量 | 一般準備：<br>肌力耐力 | 特別準備：<br>基礎肌力 | 競賽：<br>肌力和爆發力 | 高峰／動態休息：<br>高峰維持 |
|---|---|---|---|---|
| 強度 | 低到中 | 高 | 高 | 非常高到低 |
| 訓練量 | 高 | 中到高 | 低 | 非常低 |
| 反覆次數 | 8-20 | 4-6 | 2-3 | 1-3 |
| 組數* | 3-5 | 3-5 | 3-5 | 1-3 |
| 訓練／日 | 1-3 | 1-3 | 1-2 | 1 |
| 日／週 | 3-4 | 3-5 | 3-6 | 1-5 |
| 強度週期[†] | 2-3/1 | 2-4/1 | 2-3/1 | — |

「肌力—耐力」在GP階段是比「肌肥大」更準確的目標，因為增加無氧運動能力是首要目標；身體組成的改變雖然重要，不過是次要的。「基礎肌力」、「肌力與爆發力」以及「高峰／維持」反映出接下來各時期的訓練目標。（要注意，高峰適用於有最佳表現需求的運動；維持適用於長期的賽季。）

*組數：不計熱身。†強度週期：重、輕訓練週的比例。重訓練量日與輕訓練量日也應該加入訓練計畫。

資料來源：Copyright © 1982 National Strength & Conditioning Association. From *Strength and Conditioning Journal*, by S.S. Plisk and M.H. Stone. Reprinted by permission of Alliance Communications Group, a division of Allen Press, Inc.

訓練負荷日，會使特定訓練負荷能夠以更大的潛力來達成正向的適應，產生的問題也會更少。同樣地，競爭性訓練、間歇訓練和反覆訓練法也可以加入速度和速度—耐力訓練中，或在田徑場上加入此模組（表13.2）。我們還需要更多的研究來加深對此議題的了解。

訓練內變化同樣也十分實用，且可應用在中階和進階運動員的訓練之中。訓練內變化方案有許多是基於急性後續效果現象，像是活化後增益效果[68]，並包括像組合或混合運動的策略（如，上膊和前蹲舉；抓舉和過頭蹲舉），複合式訓練（例如，在最大肌力和速度—肌力法之間交替；表13.1）和波動型負荷（例如，在短暫最大或近最大努力和次最大加速努力之間交替；表13.1）。背後的策略是使用一種刺激來急遽提高另一種刺激的爆發力輸出或發力率（或兩者都是）。進階運動員可以策略地使用在力學上不盡然特定於他們運動項目的動作，來增加內容更特殊的訓練課題所帶來的效果。

以下是一些可以應用於中階，以及尤其是進階運動員身上的訓練方法。雖然這些例子涉及阻力訓練，但基本概念對各種訓練活動都是有用的。

## 練習刪除和再引入

正如前面〈特殊性與變化〉一節中所討論的那樣，就算疲勞或過度訓練不是問題，長時間以相同方式持續鍛煉也會導致疲憊和表現下滑。[77] 雖然動力減退可能是表現下滑的部分原因，但確切原因尚不清楚，可能與神經系統對單一的適應有關。這種現象是進階運動員普遍存在的問題。可能的解決方案是，取消這個項目幾週，接下來幾週再重新排入；這可以透過如圖13.15所示的幾個中週期來完成，也可以透過幾個累加小週期來完成。

另一種理論性的可能，就是利用刪除和再使用的優勢，它對進階運動員（或受過中階訓練的運動員）來說，就是一項新的練習或新的練習變化項。當這個相對新穎的練習提出時，一開始會迅速產生適應。如果這項訓練項目在適應期開始前抽掉，然後在幾週後以半新任務的形式重新使用，那麼累積適應可能比持續訓練更大。這個概念如圖13.10所示。

抵銷負荷可以用來強調特定動作。在此過程中，一個運動的訓練量負荷可以跨團塊減少，而第二個相關運動的訓練量負荷則增加。抵銷負荷可能對中階或進階運動員在使用超大重量進行架構相關的訓練時非常有幫助。例如，硬舉系列動作和蹲舉可以激發相似的肌群，而且每次反覆都有較高的代謝需求；因此，同時增加訓練量負荷導致的過度疲勞，可能會影響其中一項或兩項運動的最適表現發展。為了避免干擾，可以減少一種運動的訓練量負荷，同時另一種運動則增加。圖13.16講了一個例子，其中肌力訓練強調的是利用蹲舉發展腿和臀部肌力；為了避免影響蹲舉的訓練效果，每個團塊拉系列動作的訓練量負荷會隨著蹲舉訓練量負荷的增加而減少。

訓練團塊：3個中週期

| | | |
|---|---|---|
| | 基礎練習2-4 | |
| 練習1 | | 練習1 |

中週期1　　　　中週期2　　　　中週期3
12週　　　　　　12週　　　　　　12週

**圖13.15　練習刪除與再引入。**
在第二個中週期，將練習四刪去12週，然後在第三個中週期加入（重新引入）。

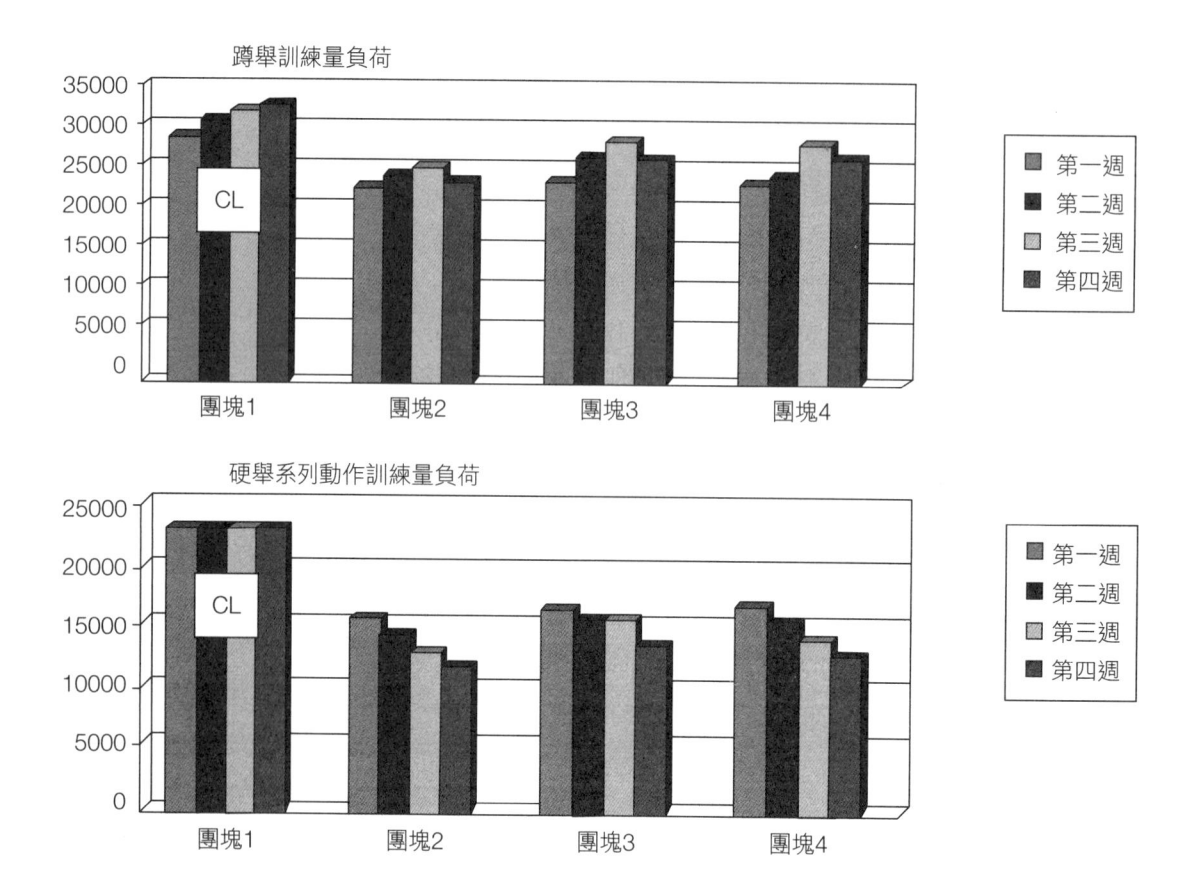

蹲舉訓練量負荷

硬舉系列動作訓練量負荷

**圖13.16　抵銷負荷強調蹲舉發展。**
隨著每個團塊內蹲舉訓練量負荷增加，硬舉系列動作的訓練量負荷下降。團塊是隨著時間連續進行的。
資料來源：Adapted from S. Plisk and M.H. Stone, 2003, "Periodization strategies," *Strength and Conditioning* 25: 19-37.

## 團組

在正常條件下，重量訓練是使用向心—離心循環，以一種相當連續的方式進行。（背負重量上升，背負重量下降），反覆次數之間沒有休息。這種訓練方法能夠以合理速度增加肌力和爆發力。它有效的一個原因是，在運動過程中積累的疲勞會徵召額外的運動單元，從而增加潛在的訓練適應。[65] 然而，需要注意的是，隨著組數進行，疲勞累積也會導致力量減少，特別是爆發力輸出和速度。學員能夠輕易察覺此事，且教練通常能夠立即觀察到。團組就是在一組內的反覆次數之間加入非常短的休息時間（15至45秒）。使用這種訓練方法可能會帶來一些潛在好處：[30,64]

- 同樣重量下，爆發力和速度在操作整組的過程中都可以維持在較高的值。
- 反覆次數之間加入短暫休息，可操作更大負荷。
- 在訓練彈震式動作時，爆發力的減少可能是一個特別關鍵的因素。[30] 在短暫休息期間，可用特定模式調整負荷，來增加爆發力和速度。[30] 例如，1組5下的情況下，負荷可以上下波動（例如：100、105、110、105、100公斤），也就是當疲勞增加時，可以降低負荷來補償，從而產生更高的爆發力輸出。
- 對運動員的觀察顯示，團組可能對中階和進階學員特別有利。[64] 圖13.17描述了傳統訓練和團組訓練的合向速度（resultant velocity）。[30]

## 增強複合式訓練

證據指出，力量、爆發力和速度可以透過先前的劇烈肌肉收縮而增強。[29,110] 急性增強的潛在機制尚不清楚，但可能包括肌凝蛋白重鏈的磷酸化或解除對神經系統的抑制。例如，在實際操作中，這種方法可能包括低次數（1到3次）的深蹲（1RM的90%以上），隨後接著高爆發力或高速動作，像是垂直跳躍。雖然機制還不完全清楚，但這種增強機制似乎會導致運動單元的啟動增加，在隨後的高爆發力動作中可能會增加發力率。重要的是，最初的大重量動作不會造成過度疲勞，否則增強效應不會發生。有種特殊的增強效應複合式訓練型態，為離心強化負荷（eccentric accentuated loading，EAL），它包含一個伸展—收縮循環，在這個循環中，先是重的離心負荷，接下來向心部分則是進行高爆發力動作。

用這種方法，接近或高於運動員向心能力的負荷，會用於離心階段（通常重量是向下移動）；迅速拿掉部分重量（讓負荷在向心能力範圍內），並執行爆發式向心階段。這種方法有刺激超出正常訓練內容適應的潛力，主要有2個原因：[10,15]

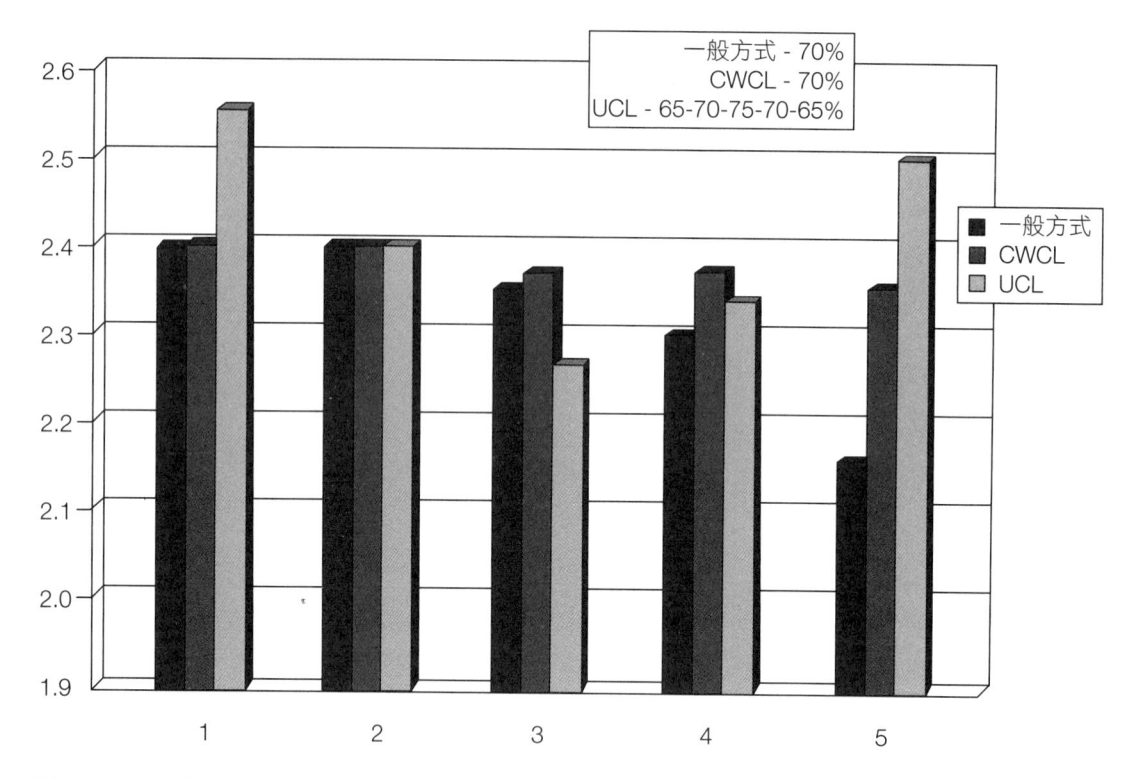

**圖 13.17　3 種不同組數配置的峰值速度。**

團組對比傳統方法：起始位置在地板的窄拉（clean pull）（70% 1RM）以一般方式進行（反覆次數中間沒有休息）。注意速度迅速下降，直到第五下時已經下降了大約 10.4%。同樣的重量用團組（CWCL），在每下之間休息 15 秒，則會讓速度下滑大約 2.1%，所以可以維持速度。團組也可以有起伏（UCL），這樣一來，隨著負荷加重，速度會先下降然後隨著負荷減輕又加快，為每組訓練增加變化。

資料來源：Adapted from G.G. Haff et al., 2003, "Effects of different set configurations on barbell velocity and displacement during a clean pull," *Journal of Strength and Conditioning Research* 17: 75-103.

1. 眾所周知，向心能力的表現會由之前的反向動作而增強。[42] 因此，重點放在伸展—收縮循環的離心部分訓練可以提高向心表現。針對落地反跳的研究顯示，強調動作的向心收縮有助於垂直跳的進步。[4,42] 先前伸展帶來的增強機制還不完全清楚，但可能包含最適長度因素、肌肉啟動最佳模式以及向橫橋結構注入額外的能量。[7,17,54] 確實，更高的離心負荷（例如：力量）在神經去抑制的作用下，可能產生更大的力量，其方式類似於增強複合式訓練。

2. 最大離心肌肉力量會高於向心力量。然而，在典型的增強式訓練動作中，訓練負荷的限制因素是向心動作的函數。因此，在典型的重量訓練動作中，**相對**離心負荷低於向心負荷，可能會減損訓練效果。[10] 在 EAL 中使用重離心負荷不僅是一種有用的增強工具，也可能在強調肌力增加的階段更好地訓練離心動作。

圖13.18可以看到EAL增強複合式訓練的合向爆發力輸出。由於重離心階段，爆發力輸出在較輕重量（約為1RM的50%）時顯著增加（6%）。增強複合式訓練可以快速提升爆發力表現，但其作為一種訓練方法的有效性尚未研究完全。然而，增強複合式訓練確實是獨特的動作變化，可能對進階運動員有幫助。一項研究指出，增強複合式訓練或許是一種優秀的增強爆發力主導運動的短期訓練方法。[36] 根據作者和其他教練[64]的經驗，增強複合式訓練對於進階運動員會是個更有價值的變化方法。

整體而言，應該從策略的角度來看待這些概念。如果運用得當，在運動員發展的初期階段，就有機會加入某些訓練和恢復策略。同樣地，當運動員達到進階階段時，也不需要放棄中階方法。關鍵是系統性地應用各種方法，以提高效果。然而，目前的累加訓練概念很大程度上是根據經驗和直覺，需要進行進一步研究來調查這種策略和其他策略的可行性。

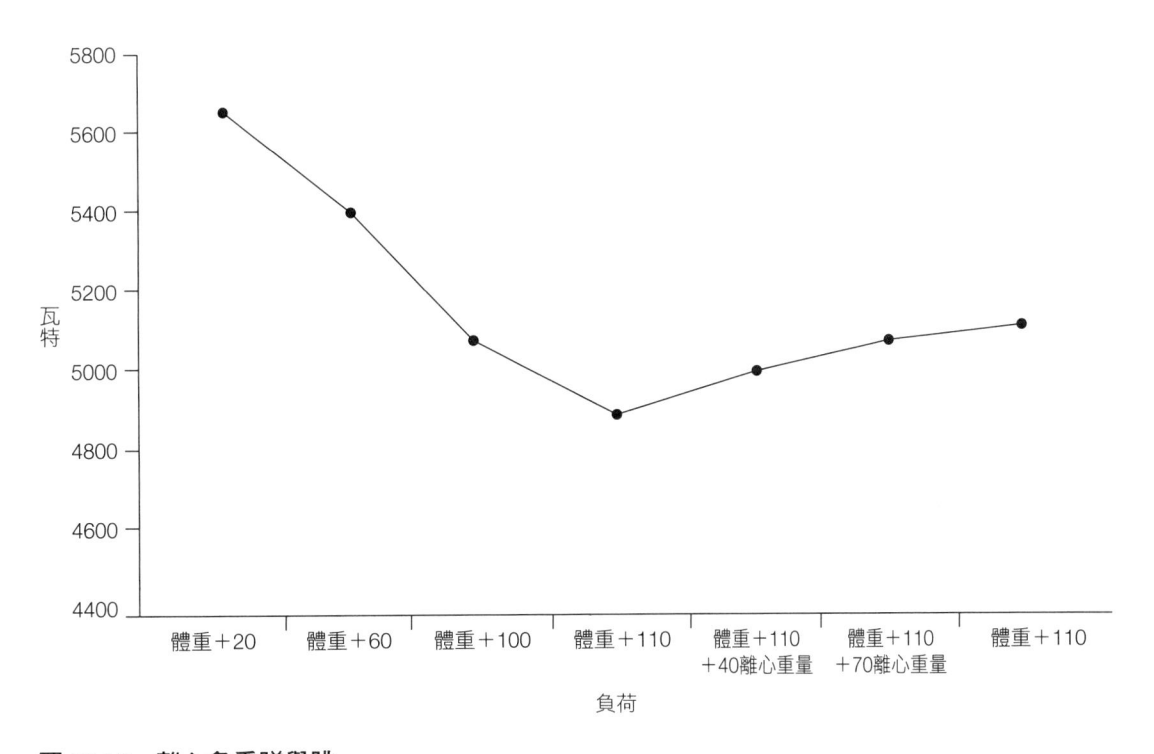

**圖13.18　離心負重蹲舉跳。**
離心強調增強作用：進階肌力—爆發力運動員以20、60、100和110公斤負重跳，接著以150和180公斤（2次）下降（離心階段），每次上升（跳躍）時負重110公斤。離心階段多餘的重量會在降至最底端時立刻卸除。最後的洩重跳躍重量是110公斤。每次跳躍試驗中間會休息2分鐘。離心負重（最終增加至6%）讓巔峰爆發力產出穩定增加。運動員在複合式訓練前會充分熱身，完成2到3分鐘的徒手體操，以及60公斤3下、100公斤2下與140公斤2下的平行深蹲，再加上幾次無負重跳躍。因此巔峰爆發力的增加可能是一種增強效應。

## 進階策略

高水準運動員比中階和新手運動員需要更大的刺激變異性和新穎性,特別是在小週期的範疇。當他們接近發展極限,就必須有更高的訓練負荷強度和訓練量,以觸發進一步的適應以及達到巔峰表現。因此,進階和菁英運動員通常會以更高的訓練量負荷來訓練,可能會比其他人更容易接近訓練過度的閾值。關鍵是要避免單調的負荷或過度頻繁地使用大重量,否則會增加訓練壓力,並可能產生負面結果。[20,25,26,67,77]

因此,進階週期化策略的特點,是計畫中各個層級(例如:在小、中和大週期之間和週期內)的內容和訓練負荷都有廣泛、系統化的變化。雖然進階和菁英運動員的訓練計畫是基礎和中階訓練方法的延伸,但這種訓練和恢復策略可能會相當複雜。

共軛序列系統對進階運動員來說是一種有趣的方法(圖13.19, a & b)。[37,69,74,86,87,92,93,94,95,96,109,112] 這個概念最初被稱為**耦合連續系統**(coupled successive system),由Yuri Verkhoshansky提出。[62]

從根本上來說,共軛序列系統是一種中週期之間的變化策略,包括了一個先**累積**後**回復**再恢復的過程,在此過程中可以產生更佳的適應性。這是透過一系列至多4週的集中團塊來實現的。例如,在第一個團塊中,一名有意將爆發力與速度最大化的肌力—爆發力運動員,會在主要強調的重點上執行高訓練量負荷的課表(例如,肌力或肌力—耐力,其他能力使用最小訓練量負荷,設計維持型課表。)目標是在幾週的時間內,用同種類型的壓力讓系統飽和,在此期間,由於累積特定類型疲勞的後續效果,某些表現可能會暫時下滑。在隨後的回復團塊中,重點實際上是相反的:肌力訓練的訓練量負荷顯著減少,而分配給另一項素質(例如,速度或技術)的訓練量負荷增加。如果有技巧與邏輯地實施這個方法,運動員的表現能力會透過延遲的訓練效果現象反彈至基準值以上,讓動作速度和技術執行達到新的水準。接下來運動員就可以繼續進行下一個具有更強特定刺激的團塊。

支持者認為這種策略有幾個優點[37,69,74,75,87,92,93,94,95,96,109,112]:首先,它對肌力提供了必要的刺激,讓進階運動員達到一個新的功能狀態,這是傳統方法做不到的。其次,透過在不同的團塊中強調特定素質,可以減少與同步訓練相關的疲勞累積問題。第三,總訓練量長期來看可以減少。然而,這在短期內是要付出代價的。在每個累積團塊期間,運動員必須能夠忍受連續幾週的高訓練量負荷。如果沒有系統性地應用恢復性和組織增生措施來加強恢復適應過程,可能會帶來問題。

支持序列訓練概念的縱向和橫向研究顯示,運動表現變化(特別是涉及爆發力和速度的變化)與只進行大重量阻力或速度—肌力訓練的變化相比,獲得了更大的提升。[32,36,75] 更值得注意的是,在更大的範圍和更大的參數範圍內,都顯示出正面變化。[32,36,52] 不過還需要更多的研究來擴展這些發現。

在內分泌反應對計劃性的功能性過負荷策略（例如：在恢復正常訓練2至5週後，定期增加訓練量負荷，以提高適應能力和表現）相關研究中，也可以看到額外的支持證據。例如，休息血清睪固酮濃度〔T〕和睪固酮皮質醇比T：C與除脂體重、肌力水準和爆發力

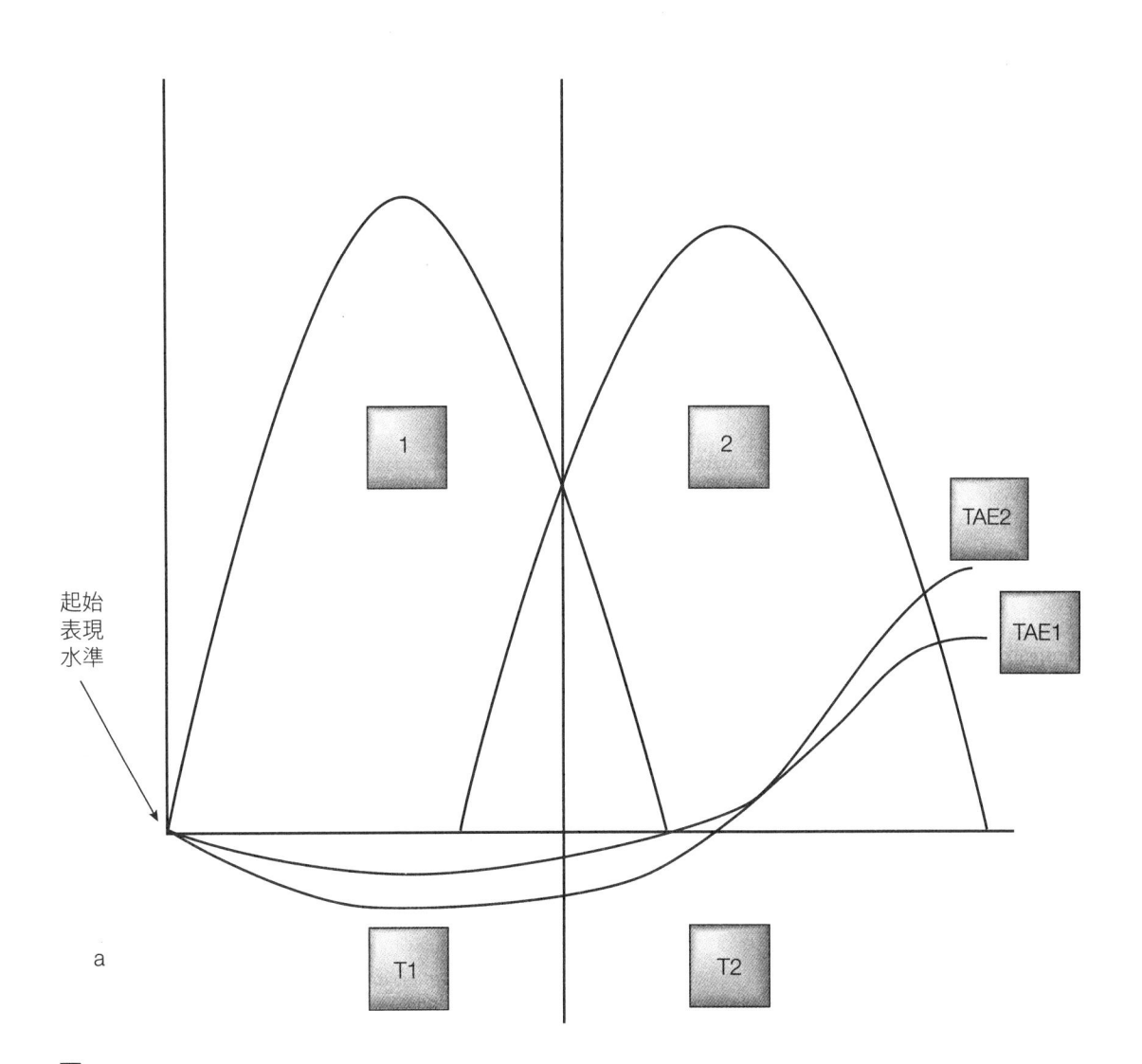

**圖13.19**
(a) 與共軛序列系統相關的集中式肌力負重長期延遲訓練效應（long-term delayed training effect，LTDE）的總體計畫（給進階運動員）。LTDE（T2）的持續時間大約等於集中式肌力團塊（T1），而且可能會持續4到8週，取決於訓練量負荷以及個人恢復的能力。在最適範圍內，速度─肌力指數（TAE1、TAE2）在累積團塊A時的下降越大，在恢復塊時的恢復就越大。(b) 透過與共軛序列系統相關的集中式和一般訓練量負荷，藉由系統化、重疊的序列來增加速度─肌力（用於進階運動員）。累積團塊1、3和5代表高訓練量、相對低強度的肌力訓練期，在此期間預期會出現表現暫時下滑。回復團塊2、4和6代表一般訓練量，特殊、高強度速度─肌力和技巧訓練，會出現超水準的反應（且LTDE現象會使表現能力反彈回升）。

資料來源：Adapted from M.C. Siff, 2000, *Supertraining,* 5th ed. (Denver, CO: Supertraining Institute), 362.

爆發力和速度

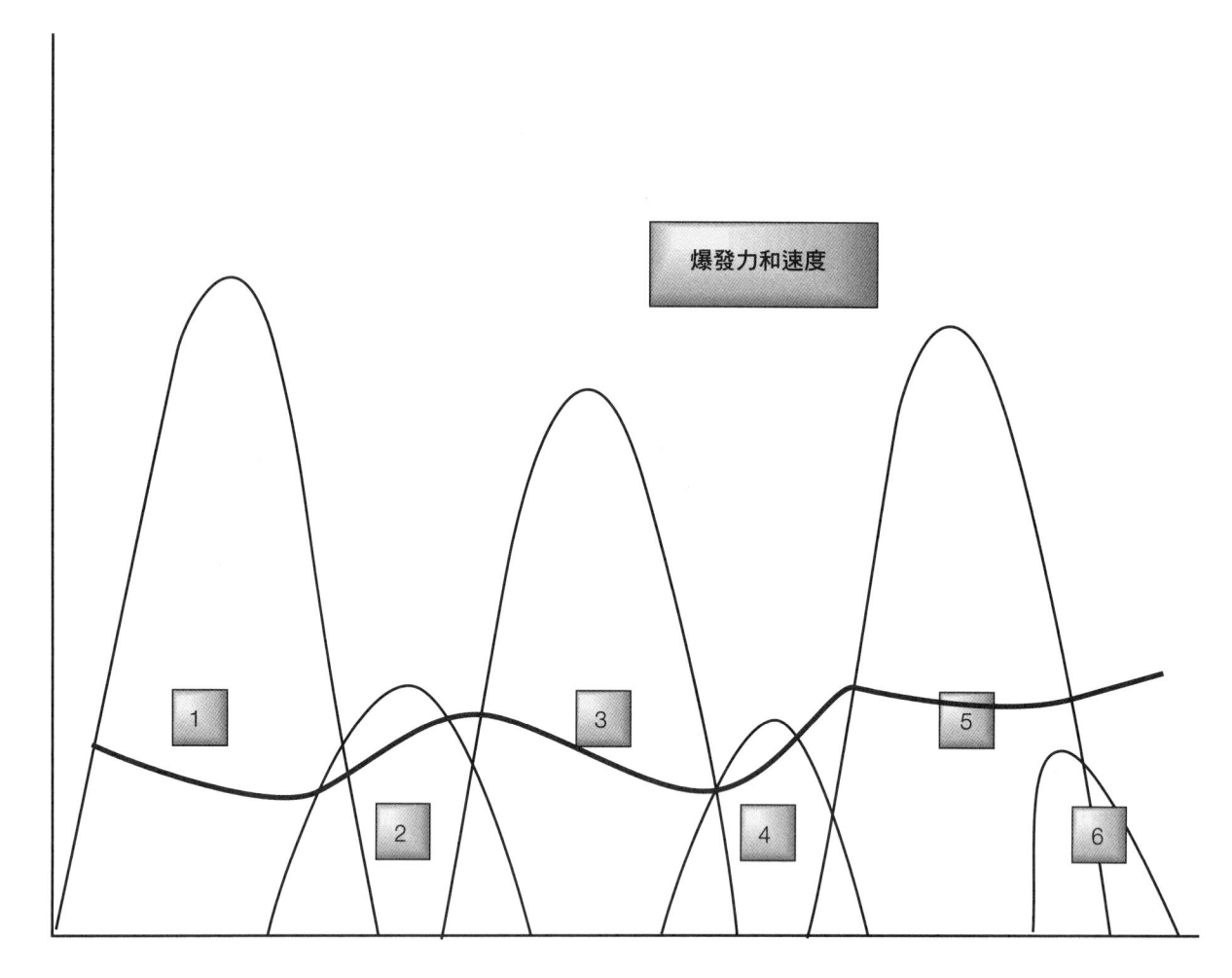

b

**圖 13.19** （續）

有關，且進一步與累積疲勞和「訓練壓力」有關（要注意休息〔T〕和T：C可以作為監測運動員反應的有用標籤，看是不是**功能性過負荷**，但還沒到**過度訓練**的程度。[39,97,107] 我們發現休息或運動前的〔T〕和T：C在訓練量負荷劇烈增加且時間拉長（3週或更長時間）[33,34,50,59]，或是劇烈的短期課表[78]時會顯著下降。另一方面，在隨後逐步恢復正常訓練量負荷，然後慢慢減量後，出現了基準以上的休息值和相應的表現提升。[31,34,59]

然而，也有證據表明，體能良好的運動員T：C濃度增加，是由於訓練量在短期（1週）內大量增加。[23,75] 無論〔T〕和T：C的初始變化如何，似乎之前對短期訓練量的暴露增加（即計劃好的超量訓練）可能會提高運動員的T：C比率，並可增加對隨後高訓練量負荷訓練的耐受性，以及提升相關表現。[23,25,75] 整體而言，這些發現解釋了序列訓練的一些結果，並認為這對進階運動員來說是一個有用的週期化策略。我們需要進行更多的研

究，加強對序列訓練和其他進階週期化策略的理解。

與許多基礎和中階計畫中使用的並行方法相比，序列訓練是一種重要的方法──也就是說，在連續的中週期中發展各種各樣的素質，以便用一種素質加強另一種，同時最小化殘存訓練疲勞和相容性問題。不幸的是，這個策略大多數支持者是從理論出發，但沒提供足夠安全且確實可行的做法。

無論如何，有幾件事是清楚的。序列訓練法是為進階運動員而非新手設計的。在有明確賽季的體育項目中，休賽期的持續時間必須夠長，以便能夠進行一系列團塊；在長賽季的體育項目中，不太可能使用這種方式。適當的排序可以增強一個團塊對下一個團塊的影響，而不適當的排序可能會產生負面影響。教練和運動員需要了解與力學特殊性相關的基本原理[74,85,100,101]，以及殘存或延遲訓練效應的性質[74,100,101,102,112]，以增加序列訓練計畫成功的可能性。在累加期間應謹慎使用密集訓練手段與方法，因為訓練量很大。同樣地，應該限制這些團塊的時間長度，以避免發生過度訓練的狀況，並應注意每一週的身體狀況。[20,39,43,74,77,97,102,106] 序列訓練的概念是在沒有外部限制訓練時間的環境中產生的。以下是一些實用的建議，讓運動員可以在這樣的限制下使用。例如，一個14週的季前賽計畫可以包含以下這些團塊：[62]

- 累積一（4週）：在這段時間內，每週4天進行16次肌力—爆發力訓練；將8次速度—敏捷訓練以每週安排2天的方式分配。
- 回復—恢復一（3週）：每週安排3天，在這段時間內進行9次肌力—爆發力訓練；將9次速度—敏捷—體能訓練以每週安排3天的方式分配。
- 累積二（4週）：每週4天，在此期間進行16次肌力—爆發力訓練；將8次速度—敏捷—體能訓練以每週安排2天的方式分配。
- 回復—恢復二（3週）：在這段時間內每週安排3天進行9次肌力—爆發力訓練；將6次速度—敏捷—體能訓練以每週安排2天的方式分配。

這樣，在不改變基本強度和訓練量參數的情況下，透過操控每個階段的訓練密度和持續時間，可以為特定的目標分配非常不同的訓練量。一個人可以透過在回復團塊進一步減少訓練密度（與訓練量），以達到更明顯的對比（例如，在每週2天的計畫中分配6次肌力—爆發力訓練）。

另一種實現額外變化的方法是調整每個動作的預定組數、每次訓練的動作數或每天的訓練數（或模組），或以上情況的一些組合。要改變在特定階段期間，分配給發展不同能力的訓練量，這些都是簡單而有效的方法。在評估各種選擇的利弊時，重要的是要考慮它

們的實際影響，例如，遇到的其他壓力源，像是學校、工作和家庭。

## 應用策略總結

雖然相對簡單的計畫對新手有效，但是中階或進階運動員適合更複雜的訓練和恢復方法。實際上會遇到的挑戰是，透過規劃一系列適合運動員運動和發展狀態的刺激，來直接適應特定的目標。

長期規劃是優先事項。訓練任務必須在運動員訓練計劃的整個期間內合理分配，可能需要以10到20年的週期來分配。**訓練策略**決定如何分配任務，考慮到運動員從青春期開始的發展。這意味著必須找到最有利的時期以引發必要的結構性、代謝性和功能性變化。訓練策略需要在大、中和小週期內規劃各種任務的分配。必要的變化是**訓練策略與方法學**的一部分。[102]

## 本章總結

作者認為，目前的運動訓練規劃很大程度上是基於實踐知識、觀察，有時則是直覺。雖然直覺策略有時能產生最適結果，但我們的行動（無論對錯）往往是由情緒和衝動，而非理性決策來引導的。然而，藉由以邏輯性理論的架構，來理解訓練原則與其應用，可以強化恢復適應，從而表現得更好。

雖然已有對照研究，但支持運動規劃概念的科學證據十分稀缺。不過目前為止的證據確實表明，結合科學知識和實踐的訓練過程，可以產生卓越的訓練結果。為了強化對訓練量、強度和運動選擇的操作，許多教練和實踐者採用了週期化理論。

週期化是一種操控訓練變量，以增加實現特定目標可能性的邏輯階段性方法。由於有一段操控訓練變量的過程，週期性訓練是非線性的。週期化的目標是減少過度訓練的可能和增加在合適時間達到巔峰的能力，或為有特定賽季的運動維持表現。這些目標可以透過適當的多層次訓練量變化、強度因素和運動選擇來實現。因此，一個好的教練可以透過改變負荷（方法）或訓練動作的選擇（或兩者），同時在這中間調整變化水準（例如：大、中、小週期；每日訓練及單次訓練內），來引導適應過程朝向特定目標，最終帶來出色的表現。

## 參考文獻

1. Abernethy, P.J., and J. Jurimae. 1996. Cross-sectional and longitudinal uses of isoinertial, isometric and isokinetic dynamometry. *Medicine and Science in Sports and Exercise* 28: 1180-1187.
2. Aján, T., and L. Baroga. 1988. *Weightlifting* (pp. 183-395). Budapest: International Weightlifting Federation/ Medicina Publishing House.
3. Andren-Sandberg, A. 1998. Athletic training of children and adolescents. *Lakartidningen* 95: 4480-4484.
4. Asmussen, E., and F. Bonde-Petersen. 1974. Storage of elastic energy in skeletal muscles in man. *Acta Physiologica Scandinavica* 91: 385-392.
5. Baker, D., G. Wilson, and R. Carlyon. 1994. Periodization: The effect on strength of manipulating volume and intensity. *Journal of Strength and Conditioning Research* 8: 235-242.
6. Bannister, E.W. 1982. Modelling elite athletic performance. In: J.D. MacDougall, H.A. Wenger, and H.J. Green (Eds.), *Physiological testing of the high performance athlete* (pp. 403-424). Champaign, IL: Human Kinetics.
7. Bobbert, M.F., K.G.M. Gerritsen, M.C.A. Litjens, and A.J. van Soest. 1996. Why is countermovement jump height greater than squat jump height? *Medicine and Science in Sports and Exercise* 28: 1402-1412.
8. Bondarchuk, A. 1994. *Long term training for throwers* (pp. 12-20). Brisbane/Sydney: Australian Track and Field Coaches Association/Rothmans Foundation.
9. Bradley-Popovich, G.E., and G.G. Haff. 2001. Nonlinear versus linear periodization models [point/counterpoint]. *Strength and Conditioning Journal* 23: 42-43.
10. Brandenberg, J.P., and D. Docherty. 2002. The effects of accentuated eccentric loading on strength, muscle hypertrophy and neural adaptations in trained individuals. *Journal of Strength and Conditioning Research* 16: 25-32.
11. Bruin, G., H. Kuipers, H.A. Keizer, and G.J. VanderVusse. 1994. Adaptation and overtraining in horses subjected to increasing training loads. *Journal of Applied Physiology* 76: 1908-1913.
12. Chui, L.Z.F., and J.L. Barnes. 2003. The fitness-fatigue model revisited: Implications for planning short- and long-term training. *Journal of Strength and Conditioning* 25: 42-51.
13. Delecluse, C. 1997. Influence of strength training on sprint running performance. *Sports Medicine* 24: 147-156.
14. Dick, F.W. 1997. *Sports training principles* (3rd ed, pp. 253-304). London: A&C Black.
15. Doan, B.K., R.U. Newton, J.L. Marsit, N.T. Triplett- McBride, L.P. Koziris, D.C. Fry, and W.J. Kraemer. 2002. Effects of increased eccentric loading on the bench press. *Journal of Strength and Conditioning Research* 16: 9-13.
16. Edington, D.W., and V.R. Edgerton. 1976. *The biology of physical activity.* Boston: Houghton Mifflin.
17. Enoka, R.M. 1979. The pull in Olympic weightlifting. *Medicine and Science in Sports* 11: 131-137.
18. Ermakov, A.D., M.S. Abramyan, and V.F. Kim. 1980. Training load of weightlifters in pulls and squats. *Soviet Sports Review* 18(1): 33-35, 1983 [translated from *Tyazhelaya Atletika* 9: 20-22, 1980].
19. Ermakov, A.D., and N.S. Atanasov. 1975. The amount of resistance used in the training of high level weightlifters. *Soviet Sports Review* 18(3): 115-117, 1983 [translated from *Teoriya i Praktika Fizicheskoi Kultury* 2: 23-25, 1975].
20. Foster, C. 1998. Monitoring training in athletes with reference to overtraining syndrome. *Medicine and Science in Sports and Exercise* 30: 1164-1168.
21. Furnadzhiev, V., and I. Abadzhiev. 1982. The preparation of Bulgarian weightlifters for the 1980 Olympics. In: S.I. Lelikov et al. (Eds.), *1982 weightlifting yearbook* (pp. 83- 89). Moscow: Fizkultura i Sport; English: Livonia, MI: Sportivny Press, 1984 [translated by A. Charniga, Jr.].
22. Fry, A.C., W.J. Kraemer, M.H. Stone, L.P. Koziris, J.T. Thrush, and S.J. Fleck. 2000a. Relationships between serum testosterone, cortisol, and weightlifting performance. *Journal of Strength and Conditioning Research* 14: 338-343.
23. Fry, A.C., W.J. Kraemer, M.H. Stone, B.J. Warren, S.J. Fleck, J.T. Kearney, and S.E. Gordon. 1994. Endocrine responses to overreaching before and after 1 year of weightlifting. *Canadian Journal of Applied Physiology* 19: 400-410.
24. Fry, A.C., J.M. Webber, L.W. Weiss, M.D. Fry, and Y. Li. 2000b. Impaired performances with excessive high-

intensity free-weight training. *Journal of Strength and Conditioning Research* 14: 34-61.
25. Fry, R.W., A.R. Morton, and D. Keast. 1992a. Periodisation of training stress: A review. *Canadian Journal of Sport Sciences* 17: 234-240.
26. Fry, R.W., A.R. Morton, and D. Keast. 1992b. Periodisation and the prevention of overtraining. *Canadian Journal of Sport Sciences* 17: 241-248.
27. Garhammer, J.J. 1979. Periodization of strength training for athletes. *Track Technique* 73: 2398-2399.
28. Graham, J. 2002. Periodization research and an example application. *Strength and Conditioning Journal* 24(6): 62-70.
29. Gullich, A., and D. Schmidtbleicher. 1996. MVC-induced short-term potentiation of explosive force. *New Studies in Athletics* 11: 67-81.
30. Haff, G.G., A. Whitley, L.B. McCoy, H.S. O'Bryant, J.L. Kilgore, E.E. Haff, K. Pierce, and M.H. Stone. 2003. Effects of different set configurations on barbell velocity and displacement during a clean pull. *Journal of Strength and Conditioning Research* 17: 95-103.
31. Hakkinen, K. 1989. Neuromuscular and hormonal adaptations during strength and power training: A review. *Journal of Sports Medicine and Physical Fitness* 29: 9-26.
32. Hakkinen, K. 1994. Neuromuscular adaptation during strength training, aging, detraining and immobilization. *Critical Reviews in Physical and Rehabilitation Medicine* 6: 161-198.
33. Hakkinen, K., K.L. Keskinen, M. Alen, P.V. Komi, and H. Kauhanen. 1989. Serum hormone concentrations during prolonged training in elite endurance-trained and strength-trained athletes. *European Journal of Applied Physiology* 59: 233-238.
34. Hakkinen, K., A. Pakarinen, M. Alen, H. Kauhanen, and P.V. Komi. 1988. Neuromuscular and hormonal adaptations in athletes to strength training in two years. *Journal of Applied Physiology* 65: 2406-2412.
35. Harre, D., Ed. 1982. *Principles of sports training* (pp. 73-94). Berlin: Sportverlag.
36. Harris, G., M.H. Stone, H.S. O'Bryant, C.M. Proulx, and R.L. Johnson. 2000. Short-term performance effects of high power, high force, or combined weight-training methods. *Journal of Strength and Conditioning Research* 14: 14-20.
37. Hartmann, J., and H. Tünnemann. 1989. *Fitness and strength training*. Berlin: Sportverlag.
38. Jones, L. 1991. Do Bulgarian methods lead the way for USA? *Weightlifting USA* 9(1): 10-11.
39. Keizer, H.A. 1998. Neuroendocrine aspects of over- training. In: R.B. Kreider, A.C. Fry, and M.L. O'Toole (Eds.), *Overtraining in sport* (pp. 145-167). Champaign IL: Human Kinetics.
40. Kipke, L. 1985. The importance of recovery after training and competitive efforts. *NZL Sports Medicine* 13: 120-128.
41. Komarova, A. 1984. The training loads of young throwers. *Soviet Sports Review* 20(2): 79-83 [translated from *Legkaya Atletika* 12: 3-4, 1984].
42. Komi, P.V., and C. Bosco. 1978. Utilization of stored elastic energy in leg extensor muscles by men and women. *Medicine and Science in Sports* 10: 261-265.
43. Kraemer, W.J. 2000. Physiological adaptations to anaerobic and aerobic endurance training programs. In: T.R. Baechle and R.W. Earle (Eds.)/National Strength and Conditioning Association, *Essentials of strength training and conditioning* (2nd ed., pp. 137-168). Champaign IL: Human Kinetics.
44. Kukushkin, G.I. 1983. *The system of physical education in the USSR* (pp. 128-174). Moscow: Raduga [translated by A. Zdornykh].
45. Leveritt, M., P.J. Abernethy, B.K. Barry, and P.A. Logan. 1999. Concurrent strength and endurance training: A review. *Sports Medicine* 28: 413-427.
46. Matveyev, L.P. 1972. *Periodisierung Des Sportlichen Trainings*. Moscow: Fizkultura i Sport; Berlin: Verlag Bartels and Wernitz [translated into German by P. Tschiene].
47. Matveyev, L. 1981. *Fundamentals of sports training*. Moscow: Fizkultura i Sport, 1977; Moscow: Progress [translated by A.P. Zdornykh].
48. Matveyev, L.P. 1992. Modern procedures for the construction of macrocycles. *Modern Athlete and Coach* 30(1): 32-34.

49. Matveyev, L.P. 1994. About the construction of training. *Modern Athlete and Coach* 32(3): 12-16.
50. McMillan, J.L., M.H. Stone, J. Sartin, R. Keith, D. Marple, C. Brown, and R.D. Lewis. 1993. 20-hour physiological responses to a single weight-training session. *Journal of Strength and Conditioning Research* 7(1): 9-21.
51. Medvedyev, A.S. 1986. *A system of multi-year training in weightlifting.* Moscow: Fizkultura i Sport; Livonia, MI: Sportivny Press, 1989 [translated by A. Charniga, Jr.].
52. Medvedev, A.S., V.I. Rodionov, V.N. Rogazyzn, and A.E. Gulyants. 1981. Training content of weightlifters in the preparatory period. *Soviet Sports Review* 17(2): 90- 93, 1982 [translated from *Teoriya i Praktika Fizicheskoi Kultury* 12: 5-7, 1981].
53. Mujika, I., and S. Padilla. 2003. Scientific basis for precompetition tapering strategies. *Medicine and Science in Sports and Exercise* 35: 1182-1187.
54. Newton, R.U., A.J. Murphy, B.J. Humphries, G.J. Wilson, W.J. Kraemer, and K. Hakkinen. 1997. Influence of load and stretch shortening cycle on the kinematics, kinetics and muscle activation that occurs during explosive upper-body movements. *European Journal of Applied Physiology* 75: 333-342.
55. Ozolin, N.G. 1970. *Souvremennaya Sistema Sportivnoy Trenirovki.* Moscow: Fizkultura i Sport [cited in N.N. Schneidman, *The soviet road to Olympus* (pp. 110-124). Toronto, Ontario, Canada: Ontario Institute for Studies in Education, 1978].
56. Ozolin, N.G., and D.P. Markov. 1972. *Legkaya Atletika.* Moscow: Fizkultura i Sport [cited in N.N. Schneidman, *The soviet road to Olympus* (pp. 110-124). Toronto, Ontario, Canada: Ontario Institute for Studies in Education, 1978].
57. Pedemonte, J. 1986a. Foundations of training periodization. Part 1: Historical outline. *National Strength and Conditioning Association Journal* 8(3): 62-65.
58. Pedemonte, J. 1986b. Foundations of training periodization. Part 2: The objective of periodization. *National Strength and Conditioning Association Journal* 8(4): 26- 28.
59. Pendlay, G., and L. Kilgore. 2001. Hormonal fluctuation: A new method for the programming of training. *Weightlifting USA* 19(2): 15.
60. Plisk, S.S. 2000a. Muscular strength and stamina. In: B. Foran (Ed.), *High-performance sports conditioning* (pp. 63-82). Champaign IL: Human Kinetics.
61. Plisk, S.S. 2000b. Speed, agility, and speed-endurance development. In: T.R. Baechle and R.W. Earle (Eds.)/ National Strength and Conditioning Association, *Essentials of strength training and conditioning* (2nd ed., pp. 471-491). Champaign IL: Human Kinetics.
62. Plisk, S., and M.H. Stone. 2003. Periodization strategies. *Strength and Conditioning* 25: 19-37.
63. Poliquin, C. 1988. Football: Five steps to improving the effectiveness of your strength training program. *National Strength and Conditioning Association Journal* 10(3): 34-39.
64. Roll, F., and J. Omer. 1987. Tulane football winter program. *National Strength and Conditioning Association Journal* 9: 34-38.
65. Rooney, K.J., R.D. Herbert, and R.J. Balnave. 1994. Fatigue contributes to the strength training stimulus. *Medicine and Science in Sports and Exercise* 26:1160- 1164.
66. Ross, A., and M. Leveritt. 2001. Long-term metabolic and skeletal muscle adaptations to short-sprint training: Implications for sprint training and tapering. *Sports Medicine* 31: 1063-1082.
67. Rowbottom, D. 2000. Periodization of training. In: W.E. Garrett and D.T. Kirkendall (Eds.), *Exercise and sport science* (pp. 499-512). Philadelphia: Lippincott Williams & Wilkins.
68. Sale, D.G. 2002. Postactivation potentiation: Role in human performance. *Exercise and Sport Sciences Reviews* 30(3): 138-143.
69. Satori, J., and P. Tschiene. 1988. The further development of training theory: New elements and tendencies. *Science Periodical on Research and Technology in Sport* 8(4): (Physical Training W1).
70. Schmidtbleicher, D. 1985a, August. Strength training, part 1: Classification of methods. *Science Periodical on Research and Technology in Sport* (Physical Training/ Strength) W4: 1-12.

71. Schmidtbleicher, D. 1985b, September. Strength training, part 2: Structural analysis of motor strength qualities and its application to training. *Science Periodical on Research and Technology in Sport* (Physical Training/ Strength) W4: 1-10.
72. Schmolinsky, G. (Ed.). 1993. *Track and field.* Toronto: Sport Books.
73. Selye, H. 1956. *The stress of life.* New York: McGraw-Hill.
74. Siff, M.C. 2000. *Supertraining* (5th ed.). Denver: Supertraining Institute.
75. Stone, M.H., and A.C. Fry. 1998. Increased training volume in strength/power athletes. In: R.B. Kreider, A.C. Fry, and M.L. O'Toole (Eds.), *Overtraining in sport* (pp. 87-105). Champaign IL: Human Kinetics.
76. Stone, M.H., R. Johnson, and D. Carter. 1979. A short term comparison of two different methods of resistive training on leg strength and power. *Athletic Training* 14: 158-160.
77. Stone, M.H., R.E. Keith, J.T. Kearney, S.J. Fleck, G.D. Wilson, and N.T. Triplett. 1991. Overtraining: A review of the signs, symptoms and possible causes. *Journal of Applied Sport Science Research* 5: 35-50.
78. Stone, M.H., R. Keith, D. Marple, S. Fleck, and J.T. Kearney. 1989. Physiological adaptations during a one week junior elite weightlifting training camp. Presented at SEACSM meeting, Atlanta, January.
79. Stone, M.H., and H.S. O'Bryant. 1987. *Weight training.* Minneapolis: Bellwether Press/Burgess International Group.
80. Stone, M.H., and H.S. O'Bryant. 1995. Letter to the editor. *Journal of Strength and Conditioning Research* 9(2): 125-127.
81. Stone, M.H., H. O'Bryant, and J. Garhammer. 1981. A hypothetical model for strength training. *Journal of Sports Medicine and Physical Fitness*, 21: 342-351
82. Stone, M.H., H. O'Bryant, J. Garhammer, J. McMillan, and R. Rozenek. 1982. A theoretical model of strength training. *National Strength and Conditioning Association Journal*, 4(4): 36-39.
83. Stone, M.H., H.S. O'Bryant, B.K. Schilling, R.L. John- son, K.C. Pierce, G.G. Haff, A.J. Koch, and M.E. Stone. 1999a. Periodization: Effects of manipulating volume and intensity. Part 1. *Strength and Conditioning Journal* 21(2): 56-62.
84. Stone, M.H., H.S. O'Bryant, B.K. Schilling, R.L. Johnson, K.C. Pierce, G.G. Haff, A.J. Koch, and M.E. Stone. 1999b. Periodization: Effects of manipulating volume and intensity. Part 2. *Strength and Conditioning Journal* 21(3): 54-60.
85. Stone, M.H., S. Plisk, and D. Collins. 2002. Training principles: Evaluation of modes and methods of resistance training—a coaching perspective. *Sport Biomechanics* 1: 79-104.
86. Stone, M.H., S.S. Plisk, M.E. Stone, B.K. Schilling, H.S. O'Bryant, and K.C. Pierce. 1998. Athletic performance development: Volume load—1 set vs. multiple sets, training velocity and training variation. *Strength and Conditioning* 20: 22-31.
87. Stone, M.H., J.A. Potteiger, K.P. Pierce, C.M. Proulx, H.S. O'Bryant, R.L. Johnson, and M.E. Stone. 2000. Comparison of the effects of three different weight-training programs on the one repetition maximum squat. *Journal of Strength and Conditioning Research* 14: 332-337.
88. Stone, M.H., K. Sanborn, H.S. O'Bryant, M.E. Hartman, M.E. Stone, C. Proulx, B. Ward, and J. Hruby. 2003. Maximum strength-power-performance relationships in collegiate throwers. *Journal of Strength and Conditioning Research* 17: 739-745.
89. Stone, M.H., W.A. Sands, and M.E. Stone. 2004. The downfall of sports science in the United States [opinion paper]. *Strength and Conditioning Journal* 26(2): 72-75.
90. Stone, M.H., and D. Wathen. 2001. Letter to the editor. *Strength and Conditioning Journal* 23(5): 7-9.
91. Topchiyan, V.S., P.I. Kadachkova, and A.D. Komarova. 1984. Training young athletes in the yearly cycle in speed-strength and cyclical type sports. *Soviet Sports Review* 19: 157-160 [translated from *Teoriya i Praktika Fizicheskoi Kultury* 11: 47-50, 1983].
92. Tschiene, P. 1990. The current state of the theory of training. Adelaide: South Australian Sports Institute [translated from *Leistungssport* 20(3): 5-9, 1990].

93. Tschiene, P. 1992. The priority of the biological aspect in the "theory of training." Adelaide: South Australian Sports Institute [translated from *Leistungssport* 21(6): 5-11, 1992].
94. Tschiene, P. 1995. A necessary direction in training: The integration of biological adaptation in the training program. *Coaching and Sport Science Journal* 1: 2-14.
95. Tschiene, P. 1997a. Conditioning training: Formation of theory based only on adaptation models. Adelaide: South Australian Sports Institute, 1997 [translated from *Leistungssport* 26: 13-17, 1997].
96. Tschiene, P. 1997b. Theory of conditioning training: Classification of loads and modelling of methods from adaptation aspects. Adelaide: South Australian Sports Institute, 1998 [translated from *Leistungssport* 27(4): 21-25, 1997].
97. Urhausen, A., and W. Kindermann. 2000. The endocrine system in overtraining. In: M.P. Warren and N.W. Constantini (Eds.), *Sports endocrinology* (pp. 347-370). Totowa, NJ: Humana Press.
98. Verkhoshansky, Y.V. 1979. Principles of planning speed/ strength training program in track athletes. *Legaya Athleticka* 8: 8-10.
99. Verkhoshansky, Y. 1981. How to set up a training program in speed-strength events. *Soviet Sports Review* 16: 123-126 [translated by M. Yessis].
100. Verkhoshansky, Y.V. 1986. *Fundamentals of special strength-training in sport.* Moscow: Fizkultura i Sport, 1977; Livonia, MI: Sportivny Press [translated by A. Charniga, Jr.].
101. Verkhoshansky, Y.V. 1988. *Programming and organization of training.* Moscow: Fizkultura i Sport, 1985; Livonia, MI: Sportivny Press [translated by A. Charniga, Jr.].
102. Viru, A. 1995. *Adaptation in sports training.* Boca Raton FL: CRC Press.
103. Viru, A., J. Loko, A. Volver, L. Laaneots, K. Karelson, and M. Viru. 1998. Age periods of accelerated improvement of muscle strength, power, speed and endurance in the age interval 6-18 years. *Biology of Sport* 15: 211-227.
104. Viru, A., J. Loko, A. Volver, L. Laaneots, K. Karelson, and M. Viru. 1999. Critical periods in the development of performance capacity during childhood and adolescence. *European Journal of Physical Education* 4: 75- 119.
105. Viru, A., J. Loko, A. Volver, L. Laaneots, M. Sallo, T. Smirnova, and K. Karelson. 1996. Alterations in foundations for motor development in children and adolescents. *Coaching and Sport Science Journal* 1: 11-19.
106. Viru, A., and M. Viru. 2001. *Biochemical monitoring of sport training.* Champaign IL: Human Kinetics.
107. Vorobyev, A.N. 1978. *A textbook on weightlifting* (pp. 172- 242). Budapest: International Weightlifting Federation [translated by W.J. Brice].
108. Wathen, D., T.R. Baechle, and R.W. Earle. 2000. Training variation: Periodization. In: T.R. Baechle and R.W. Earle (Eds.)/National Strength and Conditioning Association, *Essentials of strength training and conditioning* (2nd ed., pp. 513-527). Champaign IL: Human Kinetics.
109. Werchoshanski, J. 1978. Specific training principles for power. *Modern Athlete and Coach* 17(3): 11-13, 1979 [translated from *Legkaya Atletika* 1: 6-7, 1978].
110. Young, W.B., A. Jenner, and K. Griffiths. 1998. Acute enhancement of power performance from heavy load squats. *Journal of Strength and Conditioning Research* 12: 82-84.
111. Zatsiorsky, V.M. 1992. Intensity of strength training facts and theory: Russian and Eastern European approach. *National Strength and Conditioning Association Journal* 14: 46-57.
112. Zatsiorsky, V.M. 1995. *Science and practice of strength training.* Champaign IL: Human Kinetics.

# 第十四章

# 阻力訓練計畫的設計

　　本書主要目標之一，就是協助教練和運動員設計針對專項運動的肌力－爆發力訓練計畫。必須記得一點，在一個有效的阻力訓練計畫中，各元素並非各自為政，而是應該相輔相成。如此一來，所有訓練元素都能帶來特定能力（如爆發力）的進步，最終達到特定目標（如提升運動表現）。本章目的並非為各式專項運動提供訓練計畫，而是提供詳細例子，來探討如何設計訓練計畫。

　　設計訓練計畫的第一步，應先了解目標運動的生理學和表現特性。表14.1、14.2、14.3列出三項運動及其特性分析。運動的特性分析很重要，因為可藉此得知訓練計畫的目標。從以上3個例子來看，我們可以知道這3項運動的訓練方式不盡相同，且長跑選手的訓練方式，會與另外2項肌力－爆發力運動選手的訓練方式相當不同。

　　本章以鉛球為例，提供訓練計畫的例子，也將簡短探討團隊運動的訓練計劃。

### 表14.1　進階與精英鉛球運動特性分析

| 絕對肌力 | 1-2 |
|---|---|
| 相對肌力（每公斤） | 2-3 |
| 爆發力 | 1 |
| 高強度耐力 | 2-3 |
| 低強度耐力 | 5 |
| 身體質量 | 1-2 |
| 身高 | 2-3 |
| 體型 | 2.5-3 |
| 企圖心 | 1-2 |

1－最高，5－最低。
體型：1－易胖型　3－適中型　4－瘦長型

### 表14.2　大學美式足球特性分析

|  | LM | LB | DB/RB | WR/QB |
|---|---|---|---|---|
| 絕對肌力 | 1-2 | 1-2 | 2-3 | 3-4 |
| 相對肌力（每公斤） | 2-3 | 2 | 1-2 | 1-3 |
| 爆發力 | 1-2 | 1-2 | 1 | 1-2 |
| 高強度耐力 | 1-2 | 1-2 | 1-2 | 1-2 |
| 低強度耐力 | 4 | 3-4 | 3 | 3 |
| 身體質量 | 1-2 | 2-3 | 3 | 3-4 |
| 身高 | 1-2 | 2-3 | 2-3 | 2-3 |
| 體型 | 2-3 | 3 | 3-3.5 | 3-4 |
| 企圖心 | 1 |  | 1-2 | 1-2 |

1－最高，5－最低。體型：1－易胖型　3－適中型　4－瘦長型。LM＝前鋒；LB＝線衛；DB＝防守後衛；RB＝跑衛；WR＝接球員；QB＝四分衛。

437

## 訓練計畫設計

菁英鉛球選手相當強壯，力量與爆發力在運動員中名列前茅。這邊提供一名高階（接近菁英）鉛球選手，在全國冠軍賽前的2個中週期訓練計畫。

監控型的計畫也必須實施，才能追蹤訓練進步。初始測試的結果顯示，該選手（19歲）的身高是186.5公分（6呎1吋），體重是112公斤（247磅）。在訓練計畫開始時（秋季），該選手的最佳表現數值如下：

投擲　17.32公尺（7.26公斤）、18.20公尺（6公斤）、16.10公尺（8公斤）

深蹲　215公斤

爆發式抓舉　105公斤

爆發式上膊　137.5公斤

上斜臥推（10度）　150公斤

垂直跳（手擺臀部）　60公分

靜態垂直跳（手擺臀部）　50公分

表14.3　長跑運動特性分析（大於5000公尺）

| 絕對肌力 | 4 |
| --- | --- |
| 相對肌力（每公斤） | 3-4 |
| 爆發力 | 4 |
| 高強度耐力 | 3-4 |
| 低強度耐力 | 1 |
| 身體質量 | 4-5 |
| 身高 | 4-5 |
| 體型 | 4 |
| 企圖心 | 3-4 |

1－最高，5－最低。
體型：1－易胖型　3－適中型　4－瘦長型。

另外也有血液檢測，包括全血細胞計數，以及測量休息時睪固酮和皮質醇的濃度，結果顯示血液組成濃度正常，且睪固酮濃度屬於正常偏高。

檢測結果發現，該名運動員的爆發肌力，特別是基礎肌力水準，顯著低於菁英鉛球選手[1, unpublished observations]。另外，7.26公斤和8公斤之間的距離差距，以及反向動作垂直跳、靜態垂直跳的高度差距，顯示基礎肌力可能不夠。此外，該名運動員在60公斤（132磅）負重的10次連續垂直跳表現相對不佳，高度和爆發力輸出皆顯著較低。

基於以上所述，教練認為該名運動員的基本肌力（尤其是下肢）和體重都不夠，不足以讓他成為精英級選手，因此訓練計畫一開始特別強調基本肌力和體重增加。此外，教練與運動營養專家配合，設計出良好的飲食和營養補充計畫，來幫助該名運動員在脂肪增加最小的情況下提升體重（詳見第六章〈營養和代謝因素〉）。

教練設計出一個為期4年的運動計畫，準備下次的奧運。前2年特別強調基本肌力，後2年漸漸朝向爆發力和爆發式肌力。

我們在此詳細探討整體計畫中的前2個中週期（秋季開始40週），詳見圖14.1和14.5。第一個中週期（20週）強調肌耐力與肌力進步（圖14.1），圖14.2列出根據整體中週期制定的組數、次數、相對強度，每天都會有重量上的變化（圖14.3），基本的阻力訓練動作則列在圖14.4和圖14.5。值得注意的是，這邊使用了一些中階與進階的訓練方式（詳見第十三章），且雖然第一中週期強調肌力，還是包含了不少爆發力動作。另外，第一個團塊主要是單方向集中負荷（即肌耐力運動），且可能對接下來的階段有增益效果。結束第一中週期後，預計該名運動員（依初始程度來計算）的基本肌力將提升5%至10%，所以舉例來說，他的1RM深蹲預計會進步25至30公斤（55至66磅）；而在脂肪幾乎不增加的前提下，體重也合理預期會提升5至10公斤（11至22磅）。

該名運動員不確定會不會在中週期之間主動休息1週。若第一中週期後有1場以上的比賽，為了效果，就應主動休息（詳見第十三章）。由於中週期尾聲訓練量（即訓練強度負荷）降低，運動特殊體能也會下降，這點在主動休息階段後特別明顯。

圖14.6說明第二中週期（20週）的基本計畫，更強調爆發力，組數次數安排遵循強調爆發力發展進階週期的基礎特性。第一團塊是集中負荷的肌耐力運動，目的是提升運動特殊體能，並增益後面的階段；下一團塊回到肌力導向訓練，最後3個團塊則更強調爆發式肌力和爆發力。和第一中週期一樣，組數次數反映了整體訓練計畫（圖14.7）。從第三團塊開始，使用功能性過負荷─爆發力式的總和小週期。注意每個功能性過負荷週（各團塊的第一週）都有顯著較高的訓練量和總次數（即5下、3下、5下）。此功能性過負荷週的負重較高（請注意，是較高的相對強度），也更強調肌力。這幾週的功能性過負荷，目的是增益接下來的高爆發力動作（第三至第五團塊的第二至第四週）。與所有進階運動員的合理訓練計畫一樣，會使用大重量與輕重量日來提供強烈刺激，接著是恢復與適應日（圖14.8）。第一團塊的動作（和負荷）與第一中週期的第一團塊類似，其實目的也相似（圖14.9）。接下來的團塊（第二至第五）漸進式強調爆發式肌力和爆發力，大量使用增強複合式動作。

很明顯，投擲（丟鉛球）是鉛球選手必要動作，但是第一個中週期幾乎沒有丟鉛球，因此可強調肌力集中發展。在第二中週期，投擲動作就明顯變多，特別是第二團塊至第五團塊。

另外值得注意的是，每個中週期之間，訓練量都會下降，原因是訓練量負荷改變，以及訓練動作減少。此種降低訓練量的方法，可能可以提高運動表現，因為帶來的疲勞較少[3]。此外，訓練動作也會更接近運動表現動作。例如，臥推會從傳統的平板凳，改為上斜10度的啞鈴臥推，且把手往外旋，藉此刺激投擲的力量。10度的上斜能刺激投擲，

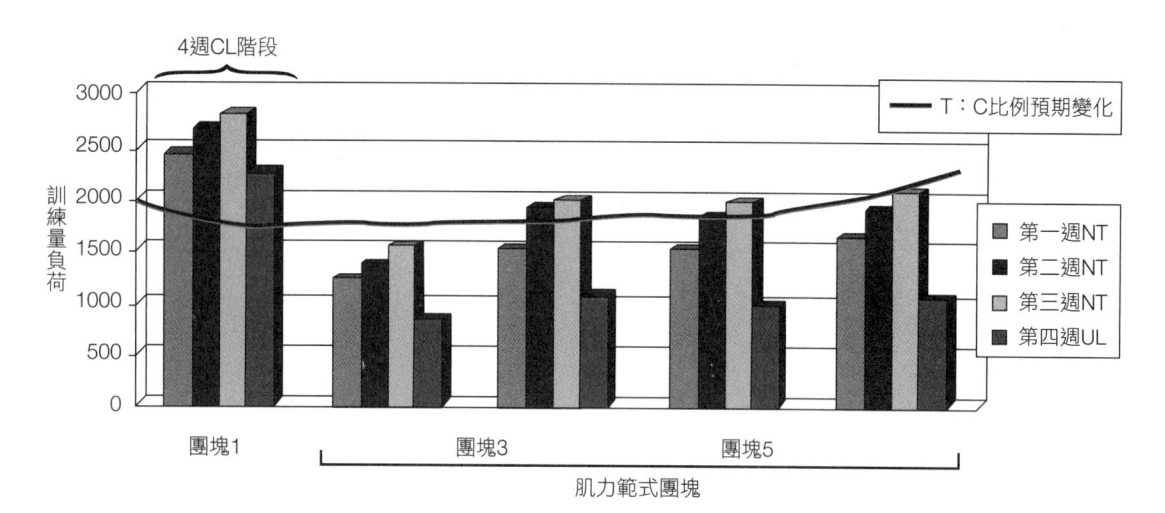

### 圖14.1　鉛球選手的20週中週期：強調肌耐力與肌力。

前4週（第一團塊）呈現集中負荷的肌耐力訓練，每個團塊使用總和式小週期，在前3週逐漸增加刺激（正常訓練增加），接著在第四週降低強度（詳見第十三章），團塊隨著時間持續進行下去。睪固酮與皮質醇（T:C）的預期比例變化，也考量了訓練量與負荷的改變。NT＝一般訓練週；UL＝降低強度週。

資料來源：Based on S. Plisk and M.H. Stone, 2003, "Periodization Strategies," *Strength and Conditioning* 25: 19-37.

---

**訓練進程範例：進階鉛球選手的預備中週期（強調肌力成長）**

**訓練量以反覆次數計算**

|  | 團塊2 | 團塊3 | 團塊4 | 團塊5 |
|---|---|---|---|---|
| 第一週 | 3×5 (1×5) | 3×5 (1×5) | 3×5 (1×5) | 3×5 (1×5) |
| 第二週 | 3×5 (1×5) | 3×5 (1×5) | 3×5 (1×5) | 3×5 (1×5) |
| 第三週 | 3×5 (1×5) | 3×5 (1×5) | 3×5 (1×5) | 3×3 (1×5) |
| 第四週 | 3×3 (1×5) | 3×3 (1×5) | 3×3 (1×5) | 3×3 (1×5) |

相對強度—大重量日中，主訓練動作初始1RM的百分比

**以下為指引**

|  | 團塊2 | 團塊3 | 團塊4 | 團塊5 |
|---|---|---|---|---|
| 第一週 | 75 | 77.5 | 80 | 82.5 |
| 第二週 | 77.5 | 80 | 82.5 | 85 |
| 第三週 | 80 | 82.5 | 85 | 87.5 |
| 第四週 | 77.5 | 85 | 87.5 | 80 |

高＝星期一
低＝星期四

### 圖14.2　第一中週期的組數次數計畫：強調肌耐力與肌力。

括號中的組數為「下降」組，約1RM的50%，第一個團塊（未顯示於此圖）從頭到尾都是10組。

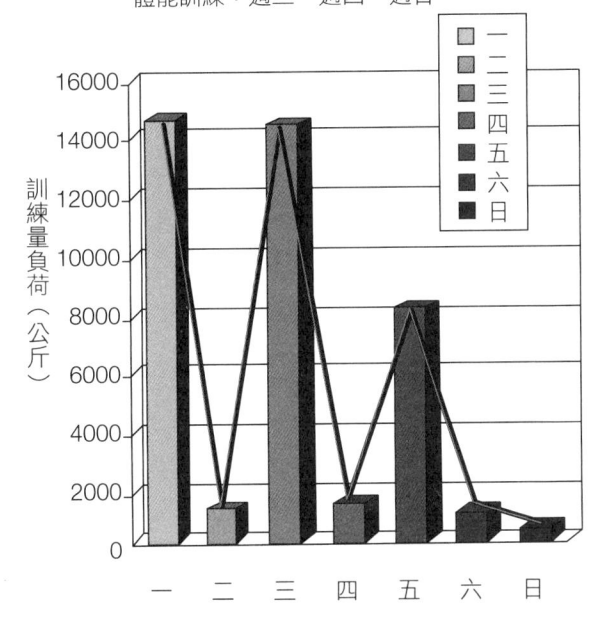

**圖14.3 訓練量負荷（VL）的每日變化。**
注意相對極端的變化；表示進行大重量負荷，隨後出現相對輕負荷，以促進恢復適應。WT＝重量訓練；C＝重量訓練以外的體能訓練

範例：每日變化
重量訓練：週一、週五－深蹲、推系列動作
　　　　　週三、週六－拉系列動作
體能訓練：週二、週四、週日

---

**第一中週期：肌力－肌耐力（集中負荷）**
**範例：第一團塊：4週：3組10下為目標**

週一及週五
- 深蹲
- 蹲推
- 休息——30分鐘
- 推舉（第一下做前蹲舉）
- 補強動作

週二、週四、週六
（爆發式抓舉、投擲、上腹部、燭台核心訓練）

週三（為了提升運動特殊體能）
- CGSS
- CG高拉（大腿）
- 休息——30分鐘
- CG高拉（膝蓋）
- 過度伸展
- 划船

CGSS＝挺舉抓握式聳肩
CG高拉＝挺舉抓握式高拉

**圖14.4 第一中週期第一團塊的相關運動：強調肌耐力與肌力**

---

因為投擲出去的角度，大約就是肩關節與髖關節呈現大約10度角的時候。在此，重量訓練（圖14.10）和投擲（圖14.11）的特殊性越來越明顯，從原本的丟球和負重部分動作，轉移到與競賽相同的完整動作。在這個階段，該名運動員的基本肌力和爆發力（如抓舉和挺舉）預計提升2%至5%，且鉛球運動表現也會顯著提升（2%至5%）[4]。

在本研究的鉛球選手身上，會在規律區間（每2週）實施血液檢測，並記錄睪固酮和皮質醇濃度，以可預期的方式來對應訓練壓力的改變（即訓練量負荷）。以睪固酮和皮質醇的比例來看，一直都沒有過度訓練的問題。睪固酮與睪固酮皮質醇比例，都是「預備程度」的重要指標。這些指標反映使用最大肌力，尤其是爆發式肌力的潛力，因此這些指標的測量，對訓練計畫的監控來說，是非常重要的參數。

```
第一中週期：強調肌力

團塊二                      團塊三                      團塊四                      團塊五
週一及週五
1. 深蹲*                    1. 深蹲                     1. ECL深蹲                  1. 三分之一蹲
2. 上挺                     2. 上挺                     2. 跳箱                     2. 快速深蹲**
3. 臥推                     3. 上斜臥推                 3. 臥推（10度）             3. 啞鈴臥推

週三
1. CGSS                     1. CGSS                     1. CGSS                     1. SGSS
2. 窄拉（地板）             2. 窄拉***                  2. 爆發式上膊（1組）        2. 爆發抓舉***
3. 直腿硬舉                 3. 爆發式上膊（1組）        3. 直腿硬舉
                            4. 直腿硬舉

週六
爆發抓舉

**盡可能將各階段分開**
*抵銷式負荷
**與三分之一蹲做交替複合組（對比）
***與聳肩做複合組

ECL＝離心加重深蹲；CGSS＝挺舉抓握式聳肩；SGSS＝抓舉抓握式聳肩
```

**圖14.5** 第一中週期第二至第五團塊相關運動：強調肌耐力與肌力

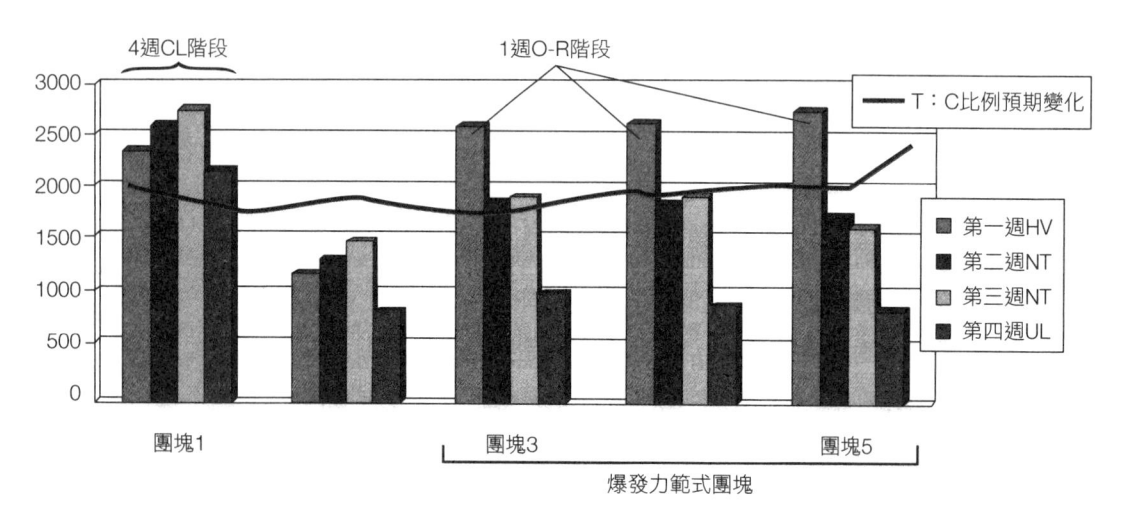

**圖14.6** 第二中週期：更強調爆發力。

本中週期從單向集中負荷開始，接著到強調肌力的團塊，然後進入三個強調爆發力功能性過負荷的團塊，各團塊彼此銜接。睪固酮與皮質醇比例的預期變化，已考量進訓練量負荷改變。CL＝集中負荷；O-R＝功能性過負荷期；HV＝高訓練量期；NT＝一般訓練；UL＝降重週（因為訓練量低，故可在此週強調爆發式與高爆發力動作）

資料來源：Based on S. Plisk and M.H. Stone, 2003, "Periodization Strategies," Strength and Conditioning 25: 19-37.

**第二中週期：組數與反覆次數計畫**

**訓練量以反覆次數計算**

|  | 團塊2 | 團塊3 | 團塊4 | 團塊5 |
|---|---|---|---|---|
| 第一週 | 3×5 (1×5) | 5×5 | 5×5 | 5×5 |
| 第二週 | 3×5 (1×5) | 3×5 (1×5) | 3×3 (1×5) | 3×3 (1×5) |
| 第三週 | 3×5 (1×5) | 3×5 (1×5) | 3×3 (1×5) | 3×3 (1×5) |
| 第四週 | 3×3 (1×5) | 3×3 (1×5) | 3×2 (1×5) | 3×2 (1×5) |

相對強度—大重量日中，主訓練動作初始1RM的百分比

**以下為指引**

|  | 團塊2 | 團塊3 | 團塊4 | 團塊5 |
|---|---|---|---|---|
| 第一週 | 75 | 82.5 | 87.5 | 90 |
| 第二週 | 77.5 | 80 | 82.5 | 80 |
| 第三週 | 80 | 82.5 | 80 | 77.5 |
| 第四週 | 77.5 | 75 | 70 | 70 |

高＝星期一
低＝星期四

**圖14.7　第二中週期的組數次數計畫：強調肌耐力與肌力。**
括號中的組數為「下降」組，約1RM的50%，第一個團塊（未顯示於此圖）從頭到尾都是10組。

範例：每日變化
重量訓練：週一、週四－深蹲、推系列動作
　　　　　週三、週六－拉系列動作
體能訓練：週二、週五

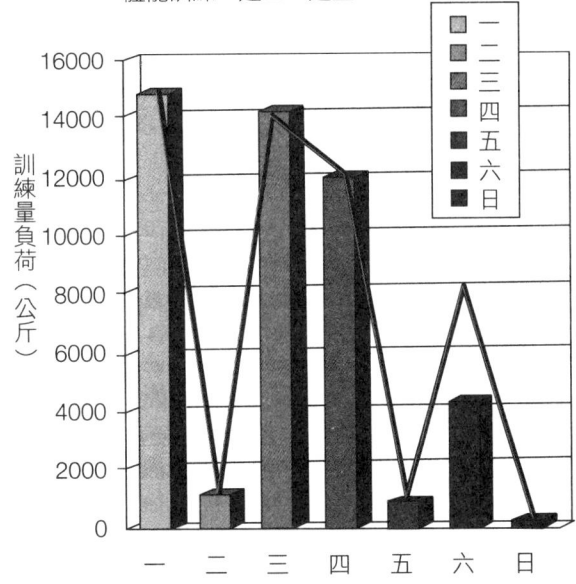

**圖14.8　訓練量負荷（VL）的每日變化。**
注意相對極端的變化，意味著大重量負荷，隨後出現相對輕負荷，以促進恢復適應。第二日的深蹲移至週四，讓週五得以恢復，並讓週六能做更大負重（投擲）。

> **第二中週期：肌力－肌耐力（集中負荷）**
> **範例：第一團塊：4週：3組10下為目標**
>
> 週一及週五
> - 深蹲
> - 蹲推
> - 休息——30分鐘
> - 推舉（第一下做前蹲舉）
> - 補強動作
>
> 週二、週四、週六
> （爆發式抓舉、投擲、上腹部、燭台核心訓練）
>
> 週三（為了提升運動特殊體能）
> - 挺舉抓握式聳肩
> - 挺舉抓握式高拉（大腿）
> - 休息——30分鐘
> - 挺舉抓握式高拉（膝蓋）
> - 過度伸展
> - 划船

**圖14.9　第二中週期的第一團塊相關運動。**
與第一中週期一樣，此團塊強調肌耐力，有助重獲運動特殊體能，並增益後續階段（詳見第十三章）。

> **第二中週期：強調爆發力**
>
> | 團塊二 | 團塊三 | 團塊四 | 團塊五 |
> |---|---|---|---|
> | 週一及週五 | | | |
> | 1. 深蹲* | 1. 深蹲 | 1. ECL深蹲 | 1. 四分之一蹲（架上） |
> | 2. 四分之一蹲 | 2. SP深蹲 | 2. SP深蹲 | 2. 彈跳／投擲* |
> | 3. 臥推 | 3. 臥推（10度） | 3. 啞鈴臥推（10度） | 3. 啞鈴臥推（10度） |
> | 週三 | | | |
> | 1. CGSS | 1. CGSS | 1. CGSS | 1. CGSS |
> | 2. 窄拉（中腿） | 2. 窄拉** | 2. 爆發式上膊（1組） | 2. 爆發抓舉** |
> | 3. 直腿硬舉 | 3. 爆發式上膊（1組） | 3. 直腿硬舉 | |
> | | 4. 直腿硬舉 | | |
>
> **盡可能將各階段分開**
> *與三分之一蹲做交替複合組（對比）
> **與聳肩做複合組
>
> SP深蹲＝快速深蹲；CGSS＝挺舉抓握式聳肩；SGSS＝抓舉抓握式聳肩

**圖14.10　第二中週期第二至第五團塊相關運動：逐漸強調爆發力。**

> **第二中週期：投擲**
>
> **團塊二：星期三、星期五、星期六＊**
> 第一週：投擲5×5前端—過重5×5
> 第二週：投擲5×5前端—過重5×5
> 第三週：前端—過重5×5—全幅3×5
> 第四週：前端3×5—全幅3×5
>
> **團塊三：星期三、星期五、星期六**
> 第一週：投擲5×5前端—過重5×5
> 第二週：投擲3×5前端—過重3×5
> 第三週：前端3×5—全幅3×5
> 第四週：前端3×5—全幅3×5
>
> **團塊四：星期三、星期五、星期六**
> 第一週：投擲5×5前端—過重5×5
> 第二週：前端—過重3×5—全幅3×5
> 第三週：前端3×5—全幅3×5
> 第四週：前端3×5—全幅3×5
>
> **團塊五：星期三、星期五、星期六**
> 第一週：投擲5×5前端—過重5×5
> 第二週：投擲3×5前端—過重3×5
> 第三週：前端3×3—全幅3×5
> 第四週：前端3×3—全幅3×5
>
> ＊只有爆發式抓舉與投擲

**圖14.11　第二中週期的投擲訓練計畫。**
投擲可作為阻力訓練（包含組數次數），從第二到第五團塊，投擲方法與實際運動表現越來越接近。

## 團隊運動訓練計畫的設計

雖然很多教練認為團隊運動的運動員訓練計畫，和個人運動非常不同，但其實很大程度上並非如此。不管運動種類，訓練的原則其實都一樣。換句話說，強調肌耐力的訓練方式，不管對個人或團隊運動的運動員都有一樣的效果；另外，團隊運動的計畫也可以劃分為不同訓練階段，雖然名稱和先前提及的有些不同（如休賽季、季中、季後），各階段的特色和強調的地方也略有不同。例如，休賽季可視為傳統週期訓練模型中的準備期，季中可視為競賽期，而季後可視為轉換期（主動休息）。運動員監控，以及在訓練計畫中加入監控系統，當然也是必要的。必須了解的是，不同運動員對相同訓練計畫可能有不同反應，所以偶爾還是需要將訓練計畫個人化。

然而，團隊運動員和個別運動員的準備，也有一些差異，這些差異多與製造和諧團隊、發展團隊文化等心理學因素有關（即團隊合作精神）。因此，團隊運動執教的心理學觀點，可能和個別運動不同[2]。第十三章曾提過，教練幾乎不需要把團隊帶到顛峰，因為達到顛峰後，很難維持高預備水準，表現因此可能快速惡化（即巔峰時可能贏了幾場比賽，但隨著表現退化，就會開始輸）。

## 章節摘要

執教與醫學類似。醫生學習理論背景，以加強實務，好的教練也一樣。本書提供運動科學的基礎與應用面向，讓教練與運動員連結科學與實務。學習科學原則與方法，就能做出更好的訓練規劃，因此可達到更好的運動表現。

**參考文獻：**

1. Gundlach, H., L. Hinz, K. Bartoneitz, M. Losch, J. Doit, F. Hamann, S. Hoffmann, and K-H. Schotte. 1991. Specific tests for selected distances thrown. *Leichtahletik—Wurf and Stoss.* Berlin: Sportverlag [translation in *The Thrower* (U.K.), April, pp. 24-25, 1994].
2. Jones, R., K. Armour, and P. Potrac. 2004. *Sports coaching cultures.* London: Routledge.
3. Mujika, I., and S. Padilla. 2003. Scientific basis for pre- competition tapering strategies. *Medicine and Science in Sports and Exercise* 35: 1182-1187.
4. Stone, M.H., K. Sanborn, H.S. O'Bryant, M.E. Hartman, M.E. Stone, C. Proulx, B. Ward, and J. Hruby. 2003. Maximum strength-power-performance relationships in collegiate throwers. *Journal of Strength and Conditioning Research* 17: 739-745.

Strength & Conditioning 020

# 麥克史東阻力訓練全書
美國國家肌力與體能協會創辦人、美國奧運訓練中心總監，完整傳授教練與自主訓練的一切知識
Principles and practice of resistance training

| 作　　者 | 麥克・史東（Michael H. Stone）、梅格・史東（Meg Stone）、威廉・A・山德斯（William A. Sands） |
|---|---|
| 審　　定 | 王啟安 |
| 譯　　者 | 吳峰旗、吳肇基、陳柏瑋、王啟安、林筠 |

**堡壘文化有限公司**

| 總 編 輯 | 簡欣彥 |
|---|---|
| 副總編輯 | 簡伯儒 |
| 執行編輯 | 簡欣彥 |
| 責任編輯 | 郭純靜 |
| 封面設計 | 萬勝安 |
| 內頁編排 | 李秀菊 |
| 行銷企劃 | 黃怡婷 |
| 出　　版 | 堡壘文化有限公司 |
| 發　　行 | 遠足文化事業股份有限公司（讀書共和國出版集團） |
| 地　　址 | 231新北市新店區民權路108-2號9樓 |
| 電　　話 | 02-22181417 |
| 傳　　真 | 02-22188057 |
| E m a i l | service@bookrep.com.tw |
| 郵撥帳號 | 19504465 |
| 客服專線 | 0800-221-029 |
| 網　　址 | http://www.bookrep.com.tw |
| 法律顧問 | 華洋法律事務所　蘇文生律師 |
| 印　　製 | 呈靖彩藝有限公司 |
| 初版一刷 | 2020年9月 |
| 二版一刷 | 2025年6月 |
| 定　　價 | 980元 |
| ＩＳＢＮ | 978-626-7506-93-6 |
|  | (EPUB) 978-626-7506-88-2／(PDF) 978-626-7506-89-9 |

有著作權　翻印必究
特別聲明：有關本書中的言論內容，不代表本公司／出版集團之立場與意見，文責由作者自行承擔

Complex Chinese Translation copyright © 2025 by infortress Publishing Ltd.
Principles and Practice of Resistance Training
Copyright © 2007 by Michael H. Stone, Meg Stone, and William A. Sands
All Rights Reserved.
Published by arrangement with the original publisher, Human Kinetics, Inc.
Through The PaiSha Agency.

"All rights reserved. Except for use in a review, the reproduction or utilization of this work in any form or by any electronic, mechanical, or other means, now known or hereafter invented, including xerography, photocopying, and recording, and in any information storage and retrieval system, is forbidden without the written permission of the publisher."

國家圖書館出版品預行編目（CIP）資料

麥克史東阻力訓練全書：美國國家肌力與體能協會創辦人、美國奧運訓練中心總監,完整傳授教練與自主訓練的一切知識/麥克.史東(Michael H. Stone), 梅格.史東(Meg Stone), 威廉.A.山德斯(William A. Sands) 著；吳峰旗, 吳肇基, 陳柏瑋, 王啟安, 林筠譯. -- 二版. -- 新北市：堡壘文化有限公司出版：遠足文化事業股份有限公司發行, 2025.06
448面；19×26公分. --（Strength & conditioning；20）
譯自：Principles and practice of resistance training
ISBN 978-626-7506-93-6（平裝）

1.CST: 運動訓練 2.CST: 體能訓練

528.923　　　　　　　　　　　　　　　　114004307